CHINA DEVELOPMENT ZONES YEARBOOK

中国开发区年鉴

2012

师荣耀　主编

中国财政经济出版社

图书在版编目（CIP）数据

中国开发区年鉴．2012/师荣耀主编．—北京：中国财政经济出版社，2013.6
ISBN 978－7－5095－4494－5

Ⅰ．①中…　Ⅱ．①师…　Ⅲ．①经济开发区－中国－2012－年鉴　Ⅳ．①F127.9－54

中国版本图书馆CIP数据核字（2013）第092514号

责任编辑：李　鹤　　　　责任校对：王　英
封面设计：张德林　　　　版式设计：兰　波

中国财政经济出版社出版

URL：http：//www.cfeph.cn
E－mail：cfeph@cfeph.cn

社址：北京市海淀区阜成路甲28号　邮政编码：100142
营销中心电话：010－88190406　北京财经书店电话：010－64033436
北京富生印刷厂印刷　各地新华书店经销
787×1092毫米　16开　23.25印张　579 000字
2013年6月第1版　2013年6月北京第1次印刷
定价：400.00元
ISBN 978－7－5095－4494－5/F·3637
（图书出现印装问题，本社负责调换）
本社质量投诉电话：010－88190744

中国开发区年鉴

编委会

目录

文献法规篇

专题研究篇

综 合 篇

国家级经济技术开发区篇

其他开发区篇

统计资料篇

文献法规篇

中共中央组织部、国家发展和改革委员会、教育部、科技部、工业和信息化部、公安部、财政部、人力资源和社会保障部、商务部、中国人民银行、海关总署、国家税务总局、中国证券监督管理委员会、国家外国专家局、国家外汇管理局、中共北京市委员会、北京市人民政府关于中关村国家自主创新示范区建设人才特区的若干意见

京发［2011］5号　2011年3月4日

为贯彻落实《国家中长期人才发展规划纲要（2010～2020年）》和全国人才工作会议精神，创新人才发展体制机制，加快建设人才强国，中央人才工作协调小组、北京市决定在中关村国家自主创新示范区（以下简称中关村示范区）全面建设人才特区，现提出以下意见。

一、深刻认识建设人才特区的重大战略意义

人才资源是第一资源。在我国改革发展的关键阶段，大力推动人才发展体制机制改革与政策创新，提高人才资源的开发利用水平，对于深入贯彻落实科学发展观、促进经济社会又好又快发展，具有重大而深远的意义。借鉴改革开放初期建设经济特区的经验，探索建设人才特区，是构筑我国人才发展战略高地、形成我国人才竞争比较优势、加快建设人才强国的战略选择。

建设人才特区，就是要在特定区域实行特殊政策、特殊机制、特事特办，率先在经济社会发展全局中确立人才优先发展战略布局，构建与国际接轨、与社会主义市场经济体制相适应、有利于科学发展的人才体制机制。要通过建设人才特区，大量聚集拔尖领军人才，促进各类人才的全面发展，依靠人才智力优势，提升自主创新能力，促进新兴产业发展，不断形成新的科学发展优势。

中关村示范区具有建设人才特区的坚实基础和独特优势。经过20余年的发展建设，中关村示范区在海内外具有一定影响力，聚集了大量高层次人才创新创业，人才发展的辐射效应强。国务院批复中关村示范区实施一系列先行先试的政策，为进一步促进人才发展创造了有利条件。中关村示范区地处高校、科研院所和高科技企业密集地区，科研资源十分丰富，高新技术产业发达，人才开拓事业的空间大、平台宽广。要抓住机遇、解放思想，借助优势、开拓创新，加快把中关村示范区建设成为具有全球影响力、体现中国特色的人才特区。

二、建设人才特区的总体目标

从2011到2015年，面向以海外高层次人

才为代表的国家发展所特需的各类人才，建设“人才智力高度密集、体制机制真正创新、科技创新高度活跃、新兴产业高速发展”的中国特色人才特区。

（一）人才智力高度密集

海外高层次人才及团队大量聚集，涌现出一大批达到国际领先水平、由“海归”人才领衔的科研和创业团队，区域人力资本和科技创新对经济增长的贡献率达到世界领先水平。

（二）体制机制真正创新

率先确立人才优先发展战略布局，实施一系列特殊的科研、创业、产业发展、财税金融、人才管理与服务政策，创建与具有全球影响力的科技创新中心相适应的创新创业机制。

（三）科技创新高度活跃

构建能充分发挥高层次人才业务专长，有利于抢占国际前沿技术阵地的自主创新体系，加强原始创新、集成创新和引进消化吸收再创新，引领世界一流水平、替代进口技术的科技创新成果大量涌现，区域专利授权总量特别是发明专利授权量大幅度增加。

（四）新兴产业高速发展

在关键核心技术领域实现重点突破，在若干重要领域掌握一批核心技术，造就一批具有国际竞争力的企业，成为国家战略性新兴产业策源地，引领产业结构的调整，显著提升经济发展效益。

三、建设人才特区的主要任务

（一）大力聚集拔尖领军人才与科技创新要素

引进高层次人才与高端智力。深入实施“千人计划”、“北京海外人才聚集工程”（以下简称“海聚工程”）和“中关村高端领军人才聚集工程”（以下简称“高聚工程”），加快引进站在国际科技与产业发展前沿的“海归”人才，促进各类高层次人才的高密度聚集。推行人才实名制推荐制度，在全球范围内引进和聚集拔尖领军人才，优先支持高层次人才领衔国家和北京市科技重大专项。坚持引才与引智并举，聘请国际一流的科学家、工程技术专家和企业家，指导或参与科技学术研究、重大项目建设。

引入国际科技创新要素。全面活跃人才特区的创新创业氛围，支持高校、科研院所、企业跨国跨地区开展学术交流和项目共建，设立联合研发基地，推动境内外人才联合培养。加强国际技术转移，鼓励海外高层次人才带尖端技术、项目入区，在中关村示范区开展深化研究或成果转化。吸引创新型跨国企业总部进驻人才特区，支持各类国际学术文化交流活动在人才特区举办。力争通过引进一批优秀人才，带回一批高科技专利，造就一批高端项目，带动产业的跨越式发展。

（二）搭建高层次人才的自主创新平台

建设国际一流的科研平台。总结北京生命科学研究所的建设经验，推动低碳技术、信息技术、生物医药、新材料等领域的研究机构不断提高学术水平，力争达到国际一流标准。统筹在京中央单位、非公有制经济组织的科技资源，加快“未来科技城”人才创新创业基地、中国机械工业集团中央研究院、联想集团研究院、中关村航天科技创新园、中关村航空科技园等一批重点研发和转化机构建设。在相关基础研究领域和重大应用技术领域，以需求为导向、以项目为载体，推动前沿实验室、科学家工作室和高科技企业建设，大力开展前沿技术研究和自主创新活动。支持企业与高校、科研院所联合协作，共建共享，推动相关工程研究中心、重点实验室、工程实验室、企业技术中心建设。

创建具有发展活力的科研学术环境。建立现代科研院所制度，扩大科研机构的用人自主权和科研经费使用自主权，建立以学术和创新绩效为主导的资源配置和学术发展模式，健全科研成果质量、人才队伍建设以及管理运行机制等方面的综合评价体系。推行聘用制度和岗位管理制度，支持科研人员自主选题、自主聘任科研团队、按照规定自主使用研究经费。鼓励高层次人才根据科研工作需要，在企业、高校、科研院所之间合理流动，支持其在科研成果转化中取得合法收益。选择若干个处于前沿科技领域、科研人才资源丰富的高校、科研院所，试点实行新的科研机制。发挥中关村开放实验室、国家工程实验室、大学科技园等产业技术转移平台的支撑作用，鼓励高校、央属院所的科研团队带项目整体转化。

（三）建设高层次人才的创业支持体系

建设全新的创业孵化机制。改革现有大学科技园、留学人员创业园、科技企业孵化器的运行机制，建立从创业项目植入到转化发展的全过程服务体系，安排专门区域，为“海归”人才创业和推广新产品提供空间。新建若干海外学人科学园，探索多种形式的科研成果孵化模式。统筹考虑现有科研布局和科技资源情况，推动创意实验室建设，配设科研设备、实验助手等，为国内外各类尖端项目的深化研究提供服务平台。高层次人才创办的企业在京建设总部、研发中心和产业化基地，可根据项目研发生产的需求，代建实验室、生产厂房等基础设施，以租赁方式供企业使用，北京市给予一定的租金补贴，企业可适时回购。

健全与国际接轨的创业金融服务体系。大力引进和聚集各类投资机构，推动天使投资者、股权投资机构和股权投资管理公司在人才特区发展。健全完善吸引境内外风险投资的工作体系，着力加强对各类国际资本的开发利用。建立健全以股权投资为核心，投保贷联动、分阶段连续支持的新机制，形成政府资金与社会资金、股权融资与债权融资、直接融资与间接融资有机结合的科技金融合作体系。建立创业企业改制、代办股份转让、在境内外上市的扶持体系。完善中关村示范区非上市公司股份报价转让试点制度，稳步推进国家高新区非上市股份公司公开转让工作，构建企业改制上市培育工作体系。推动银行信贷专营机构和小额信贷机构的设立和发展，加快金融产品和服务的创新。

（四）创建具有国际水平的产业环境

建设“中关村科学城”高端研发技术服务创新聚集区。优化中关村示范区的规划布局，将中关村大街、知春路、学院路区域作为人才特区发展的重点区域，激活创新资源，加速科技成果的研发转化。在总结推广清华科技园成功经验的基础上，以企业为主体，推动高校、科研机构、企业联合协作，开展产业技术研究。突出重点产业领域，以节能环保、新一代信息技术、生物、高端装备制造、新能源、新材料和新能源汽车等战略性新兴产业领域为重点，打造若干产学研用相结合的创新产业平台。全面推进“中关村科学城”建设，以中关村大街为核心打造“中关村生命科学与新材料高端要素聚集发展区”，以知春路为核心打造“中关村航空航天技术聚集发展区”，以学院路为核心打造“中关村信息网络技术聚集发展区”，力争到2015年推动区域形成万亿元以上的产值规模。

促进新兴产业高速发展。统筹中关村示范区产业定位和发展空间，加快南北高端产业聚集区的发展，形成一批具有自主创新能力和国际影响力的产业集群。依托中关村示范区各分园区的特色产业，大力加强生物医药、高端装备制造、新材料、信息与软件服务、国防科技、文化创意等产业基地建设。坚持“需求拉动、军民融合”，创新理念与工作模式，在战略性新兴产业领域，布局一批新的重大产业项目。

以人才引领产业发展。全面增强产业发展对高层次人才的吸附效应，促进高层次人才集群式发展。鼓励海外高层次人才领军产业技术联盟建设，创制技术标准、攻关共性关键技术，抢占产业价值链条的高端。北京市设立“高层次人才创新创业基金”，以政府直接投资、出资入股、人才奖励等方式，吸纳社会资金投入，支持高层次人才科研成果的产业化。深入实施“十百千工程”，按照“一企一策”的扶持办法，加速培育一批上规模、能带动新兴产业发展的企业。

（五）完善高层次人才发展的服务体系

创新人才发展体制机制。集成“千人计

划”、“海聚工程”和“高聚工程”的政策资源，加大对高层次人才发展的扶持力度。建立健全以品德、能力、贡献、业绩为导向的人才评价体系，完善人才评价机制。完善股权激励机制，进一步形成有利于人才创新创业的分配制度和激励机制。健全完善人才吸引、培养、使用、流动和激励机制，发展人才的公共服务体系。加快建设中关村知识产权制度示范园区，加强知识产权行政与司法保护，支持企业开展品牌培育和自律活动。吸引聚集一批国内外知名的人才中介机构，健全专业化、国际化的人才市场服务体系。

优化“海归”人才的发展环境。成立专门的服务机构，研究制定特殊办法，在担任领导职务、承担科技重大项目、申请科技扶持资金、参与国家标准制订、参加院士评选、申报政府奖励等方面，为“海归”人才提供良好条件。建立海外高层次人才的档案制度，制定日常联系服务办法，建立跟踪服务和沟通反馈机制，解决他们工作和生活中的困难。在企业注册、创业融资等方面，为“海归”人才提供有针对性的服务。配套建设双语幼儿园和国际学校，提供便利的公共配套服务设施，营造和谐宜居、环境优美的人才创业、工作和生活环境。

四、支持人才特区建设的政策

为支持人才特区建设，实行以下13项特殊政策。入选“千人计划”、“海聚工程”和“高聚工程”的中关村高层次人才，可享受相应待遇。

（一）重大项目布局

根据《国家中长期科学和技术发展规划纲要（2006～2020年）》和《国民经济与社会发展第十二个五年规划纲要》，在人才特区布局和优先支持一批国家科技重大专项、重大科技基础设施、战略性新兴产业重大工程和项目。

（二）境外股权和返程投资

推动投资便利化，简化人才特区企业员工直接持有境外关联公司股权以及离岸公司在人才特区进行返程投资的有关审批手续，研究相关支持措施。

（三）结汇

进一步改进人才特区外商投资企业管理，简化外汇资本金结汇手续。

（四）科技经费使用

承担国家民口科技重大专项的高校、科研院所、企业等单位，可在项目（课题）直接费用扣除设备购置费和基本建设费后，按照一般不超过13%的比例列支间接经费。

（五）进口税收

人才特区内符合现行政策规定的企业与科研机构，在合理数量范围内进口境内不能生产或性能不能满足需要的科研、教学物品，免征进口关税和进口环节增值税、消费税。高层次留学人员和海外科技专家来华工作，进境合理数量的生活自用物品，按照引进海外高层次人才的现行政策执行。

（六）人才培养

支持人才特区内具有博士和硕士学位授予权的高校、科研机构，聘任其他企业或科研机构具备条件和水平的高层次人才担任研究生兼职导师，联合培养研究生。对人才特区内与企业、科研机构开展联合培养工作的招生单位，在招生计划方面予以适当的支持和倾斜。鼓励研究生到兼职导师所在的企业和科研机构实践、实习。支持人才特区内由高层次人才创办的或与高校、科研机构联办的企业及科研机构，在重点领域设置博士后科研工作站。

（七）兼职

人才特区内高校教师、科研院所研究人员可以创办企业或到企业兼职，开展科研项目转化的研究攻关，享受股权激励政策；在项目转化周期内，个人身份和职称保持不变。企业专业技术人员可以到高校兼职，从事专业教学或开展科研课题研究。

（八）居留和出入境

按照国家有关规定和程序，可为符合条件的外籍高层次人才及其随迁外籍配偶和未满18周岁未婚子女办理《外国人永久居留证》。对于尚未获得《外国人永久居留证》的高层次人才及其配偶和未满18周岁子女，需多次临时出入境的，为其办理2~5年有效期的外国人居留许可或多次往返签证。

（九）落户

具有中国国籍的高层次人才，可不受户籍所在地的限制，直接落户北京。对于愿意放弃外国国籍、申请加入或恢复中国国籍的高层次人才，由公安机关根据《中华人民共和国国籍法》的有关规定优先办理入籍手续。

（十）资助

为入选“千人计划”、“海聚工程”等高层次人才提供100万元的一次性奖励。为高层次人才创办的企业优先提供融资担保、贷款贴息等支持政策。对承担国家科技重大专项和北京市重大科技成果产业化项目的高层次人才，由北京市政府科技重大专项及产业化项目统筹资金给予支持。

（十一）医疗

人才特区的高层次人才享受医疗照顾人员待遇，由北京市卫生行政部门为其发放医疗证，到指定的医疗机构就医。所需医疗资金通过现行医疗保障制度解决，不足部分由用人单位按照有关规定予以解决。

（十二）住房

北京市采取建设“人才公寓”等措施，为高层次人才提供一万套定向租赁住房。

（十三）配偶安置

高层次人才配偶随迁并愿意在北京市就业的，由北京市相关部门协调推荐就业岗位。

五、建设人才特区的实施步骤

采取“两步走”的方针，将中关村示范区率先建成国家级人才特区。

（一）第一步：2011~2012年

——初步形成机制新、活力大、成果显著的人才特区政策体系。

——在节能环保、新一代信息技术、生物、高端装备制造、新能源、新材料和新能源汽车等战略性新兴产业领域，在人才特区布局和优先支持一批国家科技重大专项、重大科技基础设施、战略性新兴产业重大工程和项目。

——支持一批高端人才领衔创办一批高科技企业及其研发机构。支持高端人才与高校、研究机构共建研发中心和高科技企业，突破一批关键核心技术。

——高端要素聚集的态势基本形成，天使投资、创业投资和战略机构等股权投资机构集聚发展。

——聚集包括“海归”人才在内的3万名左右高层次人才。

（二）第二步：2013~2015年

——人才优先发展战略布局全面形成，国家级人才特区全面建成，成功探索出具有全国示范意义和推广价值的人才政策体系，初步形成具有全球影响力的人才战略高地。

——自主创新能力、产业竞争力全面提升，初步建成具有全球影响力的中国特色人才特区。

——在节能环保、新一代信息技术、生物、高端装备制造、新能源、新材料和新能源汽车等领域，形成引领自主创新和应用技术发展的支撑体系。

——聚集包括“海归”人才在内的5万名左右高层次人才。

——具有自主知识产权的新技术、新标准和新产品不断涌现，自主创新能力和示范作用不断增强。

——人才特区建设经验得到充分总结和不断推广。

六、建立健全领导体制

在中央人才工作协调小组的指导下，由中央组织部牵头，国家发展改革委、教育部、科技部、工业和信息化部、公安部、财政部、人力资源社会保障部、商务部、中国人民银行、海关总署、国家税务总局、中国证监会、国家外国专家局、国家外汇管理局和北京市等参加，共同组成人才特区建设指导委员会，负责人才特区建设的组织领导和统筹协调。北京市具体负责人才特区的建设工作。

国家发展改革委关于印发《国家东中西区域合作示范区建设总体方案》的通知

发改地区［2011］1185号　2011年6月8日

江苏省人民政府，国务院有关部委、直属机构：

根据《国务院关于国家东中西区域合作示范区建设总体方案的批复》（国函［2011］61号）精神，现将《国家东中西区域合作示范区建设总体方案》印发你们，请根据职责分工，抓好贯彻落实，推动国家东中西区域合作示范区又好又快发展。

附件：国家东中西区域合作示范区建设总体方案

附件：

国家东中西区域合作示范区建设总体方案

为贯彻落实国务院批准的《长江三角洲地区区域规划》和《江苏沿海地区发展规划》，推进国家东中西区域合作示范区（以下简称示范区）建设，特制定本方案。

示范区设在连云港市连云区，包括徐圩新区和连云港经济技术开发区、连云港国际商务中心、连云港区、连云港保税物流中心。

一、设立背景

合作基础。连云港是新亚欧大陆桥东方桥头堡，西连安徽、河南、陕西、甘肃、新疆等中西部省（区），东与日本、韩国等东北亚国家隔海相望，是中西部地区便捷的出海口和对外开放的重要门户。连云港以港口为核心的现代综合交通运输体系初步形成，以国家级开发区和海关特殊监管区为主体的开放载体功能逐步完善，对中西部地区的服务能力明显提升。目前，中西部地区在连云港设立商务办事机构260余家，连云港港60%的货物进出口服务于中西部地区，连云港与新亚欧大陆桥沿线重要城市在物流、产业等方面已建立了良好的合作关系。

重要意义。在连云港设立示范区，有利于发挥新亚欧大陆桥便捷的出海通道作用，更好地服务中西部地区发展开放型经济，提升我国整体对外开放水平；有利于促进资源的跨区域合理流动和优化配置，发挥东中西部地区的比较优势，推动东部与中西部地区在更宽领域、更高层次上开展交流与合作；有利于探索新时期区域合作的新途径，创新统筹区域发展的体制机制，为推动区域协调发展提供经验和示范。

二、总体要求

指导思想。以邓小平理论和“三个代表”重要思想为指导，深入贯彻落实科学发展观，加快转变经济发展方式，以服务中西部地区发展为宗旨，进一步深化改革，扩大开放，着力提升出海通道功能，着力完善合作服务体系，着力建设产业合作基地，着力创新合作体制机制，强化对新亚欧大陆桥沿线地区的服务和支撑作用，推动东中西部地区共同发展，加快培育新亚欧大陆桥经济带，为实现区域协调发展探索新路径。

战略定位。立足连云港，依托大陆桥，服务中西部，面向东北亚，加强区域合作与交流，推动东中西良性互动，全方位拓展开放合作的广度和深度，以徐圩新区为先导区，建成服务中西部地区对外开放的重要门户、东中西产业合作示范基地、区域合作体制机制创新试验区。

主要目标。到 2015 年，示范区建设初见成效，服务中西部地区对外开放的能力显著提升。港口服务功能进一步完善，大陆桥沿线地区出海更加便捷高效；区域合作服务平台初步形成，面向中西部地区的合作服务体系基本建立；产业合作基地建设初见成效，与中西部地区产业分工更加合理、协作更加紧密；合作体制机制创新取得重要进展，东中西地区协调发展的政策体系初步形成。

到 2020 年，示范区全面建成，服务中西部地区对外开放的重要窗口功能更加完善。以港口为核心的综合交通枢纽作用充分发挥，面向中西部地区的合作服务体系更加完备，东中西区域产业合作层次进一步提升，促进区域合作的体制机制基本形成。

三、功能分区

适应中西部地区开放合作的实际需要，科学合理地划分功能分区，更好地服务中西部地区开放型经济发展。

——现代物流服务功能区。布局在连云港港和相关的物流园区、海关特殊监管区。加强物流基础设施建设，构建集国际运输、分拨转运、仓储配送、临港加工、交易及配套服务功能于一体的区域性物流中心，为中西部地区发展提供便捷高效的物流服务。

——产业合作功能区。布局在徐圩新区和连云港经济技术开发区。重点建设服务中西部地区的进口资源加工基地、出口产品生产加工基地，积极承接长江三角洲其他地区和日、韩等国家产业转移，打造东中西产业合作的集聚区。

——商务服务功能区。布局在连云港国际商务中心和徐圩新区。进一步完善连云港国际商务中心的服务功能，配套建设徐圩新区云湖商务核心区，打造面向中西部地区的商务服务平台，提升服务中西部地区的能力。

——科技和人才服务功能区。布局在连云港经济技术开发区和徐圩新区。重点建设重大科技成果转化基地、支撑产业发展的实用型技术人才培养基地，打造面向中西部地区的科技和人才服务平台，加强东中西科技和人才的合作交流。

——生态功能区。布局在云台山风景名胜区、徐圩新区以及主要河流、公路、铁路沿线。重点建设开敞绿色生态空间和防护隔离林带、生态隔离区，加强海洋及海岸带生态环境保护，构建优美的滨海景观，着力打造低碳生态功能空间。

四、提升出海通道功能

完善开放服务功能。围绕打造中西部地区便捷高效的出海通道，大力发展集装箱干线运输，积极引进战略合作伙伴，开辟集装箱远洋干线航线和加密航班，进一步提升连云港港集装箱过境运输能力和效率。积极推进现有海关特殊监管区域和保税监管场所整合发展，完善服务周边地区及内陆腹地的保税物流体系，大力发展国际中转、配送、采购、转口贸易和出口加工，建设面向中西部地区的资源集中采购平台和连接中西部地区的现代物流中心。鼓励国外大型企业在示范区设立区域性总部和研发生产、采购配送、商品交易中心，并向中西部地区拓展分支机构。

建设综合交通枢纽。加强与中西部地区重大交通基础设施对接，支持大陆桥沿线重要城市共建共用连云港港。进一步提升连云港港口通过能力，重点实施深水航道疏浚工程，根据国家重大产业布局建设矿石、原油、液化天然气等大型专业化深水泊位。打通陇海兰新铁路客运通道，进一步提升新亚欧大陆桥铁路运输能力。规划建设疏港铁路及集装箱办理站，大力发展海铁联运和铁路集装箱运输。加强徐圩新区铁路支线、骨干公路、内河航道建设，提高对外运输能力。

健全口岸“大通关”体系。支持大陆桥沿线城市在海关、检验检疫、边防检查等方面开展跨区域口岸合作，推进“属地申报、口岸验放”的通关模式。在大陆桥沿线节点城市合作建设物流场站，大力发展海铁、海陆等多式联运业务。充分发挥国家电子口岸的作用，加强港口、铁路间互联互通和信息共享，建设具有通关、物流、商务等应用功能的大通关信息平台。

五、完善合作服务体系

完善金融服务功能。鼓励国内外银行及其他金融机构在示范区设立分支机构，大力发展金融中介服务，积极引进一批高级金融管理人才，建立便捷高效的资金结算、票据贴现、证券发行、信托投资和保险等投融资服务体系，为中西部地区企业发展进出口业务提供金融服务。

完善商务服务功能。在连云港国际商务中心重点建设航运交易市场和口岸一站式服务平台，设立中西部地区驻连云港办事机构集中区。在徐圩新区云湖商务核心区建设大陆桥沿线地区产品展示展览中心，组织开展面向中西部地区的会展活动。

完善重大科研成果转化功能。加强技术交易市场建设，引导科技研发和中介服务机构集聚，大力推进产学研联合，支持科研院所和企业相互转让先进适用技术和专利、商标，促进科技成果转化，构筑服务中西部地区产业发展的技术合作和交易平台。

完善人力资源合作开发功能。加大大陆桥沿线地区人力资源合作开发力度，通过整合并充分利用现有的人力资源和培训基地，提高相关资源的综合利用效率，促进人力资源跨区域合理流动。建立健全有利于人力资源优化配置的体制机制，为中西部地区发展提供人力资源支撑。

六、建设产业合作基地

建设进口资源加工基地。鼓励利用临港产业园区与中西部地区进口资源深加工企业合作建设石油化工、有色金属、精品钢材等加工基地，降低物流成本，形成紧密型产业链，增强中西部地区企业参与国际市场竞争的能力。

建设出口产品生产加工基地。利用现有港口条件，大力发展海铁联运，鼓励中西部地区外向型企业在示范区建设出口产品加工分装、装备制造出口组装等专业化生产加工基地，为大陆桥沿线地区产业发展提供配套服务。

建设产业承接与转移基地。积极承接长江三角洲其他地区重化工业转移，建设临港产业基地。依托现有高技术产业基础，大力发展生物医药、新材料、新能源等战略性新兴产业，提升产业整体实力，增强对中西部地区的产业辐射能力。

七、创新合作体制机制

创新收益共享机制。研究建立产业跨行政区转移的利益共享机制。示范区承接产业转移项目的收益由合作各方分享，项目投产后产生的增值税、所得税地方留成部分，合作双方可在协商一致的基础上按一定比例分成，具体实施办法由双方研究制定。

创新建设管理机制。鼓励中西部地区在示范区设立“区中区”、“园中园”，采取委托管理、投资合作等多种方式参与示范区建设，积极探索加强产业合作和共建共享基础设施的新模式，实现优势互补、资源整合和联动发展。

创新科技合作机制。支持大陆桥沿线地区企业和科研院所围绕关键技术、共性技术进行联合研究开发，形成优势产业领域的技术创新战略联盟，积极将科技成果转化为国家标准或国际标准，建立健全科技资源开放、共享、共建的体制机制。

创新环境管理机制。研究实施多污染物协同减排方案，探索开展主要污染物排放总量初始权有偿分配和排污权交易，加快建立排污权跨区域、跨产业调剂交易制度，对其他地区转移的重大产业项目试行环境保护指标单列。强化环境监管和应急能力。探索建立规划环评和建设项目环评的联动机制，对已开展规划环评的产业基地中的重大建设项目环评适当予以简化。

八、支持政策

财政和投资政策。国家对示范区建设给予一定的支持。赋予示范区相当于省级政府投资主管部门的项目管理权限。

土地政策。国家在编制土地利用年度计划时合理安排江苏省用地计划指标，江苏省根据建设需求和进度安排对示范区用地指标给予适度倾斜，保障港口集疏运体系等重点工程建设。加大对港口航道、码头等基础设施建设用海的政策支持力度，依法减免海域使用金。加强围填海项目审查，严格控制围填海规模。

开放政策。支持现有海关特殊监管区域整合发展；支持连云港高新技术产业园区升级；支持企业发展服务外包，建设服务外包园区。建立陇海兰新铁路运输协调机制，开通郑州至连云港港双层集装箱“五定”班列，研究制定陇海兰新铁路沿线地区到连云港港的集装箱“五定”班列运价优惠政策。

金融政策。支持符合条件的企业发行企业债券、中期票据、短期融资券、中小企业集合债券等债务融资工具和上市融资。允许示范区在发展多种所有制金融企业、创新外汇管理制度等方面开展先行先试。

九、组织实施

江苏省人民政府要切实加强组织领导，制定实施意见，明确工作分工，落实工作责任，进一步加强出海通道、产业合作基地和合作服务体系建设，统筹推进示范区建设各项工作。大陆桥沿线省（区）要积极参与示范区建设，切实加强产业、物流、科技、信息等方面的交流与合作，强化对示范区建设的腹地支撑。

国务院有关部门要加强指导与协调，在政策实施、项目安排、体制创新等方面给予积极支持。要加强部门之间的沟通和协调，帮助解决示范区建设过程中遇到的重大问题。发展改革委要加强跟踪分析，做好督促检查工作，重大问题及时向国务院报告。

推进示范区建设，事关国家区域协调发展大局。各有关方面要进一步解放思想，加强协调，通力合作，创造性地开展工作，共同推动示范区建设，努力开创东中西区域合作新局面。

环境保护部、商务部、科学技术部关于加强国家生态工业示范园区建设的指导意见

环发［2011］143号　2011年12月5日

各省、自治区、直辖市、新疆生产建设兵团环境保护厅（局）、商务厅（委）和科技厅（委），各国家生态工业示范园区、正在创建国家生态工业示范园区的有关单位：

为深入贯彻落实科学发展观，推进生态文明建设，根据《国务院关于加强环境保护重

点工作的意见》（国发［2011］35号）、《关于开展国家生态工业示范园区建设工作的通知》（环发［2007］51号）、《国家生态工业示范园区管理办法（试行）》（环发［2007］188号）精神，现就推进国家生态工业示范园区建设工作，提出以下指导意见。

一、充分认识国家生态工业示范园区建设的重要意义

（一）国家生态工业示范园区建设是落实科学发展观、建设生态文明的重要举措。建设国家生态工业示范园区，符合以人为本、全面协调可持续发展的要求，体现了人与自然、社会和谐共生、良性循环、全面发展、持续繁荣的生态文明宗旨，有利于提高园区经济发展质量、推动园区发展的生态化转型、促进区域资源环境与经济协调发展，是在区域层面和工业领域深入贯彻落实科学发展观和建设生态文明的重要举措。

（二）国家生态工业示范园区建设是加快转变经济发展方式、调整产业结构的重要抓手。作为现代产业快速发展不可或缺的载体，工业园区在我国经济发展中的地位和作用日益显现。建设国家生态工业示范园区，通过合理规划循环经济产业链、培育生态产业网络体系，有利于实现资源共享和产业共生、提高资源能源利用效率和产出率、推动经济发展方式由粗放型向集约型转变、有效缓解区域发展面临的资源环境压力，是在区域层面和工业领域加快转变经济发展方式、调整产业结构的重要抓手。

（三）国家生态工业示范园区建设是实现区域节能减排、保障环境安全的关键支撑。以工业园区为代表的工业集聚区是推动区域节能减排的关键。建设国家生态工业示范园区，通过推进结构调整、工程建设、管理强化和科技创新，有利于减少污染物排放、加强污染防治基础设施建设、不断完善环境风险防控机制，是在区域层面和工业领域实现节能减排、保障环境安全的关键支撑。

二、国家生态工业示范园区建设的总体要求

（四）指导思想。以科学发展观为指导，以转变经济发展方式、调整产业结构为主线，以建设生态文明为中心，以提升区域经济发展质量、促进资源能源高效利用、推动污染减排为目标，以园区为主导、企业为主体，通过“规划设计、运行调控、绩效评估、制度保障”，促进区域经济与生态环境协调发展，推动资源节约型、环境友好型社会建设。

（五）基本原则。坚持理念创新、科技创新、管理创新，全面提升园区的可持续发展能力；坚持“减量化、再利用、资源化”及“无害化”，推动园区集群式、循环型、低碳化发展；坚持示范引领，推进园区产业转型升级，引领经济社会可持续发展；坚持政策推动、市场引导、公众参与相结合，形成推进国家生态工业示范园区建设和发展的长效机制，全面提升园区的生态文明建设水平。

（六）发展目标。“十二五”期间，着力建设50家特色鲜明、成效显著的国家生态工业示范园区；基本形成促进国家生态工业示范园区发展的长效机制；国家生态工业示范园区在经济发展、物质减量与循环、污染防控和园区管理等方面指标居国内领先水平，引领、辐射和带动各级各类工业园区的可持续发展，推动国民经济持续、健康发展。

三、国家生态工业示范园区建设的重点任务

（七）统一思想，提高意识，开创园区建设新局面。国家生态工业示范园区的建设是突破资源环境瓶颈、实现全过程污染防控、保障环境安全、改善环境质量的重要行动领域，是国家“十二五”期间环保、科技、商务等工作的重要着力点。各级地方人民政府相关部门和园区应高度重视国家生态工业示范园区建设，推动园区向经济快速增长、产业集约发展、资源高效利用、技术先进实用、生态环境良好、管理科学有效的方向发展。

（八）重视园区建设规划，促进园区绿色转型。各园区要按照《国家生态工业示范园区管理办法》的要求认真组织规划的编制、论证、报批与修订等工作。规划编制要根据园区特点，深入分析开展国家生态工业示范园区建设的基础和模式，设定科学合理的目标指标及重点项目，采用翔实可靠的数据和支撑资料，提出具备较强可操作性的实施方案，为国家生态工业示范园区的建设打下坚实的基础；要将目标任务细化分解到园区各部门，签订目标责任书；要将建设规划纳入园区所在地人民政府的总体规划、各类专项规划及相关工作计划中，将建设目标指标纳入园区所在地干部政绩考核体系，确保国家生态工业示范园区建设有序、持续推进。

（九）抓好园区建设调控，提高园区发展质量。各园区要制定并执行项目准入制度，从产业技术水平、资源能源利用效率、污染物排放、经济效益等方面设定准入指标，提高准入门槛；加大园区内重点企业清洁生产审核实施力度，提升企业清洁生产水平；开展产业链招商，重点引进产业关联度高、工艺技术先进、资源节约和环境友好、附加值高的生产性项目和以产业配套服务为主的高端服务业；建立基于园区产业效益、资源利用效率、技术水平和环境影响的综合优化调控机制，提高园区的运行稳定性、资源产出率和环境安全水平。

（十）突出园区建设特色，辐射带动区域发展。各园区要注重培育特色、探索新的发展模式、强化示范作用；实施园区带动区域发展战略，充分利用园区所在区域的政策、服务、环境、资源、产业等优势，实现优势互补、共同发展。综合类国家生态工业示范园区要加快产业转型升级，重点发展战略性新兴产业，加快发展现代服务业，加强行业间物质、能量、信息的交换利用和基础设施的集成共享，培育多行业复合共生的产业集群；行业类国家生态工业示范园区要创新关键技术，搭建产业技术创新服务平台，延伸产品产业链，完善配套产业，提高产业附加值，做强特色产业，培育典型模式；静脉产业类国家生态工业示范园区要重点完善废物资源化、无害化技术，创新污染控制技术，扩大产业规模，强化环境安全，消除环境风险。

（十一）强化园区精细化管理，提升园区核心竞争力。各园区要搭建精细化管理服务平台，加快建设和完善污染源及环境质量在线监控系统、环保电子政务系统、环境风险预警指挥系统等“数字环保”工程，实现对园区内企业生产运营的全过程动态监控；健全园区环境信息统计和报送制度，加强对园区环境统计数据的收集、分析、审核和共享；有效执行国家生态工业示范园区建设年度进展报告制度，推行企业环境报告制度；加强园区环境管理能力，促进政府、企业、公众之间的沟通，培育健康、和谐的生态文化，增强园区发展的核心竞争力。

（十二）有效防范环境风险，切实保障园区环境安全。各园区要完善以预防为主的环境风险管理制度，严格落实企业环境安全主体责任，实行环境应急分级、动态和全过程管理；全面掌握园区内的环境风险源和园区外环境敏感区域情况，落实环境风险隐患排查工作；制定和完善环境应急预案，建立园区内企业间的环境应急联动机制，定期组织培训和应急演练；构建园区应急响应系统，有条件的地方要建设企业、园区和流域（区域）三级防控体系，及时如实报告园区突发环境事件，科学有效妥善处置突发事件；加强园区内企业与周边社区的环境风险信息沟通与交流，开展环境风险教育和宣传，促进园区环境安全。

（十三）鼓励“先行先试”，创新环境管理机制。各园区要发挥环境管理机制创新在园区建设中的先导作用，将培育环境服务产业同园区的建设有机结合，建立园区可持续发展的长效机制；扎实开展环境基础设施运营、污染排放监管、合同能源管理、环境绩效审核和园区企业社会责任评估；积极推动合同环境服务、绿色采购、绿色供应链管理、排污权交易、环境污染责任强制保险管理等工作。

四、建立和完善促进园区生态化发展的制度和政策体系

（十四）实行差别化环境政策，促进园区长效发展。国家及地方环保主管部门将国家生态工业示范园区产业共生、系统优化、基础设施共享等减排绩效纳入主要污染物总量减排考核体系，对环境绩效显著、污染物排放强度明显优于国际水平的国家生态工业示范园区，提出更有针对性的总量减排任务；对国家生态工业示范园区建设规划中涉及的重点项目，可优先调配总量指标；将园区规划环评作为保障国家生态工业示范园区科学创建的重要手段；将国家生态工业示范园区的建设作为创建国家环境保护模范城市、生态文明建设试点、生态省（市、县）的重要条件；积极支持国家生态工业示范园区发展环保产业。

（十五）完善商务激励政策，增强园区创建动力。商务部将积极引导和推动国家级经济技术开发区创建国家生态工业示范园区，推动有关金融机构为创建国家生态工业示范园区的国家级经济技术开发区提供融资支持，重点支持和推动国家生态工业示范园区开展节能环保国际合作；进一步完善国家级经济技术开发区综合发展水平评价体系，将国家生态工业示范园区创建工作和相关指标纳入评价指标体系进行重点考核。各地商务主管部门要将国家生态工业示范园区建设相关指标纳入开发区投资环境综合评价等相关考核工作，并适当增加该类指标的权重；积极引导国家生态工业示范园区内的企业充分利用国家税收优惠政策，在资金、招商引资、对外经济技术合作和服务等方面加大对国家生态工业示范园区的扶持力度，引导和鼓励社会资金、外商投资更多地投入国家生态工业示范园区。

（十六）强化科技扶持政策，提升园区创新能力。国家及地方科技主管部门将国家生态工业示范园区建设情况作为重要指标纳入到国家高新技术产业开发区综合评价等相关考核工作中，加大对国家生态工业示范园区的科技支持力度；加强创新型企业建设，鼓励国家生态工业示范园区内符合条件的企业申请认定高新技术企业，优先支持科技企业孵化器认定，在高新技术项目审批、技术交流与合作、成果转化与推广、人才引进与扶持等方面重点向国家生态工业示范园区倾斜。

（十七）完善标准体系和管理制度，促进园区科学发展。国家生态工业示范园区建设协调领导小组将组织完善国家生态工业示范园区相关标准及动态核查管理要求。各级地方人民政府有关部门要配套出台有利于国家生态工业示范园区发展的控制指标和管理政策，推动国家生态工业示范园区科学、持续、健康发展。

（十八）建立绩效评估和动态核查制度，确保园区先进示范性。国家生态工业示范园区建设协调领导小组将完善国家生态工业示范园区建设年度进展报告制度；建立国家生态工业示范园区建设动态核查制度，完善国家生态工业示范园区建设的绩效评估和跟踪管理体系；建立国家生态工业示范园区退出机制，对评估不合格的园区，将予以通报批评并限期整改，对整改达不到要求的园区予以取消命名。

五、强化配套保障措施

（十九）加强组织领导，保障园区建设高效运行。各级地方人民政府有关部门要加强组织领导，加强对园区的政策指导、分类管理和依法监管；优先支持示范作用强、产业基础好、位于重点流域或区域的国家级经济技术开发区、国家高新技术产业开发区以及具有产业共生和资源循环利用显著特征的工业集聚区等创建国家生态工业示范园区。各地环保主管部门要会同商务、科技部门建立健全地方推进国家生态工业示范园区建设的工作协调机制，明确工作分工和职责，积极协调地方发展改革、经信和财政等有关部门共同支持园区发展，及时解决园区建设中遇到的重大问题。各园区要建立国家生态工业示范园区建设领导机构，创新推进机制，确保国家生态工业示范园区建设规划和重点工程项目的实施。

（二十）制订地方优惠政策，增强园区创建的合力。鼓励各级地方人民政府有关部门出台针对性强的扶持政策，对国家生态工业示范园区污染防治基础设施、资源能源综合利用、生态产业补链等项目优先审批立项，给予财政扶持和税收优惠，并在用地指标和排污指标方面适当倾斜；推行差别电价、阶梯式水价等有利于提高国家生态工业示范园区资源能源利用效率的价格政策；鼓励各地建立和完善国家生态工业示范园区奖励机制。

（二十一）强化科技创新，提升园区发展支撑力。各级地方人民政府有关部门要充分发挥科技创新对国家生态工业示范园区建设的支撑作用，加大对国家生态工业示范园区科技创新体系的投入；规划布局、建立若干国家和区域产业生态的重点实验室、工程（技术）研究中心；开展重要区域、重点行业或领域减量化、资源化、产业共生链接和系统集成等关键技术的研究和示范，制定有利于上述技术推广应用的管理机制和技术发展导向等，提高有利于产业生态化发展的技术支撑和创新能力；鼓励开展产学研合作，加快园区循环经济和清洁生产技术的成果转化和应用；充分利用高校、科研院所、行业协会、社会团体等机构的力量，壮大技术支撑能力，着力开展信息咨询、技术推广等工作。

（二十二）加大资金支持力度，提高园区建设能动性。鼓励各地节能减排、绿色发展、科技创新、环保专项治理等资金重点向国家生态工业示范园区倾斜。鼓励各地财政设立支持国家生态工业示范园区发展的专项资金，为开展国家生态工业示范园区创建的园区提供有针对性的财政补贴，重点加大对国家生态工业示范园区政策研究和重点项目的补贴、贴息贷款或税收减免，并对取得显著成效的国家生态工业示范园区给予表彰奖励。鼓励各园区设立国家生态工业示范园区建设专项资金，支持园区规划、设施共享、产业链接、静脉产业等项目建设，支持园区科研创新平台、信息平台、咨询机构等方面的能力建设，支持相关科研、标准制（修）订、宣传教育及培训等活动。各有关部门要按照“政策引导、市场推动、公众参与”的要求，引导更多的社会资金参与国家生态工业示范园区的建设，推进国家生态工业示范园区建设的市场化和产业化。

（二十三）加强宣传教育，营造良好的生态文化氛围。国家生态工业示范园区建设协调领导小组将通过多种渠道，展现国家生态工业示范园区建设的政策和成就；鼓励各级地方人民政府有关部门和园区建设生态工业示范培训教育基地，广泛开展形式多样的生态工业、环保知识宣传活动，增强园区内企业的环境保护和社会责任意识，提高全社会对生态工业的认知率和参与度；充分利用国际、国内交流合作渠道，深化和拓展国家生态工业示范园区的交流与合作。

工业和信息化部、科学技术部、财政部、商务部、国有资产监督管理委员会联合印发《关于加快推进信息化与工业化深度融合的若干意见》

工信部联信［2011］160号　2011年4月6日

各省、自治区、直辖市及新疆生产建设兵团工业和信息化、财政、科技、商务、国有资产主管部门，有关单位：

为深入贯彻党的十七大和十七届五中全会精神，大力推进信息化与工业化深度融合，走中国特色新型工业化道路，促进经济发展方式转变和工业转型升级，现提出以下意见：

一、指导思想

以科学发展为主题，以加快转变经济发展方式为主线，坚持信息化带动工业化，工业化促进信息化，重点围绕改造提升传统产业，着力推动制造业信息技术的集成应用，着力用信息技术促进生产性服务业发展，着力提高信息产业支撑融合发展的能力，加快走新型工业化道路步伐，促进工业结构整体优化升级。

二、基本原则

（一）创新发展，塑造转型升级新动力。把增强创新发展能力作为信息化与工业化深度融合的战略基点和改造提升传统制造业的优先目标，以信息化促进研发设计创新、业务流程优化和商业模式创新，构建产业竞争新优势。

（二）绿色发展，构建两型产业体系。把节能减排作为信息化与工业化融合的重要切入点，加快信息技术与环境友好技术、资源综合利用技术和能源资源节约技术的融合发展，促进形成低消耗、可循环、低排放、可持续的产业结构和生产方式。

（三）智能发展，建立现代生产体系。把智能发展作为信息化与工业化融合长期努力的方向，推动云计算、物联网等新一代信息技术应用，促进工业产品、基础设施、关键装备、流程管理的智能化和制造资源与能力协同共享，推动产业链向高端跃升。

（四）协调发展，统筹推进深度融合。发挥企业主体作用，引导企业将信息化作为企业战略的重要组成部分，调动和发挥各方面积极性，形成推进合力。切实推动信息技术研发、产业发展和应用需求的良性互动，提升产业支撑和服务水平。注重以信息技术应用推动制造业与服务业的协调发展，促进向服务型制造转型。

三、发展目标和主要任务

到2015年，信息化与工业化深度融合取得重大突破，信息技术在企业生产经营和管理的主要领域、主要环节得到充分有效应用，业务流程优化再造和产业链协同能力显著增强，重点骨干企业实现向综合集成应用的转变，研发设计创新能力、生产集约化和管理现代化水平大幅度提升；生产性服务业领域信息技术应用进一步深化，信息技术集成应用水平成为领军企业核心竞争优势；支撑“两化”深度融合的信息产业创新发展能力和服务水平明显提高，应用成本显著下降，信息化成为新型工业化的重要特征。

（一）以信息化创新研发设计手段　促进产业自主创新能力提升

提高计算机辅助设计应用水平，鼓励从计算机辅助设计（CAD）、计算机辅助制造（CAM）向计算机辅助工程（CAE）、虚拟仿真、数字模型方向发展。推进机械、电子、航空航天等行业研发设计环节计算机辅助技术的集成应用，创新研发设计模式。加快船舶、汽车、飞机等行业研发设计与制造工艺系统的综合集成，完善产业链协同设计体系，加快普及产品全生命周期数字化设计模式。完善服装、家具、玩具等行业个性化设计体系，建立和普及用户广泛参与的协同设计模式。围绕推动能源工业、原材料工业、装备工业、消费品工业、电子信息产业、国防科技工业等行业产品的高端化，逐步深化产品开发和工艺流程的智能感知、知识挖掘、工艺分析、系统仿真、人工智能等技术的集成应用，建立持续改进、及时响应、全流程创新的产品研发体系。提升工业产品的智能化水平，推动信息技术在重点产品的渗透融合，推动产品数字化、智能化、网络化，提高产品信息技术含量和附加值，推动工业产品向价值链高端跨越。

（二）推动生产装备智能化和生产过程自动化　加快建立现代生产体系

以研制数字化、智能化、网络化特征的自动化控制系统和装备为重点，提高制造业重大技术装备自动化成套能力。加快机械、船舶、汽车、纺织、电子、能源、国防工业等行业生产设备的数字化、智能化、网络化改造，深化研发设计、工艺流程、生产装备、过程控制、物料管理等环节信息技术的集成应用，推动信息共享、系统整合和业务协同，提高精准制造、高端制造、敏捷制造能力。在钢铁、石化、有色、建材、纺织、造纸、医药等行业加快普及先进过程控制和制造执行系统，实现生产过程的实时监测、故障诊断、质量控制和调度优化，深化生产制造与运营管理、采购销售等核心业务系统的综合集成。推动食品、药品行业建立生产过程状态监视、质量控制、快速检测系统，逐步完善产品质量和安全的全生命周期管理体系。

（三）推进企业管理信息系统的综合集成　加快建立现代经营管理体系

继续推进以质量、计划、财务、设备、生产、营销、供应链、人力资源、安全等环节为重点的企业管理信息化，加强系统整合与业务协同。在重点行业骨干企业推进研产供销、经营管理与生产控制、业务与财务全流程的无缝衔接和综合集成，建设统一集成的管理信息平台，实现产品开发、生产制造、经营管理等过程的信息共享和业务协同。提高大型企业集团信息化管控水平，促进企业组织扁平化、决策科学化和运营一体化，增强企业资源共享和业务整合能力。适应产业竞争格局的新变化，以提升产业链协同能力为重点，推动产品全生命周期管理、客户关系管理、供应链管理系统的普及和深化，实现产业链上下游企业的信息共享和业务协作。以支撑企业国际化经营为重点，支持重点行业骨干企业跨国运营平台建设，建立全球协同的研发设计、客户关系和供应链管理体系。

（四）以信息化推动绿色发展　提高资源利用和安全生产水平

加快钢铁、石化、有色、建材等行业主要耗能设备和工艺流程的智能化改造，加强对能源资源的实时监测、精确控制和集约利用。在重点行业和地区建立工业主要污染物排放自动连续监测和工业固体废弃物综合利用信息管理体系。引导工业企业建立能源管理中心，加快合同能源管理、节能设备租赁等节能新机制推广。建设一批区域能效中心，完善面向重点用能企业和地区能源消耗的实时监测和监督管理体系。建立危险化学品、民爆器材的生产、储运、经营、使用等环节的实时监控和全生命周期监管体系。围绕危险作业场所的安全风险评估、多层防护、人机隔离、远程遥控、监测报警、灾害预警、应急响应和处置等方面，深化信息技术的集成应用，建立安全生产新模式。

（五）完善中小企业信息化发展环境　帮助中小企业降本增效创新发展

完善面向中小企业的研发设计平台，提供工业设计、虚拟仿真、样品分析、检验检测等软件支持和在线服务。提高网络环境下的企业间协作配套能力和产业链专业化协作水平，鼓励中小企业参与以龙头企业为核心的产业链协作。加快研发、推广适合中小企业特点的企业管理系统。推动面向中小企业的信用管理、电子支付、物流配送、身份认证等关键环节的集成化电子商务服务。建立并完善一批面向产业集群的技术推广、管理咨询、融资担保、人才培训、市场拓展等信息化综合服务平台。鼓励开展适合中小企业特点的网络基础设施服务，积极发展设备租赁、数据托管、流程外包等服务。

（六）推动信息化与生产性服务业融合发展　加快生产性服务业的现代化

提高工业设计水平。支持工业设计软件的研究开发和推广应用。建立实用、高效的工业设计基础数据库、资源信息库等公共服务平台，加强资源共享。鼓励企业建立工业设计中心，引导和支持专业化的工业设计产业园区发展。支持拥有自主知识产权的工业设计成果产业化，加快工业设计产业发展。

推动电子商务发展。推动大型企业电子商

务应用深入发展，在提高网络采购和销售水平、扩大网络营销覆盖率基础上，向网上交易、物流配送、信用支付集成方向升级。支持制造业企业以电子商务为手段提高供应链协同和商务协同水平，带动产业链上下游企业发展。积极推动行业第三方电子商务服务平台诚信发展，支持提高面向产业集群和专业市场的电子商务技术支撑和公共服务水平。深化移动电子商务在工业和生产性服务业领域的应用。

推动现代物流业发展。鼓励制造企业与专业物流企业信息系统对接，推进制造业采购、生产、销售等环节物流业务的有序外包，提高物流业专业化、社会化水平。支持物流企业加快信息化建设，提高综合服务水平。推动行业性、区域性和面向中小企业的物流信息化服务平台发展。加快电子标签、自动识别、自动分拣、可视服务等技术在大宗工业品物流、工业园区和物流企业中的推广应用，提高物品管理的精准化水平。

促进新型业态发展。支持制造企业围绕推动产品的智能化、高端化和服务化，创新商业模式，积极发展在线检测、实时监控、远程诊断、在线维护、位置服务等新业态。围绕提高重点行业骨干企业总集成、总承包服务能力和水平，加强企业项目设计、工程实施、系统集成、设施维护和管理运维等业务的信息化建设。适应制造业营销体系变革的新趋势，以信息化创新融资租赁业务模式，提高融资租赁服务水平提升，加快建立高效、便捷、安全的融资租赁体系。

（七）提升信息产业支撑“两化”深度融合的能力　促进信息产业加快发展

大力发展工业电子。围绕汽车、飞机、船舶、机械、家电、电力等行业产品的智能化升级，推进信息技术与传统工业技术间的协同创新，加快汽车电子、航空电子、船舶电子、机床电子、信息家电、电力电子、医疗电子、智能玩具等产品的开发和产业化，不断提升信息技术支撑产品智能化转型的能力和水平。

积极培育工业软件。面向研发设计、生产过程、经营管理、市场流通等环节的数字化、智能化、网络化，加强需求牵引，整合产学研用资源，突破一批关键技术瓶颈，大力发展高档数控系统、制造执行系统、工业控制系统、大型管理软件等工业软件，逐步形成工业软件研发、生产和服务体系，提高国产工业软件、行业应用解决方案的市场竞争力。

加快和规范信息服务业发展。加强行业信息化整体解决方案的推广应用。大力发展信息化咨询、规划、实施、维护和培训等增值服务，提高个性化服务水平。支持有条件的企业开展信息服务业务剥离重组，推动信息技术及相关服务的社会化、专业化、规模化和市场化。积极推动信息系统运行维护服务外包，支持信息化外包服务业发展。重点支持一批信息服务企业，鼓励管理咨询机构从事信息技术服务，规范信息服务业的招投标行为，加强信息安全管理。

积极推动云计算和物联网应用。支持云计算等关键技术研发取得突破，积极发展面向服务、支持制造资源按需使用、制造能力动态协同的云制造服务平台。围绕基础设施、工业控制、现代物流等重大应用领域，开展物联网应用示范。加快网络设备、智能终端、RFID、传感器以及重要应用系统的研发和产业化。加快建立产业发展联盟，培育综合集成服务能力。

（八）提高行业管理现代化水平　加强标准化基础工作

加快推动工业、通信业和信息化运行监测系统建设，加强信息共享，推进业务协同。加强行业信息发布。围绕信息技术在重点行业关键环节的深化应用和信息技术成果普及、产业化重大专项、应用示范项目、信息化重大工程等工作，开展相关应用标准的调查、复审、修订，组织开展示范、宣贯和推广工作。抓紧制定和完善云计算、工业电子、物联网应用、移动电子商务等领域相关标准。

四、主要措施

（一）创新“两化”深度融合推进机制

建立和推广实施工业企业“两化”融合评估体系和行业评估规范，加快建立第三方开展企业“两化”融合评估的工作机制，引导企业开展自评估，充分运用评估结果加强对企业信息化的支持。完善中央企业首席信息官制度，健全企业信息化领导机构，建立职责清晰、协调有力、运转高效的企业信息化推进机制。鼓励各地国有企业监管机构建立信息化评级和考核体系，引导各地企业根据自身实际建立首席信息官制度。引导和支持民营企业建立首席信息官制度。研究建立和推广企业信息化规划、项目管理规范、项目后评估方法和考核机制。建立定期沟通、协调行动的部门间协同推进工作机制。探索建立产学研用战略对话机制。

（二）加大财政资金和金融支持力度

发挥技术改造专项资金、电子发展基金、中小企业发展资金等现有各类财政资金的引导和带动作用，整合资源，加大对信息化与工业化融合中共性技术开发、公共服务平台建设、试点示范项目的支持。积极探索更有效的财政支持方式，加大对企业经营管理创新的引导和扶植，支持企业管理信息化建设。有条件的地方可设立信息化与工业化融合专项资金。鼓励银行创新中小企业贷款方式，支持面向中小企业的电子商务信用融资业务发展。鼓励地方政府建立信息技术应用项目融资担保机构，鼓励金融机构对中小企业信息技术应用项目给予支持。

（三）组织广泛开展典型示范工作

在国家新型工业化产业示范基地建设中，围绕改造提升传统产业、发展生产性服务业、促进信息服务产业发展，推进“两化”深度融合典型示范。组织开展以促进“两化”深度融合为主题的巡回推广活动，大力宣传各地区、各行业和典型企业的成功经验和有效做法。积极通过媒体、网上展示和博览会等形式扩大推广范围和深度。做好信息化与工业化融合试验区经验总结和推广工作。鼓励和支持地方树立示范企业、建立信息化与工业化融合试验区。

（四）加快发展和完善行业信息化服务体系

研究组织实施信息化与工业化深度融合服务行动计划，积极培育和发展集信息化规划、咨询设计、项目实施、系统运维和专业培训为一体的信息服务业。建设一批“两化”融合服务产业中心和园区。发展和完善一批面向工业行业的低成本、安全可靠的信息化服务平台。组织实施企业信息技术服务业务剥离重组示范工程，提升行业信息化解决方案提供能力和水平。开展“两化”融合带动国产软硬件发展试点示范工作。依托国家新型工业化产业示范基地，健全信息基础设施，提升产业聚集区和园区智能化发展水平。

（五）加强人才队伍建设和国际交流

组织开展“两化”深度融合工作培训，组织编写培训系列知识读本，依托高校、科研院所和企业培训资源，建立一批培训和实训基地。围绕“两化”深度融合对专业技术人才的需求，加快实施创新人才推进计划、企业经营管理人才素质提升工程、国家中小企业银河培训工程、装备制造和信息领域国家专业技术人才知识更新工程、信息领域高技能领军人才培养工程等，大力培养各领域的骨干专业技术人才。完善高校学科和专业设置，加强信息技术职业教育，培养各级各类信息化专业人才。科学修订信息领域国家职业技能鉴定标准，积极推进行业职业技能鉴定工作和高技能人才选拔工作。鼓励开展信息技术联合创新、应用示范、人才培训和评估认证等领域的国际交流与合作，支持国内相关组织和企业参与相关领域国际标准的制修订。

工业和信息化部、国家发展和改革委员会、财政部、商务部、中国人民银行、国家工商行政管理总局、国家质量监督检验检疫总局关于加快我国工业企业品牌建设的指导意见

工信部联科［2011］347号 2011年7月22日

各省、自治区、直辖市及计划单列市、新疆生产建设兵团工业和信息化主管部门、发展改革委、财政厅（局）、商务主管部门、工商行政管理局、质量技术监督局、进出口商品检验检疫局，中国人民银行上海总部、各分行、营业管理部、省会（首府）城市中心支行、副省级城市中心支行，有关行业协会（商会）：

改革开放30年来，我国工业经济实现了跨越式发展，为满足人民需求，促进国民经济发展作出了重要贡献。但与工业经济发展的速度和规模相比较，工业企业品牌建设明显滞后，已经成为我国工业行业进一步提高竞争力，实现发展方式转变的重大障碍。

为落实《中华人民共和国国民经济和社会发展第十二个五年规划纲要》中提出“推动自主品牌建设，提升品牌价值和效应，加快发展拥有国际知名品牌和国际竞争力的大型企业”的要求，特制定本指导意见。

一、加快我国工业企业品牌建设的重要意义

要从国民经济发展全局和实现“十二五”规划任务的战略高度，理解和认识工业企业品牌建设的重要意义。加快我国工业企业品牌建设，是促进经济结构调整、转变发展方式，走中国特色新型工业化道路的必然要求；是坚持扩大内需战略，释放消费潜力，增强国际竞争力的客观需要；是推动工业创新发展，促进科技成果向现实生产力转化的重要抓手；是树立和维护质量信誉，打造“中国制造”的国际形象和影响力的坚实基础。

二、指导思想、总体目标和基本原则

（一）指导思想

以科学发展观为指导，促进转变经济发展方式，推动我国工业企业核心竞争力的提升。坚持以企业为主体，通过促进工业企业提高创新能力和品牌培育意识以及商标注册、运用、管理和保护能力，增强品牌附加价值和影响力。协调各方资源，合力营造有利于工业企业品牌成长的政策和市场环境，加快实现从制造大国向制造强国的转变。

（二）总体目标

到2015年，我国工业企业创新能力和品牌培育能力显著增强，工业企业品牌成长的市场环境明显改善。50%以上大中型工业企业制定并实施品牌战略，品牌产品市场占有率和品牌附加值显著提高。重点培育一批具有国际影响力的自主品牌。

（三）基本原则

坚持以企业为主体，发挥企业在品牌建设中的主体作用；坚持突出质量、技术、创新在品牌建设中的核心作用，加大工业产品知识产权的创造、运用、保护和管理力度，鼓励推广

具有自主知识产权的技术标准；坚持以市场为导向，通过市场竞争、优胜劣汰，培育拥有较高知名度和美誉度的工业品牌；坚持政策引导，通过政策扶持、规范市场和加强公共服务体系建设，积极探索我国工业企业品牌发展道路。

三、主要任务和工作内容

（一）引导工业企业增强品牌意识

工业和信息化部门会同有关部门和行业协会，要把品牌培育作为工业产品质量和信誉建设的重要内容，引导企业增强以质量和信誉为核心的品牌意识。各有关部门要通过各种活动和各类媒体形式，大力宣传品牌建设的重要意义，营造有利于品牌成长的社会氛围。工业和信息化、工商、质检等部门，要加大力度总结宣传各地区、行业和企业在品牌建设中的成功经验。发展改革、工业和信息化、商务、财政和人民银行等部门，要发挥政策、资源和市场的导向作用，引导企业加强品牌建设。

（二）加强品牌建设规划

工业和信息化主管部门、行业协会要加强对品牌建设的统筹规划，明确职责目标，落实政策措施。各地区、各行业要在充分调研的基础上，制定本地区、本行业的品牌建设规划，并与“十二五”规划有机结合。有条件的地区和行业要组织实施与规划配套的品牌建设工程，以培育区域性、行业性品牌优势为重点，落实有关的政策、措施和资源，鼓励工业企业建立品牌发展规划，并给予必要的指导和帮助。

（三）促进工业企业提高品牌建设能力

工业和信息化、工商、质检等部门和行业协会，要组织开展品牌培训活动，提高企业品牌培育意识和商标注册、运用、管理和保护能力；要推广先进的营销理论、品牌管理模式和方法，重点增强企业在市场调研、产品定位、营销策划、传播宣传、公关服务等方面的能力和水平。

要鼓励工业企业开发切合实际的品牌管理机制和品牌塑造方法，建立品牌战略，实施品牌经营，培育品牌文化。指导工业企业重视知识产权法律尤其是商标法律制度的运用，从战略、管理、传播和资产管理各个层面推进品牌建设。

要加大技术改造项目对企业在开发品种、提升质量等方面的支持力度，增强企业创新能力，提高产品实物质量水平。财政、人民银行等部门要发挥财税、金融等政策作用，鼓励工业企业加大在技术开发和质量提升等方面的投入。

要加快国家和行业标准建设，组织开展对国际标准和国外先进标准的研究，鼓励工业企业参与国际标准的制修订，提高企业适应市场和技术环境变化的能力。

（四）改善品牌发展外部环境

商务、工商、质检等部门会同行业协会，要协调配合，打破地方保护，消除市场壁垒，减轻企业负担，构建国内统一市场；要加强对“家电下乡”等与市场有关的政策和要求的宣传，提高企业对有关政策的理解和把握水平。商务部门要加强对商业机构的指导和管理，拓宽品牌产品的销售渠道，为国内、外工业企业创造同等品牌市场待遇。

有关部门会同行业协会，加强跨区域工业企业品牌保护工作的分工协调；研究借鉴国外品牌保护的优秀经验，加强对我国工业企业商标境外注册、使用和保护情况的跟踪研究，分阶段建立海外商标纠纷预警机制和危机管理机制。

商务、工商、质检等部门会同有关行业协会，要推动中国制造的品牌形象塑造，在重点市场和新兴市场举办产品展览、推广、广告等活动，促进提升品牌市场竞争力和品牌价值；鼓励工业企业在海外开展营销活动，引导企业积极进行商标国际注册；对企业在境外商标注册、渠道拓展等工作提供相关服务。

发展改革、财政、人民银行等部门要引导金融机构加快推进金融产品和服务方式创新，支持工业企业利用品牌资产依法依规抵押融资，改进和完善有关金融服务；要探索建立企业品牌信用担保制度，积极拓宽企业融资渠道，支持符合条件的工业企业通过上市融资和发行债券；鼓励企业以品牌为纽带进行并购重组。

发展改革、商务、工商、质检等部门，要加强对合资合作过程中工业企业品牌的保护和管理。

工商、质检、工业和信息化等部门，要加强质量监督、市场监管，组织开展专项整治活动，打击侵犯注册商标专用权违法行为，加大对我国工业企业行业商标专用权行政保护力度，保护商标持有企业合法权益。

工业和信息化、质检部门会同行业协会，要在“提高工业产品质量示范”、“质量兴业”和“质量兴企”活动中，以品牌培育为重点内容，通过组织质量攻关和提高供应链质量保证能力等工作，支持品牌建设；要加快工业产品质量控制和技术评价能力建设，大力发展中小企业服务平台，为企业对外交流、信息咨询、技术咨询提供服务，并发挥产品研发设计和品牌推广平台的作用。

（五）加强对品牌建设的指导和服务

工业和信息化主管部门会同商务、工商、质检等部门及行业协会，要加强对品牌建设的具体指导。鼓励各行业根据特点提出行业性品牌建设的指导性文件；指导工业企业建立完善品牌培育管理体系和评估体系，提高品牌培育的科学化水平，实现品牌培育工作的持续改进；支持工业企业积极参与国际优秀品牌管理经验和标杆的交流与分享；鼓励地区和行业规范并推广与品牌培育相关的咨询和培训服务，加强对品牌工作的专业指导。

各级部门、行业协会，可对品牌培育工作成效显著的区域、行业和企业进行重点扶持并给予适当的表彰奖励，以加大对品牌建设成功经验的宣传力度，推动品牌建设深入开展。

四、工作要求

工业和信息化部联合发展改革委、财政部、商务部、人民银行、工商总局、质检总局及有关行业协会，建立推进工业企业品牌建设工作会商机制，不定期召开会议，确定工作重点，协调和指导工业企业品牌建设工作。各部门要按照“统筹协调、明确责任、协同配合、整体推进”的原则，各司其职，加强协调配合。

各地工业和信息化主管部门要综合协调品牌建设工作，会同有关部门，结合本地区实际，认真研究制定具体实施方案并组织实施。要不断总结品牌建设中的问题，积极推广成功经验，及时做好信息搜集和反馈。

科学技术部关于进一步促进科技型中小企业创新发展的若干意见

国科发政［2011］178 号　2011 年 5 月 12 日

为深入贯彻党的十七届五中全会精神，落实《国民经济和社会发展第十二个五年规划纲要》和《国务院关于进一步促进中小企业发展的若干意见》（国发［2009］36 号），进一步支持科技型中小企业增强创新能力，促进创新发展，发挥其在推进经济结构战略性调整、加快转变经济发展方式和建设创新型国家中的重要作用。现提出以下意见：

一、充分认识促进科技型中小企业创新发展的重要意义

科技型中小企业是一支主要从事高新技术产品研发、生产和服务的企业群体，是我国技术创新的主要载体和经济增长的重要推动力量，在促进科技成果转化和产业化、以创新带动就业、建设创新型国家中发挥着重要作用。长期以来，党中央国务院十分重视科技型中小企业发展，各部门、各地方采取多种措施支持科技型中小企业发展。国民经济各个行业的科技型中小企业，为促进先进适用技术应用、高新技术产业化和战略性新兴产业发展，推动科技与经济紧密结合作出了积极贡献。但是，我国科技型中小企业的创新发展仍然面临着融资渠道不畅，创新人才缺乏，支撑创新的公共服务不足，政策环境有待完善以及自身管理水平不高等问题。因此，需要进一步集中各方力量，汇聚创新资源，优化创新环境，激发创新活力，拓展发展空间，培育壮大科技型中小企业群体，带动广大中小企业走创新发展道路，为经济结构的战略性调整提供重要支撑。

二、支持科技型中小企业加强产学研合作，应用高新技术及先进适用技术

（一）推动科技型中小企业开展产学研合作

支持高等学校、科研院所与科技型中小企业共建研发机构、联合开发项目、共同培养人才。在产业技术创新战略联盟构建中根据产业链需要，大力吸纳科技型中小企业参与。继续开展科技人员服务企业行动。通过科技特派员、创业导师等方式组织科技人员帮助科技型中小企业解决技术难题。

（二）推进科技中介机构服务科技型中小企业

继续实施生产力促进中心服务产业集群、服务基层科技专项行动。加快建设技术转移示范机构、科技企业孵化器、创新驿站和技术产权交易市场。继续推进技术转移等专业化联盟建设。支持高等学校、科研院所建立专门的成果转化机构。推进各类技术转移机构专业化、社会化和网络化发展，鼓励科技中介机构开展面向科技型中小企业的服务。

（三）支持科技型中小企业应用高新技术和先进适用技术

鼓励高等学校、科研院所以及各类财政性资金支持形成的科技成果向科技型中小企业转移。结合创新人才推进计划，鼓励拥有科技成果的科技人员自主创业，领办创办科技型中小企业。围绕节能减排、低碳发展等重大任务，通过固定资产加速折旧等方式，鼓励科技型中小企业吸纳和应用高新技术和先进适用技术，实现技术升级。在“十城万盏”、“十城千辆”、“金太阳”等试点示范工程中充分发挥科技型中小企业的作用，鼓励科技型中小企业利用高新技术和先进适用技术生产节能减排和绿色产品。

三、引导科技型中小企业集群发展

（四）发挥科技园区和基地的集聚作用，促进科技型中小企业集群发展

以高新区、农业科技园及大学科技园、高新技术产业化基地、火炬计划特色产业基地、火炬计划软件产业基地等为载体促进科技型中小企业集群发展。在国家高新区开展创新型产业集群建设试点工作，通过火炬计划、科技型中小企业技术创新基金和农业科技成果转化资金等项目实施，吸引科技型中小企业按专业特色、产业链关系向国家高新区集聚。培育集群品牌，形成龙头企业。充分发挥科技企业孵化器的培育功能，引导科技企业孵化器专业化、网络化建设。

（五）围绕培育发展战略性新兴产业，引导科技型中小企业集群发展

根据国家战略性新兴产业发展规划布局，引导各级政府的专项资金向科技型中小企业集群倾斜。构建支撑战略性新兴产业的技术创新服务平台，为科技型中小企业集群发展提供服务。鼓励科技型中小企业结合区域优势、产业

基础等条件形成支撑与服务战略性新兴产业发展的企业集群。

四、加强对科技型中小企业技术创新的公共服务

（六）加强技术创新服务平台建设

通过政策引导和试点带动，整合资源，以用为本，推进技术创新服务平台为科技型中小企业服务。开展面向科技型中小企业的专题服务行动，为科技型中小企业技术创新提供设计、信息、研发、试验、检测、新技术推广、技术培训等服务。

（七）鼓励高等学校、科研院所、大型企业开放科技资源

引导高等学校、科研院所的科研基础设施和设备、自然科技资源、科学数据、科技文献等科技资源进一步向科技型中小企业开放。支持社会公益类科研院所为企业提供检测、标准等服务。引导和支持各类基础条件平台为科技型中小企业提供服务。推动国家重点实验室、国家工程（技术）研究中心、大型科学仪器中心、分析测试中心等进一步向科技型中小企业开放。鼓励有条件的大型企业向科技型中小企业开放研究实验条件。

（八）加强知识产权与标准服务

强化对科技型中小企业知识产权的专题培训，提高科技型中小企业的知识产权意识和管理能力，帮助科技型中小企业完善知识产权管理制度，培养专业人才。在知识产权信息查询与分析、专利申请、知识产权保护及纠纷处理等方面为科技型中小企业提供专业化咨询服务。吸纳科技型中小企业参与有关技术标准的制订工作，鼓励科技型中小企业根据产业发展需要联合制订技术标准。

（九）充分发挥各类社会化专业机构的作用

促进从事管理咨询、注册咨询、会计事务、审计事务、法律援助、人才培训、国际技术转移等专业服务的社会化机构为科技型中小企业提供服务。支持建立汇集各类专业机构的信息服务平台，为科技型中小企业的各类服务需求提供网络支撑。鼓励专业化机构通过培训、示范等多种方式在科技型中小企业中推广应用创新方法。探索通过政府购买服务等方式，促进各类专业机构为科技型中小企业提供优质服务。

（十）支持科技型中小企业国际化发展

充分发挥驻外使领馆科技处组、各类国际科技合作基地的信息与中介服务作用，在项目推荐、人才引进、信息收集等方面为科技型中小企业开展多种形式服务。鼓励支持有条件的科技型中小企业到境外拓展业务，开发市场，开展国际合作与交流。

五、拓展科技型中小企业的融资渠道

（十一）深入开展促进科技和金融结合试点

会同有关金融监管部门和金融机构共同组织开展促进科技和金融结合试点工作。通过创新投入方式和金融产品，改进服务模式，搭建科技金融服务平台，加强科技资源与金融资源的有效对接。依托国家自主创新示范区、国家高新区、创新型试点城市和部分省市开展的国家技术创新工程试点，开展促进科技和金融结合试点工作，为科技型中小企业创造良好的投融资环境。

（十二）引导银行业金融机构积极支持科技型中小企业技术创新

对纳入国家及省、自治区、直辖市的各类科技计划的科技型中小企业技术创新项目，按照国家产业政策导向和信贷原则，鼓励商业银行积极提供信贷支持。积极探索支持科技创新的政策性融资方式。利用知识产权和股权质押贷款、科技小额贷款公司和银行科技支行等方式扶持科技型中小企业创新发展。推进科技专家参与科技型中小企业贷款项目评审。组织开展对科技型中小企业的信用评价，加快科技型中小企业信用体系建设。

（十三）建立和完善科技型中小企业融资担保体系

鼓励各级政府科技管理部门、国家高新区设立多层次、专业化的科技担保公司和再担保机构，逐步建立和完善科技型中小企业融资担保体系。通过风险补偿和奖励等政策，积极引导和鼓励各类担保机构为科技型中小企业技术创新项目或自主知识产权产业化项目贷款提供担保服务。进一步深化科技保险试点，鼓励保险机构开发为科技型中小企业服务的保险产品。

（十四）加快科技型中小企业股权投资体系建设

鼓励地方科技管理部门、国家高新区大力发展创业风险投资，为种子期科技型中小企业提供资金支持。进一步加强科技型中小企业创业投资引导基金的实施力度，引导社会资金进入创业投资领域，引导创业投资机构投资于初创期科技型中小企业，对投资于初创期科技型中小企业的创业投资机构给予税收优惠。倡导私募股权基金和各类社会投资机构对科技型中小企业的投资，有效扩大科技型中小企业股权投资的资金供给量。

（十五）利用多层次资本市场支持科技型中小企业发展

充分发挥中小板市场、创业板市场、股权代办系统等对科技型中小企业的培育和促进作用。扩大股权代办转让系统试点范围，支持具备条件的国家高新区内非上市股份公司进入代办系统，支持符合条件的科技型中小企业在创业板及其他板块上市融资。大力推动科技型中小企业的改制上市进程。探索利用债券工具和信托工具为科技型中小企业融资的有效形式和途径。

六、引导科技型中小企业加大技术创新投入

（十六）鼓励科技型中小企业加大研发投入

加强已有政策落实力度，鼓励科技型中小企业加大研发投入，开展研发活动。对于研发投入占企业总收入的比例达到5%以上的科技型中小企业，探索多种形式的鼓励、补贴机制。

（十七）进一步发挥科技型中小企业技术创新基金的引导作用

力争逐年稳定增加中央财政预算支持科技型中小企业技术创新的专项资金规模。创新支持方式，扩大资助范围，加大对战略性新兴产业科技型中小企业的支持力度。鼓励地方加大科技型中小企业技术创新基金规模，带动社会资金支持科技型中小企业创新发展。

（十八）充分利用科技计划资源支持科技型中小企业技术创新

加大国家火炬计划、重点新产品计划、星火计划、科技富民强县专项行动计划对科技型中小企业技术创新活动的支持力度。研究建立国家科技成果转化引导基金。扩大科技型中小企业参与国家“863”计划、科技支撑计划项目的比例。

七、完善科技型中小企业创新发展的政策环境

（十九）完善促进科技型中小企业发展的政策法规

进一步梳理和评估已经出台的政策法规，针对突出问题补充完善相关政策措施。各地方结合本地情况，制订促进科技型中小企业发展的配套政策。依托国家自主创新示范区、创新型试点城市和部分省市开展的国家技术创新工程试点工作，开展促进科技型中小企业创新发展相关政策的先行先试。

（二十）实施有利于科技型中小企业吸引人才的政策

结合创新人才推进计划、海外高层次人才引进计划、青年英才开发计划和国家高技能人才振兴计划等各项国家人才重大工程的实施，支持科技型中小企业吸引和凝聚创新创业人才。针对科技型中小企业的人才需求，提供信息咨询、专业培训等服务。鼓励科技型中小企业与高等学校、职业院校建立定向、订单式的人才培养机制。探索对符合条件的科技型中小企业聘用人才给予适当补助支持。

（二十一）加大政策落实力度

加强企业研究开发费用税前加计扣除、技术转让以及高新技术企业、软件企业和技术先进型服务企业等税收优惠政策在科技型中小企业群体中落实情况的跟踪检查，及时分析问题、采取措施，保证各项政策的有效落实。继续实施国家大学科技园和科技企业孵化器税收减免政策，为科技型中小企业发展创造良好环境。

促进科技型中小企业创新发展既是一项事关创新型国家建设和全面建设小康社会全局的长期战略任务，也是当前推进经济结构战略性调整和加快转变经济发展方式的迫切需求。各地方科技管理部门要加强与有关部门的沟通协调，结合各地情况，采取有效措施，制定相应落实办法，切实抓好本意见的落实。

财政部、工业和信息化部关于印发《物联网发展专项资金管理暂行办法》的通知

财企［2011］64号　2011年4月6日

各省、自治区、直辖市、计划单列市财政厅（局）、工业和信息化主管部门，新疆生产建设兵团财务局、工业和信息化主管部门，有关中央管理企业：

为促进我国物联网健康发展，规范物联网发展专项资金的管理，根据《中华人民共和国预算法》等法律法规，我们制定了《物联网发展专项资金管理暂行办法》。现予印发，请遵照执行。执行中有何问题，请及时向我们反映。

附件：物联网发展专项资金管理暂行办法

附件：

物联网发展专项资金管理暂行办法

第一章　总　　则

第一条　为了促进我国物联网健康发展，充分发挥财政资金的引导和扶持作用，规范物联网发展专项资金（以下简称专项资金）的管理，根据财政预算管理规定，特制定本办法。

第二条　专项资金是由中央财政预算安排，用于支持物联网研发、应用和服务等方面的专项资金。

第三条　专项资金的使用应当突出支持企业自主创新，体现以企业为主体、市场为导向、产学研用相结合的技术创新战略，符合国家宏观经济政策、产业政策和区域发展政策，坚持公开、公正、公平的原则，确保专项资金的规范、安全和高效使用。专项资金鼓励和支持企业以产业联盟组织形式开展物联网研发及应用活动。

第四条　专项资金由财政部、工业和信息

化部各司其职，各负其责，共同管理。

财政部负责专项资金的预算管理、项目资金分配和资金拨付，并对专项资金的使用情况进行监督检查。

工业和信息化部负责确定专项资金的年度支持方向和支持重点，会同财政部组织项目评审，确定项目支持计划，并对项目实施情况进行监督检查。

第二章　支持范围与方式

第五条　专项资金的支持范围包括物联网的技术研发与产业化、标准研究与制订、应用示范与推广、公共服务平台等方面的项目。

第六条　项目申报单位应当具备以下资格条件：

（一）在中华人民共和国境内注册的独立法人；

（二）财务管理制度健全，会计信用和纳税信用良好；

（三）财务状况良好，具备承担项目的财务投资能力；

（四）专业技术人员不少于15人，其中高级职称不少于5人；

（五）拥有相应的专利、软件著作权或省部级以上认定的科技成果等研发成果，以及具有相应的市场应用基础。

第七条　项目申报单位应同时提供下列资料：

（一）法人执照副本及章程（复印件并加盖单位公章）；

（二）项目可行性研究报告；

（三）经会计师事务所审计的上一年度会计报表和审计报告（复印件并加盖单位公章）；

（四）相应的专利、软件著作权或省部级以上认定的科技成果等证明材料，以及已开展的市场应用方面的证明材料（复印件并加盖单位公章）；

（五）其他需提供的资料。

第八条　专项资金的支持采用无偿资助或贷款贴息方式。申请专项资金的项目原则上只采用一种支持方式。

无偿资助方式主要支持以自有资金为主投入的项目，贷款贴息方式主要支持以银行贷款为主投入的项目。原则上，技术研发、标准研究与制订、公共服务平台类项目，以无偿资助方式为主；产业化、应用示范与推广类项目以贷款贴息方式为主。

第九条　无偿资助额度或贷款贴息比例，由财政部根据专项资金年度预算安排及年度项目指南确定。

第十条　已通过其他渠道获取财政资金支持的项目，专项资金不再予以支持。

第三章　专项资金的申请与审核

第十一条　专项资金采取项目管理方式。工业和信息化部会同财政部根据国家宏观经济政策、产业政策以及行业发展规划，组织研究编制年度项目指南，明确专项资金年度支持方向和支持重点。

第十二条　省级工业和信息化主管部门应会同同级财政部门根据年度项目指南，组织做好本地区项目的初审工作。

第十三条　省级财政部门应会同同级工业和信息化主管部门依据项目初审意见，将审核汇总后的项目推荐名单和申请材料上报财政部与工业和信息化部。

第十四条　中央管理企业直接向财政部与工业和信息化部申报，中央部门（单位）所属企业通过归口管理部门申报。

第十五条　工业和信息化部会同财政部建立专家评审机制，组织技术、财务、市场等方面的专家对申报项目进行评审或委托专业咨询机构进行评估。

第十六条　工业和信息化部会同财政部依据专家评审意见或专业咨询机构评估意见，研究提出年度项目支持意见。

第十七条　财政部根据年度项目支持意见，确定项目资金及支持方式，下达专项资金预算指标，并根据规定及时拨付资金。

第十八条 项目承担单位收到专项资金后，按国家统一的财务会计制度规定处理。

第四章 监督检查

第十九条 各级财政部门与同级工业和信息化主管部门应加强对专项资金使用情况和项目实施情况的监督检查，对专项资金使用情况和项目实施进展情况采取定期或不定期检查。

第二十条 中央级项目承担单位应在项目完成后3个月内向财政部、工业和信息化部报送项目完成情况及专项资金的使用情况；地方级项目承担单位应在项目完成后3个月内向省级财政部门与工业和信息化主管部门报送项目完成情况及专项资金的使用情况；省级财政部门会同同级工业和信息化主管部门于项目完成后6个月内向财政部、工业和信息化部报送项目完成情况及专项资金使用情况的总结报告。

第二十一条 对弄虚作假骗取专项资金、不按规定用途使用专项资金的单位，财政部依据《财政违法行为处罚处分条例》（国务院令［2005］第427号）的有关规定进行处罚，并取消三年内的申报资格。项目因故中止（不可抗力因素除外），财政部将收回全部或部分专项资金。

第五章 附 则

第二十二条 省级财政部门与工业和信息化主管部门可根据本地实际情况，比照本办法制定具体的实施办法。

第二十三条 本办法由财政部会同工业和信息化部负责解释。

第二十四条 本办法自发布之日起施行。

河南省人民政府办公厅关于转发《河南省创建知名品牌创建示范产业集聚区实施意见（试行）》的通知

豫政办〔2011〕119号 2011年10月18日

各省辖市人民政府，省人民政府各部门：

省质监局制定的《河南省创建知名品牌创建示范产业集聚区实施意见（试行）》已经省政府同意，现转发给你们，请结合实际，认真贯彻执行。

附件：河南省创建知名品牌创建示范产业集聚区实施意见（试行）

附件：

河南省创建知名品牌创建示范产业集聚区实施意见（试行）

根据《中共河南省委河南省人民政府关于推进产业集聚区科学规划科学发展的指导意见》（豫发［2009］14号）、《河南省人民政府关于实施质量兴省战略的决定》（豫政

[2009] 61号）和《河南省人民政府办公厅关于转发河南省专业示范产业集聚区创建办法的通知》（豫政办［2011］10号）的精神，为切实提高我省产业集聚区总体质量水平，促进产业结构调整和发展方式转变，推动产业集聚区走以质取胜、品牌带动和标准引领道路，特制定本实施意见。

一、重要意义

知名品牌创建示范产业集聚区是以产业集聚区为依托，以提升总体质量水平为主要驱动力，在特定区域内形成的质量管理体系健全、技术标准水平先进、品牌带动作用突出、质量诚信体系完善、质量安全保障有力、产业规模居全省前列的产业集聚区。通过知名品牌创建示范产业集聚区的典型引导、示范带动，有利于培育形成一批拥有自主知识产权、关键技术和质量竞争力强的知名品牌和大型企业集团；有利于壮大一批产业集中度高、辐射带动作用强、质量高效益好的产业集聚区；有利于加快推动全省产业结构优化升级和发展方式转变，促进中原经济区建设，加快中原崛起、河南振兴。

二、指导思想、基本原则和总体目标

（一）指导思想

创建知名品牌创建示范产业集聚区，坚持以科学发展为主题，围绕省委、省政府确定的构建“一个载体、三个体系”（以产业集聚区为载体，现代产业体系、现代城镇体系、自主创新体系）的战略部署，以深入实施质量兴省战略为重点，以质量管理、品牌带动、标准引领、认证认可为手段，坚持以质取胜方针，加快培育创建一批区域特色突出、质量标准水平先进、品牌带动作用强、集聚效应明显的示范产业集聚区，并逐步发展成为国内先进制造业、现代服务业、现代农业示范产业集聚区，引导推动各地和企业加强质量建设，优化产业结构，推动产业升级，转变发展方式。

（二）基本原则

——服务产业原则。紧密围绕全省产业集聚区建设和区域经济发展，发挥质量管理、标准化、计量、认证认可等职能作用，积极服务我省高成长性产业、传统优势产业、先导产业和现代服务业，满足节能降耗、民生安全等需求，推进品牌建设和质量提升。

——标准引领原则。加快建立技术标准服务支撑体系，鼓励企业在关键技术、战略支撑产业等方面积极提交国际标准和国家标准提案，将具有自主知识产权的技术和专利及时转化为标准，占领标准制高点。加快标准更新和应用，研究制定一批符合我省产业发展特点的优势行业标准，引领产业、行业快速健康发展。

——品牌带动原则。实施品牌带动，用培育品牌、运作品牌的理念、方法和机制，发挥品牌的示范、引领、集聚和辐射效应，在产业集聚区培育和形成一批质量好、效益佳、市场占有率高、自主创新能力强、消费者认可的知名企业和名牌产品，推动现代产业体系建设。

——动态管理原则。建立知名品牌创建示范产业集聚区动态监管制度和统一考核指标体系，加强对知名品牌创建示范产业集聚区的跟踪管理和动态监管。

——合力推进原则。坚持政府主导、部门协作、企业为主体和社会参与的创建工作机制，协同配合新型工业化示范基地、创新型产业集聚区等示范产业集聚区建设，形成齐抓共促、协调运作、共同推进的良好氛围。

（三）总体目标

依托现有产业集聚区，积极创建知名品牌创建示范产业集聚区。到2015年，培育形成10个省知名品牌创建示范产业集聚区，争创5个以上全国知名品牌创建示范区。

三、工作重点

（一）全面提升质量管理水平

实施质量兴省战略，全面加强质量管理，大力开展质量兴区、质量兴业、质量兴企、质量改进、节能降耗、质量管理小组等活动，积极采用卓越绩效模式、精益生产、标杆管理等国内外先进的质量管理方法，建立健全从产品设计、原料采购、生产加工、出厂检验到售后服务的全员全过程全方位质量管理体系，积极开展质量管理体系、环境管理体系、职业健康安全管理体系、社会责任等认证，实施政府质量奖励制度，引导企业走质量和效益型发展道路，努力提升产业集聚区发展质量和管理水平。

（二）着力构建技术标准支撑体系

加强标准化工作，重点推进高端制造业、现代农业、服务业、战略性新兴行业、节能减排、环境保护等领域标准体系建设，鼓励企业在核心技术、自主知识产权、战略产业等方面占领标准制高点，引领行业、产业发展。引导企业积极采用国际标准和国外先进标准，将标准制定与科研、开发、设计、制造相结合，支持具有自主创新能力的企业建立以企业为主体的标准研发创新基地，引导产、学、研各方面共同推进具有自主知识产权的标准的研究、制定及优先采用，跨越贸易技术壁垒，扩大出口份额，增强国际市场竞争力。完善标准创新体系，开展标准创新评价工作，进一步调动企业参与创新型标准研制的积极性。引导企业加快技术创新步伐，积极采用新技术、新材料、新工艺，研发制造具有核心竞争力、高附加值和自主知识产权的新产品，增强自主创新能力，加快推进创新型河南建设。

（三）大力实施品牌带动

坚持把品牌培育作为提升产业集聚区竞争力的核心要素，加快制定名牌产品培育发展规划。围绕培育壮大我省战略支撑产业，以优势骨干企业为主体，着力通过自主创新、品牌经营、地理标志保护、商标注册、专利申请等手段，培育一批拥有自主知识产权、核心技术和市场竞争力强的知名品牌，壮大一批在全国乃至国际上具有较强竞争力的产业集群和大型企业集团。完善以消费者和市场认可为基础的名牌产生机制，鼓励优势企业积极争创名牌产品。发挥名牌产品的带动作用，鼓励以名牌产品为龙头，以资本为纽带，促进产业集聚，做大做强我省战略支撑产业，实现由“数量经济”到“品牌经济”的跃升。加强对知名品牌和知识产权的保护和宣传，加大打击假冒伪劣产品和打击侵犯知识产权违法行为的力度，增强企业和全社会保护知名品牌的意识和责任，为知名品牌发展创造良好环境。

（四）加快推进质量安全检验检测公共技术服务平台建设

坚持科学规划、合理布局、加大投入、整合资源的原则，围绕产业集聚区主导产业、优势产业的发展需要，高标准规划建设一批保障质量安全、支撑我省重点产业发展、促进节能减排、达到国际先进水平的国家级、省级质检中心。发挥质检中心在质量检测把关、技术标准制定、科技创新等方面的引领和带动作用。加强科技创新与技术研发，发挥龙头企业技术中心、工程中心或工程技术研究中心的作用，着力把检验检测公共技术服务平台打造成为自主创新服务平台，推动优势产业和高新技术产业发展，实现“河南制造”向“河南创造”的跨越。

（五）着重加强质量诚信体系建设

以提升企业质量信用水平为目标，以企业质量档案为基础，与企业注册、经营纳税、金融信贷等诚信制度互为依托，加快推进质量诚信体系建设。把产品质量状况作为衡量诚信水平的重要指标，建立统一的企业质量诚信档案和质量信用等级评价指标体系。完善产品质量信用记录发布制度和质量违法违规企业“黑名单”制度，定期发布质量诚信信息，加大守信激励、失信惩戒力度。完善社会监督约束机制，强化新闻媒体及社会中介组织的监督和行业自律，打造诚实守信的经济社会发展环境，推动信用河南建设。

（六）建立健全质量安全监管长效机制

全面落实政府及其部门的质量安全监管责任，进一步完善质量安全监管长效机制，确保产品质量安全。实行严格的市场准入制度、产品质量追溯制度、缺陷产品召回制度、市场退出制度和责任追究制度。制定重点监管产品目录，完善产品质量监督抽查制度，扩大监督抽查覆盖面，加大抽样检验频次。优化和规范市场经济秩序，建立执法打假机制，严厉打击制售假冒伪劣产品、侵犯知识产权等违法行为。建立和完善风险预警和快速反应机制，健全企业质量档案，及时发布产品质量状况分析报告，对产品质量安全问题做到早发现、早预警、早控制和早处置。

四、专业标准

除达到《河南省专业示范产业集聚区创建办法》规定的示范产业集聚区综合标准外，知名品牌创建示范产业集聚区还应达到六项专业标准：

（一）质量管理水平明显提升

开展质量提升活动，产品质量达到国内同行业先进水平。区内企业100%建立有效的质量管理体系、计量检测管理体系，规模以上企业都积极推广卓越绩效模式、精益生产、标杆管理等先进的质量管理方法，90%以上的食品生产企业通过HACCP认证或食品管理体系认证，危化品生产企业通过职业健康安全管理体系认证，高污染企业通过环境管理体系认证。

（二）品牌带动效果显著

区内主导产业拥有一批获得省长质量奖、市长质量奖和中国名牌产品、河南名牌产品、地理标志保护产品等荣誉称号的企业。名牌产品和知名品牌数量居全省前列，名牌企业产值、利税占区内比重逐年增加，重点企业和品牌知名度高、影响力大。

（三）标准水平先进

区内主导工业产品采标率达到85%以上，拥有一批标准化良好行为企业。规模以上企业建立完善的标准体系和标准制定、修订快速应急机制并运行良好，具有较大的国内外标准化活动的影响力，自主创新能力强，拥有公共标准信息服务平台。

（四）质量诚信体系完善

建立产品质量信用记录发布制度和质量违法违规企业“黑名单”制度，拥有一批省级质量诚信A等企业，建立统一的企业质量诚信档案，把产品质量状况作为衡量诚信水平的重要指标，定期发布质量诚信信息，加大守信激励、失信惩戒力度。

（五）质量安全检验检测技术服务保障有力

有与主导产业、主导产品相适应的检验检测公共技术服务平台，为企业提供质量检测把关、技术标准制定和科技创新服务。

（六）质量安全监管机制健全

建立质量安全风险评估、监测、预警、信息通报和快速处置机制，定期发布产品质量状况分析报告。实行生产许可、强制性认证管理的产品，其生产企业100%依法取得生产许可证或强制性产品认证。主导产品监督抽查合格率达95%以上，顾客满意度高、消费者投诉率低。建立有效的严厉打击假冒伪劣和侵犯知识产权违法行为机制，近三年内未发生区域性制假售假事件和重大质量问题，无较大以上特种设备安全事故。

五、创建工作程序

各产业集聚区在自愿的基础上，在省质监局和当地质监部门的指导下，开展创建知名品牌创建示范产业集聚区活动。程序如下：

（一）推荐培育

各省辖市质监部门依据国家、省创建标准提出推荐名单，向省质监局上报有关申报材料。省质监局对上报材料审查后，确定知名品牌创建示范产业集聚区培育对象。

（二）方案审查

各地确定的培育对象要制定创建实施方案，经省质监局审查批准后由培育对象组织实施。

（三）组织实施

培育对象按照实施方案落实有关措施，省、省辖市、县（市、区）质监部门进行跟踪指导和服务，组织现场检查，掌握进展情况，及时发现并督促其解决存在的问题。

（四）核查验收

培育对象按照创建标准进行自查，向省质监局上报创建工作报告并提出验收申请。省质监局组织进行现场核查验收。

（五）通告公示

对通过核查验收的培育对象，在省质监局门户网站和所在省辖市或县（市、区）主要媒体进行公示，接受公众监督。

（六）审议授牌

公示期满后，对符合验收条件的培育对象，由省质监局提名，经省产业集聚区发展联席会议审议同意后，由省质监局颁发“河南省知名品牌创建示范产业集聚区”奖牌，有效期为两年。在已授牌的河南省知名品牌创建示范产业集聚区中选优申报“全国知名品牌创建示范区”。

（七）监督考核

省质监局每两年对已授牌的示范产业集聚区进行一次复核，对复核不合格的，报经省产业集聚区发展联席会议办公室会审同意后收回奖牌，并向社会公示。收回奖牌后空缺的名额，从培育对象中遴选递补。

六、保障措施

（一）加强组织领导

省质监局负责河南省知名品牌创建示范产业集聚区创建工作，建立协调推进工作机制，会同有关部门研究解决知名品牌创建示范产业集聚区建设和发展中的重大问题。

（二）强化政策扶持

认真贯彻《河南省人民政府印发关于加快产业集聚区科学发展若干政策（试行）的通知》（豫政［2009］62号）和《河南省人民政府关于实施质量兴省战略的决定》，落实各级政府关于提高产品质量、评审政府质量奖、推进名牌战略等方面的奖励政策和措施。对知名品牌创建示范产业集聚区的企业，在办理行政许可、注册审批等市场准入方面提供快捷便利服务，在名牌认定、标准制定修订、标准化试点示范等方面给予政策倾斜。对知名品牌创建示范产业集聚区所在地建设国家级、省级质检中心优先审批和扶持。

（三）营造良好氛围

要充分发挥网络、电视、报刊等新闻媒体的舆论导向作用，开辟专刊、专栏、专题，集中对知名品牌创建示范产业集聚区工作进行广泛宣传，表彰创建先进典型。深入开展“质量月”、“世界标准日”、“世界计量日”等群众性质量活动，提高全民质量意识、品牌意识、诚信意识，树立“以质取胜”的理念，引导全社会重视质量工作，形成建设知名品牌创建示范产业集聚区的共识，营造良好舆论氛围。

关于印发《武汉经济技术开发区“高端人才集聚工程”实施办法（暂行）》的通知

2011年2月28日

工委、管委会各部门，各企事业单位：

《武汉经济技术开发区“高端人才集聚工程”实施办法（暂行）》已经工委会审议通过，现予印发，请遵照执行。

附件：武汉经济技术开发区“高端人才集聚工程”实施办法（暂行）

附件：

武汉经济技术开发区“高端人才集聚工程”实施办法（暂行）

第一章　总　　则

第一条　为深入实施人才兴业、人才强区战略，加大对高端人才引进和培养的力度，营造有利于高端人才创新创业的良好环境，充分发挥高端人才创新创业的引领和驱动作用，加快推进武汉经济技术开发区（以下简称武汉开发区）新型工业化、新型城市化进程，根据中央、省、市人才工作有关精神，武汉开发区决定组织实施“高端人才集聚工程”，并制定本办法。

第二条　成立武汉开发区“高端人才集聚工程”工作领导小组，领导小组下设办公室和评审委员会，办公室负责日常管理和协调工作，评审委员会负责高端人才（项目）论证和评审。

第三条　“高端人才集聚工程”总体目标：按照武汉开发区“十二五”期间现代产业体系布局，创新高端人才的集聚机制，构建高端人才创新创业的支持载体，营造高端人才创新创业的优良环境，以企业为主体，以海外高端人才为重点，加快集聚创新创业高端人才。“十二五”期间，围绕汽车整车、汽车零部件、新能源汽车、电子电器、新兴产业和现代服务业等产业板块，强化创新驱动，有重点地引进培养40名左右具有世界领先水平的创新创业团队核心成员或领军人才，400名左右具有国内领先水平的高端创新创业人才。为企业核心竞争力高端化和先进制造业集群化提供有力的人才保证和智力支撑。

第二章　引才对象

第四条　在武汉开发区注册，并在武汉开发区内从事生产经营、研究开发的企业和科研机构所引进培养的人才，与所在单位签订5年以上服务协议（或合同），每年在武汉开发区内工作不少于6个月，并符合下列条件之一：

（一）拥有自主知识产权、国际领先、引领产业发展、能带来重大经济和社会效益的创新团队核心成员。

（二）在世界著名跨国公司中担任（或曾担任）中高级职务的工程技术专家、经营管理专家；国家重点实验室、工程（技术）研究中心的学科、技术带头人，以及在海内外具有相当资历和知名度的高端人才。

（三）具有多年海外科技工作背景，属于国际某一学科、某一科技领域内的带头人，能够引领产业发展走在国际前列的高端人才。

（四）国家有突出贡献中青年专家、国家“百千万人才工程”第一、二层次人员；掌握具有自主知识产权、核心技术的海外相当资历和知名度的留学人员。

（五）拥有自主知识产权、能够填补国内空白，或获得过省部级以上一等奖科技奖励、科研成果的第一完成人，并在武汉开发区实现产业化，能产生重大经济社会效益的创新人才。

（六）武汉开发区紧缺的其他高端人才。

第三章　扶持政策

第五条　经申报、评审入选为武汉开发区高端人才后，可享受武汉开发区“高端人才集聚工程”的扶持、资助、奖励、服务等相关政策。

第六条　创新创业扶持。对先进、成熟、适用、有较好市场前景的科技创新项目，择优给予重点扶持。在武汉开发区领办、创办企业或研发机构，择优给予创新创业扶持资金。对领军人才，按产业化项目最高可给予1亿元的创新创业资金扶持；对其他高端人才，按产业化项目最高可给予500万元的创新创业资金支持。

第七条 贷款贴息扶持。创办企业获得银行贷款的，给予当年度利息额25%的贷款贴息。其中对领军人才的贴息总额最高可达100万元，其他高端人才最高可达50万元。贷款形成损失的，给予贷款银行或担保机构最终损失金额30%的风险补偿。

第八条 项目投资引导扶持。鼓励各类风险投资机构或个人提供融资支持。风险投资机构投资高新技术产业项目，投资期限超过2年的，按其投资总额的5‰给予奖励。创业风险投资机构或个人为入选人员创业投资发生损失，则按其投资损失的30%、最高不超过100万元给予风险补偿。为高端人才创新创业提供融资、工程、贷款多元化担保和财务顾问等方面的金融服务。

第九条 提供创业场所支持。对新办的科技型企业，给予办公用房补贴。租用面积100平方米以下的给予三年房租补贴；租用面积在1000平方米以下部分，按最高15元/平方米/月的标准给予一年房租补贴；租用面积超出1000平方米以上部分，按最高10元/平方米/月的标准给予一年房租补贴。

第十条 支持企业设立博士后科研工作站。对企业博士后科研工作站引进高端人才或与高端人才联合从事项目研发的，给予入站博士5万元/人/年的资金资助。

第十一条 优先支持申报国家、省、市科技项目和科技奖励。对作出突出业绩和贡献的领军人才，优先支持申报“武汉市学科带头人计划”候选人。

第十二条 为高端人才创新创业项目产业化提供平台支持。依托武汉开发区内重点企业、科研机构设立一批高水平创新岗位平台，依托重大项目建设一批高技术项目平台，依托武汉现代制造业创业服务中心搭建一批高效孵化平台，支持领军人才和创新团队领衔承担重大科技项目。

第十三条 支持企业对高端人才实施期权、股权等中长期激励，包括以知识产权、技术、管理等生产要素按贡献参与分配。鼓励高端人才创办的企业做大做强，对纳税贡献大的给予一定奖励。鼓励高端人才以研发技能、管理经验等人力资本作价出资创办、联办高新技术企业。

第十四条 积极推荐高端人才参加荣誉称号评选。积极推荐高端人才参加中国科学院院士（外籍院士）、中国工程院院士（外籍院士）评选。对作出突出业绩和重要贡献的高端人才，优先推荐作为“武汉杰出人才奖”候选人。优先推荐高端人才作为中央“千人计划”、湖北省“百人计划”和武汉市“黄鹤英才计划”候选人。优先推荐高端人才参加国家、省、市有突出贡献中青年专家和享受政府特殊（专项）津贴人员的选拔，优先推荐高端人才申报享受相关荣誉称号。

第十五条 为高端人才提供生活资助和安家资助。

（一）3年内为高端人才提供必要的生活资助。

1. 对创业型领军人才给予每人每月5000元生活资助，对创新型领军人才给予每人每月4000元生活资助。

2. 对创业型高端人才给予每人每月3000元生活资助，对创新型高端人才给予每人每月2000元生活资助。

（二）为高端人才提供安家资助。

高端人才首次在武汉开发区购买自住商品房的，按以下标准可享受一次性购房资助。

1. 对在武汉开发区领办、创办企业的，高端领军人才可享受50万元~100万元的购房资助，其他高端人才可享受40万元~60万元的购房资助。

2. 与用人单位签订5年以上服务协议的高端人才，领军人才可享受40万元~60万元的购房资助，其他高端人才可享受20万元~40万元的购房资助。

（三）在武汉开发区生活便利和环境优良的区域组织房源，建设高端人才公寓，为入选人员提供周转住房。建设武汉开发区精英社区，为高端人才集中提供高品质住房。鼓励用人单位为高端人才提供住房租金补贴。

第十六条 为高端人才解决配偶就业、子女教育等后顾之忧。

（一）对需要安排就业的领军人才配偶，由武汉开发区和用人单位负责推荐就业。对暂时无法安排就业的，一年内给予每月 2000 元的生活资助，其人事档案由区人才服务中心免费管理。

（二）高端人才子女入幼儿园、中小学，可选择公办学校就读，也可选择国际学校或公办学校国际班就读，由武汉开发区教育局协助办理入学手续。

（三）用人单位要帮助未参保的高端人才办理医疗保险，鼓励购买商业医疗保险。为高端人才建立健康档案，定期开展健康体检。在武汉体育中心，为高端人才免费提供优质体育健身服务。

第十七条 建立专业技术职称评定绿色通道。高端人才不受岗位职数和学历、资历等申报条件及评审时限的限制，依其能力和业绩可直接申报高级专业技术职务任职资格。

第十八条 鼓励和支持企业为高端人才提供国际化人才培训和技术交流服务。

（一）按照择优资助的原则，资助高端人才参加国外技术培训，对其发生的培训费用给予20%的资助，每人每年最高资助额度为 2 万元。

（二）对贡献突出或工作需要的领军人才，可资助其赴国外进行学习考察或学术交流，每人每年最高资助额度为 2 万元。

第十九条 鼓励和支持高等院校和科研院所“千人计划”、“百人计划”入选者产业项目在武汉开发区实施产业化。高等院校、国家重点实验室和科研院所“千人计划”、“百人计划”入选者到武汉开发区创办企业，其项目通过武汉开发区评审后，对其项目实施产业化给予鼓励和支持，并可享受第七条~第十三条扶持政策。

第四章　引才程序

第二十条 申请方式。

（一）高端创新人才由武汉开发区企业、研发机构推荐，根据其在解决企业重大创新问题以及承担重大项目中的作用进行推荐。

（二）高端创业人才由创业者本人或创业团队自荐。

第二十一条 申请受理和资格审查。

（一）办公室全年受理申请，申请人或用人单位需提交以下材料：

1.《武汉开发区“高端人才集聚工程”专项资金申请书》打印版 3 份，电子版；

2.《创业计划书》或《项目计划书》；

3. 报送单位的工商营业执照副本；

4. 申报人相关资格证书、业绩、科研成果等证明材料复印件一份（装订成册编有目录）；

5. 与申报项目有关的其他证明材料。

（二）办公室对申请人员提交的相关材料进行审查。审查合格的提交评审委员会评审。

第二十二条 评审。

按照公平、公正、公开的原则，领导小组分别于每年 5 月、10 月集中组织专家评审，重大人才项目可随时组织专家评审。评审分为专业技术评审和产业化评审两个环节。

（一）专业技术评审采取专家评审组分类评审的方式进行。根据人才项目申报情况，按照产业相近、适度集中、便于评审的原则，组织若干专家评审组，对人才项目开展分类集中评审。

（二）产业化评审由专家评审组中的投融资评估专家对申报项目进行风险评估，出具《武汉市开发区“高端人才集聚工程”人才项目产业化评审论证意见书》。

第二十三条 审定。

领导小组对专业技术评审和产业化评审的意见进行审定，提出拟资助人才项目和高端人才人选名单。

第二十四条 公示。

评审结果实行公示制度，接受社会公开监督。经审定的人才项目在武汉市新闻媒体及武汉开发区网站（www. wedz. com. cn）上公示，公示期10天。经公示无异议的，由领导小组对入选人才项目颁发《武汉开发区“高端人才集聚工程”入选通知书》，并与入选高端人才签订《武汉开发区“高端人才集聚工程”资助协议书》。

第二十五条 “高端人才集聚工程”入选人员因个人原因未履行合同（协议）的，由用人单位提出意见，经办公室审核，报领导小组批准后，依照签订的合同（协议），履行有关法律约定。

第五章 保障措施

第二十六条 创新集聚机制。广泛宣传引才政策，大力开展引才推介活动，组织企业和海外高端人才交流对接活动。发挥引才政策驱动，调动企业引才主体作用，扩大高端人才需求，帮助企业解决好引才困难，做好高端人才跟踪服务工作。建立引才激励机制，鼓励人才中介机构参与，建立海外引才工作站点，拓宽引才识才渠道。

第二十七条 构建支持载体。围绕重大项目、科研项目和创新项目建设，搭建创新创业岗位平台，促进高端人才创新项目对接。扩大科技企业孵化器规模，组织开展各类项目合作、项目支撑服务，提升孵化服务能力，提高孵化质量与水平。整合区域资源，搭建研发设备使用和应用人才共享的公共平台，为高端人才创新项目研发和快速实现产业化提供支撑平台。整合政策资源，将科技创新和创业扶持政策与高端人才政策整合运用，运用好融资、贷款担保、财务顾问、工程咨询和金融服务项目，形成合力，为高端人才创新创业提供快速发展的支撑平台。

第二十八条 建立人才柔性引进机制。推行人才、智力和项目相结合的柔性引才方式，鼓励高端人才通过兼职工作、合作开发、咨询顾问、学术交流等形式来武汉开发区服务或创业。积极推行人才居住证制度，为来武汉开发区创新创业的高端人才提供户籍居民同等待遇。

第二十九条 完善服务机制。建立武汉开发区高端人才信息库，完善高端人才动态管理和服务机制，促进高端人才合理流动和优化配置。设立高端人才服务窗口，为入选人员开辟“绿色通道”，提供信息咨询服务，代办居住居留、签证办理、户口转迁、工商注册等手续。实施“人才项目专人服务计划”，为高端人才配备行政助手，帮助处理有关行政工作。

第三十条 建立武汉开发区人才工作专项资金，列入财政预算。建立健全政府、社会、用人单位和个人多元化人才工作投入机制。

第三十一条 建立高端人才工作的目标责任和考核奖励机制，将实施“高端人才集聚工程”的相关工作纳入成员单位领导班子和领导干部实绩考核，对高端人才工作成绩显著的单位或个人给予奖励。

第六章 附 则

第三十二条 本办法自发布之日起实施，并由武汉开发区“高端人才集聚工程”领导小组办公室负责解释。原《武汉经济技术开发区关于鼓励引进和培养高端人才的实施办法》即刻废止。

中共苏州工业园区工作委员会、苏州工业园区管理委员会关于印发《苏州工业园区关于加强和创新社会管理的实施意见》的通知

2011 年 8 月 9 日

园区各局办、各大公司、各派驻机构、各直属单位、各镇：

《苏州工业园区关于加强和创新社会管理的实施意见》已经工委会议讨论通过，现印发给你们，请认真贯彻执行。

特此通知。

附件：苏州工业园区关于加强和创新社会管理的实施意见

附件：

苏州工业园区关于加强和创新社会管理的实施意见

为深入贯彻落实科学发展观，全面贯彻党的十七大和十七届三中、四中、五中全会精神，认真落实胡锦涛总书记在省部级主要领导干部专题研讨班上讲话精神，根据中共江苏省委、江苏省人民政府《关于实施社会管理创新工程切实加强群众工作的意见》和苏州市委、苏州市人民政府《关于进一步加强社会建设创新社会管理的意见》，结合园区实际，现就加强和创新社会管理提出如下意见。

一、指导思想

以邓小平理论和“三个代表”重要思想为指导，深入贯彻落实科学发展观，紧紧围绕建设“三化三型”园区总目标，以维护群众利益为根本，以创新体制机制为动力，以加强基层基础为重点，以动员社会参与为基础，以优化社会环境为保障，建立与经济社会发展相适应的社会管理创新体系，全面提升社会管理创新的科学化水平。

二、基本原则

坚持以人为本、改善民生。始终把实现好、维护好、发展好最广大人民群众的根本利益作为出发点和落脚点，着力解决好人民群众最关心、最直接、最现实的利益问题。

坚持依法治理、综合施策。综合运用法律法规、经济调节、行政管理、道德约束、心理疏导、舆论引导等手段，努力通过平等沟通、协商、协调、引导等办法化解社会矛盾。

坚持借鉴创新、先行先试。积极借鉴新加坡在社会管理方面的有益经验，为园区社会管理提供新的理念和动力。坚持先行先试，着力破除社会建设和管理的体制机制障碍，建立健全充满活力、富有效率、更加开放的体制机制。

坚持区镇一体、协调推进。把加强与创新

社会管理纳入到“三化三型”建设的总体布局，与全面实施“六大战略”有机结合起来，形成经济社会建设协调发展的格局。

坚持广泛动员、多方参与。健全完善党委领导、政府负责、社会协同、公众参与的社会管理格局，进一步激发全社会创造活力，实现政府行政管理与社会自我调节、居民自治管理的良性互动。

三、工作目标

力争通过3～5年的努力，使园区创新社会管理、建设和谐社会方面走在省市前列：公共服务水平位居省市前列。力争2012年率先基本实现现代化，2015年主要经济指标达到先进国家和地区水平，基本公共服务均等化程度明显提高，各项社会事业发展保持领先，人民群众幸福感不断增强。社会管理绩效位居省市前列。党政主导、多方协同的群众诉求表达机制、矛盾调处机制、权益保障机制进一步健全，党委、政府与社会各方互联、互补、互动的公共服务和社会管理网络基本形成，社会管理的规范化、制度化、信息化水平明显提升，公众安全感测评指数保持领先。基层基础建设位居省市前列。以党组织为核心的基层组织建设全面加强，管理服务资源有效整合，政府投入和社会投入相结合的基层经费保障机制得到完善，服务群众、引导群众能力显著增强，融时代特征、苏州特点、园区特色为一体的幸福社区建设品牌做优做强。社会稳定工作位居省市前列。各类矛盾纠纷调处率和调处成功率、主要刑事案件破案率处于领先地位，进京上访和群体性事件起数、社会公共安全事故人员死亡率、刑事案件发案率、流动人口和特殊人群违法犯罪率保持低位，力争不发生有重大影响的群体性事件和公共安全事故，不发生暴力恐怖事件、危害国家安全和政治稳定的重大案（事）件和恶性刑事案件。

四、主要任务

（一）建立健全均等化的社会公共服务体系

1. 实现居民收入倍增。以收入增长为主线、转型升级为路径、就业创业为抓手、政策引导为支撑，力争“十二五”末，实现居民收入五年倍增。加强企业职工工资分配指导，全面推行工资集体协商制度，规范机关事业单位收入分配制度。积极推进居民收入倍增计划，坚持就业、创业、产业、物业以及投资、社保、帮扶并举，逐年加大财政倾斜支持力度，着力推进富民载体建设，大力发展社区股份合作社、富民合作社和专业合作社，多渠道增加失地群众收入。

2. 完善社会保障体系。稳步推进园区社会保障（公积金）制度优化调整，实现与国家社会保障制度平稳对接，保障会员的合法权益，促进人员的顺畅流动。完善失地居民社会保障体系，扩大保障覆盖面，全面实现社会化管理，逐步提高并加快实现全区范围居民保障制度一体化。健全和完善“政府主导、国资带动、以租为主、租售并举”的多层次、全覆盖的住房保障制度，基本实现“住有所居”的保障目标。

3. 大力发展社会事业。大力推进义务教育均衡化、高中教育优质化、职业教育特色化发展，切实满足适龄儿童入园需求，努力形成“布局合理、发展健康、水平一流、人民满意”的教育发展新局面。深化医疗卫生体制改革，率先建成基本医疗保障全覆盖、公共卫生服务人人均等享有、基本医疗服务优质高效的医药卫生改革先行区，建成城镇居民15分钟健康服务圈。全面实施“文化繁荣行动计划”，深入推进“园区特色文化普及、公共文化惠民、文化产业跨越发展、文化传承创新、文化品牌塑造、文化人才引领”六大工程，不断满足广大群众日益增长的多样化、多层次精神文化需求。健全公共体育服务体系，完善基层体育设施，倡导居民做“健康园区人”。完善困难群体和残疾人的社会保障体系，逐步提高重症病人、残疾人救助标准，加大专项救助和临时救助力度，落实低保自然增长和物价上涨动态补贴机制。加快养老事业发展，推进园区老龄公寓项目建设，完善社区老年人日间照料服务模式。推进“星圆行动”综合慈善项目，加快培育慈善组织，逐步形成方便快捷、公开透明的慈善捐助体系。

4. 加强生态文明建设。大力实施生态优化计划，实行最严格的环境影响评价制度、环保执法标准和生态建设考核机制，加强水环境、大气环境以及生态环境综合治理，推广使用清洁能源、再生能源，构筑低碳的生产生活体系，打造绿色宜居环境，率先建成国家低碳示范园区和生态文明示范园区。到“十二五”末，人均公共绿地面积不低于12平方米，建成区绿地率保持在38%以上，绿化覆盖率达到46%。

（二）建立健全动态化的公共安全监管体系

1. 完善社会治安防控体系。健全点线面结合、人防物防技防结合、打防管控结合的立体化治安防控体系。所有镇（社工委）区域内全部建成规范化的治安监控中心，技防小区建设覆盖率达100%，主要道路、重要部位、人员密集场所技防覆盖率达100%，沿街商户、居民户技防入户率达80%以上。更加注重提高智能化水平和科技含量，更加侧重软件研发和机制完善，最大限度发挥技防设施在维稳处突、服务管理、预防发案等方面的作用。加强学校、幼儿园、医院、养老院、福利院等重点单位的安全防范，中小学校和幼儿园安全保卫十项基本要求达标率达100%，杜绝无证幼儿园。

2. 完善安全生产监管机制。继续落实各级领导安全生产“党政同责”、“一岗双责”和“一票否决”制度，以推动落实企业安全生产主体责任为出发点和落脚点，不断完善全区安全生产责任网、监督网、保障网。着力开展“六个领域”专项整治，坚决杜绝重特大事故和重大影响事故，有效控制较大事故和较大影响事故，继续减少一般事故，保持全区安全生产形势的持续稳定。推进安全社区建设，定期开展居家安全宣传教育，加强居家服务和管理，努力防止居家安全事故的发生。

3. 完善食品药品监管机制。建立健全食品药品质量追溯制度，形成来源可追溯、去向可查证、责任可追究的安全责任链。完善动态监测和处置机制，健全食品药品安全应急体系，强化快速通报和迅速反应机制，及时处置食品药品突发公共安全事件，坚决打击违法犯罪行为。健全食品安全管理综合协调机制，完善食品安全监管体系，落实食品安全管理责任制，加大监测监督力度，提高公众食品安全意识，形成政府、企业、行业组织、消费者和媒体共同参与的监管工作格局。

4. 完善应急防灾管理机制。健全各级应急管理和防灾减灾机构，形成科学完善的公共突发事件和灾害应急管理体制机制。完善各类公共安全应急预案，健全突发事件监测预警、信息报告、应急处置、社会动员、事故调查以及信息发布、舆论引导等工作机制。加强各级干部处置公共突发事件、应急救灾培训，组织开展群众性应急演练，普及应急管理、防灾减灾、预防避险等知识。强化园区应急救援大队建设，提升处置突发性事件和应急救灾能力。加快公安特勤综合训练基地建设，完善公安民警、辅警、特勤队伍管理机制。

5. 完善网络安全监管机制。建立虚拟社会综合管理联席会议制度，完善网上舆情监测研判机制、重大事件快速反应机制、网上舆论引导机制，不断提高对突发事件、司法个案的网上舆论引导和处置能力。加强网上技术手段和力量建设，建立对网上影响国家安全和社会稳定问题的监测、研判、预警、处置机制，健全网上网下结合的综合防控体系，有效实现对网上重点人、网上信息舆情和网上重点阵地“三大关键环节”的动态管控，提高对网上煽动指挥、网下串联行动事件的处置能力。

（三）建立健全人性化的人口服务管理体系

1. 加强流动人口服务管理。以国家建立人口信息库为契机，健全完善实有人口信息采集动态管理体系，形成全面覆盖、功能齐全的人口管理和服务大平台。全面实施流动人口居住证制度，有效整合各部门信息资源，更好地为流动人口提供公共服务。建立健全“以证管人、以业管人、以房管人”相结合的流动人口管理制度，重点做好无正当职业、无合法居住场所、无稳定收入来源流动人口管理工作，强化群租房和车库出租整治。到2015年，实现流动人口登记率、私房出租户责任书签订率分别达100%，流动人口犯罪占流动人口总数的比例平稳可控。

2. 加强刑释解教人员安置帮教。完善监管场所与家庭、单位、社区帮教管理的“无缝衔接”机制、有效安置机制、社会帮扶机制，实现刑释解教人员衔接管控率达100%、重新违法犯罪率控制在2%以下。以安置就业为重点，建立无家可归、无业可就、无亲可投刑释解教人员的分类安置机制，区、镇逐步建立过渡性安置基地，最大限度地拓展安置渠道。进一步落实对社区服刑人员的接收、管理、考核、奖惩、解除矫正等制度，加强对监外执行罪犯的教育矫治，探索建立区级社区服刑人员管理教育服务中心，确保社区服刑人员重新违法犯罪率保持1‰以下。

3. 加强重点青少年群体服务管理。完善“12355青少年服务台”建设，持续开展“未成年人零犯罪社区（村）”创建活动。大力推进不在学或无职业闲散青少年、有不良行为青少年、流浪乞讨青少年、服刑在教人员未成年子女以及新生代农民工、农民工未成年子女等重点青少年群体的社会管理。探索建立专门工作机构或社会组织，加强对严重不良行为的未成年人教育管理和流浪乞讨儿童救助管理。在校生犯罪占刑事作案成员比例不超过3%。

4. 加强对其他特殊人群的服务管理。建立完善精神卫生防治管理体制和工作机制，加大精神卫生机构经费保障，对曾经肇事肇祸和可能肇事肇祸的精神病人建立健康档案，建立重型精神病人管理治疗信息库，逐人制定救治、服务、管理措施，对有社会危害行为的要依法落实治疗和管控措施。发挥禁毒社会组织和自强服务社的作用，加强社区戒毒康复服务。镇（社工委）、社区、学校无毒创建工作覆盖率达100%、达标率达90%以上。大力实施“法轮功”等邪教人员“回归社会工程”，不断提高转化率和巩固率。

（四）建立健全规范化的社会组织管理体系

1. 促进社会组织有序发展。逐步扩大社会组织申请登记范围，重点培育新兴产业类、公益慈善类社会组织以及社区社会组织。整合党政群部门现有扶持社会组织的机构和资源，加快社会组织“孵化园”建设，实施分类指导，不断增强社会组织参与社会建设和管理的能力。积极推进政府与社会组织分离，逐步将决策咨询、标准制定等部分公共服务职能以及社区事务性、公益服务性等工作转移或委托给社会组织承接。制定出台培育社区社会组织健康发展的意见，建立布局合理、功能健全、诚信自律的社区社会组织发展体系。

2. 完善社会组织管理机制。根据“统一管理、分级管理、分类管理、自主管理”的原则，建立健全政府管理、社会监督与社会组织自律相结合的监督体系，加强对社会组织建设和管理中重大问题、重大事项的对策研究。充分调动和发挥社会组织参与社会管理的积极性，探索“政社互动”的管理方式。强化党对社会组织的领导，实现党的组织和工作的有效覆盖。

3. 加强社会组织监督管理。依法加强对政治类、宗教类以及有境外复杂背景的社会组织监管。积极推行等级评估工作，规范社会组织法人治理、财务管理以及收费行为。到“十二五”末，实现万人拥有社会组织数10家以上，等级社会组织数超过总数的30%。建立社会组织负责人管理制度，完善年度检查制度，健全查处退出机制，逐步形成登记审批、日常监管、法律求助等各环节信息共享、工作协调的管理机制，促进社会组织健康发展。

（五）建立健全现代化的新型城市管理体系

1. 完善城市管理体制。健全适应区镇一体化要求的“大城管”机制，积极推进城管职能向镇（社工委）延伸，提升镇（社工委）现代化城市管理水平。结合园区实际，贯彻落实《苏州市城市管理相对集中行政处罚权实施办法》，推进城市管理行政处罚权相对集中到城管执法部门。充分利用信息化手段，推行“人性化、智能化、网格化”城市管理模式，全面提升城市管理的能力和水平。

2. 提升综合执法水平。加强对“三小车”、“黑车”、违章停车、无证摊贩、杂船、违章建筑、扬尘污染、渣土运输、餐厨垃圾等突出问题的整治，提升动态管控水平。继续深化公安、城管、交警联动机制，扩大联动范围，健全联动制度，真正实现“管理力量大整合、信息共享大平台、执法整治大联动”。优化完善联勤管理，推行“执法主体不变、管理交叉覆盖、职能优势互补”的联勤模式，提升综合执法效能。积极探索“城管进社区”、“交警进社区”的经验和做法，推动服务管理重心下沉。

3. 加强城市交通管理。加快智能交通管控系统建设，优化人、车、物流通秩序。优化城镇客运资源布局，提高公共交通服务水平，实现常规公交之间、常规公交与轨道交通之间无缝对接，为居民提供安全、便捷、舒适的公交出行服务。加快推广应用天然气公交车，大力推进加气站建设，着力打造“绿色公交”。

4. 努力解决停车问题。制定出台优化停车秩序工作意见，按照疏堵结合、标本兼治的原则，逐步缓解并有效解决公共道路、商贸区和居民小区“停车难”问题。加强各类载体停车设施建设，落实单位内部交通管理制度和沿街、沿路停车协管制度，完善停车收费管理，实现停车资源利用效率最大化。针对一些老小区“停车难”的问题，通过深挖内部潜力、优化交通组织、规范停车收费、借用社会资源等方式，妥善化解停车资源供需矛盾。

（六）建立健全实战化的基层基础建设体系

1. 积极推进非公党建工作。以深入开展创先争优活动和基层党建品牌创建活动为主要抓手，充分发挥非公党组织在社会服务管理创新中的政治核心作用，以党建工作创新推动社会服务管理创新，以党组织和党的工作全覆盖引领和推动社会服务管理全覆盖。到2012年，全区规模以上非公企业党组织组建率达98%以上。

2. 加快企业基层组织建设。大力推进企业工会和企业调解组织建设，进一步完善社会管理工作的抓手和触角。着力加强对工会干部、调解员的指导培训，充分发挥其在信息沟通、矛盾排查、纠纷调解中的作用。到2012年，力争实现企业工会及企业调解组织全覆盖。

3. 强化综治基层基础建设。大力加强镇综治工作中心建设，重点完善工作机制，加强协作联动，发挥职能作用，把中心建设成为矛盾纠纷联调、社会治安联防、重点工作联动、突出问题联治、平安建设联创、社会管理联抓的工作平台。大力加强以实战型警务室为主体的“五位一体”社区综治办建设，确保综治维稳工作有人抓、有人管、不脱节。大力发展壮大群防群治队伍，加强治安中心户（楼）长和治安志愿者队伍建设，使其成为专业力量的有效补充。

（七）建立健全科学化的和谐社区建设体系

1. 完善社区服务管理格局。巩固和完善中新合作区“社工委、社区工作站和邻里中心、社区居委会构成的三级社区管理和服务体系”，继续推进和优化“一站多居”管理模式。认真贯彻执行《关于加快推进中新合作区社区建设的若干意见》，落实派出所长、城管中队长、邻里中心大厦经理兼任社工委副主任（主任助理）以及管委会机关人员到社工委锻炼机制。各镇基层社区完善“一委一居一站一办”社区管理模式，全面构建以社区党组织为核心、社区居委会为主体、社区服务中心（社区工作站）和“五位一体”综治办为依托、物业管理机构和社区社会组织为补充的社区组织网络。

2. 增强社区综合服务功能。构建社区公共服务、居民志愿服务、社会化便民服务相结合的社区服务格局。以邻里中心、社区服务中心、社区服务站为依托，规范基层专业服务机构，有效承接社区基本公共服务。确保邻里中心15%的面积按照“统一标准、统一风格、统一标识、统一功能”的原则建设民众联络所。加强社区配套设施建设，落实社区居民服务配套用房与住宅小区“同步规划、同步建设、同步投入使用”的制度。鼓励和引导驻区机关、企事业单位向社区居民开放其内部服务设施，引导和支持社会组织、经济组织参与社区服务管理。

3. 提升基层民主自治水平。健全和落实以民主选举、民主决策、民主管理、民主监督为主要内容的民主自治制度。规范社区重大事务民主议事规则，健全社区居民会议及居民代表会议、议事协商会议、民主听证、居务公开制度。加强业主大会建设，强化社区居委会对业主大会工作的指导和监督，引导业主大会依法规范运行。到“十二五”末，实现社区居委会直选率达90%。

4. 加强社区工作队伍建设。加强社区工作者队伍的职业化和专业化建设，注重选拔熟悉基层工作、热心社区服务、具有专业水平的人员充实到社区工作岗位。按要求选优配强社区专职工作者队伍，畅通晋升渠道，强化职业培训，健全奖励激励机制，不断提高社区工作者素质和工作积极性。

（八）建立健全长效化的民主法治保障体系

1. 深入开展法制宣传教育。深入开展“六五”普法活动，继续开展法律进机关、进各镇、进社区、进家庭、进学校、进企业等法律“六进”活动，营造学法遵法守法用法的社会氛围。重点抓好征地拆迁、劳动就业、社会保障、环境保护、安全生产、维权途径等服务民生方面法律法规的宣传和解读，引导群众履行应尽义务，依法合理有序表达诉求。鼓励支持法治广场、法治宣传展馆、法治一条街、主题公园等法治文化阵地建设。注重依托现代化、信息化、高科技手段，提升法治文化载体建设水平。

2. 大力加强政府依法行政。继续推进政务公开、行政权力网上公开运行和行政审批制度改革。进一步完善内部管理制度，细化执法标准，规范执法依据和自由裁量权，推行说理执法，加强案例指导。进一步严格执法程序，完善立案、处理、监督、评价全流程的执法质量管理指标体系。进一步加大规范性文件审查备案力度，确保备案率达100%。进一步畅通行政复议渠道，认真落实行政机关负责人出庭应诉制度，确保出庭应诉率达100%。

3. 着力提升公正廉洁司法。加强政法队伍建设，深入开展社会主义法治理念教育，细化岗位职责、执法标准、执法流程、岗位技能，形成科学系统、高效规范的执法管理体系，实现对各项执法活动的即时性管理、过程性管理、系统性管理。进一步强化政法委对政法机关的监督职能，加强涉法涉诉信访化解、案件评查和联合接访等工作。

4. 全面推进法治园区创建。积极开展“法治镇（街道）”、“民主法治社区”、“法治示范点”、“诚信守法企业”等基层法治创建活动，筑牢法治园区建设基础。开展“法治园区十佳”系列活动，通过评选法治“十佳单位”、“十佳公民”、“十佳举措”、“十佳作品”等方式，进一步增强园区法治建设影响力和品牌度。力争在全市城区中率先获得全省“法治县（市、区）创建工作先进单位”称号。

（九）建立健全多元化的维护群众权益体系

1. 加强和改进群众工作。继续深入开展“社情民意联系日”活动，健全工委委员和社区建设指导委员会成员定期倾听社情民意的长效机制。切实加强作风效能建设，牢固树立

“机关就是服务，公务员就是服务员”的意识，大兴“主动服务、创新服务、尽责服务、高效服务、廉洁服务”之风，不断改进工作作风，提升服务效能。继续深化领导、部门走访制度、挂钩企业制度，通过领导挂钩科技企业、干部到基层挂职、机关党员进社区等形式，深入社区，深入企业，深入基层，认真开展调查研究，为群众解决实际问题。

2. 畅通群众诉求表达渠道。加强领导信箱、“12345”便民服务、“12315”消费维权、政风行风热线等社情民意“直通车”建设，提高服务办理效率。加强政府门户网站建设，提高行政权力网上公开透明运行水平。健全党政领导干部接访、约访、下访制度，完善复杂疑难信访事项领导包案、部门会办和督查督办工作制度，大力推进“事要解决”。严格实行突出信访问题和重点信访事项通报制度，完善信访工作绩效考核办法。创新社区民意代表制度，聘请社区民意代表，定期召开民意恳谈会，提高民意调查效率。

3. 加强社会矛盾排查化解。按照“属地管理”、“谁主管谁负责”的原则，定期开展群众信访热点难点问题、安全生产、基层基础工作薄弱环节、重点人群管控、社会稳定风险“五项排查”，及时有效化解矛盾。深化大调解机制建设，进一步完善人民调解、行政调解、司法调解相互配合的大调解工作体系，拓展诉调、检调、公调、访调等对接机制，完善医患纠纷、交通事故、物业管理、环境保护、婚姻家庭等领域专业调解组织建设，增强化解矛盾纠纷的整体合力。积极推进区、镇（社工委）两级社会矛盾调处服务中心、社区调解组织和企业调解组织的规范化建设，强化调解员队伍专业化、职业化建设。民间纠纷调处率达98%以上，调处成功率达95%以上，民事案件调解撤诉率达55%以上。

4. 推进社会稳定风险评估。把社会稳定风险评估作为重大政策、重大项目和重大事项可行性研究和决策的必经程序，全面评估社会效益和稳定风险，充分考虑群众的承受能力，切实做到“应评尽评”。坚持有明显不稳定风险的政策不出台、绝大多数群众不支持的项目不立项，切实防止因决策不当引发社会矛盾。到2013年，形成较为完善、具有园区特色的社会稳定风险评估工作长效机制。

（十）建立健全立体化的文明道德培养体系

1. 提升公民道德文明水平。围绕“借鉴、创新、圆融、共赢”的园区经验，提炼总结和宣传推广园区精神，强化园区特色文化教育。认真贯彻中共中央《公民道德建设实施纲要》，加强社会公德、职业道德、家庭美德、个人品德建设，宣传推广《苏州市民守则》，倡导园区人爱国守法、明礼诚信、团结友爱、勤俭自强、敬业奉献。广泛开展市民公共文明主题实践和道德模范评选等活动，树立各类先进典型，弘扬健康向上的文明风尚。

2. 促进未成年人健康成长。建立统一的社区未成年人工作专门机构，健全由社区居委会、学校、辖区有关单位参加的未成年人思想道德建设社区联席会议制度，打造园区青少年活动中心、文化艺术中心、关工委校外辅导站等一批未成年人思想道德建设工作载体。优化快乐假日活动，持续开展“七彩的夏日”、“缤纷的冬日”等未成年人假期系列活动，进一步打响“阳光假日快乐营地”、“四点钟驿站”等特色品牌，让更多青少年快乐成长。

3. 着力培育高雅人文素养。自觉推进终身学习，支持各级干部积极参加学历提升教育，倡导市民开展家庭读书活动，鼓励企业员工广泛接受技能培训。广泛开展社科普及，以科教创新区高校资源“讲座联盟”为支撑，深入开展各类公益性讲座和公益文化服务活动。着力提高科学素质，开展各类科技教育和应用培训，利用文化艺术中心、青少年活动中心等平台组织各类科普展和科普宣传活动，加强知识产权的专业化培训和普及化宣传，增强全民知识产权意识。

4. 推动多元社会群体融合。牢固树立“今相邻”理念，广泛开展“认识你的新邻居”、“评选好邻居”等主题活动，使区内生活的老苏州人、新苏州人、洋苏州人等各类社会群体和谐共处。包容多元文化，坚持每年举办大型圣诞迎新晚会、端午龙舟赛、中外企业体育交流赛、园区运动会等文体活动，充分发挥境外女士联谊会、外籍友人华语文化俱乐部等平台作用，促进中外文化深度交融。建设开放乐居家园，加强外籍人士就业和居住服务，尊重外籍人士的生活习惯和信仰风俗，完善外籍人士教育、医疗、休闲等生活配套设施。

5. 大力拓展全民志愿服务。成立园区志愿者协会，建立志愿者驿站和服务管理网络系统，力争到2015年末注册志愿者占常住人口比例达10%以上，注册志愿者每年参加12次以上志愿服务，努力形成“全民志愿服务，志愿服务全民”的互动局面。依托“党员进社区”活动，充分发挥各级党组织和党员志愿者带头示范作用。抓好志愿服务队、服务基地、服务站建设，建立健全志愿服务活动的组织体系、社会化工作体系和运行机制。大力宣传各类志愿者典型，进一步打造湖西社区“触爱行动”、湖东社区“啄木鸟”等志愿服务工作品牌。

6. 积极营造社会诚信环境。加强信用体系建设，商品交易市场信用四级分类监管覆盖率达100%。严厉查处企业生产假冒伪劣产品、不公平竞争、欺诈等违法行为。完善“12315”投诉和执法体系，积极推进“12315”监督站向社区延伸。健全企业社会责任体系，选定与群众生活密切相关的八类行业（房地产、食品、餐饮、装饰建材、物业、中介、洗涤、农贸市场），签订诚信承诺书及自律公约。深入开展“文明诚信市场”创建和“百城万店无假货”活动，进一步完善创建标准，严格认定程序，将创建活动与文明城市、卫生城市和放心消费创建活动相结合，营造良好的消费环境。

五、保障措施

（一）健全组织领导体制。各级党委、政府要把加强社会建设、创新社会管理纳入经济社会发展总体布局，完善“党委领导、政府负责、社会协同、公众参与”的社会管理格局。充分发挥好党委在社会建设和管理中总揽全局、协调各方的领导核心作用，建立健全由党政主要领导挂帅、党委分管领导具体负责、相关部门参加的社会管理创新组织领导机构。健全完善领导小组工作机制，进一步明确工作职责，健全责任体系，规范工作制度。

（二）强化政府管理职能。发挥政府在社会管理中的主导作用，寓管理于服务，努力为人民群众提供更多更好的公共服务，加快建设人民满意的服务型政府。大力推进政企分开、政资分开、政事分开、政府与市场中介组织分开，对应该由政府负责的社会管理和公共服务，切实做到人员到位、投入到位、工作到位、责任到位。科学界定部门管理职责任务，切实解决多头管理、分散管理的问题，努力使政府及各职能部门的管理更加协调有效。

（三）构建多元投入机制。健全公共财政体制，调整和优化财政支出结构，把更多资金投向公共服务领域。建立和完善政府购买公共服务的机制和政策，提高社会组织承接政府转移职能、开展公益服务和中介服务的能力。探索建立社会建设的多元化投入机制，鼓励社会力量、民间资本更多地投入公共服务项目建设，推进社会事业快速发展。

（四）加强人才队伍建设。把社会工作人才纳入人才队伍建设总体规划，积极构筑社会工作人才体系，加快培养造就社会建设和管理领域的研究人才、管理人才和服务人才三支队伍，推进社会工作专业化、职业化进程。加强教育培训，建立以岗位培训、专业提升和实务督导相结合的社工人才培养体系，引进或特聘社会工作领军人才。积极鼓励各类组织和个人创办社工专业机构，重点扶持一批具有示范导向作用的民办专业社会工作服务机构。2011、2012两年，全区至少培育2～3家有一定规模的专业社工机构。

（五）提升借鉴创新水平。充分发挥借鉴

新加坡经验的独特优势，坚持“小政府、大社会”、“小机构、大服务”和“精简、统一、效能”的管理体制，强化“亲商、亲民”服务理念，进一步完善和提升对行政服务管理、城市规划管理、生态文明建设、社区服务管理等方面借鉴成果的运用。积极探索在治安综合治理、社会组织建设、民主法治建设、和谐社区建设、文明道德培养等方面进一步深化借鉴，提升借鉴的层次和水平。注重依靠科技支撑，加强社会管理信息化建设，提高综合管理质效。

（六）狠抓工作措施落实。各级各部门要坚持把基层作为抓落实的重要阵地，把工作精力和注意力更多放到基层，把更多的人力、财力和物力投到基层。加强对社会管理重点领域、重点工作的督查督办，严格落实责任追究制度。加大考核力度，把社会建设和社会管理创新纳入各级领导班子和领导干部推动科学发展的考评体系。加大宣传力度，及时总结、宣传和推广有益经验，充分发挥示范引领作用。

长沙经济技术开发区管理委员会关于深化行政审批改革、优化办事流程的实施意见

长管办发［2011］28号　2011年12月21日

根据省市有关文件精神，为精简和规范行政审批行为，优化办事流程，提高办事效率，结合园区实际，特制定本《实施意见》。

一、指导思想

以科学发展观为指导，按照有利于降低园区企业行政成本、提高办事效率和服务质量的要求，进一步清理和规范行政审批行为，改进审批方式，优化办事流程，切实把政府部门职能转到主要为企业服务和创造良好的发展环境上来，推动园区经济社会又好又快发展。

二、改革目标

清理和减少审批事项；改进审批方式，实行“并联审批”；压缩审批时限，提高审批效率；优化办事流程，减少办事环节；加强审批监督，建立公开、公正、高效、便利的行政服务体系。

三、适用范围

本《实施意见》适用于入区工业项目的审批、核准、登记注册、备案，园区内基础设施项目参照执行。凡对入区工业项目及基础设施项目具有审批职能的区（县）相关职能部门均在改革范围之列。

四、改革内容

（一）清理和减少审批事项

按照切实转变政府部门职能，加强公共服务的要求，根据法律法规及省、市相关要求，对审批事项按以下原则进行全面清理：对于必须保留的审批项目，由相关部门提供依据、说明理由；对于没有法律法规及相关依据的审批项目，坚决取消；能精简的审批项目要坚决精简，包括精简审批所需资料及审批环节；能改为备案的，要改为备案管理；能由市场机制替代的，要通过市场机制来处理，如经营性土地使用权出让、建设工程承包、政府采购和产权交易等，要采取招标、拍卖等市场运作方式。

（二）改进审批方式

一是全面启动全程代办。企业办理事项凡

在管委会内部流转的，企业一次报送资料，由代办机构专人负责，全程办理；需在省、市、县有关部门办理的，一律由带办人带领办理。根据自愿原则，由委托方与全程代办投资服务中心签订代办协议，代办处依据代办协议为委托方提供区内免费全程代办服务。

二是并联审批，限时办结。为加快审批进程，对于同一项目在多个部门之间的审批，全程代办投资服务中心要加强组织协调，做好衔接与督办工作，能同时进行的要同时进行，不能同时进行的也要根据审批时限，科学合理地安排审批进度，确保在规定时限内办结。需报市以上职能部门审批的，其审批时限可在本《实施意见》规定的办结时限基础上予以适当延长。

为尽量缩短审批时限，对以下环节实行并联审批，凡并联审批环节内的审批项目必须同时进行。第一个并联审批环节为：工商设立登记、组织机构代码证办理；第二个并联审批环节为：地税登记发证、立项、环评审批；第三个并联审批环节为：消防设计审核备案、人防工程审批、防雷装置设计审核、报建招投标备案；第四个并联审批环节为：建设、规划、消防、环保、人防等部门工程竣工联合验收。

（三）优化办事流程

根据工作实际，将项目入区的审批流程优化为 13 个主要流程，具体优化情况如下：

一是撤销不必要的审批项目。根据中央及省、市相关要求，撤销一部分行政审批事项。

二是压缩审批时限。将项目入区和建设审批时限由原 177 个工作日压缩为 42 个工作日，其中外资企业设立审批、工商设立登记、组织机构代码证办理、地税登记、产业环保、国土审批等前置审批压缩为 18 个工作日，规划、消防、人防、防雷、招标、建设等审批、备案、验收压缩为 24 个工作日。

三是精简审批资料。将项目入区各项审批由原需 172 项申报资料精简为 127 项申报资料。

四是简化审批环节。如将用地规划许可由 3 个环节简化为 1 个环节，工程规划许可由 2 个环节简化为 1 个环节，消防设计审核、备案由 2 个环节简化为 1 个环节等。

（四）加强审批监督

一是公布督办电话。设立公布审批督办电话（84012342），由区纪检监察审计室（优化办）负责受理，督促各职能部门尽快完成行政审批。

二是不定期抽查审批办结情况。由区纪检监察审计室（优化办）根据全程代办投资服务中心与委托方签订的代办协议，负责对审批办结情况进行不定期抽查。

三是在网上公布审批办理进度。为接受企业或投资商的监督，由全程代办投资服务中心负责在经开区网站上及时公布每一个项目的审批办理进度，包括项目提交相关部门审批开始时间、承诺办结时间、实际办结时间等。

五、保障措施

一是保障全程代办实施。在全程代办投资服务中心配备专职人员，负责受理和全程代办入区工业项目所有审批事项，各职能部门要安排专门人员，负责联系代办工作。

二是建立效能问责制。由区纪检监察审计室（优化办）负责对本《实施意见》执行情况进行监督检查，并建立效能问责通报制，问责结果纳入部门及个人年度绩效考核。

三是实行书面一次性告知制。投资商或企业办事人员咨询或办理有关事项时，全程代办投资服务中心、相关部门或服务大厅应予以书面一次性告知。

四是编制办事指南和告知单。为方便企业办事，管委会服务大厅要放置服务指南合订本，各窗口放置服务告知单和单项服务指南，全程代办投资服务中心要编制全程代办手册。为方便企业查询，各职能部门要公布受理查询电话。

武汉经济技术开发区关于推进法治开发区建设的实施意见

2011年12月9日

管委会各部门，街道，各派驻机构，各企事业单位：

为全面贯彻依法治国基本方略，稳步扎实推进法治开发区建设，根据法治湖北、法治武汉建设的部署和要求，结合开发区实际，制定本《实施意见》。

一、指导思想和基本原则

（一）指导思想

高举中国特色社会主义伟大旗帜，以邓小平理论和“三个代表”重要思想为指导，全面贯彻落实科学发展观，坚持党的领导、人民当家作主和依法治国的有机统一。以经济建设为中心，以民主法治完善、社会文明安定为基本目标，以宪法和法律为依据，以党的领导为根本保证，以构建社会主义和谐社会为目标，按照依法治国基本方略的总体要求，围绕建设和谐、创新、法治开发区，通过执法、司法、法律服务、普法和监督等途径，全面提高开发区经济、政治、文化、社会建设法治化水平，为建设“和谐开发区”、“创新开发区”和“法治开发区”提供法制保障。

（二）基本原则

1. 坚持党的领导。在开发区工委的领导下建设法治开发区，实现党的领导、人民当家作主和依法治区的有机统一。

2. 坚持以人为本。牢固树立以人为本理念，始终以人民群众的根本利益作为出发点和落脚点，做到执政为民、执法为民。

3. 坚持法制统一。以宪法和法律为根本依据，在依法治国、建设法治湖北和法治武汉的进程中，推进法治开发区建设，落实依法治区的各项措施。

4. 坚持科学发展观。把深入学习实践科学发展观贯彻于法治开发区建设的始终和各个方面，为建设“两型社会”、推进开发区经济社会全民协调可持续发展营造良好的法治软环境。

二、总体目标

到2020年，基本实现全区经济、政治、文化、社会建设的法治化。依法治国方略得到切实落实；人民管理国家、社会事务和经济文化事业的权利得到全面实现和保障；公民在各个层次、各个领域的有序政治参与与全面推进，各方面积极因素得到全面调动；公共权利的配置和行使受到有效规范和约束，政府依法行政和公共服务水平得到全面提升。

——各级领导体制和工作机制不断完善，科学执政、民主执政和依法执政的要求得到全面落实，执政能力进一步提高。

——民主制度进一步健全。市人民代表依法履行法律监督和工作监督，民主政治建设水平整体提高，中国共产党领导的多党合作政治协商制度、基层民主自治制度进一步巩固和完善，社会主义民主政治建设全面进步。

——政府行为得到进一步规范，依法行政水平不断提高，基本实现建设法治政府目标。

——司法机关公正司法、严格执法、文明执法制度得到全面落实，司法工作法律效果、社会效果和政治效果达到统一，司法尊严与权威得到切实维护和彰显，司法为民理念得到充分体现。

——依法治理进一步加强。社会主义法治理念深入人心，国家公务人员的法治观念、法律素质得到普遍增强；广大公民法律意识和法律素质普遍提高；社会治安环境良好，文明守法的社会持续初步建立。

——经济、社会、文化建设协调发展。市场经济持续不断规范，依法经营与诚信守法规律得到广泛遵循，与民生相关的社会事业管理法治化水平稳步提高，群众基本文化、教育、住房、医疗卫生、食品药品安全、生产安全、劳动保障、科技创新等各项权益得到依法保障。

三、总体进程

（一）动员部署阶段

2010～2011 年完成规划、动员、部署工作。将本意见确定的工作任务与责任纳入各部门、各街道目标责任制考核范围，层层进行目标责任分解，各部门、各街道结合实际制定各自的实施意见。

（二）全面实施阶段

2011～2015 年，全面落实本意见的各项任务，建立和实施法治开发区建设工作考评体系，部门法治建设及基层地方法治建设全面开展，一部分基础较好的部门、基层地方基本实现法治化目标。

（三）巩固提高阶段

2016～2020 年，各部门、各街道进一步完善法治化管理体系，全面完成本意见规定的任务。

四、主要任务

（一）全面推进经济建设法治化，促进和保障开发区经济跨越式发展的法治环境

围绕实现开发区经济跨越式发展为中心，充分发挥法律的规范、调节、服务和保障作用，贯彻落实国家基本经济制度和法律法规，加强经济调节和市场监督的制度建设，依法维护各种利益主体和各类市场主体的合法权益，完善行政执法、行业自律、舆论监督、群众参与相结合的市场监督体系，依法加强对各类市场和市场主体的监管，依法规范市场主体行为、严肃查处破坏市场秩序、不正当竞争等违法行为，严厉打击侵害企业和重点项目合法权益的行为；加快建设以道德为支撑、产权为基础、法律为保证的社会信用制度，逐步建立政府信用系统、企业信用系统以及社会化的信用监督和失信惩戒机制，促进组织和个人把诚实守信作为基本行为准则；充分发挥法律规范、调节、服务和保障作用，完善鼓励技术创新和科技成果产业化的政策措施，优化产业结构调整、发展现代化服务业、节能减排，深化各街道、社区（村）改革等重大目标任务，提供全方位的法律服务和强有力的法律保障；加强政务中心建设，简化办事流程，推进网上并联审批，为企业、法人和居民提供高效便捷服务。

（二）全面推进政治建设法治化，全面构建平安开发区

坚持接受人民代表制度和中国共产党领导的多党合作、政治协商制度，督促、支持和保证国家机关依法行使职权；深化民主法治街道、法治社区、法治单位的创建工作，加强基层民主法治建设；健全维护司法公正的监督制约机制；完善包括律师、基层法律服务、人民调解、社区矫正、法制宣传、法律援助等在内的法律服务体系；深入开展社会矛盾纠纷化解、社会管理创新和公正廉洁执法三项重点工作，完善社会治安防控体系，构建“大调解”机制和社会矛盾纠纷排查调处体系，全力推进“平安开发区”建设。

（三）全面推进文化建设法治化，努力构建文明开发区

依法推进文化体制改革，完善公共文化服务体系；重点加强对街道、社区（村）公共文化体育设施的建设管理和保护；培育和完善繁荣、健康、有序的文化市场；加强文化信息

传播法制建设，文化、新闻、出版等部门要充分发挥大众传媒的作用，开展形式多样、生动活泼的法制宣传教育，进一步提高宣传质量，增强可读性、可视性；加强网络文化建设和监管，营造良好的网络文化环境；加强法治文化建设，丰富载体，创新形式，大力开展“文明开发区”的创建活动。

（四）全面推进社会建设法治化，努力构建和谐开发区

坚持以人为本，着力以人民群众的根本利益为出发点，促进各项社会事业协调发展。从广大人民群众最关心、最直接、最现实的利益问题入手，加强教育、就业、社会保障、医疗卫生、住房、饮水、道路、通信、电力、生态环境等关系民生问题的制度建设，特别是依法规范劳动关系，加强维护劳动者合法权益的执法力度，依法推进城乡居民社会保障体系建设，完善城乡居民最低生活保障制度，提高医疗卫生工作法治化程度和加强药品食品安全及计划生育等工作的执法力度；加大资源环境执法力度，完善和落实突发环境事件的应急预案，引导企业自觉遵守有关节约资源、保护环境的法规，依法限制高耗能、高污染工业的发展，实行严格的环境考核及环境执法责任制和责任追究制。

五、加强组织领导及保障

（一）加强组织领导

坚持党的领导，按照开发区工委的统一部署，把法治建设摆上重要议事日程，健全工作机构，完善领导体制，保障工作经费，纳入综合目标考核，研究解决重大问题，推动法治开发区建设各项工作落到实处。区依法治市工作领导小组在区工委、管委会领导下，负责法治开发区建设的组织实施，制定总体规则，分解工作任务，考评工作绩效，统筹安排，协调各方。领导小组办公室具体负责法治开发区建设工作的指导、协调、督促和检查。各部门、各街道的主要负责同志为本部门、本街道法治建设的第一责任人，按照“法治开发区”建设的目标和任务，结合各自实际，制定切实可行的实施办法，形成党委统一领导，人大代表依法监督，政府机关带头实施，全社会齐抓共管，人民群众广泛参与的工作格局。确保法治开发区整体、有序、协调推进。

（二）健全工作机制

建立健全统一领导、分级部署、分工负责、相互配合、上下联动的工作机制。在实施过程中，找准工作的切入点，提出阶段性、区域性的工作目标与要求。建立和完善工作目标责任制，把法治开发区建设的任务落实到各部门、各街道。建立科学的评估体系和考核办法，采用长短结合的方式，将法治开发区创建考核与工委、管委会共性目标考核、社会治安综合治理考核和文明创建考核结合起来，真正形成涵盖广、刚性强的评估考核体系。

（三）创建工作载体

扎实推进各个层次、各个部门、各个地区的法治创建工作。从法治惠民为着眼点，开展法治开发区建设办实事活动；以维护社会公平正义、司法为民为落脚点，开展“公正司法创优”活动；以明确和规范政府各部门的职权和行政程序为主线，开展“依法行政示范单位”创建活动；以严格依法行政、确保司法公正为重点，开展“法治单位”、“法治街道”和“法治社区（村）”创建活动；以提高基层工作法治化水平为目标，开展“民主法治村”和“民主法治社区”创建活动；以守法用法和诚信经营为主要内容，开展“诚信守法企业”创建活动等。建立信息公开平台，调动社会参与的积极性，反映法治开发区建设的动态和工作成果。建立执法部门新闻发布会制度，就群众关注的热点难点问题的依法解决进行信息公开发布。

依照法治湖北和法治武汉建设的相关规定，我区将根据省、市、区相关工作部署，对各单位、部门及个人进行年度考核，并将根据考核情况对优胜集体及优胜个人进行表彰奖励。对年度考核不达标的，将取消年度考核评先资格。

合肥经济技术开发区管理委员会关于印发《合肥经济技术开发区企业用工及培训补贴暂行办法》的通知

2011 年 3 月 15 日

区属各单位，各有关企业、人力资源服务机构、技工（职业）院校：

《合肥经济技术开发区企业用工及培训补贴暂行办法》已经主任办公会研究同意，现予印发执行。

特此通知。

附件：合肥经济技术开发区企业用工及培训补贴暂行办法

附件：

合肥经济技术开发区企业用工及培训补贴暂行办法

第一条 为帮助企业解决用工紧缺问题，发挥人力资源服务机构和技工（职业）院校的人才引进渠道作用，鼓励企业引进、培养技能性人才，结合我区实际，制定本暂行办法。

第二条 本办法补贴对象包括：区内规模以上工业企业和总投资 3 亿元以上的招商引资工业企业（以下简称区内企业）；全市范围内人力资源服务机构和技工（职业）院校。

第三条 用工补贴及标准

（一）对人力资源服务机构和技工（职业）院校的补贴

1. 人力资源服务机构为区内企业组织劳动力就业，依法签订 1 年以上劳动合同并办理社会保险的，每组织 1 名补贴 100 元。

2. 技工（职业）院校为区内企业输送毕业生就业，依法签订 1 年以上劳动合同并办理社会保险的，每输送 1 名补贴 100 元。

（二）对区内企业的补贴

1. 鼓励企业从市外引进技能型人员，引进技术工人的，每引进 1 名补贴 300 元；引进技师的，每引进 1 名补贴 500 元。

2. 技术工人是指工作年限 3 年以上，具有人社部门颁发的中高级技工等级证书的人员；技师是指工作年限 3 年以上，具有人社部门颁发的技师、高级技师等级证书的人员。

3. 企业须与技能型人员依法签订 1 年以上劳动合同并办理社会保险。

（三）对同一用工按照就高原则进行补贴，不重复补贴。

第四条 培训补贴及标准

（一）区内企业组织内部员工进行专业技术培训，并取得相应专业技术证书的，给予企业培训补贴。取得中级技工证书的，按 100 元/人给予补贴；取得高级技工证书的，按 200 元/人给予补贴；取得技师证书的，按 300 元/人给予补贴。

（二）区内企业利用自身培训资源为区内其他同类企业组织专业技术人员培训，一次培训人数达到30人以上，且培训时间1个月以上的，给予一次性培训补贴1万元。

（三）区内企业举办培训要提前将培训方案、培训人员等材料向区人事劳动局报备。

第五条 规范区内企业在本区范围内的用工行为

（一）区内企业应签订行业自律协议，承诺在用工方面合法、公平竞争。

（二）禁止区内企业通过不正当竞争方式用工。所称不正当竞争方式用工，是指企业在本区范围内招聘在同行业其他企业工作3年以上的技术工人和中高级技术、管理人员，且许诺的工资明显超过正常水平，对本区劳动力市场造成一定负面影响，原用工企业对人员流失反映强烈的用工行为。

（三）企业未按法律规范用工或因管理不善等原因造成人员正常流失的，不属于不正当竞争行为范畴。

第六条 对区内企业通过不正当竞争方式用工，经原用工企业举证，区人事劳动局核实并报经管委会批准，给予以下处罚：

（一）取消该企业以及为该企业招工的人力资源服务机构享受本暂行办法补贴的资格，已经享受的追回补贴资金。

（二）取消该企业当年度享受开发区各类评先评优和奖励的资格。

（三）对享受优惠政策的企业，按招聘1名技术工人5万元、中高级技术和管理人员10万元的标准，从应兑现给该企业的资金中扣减。扣减资金支付给原用工企业，作为对原用工企业人才培养的补偿。

第七条 本暂行办法中有关企业用工和培训补贴的申报兑现细则由区人事劳动局另行制定。

第八条 本暂行办法由区人事劳动局负责解释，自下发之日起执行，有效期1年。

关于印发《温州经济技术开发区促进小额贷款公司发展实施意见》的通知

温开发［2011］108号 2011年8月9日

各局（室）：

《温州经济技术开发区促进小额贷款公司发展实施意见》已经管委会主任办公会议审议通过，现印发给你们，请遵照执行。

附件：温州经济技术开发区促进小额贷款公司发展实施意见

附件：

温州经济技术开发区促进小额贷款公司发展实施意见

为进一步支持小额贷款公司服务“三农”和支持小企业发展，引导小额贷款公司合规经营、健康发展，根据《浙江省人民政府办公厅关于促进小额贷款公司健康发展的若干意见》（浙政办发［2009］71号）和《温州市人民政府办公室关于促进温州小额贷款公司稳健发展的实施意见》（温政办［2009］122号）精神，结合开发区实际，制定本《实施意见》。

一、明确小额贷款公司定位

小额贷款公司是以服务"三农"和小企业为宗旨，从事小额放贷和融资活动的新型农村金融组织。有关部门在小额贷款公司办理工商登记、税收征缴、土地房产抵押及动产和其他权利抵押、财务监督等相关事务时，应参照银行业金融机构对待。对于小额贷款公司在开展与小额贷款活动相关的同业合作、向银行业金融机构融资等金融活动时，也应参照银行业金融机构对待。小额贷款公司应按规定执行《金融企业财务规则》（财政部令第42号）、《金融企业呆账核销管理办法（2008修订版）》（财金［2008］28号）、《银行抵债资产管理办法》（财金［2005］53号）等金融业财务管理制度。

二、加大政策扶持力度

对于年度考核优秀的小额贷款公司，要加大对小额贷款公司的财政扶持力度，并与其贷款投向、利率执行、支持"三农"和小企业的贡献大小等考评情况相挂钩。

（一）实行财政补助政策

对服务"三农"和小企业贡献突出、考核优秀的小额贷款公司，其缴纳的属于地方财政收入的营业税和所得税地方留成部分在3年内可予以全额补助。当年对涉农及50万元（含）以下的小额贷款，年贷款加权平均利率在人民银行基准利率2.5倍以下，可按照年日均贷款余额的0.5%给予补助，期限3年。小额贷款公司的信息化建设等项目，可向经济发展局申报项目补助。

（二）建立计提拨备和风险补偿机制

小额贷款公司的小企业贷款和涉农贷款应税前全额计提拨备损失准备金，并参照农村合作金融机构的标准计提呆账准备金。建立风险补偿机制，范围包括贷款对象在温州经济技术开发区区域内的涉农贷款、弱势群体、大学生创业贷款及50万元（含）以下小额贷款等四项（不重复计奖），可按照贷款年日均余额的0.5%予以补偿。

（三）实行房租补贴

小额贷款公司租赁办公场所的，其房租可按实际支付额给予补助，但每年最高不超过20万元，期限3年。

三、扩大小额贷款公司的融资渠道，增加资金实力

（一）提前增资扩股

对服务"三农"和小企业成效显著、内控制度健全的小额贷款公司，经管委会审核，并报省政府试点工作联席会议批准后，可以提前半年按规定程序实施增资扩股。要严格审查股东资格和资金来源，主发起人的资产负债率应低于70%，其他发起人的资产负债率应低于75%，单次增资最高额度可达原注册资本的1倍。对于信誉良好、牵头作用突出的主发起人的股份可增持至30%。鼓励经营管理层适当持股，并不断完善约束激励机制。

（二）降低融资成本

小额贷款公司可以按规定从不超过两家银行业金融机构融入低于资产净额50%的资金，利率原则上以同期"上海银行间同业拆放利率"为基准加点确定，具体利率和期限由双方自主协商。

（三）扩大融资数量

小额贷款公司可以采取为银行机构包收包放组合贷款并承担贷款全部风险形式，与银行机构联合发放组合贷款。小额贷款公司提供配套贷款余额不得少于组合贷款余额的20%，利率由小额贷款公司按规定自行确定。银行机构的组合贷款资金必须按规定由银行直接发放至客户账户，不得由小额贷款公司转贷，且执行银行规定的贷款利率。银行机构可以给予小额贷款公司一定的奖励。小额贷款公司与银行机构签订的组合贷款协议，须经管委会审议核

准。

四、调整小额贷款公司资金运用规定，提高扶持“三农”和中小企业的能力

（一）逐步扩大经营业务范围

坚持审慎有序、风险可控的原则，适度扩大小额贷款公司业务范围。对年度考核评价达标、内控制度健全、法人治理严谨、不良贷款比例当年低于1%、小额贷款比例达到规定要求的优秀小额贷款公司，经管委会审核，并报省试点工作联席会议批准后，可以开展票据贴现、资产转让等新业务试点。

（二）适当调整贷款投向比例

小额贷款公司应坚持“小额、分散”的原则，在确保服务“三农”和小企业试点方向不变的前提下，原则上小额贷款公司贷款余额的70%应当用于单户贷款余额100万元以下的小额贷款及种植业、养殖业等纯农业贷款，其余部分单户贷款余额最高不超过资本净额的5%。

五、加强小额贷款工作的组织领导和监督管理

（一）扶持政策的申报审核和监督管理

小额贷款公司要按规定向区金融办报送月、季度业务报表和年终经营业绩及融资审计报告。区金融办要做好小额贷款公司的运行监测和分析，每半年牵头相关单位开展一次现场检查。次年第二季度，根据省政府对小额贷款公司年度考评结果，区金融办、区财政局对小额贷款公司提出兑现上述资助政策的申请进行联合会审，并报管委会审核同意。通过公示程序无异议的，由区金融办会同区财政局联合发文下达资金。

（二）加大监管力度，促进小额贷款公司稳健发展

区金融办、区财政局、区工商分局、区公安分局等单位要各司其职、各负其责，加大对小额贷款公司的监管力度。区金融办要牵头做好小额贷款公司综合管理工作，加强对小额贷款公司的日常监管，规范小额贷款公司税收缴纳，并适时开展检查。

本意见由区金融办会同区财政局负责解释。

关于印发《东营经济技术开发区国家生态工业示范园区建设工作实施方案》的通知

东开管发［2011］37号　2011年3月7日

各部门、单位，各企业：

《东营经济技术开发区国家生态工业示范园区建设工作实施方案》已经管委会研究通过，现予以印发，请遵照执行。

附件：东营经济技术开发区国家生态工业示范园区建设工作实施方案

附件：

东营经济技术开发区国家生态工业示范园区建设工作实施方案

2011年是“十二五”开局之年，也是实施黄河三角洲高效生态经济区和山东半岛蓝色经济区国家战略，建设高端产业区的关键一年。开发区建设国家生态工业示范园区是认真落实科学发展观的重要实践；是经济转型、社会和谐发展的坚实基础；是治污减排，提高区域环境总体质量的契机。按照“黄蓝融合、陆海统筹、一体发展”的思路和《东营经济技术开发区国家生态工业示范园区建设规划》的要求，利用2～3年的时间实现创建目标，特制订本实施方案。

一、指导思想

紧紧抓住黄河三角洲高效生态经济区和山东半岛蓝色经济区两大国家战略实施及开发区升级为国家级经济技术开发区的重大历史机遇，以科学发展观为指导，认真落实市委、市政府的决策部署，围绕国家生态工业示范园区建设工作任务，以改善环境质量，促进经济发展，推进和谐开发区建设为出发点，以强化环境管理，全面推进循环经济产业园区建设为重点，进一步优化开发区经济发展结构和产业布局，大力发展生态工业，着力构建资源节约型和环境友好型开发区，努力将开发区打造成资源共生、社会和谐的生态工业示范园区。

二、建设原则

生态工业示范园区建设工作遵循生态效率原则、生命周期原则，区域发展原则和“3R”原则。

一是生态效率原则，通过实施清洁生产，尽可能降低企业的资源消耗和废物产生；通过各企业或单元间的副产品交换，降低园区总的物耗、水耗和能耗；通过物料替代、工艺革新，减少有毒有害物质的使用和排放；贯彻“减量第一”的最基本要求，使园区各单元尽可能降低资源消耗和废物产生。二是生命周期原则，要加强原材料入园前以及产品、废物出园后的生命周期管理，最大限度地降低产品全生命周期的环境影响。三是区域发展原则，将园区建设与区域生态环境综合整治相结合，并且将园区规划纳入当地的社会经济发展规划，并与区域环境保护规划方案相协调。四是“3R”原则，即减量化、再利用、资源化。实现经济效益和环境效益的最佳平衡。

三、任务目标

以实现经济发展方式的根本性转变为目标，以科技创新和制度创新为动力；以保护生态环境、降低资源消耗、减少废物排放、促进废旧物质回收和再生利用、提高资源利用率和土地利用率为核心；大力发展生态工业，提升开发区核心竞争力，打造环境优势品牌，走科技含量高、经济效益好、资源消耗低、环境污染少、生态品牌得到充分发挥的新型工业化道路。到2013年，初步建成生态工业园的运行机制和框架，大幅度提高资源利用效率和企业清洁生产水平，初步构建在市场机制作用下的区域工业共生网络。优化产业结构，初步实现高技术的装备制造、有色金属等主导行业的规模化和产业化，成为开发区新的经济增长点。优化、完善、整合区域内能源、污水处理、土地等基础设施配置，构建区外经济共生网络，促进园区和周边地区的协调发展。努力延伸产业链，积极培育产业内核，促进产业集群的形成。进一步削减污染物的排放，区域环境质量有明显改善，基本达到《综合类生态工业园区标准》规定的验收条件，生态景观、生态社区建设与生态工业建设同步，生态文化建设取得相应发展，资源节约型、环境友好型社会初现端倪。

四、工作措施

（一）明确责任，全面落实《东营经济技术开发区国家生态工业示范园区建设规划》中的各项要求

对《东营经济技术开发区国家生态工业示范园区建设规划》中涉及的经济发展指标、物质减量与循环指标、污染控制指标、低碳控制指标以及园区管理五大方面指标，细化为36小项考核指标要做可达性分析；对《建设规划》中涉及到的36项考核指标和支撑项目都要分解落实到责任单位、责任人，明确项目建设时限，确保完成年度创建任务。

（二）分层次、多途径全面打响生态工业示范园区建设攻坚战

第一，在企业层面推进资源节约和高效利用，减少污染物的产生和排放。将生态设计、绿色招商、清洁生产、环境管理体系融入企业采购、生产、产品和服务的各个层面，促进资源节约和高效利用，加大环保投入，严格落实“三同时”制度，减少污染物的产生和排放。一是以企业为主体，积极开展清洁生产审核和ISO14001环境管理体系认证，推行资源节约和高效利用，减少污染物的产生和排放。要求区内规模以上工业企业开展清洁生产审核和ISO14001环境管理体系认证率双双达到50%，2011年内必需完成。二是提高环境准入门槛，对资源能源消耗高、环境风险大的项目实施严格控制。对入区项目实行总量审批、能源审计等多方面、全方位审查，确保从源头上控制污染物的产生。

第二，将生态工业链网的构建作为生态工业示范园区建设的核心工作。从产品链和废物链两个方向出发，通过采用“软硬件并重——先进技术、高级人才、高科技装备”的原则，实现资源高效利用，最大限度地减少污染排放，不断完善园区生态工业链网。在产业招商方面，积极引进补链项目，构建工业共生网络，形成企业间互利共生及区域层面的物质循环，增加企业间横向联系，增强企业的抗风险能力，促进产业多元化、结构稳定化。大、高、外项目引进实现新的突破，企业对外战略合作实现新的进展，传统产业改造提升取得新的成效，电子信息、汽车及零部件、新能源、石油装备、环境友好型新材料、有色金属压延及深加工六大产业加快聚集，战略性新兴产业初步拉开框架，高端产业发展的规模和层次显著提升。2011年开发区管委会组织开展“项目攻坚年行动”，全力推进总投资达到500多亿元的41个重点工业项目，为循环经济产业链增加新的活力。

第三，通过调整园区的产业布局和优化产业结构，促进污染减排。2011年是“十二五”节能减排工作的开局之年，减排工作目标始终是“约束性”指标，并且新增两项主要污染物控制指标，减排工作任重而道远。节能减排工作既是生态工业示范园区建设工作的重要组成部分，也是检验生态工业示范园区建设成效的重要依据。通过发展生态工业，建立完备的资源综合利用和废物再生循环利用体系，从而达到变污染负效益为资源正效益、改善区域环境质量的目的；通过产业结构优化调整，先进生态工业技术的应用以及配套政策的制定和实施，淘汰落后产能，在资源能源节约利用和减少污染物排放方面取得显著成效；通过企业间共生合作和基础设施共享、企业间产业链优化等途径实现园区资源、能源利用的最大化和污染物排放的最小化。

第四，重视园区环境安全，提高环境污染风险识别和应急能力。工业园区作为工业集中区，制定有效的突发环境风险应急预案，对社会稳定和人民身体健康具有极为重要的意义。生产过程中存在、使用危险化学品的企业，必需储备应急物资、制定《应急预案》，定期组织应急演习，全面提高职工的安全意识。2011年管委会将完成“滨海新材料园环境监管中心”建设，作为生态工业示范园建设的重要组成部分，将对园区大气、水环境进行全方位监控，确保整个园区的环境质量；提高各企业

环境风险防范措施，全面监督重点企业的污染物排放，进一步保障环境安全。

（三）加快实施以改善城区空气环境质量为重点的“碧水工程”、“蓝天工程”，全面开展城区污染综合整治

按照《东营经济技术开发区全面治理水气污染全民开展环保行动实施方案》的要求，全面实施“碧水工程”、“蓝天工程”，企业要加大治污力度，抓好重点企业的监管，实现污染物稳定达标排放。一是对区内人工水系沿河、沿岸排污口进行拉网式巡查，实施沿河排污口综合整治，封堵沿河和水系所有排污口，所有污水必须经污水处理厂处理后达标排放。二是重点抓好工业污染源专项整治。对已经安装污染物自动在线监控系统的治污设施开展污染物监测比对试验，确保自动监控装置监测结果的准确性；实施工业污染源治理设施改造工程，对不能稳定达标排放的燃煤锅炉进行改造升级；对区内现有10吨/小时以下的燃煤设施改用清洁能源；严禁新上10吨/小时以下燃煤锅炉。三是加强对施工现场和道路、市场、露天堆场和货场的管理，落实防治扬尘污染措施。实施城市扬尘治理工程，对裸露地面进行硬化、绿化。四是对拆迁工地实施围挡和湿式作业，采取吸尘、洒水、清扫一体化先进化作业方式对道路保洁，施工场地出口设置车辆清洗平台，防止车辆带泥上路。五是进一步加强机动车尾气污染防治，实施机动车环保标志管理，并纳入机动车年审程序，确保机动车尾气环保监测率达到80%以上，改善大气环境质量。

（四）加快开发区城市、环保基础设施配套建设

一是按照东营市水气污染治理办公室的要求，完成东营首创水务有限公司开发区污水处理提标扩建工程；建设东营斯恩威水务有限公司滨海新材料园6万吨/日污水处理项目；二是实施雨污混流改造及雨水分流工程，切实做好泵站、雨水管线、污水管线、集水设施等市政工程建设，实现区内所有生活污水、工业污水的集中收集和处理，彻底解决雨污混排的问题；三是大力推广污泥无害化处理工作，确保不产生二次污染；四是加强城区基础设施建设、生态环境保护工作。安排专项资金高标准建设道路、桥梁、给水、排水管网等城市基础设施；进一步加大对水系、绿化等生态建设的投入，打造绿色生态景观。2011年开发区确定16项重点城市基础设施建设工程，总投资达到36亿元，确保城市建设、基础设施建设有较大提高。

（五）加大环境执法力度，切实加强监督管理，严肃查处环境违法违纪案件，坚决打击环境违法行为

按照《东营市中级人民法院关于依法保障全市水气污染治理工作的意见（试行）》要求，集中力量开展环境违法行为综合整治专项行动，对偷排、超标排污企业实行挂牌督办制度；对重点污染源不定期进行监督性监测，一旦出现超标情况，立即要求企业进行整改并限期治理；仍不能达到排放标准的要求企业立即停产；对治理无望的企业联合纪检、监察、公安、工商、检察院、法院、银行等部门开展联合执法机制，形成环保执法合力，坚决打击各类违法行为。加强环境监管能力建设，充实环境监察力量，配备必要的执法与监测仪器设备，开展环境空气质量监测。

（六）加强舆论宣传，营造良好氛围

制定宣传工作方案，充分发挥舆论导向作用，组织区内大企业、学校、社区等单位共同参与形式多样、内容丰富的生态工业示范园区建设工作宣传活动，通过印发宣传册、张贴灯箱广告等多种途径提高全社会对生态工业示范园区建设工作的认识；充分利用报刊、电视、广播、网络、行风热线等媒体向社会通报国家生态工业示范园区建设工作的进展，不断增强广大人民群众的环保意识和参与意识。建立和完善公众参与监督制度，积极发动、组织引导人民群众参与生态工业示范园区建设工作，有计划地开展公众环境意识调查，并广泛征求公众的意见和建议，为国家生态工业示范园区建

设工作营造良好的社会舆论氛围。

五、组织领导

（一）加强组织领导，明确目标责任

各责任单位必须高度重视，把思想统一到为生态工业示范园区建设服务上来。为切实加强组织领导，市政府成立以常务副市长曹连杰同志为组长的“东营经济开发区创建国家生态工业示范园区工作领导小组”；开发区管委会成立以副市长李金昆同志为组长的“东营经济开发区创建国家生态工业示范园区工作小组”，“工作小组”下设办公室，全面负责日常工作开展。

（二）建立健全考核机制，狠抓责任落实

一是严格实行生态工业示范园区建设工作目标责任制，确保责任、措施、保障“三到位”，将建设指标完成情况作为年度考核的重要内容和依据。二是建立健全生态工业示范园区建设工作监督考核机制，严格考核各责任单位《年度国家生态工业示范园区建设工作责任状》完成情况，对重点支撑项目推进工作进行督察。三是坚决落实生态工业示范园区建设工作调度会制度。各责任部门要确定专人负责按月向“生态办”报送推进项目的进展情况、各项指标的完成情况以及其他日常工作；“工作小组”按季度召开调度会，查找工作薄弱环节，总结经验教训，切实解决创建工作中的突出问题，保障创建工作有序进行。四是严格奖惩制度，制定生态工业示范园区建设工作奖惩办法，对成绩突出的单位和个人给予表彰；对行动迟缓、工作不力的单位给予通报批评。

专题研究篇

加快转变经济发展方式的战略任务与实施路径

国家发展改革委经济研究所课题组 宋 立、孙学工、曾 铮、郭春丽、相 伟、刘雪燕

经济发展方式是具有中国特色的经济学概念，是我国经济理论界和决策层集成创新的成果，是关于经济发展的目标、战略、条件与发展机制的总括性范畴。中国作为一个仍处于经济体制转轨过程中的发展中国家，发展方式转变具有多重性，既有顺应要素禀赋等客观因素变化的适应性转变，也有由发展目标调整导致的主动超前进行的战略性转变，还有由系统性体制改革推动产生的转轨性转变或体制性转变。

一、从战略高度认识加快转变经济发展方式转变的必要性与紧迫性

我国发展进程和外部环境正在出现重大变化，尤其是影响深远的“不期而遇”要求我们必须加快推进经济发展方式战略性调整。一是我国工业化、城市化加速与资源环境急剧变化不期而遇，二是我国货币升值进程与劳动力供求关系变化不期而遇，三是我国经济总量位次变化与人均收入水平阶段性变化不期而遇。三组“不期而遇”致使我国不仅面临经济资源供给无法保障、竞争力下降，进入发展动力减缓而矛盾凸显阶段，并且面临“中等收入陷阱”挑战、甚至被主要国家围堵等重大战略风险。尤其是世界经济格局及我国在其中位置已经并将继续发生重大根本性变化，与外部世界尤其是领导性国家战略关系将发生重大战略性变化，我国对外关系进入挑战大于机遇的复杂时期。在此背景下，必须加快经济发展方式战略性转变，提前为提升我国国际地位、促进可持续发展和现代化进程构建战略优势。因此，推动经济发展方式转变取得实质性、突破性进展，不仅是实现科学发展的必然要求，更是适应我国发展阶段跨越性变化和国际环境转折性变化、跨越“中等收入陷阱”和“赶超陷阱”的迫切要求和战略需要。

我国加快转变经济发展方式已经具备了一些比较好的条件。一是“两型社会”建设的深入推进为增强资源环境约束机制、改变对生产要素投资的过度依赖，提高发展的可持续性创造了必要条件。二是经济发展阶段深化、水平提高为强化民生目标、推动经济社会协调发展奠定了良好的基础，具备了加快发展社会事业、改进公共服务、全面改善民生的能力和实力。三是市场体系进一步发育和政府职能转变加快，为改变政府主导模式，发挥市场在资源配置中的基础作用创造了前提条件。四是资源禀赋条件和比较优势变化为转变生产要素组合方式，调整优化生产供给结构，弱化对资源投入的过度依赖，提高发展的均衡性、协调性创造了有利条件，同时也为进一步加快推动自主创新、促进技术进步，创新优化发展动力机制，构建“创新驱动”经济提供了压力和动力。五是劳动供求关系变化和城市化加速为优化生产要素报酬决定机制，推动城乡消费升级加快为调整需求结构，优化短期经济增长的动力机制、提高发展的包容性创造了有利条件。

二、我国现阶段加快推进经济发展方式转变的主要任务与实施战略

（一）我国现阶段加快转变经济发展方式的主要任务与战略重点

在我国转型与赶超期，加快转变经济发展方式的战略任务应包括发展目标、战略导向、约束条件和发展机制4个层次6个主要方面：

一是进一步优化目标体系，强化民生目标导向，提高发展的共享性和包容性。二是调整优化发展战略，强化均衡协调发展理念，提高发展的均衡性和协调性。三是进一步强化资源环境约束机制，增强可持续发展能力。四是大力深化体制改革、转变政府职能，建设“市场促进型”政府，健全资源配置的市场机制，建立有利于资源充分利用和高效配置的资源配置模式。五是加快推动自主创新和技术进步，推动生产要素组合方式优化和产业结构优化升级。六是深化收入分配制度改革，健全生产要素报酬决定机制和需求结构、区域结构、城乡结构系统优化，提高发展的均衡性、协调性和包容性。

（二）现阶段加快转变经济发展方式的实施路径

作为发展中国家和转轨中国家，我国推进经济发展方式转变，应是适应性转变、战略性转变和体制性转变同时推进。在目标导向多元化、发展战略调整优化和约束条件强化的条件下，通过经济体制改革、创新机制形成及其推动的资源配置模式和生产要素组合方式转变。要从目标优化、导向调整、约束强化、体制改革、技术创新和结构调整等层面“多管齐下”，其中，目标约束是先导，体制改革是核心，技术创新是关键，经济结构战略性调整是重点。考虑到体制改革和结构调整是贯穿发展方式始终的因素，应以经济结构战略性调整和综合配套体制改革作为推进经济发展方式转变的两大战略路径。要以强化民生目标与资源环境机制作为经济发展方式转变的战略先导，以体制改革与机制创新作为推动经济发展方式转变的战略核心和战略抓手，以经济结构调整优化作为经济发展方式转变的战略重点和操作途径，以技术创新作为经济结构调整的战略关键与支撑。

三、以经济结构战略性调整为主，推动“十二五”时期经济发展方式转变

“十二五”时期不仅要在加快经济发展方式转变方面取得实质性、突破性进展，也要为未来相当一段时间的经济发展方式转变奠定良好基础。要以经济结构战略性调整为重点，推动“两加强两调整”，即加强民生目标和资源环境约束，调整发展战略导向并推动经济结构战略性调整。经济结构战略性调整要以资源禀赋比较优势变化为主线，以创新为切入点，推动生产要素投入结构与产业结构调整，进而带动需求结构以及区域结构联动调整；同时围绕基本公共服务均等化推动城乡结构和区域结构联动调整，形成“一主一辅”两条线推进产业、需求及区域、城乡结构联动调整的实施路径。

（一）健全发展目标体系，强化民生目标

按照科学发展观要求，结合经济发展战略调整，及时增加公共服务等民生领域薄弱环节的发展目标，并强化其导向作用。同时，健全完善发展评价和政绩考核制度，增加社会发展和公共服务指标。全面评价经济发展绩效，正确认识GDP，既要改变过度强调GDP的考核倾向，增加社会发展、公共服务和人文领域发展指标，又要防止走向另一个极端——忽视经济发展、过度强调公共福利的现象。

（二）调整发展战略，推动经济发展导向转变

牢固树立科学发展观，全面辩证理解以经济建设为中心的指导思想，适当调整相关发展战略，全面实施经济社会协调发展战略和区域城乡均衡协调发展战略。一要在促进经济健康持续快速发展、人均收入不断提高的同时，进一步加强社会事业发展和公共服务改进，全面保障和改善民生，促进经济社会协调发展。二要着力促进区域先发展和部分人先富裕战略向区域均衡协调发展和共同富裕方向转变，切实改变向发达地区和特大城市优先的不合理安排，尽最大努力消除区域和城乡发展中人为的不公平因素，形成城乡区域有效分工、良性互

动、共同发展的新格局。

（三）强化资源环境对经济发展约束机制，建立资源节约型生产方式和可持续消费模式

1. 加强生态建设和环境保护。

加大生态环境建设力度，加强污染防治，建立和完善由中央、地方、企业共同参与，面向重点地区和敏感地区的生态环境补偿机制。

2. 加快建立资源节约型生产方式。

加快建立重点行业和领域节约型生产方式，发展循环经济，推行清洁生产，提高产业技术水平，重点构建绿色制造体系。一要进一步拓展节能减排的覆盖领域，加快淘汰落后产能，加快发展节能型产业，推动制造业流程再造。二要健全能源和资源循环使用体系，在积极发展新能源、可再生能源的同时，推进再生能源和资源的规模化利用，提高能源和资源综合利用水平。三要大力发展节水、节地型农产品。

3. 探索建立可持续消费模式。

一要树立科学消费观念，在全社会大力倡导适度消费、公平消费、绿色消费和理性消费。二要大力发展绿色交通，提倡和发展符合低碳原则的绿色公共交通体系，鼓励发展新能源汽车。三要推动建筑节能，制定建筑节能标准，鼓励节能建材产业发展。

（四）以劳动力供求与比较优势变化为契机，加快自主创新推动要素投入结构优化和产业结构升级

随着我国工业化进程向纵深发展、要素禀赋变化以及世界经济格局变化，一方面，原有劳动密集型产业比较优势逐步减弱；另一方面，资源环境约束凸显导致资源能源密集产业发展空间急剧缩小。要以劳动力成本与比较优势变化为契机，大力推动自主创新和技术进步，发展新兴优势产业，推动制造业从劳动密集性产业为主向资本、技术密集性产业为主转变，促进服务业尤其是现代服务业跨越式发展，强化产业长期发展动力机制。

1. 加快创新体系建设、探索自主创新模式与创新驱动发展机制。

抓住劳动力等资源优势减弱带来创新需求增大的机遇，加快完善创新体系，创造有利于企业自主创新的制度环境，大力推动自主创新，实现从技术引进向自主创新的根本性转变。一要加快建设创新平台和支撑体系。二要综合利用国内外两种创新资源，实现“引进技术—消化吸收—创新开发—提高国际竞争力”的良性循环。三要协调兼顾三次产业技术创新。四要充分发挥市场和政府两种力量对创新的推动作用。

2. 大力发展战略性新兴产业，着力培育面向未来的战略竞争新优势。

实施“两步走”战略，推动战略性新兴产业跨越式发展，在大力发展成长性突出的新兴产业基础上，根据动态比较优势重点培育战略性产业。一要加强国家在培育战略性新兴产业过程中的规划引导和政策扶持功能。二要根据比较优势和战略优势选择发展主攻方向和突破口。三要形成有效的战略性新兴产业发展机制。四要探索战略性新兴产业与其他产业的共生互动机制。

3. 推动服务业发展完善，促进三次产业协调互动。

进一步完善生活性服务业体系，创新生产者服务业业态，推动传统服务业多元化发展和现代服务业突破性发展。一要实事求是对待民生领域传统服务业，在提高群众生活满意程度的同时创造低成本就业机会。二要进一步开放自然垄断性服务业。结合自然通讯、交通、市政等垄断行业管理体制改革，进一步向民间资本开放电信、航空、铁路、金融以及市政等服务业领域。三要大力发展设计、创意等新兴生产性服务业。四要结合消费升级和发展型、享受型消费需求扩张，大力发展旅游业等现代生活服务业。五要创造服务业发展的良好环境。

（五）顺应世界经济调整、我国劳动力供求变化和要素投入及产业结构调整趋势，推动收入分配结构调整促进需求结构优化调整

1. 健全市场主导的劳动报酬增长机制，推动收入分配格局调整优化。

一要进一步健全劳动力市场，保障劳动者

获得合理劳动报酬，形成市场主导的劳动报酬增长机制和政府与市场“双线”推进的居民收入增长机制。二要在确保国家对国有资源收益基础上适当降低宏观税负，增加居民可支配收入。三要运用国有资本收益充实社会保险基金，在提高社会保障水平的同时减轻居民社保缴费负担，统筹安排国有企业改革与社会保障体系完善。四要健全国有及垄断行业收入管制与再分配机制，一方面，要消除初次分配的不合理；另一方面，要强化再分配的公平作用。

2. 建立扩大内需的长效机制，推动形成内需导向的经济增长动力机制。

要抓住劳动力报酬提高、人民币升值及改善民生等机遇，近中期要着力稳定城乡居民消费与城市化推动的基础设施及民生领域相关投资，中长期要培育发展型、享受性消费新增长点，并致力于扩大设备更新和研究开发投资，推动消费升级和投资结构优化，形成扩大内需的长效机制，推动需求结构调整优化。

3. 推动“出口导向”模式转型升级，改变对“外需”和“外供”的过度依赖。

一要进一步调整出口导向模式及相应贸易政策。减少优惠政策支持的“过度外供”和政策性顺差。二要顺应劳动力供求关系变化，推动“商品输出”战略升级。三要推动企业“走出去”投资、全球化布局。实现从单纯“商品输出”向“资本输出”的根本性转变，促进国际收支趋向基本平衡。

（六）依托内外结构和产业结构调整，以产业结构转移和公共服务均等化推动区域结构和城乡结构调整优化

1. 以产业转移、扩大内需和公共服务均等化为依托，推动区域经济协调均衡发展。

抓住国内外经济调整和我国扩大内需机遇，以产业梯度转移和公共服务均等化为依托，推动中西部地区加速发展，促进区域经济发展在高水平基础上趋于协调均衡。要促进中西部地区中心城市和主要交通沿线地区“复兴”发展，支持中西部重点开发地区跨越发展，进一步探索东中西部地区协调互动机制。

2. 以农民工市民化为中心，推动城乡结构调整优化及工业化、城市化协调发展。

一要按照“农民工就业地市民化、农村先富人员就近城市化、农民工家属原籍城市化”等多路径、多渠道推动深度城市化进程。二要以推动城镇布局优化和城区产业转移为依托，带动农业现代化和非农产业发展，缩小城乡经济发展差距，促进城乡统筹协调发展。三要大力推动基本公共服务均等化，缩小城乡民生差距，推动城乡公共服务一体化进程。

四、以深化体制改革为加快经济发展方式转变提供强大动力和制度保障

（一）率先推进行政管理与政府监管改革

一要加快行政管理体制改革，深入推进政府职能转变。要科学界定政府和市场边界，加快转变政府职能，有效解决政府缺位与越位并存问题。调整和规范政府管理事项，限制政府部门自我授权、随意干预现象蔓延。减少政府对微观经济活动的干预，建设“市场促进型”政府。二要深化发展评价体系改革，推行政府绩效管理和行政问责制度。建立科学合理的政府绩效评估指标体系和评估机制，实行内部考核与公众评议、专家评价相结合的方法，发挥绩效评估对推动科学发展的导向和激励作用。三要围绕建立现代监管体系深化政府管制改革。

（二）重点推进财政体制与税收体系改革

“以财政支出改革攻坚、税收体系和分税制健全为重点，以转移支付和优惠政策完善为配套”全面深化财政税收体制改革。一要推进财政支出结构调整优化。进一步增加民生领域支出。加大对产业结构调整、技术创新的财政支出。增加消费升级相关支出，营造良好消费环境。二要推进税收体系和分税制体制联动改革。深化财产税改革，为地方政府建立新的主体税种。推进资源税费制度改革，强化资源环境约束。改革所得税制度，增加居民可支配收入和消费能力。三要深化分税制改革、完善各级政府收入分配制度。形成事权与财权相适应、支出责任与财力相匹配的政府间财政关

系。适当减少地方政府支出责任，相应增加地方政府收入比例。近期在适当上移义务教育和社会保险领域事权和支出责任重心的同时，降低地方政府增值税分享比例。长远可以将增值税作为特殊共享税，由中央财政代收作为一般性转移支付固定资金来源。四要深化转移支付制度。进一步完善民生领域专项转移支付制度，加大对低收入群体转移支付，增强低收入群体可支配收入和基本消费能力。加大对不发达地区转移支付尤其是对限制开发区和禁止开发区转移支付力度，保障重点生态功能区基本公共服务能力，弱化限制和禁止开发区经济发展压力。五要优化财政税收优惠政策。健全促进消费升级的税收政策。逐步降低中高档消费品进口环节相关税收。完善促进创新和技术进步的财政税收政策。优化结构调整相关财政税收政策。

（三）统筹推进产权、企业和生产要素价格联动改革

一要健全生产要素产权制度，强化市场体系对资源配置基础作用。改革资源环境产权制度。推动技术产权保护和交易制度改革。深化土地制度改革，逐步打破政府垄断城市建设用地供应局面、加快推进土地产权制度改革，推进城乡土地产权多元化。深化金融体制改革，大力发展地方性中小银行。加快发展创业投资和私人股权投资。健全多层次资本市场体系。稳步发展消费者金融服务体系。保障农村和不发达地区基本金融服务。二要推进企业制度改革、促进市场主体健全发育。深化国有企业改革与国有经济战略性调整。强化对国有企业的行为规范与约束，保障国家在国有企业的所有者权益，健全国有企业利润分配机制和上缴制度，规范国有企业尤其是垄断行业收入分配。推动中小企业和民营经济发展。大力发展技术型创业企业。扶持民营经济设备更新和研究开发。向民营企业开放自然垄断属性较弱的垄断行业以及政府服务外包业务。支持民营企业“走出去”。三要深化价格形成机制改革，推动资源配置向合理化方向发展。四要深化对外贸易体制改革、发挥市场配置资源的作用。深化对外贸易管理体制改革。调整出口导向模式及相应贸易政策，改革完善进出口配额管理，改革完善外汇管理制度。推进经常项目便利化，深化资本项目管理，优化对外直接投资流出。

（四）协调推进科技、教育、人才和社保等相关各领域配套改革

一要健全技术创新机制。加快建立以企业为主体、市场为导向、产学研相结合的技术创新体系。健全完善创新支撑体系。完善支持创新的财政税收政策。二要深化人才培养和使用制度改革。创新教育方式，探索创新人才培养机制。创新人才使用和管理制度，加大人力资本投资。三要深化收入分配、社会保障与户籍制度改革。要深化收入分配制度改革。形成劳动报酬稳定增长机制。深化社会保障体制改革，改善城乡居民消费预期。深化户籍制度改革，促进劳动力跨地区流动和农民工市民化。（注：刊登时略有删节。）

对地方科技创新应分类引导

——浙江推动科技与经济融合概述及启示

《中央科技资源推动区域经济发展的组织方式研究》课题调研组

我国的科技投入增长很快，已居于世界前列。但科技投入的绩效依然差强人意，科技与

经济“两张皮”的现象十分严重，经济发展的大量科技需求仍得不到满足。科技在“空转”，作为第一生产力统领经济发展的作用不强。如何调动各种科技资源，通过有效的组织方式创新实现科技与经济的融合，是当前面临的重大课题。

浙江省是我国以民营经济为主导的发达地区，其科技与经济的融合有其自身特点，对现有科技资源组织方式改革有所借鉴。

一、浙江推动科技与经济融合有基础、有特色

（一）浙江省具有独特的科技创新环境

与其他区域相比，浙江省科技发展环境具有以下几个典型特点：

一是中央科技资源分布较少。浙江省缺乏大院、大所和大企业，科技基础条件和科研力量相对比较薄弱，中央和国家属科研机构相对较少。在国家各类科技计划中，浙江省申请的项目资金总量偏小。

二是民营经济发达。浙江省 GDP 的 2/3 以上是由民营经济创造的，税收收入的 70% 来源于民营经济，这是市场经济最为活跃的力量，是区域内生增长的源泉，也是科技需求较为集中的领域。

三是科技创新的积极性高。“十一五”时期，浙江省确立了“创业富民、创新强省”的总体战略，明确了实施自主创新能力提升行动计划和建设国家技术创新工程试点省两大任务，不断加大科技投入总量，创新支出方式，科技综合实力得到明显提高。

（二）大力增加政府的科技投入

在科技资金的增量投入上，加大中央财政与地方财政科技投入的有效对接。一方面，结合自身的产业特点，积极争取中央科技项目支持。在国家重点科研计划、中小企业创新基金项目上，强化省、市、县区的配套，提高中央财政资金的使用效果。另一方面，加大省以下各级政府对科技的投入力度。如在近期修订的《科技进步条例》中规定：进一步加大财政科技投入力度，争取到 2015 年，省、市、县财政用于科学技术的经费占本级财政经常性支出的比例分别达到 8%、4.2% 和 3.2%，全省研究与试验发展经费占国内生产总值的比重达到 2.5%。

（三）整合并激活存量科技资源

在现有的存量科技资源中，充分发挥省内国家级的重点科研院所的作用。除了整合省内相关的创新资源外，还加强与省外著名高校院所、大企业的合作，积极引进大院名校，共建创新平台，提高创新能力。

（四）注重调动企业的积极性

多年以来，浙江省一直把支持企业创新作为科技工作的重点，全省科技投入、科技人员、研发机构、科技项目和专利授权中，企业均占 80% 以上，全国第二次 R&D 资源清查结果显示，2000～2010 年，全省 R&D 经费增长 10 倍，其中企业增长 12.7 倍，明显高于高校（7.4 倍）、科研院所（4 倍）；有 R&D 活动的工业企业 7842 家，占规模以上工业企业的 13%，较全国平均水平高 4.5 个百分点。在鼓励企业研发投入外，还强调为企业创造能满足其需求的科技创新环境，包括通过科技型中小企业创新基金、公共服务平台、创投基金等手段，为企业创新提供技术和资金支持。重点引导和支持创新要素向企业集聚，健全以企业为主体、市场为导向、产学研相结合的技术创新体系。

（五）注重科技与产业、企业的有效结合

特别注重科技成果与产业需求、企业需求相结合，强调科技成果的产业化和市场化。中科院嘉兴中心每年保持 60% 以上的项目来自于企业，实现面向企业的技术转移转化，逐步形成了“面向市场 + 企业参与 + 产业化推进”的可持续项目开发机制。

（六）促进科技资源以产业为导向的集聚

充分发挥园区作为自主创新基地的作用，引导传统产业向集群化的方向发展。如浙江省许多地区通过建立“一镇一业”，走向了集群化的发展道路。结合这种产业模式，浙江省通过一大批国家和省级创新基金资助项目（与产业集群的产业相关）的实施，有效提升了区域的科技创新能力和市场竞争力。

二、浙江推动科技与经济融合的实践对未来中央科技投入启示多

浙江省的实践，既为国家层面的科技投入体制及科技管理体制改革提供了一些好的经验，也为下一步中央科技资源如何推动区域经济发展提供了启示。

（一）对地方科技创新应当分类引导、突出重点

区域科技创新体系是国家科技创新的重要组成部分。为提高政府科技资金的使用效果，应有针对性地重点支持创新环境较好的区域，发挥科技对区域经济发展的引领带动作用，并对其他地区发挥辐射和示范作用。

科技创新是关注技术的先进性和引领性的国家发展战略，科技资源配置应以边际绩效为导向，科技投入绩效更高的区域应成为重点支持对象，以加快国家创新能力的整体提高。地方区域的科技创新能力与地方政府、企业、科研机构、高校以及科技中介组织等共同构成的创新环境有内在联系，但其不是通过增加科技人员、上几个科技项目、增加一些科技投入就能简单形成的。创新环境好的区域不仅有技术创新的基础，还要有较为发达的产业基础和较好的投融资环境等，既要有技术创新能力的供给，又要有企业对创新的需求。更为重要的是，需有政府、市场、经济组织、社会组织等不同层面的创新意识作为支撑。从这一点看，在我国地区发展差距较大的现实条件下，区域科技创新体系的培育应采取非均衡发展的路径。

考虑到区域创新能力强的地区并不一定是中央科技资源分布的密集区，其从事基础研究的创新载体少，会导致这些地区获得国家支撑计划如“973”、“863”计划等项目的支持相对少。因此，可考虑加强对区域创新重点区的投入。国家层面的激励应以科技与经济的融合程度为导向，改变长期以来单纯以所在地高校、科研机构、科研人才为依据的科技投入导向，避免科技与经济“两张皮”现象的进一步恶化。

（二）中央科技资源推动区域发展的落脚点应放在当地科技与区域经济的融合上

从中央科技资源推动区域经济发展的角度看，强调科技成果产业化、市场化是重点，只有实现科技成果产业化，科学技术是第一生产力才会变成现实。

风险大是科技创新的一个重要特征，政府支持科技创新的目的就是风险分担。通过风险分担，降低企业的风险成本，增强企业科技创新的动力。对中央政府而言，科技创新中的风险分担不一定都是财政的直接投入，可围绕科技创新不同阶段存在的问题，运用资金、政策、体制等不同的方式分担风险。如通过贴息、政府采购等手段解决其融资、市场问题，分担科技成果市场化的风险。此外，在现有体制下，针对政府研究机构、高校的各种应用型研发，建立以市场需求为导向，以产品化、产业化为目标的研发立项和评价考核机制也是一个重要措施。

重点支持有利于科技成果产业化的组织方式创新。所谓组织方式就是把科技资源要素（科技人员、科研条件、技术成果、科技经费等）在科技创新链条的不同环节，通过特定的组合、链接、重构等过程转化为新工艺、新方法、新产品、新产业的系统集成方式，是以市场、产业为导向把科技创新转变为现实生产力的桥梁与纽带。从这一角度看，组织方式是多种多样的，不同的科技要素通过不同的政策手段（贴息、担保、补贴、风投等）实现潜在生产力向现实生产力的转变，相关的体制机制改革等都是组织方式创新。但是不论组织方式如何变换，其最终目的都是实现科技与经济的真正融合，不断提高经济的科技含量，扩大产业、产品的附加价值。

从浙江省的实践看，一些既有的组织方式还需再创新。如加大重大科技创新平台，产业技术创新联盟的科技条件建设，扩大科技型中

小企业创新基金的支持力度和覆盖范围，创造有利于科技创新的技术支持和财力保障。要鼓励在平台建设过程中引入竞争择优机制、市场运行机制、优胜劣汰机制、长效管理机制等，使企业、高校和科研院所成为平台建设投入主体和应用主体，探索出真正符合市场经济规律和科技自身发展规律的平台运行机制。此外，从国家层面应加大对关键共性技术提供资金、人才及信息等多方面的支持和指导。

支持组织方式创新，应加强现有科技资源的再配置和共享。如从中央角度看，应鼓励中央科技资源的存量资源（包括人力、物力、科技成果等）向创新区转移，创办分部、中心等下属机构，使科技资源更多地外溢到科技创新区；同时，扩大科技信息资源、重大实验室设备、技术产权交易市场信息的共用共享范围，提高中央存量科技资源的使用效率。

（三）支持科技与金融的结合，大力发展科技金融

一是通过贴息等方式支持国有商业银行及政策性银行加大对科技贷款的比重。

二是整合担保、保险等多种方式，着力发展信用担保、信托贷款等多元化的投融资机制，为科技创新提供资金支持。如近年来，浙江省在发展科技金融方面初步建立了银行信贷一块、风险资本投资一块、知识产权质押一块、科技担保一块、科技保险一块、财政支持一块的“六个一块”科技投融资体系，取得了较好效果。

三是高度重视天使投资的作用，构建完整的创业投资体系。天使投资具有“领头雁”的效应，能有效吸引风险投资、公募基金和银行信贷，满足新兴产业企业成长过程中的多种融资需求。为此，应从法律法规、体制机制等角度创造有利于天使投资发展的环境。

同时，还需进一步完善多层次的资本市场体系，壮大中小板，完善创业板，大力推动新三板和产权交易市场的发展，尽快建立全国统一的场外交易市场，解决科技企业不同层次的融资需求。

发展战略性新兴产业应注意的几个问题

国务院发展研究中心技术经济研究部部长　吕　薇

总体上看，我国新兴产业大多是从引进技术发展起来的，技术应用与国外基本处在同一起跑线，但在掌握核心关键技术方面滞后。许多新兴产业还处于低端制造阶段，地区布局雷同，技术上与发达国家存在较大差距。

一、发展战略性新兴产业应注意的主要问题

（一）注意加强系统规划和配套发展

战略性新兴产业是一个系统，不是单项技术、单个产品或某个环节的突破就能发展起来。如，我国的风力发电装机容量增加很快，但由于风电的不稳定性，需要稳定的电源与其配套。我国陆上大规模风电场大都在发展中地区或欠发达地区，有些地区缺少配套稳定电源，电网建设跟不上，设备利用效率低。又如，发展插电式电动汽车，必须解决方便充电问题才能推广使用，同时要解决汽车技术、电池技术和电池材料技术配套发展等。目前，国内大部分电动汽车生产企业是组装厂，电池技术、材料技术和充电设施是短腿。因此，要跨部门、跨领域做好规划和配套发展，提前做好部署。

（二）注意避免重复低端制造的老路

我国发展新兴产业大部分依靠引进技术，建设投资增长较快，研究开发投入不足；并且，研究开发与产业化脱离，论文多、发明专利少、转化能力较弱的现象比比皆是。如，我国的风电装机容量虽然已经达到世界第4位，但核心部件要依靠进口，标准和检测体系并不健全。因此，要加强技术开发和掌握核心技术，防止重走“引进、落后、再引进”的低端制造老路。

（三）注意成本效益

新兴产业要规模化、商业化发展，一定要加强成本效益分析。美国在发展智能电网时，美国能源部组织编制了成本效益分析框架，相关部门和企业从成本效益分析的角度出发决定发展重点。在发展新兴产业时，有些项目缺乏科学论证和准确资源评估，刚上马就被叫停；有些项目，没有经过示范工程就上马；有些国有企业存在不惜成本的做法。成本效益不仅是财务和经济的成本效益，还要考虑社会成本效益的平衡，全寿命期的能源转化效率和环境影响。特别是发展新能源项目，不能因为获得一种新能源而消耗更多的传统资源和环境容量。

（四）注意发展与市场开拓相结合

我国的太阳能光伏电池制造业发展很快，但因发电成本较高等因素，太阳能发电应用较少。致使节能环保的效益流向国外，污染和资源消耗留在国内。还应注意，一定要防止有些地方利用政府采购保护本地产品，地方保护不利于创新和优势企业的规模化发展。

（五）注意防止新产业的技术和市场风险

发展新兴产业面临的主要风险是产业成长过程中的不确定性。一是技术发展路线的不确定性。新兴技术在起步阶段存在创新活跃和技术不成熟，一项投资几十亿元、上百亿元的项目可能很快过时。二是未来市场需求的不确定性。通常新兴产业发展初期的需求规模小，商业模式不确定，加之基础设施不完善，产业链配套条件不成熟，市场成长慢，导致经济的不确定性。

（六）注意防范政策和制度风险

新兴产业领域缺少相应的法律和制度环境，政策具有不确定性。从国际经验看，在一些新兴产业发展初期，政府给予阶段性补助，但是不可持续。如，欧洲对太阳能发电的补贴取消后，我国部分太阳能光伏电池出口企业受到冲击。同时，发展初期技术标准体系建设滞后，体制机制不配套。如，因没有生物柴油标准，生物柴油不能进入销售主渠道；风电设备制造缺少标准和检测体系等。

（七）注意将战略性新兴产业与一般新兴产业区分开

涉及重大科技专项、国外垄断和封锁的领域等的战略性产业需要政府重点支持。而一般性新兴产业主要靠市场选择和靠市场竞争发展。目前，一些地方政府借发展新兴产业之名，开展新一轮投资激励政策，很可能导致新一批扩大投资和重复建设。

二、统筹规划，科学引导，有效监管，促进战略性新兴产业健康持续发展

（一）加强跨部门、跨领域的统筹规划，配套发展

打破部门和地区分割，在国家总体战略目标下统筹规划，形成合力，发挥整体效益。加强相关技术研发、产业链各环节配套、产业基础设施建设，以及相关标准、制度和政策的统筹规划。如，发展风电与配套电源和电网建设统筹规划，发展电动汽车与充电系统、电池技术、电池材料技术和汽车技术统筹规划，装备制造国产化与技术消化吸收再创新、标准、检测体系统筹规划等。

（二）持续支持关键环节和核心技术的研究开发

加强基础研究和技术储备，提高技术创新能力，加强各部门之间和各类科技计划的衔接，建立研究开发与示范、推广为一体的管理体系。加大研究开发投入，从需求出发倒推基础研究和应用基础研究的重点，加大示范工程的投入。鼓励各种形式的产业技术战略联盟，支持产学研用相结合的研究开发联合体，建立

国家支持和企业分担的投入模式，通过合理的利益和知识产权分享机制，形成产学研用合作长效机制。

（三）建立以真实成本效益分析为基础的投资决策机制

新兴技术的应用推广工程要建立全寿命期内能源转化效率和环境影响评价。在技术可行性的前提下，根据能源效率和环境影响确定不同技术路线的优先顺序和优惠政策。

（四）加强鼓励需求的政策，为新兴产业开拓市场

从供给和需求两方面支持战略性新兴产业，切实落实消费型增值税，进一步细化政府采购政策，通过法律、技术标准、安全标准、市场准入等措施促进新技术的利用和推广。通过税收、金融等政策，鼓励采购首台套或首批次重大技术装备。从国际经验看，政府对需求的资助和补贴大都是在发展初期的临时政策，而且针对节能环保等社会效益较大的技术、产品和服务。同时，要防止以政府采购等办法搞地方保护。

（五）有效发挥市场机制配置资源的作用

政府支持技术开发和早期产业化，但技术选择和产业的发展还要靠市场机制。首先，政府要公平支持各种不同的技术路线，政府通过制定能耗、安全、环保等标准，建立市场准入门槛，由市场选择新兴产业的技术方向。其次，要加快资源性产品价格形成机制改革，建立反映稀缺和环境影响的资源价格和税收体系，利用市场机制推动和引导企业创新。

（六）关注大中型企业发展，更要发挥中小企业的作用

在技术相对成熟的领域，可以通过引进技术实现规模化发展。但对处于技术不成熟、发展初期的新兴技术产业，应以中小企业为主。要优化创业环境，培育和扶持基于创新的创业企业和新兴产业。应鼓励民间资本进入战略性新兴产业，调动各方面积极性，不能过早以规模标准为门槛限制中小企业的进入。

（七）传统产业技术改造与发展战略性新兴产业相结合，少铺新摊子

许多新兴技术产业是利用新技术改造传统产业发展起来的。如，电动汽车是在改造传统汽车的基础上发展起来的；智能电网是互联网、传感技术在现有电网的应用等。因此，要支持和鼓励传统行业的企业技术改造，促进传统产业平稳转型升级。

紧抓外部形势机遇　推进开发区转型升级

国务院发展研究中心对外经济研究部部长　隆国强

28 年来，我国国家级经济技术开发区牢牢把握国际国内形势变化，紧抓发展机遇，取得了巨大成绩。站在新的历史起点上，开发区要因地制宜、发挥优势、扬长避短；要因时制宜、把握机遇、趋利避害，寻求全球金融危机中蕴含的机遇并加以有效利用，加速推进开发区转型升级。

一、把握外部机遇，实现快速发展

目前，国家级经济技术开发区已经成为我国承接跨国产业转移的重要平台、制成品出口的重要基地和产业升级的重要引领，为我国在开放背景下推进新型工业化、新型城镇化进行了有效探索、积累了丰富经验。这些经验不仅在开发区未来发展中发挥了重要作用，而且对

于我国区域经济发展具有重要借鉴价值。综合分析开发区取得成绩的原因，在于把握了两个重要外部机遇。

一是把握跨国产业转移的机遇。国家级经济技术开发区牢牢把握出口导向型、劳动密集型产业的国际转移机遇，不断完善投资环境，构建产业承接平台，从最初的“三通一平”、“七通一平”和“九通一平”，到以构建软服务环境为主的“新九通一平”，通过吸引资金、管理、技术、销售及品牌等资源，参与到国际经济体制中去。

二是把握世界经济繁荣的机遇。自20世纪90年代初期以来，我国经济技术开发区采取以出口导向为重要特征的发展模式，积极吸引发达国家的技术、管理和销售渠道，充分利用我国土地资源、人力资源的低成本优势，鼓励和扶持代工企业，加速推动我国成为世界第一制造大国和出口大国。

综合来看，在供给方面，我国经济技术开发区积极承接了跨国产业转移；在需求方面，全球经济繁荣为开发区带来了重要市场机遇。这两大机遇成为推动开发区快速发展壮大的重要因素。

二、当前外部经济环境分析

（一）我国面临的诸多机遇

一是发达国家经济低迷长期化，新兴经济体成为新的火车头。目前，全球发达经济体的低迷形势仍可能长期持续，南非、印尼等新兴经济体则依然保持了较高的增速。从总量上来看，新兴经济体的高速增长无法弥补发达经济体减速带来的经济损失；从结构上看，出口至发达经济体的产品主要为高端个人消费品，出口至新兴经济体的产品则主要为以设备等投资类。

二是多边贸易投资自由化停滞不前，区域一体化快速推进。在贸易保护主义抬头的同时，区域贸易计划正在迅速推进，全球区域贸易安排快速增加，其自由化内容、程度、覆盖范围也迅速扩大和深化。一般，区域贸易安排具有两个效应：一是贸易创造效应，即自由化带来新的贸易机会；二是贸易转移效应，即把贸易投资机会从非成员国转移至成员国。因此，我国提出要积极推进自由贸易区战略，在区域贸易安排上奋起直追，以避免被边缘化。

三是第三次产业革命呼之欲出。历史上每一次经济危机，均是靠新的技术革命来改善。目前，欧洲已经提出“第三次产业革命”概念，我国也提出要大力发展新一代信息技术、新能源、新材料、生物技术等战略性新兴产业。

（二）我国面临的诸多挑战

一是我国大国责任相应增加，贸易磨擦仍处于高发期。目前对于中国的“大国责任论”，已经演变为诸多批判、贸易摩擦以及全球救助、气候谈判等具体问题。具体表现为金融危机之后，我国的贸易摩擦大幅增加。目前，我国已经成为全球贸易摩擦最多的国家之一，且已从原来的传统产品向技术密集型产品和战略性新兴产业延伸，如太阳能、风能等。可以判断，未来我国出口结构真正升级以后，将面临与发达经济体越来越多的正面冲突。

二是我国与发展中国家贸易不平衡。目前，我国和发展中国家双边贸易的失衡比中美贸易失衡更为严重，如我国对埃及出口与进口比例为19:1，对墨西哥出口与进口比例为15:1。在我国双边贸易超过10亿美元的80个贸易伙伴中，有60%的国家双边贸易严重失衡，即出口是进口的3倍以上。

三是防范金融风险和保障经济安全的任务将更加艰巨。未来我国面临着金融的进一步开放，如人民币的国际化、资本项目的可兑换等，但同时，金融开放也蕴涵着巨大风险。

三、我国自身比较优势的变化分析

（一）劳动力成本快速提高，传统优势弱化

在过去30年，我国参加全球分工的主要优势是低成本和高质量的劳动力。但从2004年开始，我国普通工人成本正在以两位数速度

增长。根据美国《联合早报》预测，至2015年，我国的工人成本（扣除劳动生产效率影响）将赶超美国。究其原因，一方面是由于高考扩招导致的劳动力的结构性变化；另一方面是农村的城市化和农民工的市民化导致的生活成本上涨。

（二）本地市场、产业配套等新优势快速显现

目前，我国制造业大国的地位已经基本确立，巨大的市场潜力、高技术人力资源、完备的产业配套和完善的基础设施等新的优势正在快速显现。这些新优势使得跨国公司对华战略发生新的调整。过去大量跨国公司将中国作为低成本的出口制造基地，现在则要致力于开拓本土市场、提升技术水平、拓展在华研发活动等。

对比来看，过去的机遇是市场机遇，是依靠东亚国家的劳动密集型产业转移和中国的低成本优势相结合；未来的机遇是升级机遇，是全球先进技术、"中国制造"以及新兴的巨大需求市场的结合。中国正处在调整经济结构、转变发展方式的关键时期，要着力突破技术瓶颈、推进产业转型升级，对更高水平的产业活动、生产要素产生更强的吸引力。

四、未来发展思路建议

一是加大力度吸引跨国公司研发中心。目前，各大型跨国公司正在大规模向中国转移研发中心，且主要集中在上海、北京等城市。这一方面是由于我国高技术人才的数量快速增加；另一方面是由于我国高技术人才成本与发达国家相比仍然较低（约是美国、法国的1/8～1/10）。联合国贸发组织的调查问卷结果显示，中国已经取代美国成为跨国公司研发中心的首选地。目前，我国中西部地区发展较好的开发区，如西安开发区、武汉开发区等都在着力引进跨国公司的研发中心，但由于配套服务、管理等软环境问题，研发中心数量仍然较少。未来，我国开发区应进一步完善制造基础、增加技术人才、完善配套服务，增加开发区对研发中心的吸引力。

二是加大力度引进跨国公司区域总部。目前，我国已经成为跨国公司深入挖掘的重点潜力市场，许多跨国公司选择将区域总部设在中国。我国国家级经济技术开发区应利用这一机遇，吸引跨国公司总部入区，快速提升开发区的附加值。

三是加大力度培育本土企业。目前，深圳已经凭借孵化器、创业园、创新平台、风险投资、产业基金等一套完善的设施服务环境，培育出一批华为、中兴、比亚迪等具有自主知识产权的本土跨国公司。长沙开发区的三一重工也已借助开发区的平台和政策环境，在全球混凝土机械行业居于前列。国外跨国公司在中国的总部数量始终有限，因此，培养本土企业显得尤为重要。未来开发区要注重培育中小企业，帮助本土企业做大做强，发展我国本土跨国公司，将"引进来"和"走出去"更好地结合在一起。

四是加大力度把开发区建设成为宜居新城区。开发区发展至一定阶段，不可避免地要发展成为一个新城区。在从产业区向现代化新城区转变时，应有新的规划建设理念和发展理念，注重完善居住和服务功能。在添加购物中心等传统商业服务业的同时，也要注重完善健康、文化、体育、教育、娱乐等康娱产业。

借鉴国际先进发展经验
推动我国开发区跨越发展

综合开发研究院（中国·深圳）副院长　曲　建

一、国际现代园区的类型概述

1547年，意大利在热那亚湾建立雷克亨港片区，并推出对进出口进行免税和对所得税进行减免等一系列优惠政策，形成了现代意义上的第一个园区概念。从那时至今，现代园区经历了较长时期的演变与发展，目前大体上可以分为两类。

第一类是贸易自由型园区，其主要产业支撑点集中在微笑曲线后端，即贸易交易活动，一般布局在沿海的港口或内陆港周边。随着产业发展，目前全球已逐渐涌现出一大批世界级的贸易自由区。贸易自由区的国际规则为《京都协议》，我国目前只签订了该协议的主协议，尚未签订两个辅协议，在政策方面主要针对货物类实行贸易自由，在服务业类方面尚未开放。因此，目前我国建立的保税区并不是真正意义上的自由贸易区。

第二类是技术工业园区，其主要产业支撑点在微笑曲线的中部和前部。与局限在贸易交易领域的第一类园区相比，技术工业园区在选址和支撑产业体系上有较大变化。技术工业园区往往在居住环境、教育环境比较优越的大城市附近区域选址，并利用区位和交通优势快速集聚智力资源、资金资源和资本资源。该类园区目前有技术工业开发区、科学城、科技园、高新技术工业园、工业科学城、大学研究园等多种具体类型，其发展目标是引进和开发新兴产业，弥补在工业化和城市化进程中的不足，构成一个由技术和生产相互交织的综合性产业结构体。到20世纪90年代，世界范围内比较著名的技术工业园共有1009个，其中，北美地区429个、西欧地区216个、东亚地区171个、其他地区193个。

二、国际园区转型升级的历史演进

国际产业链可简化为3个环节：研发设计环节、加工组装环节和营销物流环节。在微笑曲线上，研发设计和营销物流处于增值率较高的曲线两端，加工组装环节处于增值率较低的曲线底部。按照这一产业链划分方式，世界经济的全球化可以划分为3个不同时期，相对应的，国际上园区的演进升级也经历了3个阶段。

第一阶段是“二战”之前，这一阶段的全球化主要集中在贸易领域，通过WTO等制度安排来具体实现。这一阶段的园区功能以营销物流为主，主要类型有自由港、自由贸易区、保税仓库区、保税港、保税物流中心、保税物流园区等。

第二阶段是“二战”以后到20世纪80年代期间的制造业全球化阶段。在这一阶段，贸易型园区开始向以加工组装制造业为主的园区演进，主要有加工组装工业园、出口加工区、保税加工区、工业产业园等类型。

第三阶段是20世纪80年代以后的研发设计全球化阶段。这一阶段的园区功能以研发设计为主，主要有技术工业园、软件园、外包服务园、设计产业园等具体类型。

可见，国际园区的演进历程，是与世界经

济全球化的时代特点相适应、从产业链低端到中端再到高端的逐步升级的过程。事实上，我国开发区的转型升级也经历着同样的发展轨迹。

三、我国开发区转型升级应积极顺应全球产业转移趋势

研究表明，国际制造业平均每隔20年左右进行一次全球性“搬家”，即产业转移。第一次产业转移是欧美制造业集中搬迁至日本，出现了一个由日本为主导的制造业园区繁荣发展时期，而欧美园区则开始向高附加值环节转移。第二次产业转移发生在20世纪70年代初，日本将制造业向东南亚的“四小龙”迁移，形成了以韩国、新加坡及我国的香港、台湾为主的外向型出口加工基地园区，而日本则开始进入到高附加值环节。第三次产业转移发生在20世纪80年代中后期，亚洲“四小龙”的制造业开始向我国的珠江三角洲和长江三角洲流域搬迁，而自身则开始进入到高附加值环节。这一搬迁引致珠三角、长三角的制造业园区迎来一个制造业的大发展时期，这是改革开放以来中国沿海地区取得辉煌成就的重要原因之一。

当前，中国沿海地区发展了20年的产业已经开始向外迁移，主要目的地为中国欠发达地区、周边发展中国家以及非洲国家。而中国的沿海发达地区也已开始进行产业转型，即发展总部经济、研发设计、营销物流等等。同时，沿海地区原有制造业园区也开始逐步走向没落，取而代之的将是现代服务业为主导的一些园区的不断兴起。

从行业角度看，5年前向外迁移的产业包括机械，玩具、仪表、塑胶、食品、纺织等产业，其中，机械行业排在第一位。根据统计的最新数据显示，IT产业是目前向外迁移量最大的行业，其转移的速度和规模远远超过其他产业。把5年前和现在的主要迁移行业进行对比，这轮搬迁已经从初期搬迁进入到中期搬迁阶段，其主要特征有：一是以劳动密集型产业搬迁为主开始向资本密集型产业搬迁转型；二是产业转移的最主要原因由降低成本转变为开拓市场。

历史上产业的外迁往往导致原所在地的产业空心化问题，如20世纪80年代的日本和20世纪90年代的中国香港，目前我国的沿海地区也出现了这一问题。为应对此类局面，有4个可供选择的解决方向：一是向上游发展，提高技术研发和产品的设计能力；二是在中游精选，截取加工制造链增值大的部分；三是向下游延伸，积极发展物流配送和总部经济；四是向配套拓展，进入关键零部件和装备制造业领域。

此外，鉴于整体产业的升级必然牵动园区的产业升级，我国在推动园区产业升级时，必须总结西方发达国家和地区转型升级的经验，做好两个规划和一个报告，即产业选择规划、空间再造规划及投资可行性研究报告，以避免出现随意布局和污染处理难等问题。

四、我国开发区转型升级应借鉴国际园区的代季规律

在国际园区的发展进程中，曾先后出现了四代园区：

第一代园区开发的主要目的是引进劳动密集型产业、创造就业机会和推进技术培训。其设立的主要出发点是把农民变成工人，设计理念是建设一批低密度、低容积率的标准化厂房，让园区与老城区分离，也让刚刚进城的农民工和市民保持二元结构分离。这种以建立标准厂房为标志的第一代园区在推动中小城镇化进程中发挥着积极作用。

第二代园区开发的主要目的是引进资本密集型产业。与第一代园区相比，第二代园区以发展空间组团和产业集聚为主要特征，加入了测试、研发、设计等公共服务平台，并开始建立起生活配套设施，员工包括蓝领和白领。

第三代园区开发的主要目的是引进技术密集型产业，重点以发展技术密集型企业、吸引跨区域公司总部和培养当地中小企业总部为出发点。与第二代园区具有明显区别：一是容积率有较大提升；二是开始吸引研究机构、高等院校等向园区聚集，形成了生产、生活、教育相互融合的园区。

第四代园区开发的主要目的是引进知识密集型产业。园区根据国家提高创新型发展能力和产业竞争力的要求设计而成，引进多种技术产业并实行交叉发展，其建设理念、容积率以及建筑的密度和高度都全面提升，更为关键的是它在第三代产业园区的基础上融入了娱乐功能。园区员工主要为白领和金领。

借鉴国际园区的发展轨迹，我国要实现开发区的转型升级，至少要完成5个形态的基本变化。一是改变商业模式。实现从劳动力密集型向资本密集型、技术密集型、知识密集型转变；二是改变工作方式。从简单的劳动向提升劳动技能、提升环境吸引力转变，再造一个生活、学习、工作、娱乐一体化的生活方式。这一转变是从"为了生存而劳动"转变为"为了发展而创造"的过程，对园区增添了新的内涵。三是改变园区形态。从大型低密度工业园区向高密度开发型园区转变。四是改变规划理念。从以工业用地为主向生产、生活配套设施相融合，绿地、商业设施、娱乐设施、公共服务设施占地比重不断提高的新的规划理念调整。五是改变规划指标。容积率从1.0～1.4的较低水平逐步提升至3.0～4.0的较高水平。此外，配合开发区形态的转型升级，招商引资的内容和形式也要随之改变，逐步调整转型升级的核心元素。

探索多层次多形式的投融资方式

中国开发区协会

当前，资本运作在经济发展中的作用日益凸显，投融资已成为我国区域经济发展、产业层级提升和企业规模化运作等方面的重要影响因素。在这一形势下，国家级经济技术开发区灵活优化配置资源，创新投资融资方式，在完善基础设施、提升公共服务、促进企业研发创新、培育中小企业发展等多个方面进行了大胆尝试和实践创新，积累了一定经验，基本实现投资主体由单一到多元、资金渠道由封闭到开放、投资管理由直接到间接的转变，初步形成"政府引导、社会参与、市场运作"的投资格局。

一、搭建区内企业投融资平台

当前，许多东部开发区以及沿江城市、省会城市发展较为成熟的开发区，已经开始建设针对区内市场主体的投融资平台，旨在通过支持规模企业技术升级和中小企业起步发展，壮大和提升区内主导产业规模和能级，培育新兴产业快速成长和积聚。这些对多层次、多形式投融资模式的不断探索和尝试，有利于区内企业与市场的健康发展，有利于发挥金融资本对主导产业进一步壮大和新兴产业快速成长的支撑作用，有利于提高开发区支撑和服务能力，对于加快开发区投融资服务体系建设，促进开发区科学发展、率先发展和创新发展，具有十分重要的意义。

（一）搭建产业投资平台

为进一步推动区内产业快速集聚发展，许多国家级开发区搭建区内产业投融资平台，参与区内大型战略产业项目的投资融资，并以风险投资、股权投资等方式促进区内重点产业和朝阳产业中拥有核心技术、具备良好发展前景的企业融资壮大。北京经济技术开发区通过构建产业投融资平台，对京东方八代线等重点项目实施资金扶持。同时，通过产业投融资平台的运作，园区与区内企业共同出资，收购国外先进核心技术，有效提升了开发区内产业的技术水平。

（二）搭建创业投资平台

针对区内创业企业，设立“创业投资引导资金”，同时实施创业投资企业风险补贴政策。青岛经济技术开发区设立“创业扶持基金”，每年拿出4000万元资金鼓励高层次人才、大学生、军队退役人员、失业人员、农民等不同群体在高端制造业、现代服务业和循环经济发展中的关键领域、新兴行业和薄弱环节进行创业。对于原创项目构思或小型初创企业，部分开发区专门设立了天使投资基金，为其提供前期投资。天津经济技术开发区设立的天津滨海天使创业投资基金是我国首个完全由地方政府出资设立的天使投资基金。该基金重点投资生物医药、新材料、精细化工、新能源、IT等领域成长性好的初创期及成长前期企业，为其技术研发及产业化提供全程资金支持。

（三）搭建担保服务平台

开发区担保服务平台一般是由开发区管委会委托开发区国有资产经营有限公司独资建设或与区内其他投资公司合资建设的公司。由开发区财政每年向担保公司注入资金，提高担保能力。公司主要为银企搭建桥梁、为企业获得商业银行贷款提供传统担保业务并进一步推进科技成果、专利权、无形资产等权限抵押担保服务，帮助企业扩大贷款额度，进而降低企业融资成本，有力支持区内企业经营发展。长沙经济技术开发区投资担保有限公司是由长沙开发区投建建立并控股的担保公司，注册资本1亿元。公司采取“政府引导、市场化运作、公司化管理”的运行模式，重点对符合国家产业政策，有产品、有市场、有发展前景，特别是对有利于技术进步和科技创新的技术密集型企业提供各类投资、融资担保服务以及信用担保、合同履约担保、企业策划、财务咨询、投资与资产管理等全方位服务。目前，开发区担保公司已获得交通银行、长沙银行、兴业银行、浦发银行、招商银行等多家银行的综合授信，累计为开发区20余家企业提供融资担保，担保金额超过1亿元。

（四）搭建企业联合发债平台

根据国家规定的企业发债标准，一般债券发行企业的净资产需达到6000万元，许多中小企业只能被排除在外。联合发债即是帮助企业突破这一限制的融资创新。由一定数量的企业抱团联合发行债券，不但可以解决中小企业信用差、融资规模小、发债成本高的难题，还能够充分发挥规模效应，降低融资成本。2007年，中关村科技园通过深交所交易系统发行了3000万元高新技术中小企业集合债券，成为我国以园区为主导联合发债的初探者。目前，上海闵行、北京、杭州等开发区都先后发行了区内企业联合债券，为区内企业拓宽了融资渠道，增添了新的活力。

（五）搭建区内企业上市平台

为进一步拓宽区内企业融资渠道，推进区内企业投融资市场化，部分开发区搭建了方便快捷的融资平台，支持符合条件的区内企业上市融资、发行债券。南昌经济技术开发区成立了“开发区企业改制上市服务中心”，作为区内企业改制上市和代办工作的实施载体，具体承担区内企业改制上市的组织与实施工作，专门出台《关于扶持企业改制上市及再融资的若干政策措施》，在税收、土地、房产权证等方面提供优惠扶持，并给予资金奖励。同时，建立了“储备一批、培育一批、改制一批、辅导一批、上市一批”的开发区企业改制上市培育工作体系，以及与各子产业园区、行业协会、券商和专业服务机构的协同工作机制，调动各方资源，形成社会合力。

二、创新融资方式，解决小微企业融资难问题

随着新兴产业的兴起和技术引领作用的日益凸显，众多小型、微型企业（以下简称小微企业）成为促进开发区传统产业壮大和新兴产业成长的新的生力军。但小微企业由于其规模小、资本少的特点，对成本上升、需求减少、税费以及“用工荒”等不利因素反应较为敏感，对灵活多变的市场环境免疫力低，缺乏相应的周转应急资金支持，这成为小微企业成长发展的瓶颈。因此，解决小微企业“融资难”问题，为小微企业提供资金支撑、保驾护航，成为开发区为区内产业发展持续造血的重要路径。

（一）优化孵化环境，打造小微企业成长平台

为使小微企业具有更为健康稳定的成长环境，许多开发区在区内建设创业园、孵化园等产业园区，为小微企业搭建专业的资金、信息、展示和研发平台。西宁经济技术开发区为解决区内小微企业研发资本有限问题，设立了专项研发基金，随时帮助有需求的小微企业快速申请；同时，对研发成功、形成技术成果的小微企业，给予技术创新奖励，进一步推进技术成果的产业化。杭州经济技术开发区、海宁经编产业园等开发区在区内的孵化器中为生物医药、环保、新材料研发等技术要求较高的中小企业免费提供公共实验室，配置高端设备，为其提供完备的科研平台。许多开发区还在展示会、洽谈会中设立小微企业专区，并对小微企业投资项目进行专门推介，构建小微企业的资源洼地。

（二）简化贷款流程，构建小微企业绿色通道

由于小微企业对市场环境变化较为敏感，容易发生资金链断裂，因此对资金的需求经常较为紧急。但一般情况下，从银行申请贷款的周期过长，有时甚至需要两个月以上，往往错过利用资金的最佳时机。针对小微企业设立的贷款“绿色通道”即可解决这一问题。泉州经济技术开发区开辟的贷款“绿色通道”，通过在区内各银行业金融机构设立小微企业贷款专用窗口、简化贷款审批流程等方式，为小微企业提供了快捷便利的金融服务，大大缩短了放款时间。同时，还与泉州银监分局联合举办“泉州开发区小微企业银企融资对接会”，促成企业与银行的贷款意向，并进行现场签约。

（三）创新担保方式，降低小微企业贷款门槛

针对小微企业实力弱、抵押物不足的实际，许多开发区通过降低贷款的担保额度、转变担保方式等办法，帮扶小微企业争取贷款。中关村科技园区最早尝试了构建小微企业信用贷款体系。园区管委会与中国人民银行营业管理部、中国银监会北京监管局联合推出了“小微企业信用贷款”模式，使具备良好信用的企业“无抵押、无担保”获得银行流动资金贷款。在转变贷款方式方面，部分开发区推进区内金融机构抵押重点由“物”向“权”转变，支持小微企业采取知识产权质押、仓单质押、商铺经营权质押、商业信用保险保单质押、商业保理、典当等多种方式融资，降低贷款门槛，进一步缓解了中小企业融资难的现状。

（四）建立服务中心，完善小微企业金融保障

为更好地服务开发区小微企业投融资工作，为小微企业成长提供优质环境，许多开发区专门组建了“金融服务中心”，负责制定开发区投融资工作近期及中长期规划，承担投融资服务企业网络、“开发区企业诚信联盟”等组织的构建和指导，同时负责信息服务平台管理、统计分析和评估等工作。天津经济技术开发区的“融资服务中心”成立近三年来，已与国内外100余家投资机构、银行等建立了合作关系，并通过对区内小微企业的需求调研，建立了“开发区小微企业投融资数据库”。服务中心工作人员针对企业的具体融资需求，帮助小微企业提升资本运作能力和操作水平，并开展融资培训、项目对接、融资洽谈等免费服务，在企业和投资机构之间架设沟通桥梁。

开发区发展战略性新兴产业的路径举措

中国开发区协会

一、创设一流制度环境，提供专业化服务

当前，开发区在建立和完善财政投入制度、产权保护制度、税收优惠制度、产业服务制度等方面优化举措，为战略性新兴产业健康有序发展提供保障。

苏州工业园为进一步推进科技跨越发展，加快建设国家创新型科技园区以及“研发中心和高新技术产业集群效应突出的科技示范区”，提升区域自主创新和可持续发展能力，针对性地对加快发展战略性新兴产业进行布局，编制了《苏州工业园区“十二五”科技发展规划》。在财政投入方面，园区本级财政科技拨款计划年均增长率高于10%，2015年达10亿元；全社会研发投入总量达130亿元，R&D投入占GDP的比重达5.5%。在产权保护方面，园区鼓励企业申请专利、注册商标，支持企业和产业技术联盟构建专利群及专利池。完善知识产权行政保护与司法保护衔接机制，建立知识产权维权援助机制，重点对中小企业和涉外知识产权纠纷给予援助。在税收优惠方面，科技主管部门备案确认的符合技术开发费加计扣除政策的高企研发项目、高新技术产品，发生的技术开发费用可向税务部门申请150%抵扣当年应纳税所得额。在服务体系方面，通过“科技创新服务例会”、“扎根计划”、“双百工程”等为高成长企业提供产业化用地支持，对具有创新性强、成长性好的重点企业在融资、专业研发、高端人才、市场渠道、管理咨询等方面提供专业服务。

二、完善产业投融资体系，支撑区内企业创新发展

战略性新兴产业具有投入大、风险高、收益大的特点，因此，开发区在推动投资主体多元化、搭建风险投资平台、建立风险投资退出机制以及创新投融资模式等方面发挥了积极作用。

中关村科技园加大面向战略性新兴产业的金融支持力度，初步形成“一个基础、六项机制、十条渠道”的投融资体系。“一个基础”是以企业信用体系建设为基础；“六项机制”包括信用激励、风险补偿、以股权投资为核心的投保贷联动、分阶段性连续支持、银政企多方合作和市场选择聚焦重点等机制；“十条渠道”包括天使投资、创业投资、代办股份转让、境内外上市、并购重组、集合发债、担保贷款、信用贷款、小额贷款、信用保险和贸易融资。上海漕河泾新兴技术开发区与徐汇区政府、交通银行联手建立了科技型中小企业融资平台。首期由漕河泾开发区发展总公司和徐汇区政府共同出资5000万元。2010年交通银行上海分行追加5000万元信用额度，使融资平台的信贷规模达到1亿元。天津经济技术开发区建立了科技企业“小巨人”专项资金，积极发挥政府、银行、担保机构、企业“四位一体”融资模式的作用，支持一批企业做大做强，扶植一批企业上市发展，打造一批“顶天立地”的科技“小巨人”企业，推动多家企业进入上市程序。

三、强化产学研深度合作，促进创新成果产业化

推动战略性新兴产业的发展,需要凝集各方力量推动产学研的深度合作。开发区通过建设各类新兴技术研发机构，努力推动多方协同创新，大力促进创新成果的转化及产业化。

昆山经济技术开发区把与国内外高校、科研院所开展产学研合作作为着力点，积极深入科技资源密集城市举办产学研合作交流会和对接央企活动，努力构建开放式、网络化的集聚创新资源模式。开发区先后与清华大学、北京大学、哈尔滨工业大学、华中理工大学、中科院等100余所国内外高校院所建立了400余个产学研联合体，成功实施了460余项产学研合作项目，设立了11个博士后科研工作站和18个分站。通过产学研合作，开发区构建了以科技成果产业化为方向，重点创新载体和特色产业基地为依托，产学研联盟、公共技术平台建设为重点的开放融合、布局合理、支撑有力的创新体系。江阴高新技术产业开发区出台《战略性新兴产业科技成果加速产业化行动3年方案》，创造性地提出鼎力引进领军人才，加快组建综合型创业团队；放大政府引导基金作用，推进项目对接资本协作；优化引才政策，创新股权鼓励机制等企业文化建立；提升公共技术平台效能，缩短企业研发周期；实行政府优先采购，加强企业市场营销才能；加快物理开展空间建立，提升企业扩张才能；提供专业化特需效劳，提升企业开展效率；注重典型示范引导，加强企业创业才能的“加速产业化工作十六法”。

四、引进科技创新型人才，为产业发展提供智力支持

发展战略性新兴产业关键在于充分发挥科技人才的主导作用。近年来，开发区创设条件积极吸引海内外高端科技人才入区发展，提升科技人才科研水平，努力形成柔性管理的开放人才流动体系。

北京经济技术开发区围绕“北京南部高技术制造业和战略性新兴产业聚集区”的目标，适时推出“以高端人才带动科技创新、以科技创新促进产业发展、以产业发展聚集人才团队”的工作思路，先后出台《鼓励高级人才入区的规定》、《“博大贡献奖”实施办法》、《关于鼓励和吸引海外高层次人才来区创业工作的意见》等。截至目前，开发区通过“海聚工程”、“高技能人才培养”等项目已引进国外智力项目14个、国外专家78人次。同时，加强博士后工作站质量建设，目前，已建成16家博士后科研工作站和3家博士后创新实践基地工作站。通过启动“高技能人才培养”项目，培养高技能领军人才14名、高级工以上的高技能人才894名。实施“一线创新人才培养”项目，培养一线管理人才299名、一线技能人才346名、一线科研人才618名，为推动科技创新储备了丰富的人才资源。广州经济技术开发区先后出台《广州开发区关于促进高新技术产业发展的若干措施》、《留学人员广州创业园管理办法暂行》、《广州开发区科技发展资金管理办法》和《广州开发区科技奖励规定》等一系列优惠措施办法，吸引了大批海内外科技人才。截至2011年底，在区内创新创业的“两院”院士达6名，享受国务院政府特殊津贴专家达13名，中央“千人计划”人才达15名，广东省创新科研团队达3个，广州市创新创业领军人才达13名，大专以上人才总量达17.4万人。在人才创新创业带动下，开发区产业竞争力和自主创新能力得到显著提升。

五、培育活跃的创新文化，增强产业发展内在动力

开发区以“开放、发展、合作、创新”为特质，营造鼓励和推崇创新、允许和宽容失败的宽松氛围，创设有利于科技人才创业、成长和脱颖而出的政策环境、有利于高新技术研发及其产业化发展的人文环境，实现通过创新的文化推动科技创新战略目标。

临沂经济技术开发区坚持科技创新与文化创新两手抓，在一定程度、一定范围内建立起相互影响、相互作用关系，形成双向互动、协同创新体系。开发区坚持把文化创意产业作为推动产业升级和功能提升的“加速器”及拓展城市旅游业、发展城市第三产业的原动力，全方位做大做强文化事业和文化产业，使文化创意产业作为增强城市综合竞争力的战略制高点和核心要素，区内动漫文化产业、会展文化产业蓬勃兴起为开发区经济社会发展注入强劲活力。随着科技和文化在人才、产业和市场等方面加速融合，科技创新和文化创新迸发出强大活力，推动着开发区经济社会的跨越发展。

以创新引领产业转型升级

——对江苏昆山、无锡的调研

国家发改委产业经济与技术经济研究所助理研究员　盛朝迅

国务院发展研究中心产业经济研究部副研究员　王忠宏

一、昆山、无锡两地产业转型升级的主要成效

近年来，昆山、无锡两地加大创新型城市建设力度，深入推进体制改革和产业转型升级，加速集聚全球资源，着力提升创新能力，经济社会发展和产业转型升级取得显著成效。

（一）经济综合实力大幅跃升

2010 年，昆山、无锡两地实现地区生产总值 7858 亿元，是 2005 年的 2.22 倍，年均增长 13.43%，比同期全国平均增速高 2.23 个百分点，远高于同期世界经济 3% 的年增长率。其中，昆山市（县级市）地区生产总值达到 2100.28 亿元，比 2009 年增长 14.2%，超过西部地区青海、宁夏、西藏等地全省（自治区）的地区生产总值，人均 GDP 高达 2.18 万美元。无锡市地区生产总值达到 5758 亿元，比 2009 年增长 13.1%，人均 GDP 超过 1.3 万美元。按照世界银行标准，两市均已跨过中等收入国家和地区的门槛。在经济实力大幅提升的同时，基础设施建设、人民生活质量和社会保障水平也稳步提高。

（二）产业结构明显优化

无锡市 2010 年三次产业比例达到 1.8:55.7:42.5，三产增加值占 GDP 比重比 2009 年提高 1.2 个百分点。昆山市 2010 年三次产业比例为 0.9:64.1:35，虽然第三产业占增加值比重不高，但第三产业增速明显加快，占 GDP 的比重也不断提高，比 2005 年上升 5 个百分点。纺织、冶金、轻工、建材等传统产业逐步向产业链高端攀升，创新能力、发展后劲、品牌效应、集聚水平和经济效应明显提升。

（三）新兴产业发展迅猛

2010 年，无锡市物联网、新能源、新材料和新型显示、节能环保、微电子、生物技术和新医药、软件和服务外包、工业设计和文化创意产业等八大战略性新兴产业实现营业收入 4103.7 亿元，比 2009 年增长 28.2%，增长态势迅猛。昆山市物联网、新能源、新材料、新医药、新型平板显示、高端装备制造等战略性新兴产业完成产值 1540.34 亿元，比 2009 年增长 31.9%，明显高于同期制造业和 GDP 的增长速度。

二、昆山、无锡两地以创新引领产业转型升级的主要做法

（一）实施“一把手工程”

无锡市主要领导高度重视创新型城市建设，实施了“一把手抓科技创新”的“一把手工程”，成立“科技和人才工作领导小组”，由市党政一把手亲自任组长，形成了“一把手抓第一生产力、抓第一资源、抓第一驱动力”的工作机制。昆山市也把科技创新指标纳入各部门和区县党政班子的政绩考核体系，形成全市上下全力推动科技创新创业的强大合力，科技创新环境明显优化。

（二）大力推进产学研合作

无锡市积极推进产学研合作，先后与中科院、北大、清华等国内知名的“一院七校”签订全面合作协议，构建具有无锡特色的“7+1”政产学研联盟。其中，国家传感网创新示范区以物联网核心技术突破、产业推进为重点，集聚了17家大院大所，组建了7个重大研究机构。仅2010年全市新增产学研合作项目近800个、集聚两院院士78名、企业研发中心250余个、企业院士工作站70家，其中省级46家，名列全省第一。昆山市按照开放式、网络化、集聚化的运作模式，充分利用国际、国内两种资源，积极发挥阳澄湖科技园、工研院、清华科技园、留学人员创业园等创新平台及孵化器作用，大力推进产学研合作，并积极组建省级平面显示研究院、江苏省新型平板显示产业创业联盟等多种形式的产学研联合体443家、研发机构474家。

（三）力促创新人才“生根”

昆山、无锡两地在产业转型升级的过程中始终注重引导人才等创新和智慧资源的集聚，促进区域创新能力的大幅攀升。无锡实施5年聚集30名创业创新领军人才的“530”计划，起步早、知名度高，新兴产业带动效应、科技创新带动效应和人才集聚带动效应不断增强。截至2010年底，累计落户“530”项目超过1200个，实现销售收入29.5亿元。昆山大力实施“人才生根”战略和“三新”人才计划，努力促使“海归”变“海雁”，引进和培育建设新城市的“现代人”、引领新产业的“核心人”、服务新人才的“专业人”。

（四）加快转型升级载体建设

两地把新兴产业培育载体建设作为推动战略性新兴产业发展的重要推手，不断创新基地和高新园区机制，构建产业转型升级的新载体。已有3个高新区被列为国家创新型试点园区，其中，昆山高新区、江阴高新区是全国仅有的两个建在县级市的国家高新区，无锡是全国唯一的国家物联网高技术产业基地。

（五）创新科技金融结合新模式

无锡市创新科技金融组合模式，大胆探索出科技银行的科技金融结合新模式。江苏银行和中国农业银行分别在无锡成立科技支行，实行专业化的科技信贷运营模式和考核评审机制，开展知识产权质押贷款业务，为解决中小科技创新型企业融资难问题提供了可以借鉴的路径。同时，两地率先在全国开展可贷可投的科技小额贷款公司试点工作，成立多家小额贷款公司，吸引各类社会资本投入资金达10亿元。此外，两地创业风险投资发展迅速，已有各类创业风险投资机构100余家，成功培育了无锡尚德等一批知名上市公司。

（六）鼓励跨国公司研发本土化

两地在以创新引领产业转型升级的过程中积极鼓励跨国公司研发本土化，提升跨国公司对本土产业转型升级的带动和溢出效应。昆山依托发达的外向型经济优势，通过举办内外资企业配套协作洽谈会、组织内外资企业家沙龙等活动，力促跨国公司研发本土化，加快产业配套、技术贸易、技术联合开发、消化吸收再创新和技术“嫁接”步伐，推动内外资企业配套融合发展。无锡引进42家独立法人研发中心，75家在锡跨国公司R&D投入远远高于内资企业，并产生良好的技术溢出效应。

三、存在的问题和面临的困难

（一）吸引和培育创新型人才的瓶颈较为

突出

近年来，虽然昆山、无锡两地下大力气培育人才，高等教育毛入学率和教育经费占GDP比重一直居全国前列，但顶尖级人才并不多见。在吸引人才方面，虽然两地吸引创新型人才取得明显成效，但制约进一步吸引人才的因素仍然存在。如高层次人才税负较高、外籍人士申报国家项目和国家奖励仍存在一些限制、外籍人士生活所需的配套不完善、外籍人才收入汇兑损失的补偿机制不健全等，不利于发挥高层次人才对科技创新和产业转型升级的积极作用。

（二）创新载体建设的模式仍需继续探索

两地积极探索产业转型升级的创新载体建设，通过深化产学研合作，建设工研院等创新载体，加快新兴产业发展的孵化器和加速器建设。但在具体的运作过程中，仍存在一些困惑和争议。如昆山工研院模式主要依靠政府投入，盈利模式并不清晰，研究院实现良性循环的体制机制尚未完善。县级市政府作为主体来讲，存在政策空间和效果受限等问题，需要进一步探索更为有效的发展模式。

（三）核心技术受制于人状况仍未改变

昆山、无锡两地新兴产业技术水平整体不高，产业发展仍以技术跟随为主，高端产业、低端环节的矛盾非常突出，部分新兴产业的产品技术含量和附加值不高，具有自主知识产权的核心关键技术和重大装备不多，核心技术受制于人的情况较为明显，新兴产业关键核心技术提高尚需很长时间。医药产业97%以上的化学新药为仿制品，光伏产业的电池生产线、多晶硅铸锭炉等关键设备和材料仍主要依赖进口，平板显示产业的玻璃基板主要依靠进口。一些外国高端设备问题频繁，维修还必须由设备提供商承担，维修成本高昂。

（四）需要突破一些体制机制的障碍

和全国其他地区一样，昆山和无锡处在投资驱动、引进国外设备和技术的“追赶”阶段，政府的主导作用较为明显，企业创新缺位现象依然存在，企业自主创新的积极性、主动性不强。在创新驱动的新发展阶段，如何处理政府和市场关系，突破一些束缚创新动力发挥的体制机制障碍成为亟待解决的问题。此外，在对创新的扶持方面，由于创新的成本高、风险大，风险投资发展滞后，境内外社会资本参与创业投资的积极性不高，中小科技企业融资难的现象还较为普遍。

四、以创新引领产业转型升级的六大战略

（一）多方参与，实施国家和区域互动创新战略

充分发挥科技创新对产业转型升级的驱动和支撑作用，构建包括“官产学研金介”等多方参与的，制度创新、技术创新、管理创新和服务创新能力完善的区域创新体系，将区域创新的方向和目标瞄准国家创新的方向和目标，抢占国家创新制高点。同时，站在国家创新体系建设的高度，将江苏等发达地区的区域创新体系建设和国家创新体系建设密切结合，积极探索区域创新载体建设新模式，充分整合各种资源和力量，鼓励国家创新资源、政策充分支持区域创新。以区域创新促国家创新，以国家创新引领区域创新，实现区域创新和国家创新的良性互动与互补，推动新兴产业的创新体系形成与完善。

（二）加强研发，实施核心技术突破战略

抢抓“十二五”战略性新兴产业建设发展的战略契机，加强研发，强化产业共性技术攻关，优化产业转型升级所需的人才、资金、政策等创新环境，加快突破战略性新兴产业发展所需的核心关键技术。以掌握自主知识产权为突破口，以关键核心技术的研发与推广应用为重点，建设涵盖开发、中试、测试、分析、认证等创新环节的国家级公共技术服务平台与重点实验室。加快制订研发投入税收抵扣的政策措施，鼓励企业加大创新投入力度，努力攻克核心关键技术。大力推进核心关键技术难题攻克和科技成果转化运用，实现自主知识产权产品的创制和产业化，加快战略性新兴产业创新发展。

（三）加大支持，实施创新型企业培育战略

加大财税、投资、信贷、科技创新、重大项目建设、人才引进等方面政策支持力度，在战略性新兴产业链核心环节培育一批具有国际竞争力的创新型企业，促进国内企业做大做强。通过支持国内企业研发和示范应用等方法，建设一批体现国家水平的企业研究院和重点实验室，鼓励大中型企业普遍建立工程技术研究中心、企业技术中心。加大对创新型企业提供政策、资本、技术、市场等各种资源支持，促进政府和创新型企业之间的良性互动。完善大型龙头企业发展所需的产业链配套，进一步提升创新型企业的本地带动和辐射作用。

（四）营造环境，实施创新人才集聚战略

加快科技创新团队引领和建设，围绕重点产业和科技优先发展领域的需要，在全球范围内广泛引进、集聚科技创新创业人才和团队，努力造就具有全球视野、战略思维和持续创新能力的科技企业家队伍。优化人才发展的政策环境，变“一企一策”为“一人一策”，鼓励有创业精神和创业能力的领军型创业人才“落地生根”，鼓励对重要科技和管理人员实施多种方式的股权和分红激励，促进各类科技人才的优化配置和合理流动，推进科技人才向企业集聚。

（五）注重引导，实施科技金融结合战略

进一步优化资金支持方式，扩大新兴产业创新投资资金规模，通过天使投资、创业投资、融资担保、贷款贴息等多种方式带动社会投资。加大创业风险投资用于人才培养、科技研发和技术引进等“软投入”的支持比例。创新科技金融服务，鼓励开展知识产权质押贷款业务，促进科技金融结合，加大对有一定科技实力和较强发展潜力的初创型中小科技创新企业提供金融支持。

（六）完善政策，实施体制机制创新战略

大力推进体制机制创新，优化区域发展部署，高效配置科技资源，促进区域整体优势的发挥和国际竞争力的提升。深化科技体制综合改革试点工作，选取若干科教资源较好的重点城市建设跨国技术转移中心、技术产权交易中心、国家专利数据信息中心和区域分中心，使试点城市成为科技政策先行先试、科技资源高度集聚、科技成果广泛辐射的自主创新高地。

提高产业竞争力 突破跨国公司产业链控制

国家发展改革委产业经济与技术经济研究所　王云平

一、跨国公司正深刻地改变着世界经济的格局

经济全球化对世界经济带来的一个深刻变化是以全球为版图配置资源，世界正在经历史无前例的大规模再分工，不仅表现为国际分工的数量迅速增加和国际贸易的快速增长，同时，国际分工的模式也出现了重要变化——从产业间的全球分工发展到产业内的全球分工，再演变为企业内的全球分工。尤其是20世纪90年代以来，以信息技术发展为动力的新一轮产业转移与国际分工正在兴起，并表现出了高技术、高附加值的高端化倾向，且垂直专业化分工增长迅速。中国作为一个正在快速发展

的大国，拥有很多其他国家产业发展无可比拟的优势，是全球产业再分工体系中最为重要的参与者之一，是跨国公司进行产业全球化布局的重要东道国，越来越多的跨国公司在我国设立研发、生产制造和营销机构，加快各类生产要素向我国的流动，对我国产业结构和竞争力带来巨大影响。

当前，我国产业正处于转型升级的关键时期，重点产业调整振兴、战略性新兴产业的加快培育发展，对未来我国产业竞争力的提升有着极其深远的意义。在这样的国际产业变迁和本土产业发展的背景下，研究外资对我国产业链的控制现状，以及突破跨国公司对我国产业链的控制，对我国未来产业国际竞争力的提升有着极为重大的现实价值。

在新的国际分工体系下，国与国之间的分工已经明显弱化，发达国家的跨国公司成为国际分工的主导力量。通过产品工序的分解，跨国公司把产品不同环节分布到不同国家的不同地区来完成，而跨国公司牢牢控制住价值链的战略环节，把其他环节外包到成本较低而效率更高的地区的企业来完成。这样，跨国公司根据每个地区的要素禀赋差异将具有不同要素禀赋的国家和地区纳入全球生产体系中。以跨国公司为载体，资金、人才、技术的全球流动正深刻地改变着世界经济格局。跨国公司的发展促使国际产业分工进入新的阶段，各国在全球产业链中所处的地位也随着跨国公司作用的日益显著而发生剧烈变化，导致各国的经济地位和国际竞争力也随之改变。

研究发现，随着外资的不断引入，外资通过关键技术控制、重要资源定价权控制、关键产业链环节控制等方式，对我国产业链的控制范围广化、控制程度深化、控制方式多样化，对我国经济发展方式转变、产业结构调整升级、产业创新能力提升、经济安全和稳定等方面造成一定风险。我国产业要通过提升培育本土的高端要素、加强本土企业的创新能力和产业关联、大力发展战略性新兴产业等途径突破外资的产业链控制。

二、突破跨国公司产业链控制离不开政府的政策扶持

随着引进外资的数量和质量的增加，引进外资必然带来技术进步和产业升级的观点受到质疑。一些内资企业即使进入外资主导的产业链，但还是处在生产网络的底层，仍然很难实现产业升级。除了建立起必要的评估和预警机制，更为重要的是帮助内资企业持续健康发展，提升我国产业竞争力才是突破跨国公司产业链控制的根本途径。为此，政府部门需要采取多种措施协助内资企业突破外资企业主导的产业链控制。

（一）积极开拓国内市场，努力培育本土高端要素

随着中国经济的高速增长，日益增长的消费和多层次的需求结构为本土企业设计研发能力的培养、品牌和营销渠道的建设提供了广阔的市场空间。对于加入全球生产网络不深或者处于价值链低端的多数本地企业，应在出口导向和开拓国内市场之间重新权衡，在积极扩大产品出口的同时，努力开拓国内市场，培养本土高级要素，培育贴近本土的设计研发能力和营销渠道。本地企业应避免还没有培育自己的高级要素，就急于加入全球价值链特别是其中的低端环节。

（二）采取灵活措施，激励本地企业自主创新

实践证明，企业创新能力难以单纯依靠引进外资或“市场换技术”的途径获取。当前，主流本地企业处于价值链创造和分配的低端，日益微薄的利润难以支持企业自主创新能力的培养。这就要求政府灵活运用直接补贴、税收优惠、贴息、价格、资金和利率等手段，鼓励和扶持某些已有一定实力的本地企业提高研发水平和创建品牌，增强技术垄断和品牌垄断能力。同时，打破企业、高校及科研单位等创新主体间的分割，加强彼此间的交流合作，整合区域经济资源，构建区域创新体系。

（三）调整引进外资策略，促进本地关联

过去我国各区域为了追求GDP的增长，以税收、土地优惠等各种优惠政策吸引外来投资，各地区之间恶性竞争。利用外来资本带动当地经济发展必须改变以往的引资方式，重点应放在产业前后关联程度高、技术含量高、能带动当地企业发展和升级的项目上，发展先进制造业和生产性服务业。地区之间应相互协调，引进适合本地区已有产业基础的外来资本，形成地区之间的互补性分工。尤其是要加强公共平台建设，加强共性技术开发和信息沟通，打造全产业链，控制关键要素的定价权。

（四）促进本地配套企业适度集中，提高当地企业的谈判能力

在价值链下游环节的核心企业已经形成寡头垄断的情况下，上游的本地配套企业适当的集中，不仅能够减少恶性竞争，而且有利于提高对外资企业的谈判能力。当前，本地配套企业由于发展时间太短，尚未发展出具有实力的大企业，且遭受下游企业压榨，限制了内资企业的发展能力，使本土企业发展难以摆脱恶性循环。因此，有必要促进本地配套业集中度的提高，如，鼓励配套业中的兼并、重组和互相持股，通过增加单个企业的市场份额，与外资主导企业的买方势力相抗衡，逐步改变价值链分配完全由外资企业主导的局面。

（五）充分利用外资企业间的竞争实现升级

政府应通过规制国内市场竞争，培育良好的竞争环境，利用下游外资企业之间的竞争迫使外资企业转移高技术、新产品，进而提高外资企业的技术溢出效应。尽可能引进多家外资主导企业投资，形成相互竞争的市场氛围，以竞争环境促进技术溢出效应的发挥。在拥有多个下游客户的情况下，即使某些下游厂商试图实施纵向压榨，本地企业也可以转向其他客户供应产品。本地配套企业还可以通过产品的多样化，供应不同层次的客户，摆脱单个跨国采购商的挤压和控制。

（六）提高外部治理效率，为本地企业升级创造良好的制度环境

加强价值链的外部治理，提高外部治理效率，必须建立在政府加快职能转变、创造良好的外部制度环境的基础上。这个制度环境，不仅包括政府机构以立法的形式制定规则，如劳动环境保障、产品质量标准、卫生标准等，还应该包括行业协会等民间组织制定的行业标准等。这些外部制度环境的建立，有利于企业就产品规格、质量标准等达成共识，有利于企业间非正式的技术交流和技术转让，有利于弥补当地企业和外来投资企业之间的技术能力差距，促进当地企业的技术消化、吸收、改进和技术再创新。

（七）大力发展战略性新兴产业，重构产业链格局

伴随新经济与新技术的不断涌现，世界经济将会不断诞生新的行业，在新兴产业中会不断涌现新技术。新产业与新技术，势必对现有的产业链格局带来本质性的变化，也为中国企业改变产业链的位置不断提供新机遇。新兴行业作为刚刚诞生的行业，内外资企业间差异尚不大，相关产业链条并不完善，技术发展趋势存在变数，而且新兴行业决定着国家经济的兴衰，哪个国家掌握了新兴行业的制高点，就必将诞生一批世界级的企业，而新兴行业的产业布局相对空白，有利于各企业的提前布局和针对性的设计。

广东“双转移”的成效、经验与战略思考

广东省经济和信息化委员会课题组

“双转移”战略是广东省进一步解放思想、破解科学发展难题、发挥先行先试作用的创新性实践，也为全国优化调整产业结构、推动区域产业合作与梯度转移及促进经济社会协调发展提供了新鲜经验。

一、“双转移”战略的主要成效

（一）有效化解金融危机冲击下经济滑坡的风险，打通了一条由严重依赖外向带动、低端要素驱动、单极拉动转向内外向并重、创新驱动、多极联动的发展通道

2008 年以来，对外部市场严重依赖的广东省成为受金融危机冲击最直接、最严重的地区之一。但随着广东省“双转移”战略的持续深入实施、推动粤东西北地区的“整体崛起”，使相对欠发达的区域成为广东经济增长的重要动力。截至 2009 年底，以全省 30 余个产业转移工业园为龙头，带动东翼与山区工业分别增长 12.8% 和 12.2%，增幅分别高于全省 3.2 个和 3 个百分点。由“双转移”实施在外围地区形成的多个增长极的快速发展使得全省经济增长率维持在 9% 以上（见表 1），在相当程度上有效化解了金融危机冲击下广东省经济滑坡的风险，及时扭转了经济发展的被动局面。

表 1　广东各区域经济增长率变化对比

	2008 年		2009 年	
	地区生产总值	工业增加值	地区生产总值	工业增加值
珠三角	12.8%	11.8%	9.4%	8.6%
东　翼	13.1%	16.0%	12.1%	12.8%
西　翼	10.9%	10.2%	10.4%	7.1%
山　区	13.2%	13.9%	10.8%	12.2%
全省平均	10.4%	11.6%	9.7%	9.2%
全国平均	9.8%（GDP）	9.9%	9.1%（GDP）	8.7%

资料来源：《广东统计年鉴 2010》和《中国统计年鉴 2010》。

通过转移促转向、转移促升级、转移促聚集和转移促转化的政策效应扩散，“双转移”战略产生了较强的产业技术升级和结构优化效应，改变了长期低端制造、劳动密集、外向出口的广东传统发展模式。随着“双转移”战略向纵深发展，2010 年，全省涵盖四大领域、11 个行业的战略性新兴产业总产值达 1.11 万亿元，同比增长 19.5%。其中，高端新型电子信息、新能源汽车、半导体照明等三大重点新兴产业取得实质性突破，高端新型电子信息产业产值达 4848 亿元，继续领跑全国；新能源汽车动力电池产量占全国 40%，居全国首位；LED 封装产量约占全球 50%。先进制造业增加值占全省工业的比重上升到 47.2%，其中装备制造业增加值的比重达 33.6%；高新技术产品产值占全省工业的比重保持在 30% 以上；现代服务业占全部服务业增加值的比重达 57.4%。基本形成以大汽车、大石化、

大钢铁、大船舶、大航空、大铁路、大装备为特征的新型现代产业体系。

（二）产业转移的倒逼机制打破了珠三角地区产业技术演进的路径依赖和锁定效应，为战略性新兴产业、现代生产性服务业等高端产业的成长提供了发展机遇与空间

在全球产业结构、需求结构、生产结构、贸易结构发生重大变化和处于深刻调整的后危机时代，珠三角地区产业和企业面临着前所未有的巨大市场压力与成本压力，产业横向转移和纵向升级成为珠三角地区产业突围的现实选择。“双转移”战略及时顺应了产业演进趋势，由市场主导与政策引导两股力量形成的倒逼机制打破了珠三角地区产业技术演进原有的路径依赖和锁定效应，推动着产业的向外转移、创新转化和集约发展，为战略性新兴产业、现代生产性服务业等高端产业的成长提供了发展机遇与空间。

如，佛山市三年来引入现代服务业、先进制造业和高技术制造业项目达2794个，新增投资金额共计4229.22亿元，正在形成新的先进制造业集群。截至2010年底，落户佛山的世界500强企业超过47家，投资项目超过87个；国内500强企业超过99家，项目超过167个；南海区的罗村在将大量陶瓷企业转移后，引进了30余家LED企业，形成灯饰会展业新集群；同时，南海区的广东金融高新技术服务区也致力于建成辐射亚太地区的现代金融产业后援服务基地，已吸引友邦保险亚太后援中心、中国人保集团南方信息中心、汇丰银行数据处理中心等50个金融企业后台机构、金融服务外包企业及金融机构区域总部项目在此落户，总投资达150亿元。

实施“双转移”战略以来，一方面，珠三角地区各市积极推动“腾笼换鸟”，采取有力措施推动劳动密集型等低端产业转移，腾出发展空间。据初步统计，截至2011年5月，珠三角核心区六市转出企业5983家、关停企业30811家、淘汰落后产能企业41390家，退出投资金额共计4968.69亿元（其中转出4366.25亿元，关停淘汰602.44亿元）。另一方面，珠三角地区着力于“筑巢引凤”，加大招商引资力度，引进和发展先进制造业、高技术制造业和现代服务业。三年来六市新引入的世界500强企业43家，投资额达302.64亿元，提升了产业发展水平。数据显示，2010年珠三角核心区六市的电子信息、电气机械及专用设备、石油及化学三大新兴支柱产业增加值增长16.2%，高新技术制造业增加值增长17.8%，装备制造业增加值增长19.4%。先进制造业占GDP比重较2009年提高2.2个百分点，其中东莞提高4.3个百分点，广州和珠海分别提高3.4个百分点。高端设备制造业占GDP比重提高0.9个百分点，其中东莞提高5.1个百分点。此外，广州市利用工业企业退出后的厂区建设了40余个创意产业园，每年实现产值150亿元。

通过倒逼机制，产业转移的结构调整效应提升了珠三角地区的产业层次。珠三角纺织服装、食品饮料、建筑材料三大传统劳动密集型产业工业增加值比重已由2007年底的75.9%降至2010年的72.8%；产业重化、大型化、现代化趋势明显，重工业增加值占全部工业比重从2007年的58.4%上升到2010年的60.6%；工业全员劳动生产率也由2007年的10.33万元/人提高到2010年的13.48万元/人，增幅达30.6%。2011年一季度，珠三角六市先进制造业实现工业增加值1760.24亿元，同比增长16.19%；现代服务业实现工业增加值2478.56亿元，同比增长9.95%；高技术制造业实现工业增加值846.62亿元，同比增长17.82%。第三产业占比提高了2.2个百分点，对经济增长的贡献率首次超过50%；现代服务业增加值占服务业的比重为57.2%，提高3.1个百分点，提升速度高于全国平均水平。珠三角六市的三次产业结构明显得到了优化，经济发展逐步摆脱了对劳动力数量增长的依赖。

（三）产业转移优化了产业区域空间布局，强化了要素集聚的广度与深度，加速了转

入地主导产业的成长，形成以园区为核心的新“增长极”，为后发地区跳出“贫困陷阱”提供了强大推力

按照“企业集群、行业集中、产业集聚”的发展思路，各地立足高起点、高标准，结合自身的比较优势，充分发挥园区的示范带动作用，加快培育特色鲜明、配套完善的产业集群，不断强化要素集聚的广度与深度。全省已建成35个省级产业转移工业园区，覆盖粤东、粤西和粤北山区以及珠三角边缘地区的15个地市。2010年，全省产业转移工业园实现工业增加值479亿元，同比增长40.3%，是全省平均增速的2.3倍。

截至2011年6月底，35个省产业转移工业园累计吸引各类项目2988个，总投资额达7030亿元，其中签订正式投资协议项目2444个，协议总投资达到5595亿元；已入园建设项目2021个，投资额3316.52亿元，2011年上半年实现产值1421亿元，税收61.26亿元，同比分别增长104.3%和44.8%。全省产业转移工业园至今累计创造产值已超5000亿元，成效初见端倪，发展势头良好。

产业转移优化了产业区域空间布局，强化了要素集聚的广度与深度，加速了转入地主导产业的成长。如，仅2009年转移到产业园区投资额超过10亿元的大项目和项目组团就达35个，已形成9个省产业集群升级示范区。随着产业转移工作的不断推进，省产业转移工业园已成为转入地和后发地区的重要增长极，推动和引领着外围地区经济的跨越式发展，对提高外围地区产业竞争力、促进传统农业区的工业化和摆脱“贫困陷阱”发挥着重要作用。

（四）加快了劳动力在区域内的就地转移，优化了劳动力空间配置结构，加速了人口非农化和城市化进程，推动了广东省职业技术教育的新发展

“双转移”战略加快了广东省农村劳动力在省级范围内的就地转移步伐。据统计，1990~2007年间，全省共转移农村劳动力93万人；而2008年就转移了106.4万人；2010年转移就业人数147.1万人，“双转移”在推动人口非农化和城市化进程方面效果明显。

“双转移”战略的实施改变了劳动力转移的空间流向，优化了劳动力的空间配置结构。从省际空间流向看，2005~2007年，广东以外省农民工增加了309万人，广东省农民工仅增加78万人；2010年，广东省农民工比2007年净增加了248万人，而广东以外省农民工则减少了199万人。截至2011年6月，35个省级产业转移工业园区吸纳就业人数为52.4万人，其中，本省劳动力约占园区总用工的七成以上。“双转移”还促进了外围地区相关职业技术教育的发展，降低了劳动力市场的结构性就业障碍，改善了劳动力素质和人力资源结构。据初步统计，“双转移”战略实施三年来，全省共培训农村劳动力225.6万人，有力促进了全省人力资源结构的优化升级，促进了富余劳动力向产业转移工业园的有序流动。

（五）创造性地探索出一条适合国情和省情的发展转型新路径，为全国范围内的产业转移、产业合作、区域协调发展以及摆脱“中等收入陷阱”提供了示范和经验

广东的“双转移”战略在欠发达地区建设产业转移平台、强化政府间的区域协作和利益共享机制、完善园区建设管理体制机制、探索省际企业间互利合作等方面先行先试，为国家实施中西部承接产业转移的工作奠定基础，也为促进全国区域经济协调发展、推动中西部承接产业转移贡献积极力量。如：2009年，广东转移到安徽的项目有713个，总投资1256.6亿元；截至2011年6月，广东与四川签约产业合作项目104个，投资额达326.73亿元，涉及高新技术、优势资源、装备制造、现代农业、现代服务业和基础设施等领域，项目广泛分布在四川省的15个市州；广东到重庆的产业转移投资项目300余个，金额超过200亿元，居省外转移入渝投资的首位。

广东“双转移”的经验还被创造性地应用到对口援助地区的产业合作中，使对口援助由早期以财政和无偿援助的方式拓展到以产业

合作方式的长效合作阶段，实现了对口援助由“政治动员式”向“制度激励性”的转变。长效合作作为更高层次的对口援助方式，旨在提升受援地从“输血”转向“造血”的自我发展能力，避免欠发达地区走入援助依赖，实现双方的互利共赢。如，截至2011年6月，广东的产业援疆项目已签约71个，合同总额达185亿元，引进企业283家；2009年底建成的广东—汶川工业园作为集灾后重建、异地重建、合作共建为一体的重大产业合作项目，广东省援建投资了6.74亿元，产业恢复项目28个，重点发展具备当地优势的资源型产业，以及创造条件选择性承接广东资源开发型产业和劳动技术密集型产业。预计到2013年，广东—汶川工业园可实现工业销售收入50亿元，工业增加值13亿元，汶川县将受益其中的60%，成为东西部互动与合作的典范。产业援建打造了受援地区经济发展新引擎，使其快速走上跨越发展之路。

二、“双转移”战略的经验与启示

（一）遵循市场经济和产业发展规律，用好用活“有形之手”，做“有为”政府

在实施“双转移”战略过程中，广东省各级政府积极“联动”，通过规划先行为企业传递强有力的产业信息，解决产业发展中的市场协调失灵问题，有效促成了现代产业体系的构建；通过政策激励和氛围营造，推动产业由自发转移趋向有序转移，加速了区域内资源的有效整合；通过统筹规划科学布局和建设省产业转移工业园，引导转移产业和企业合理分布，实现了错位发展；通过加大协调督促力度，使发达地区和欠发达地区之间结成合作帮扶，不仅开展产业对接，同时开展人才、发展理念和管理模式的对接，发挥了珠三角地区的辐射带动作用；通过创新园区管理体制和政府服务体系，提供优质高效服务，有效弥补了落后地区投资环境劣势；通过“定向培训”等方式创新劳动力培训转移模式，推动劳动力培训由规模化向精细化转变，一定程度缓解了劳动力紧缺的局面，加速了劳动力的就地转移。

（二）把握利益兼容原则，构建利益共享机制，激发利益主体参与的内生动力

在推进“双转移”过程中，通过因地制宜创新省产业转移工业园合作共建方式，探索建立合作共建利益分享机制，完善共建管理机制，使产业转出地、产业转入地、转移企业等参与方合理分享相关收益，充分调动了各方积极性。通过合作建设园区，转出地可以在腾出产业发展和升级空间的同时继续分享转移企业税收等相关收益；转入地通过引进珠三角地区的产业、资金、人才及先进的理念，加快了发展速度，改善了政府和居民的收入水平；企业通过转移发展，不仅可以享受相关的优惠政策，还降低了土地、劳动力或原材料成本，拓展了发展空间。

（三）发挥示范导向作用，以省产业转移工业园为主要载体，集中资源搭建区域产业合作平台

“双转移”战略实施以来，省委省政府重视财政资金、用地指标、基础设施项目等相关资源集中投入，加快完善园区承接条件；向园区集中优惠政策，形成“成本洼地”，增强对珠三角地区产业转移发展的吸引力；注重发挥省级产业转移工业园的示范导向作用，着力提高重点区域、重点园区产业承接能力和吸引力，大力培育重点产业，推动产业转移和劳动力转移工作在重点区域率先取得新突破。同时，各园区也注重根据当地环境、区位优势、产业基础等客观条件，突出产业配套功能优势，明确产业定位和发展重点；在承接载体建设中，根据“筑好巢才能引到凤”的发展思路，坚持配套先行，高强度、高投入推进园区基础设施等硬件和软件配套建设，提升产业承接能力。

（四）善用政策资源，以竞争性扶持为重要手段，用差别化激励方式推进“双转移”快速、有序、健康发展

为鼓励落后地区发展经济、引入产业的积极性，合理引导产业转移科学布局，激励有条件加快发展的区域率先发展，必须善用政策资源，用差别化激励方式推进产业转移快速、有

序、健康发展。根据各地客观条件和珠三角转移产业的基础，广东省合理控制认定产业转移工业园的数量，对基础较好、开发潜力较大的区域准予申报设立省产业转移工业园，通过设定严格的设立条件和程序确保园区质量，并创新性地采取了竞争性扶持、差别化激励的政策资源分配和激励模式，突出扶优扶强。如，设立了75亿元产业转移竞争性扶持资金，通过公开竞争的方式，定向扶持13个省示范性产业转移工业园加快发展；设立8亿元专业性产业转移工业园发展竞争性扶持资金，对主导产业突出、发展前景良好的8个园区给予专项扶持等。

（五）树立全面统筹理念，坚持五个“紧密结合”，实现经济社会协调发展

一是坚持产业转型升级和劳动力结构优化紧密结合，加大劳动力培训和转移就业工作力度，为新一轮产业发展提供充足的技能劳动力；二是坚持工业化、城镇化和推进园区建设紧密结合，依托省产业转移工业园打造“宜工、宜商、宜居、宜创业、宜创新”的工业新城，形成园区开发建设与城镇化建设相互依存、相互拉动的良性发展格局；三是坚持产业发展与生态保护紧密结合，通过引导工业入园、集聚发展、集中治理，实现产业发展和生态保护的和谐统一；四是坚持转移升级和就地升级紧密结合，既鼓励珠三角企业在转移过程中通过更新设备、创新技术实现升级，也鼓励希望留在珠三角继续发展的企业就地升级转型；五是坚持省内转移与省外、国际转移紧密结合，支持省产业转移工业园不仅承接珠三角地区产业转移，也承接省外、国际的产业转移。

效益提升　渠道多元　全力加速苏北地区经济发展

江苏省苏北发展协调小组办公室

近几年，江苏省苏北地区经济社会发展逐渐驶入快车道。2011年实现GDP 10728.31亿元，首次突破万亿元大关，增长13.1%。苏北地区的快速发展得益于承接苏南等发达地区产业转移带来的实效。自2002年江苏省提出对苏北地区实施产业转移以来，全省已累计向苏北地区转移500万元以上项目17439个，总投资10151亿元，实际引资额5035.7亿元。

一、江苏省向苏北地区实施产业转移的总体情况

2011年以来，针对宏观经济运行中的突出矛盾和问题，面临国家宏观调控偏紧、外需不振等外部环境，江苏省加快推进多项有效举措，促进苏北地区吸引大量项目、资金和技术，产业加速集聚，承接产业转移工作取得新的进展。2011年上半年，苏北地区新开工500万元以上产业转移项目1079个，新开工项目总投资1616.55亿元，实际引资额736.82亿元。

（一）产业转移项目质量实现新提升

苏北地区产业转移项目正逐步由初加工向精加工、分散式向集群化发展，越来越多的资本向机械装备、能源、电子等领域集聚。项目单体投资额稳步提升，大企业、大项目落户数量继续保持良好势头。盐城东风悦达起亚第三工厂即将开工建设，总投资逾40亿元的中国移动淮安移动呼叫中心和投资3亿美元的可功科技（宿迁）有限公司项目成功签约；徐州市中能硅业、淮安市富士康科技城、连云港市罗盖特精细化工、宿迁市恒力工业园等一批重大产业转移项目相继实施。

（二）产业转移载体建设取得新进展

2011年一季度，连云港徐圩经济开发区、苏州宿迁工业园区、徐州泉山经济开发区被正式批准为省级开发区。苏北地区已拥有4个国家级开发区、41个省级开发区，省级以上开发区工业产值已占苏北地区工业总量的50%以上，对外的经济通道已经打开，承接产业转移的载体日益完备。近年来，江苏省大力实施南北挂钩共建苏北开发园区，共建园区建设取得显著成效，苏北地区共建园区总数已达37个。

（三）投资来源渠道多元化态势凸显

在坚持政府引导推动的同时，充分发挥市场机制在产业转移中的基础性作用，通过两者紧密结合，有力促进了产业转移工作的有序推进。2011年1～6月，苏南和苏中地区向苏北地区产业转移500万元以上项目411个，实际引资254亿元；境外和省外向苏北地区产业转移500万元以上项目668个，利用资金482.8亿元。利用省外资金方面，浙江、上海等发达地区占较大比重，尤其是浙江客商在苏北地区的投资总量、项目数量占各省客商之首，苏北地区已成为浙商对外投资的首选地之一。

（四）遵循环保优先方针，防止污染随产业“转移”苏北

在承接产业转移工作中，苏北地区严格遵循“环保优先”方针，以资源节约、环境保护为导向，采取多种举措严控污染项目。一是在协调指导苏北地区发展中，遵循“环保优先”方针，要求在推出招商引资优惠政策时，要倾斜于技术含量高、投资强度大、资源环境利用率高的项目。二是严格有关政策，提升环保门槛，严格执行《苏北地区建设项目环境准入条件》和《关于加强环境管理促进苏北地区产业优化的意见》，全面提高苏北地区建设项目进入环保门槛。三是组织产业转移活动时严把环保关，从组织参会企业、选择拟转移项目、筛选签约项目、跟踪活动成果等各个环节落实“环保优先”方针，遵循“环保一票否决”，从源头上把好环保关。

二、江苏省推进南北共建园区的主要做法

开发区具有基础设施条件好、资源配置效率高、产业配套功能强的突出优势，是推进产业转移的有效载体，扩大南北挂钩的主要渠道，实现优势互补的重要结合点。为此，2006年，江苏省作出南北挂钩共建苏北开发区的重大决策。南北挂钩共建苏北开发区，一方面，苏北地区可以学习借鉴苏南开发区的管理经验和模式，充分利用苏南在招商引资、资本和人才等方面的优势，“筑巢引凤”，加快工业化进程，推进跨越式发展；另一方面，苏南地区可以较好地缓解困扰经济发展的制约，进一步拓展发展空间，“腾笼换鸟”，在更大范围内优化资源配置，增创新优势，提升竞争力。

江苏省南北挂钩共建苏北开发区的基本思路是：由苏北地区在当地设立的省级以上开发区中，划出一定面积土地作为区中园，由苏南地区开发区负责规划、投资开发、招商引资和经营管理等工作，苏北地区负责拆迁安置、基础设施配套、社会管理等方面工作。区中园建设不固定统一模式，由合作双方从实际出发协商确定。具体遵循市场导向、优势互补、利益共享、集约开发、可持续发展五条原则。南北共建苏北开发区工作，采取先试点再推广的办法逐步推进。

为进一步规范南北挂钩共建苏北开发区工作，江苏省要求采取先由各地申报、然后再统一批准发布的办法实施。共建园区的要求有：必须在国家已经审核公告的苏北地区省级以上经济开发区或经济技术开发区范围内，土地权属清晰，用地手续完备；共建双方已签订合作协议，建立了联席会议制度或成立相应管理机构，园区管理运作规范；已编制共建园区规划，并根据规划及合作协议开展招商引资工作；共建园区建设必须坚持环保优先和节约优先，符合国民经济和社会发展规划、产业发展政策、土地利用总体规划、城市规划和环境保护规划；项目审批（核准、备案）符合国务院关于投资体制改革的精神，严格禁止国家和

省相关产业指导目录规定的禁止类、淘汰类项目进入共建园区。共建园区认定后一年内，建成区面积要达到首期开发面积的20%以上，基础设施建设进度达50%以上。

为促进南北挂钩共建苏北开发区健康发展，江苏省采取积极的扶持政策和措施，如采取财政奖励资金对共建园区中排名在前1/2的每个园区奖励500万元（由省发改委、商务厅、财政厅等九部门考核评价确定），排名前10名的确定为共建园区先进单位。加强园区基础设施建设，鼓励符合产业政策、能源节约和环境保护要求的企业做大做强，努力提高区中园发展质量和水平，切实推动开发区建设转入科学发展轨道。按照有利于共建园区加快发展的要求，建立和完善管理体制和机制，加强省有关部门根据职能分工，做好南北挂钩共建苏北开发区指导和服务工作，定期对共建园区的运作情况进行督查。

三、江苏省南北共建园区建设取得成效

（一）共建园区管理及运行机制逐步健全

省政府先后出台4个支持政策文件，并制定了园区申报审核和考核评价办法。省有关部门研究制订了配套举措。园区共建两地党委、政府成立领导协调机构，投入资金、派出人员，共建园区建立了管理机构和开发公司，配备了办公场所。

（二）共建园区各项建设进展顺利

坚持高水平规划、高起点建设，大力开展配套基础设施投入。招商引资工作成效显著，已进区的项目不仅数量多、单体投资规模大，而且产业结构层次和技术含量明显提高。

（三）共建园区在促进全省区域协调发展中的重要作用日益显现

苏南开发区的发展理念、建设经验和工作方法已逐步在各共建园区落地生根，共建园区也成为当地人才的培养基地，对苏北开发区的示范带动作用凸显。对苏南“腾笼换鸟”、打造新优势、拓展新空间、增强核心竞争力等方面也发挥了重要作用。

长株潭试验区建设“两型社会”调查报告

国家发展改革委国土开发与地区经济研究所　李　忠

一、长株潭试验区“两型社会”建设的主要经验

2007年12月，湖南省长株潭城市群获批为国家资源节约型、环境友好型社会建设综合配套改革试验区。三年多来，试验区不断创新体制机制，探索绿色发展新模式，取得了明显成效。2010年，长株潭三市实现地区生产总值6716.5亿元，是2005年的2.8倍；占湖南省地区生产总值的41.9%。与2005年相比，提高了近5个百分点。

在经济实现较快增长的同时，资源环境承载能力增强。2010年，长沙、株洲和湘潭三市万元GDP综合能耗分别比2005年下降19.8%、21.5%和22%；城市污水集中处理率分别为92.1%、80%、89.2%，均高于湖南省75.1%的平均水平；城市垃圾无害化处理率均达到100%，远高于湖南省79.1%的平均水平。长沙社区环境综合整治工程获联合国“人居环境良好范例奖”，株洲由全国十大重污染城市转变为生态宜居城市，湘潭跻身国家园林城市行列。其主要经验体现在5个方面：

（一）加强顶层设计和政策引导

首先，长株潭试验区突出规划引领作用，加强顶层设计，构建了包括1个综合配套改革总体方案、1个区域规划、10个专项改革方案、14个专项规划、18个示范片区规划等在内的全方位、多层次的建设规划体系。同时，强化规划管理，省人大常委会出台《长株潭城市群区域规划条例》，将区域规划上升到法律高度，以提高规划的法制保障。

其次，积极推进“两型社会”的指标化、标准化建设，编制完成“两型”县、“两型”镇、“两型”村、“两型”园区、“两型”企业、“两型”产业分类等6个标准。

再次，加强政策的引导作用，通过财税、金融、投资等政策支持“两型社会”建设。上述措施增强了“两型社会”建设的科学化、规范化、标准化和可操作性。

（二）加快推进产业转型发展

试验区通过推动产业优化重组、促进战略性新兴产业发展、淘汰落后产业和发展循环经济，推进产业结构优化升级。

一是通过鼓励引进战略投资者、支持企业走出去等措施，推动企业优化重组，培育了一批骨干企业和优势产业。中联重科、南车时代、湘电集团等优势企业实力不断增强，工程机械、轨道交通、新能源、节能环保等优势产业规模迅速壮大。

二是大力培育发展战略性新兴产业，初步形成电动汽车、新能源、新材料、节能环保等新兴产业集群。中电48所建成拥有完全自主知识产权的太阳能电池示范生产线，在短短3年时间里，创造了湖南光伏产业从无到有、从小到大的奇迹，年销售收入从2007年1亿元上升到2010年的50亿元。

三是集中运用政策引导、倒逼机制、合理补偿等手段，加快老工业地区的落后产能淘汰和技术改造。2008年以来，株洲清水塘关停污染企业123家，淘汰落后产能企业79家，工业废水实现100%达标排放。2009年，长沙市对坪塘老工业基地实行集中整治，对国家淘汰产业、饮用水源保护区污染企业强制淘汰或搬迁，取得了明显成效。

（三）不断增强自主创新能力

科技创新能力是建设“两型社会”的重要保障。长株潭试验区出台了促进产学研结合增强自主创新能力的意见，实施了节能减排科技支撑行动方案。通过促进产学研结合，搭建技术创新战略联盟，组建“两型”产业共性和关键技术研究平台，在电动汽车、风力发电、轨道交通、轻型飞机等领域组织实施了一批科技重大专项，突破了一批制约产业发展的关键核心技术。

自主研发出了污泥常温深度脱水、城市生活垃圾处理、餐厨垃圾处理、废旧冰箱无害化处理、非晶硅光电幕墙等一大批“两型”技术和产品。一批示范效应明显的“两型”技术和产品推广应用，科技进步对经济增长的贡献率进一步提升。2011年上半年，长株潭三市高新技术产业增加值达到776亿元，同比增长50%。通过增强自主创新能力，推动了产业的转型升级，降低了资源消耗和污染排放，同时也提升了区域竞争软实力。

（四）探索资源节约利用和生态环境保护新模式

长株潭试验区在节能、节地、节水、节材、流域治理、农村环境治理等方面进行了大量实践，取得了明显成效。特别是探索节地新模式——创新城市建设、开发园区建设、新农村建设、道路建设等节地模式。

（五）推进资源环境体制机制创新

创新体制机制是长株潭建设“两型社会”的重要内容。长株潭试验区不断推进重点领域和关键环节的改革，努力探索资源环境市场化机制。

一是开展排污权交易试点。在化工、石化、火电、钢铁、有色、医药、造纸、食品、建材等9个行业开展SO2、NOX、COD、氨氮等主要污染物排污权有偿使用和交易试点。

二是推进环境污染责任险试点。自2008年株洲市全国首例环境污染责任险成功获赔以来，湖南省委省政府加大对环境污染责任险的普及力度，截至2009年底，全省投保环境污染责任险的单位达到140余家。

三是开展湘江流域生态补偿试点。湖南省制定出台了《湘江流域生态补偿实施办法（试行）》，并即将出台《湖南省湘江管理条例》，设立生态补偿基金，对流域内51个市县实行省级财政生态补偿试点，逐步建立下游对上游水资源、水环境保护的补偿和上游对下游超标排污或环境责任事故赔偿的双向责任机制。

二、长株潭试验区“两型社会”建设面临的问题及困难

（一）经济发展水平较低，发展与保护的矛盾较大

对于长株潭试验区尤其是湖南省而言，发展经济、消除贫困仍是当前面临的最重要任务。特别是在一些地区，发展与生态保护的问题更加突出。昭山位于长株潭三市交汇处，2007年长株潭获批“两型社会”试验区后，以昭山为核心的长株潭三市结合部522.9平方公里被规划为长株潭城市群生态绿心，将生态绿心划为禁止开发区、限制开发区、控制建设区，其中禁止开发区和限制开发区占到总面积的89%。在对昭山调研中了解到，在当前的财税体制及政绩考核机制下，经济发展速度关系到一个地区就业的扩大、居民收入的增长、社会的稳定，也关系到地方财政收入、地方政府运转、地方政府政绩。因此，如果没有相应的体制机制改革，没有合理的利益调节机制，很难处理好发展与保护的关系。

（二）重化工业占主导地位，产业转型升级任务艰巨

长株潭试验区三次产业结构中，工业比重偏高。工业结构中，重化工业比重偏大，与“两型社会”要求差距较大，产业转型升级任务非常重。2010年，长株潭试验区三次产业结构比为6.3∶54.7∶39，第二产业比重明显高于全国平均水平。在重化工业占主导地位的产业格局下，既要保持较高的经济增长，又要保护好生态环境，转型任务非常艰巨。

试验区要在短期内实现产业转型不仅受到资金、技术、人才等制约，同时也受到传统路径锁定效应制约。首先要淘汰落后产能。而落后产能的淘汰会对地方财政收入、就业状况等产生明显影响。株洲清水塘地区的治理就是以每年丧失30多亿元工业产值、3亿元税收为代价。其次要发展战略性新兴产业、服务业以及高新技术产业，需要人才、技术、资金等多方面的保障，存在相当大难度。

（三）国家层面相关政策法规不完善，“两型社会”建设受到制约

我国在资源节约利用、生态环境保护、节能减排、循环经济发展等方面已经具有相应的发展战略及制度安排，但是由于缺乏顶层设计，资源环境领域的政策法规不完善、不系统、不全面，农村环保、生态补偿、排污交易、垃圾处理收费等领域政策法规缺失，环境法定位与当前经济发展的需求不符。

同时，在生产、生活和消费等各领域存在着大量不利于资源节约、环境友好的政策法规。诸如此类的法规政策缺失，制约了长株潭“两型社会”建设。长沙市的垃圾处理改革走在了全国前列，被列为全国垃圾处理收费试点城市，但是由于国家政策对垃圾回收利用企业扶持有限，导致企业负担过重，难以为继。

（四）资源环境市场化机制尚未建立，试验区创新难度大

受制于我国总体资源环境市场化改革滞后的影响，尽管长株潭试验区在排污权交易、湘江流域生态补偿、环境污染责任险等方面开展了试点，但是，由于相关的法律法规缺失，政策配套不足，目前还仅处于起步阶段。如，在排污权交易方面，尽管国家环保局自1991年就开始试点，但是至今尚未建立起排污权交易机制和国家统一的排污权交易市场，因此，试验区的排污权交易也仅限于区域内进行，很难扩大范围付诸实施。

三、长株潭试验区“两型社会”建设的启示及建议

实践证明，推进“两型社会”建设，是深入贯彻落实科学发展观，实现经济效益、生态效益、社会效益相统一的有效途径。建设“两型社会”，需要国家进一步推进试点，加大政策扶持力度，从产业转型、技术创新、市场化改革等重点领域和关键环节实现突破，尽快形成有利于资源节约和生态环境保护的体制机制。

（一）深化和推广“两型社会”建设试点

建设“两型社会”是转变经济发展方式的重要着力点。目前，我国在中部地区的武汉城市圈和长株潭城市群设立了“两型社会”试验区，长株潭试验区的经验拟向湖南省全省推广。建议国家及时总结“两型社会”试验区的经验成果，切实解决“两型社会”建设中遇到的问题，从国家层面进一步深入推进资源环境市场化机制改革，加大有利于资源节约和环境友好的政策扶持力度，并赋予试验区先行先试更大自主权，推进改革建设向纵深发展。

同时，进一步在东西部地区以及东北地区选择有代表性的区域开展“两型社会”建设试点，探索不同发展阶段、不同产业结构特点、不同资源禀赋地区建设“两型社会”、实现绿色发展的不同路径和模式，为我国全面建设“两型社会”积累经验。

（二）把产业转型作为建设“两型社会”的重要任务

长株潭建设“两型社会”的经验表明，推动产业转型升级是建设“两型社会”的根本途径。总体要求是加快淘汰落后产能，促进传统产业改造升级，大力发展战略性新兴产业、高新技术产业和服务业，在保持经济稳定增长的同时，降低经济社会发展对资源能源的消耗及对生态环境的破坏。我国正处于工业化、城市化快速推进时期，产业转型升级更是一项长期而艰巨的任务，从长期看，可能要牺牲经济发展的速度，同时也面临着资金、就业等种种压力。尤其是中西部地区，受到资金、技术、人才、区位条件等多重因素的制约，很难摆脱对以前发展路径的依赖。因此，需要结合不同区域的特殊情况，研究探索产业转型的实现路径。

（三）把创新驱动作为建设“两型社会”的重要手段

在科技创新方面，要不断提升自主创新能力，把科技创新作为推动产业结构调整的主要动力，在传统产业改造提升以及培育和发展战略性新兴产业中发挥支撑和引领作用。在模式创新方面，要充分借鉴长株潭在节材、节地、节水、节能以及农村环境治理、流域生态综合整治等方面的成功经验，不断创新和推广资源节约、保护生态环境的新模式。更为重要的是，要加强体制机制创新。长株潭“两型社会”综合配套改革试验的主要内容，就是通过资源环境、产业、投融资等领域的体制机制创新，实现“两型社会”建设目标。应当在试点取得经验的基础上，加快研究国家层面的体制机制创新，为全面推进“两型社会”建设奠定基础。

（四）把资源环境市场体系建设作为建设“两型社会”的重要保障

解决资源环境问题的根本出路是建立市场机制。只有建立起完善的资源环境市场体系，才能建立起资源节约、环境保护的长效机制。推进资源环境市场体系建设，一方面，要完善资源价格形成机制，加快资源税改革步伐，规范发展探矿权、采矿权交易市场以及农村土地流转市场，通过税收、价格调节引导资源的节约和高效利用。另一方面，加快研究开征环境税，推进并深化排污权交易、碳交易等改革试点，完善环境产权制度及环保收费制度，建立起完善的污染排放交易机制；同时，积极开展生态补偿试点，逐步建立健全森林、流域、草原、湿地和矿产资源开发等不同领域的生态补偿机制。

加工贸易企业转型升级的特点、问题及政策建议

——基于重庆、江西、广东三省的调研报告

国家发改委宏观院对外经济研究所助理研究员　李大伟

在当前国内劳动力成本上升、外需持续不振的背景下，传统的“两头在外”、“大进大出”的来料和进料加工方式生存空间越来越小，加工贸易企业普遍从以下3个维度推进企业的转型升级。

一、加工贸易转型升级整体状况

（一）绝大多数地区加工贸易在对外贸易中的比重均呈下降趋势

国内生产要素成本上升和外需不振对加工贸易的冲击要大于一般贸易，各地区加工贸易在对外贸易中的比重均呈明显下降趋势。

一是东部地区加工贸易占比降幅明显，2008年，东莞加工贸易出口额占总出口额的比重高达91.76%，随后逐年下降。

二是作为加工贸易承接地的中西部地区，相当一部分省市加工贸易所占比重也明显下滑。如，江西省南昌市2010年加工贸易所占比重高达27.9%，达历史最高值；但2011年便回落至23.02%。

（二）加工贸易企业由东部地区向中西部地区转移的趋势较明显

调研中发现，中西部地区的加工贸易企业绝大部分均从东部地区转移而来。惠普、宏基等著名笔记本电脑品牌商入住重庆后，拉动了富士康、广达、仁宝等一批一级代工企业和展运电子、力耀科技等多家零部件生产企业在重庆西永、两路寸滩两大保税港区和璧山县设立制造基地。其中，璧山县就有台资笔电配套企业150余家。赣州、河源等地绝大部分鞋帽、手机、平板电脑生产企业也均由东莞、深圳等东部地区迁移而来。如，著名女鞋代工企业华坚集团已将目前60%的产量由东莞转移到赣州分公司。

（三）加工贸易升级步伐明显加快

一是提高机械化水平以提高劳动生产率。东莞永嘉盛针织有限公司等多家企业表示，通过进口先进织机替代劳动力，在一定程度上缓解了劳动力工资上升、招工困难等现象所带来的成本压力。

二是由加工组装向中间产品制造、研发、营销等附加值较高的价值链上下游环节延伸。东莞市华仁集团收购了“卡佛尔”这一国际品牌，并自创“COLCO”品牌以增加附加值；河源某企业为提升产品增加值，将业务由手机组装向上游的手机液晶屏幕生产延伸。广东省外经贸厅的统计数据称，目前珠三角地区从事加工贸易的外资企业已有40%的业务为附加值较高的ODM（委托设计）和OBM（自主品牌）混合业务。

三是向利润率更高的价值链转移。如河源市某加工贸易企业从传统的玩具生产转向和意大利合作生产巧克力包装纸等。

（四）加工贸易和一般贸易之间的界限日益模糊

加工贸易和一般贸易的区别在于加工贸易充分利用进口原料、设备免征关税和增值税的优惠待遇，仅承担最终产品的生产和组装环节，并将产品返销国际市场，即所谓“两头在外”、“大进大出”。然而，随着我国制造业

水平的不断提升，以及发达国家跨国公司不断将零部件制造企业向国内转移，加工贸易企业相当一部分零部件已转向国内采购。

调研了解到，相当一部分加工贸易企业反映其零部件的70%以上来自在华外资零部件生产企业，只有CPU、笔记本显示面板等关键零部件来自国外。而从销售渠道看，随着金融危机后全球经济增速趋缓，相当一部分加工贸易企业开始将销售重心向国内市场转移，东莞台商协会甚至创办了大麦客这一零售品牌以帮助台资加工制造企业拓展内销市场。2011年，河源市加工贸易企业内销总值增速高达81.7%，东莞市外资企业内销总额由2007年的1339.2亿元增加到2011年的2479.2亿元。随着加工贸易企业原材料国产化比重日益上升，产品销售市场逐渐由国际市场转向国内国际市场并重，保税优惠政策对企业经营的影响明显减少，加工贸易和一般贸易之间的趋同性日益增强。

二、加工贸易转型升级和转移过程中存在的问题

(一) 支持加工贸易发展的劳动力优势已经明显减弱

一是内地与沿海地区劳动力成本差距明显缩小。目前，普通工人在东莞的工资水平大概在2500~3000元之间，而在赣州、南昌等中西部地区二、三线城市的工资水平大概在2200元左右，两者之间差距仅在300~400元之间。仅以劳动力成本论，我国中西部地区的赣州、南昌已经超过了越南和印度。在重庆、南昌等地所咨询的6家企业中，有4家企业认为劳动力成本不是企业向内地转移的第一原因。

二是中西部地区加工贸易企业同样面临招工难的问题。重庆、南昌、赣州等地的加工贸易企业均反映，即便订单相对充足，在现有的工资条件下也难以招满工人。如赣州高飞数码招工数量仅为计划量的2/3左右，且一半以上的劳动力来自省外。整体而言，中西部地区招工难主要有三方面原因：第一，制造业企业利润较为微薄，工人工资难有提升空间，现有工资水平缺乏吸引力；第二，现代年轻人就业观念转变较大，相当一部分年轻人不愿意从事简单的制造业工作，认为这种工作未来没有提升前景；第三，目前国内教育体系和加工贸易的劳动力需求存在错位。

(二) 中西部地区承接加工贸易转移仍面临诸多实际困难

一是运输成本。加工贸易企业所生产的绝大多数产品均用于出口，其部分原料需要进口，中西部地区在运输成本上较东部地区处于明显劣势地位。赣州、河源等地的加工贸易企业均反映运输成本要高于东莞。

二是配套产业和营商环境相对落后。相当一部分中西部二、三线城市配套产业相对落后，企业难以寻找当地配套产业。东莞某企业曾一度将企业搬迁至赣州，但因当地营商环境较差、配套产业缺乏等因素，又将企业迁回东莞。

目前，为解决上述困难，中西部地区各地方政府采取了多项措施。如重庆市尝试利用渝新欧铁路大通道将笔记本电脑运送至欧洲，同时大量引进配套企业，增加零部件的本地生产比重，以达到降低物流成本、提升本地附加值的目的；河源将多个加工贸易产业园错位发展，引进大量配套产业以形成产业集聚等。

(三) 中西部地区加工贸易发展对优惠政策的依赖力度过大，甚至出现过度竞争现象

劳动力成本、基础设施条件、优惠政策甚至故土因素都是加工贸易企业向中西部地区转移的重要因素之一，但调研中发现，优惠政策对发展加工贸易的积极作用要高于其他因素。中西部地区各地政府的优惠政策主要包括以下几类：一是在水、电、气等方面给与更多的优惠待遇；二是全力协助加工贸易企业招工；三是协助建设标准厂房、宿舍、食堂等生活设施。各地政府普遍反映，由于优惠力度较高，

加工贸易的积极作用主要体现在推动当地制造业发展和城市化进程方面，政府从加工贸易中所获得的利益极为有限。

（四）部分政策不利于加工贸易企业转型升级

一是区内企业采用国产零部件税负高于进口。在目前的税收政策下，海关特殊监管区内企业倘若进口零部件，则全额免征关税和进口环节增值税；但若采用国产零部件，则国产零部件企业入区时退税税率仅为10%左右，实际仍需缴纳7%左右的增值税额，这在一定程度上不利于鼓励企业采用国内料件。

二是政策波动较为频繁。金融危机后，我国多次对《加工贸易限制类目录》和出口退税率进行调整，相当一部分企业反映，在政策频繁波动的背景下，企业很难执行中长期的转型升级战略。

三、政策建议

（一）短期内仍应保持加工贸易保税政策的稳定性

目前有观点认为，我国发展加工贸易的比较优势已经逐渐丧失，同时海关特殊监管区域和加工贸易的政策实际上有所重合，因此可以取消加工贸易的保税政策。这种观点存在一定的片面性。一方面，虽然我国的劳动力成本已经高于越南等国，但考虑到配套产业、基础设施等方面的综合优势，加工贸易企业在未来几年内仍有一定的发展前景。另一方面，我国部分地区（如东莞）由于历史原因，绝大多数加工贸易企业并未进入海关特殊监管区域。倘若迅速取消加工贸易的保税政策，将会对部分地区的经济造成严重冲击，甚至影响当地的社会稳定。因此，整体上我国仍应在短期内保持加工贸易政策的稳定性。

（二）从中长期看，应适时逐步取消加工贸易的保税优惠政策

加工贸易和一般贸易的区别在于进口商品的保税政策。随着我国整体关税税率的不断降低和企业本土采购比重的不断上升，保税政策对企业的福利会越来越小，取消保税政策对企业的冲击也会逐渐减轻。因此，出于减少海关监管成本、统一对外贸易管理的考虑，应分产品逐步取消加工贸易的保税优惠政策。初期，可在充分调研的基础上，选择部分国内采购比重较高，原材料进口关税税率较低的产业作为取消保税优惠政策的试点，并依据国内经济状况灵活调整取消保税政策相关产业目录，直至最终完全取消优惠政策。

（三）从国家层面适当协调各地方政府的优惠引资行为，缓解过度竞争

对于中西部地方政府通过优惠政策吸引加工贸易的行为，应理性看待。一方面，如果仅仅算“经济账”，地方政府投入了大量的财政资源和廉价的要素成本，但所得到的税收规模很小，劳动者在加工贸易中所获得的福利也是极其微薄的，跨国公司反而成为了最大的获益者。倘若将这些资源用于公共服务体系建设和自主创新，对当地经济增长的积极作用可能要大于加工贸易。但另一方面，在短期内，加工贸易能够迅速形成较大的工业产能，并带动一批配套企业在周边安家落户，吸纳大量的劳动力就业，从而带动酒店、餐饮、文化娱乐等一批服务业的发展，完全可以成为中西部地区城市化和工业化进程的重要抓手，这种积极作用也不能低估。因此，地方政府通过优惠政策吸引加工贸易企业入驻具有内在的合理性。

然而，目前中西部中心城市和东部地区劳动力成本差距日益缩小，运输成本和配套产业水平较东部地区又处于劣势，当地政府为吸引加工贸易企业，特别是大型跨国公司的组装基地入驻，往往频繁加大优惠政策的实施力度，甚至造成无序竞争，使大型跨国公司从中获得巨额利益。中央政府可结合区域发展规划和产业发展规划对各地方政府进行协调，适度避免各地区之间的无序竞争，帮助地方政府在招商引资谈判中争取相对有利的条件。

（四）在运用优惠政策推进加工贸易企业

转型升级应遵循普惠制原则

可将大部分加工贸易企业分为以下两类：一类是跨国公司在华设立的组装制造基地，多位于海关特殊监管区域之内；另一类是大量港澳台资的中小型企业和加工厂。这两类企业中的大部分并没有经过开拓市场、储备技术研发人才的阶段，因此依靠自身力量实现转型升级存在很大困难，需要一定的优惠政策支持。

一是未来应根据加工贸易产业升级指向，动态调整《加工贸易限制类目录》。将符合加工贸易产业升级方向的产业，也就是那些附加值较高、符合我国要素禀赋变化趋势、国内产业处于发展期、对经济带动作用较大的产业列入加工贸易允许类目录。

二是试点制定《中小型企业购进关键设备目录》，对部分中小型企业（包括加工贸易企业）购进目录内关键设备实行17%增值税的台账“空转”，鼓励和引导企业使用先进设备。

三是对包括加工贸易企业在内的中小型企业进行研发、设计、检测等所需要的设备、料件等适度给与保税政策。

四是研究并组织实施海关特殊监管区外零部件生产企业入区全额退税的有关政策。

国内外区域创新评价指数体系应用经验及对广州知识城的借鉴意义

广州开发区政策研究室　陈永品、刘志华

步入知识经济时代，科技创新已完全取代物质资源消耗成为经济增长的核心要素。对一个国家而言，抢占经济科技发展制高点，紧跟世界经济技术发展潮流，在自主创新方面持续占有优势地位，才能在激烈的国际竞争中把握先机、赢得主动。对一个区域而言，科技创新是转变经济发展方式的重要支撑和经济繁荣的持久动力，在区域经济发展过程中扮演了日益重要的角色。美国硅谷的神奇崛起让人们认识到区域创新体系（Regional Innovation System）的重要性，一些地区（园区）开始重视区域创新体系的建设，并纷纷建立创新指数体系，跟踪、测度和评价区域创新体系的绩效，为区域创新发展战略指明方向。

一、国外区域创新指数体系应用特征

自20世纪90年代起，各国开始从多个方面研究知识经济带来的机遇和挑战。鉴于科技对知识经济具有决定性意义，近年来，各国除了关注总体的科技评价之外，纷纷在本国科技统计指标的基础上提出了区域科技指标体系，逐渐开始进行区域科技能力大小的评价、科技发展地区的均衡比较等。这些区域科技创新指数体系具有5个共同特征。

（一）服务决策的功能定位明显

不同创新指数有一个共同的功能目标——为决策提供依据，并紧紧围绕这个目标研究和设计指标。如2000年里斯本会议确定的欧盟创新指数为欧盟各国创新政策的制定提供了一个量化的决策依据。世界上最具影响力的全球竞争力报告旨在通过对影响国民经济发展和繁荣的多种因素进行跨国比较，为企业领导者和政策制定者提供决策参考。加拿大大西洋省区域创新指数的一个主要目的就是通过衡量知识的产生、传播、应用以及其间相互联系的过程和国家创新系统对区域创新系统的影响，为本区域创新系统的建设提供决策依据。

（二）树立了清晰的标杆对象

大部分指数都树立了以自己的竞争对手或远景目标为主的标杆对象，对照标杆对象的发展，对每一个指标进行详细分析，找出差距和缩小差距的对策。如欧盟在历年的创新指数报告中，始终将自己最大的竞争对手美国和日本作为标杆对象，对照每一个指标分析欧盟平均水平与美、日的差异，以及欧盟创新领先者与美、日的差距。在创新指数发布初期，美国硅谷以自己2010年发展目标指数为标杆，通过现实数据的变化反映远景发展目标的实现进程，使人们在了解现实情况的同时，关注到现实问题对未来的影响。

（三）指标体系动态变化

为客观公正地评价区域创新现状，发布机构在不改变指标整体框架和评价方法的前提下，对指标体系进行多次修订。如2001年欧盟正式发布的创新指数构建了人力资源、知识生产、知识传播与应用以及创新金融、创新产出和创新市场4个方面共17个二级指标体系。自2002年开始，通过不断被修正、完善，逐渐归类为创新投入和创新产出两个方面。2008年6月，布鲁塞尔专家讨论会又将体系修正为包括3个一级指标、7个二级指标和30个三级指标。至今已有31年历史的全球竞争力报告的指标体系也一直处于变化调整之中。前期主要关注参评经济体未来5~8年的经济增长前景和竞争力变化趋势。2004年开始重新设计并试运算，至2009年形成了由3个一级指标、12个二级指标、21个三级指标和120个四级指标组成的结构。

（四）注重发展的均衡

大多数指标体系涉及面广、综合性强，强调对民生的关注和发展的均衡，不仅涉及经济的发展，还大量关注人民生活水平的提高，注重从适合人们生存的角度出发评价，关注更深层次、更全面的问题。如美国硅谷创新指数，即是通过人们生活水平的提高体现经济的发展，将营造一个适合人们生活的社区作为制定指数的一个出发点，内容包含的收入、就业、教育、自然环境、社会治安、区域管理参与等6个方面大部分都与居民的生活息息相关。英国城市知识竞争力指数除了主要经济指标外，还设计了可持续发展能力指标，包括对教育的公共支出、公众拥有的安全感、社区居民生活情况等内容。

（五）研究内容公开

为更好地宣传创新政策，方便关注指数的研究群体，为创新指数报告的不断充实奠定良好基础，指数的发布机构会通过多种途径宣传、公布创新指数报告。如欧盟建立了专门的网站对欧盟创新指数进行相关宣传，在第一时间将历年的创新指数报告上传到网络，使任何一个关注的主体都能轻易获得。

二、国外区域创新指数体系应用个案——美国硅谷创新指数

硅谷创新指数(Index of Silicon Valley）是全球最具有影响力的区域创新指数之一，从理论框架到实践，都已成为很多国家和地区设计创新指标的重要参考。它由非盈利性组织“硅谷联网组织”调查和发布。硅谷创新指数从1995年开始每年发布一次，主要反映硅谷经济繁荣或萧条以及其他主要经济社会结构的变化，评估度量硅谷的经济强度和社团健康程度，重在探觅未来的发展轨迹，发掘预示经济亮点，为高端领导的决策提供可资借鉴的分析基础。

硅谷创新指数内涵全面，体现了综合性、整体性和可持续性等特点，包括5个一级指数、15个二级指数，并赋予每个二级指数一个权重百分比（见表1）。

表 1 硅谷创新指数体系

一级指标	二级指标	所占百分比（%）
PEOPLE（人口）	Talent（人才）	3.0
ECONOMY（经济）	Innovation（创新）	12.1
	Employment（就业）	6.1
	Income（收入）	12.1
SOCIETY（社会）	Preparing for Economic Success（为经济腾飞做准备）	6.1
	Education level（教育水平）	9.1
	Arts and Culture（文化艺术）	3.0
	Health（卫生健康）	6.1
	Safety（安全）	3.0
PLACE（空间）	Environment（环境）	9.1
	Land Use（土地利用）	3.1
	Housing（住房）	15.2
	Commercial Space（商用空间）	3.0
GOVERNANCE（管理）	Civic Engagement（市民参与）	6.1
	Revenue（收益）	2.9

除了具有其他评价指标体系的一些共性外，硅谷创新指数还有独特的思路和鲜明的特色。

一是注重自身变化和进步。基本不和其他地区进行横向比较（最多与美国和加州平均情况进行比较），更多的是关注自身的发展情况，发现自身发展中的优势和不足，把握自己的发展方向。

二是强调社会参与。无论是确定的目标，还是目标的制定过程，都体现出对全民参与硅谷建设的强调。调动最广泛的民众参与，挖掘促进社区发展的最深层动力，最大限度避免发展中出现问题的可能。

三是简单明了，易懂易用。指数没有任何复杂的运算，一般人都可以轻易的看懂并理解，保证了最广泛的人参与到对硅谷发展的建设中。

三、国内区域创新指数体系特征

一直以来，我国对科技创新的评价一般采用研究与试验发展（R&D）经费支出、科技机构数、科技人数、拥有发明专利数、高技术产品产值等指标，但这些指标难以评价和反映一个城市或一个地区的科技创新能力和科技创新成效的全面情况，亦无法反映科技创新对经济社会发展的贡献。为此，我国一些城市和高新区依据自身特点，率先编制了创新指数，主要有中关村指数、滨江创新指数、张江指数、滨海高新指数和宁波创新指数等。除此之外，一些研究机构推出了全国性的创新指数，如中国创新指数、中国区域创新能力报告等。

（一）指标体系在不断完善中日臻成熟

例如，中关村指数于2004年开始启动研究和评价工作，2005年首次发布，2008年5月调整和改版，2010年新增社会环境指标和重点企业群体监测指标，最终确定了六大类一级指标和20个二级指标。类似地，被誉为上海“硅谷创新指数”的张江创新指数，从2004年开始启动、2005年推出，不断完善统计方法和具体细化指标的测算方法，直到2007年11月，才首次对外披露。

（二）指标体系结构以二、三级指标为主

例如，中关村指数指标体系由创新创业企业、产业发展、创新能力、创新创业环境、国

际化、中关村300强和上市公司100强六个一级指标和20个二级指标构成。滨江创新指数确立了六大类（每个分类指数由5个指标构成）共计30个指标的体系结构。宁波创新指数由创新综合指标、创新能力与过程指标、创新产出指标三大类共30个指标组成。张江创新指数共有六大分类指标（创新环境指数、创新主体指数、创新投入指数、创新人才指数、创新成果指数和创新水平指数）、22个二级指标和76个基础指标。滨海高新指数由产业发展能力指数、自主创新能力指数和环境支撑能力指数3个一级指标、10个二级指标和33个三级指标构成。中国创新指数选择从创新资源、攻关能力、技术实现、价值实现、人才实现、辐射能力、持续创新和网络能力8个创新要素对全国31个省区市进行创新能力评价。

（三）及时反映了地区创新能力的发展

区域创新指数在借鉴国内外先进评价体系的基础上，结合自身特点，从众多统计指标中选择具有代表性、可比性和内在逻辑联系的指标群，对每项指标赋予相应权重，并将当年实现的绝对值和相比上一年度的变化情况通过数学模型综合成一个指数，对本区域创新发展进行"量化"分析，用来衡量和评价本区域的创新水平和进展。如，2010年度滨海高新指数为172.95，较2009年增长23.19%，较2008年增长72.95%，两年年均增长31.5%，体现了强劲的增长势头。张江指数以2004年为100点，测算出2005~2008年的总指数分别为112.4点、131.7点、147.6点和183.3点，分别增长12.4%、17.2%、12.1%和24.2%。中关村指数2004年为100点，2008年达到了267.35点，4年增长了167%，2005~2008年的总指数增长率分别为21.9%、45.3%、37.2%、10.1%。

（四）在区域发展中扮演了重要角色

通过分析区域创新指数的变动，找出影响本区域创新能力发展的主要因素和社会经济现象的总变动，可以动态监测不同领域的发展变化情况和整个高新技术产业结构变动状况，进而为科学决策提供有效依据。中关村指数在建设国家自主创新示范区、打造具有全球影响力的科技创新中心中发挥了积极作用。张江创新指数集中反映全市的原始创新、集成创新和二次创新能力，为政府的政策找到"对症下药"的坐标，对政府考虑高科技园区引导方向、重点扶持领域等事关大局的决策发挥了很大价值。滨海高新指数通过高新指数的监测预警功能，重点突出和反映滨海高新区的创新近况，引导滨海高新区经济发展转型，已经成为天津市科技创新的风向标，并对天津市自主创新、构建现代产业体系起到导向作用。宁波创新指数对全市创新型城市建设进行跟踪，对11个县（市）区创新型城市建设进行评价和排名，为宁波建设创新型城市发挥了不可替代的导向和促进作用。

（五）仍存在一定局限性

现有的国内创新指数存在比较明显的局限性：第一，更多的是反映创新能力，而非景气动态状态。大多数现有创新指数都是静态的，对创新管理工作的重要意义大打折扣。第二，对技术创新以外的创新关注不够。大多数的创新指标过度关注技术创新，对服务业、软件和物流等方面的非技术创新活动关注不够，导致指数指导意义缺乏实效性。第三，偏重经济效益指标而忽视社会效益和生态效益指标。即使涉及了环境评价，也是大多遵循易选取、易获得的原则，归因比较单一。

四、国内区域创新指数体系应用个案——滨江创新指数

滨江创新指数是在借鉴美国硅谷指数、上海张江指数、北京中关村指数等国内外先进创新指数的基础上，从杭州高新区（滨江）众多统计指标中选择具有代表性、可比性和内在逻辑联系的指标群，依据权重评价方法计算出的一个综合指数，其理论依据源于波特竞争优势理论。滨江创新指数的研究和发布由区政府组织实施，每年年初公布一次。2006年底，

滨江创新指数的研究和评价工作启动。2008年，修订完善了滨江创新指数，确立了6个类别、共计30个指标的体系结构。2009年，为使滨江创新指数更具科学、规范和指导性，对评价体系作了适当调整，调整了统计口径、数据源头和评价指标。2010年又作了个别调整，进一步强化创新指数对实际工作的指导性，评价体系已日臻成熟。

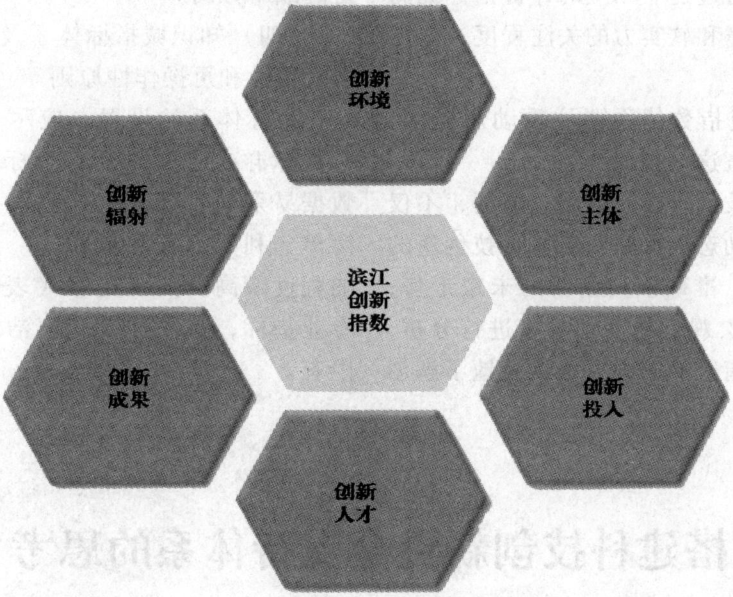

图1　滨江创新指数六大分类指数

通过滨江创新指数衡量和评价杭州高新区的创新水平和进展，监测其发展中的矛盾和问题，为高新区（滨江）的发展提供了新的评价视角，也为投资者和创业者提供了重要的信息获取渠道，也为地方政府全面、及时掌握高新技术产业发展及自主创新能力提供重要的信息沟通渠道，从而为管理部门提供预警和决策参考。滨江创新指数已经成为杭州科技创新的风向标，在营造一流的创新环境、形成一流的创新体系和打造一流的创新型城市方面起到重要的引导和促进作用。

五、国内外区域创新指数体系应用对知识城开发建设的启示

（一）知识城的长远发展迫切需要开展科技创新评价

把知识城打造成“广东、广州转型升级的重要平台，代表广州参与国内外竞争的重要平台，未来城市的新样板，提升广东社会、文化、法治等方面软实力的平台”这一定位，决定了知识城产业的核心在于“知识”，提出了把握研发高端、体现知识驱动的要求，必须重点发展、培育新一代信息技术产业、文化创意产业、科教服务产业、新能源和节能环保产业、新材料产业、生物与健康产业等科技含量高、创新要求高的新兴产业。要实现科技创新驱动、知识经济腾飞，就需要一种源于外部专业机构的观察和思考，以量化形式描述科技创新活动的情况和成效，客观分析知识城发展现状，科学诊断发展中存在的问题，持续跟踪评价知识城的创新能力，用战略家眼光为知识城的未来发展指明方向，指导决策部门合理配置区域内的创新资源。

（二）知识城指数体系的构成要着眼社会总体发展

知识城承载的特殊历史使命，要求在指数

体系的构成上由过度注重经济数据、强调贡献和功能发挥的思路向兼顾人居条件的思路转变，使知识城的发展能够关注社会文明、社会管理、人才保障、人民生活水平以及环境建设等软实力建设。通过建立相应的评价指标提高人们对知识城环境和软实力的关注程度，发挥良好的导向作用。

（三）知识城指数体系要注重动态监测，优先考虑服务决策这一目标

要增强对科技创新活动的动态监测，不仅要客观、全面、动态地反映知识城科技创新的现状，还要及时、准确预测创新的未来走势；不仅要对知识城宏观创新活动总量进行分析，而且要通过各种指数的调查方法快捷地了解创新活动的景气状况，从而为决策部门提供及时、动态、必需的基础数据和分析结论，为分析和制定政策起到很好的决策参考作用。同时，帮助企业确定技术创新的重点和增强竞争力的战略方向。

（四）知识城指标体系及其评价方法要遵循实用性和可操作性原则

指标体系的设置，应尽量避免形成庞大的指标群或层次复杂的指标树，保证指标的数据易采集、计算公式科学合理、评价过程简单、利于掌握和操作等。要尽可能选取影响程度最高，具有足够代表性的综合指标和专业指标，从而准确、简洁地表述所涵盖的内容。

开发区搭建科技创新资金支持体系的思考与实践

苏州创业投资集团有限公司常务副总裁　费建江

一、科技型中小企业融资现状和特点

（一）实现开发区经济转型升级需要科技创新资金支持

企业的转型升级是每个开发区面临的课题。目前，主要有两个转型升级路径，一是大力发展服务经济，二是大力发展创新经济。其中，人才和资本构成了整个服务型经济和创新型经济的核心要素。只有加速引进人才，积聚资本，推进两个经济快速发展，才能快速健康地实现我国开发区的转型升级。

（二）中小企业的快速发展催生大量融资需求

目前，中小企业的发展相当迅速，全国4500万家中小企业贡献了全国近67%的GDP，提供了76%的城镇就业岗位，占据了68%的出口份额。但是60%～70%的中小企业仍面临包括经济环境、税收环境、融资体系问题等多方面制约。高速的发展催生出大量的融资需求，但目前中小企业的贷款仅占银行信贷总和的35%，仍存在较大缺口。

（三）科技型中小企业发展的多样性决定其融资的复杂性

科技型中小企业发展具有多样性。一是需求波动大。呈现“额小频高、面广期短”的特点，增加了融资的成本和代价。二是轻资产融资。科技型中小企业有形资产和固定资产普遍偏少，负债能力有限，其轻资产状况与银行的融资体系不相匹配。三是关心企业控制权。科技型中小企业再融资时，往往更倾向选择对企业控制权干预程度较小的融资方式。四是融资成本弹性大。科技型中小企业在产品研发、生产销售方面具有较高风险，难以用银行贷款利率的成本获得融资。

（四）当前科技型中小企业融资具有三条路径

一是债权融资的服务机构，包括银行、担保公司、小额贷款公司及金融租赁公司。目前，这一体系在整体科技型中小企业融资中，所起的作用远远无法满足需求。二是股权投资机构。近年来，新兴的中小企业融资渠道与银行不同，股权投资机构（主要是指天使投资、VC、PE 投资）愿意承担更高的风险，也愿意与中小企业建立长期的合作关系。股权投资的兴起，使中小企业有了更多的融资选择。三是资本市场，即企业通过中小板、创业板、私募债等渠道进行融资。

（五）科技型中小企业面临严重融资困境

一是内源融资支持有限。初创企业自身资金有限，也很难从外部获取发展资金，只能进行研究开发，无法完成技术创新的商业化。二是直接融资渠道不畅。虽然公开资本市场的体系制度建设得到了完善，但整个市场的建设和健康发展程度仍有欠缺，特别是金融监管部门对民间资本严格控制，中小企业进行股权融资或发行债券困难重重。三是间接融资配置不足。虽然在国家推动下，许多银行推出针对中小企业的优惠措施，但仍未达到足够的规模和体量。四是融资成本居高不下。由于中小企业轻资产、额小频高的特点，加之其本身处于弱势地位，不具备和银行议价的能力，因此，中小企业整体的融资成本相对较高，多数科技型中小企业融资难的问题并未得到根本解决。

（六）多方面原因导致中小企业融资困境

一是信息不对称。目前，我国信用体系尚不完善，科技型中小企业缺乏完整详细的信用记录且和投资方信息不透明，导致了融资交易成本过高、融资进度较慢、融资数量受限等一系列问题，最终造成融资成本的上升。二是企业自身特点。科技型中小企业本身具有“轻资产、高增长”的特征，尤其是从财务结构上看，固定资产相对较少，抵押不足。担保公司为这类企业提供担保时会要求一些反担保，如需要固定资产抵押、有资力的第三方担保等，额度上虽有放宽，但不能从根本上解决中小企业的融资问题。三是体制性障碍。虽然目前整个资本市场的体系结构已经搭建起来，但是并没有充分的发挥作用。多层次资本市场发展滞后，严格的金融管制导致民间融资、上市融资、债券融资等渠道不畅，而银行的管理体系也决定了针对科技型中小企业的借贷风险收益不匹配。

（七）科技创新资金支持措施初见成效

一是以股权投资机构为科技型中小企业融资的主体，推动多层次资本市场建设，构建科技创新支持体系，特别要鼓励股权投资机构向中早期的企业投资。二是鼓励发展新型的科技金融机构，综合“股权 + 债权”优势，以投贷联动业务模式满足科技型企业的融资需求，如目前一些商业银行的科技支行、科技小额贷款公司等。三是创新银行的传统信贷机制，创新贷款产品，建立风险收益匹配的定价机制，调整风险评估体系。要求传统商业银行对其信贷产品，特别是风险评估体系进行调整，并设计专门针对科技型中小企业的信贷产品，满足其融资需求。四是制订多样化的风险扶持政策。政府部门牵头开发科技资源信息库，加大财税杠杆支持，安排专项补偿资金，引导支持股权投资机构向早期企业投入，支持一些商业银行的科技支行或针对科技型中小企业的贷款产品。

二、苏州创投集团在支持科技创新方面的探索实践

苏州创投公司成立于2001 年，注册资本金 2. 5 亿元，定位为苏州工业园区高科技产业投融资平台，力求探索市场化的投资运作模式，服务园区科技创新。2007 年，苏州创投集团组建，注册资本达 30 亿元，总资产 41 亿元，管理基金 13. 3 亿元，具有明确的投资策略和经营模式以及较为完善的投资管理体系。

苏州创投集团的业务体系分为 3 个板块。一是股权投资平台，包括种子期基金、VC 期资金、PE 基金以及母基金等；二是债权融资平台，包括贷款公司、小额贷款公司等；三是投资服务平台，包括沙湖金融服务公司、银瑞资产管理公司等。这些板块搭建起全流程的资

金支持体系，可以在企业成长的不同阶段为其提供不同的基金。目前，苏州创投集团的股权投资体系有6个方面：

（一）种子期和成长早期投资——帮助企业实现从无到有的突破

一是提供创业启动和产品研发资金。在创业早期，企业需要经历研究、开发、小试、中试、投产等多个阶段，需要为创业团队提供研发资金和启动资金的支持。二是完善商业模式，规范内部管理。帮助创业者完善商业计划、明确商业模式、建立内部管理体系等，解除其在创新技术和创新理念转化为产品以及公司化运作过程中遇到的障碍。

在政府支持方面，苏州工业园区设立了创投引导基金，主要支持针对种子期和初创期企业的创投机构。其具体支持方式为：首先投入基金规模的25%，再按创投机构投资额的30%进行跟投，种子基金跟投比例可达到100%。创投项目若失败将给予10%补贴。这一“天使投资+精益孵化”的投资模式，以获得VC投资、最终实现企业独立运作为孵化的目标，对单个项目的投资额度可达500万左右。目前，该模式共投资企业22家，主要分布在现代服务、生物医药、电子信息、现代制造等行业，累计投资金额5000多万元。

（二）成长期投资——帮助企业实现从小到大的成长

一是提供产品量产和市场推广资金。创业企业进入成长期和扩张早期后，市场和产品量产不断扩大，生产成本和营销费用大幅上升，资金需求量急剧扩大。但同时，处于这一阶段的企业一般盈利水平较低，获取银行贷款的难度较大，因此，VC基金是其主要资金来源。二是注入产业资源，补充关键人才。帮助创业企业建立产业上下游的渠道关系，提供产业发展的指导和支持；帮助企业提高管理能力，推荐企业产品量产、市场扩大所需的管理人才和营销人才。

苏州创投集团发起、设立并管理了凯风进取基金、凯风万盛基金等多支VC基金，专注于具有知识产权的高成长企业投资，通过为企业提供业务拓展、管理提升等方面服务，促进企业健康、快速、可持续发展。

（三）成熟期/并购投资——帮助企业实现从大到强的升华

一是提供并购重组和产业整合资金。受到市场环境和自身资源的限制，成熟期企业的成长速度放缓，要实现跨越式发展必须通过兼并重组，获取规模效益，完成从弱到强的升华。因此，需要为企业提供并购所需的巨量资金。二是优化治理结构，整合企业资源。帮助企业设计并购方案并提供各方面的专业咨询，降低并购风险，提高并购效率；优化企业治理结构和财务结构，完善激励约束机制，调动经营管理者的积极性；帮助企业进行资源整合，完善业务结构和产业链布局。

苏州创投集团发起、设立并管理了元风基金、德睿亨风基金等多支专注于成熟期投资的基金，同时，积极筹建总规模100亿元的中新高技术产业投资基金。

（四）母基金投资——引导社会资本，完善科技创新资金扶持体系

通过投资偏好不同投资领域的创业投资管理团队，完善对各种类型科技企业的支持功能。苏州创投集团与国家开发银行共同管理了三支母基金——国创母基金一期、国创元禾母基金、国开开元母基金，总规模610亿元，并投资了多支经验丰富、业绩优秀的子基金。

（五）股权投资平台——推动科技型企业利用资本市场实现跨越式发展

苏州创投集团通过旗下的股权投资平台，从科技型企业成立初期开始为其提供多样化的资金支持和产业资源，并积极推动项目公司登陆资本市场。目前，集团及参与管理的基金所持的投资组合中，已上市/过会企业28家，另有多家企业正在进行上市的准备工作，计划在未来2~3年内上市。

（六）千人计划运作——完成“2241”工程架构

创投集团提出“2241”工程，即完成对

2000个创业项目的投资，通过投资新增“千人计划”创业人才200人，支持400个“千人计划”创业人才实现再融资，培育100家“千人计划”企业上市。集团的目标是：至2020年，聚集100家基金团队，设立160支基金，基金规模达到2000亿元。

做大实体经济
打造引领区域发展的“增长极”

天津经济技术开发区管委会副主任　张　军

自建区以来，天津经济技术开发区坚持“经营产业”的理念，全心全意谋发展，取得了辉煌业绩。开发区始终在产业促进上走在前列，跨国公司云集，培育了电子通讯、汽车、机械装备、石油化工、食品饮料、生物医药、航空航天、新能源新材料和现代服务业九大产业，形成梯次发展的良好态势；始终在科技研发和转化上走在前列，建成完善的科技创新体系，聚集一大批技术先进型的企业群体，区域发展的内生动力不断强化；始终在可持续发展上走在前列，土地集约利用、节能减排等各项指标均居于国内领先水平，循环经济发展成绩显著，成为国家首批“生态工业示范园区”之一。

目前，开发区已基本成为产业实力雄厚、经济高度繁荣的现代化工业新城区，在天津市和滨海新区的发展中，发挥着不可替代的排头兵和主力军作用。

一、开拓引领，实现跨越

2008年以来，开发区大力实施“二二二三四”发展战略，即：发展先进制造业和现代服务业“两个产业”，做好存量和增量“两篇文章”，形成投资和科技“两个驱动”，实现外资、国资、民资“三资并重”，以东区、西区、北区、南港为主战场推动开发区发展空间和载体建设，取得明显成效，区域经济发展呈现出速度、质量和结构同步提升的可喜局面。2011年，开发区实现地区总产值1908亿元，完成工业总产值6100亿元，完成出口总额199亿美元，三项指标占滨海新区的比重分别为31%、48%和72%，占天津市的比重分别为17%、28%和45%；其中，地区生产总值大约相当于2001年天津市的经济总量，工业总产值大约相当于2004年天津市工业产出的总水平。

（一）发展速度明显加快

2008~2011年，开发区GDP分别净增130亿元、210亿元、270亿元和320亿元；工业总产值分别净增380亿元、480亿元、900亿元和1000亿元，呈现出明显的加速发展态势。

（二）发展质量显著提高

骨干项目的质量高、效益好。截至目前，开发区云集了82家财富500强公司，投资项目达187个，区内拥有1个千亿级企业集团、3家500亿级企业、79家10亿级企业和278家销售额过亿元的企业。

产业发展的集约化程度明显提升。“十一五”时期，开发区单位土地GDP产出水平累计提高40%以上，达到15亿元/平方公里；综合能耗水平下降22%，超额完成了下降20%的规划目标；圆满完成了主要污染物排放的控制指标。目前，开发区万元GDP能耗为

0.16 吨标煤，仅为全国平均水平的1/6。

（三）产业结构更加优化

一是制造业的行业门类更加丰富，形成了多点共进、统筹发展的格局。经过多年的着力培育，已拥有电子通讯和汽车两个千亿级的主导产业，机械装备、食品饮料和石油化工3个行业的产出规模也踏上500亿元的新台阶。

二是内外资比例更加均衡。2011年，开发区内资企业工业总产值突破1000亿元，增长速度明显快于外资企业。

三是现代服务业发展卓有成效。2011年，开发区第三产业增加值达到了440亿元，相比2005年翻了两番；总部经济、金融产业、服务外包、要素市场等高端服务业发展，取得了明显效果。

（四）战略性新兴产业发展率先起步

近年来，结合国家推出战略性新兴产业发展规划，开发区重点围绕新能源新材料、航天、生物医药和新一代信息技术四个方向，快速推进了战略性新兴产业的发展。截至目前，区内已经聚集天河超算、腾讯、惠普、诺和诺德、凯莱英、维斯塔斯等一批龙头骨干项目；正在向打造我国重要的云计算和物联网基地，风电装备、锂电池、太阳能电池等新能源产业基地，中药、西药产品示范基地的目标稳步迈进。

二、着力做大实体经济，打造引领区域发展的"增长极"

天津开发区之所以能取得成功，原因是多方面的。从宏观上说，天津开发区的发展历程是全国国家级开发区事业不断壮大的一个缩影，充分证明了我国创办国家级开发区的战略决策是正确和行之有效的。通过兴办"试验田"式的开发区，实现了与国际先进生产力和管理体制的快速接轨，既有力推进了我国整体改革开放的进程，也为国家级开发区集中承接发达国家产业转移创造了机遇和条件。从中观层面看，开发区的发展离不开天津市和滨海新区的大力支持。开发区创建之初，天津市政府给予"不给、不要、不管"的"三不"政策，市级管理权限几乎全部授权到位，从而"屏蔽"了传统体制对开发区发展的制约，能够放开手脚、大刀阔斧的按照国际惯例组织园区开发建设。近年来，随着滨海新区开发开放纳入国家战略，区域整体发展掀起新高潮，国内外各领域的产业投资加速流入，又为开发区趁势而上、大力聚集发展资源创造了难得的机遇和独特的优势。从自身发展看，天津开发区最重要的一条经验就是始终坚持"经营产业"的理念，集中资源和精力推动实体经济的发展。

开发区在从功能相对单一的工业区向综合化工业新城区转变、从以加工制造业为主转变为先进制造业和现代服务业并重发展的过程中，始终坚持把促进实体经济发展放在首要位置，在政策资源、土地资源等各方面坚定不移地向能够创造社会财富的产业倾斜。

（一）以高品质的投资环境吸引项目资源不断聚集

开发区站在我国改革开放的第一线，直接参与国际经贸竞争。因此，能否建立起真正的国际化投资环境，是能否引进高端产业资源的关键要素之一。建区以来，结合不同阶段产业发展的不同特点，与时俱进，不断提升和优化区域投资环境。10年前，IT产业向我国加速转移，要求"柔性化生产组织"、"零库存"等投资环境，开发区为此提出和实施了"新九通（信息通、注册通、配套通、物流通、融资通、人才通、市场通、人脉通和服务通）一平"的投资环境建设理念，从标准厂房、物流组织、海关验放等各个环节提供优质服务。近年来，为适应产业发展"高端化、高质化、高新化"的新趋势，开发区又提出了"构建中国新经济平台"的发展战略，把提升区域信息化环境和专业化商务环境作为进一步强化投资环境竞争力的主要抓手。

（二）以有力的组织机构促进产业发展

针对各个主导产业发展，分别由管委会相关领导牵头，组建包括职能部门和海关、商检等相关驻区单位在内的领导小组，专门负责发展促进工作；统一调配各方面资源，随时掌握产业发展的动态和机会，及时发现问题，提出应对措施并组织实施。同时，开发区还成立了多个专业的专家咨询委员会，聘请业内资深人士，为开发区的产业发展提供智力支持。一方面，帮助搜集和分析最新的行业发展资讯；另一方面，对产业发展的重大决策提供高水平的专业咨询意见。

（三）以科学的发展规划引导产业发展

在各阶段的发展过程中，始终坚持“规划先行”原则，瞄准不同时期国际高端产业发展方向，结合国家产业发展政策，提前谋划开发区产业发展的重点方向和目标措施。“十五”期间，紧紧把握信息技术推动新一轮产业革命和我国全方位融入世界经济分工合作体系的难得机遇，结合自身产业基础和发展条件，及时制定电子通信、汽车、生物医药3个产业规划；“十二五”期间，立足于对天津市的区位优势、产业基础和滨海新区开发开放总体格局的把握，结合国内外产业发展的新趋势、新动态，又陆续制定和修订完善了电子通信、机械装备、汽车、航天、生物医药、食品饮料、新能源新材料、石油化工八大制造业行业发展规划和现代服务业发展规划。

（四）以完善的政策体系支持产业发展

围绕主导产业的发展，制定了板块式和梯度化的产业促进政策体系，对企业不分大中小、不分内外资，对符合产业规划的则按照产业梯度进行鼓励和扶持。并且，随着产业发展和区域竞争的新动态，不断补充和调整具体的政策内容。一方面，与浦东、深圳、苏州和北京等先进地区相比较，政策力度更大，保持和提升政策竞争力；另一方面，建立完善的政策落实机制，具体的政策支持力度与项目的技术水平、发展效益、经济贡献等多方面的内容挂钩，政策资源更多的向优质项目倾斜。

（五）以高效的招商工作推进产业发展

积极贯彻落实天津市“三个一批”和“天津以外都是外”的要求，按照“国资、民资、外资三资并重”的工作方针，狠抓投资促进工作。紧密围绕产业规划，结合产业链的配套完善，定期梳理和更新重点招商目录，根据行业内重点企业和潜在客户的发展状况、投资动态等方面综合情况，确定阶段性的招商重点，按图索骥，有针对性地开展投资促进工作。在招商队伍建设上，按照国别和产业类别，形成“矩阵”结构，并针对各个主导行业分别组建专门招商队伍，提高招商工作的专业化水平。同时，不断加强与国内外行业协会的合作，充分依托中介机构的信息和渠道优势，提高产业招商工作的效率和水平。

（六）以优质的政府服务保障产业发展

经过多年的探索和实践，开发区树立了“100-1=0”的服务理念，形成了完善的企业服务工作体系。在机构上，建立了注册审批、在建项目、后期运营3个服务小组；在机制上，完善了领导联系和服务企业责任制、大项目联席会、开发区服务企业座谈会等有效做法；同时，依托政府呼叫中心，搭建了“7×24小时”服务平台，全天候接受企业的咨询和投诉，畅通信息沟通和反馈渠道。以这些措施为基础，开发区随时了解企业生产经营过程中遇到的各种问题，并形成快速反应机制，切实帮助企业解难题、办实事，实现对企业的全程优质高效服务。

（七）处理好城市化和产业发展的关系

城市功能发展不能脱离产业发展的需求，特别是在开发区土地资源有限的条件下，要首先保证产业发展的空间。因此，天津开发区的城市化，主要是基于完善产业配套功能的角度。如居住功能确定了“发展两头、控制中间”的原则，重点满足区内企业高端人士和一线工人的居住需求，限制一般商品性房地产的发展。在这一思路指导下，一方面，建设大量蓝白领公寓，解决了超过10万职工的居住问题，为企业经营提供方便；另一方面，打造相当规模的高品质居住社区，满足了包括境外人士在内的高级管理和技术人员的需求，并从总体上塑造了良好城区形象。

当前，天津开发区正在进入一个新的快速发展的黄金阶段。预计到2015年，经济总量将在2010年的基础上翻一番，地区生产总值将超过3000亿元，其中现代服务业增加值将达到1000亿元以上；工业总产值将站上10000亿元的高台阶；电子、汽车、机械、石化4个支柱产业产出规模将达到8000亿元。

新时期，天津开发区将继续坚持以发展实体经济为中心，不断优化和提升综合投资环境，不断聚集高水平、高质量的大项目、好项目，实现产业规模和经济实力的持续增长，进一步巩固和强化“增长极”地位，更有力的带动天津市和滨海新区的整体发展。

无锡市滨湖区大力推进科技金融体制机制创新的实践与探索

江苏省发展改革委　沈　丽、胡丹丹、仲　剑

滨湖区位于无锡市西南部，总面积629.37平方公里，辖有1个镇和8个街道办事处，拥有无锡太湖国家旅游度假区、江苏省蠡园经济开发区、江苏省无锡太湖山水城旅游度假区、江苏无锡经济开发区、无锡太湖新城科教产业园等5个省级以上开发区。近年来，滨湖区围绕“打造无锡最具特色和国际化水准的核心功能区、最具影响力和竞争力的标志性区域”目标，以科技金融“联姻”为前提，以体制机制创新为动力，以创建“金融活力区”为抓手，积极引进整合资源，倾力打造服务平台，着力优化科技金融又好又快发展的软环境，逐步形成以创投基金为核心的股权融资、科技信贷专营机构为核心的小额贷款、政策性担保为核心的融资担保“三位一体”的科技金融体系，有力促进了区域经济繁荣和发展。

一、背景缘由

近年来，滨湖区着眼转变经济增长方式，先后引进和培育了物联网、软件与服务外包、生物医药、工业设计与IC设计、影视动漫、网络经济、通讯技术、航空电子等八大类新兴产业，迅速发展了一批科技型中小企业。这批科技型中小企业拥有自主知识产权，发展前景广阔，已逐渐成长为滨湖区调整结构、推动创新和形成新兴产业核心竞争优势的重要力量。但在世界金融危机、融资难题成为制约企业尤其是中小企业生存发展突出“瓶颈”的背景下，处于初创期的中小企业由于规模小、无可抵押资产、传统融资渠道不畅，解决融资难的问题显得更为迫切。如何建立完善科技金融服务体系，帮助中小企业解决融资发展难题，客观上已成为滨湖区转变经济增长方式、推进产业结构调整、优化投资发展环境亟需解决的首要任务。

二、主要做法

（一）以建立扶持发展机制为核心，加强政策引导和资金保障

一是强化政策导向。围绕优化金融环境，加强政策配套措施。近年来，连续出台了《关于建立无锡市滨湖区新兴产业发展基金的实施意见》、《滨湖区新兴产业发展基金操作细则》、《关于加快全区金融服务体系建设的暂行意见》、《关于加强区域中小科技企业服务体系建设的意见》等一系列指导性文件，明确政策导向，有效引导释放了金融服务功

能，为转型提升区域经济、助推发展新兴产业发挥了重要作用。

二是创立发展基金。2009年，创立了总规模达15亿元的新兴产业发展基金，计划每年筹集3亿元、分5年筹措到位，目前基金规模已达10亿元。基金按照功能定位划分为投资发展基金（简称投发基金）、合作发展基金（简称合发基金）和扶持发展基金（简称扶发基金）三大类，其中投发基金和合发基金由区属投资发展集团公司直接运作。

投发基金是以VC（风险投资）与PE（股权投资）为主，主要投向资金超过500万元、需由政府投资引导发展的八大类新兴产业和“530计划”（即2006年4月无锡市出台的关于5年内引进不少于30名领军型海外留学归国创业人才计划，重点是环保、新能源、生物三大先导产业，以及服务外包、文化创意等产业的创业领军人才）重点发展项目，以及其他有投资价值的先进制造业项目。

合发基金定位于政府引导投资，主要通过与运行质量较好的社会化基金公司深入合作，在实现资本保值增值的同时，将区内重点新兴产业项目优先推荐给合发基金投资，从而推动新兴产业发展。

扶发基金覆盖工业、服务业、服务外包等领域，每年由区政府根据当年度财力情况及实际需要，确定年度资金总量并列入财政预算，主要用于物联网、总部经济、股权融资和企业上市“一事一议”项目等扶持奖励政策的兑现，2011年资金规模约为8000万元。

三是创立风险补偿基金。充分发挥政府资本的杠杆作用，增强撬动和放大功能，设立规模达3亿元的风险补偿基金，主要用于创新型投资及融资机构在设立过程中，政府和投融资机构合作协议约定的风险补偿资金拨付，以及建立协议合作关系的各类投资、担保、融资机构在本区域新兴产业企业投资、融资及担保过程中的风险偿付。在基金设立标准上，区本级不少于1亿元、四大重点园区不少于3000万元、其他镇与街道不少于1000万元。在基金投向投量上，以500万元为界限建立起分级偿付机制，区级风险补偿基金主要用于500万元以上的区级重点项目投资、融资及担保过程中的风险偿付，镇、开发区、街道的风险补偿基金主要用于本区域内新兴产业企业投资、融资及担保过程中的风险偿付。

此外，为鼓励引进和发展“530”企业，2007年设立了科技创新基金，每年由区镇两级共同筹措3000万元，基金规模已达1.3亿元。

（二）以构建“投、保、贷”联动机制为重点，打造金融资源集成服务平台

一是设立专门工作机构。根据集成服务平台建设需要，滨湖区和太湖国家旅游度假区、无锡太湖城、无锡山水城、蠡园经济开发区等4个开发区分别设立中小科技企业金融服务机构，其他各镇、街道均明确专门的职能部门，形成了纵向到底、横向到边的工作网络体系。

二是建立战略合作关系。围绕中小科技企业投资、保险、贷款3个关键环节，区、镇两级集成服务平台分别与基金公司、科技小额贷款公司、农村小额贷款公司、担保公司等各类金融机构建立了战略合作关系，分别与券商、会计、产权交易中心、各类评估机构建立了合作伙伴关系。

三是加强平台组织管理。注重完善平台功能，实现金融产品和个性化服务全覆盖；注重细化服务内容，明确企业申请金融服务的种类、条件和要求；注重设计科学流程，制定明晰、高效的科技金融服务申办程序；注重健全运行机制，方便中小科技企业在第一时间找到相应的金融服务机构并快速办理。

四是建立工作对接机制。建立中小科技企业投融资需求动态数据库、建立银行、保险公司、投资和担保机构资源库，及时提供中小科技企业金融服务需求，促进金融产品创新；主动“搭台唱戏”，通过个别举荐、集体邀约、结对互助、共同会商等多种形式开展工作对接，促进互助共赢。

五是赋予优惠政策兑现职能。系统梳理相

关优惠政策，集中授权集成服务平台兑现办理金融机构贴息、风险补偿以及各种政策优惠等金融业务，努力使其发展成为中小科技企业同舟共济的好伙伴、雪中送炭的“娘家人”、贴心服务的好管家。

（三）以构建“银、政、企”多方合作机制为目标，加大机构与产品创新力度

一是强化政府组织推动与服务创新。滨湖区成立金融办专门负责全区金融服务的牵头、协调和推进工作，各镇、开发区、街道明确了相应工作机构，建立定期例会制度，形成条块结合、整体联动的工作推进格局。建立主动服务长效机制，深入企业开展调研，帮助服务外包、“530”等新兴产业中的“低资产、高价值”企业搭建银企交流平台，实现银企有效对接。实施“530”项目创业导师计划，聘请优秀企业家为创业导师，通过一帮一、面对面的直接指导，加快培育和扶持具有一定发展潜力和市场竞争力的高新技术企业。加大对“530”企业的服务保障，邀请会计师事务所提供专门财务服务，聘请10位律师精英组建“530”企业法律顾问团，积极优化企业创业发展环境。

二是引促科技金融机构创新发展。积极引进科技信贷专营机构，通过实施开办费补贴、风险补偿等优惠政策，吸引和支持商业银行设立科技贷款专营机构或专营部门，对中小科技企业提供专项金融服务和信贷支持，进一步拓宽中小科技企业融资渠道。积极组建科技小额贷款公司，2010年筹建了由政府参股、可贷可投、主要为科技创新企业服务的首家市级科技小额贷款公司。通过政策引导和风险补偿，鼓励小额贷款公司积极面向本地中小科技企业开展贷款业务。

三是健全中小科技企业担保体系。按照“政府引导、市场操作”的原则，重点打造中小企业担保公司等区级中小科技企业政策性担保平台。充分发挥区、镇风险补偿基金的激励效应，借助社会民营担保公司力量，积极构建中小科技企业担保服务体系。

三、工作成效

一是政策引导扶持效应初显。目前，合发基金已参与成立6支基金、投资6个项目，政府实际出资4.53亿元，带动社会投资23.5亿元，为发展重点产业项目提供了资金保障；投发基金投资的12个项目中，软通动力、瑞年国际已分别在美国和香港成功上市。据统计，2009年全区拨付工业和服务业发展资金、科技创新发展基金、“530”启动资金、“530”风投基金、动漫与服务外包资金等共约2亿元，2010年拨付超过3亿元。通过对新兴产业的大力扶持，区内八大新兴产业的企业数量实现了成倍扩张，由2007年222家增加至2011年10月的892家，年销售规模达到150亿元；税收规模呈现了加速增长，由2007年6.8亿元增长至2011年10月的11.3亿元，其中有29家企业税收超过千万元，预计2012年税收规模达到15亿元，比2007年增长120%。

二是集成服务平台初步建立。区镇两级中小科技企业的金融服务平台架构基本建成。全区十大板块分别建有一个金融服务平台，明确了专门部门和人员，分别匹配一定标准的风险补偿金、产业发展基金，制定了标准工作流程与管理运行制度，明确了平台服务职能、资金使用投向、配套补偿补贴办法等。区金融办以项目集成、资源集成、政策集成为目标，建立了金融服务平台工作网络，包括各板块平台、驻区银行以及农村小额贷款、科技小额贷款、担保、典当、创投（基金）等各类金融资源相关信息。汇集投融资信息供求、政策咨询的公共服务平台已启动建设。

三是探索形成了新兴产业发展“凤凰模式”。凤凰画材是滨湖区规模骨干企业、国内画材生产龙头企业、世界第二大画材供应商，该企业通过与美国加州理工大学开展技术合作，引进具有国际领先技术水平的高节能型IGBT半导体芯片项目，吸引海外创业团队创建无锡凤凰半导体科技有限公司，使企业获得了高速发展。目前，这种以本土资本与高新产业

相结合、以传统企业与科技研发企业相结合的“凤凰模式”已被滨湖区“530”企业普遍采用。

四是小额贷款体系日趋完善。目前已基本形成以科技信贷专营机构为核心、农村小额贷款与科技小额贷款为重点的小额贷款体系。已组建运营的金源、汇昌、太湖、金虎甲等4家农村小额贷款公司，注册资本规模达8亿元，累计发放贷款36.8亿元，另有两家正在筹建。江苏银行无锡科技支行已经落户，截至2011年9月底，对110家对公结算户累计发放贷款2.2亿元，向19家科技型企业发放贷款1.15亿元。市首家科技小额贷款公司已获省金融办批准设立，农业银行无锡科技支行滨湖分中心也将择期挂牌。

五是融资担保实力不断壮大。全区共有5家融资性担保公司，授信额度达15.3亿元。变更后的滨湖中小企业担保公司注册资本将由原来的4000万元增资至3亿元，担保额度进一步放大，政策性担保的能力与实力将进一步增强。江苏翔航投资担保公司获批江苏省信用再担保体系主办机构，担保额度和银行担保保证金放大比例将大幅提高，科技企业融资担保服务体系日益健全。

四、典型体会

一是注重制度设计、倡导政策先行。滨湖区在科技金融体制改革过程中，始终坚持把创新制度设计和加强政策配套放在工作首位，而政策先行则为引导各类金融资源、机构和社会资本、高层人才落户滨湖增强了吸引力和集聚度。特别是风险补偿、贴息、贴保等一系列政府扶持政策的出台，对金融机构增强中小科技企业的信贷风险承受度更是起到了直接推动作用。

二是注重优化服务、提供人本关怀。滨湖区特别是科教产业园、蠡园开发区等重点园区，不但在全市率先建立“创业导师”计划为初创企业提供创业指导，而且对土地使用、人才培养、投融资渠道、涉外贸易、知识产权等相关扶持政策考虑的也较为周详、贴心，有效提升了中小科技企业经营管理的规范化水平。

三是注重招商选资、吸附资源集聚。滨湖区将招商引资与科技金融创新工作相结合，变“引”资为“选”资，突出以资源集聚带动产业集聚，优先选择引进规模实力强、产品理念新、服务声誉好的创投（基金）企业、科技银行、政策性担保公司等，并通过其吸引更多的合作团队扎根滨湖，为推动全区新兴产业发展集聚了一批宝贵的金融要素资源。

四是注重拓宽渠道、形成梯度融资。滨湖区在为中小科技企业解决融资难题的过程中，不断探索并形成了“企业内源融资+政府融资+风险投资+债权融资+股权融资+改制上市”企业成长全过程梯度融资解决方案。中小科技企业在发展过程中，可以动态选择相应的方式实现融资需求。

（注：刊登时略有删节。）

着力打造太阳能光伏产业“航空母舰”

——常熟市光伏产业集群发展体制机制创新

江苏省发展改革委　司马贤智、胡丹丹、仲　剑

近年来，常熟市坚持把发展太阳能光伏产业作为调整经济结构、转变经济发展方式的重要抓手，始终以“市场化构建、国际化合作、集群化发展、基地化承载”为指导，紧紧围

绕打造创新力强、产业链长、辐射面广、知名度高的太阳能光伏产业“航空母舰”，创新发展思路，突出发展重点，以加强科技创新服务体系建设促进光伏产业聚集发展，取得了可喜成绩和良好效果。

一、主要做法

（一）创新产业结构调整机制，充分发挥政府在规划引导、政策扶持、典型示范等方面的导向作用，集聚推动光伏产业加快发展的合力

一是建立光伏产业发展引导机制。2008年，常熟市出台《关于鼓励和扶持我市太阳能光伏产业发展的若干意见》，明确政策导向和产业发展特别是在用地、财税、资金和人才等方面的扶持措施。对进入光伏产业园的企业，自开票销售之日起三年内当年新增的增值税和企业所得税本市留成部分给予一定比例的财政扶持；对进入光伏产业园租用、购买厂房的太阳能光伏核心企业及配套企业，市、镇两级政府给予资金补贴优惠；对具有龙头带动作用、投资达到相当规模、拥有自主知识产权和先进技术的重大太阳能光伏项目实行一事一议，给予有关政策扶持。2009 年进一步加大扶持力度，在市工业发展与技术创新基金中单独设立了扶持太阳能光伏产业专项发展基金，主要用于太阳能光伏产业公共技术平台搭建、载体打造和企业技术开发引导、应用示范工程等扶持补助。2009 年、2010 年财政扶持资金分别达到 282 万元、971 万元。

二是建立光伏产业发展推进机制。充分发挥政府的统筹管理与综合协调作用，建立由一名市领导牵头、一个部门主推、一个协调推进小组主抓、一个发展规划引导的光伏产业推进机制。2008 年，常熟市成立太阳能光伏产业发展领导小组，组长由分管副市长担任，在发改委设立办公室并负责日常工作。2009 年，出台了《常熟市太阳能光伏产业提升规划》，明确了培育做强优势企业、拓展延伸产业链、扶持光伏运用、提高产业创新能力的发展目标，并在落实优惠政策、拓宽融资渠道、促进企业转型等方面给予了保障。

三是创新行业自律发展扶持机制。为促进企业抱团发展，政府牵头筹建了常熟市光伏产业协会，由发改委承担协会秘书处工作，负责引导协会及时跟踪国内外太阳能光伏产业发展动态，组织会员交流行业信息、贯彻国家产业政策和开展人才培训，加强对外宣传提升常熟在海内外光伏产业界的知名度等工作。经过两年发展，光伏产业协会已步入正轨，目前相关政府部门不再担任协会任何职务，协会由政府引导转向组织自律，逐渐成为常熟光伏产业发展的重要载体和舞台。

（二）创新产业发展提升机制，围绕提高产业整体竞争力，以延伸产业链和升级传统产业为主线，增强光伏产业加快发展的驱动力

一是确定产业集群化发展方向，以现有产业基础培育重点优势产业并延伸完善产业链。在优势企业阿特斯发展已具一定规模、全市光伏配套产业基本形成的情况下，招商引资工作重点关注细分行业的上中下游企业，按企业的市场影响度、产业链接度、核心技术掌握度等招商选资、精心选育。

二是改变阿特斯一枝独秀的发展态势，依托重点企业优势资源培育多个行业新锐，快速占领产业话语权制高点。根据常熟工业基础好，一批上市及拟上市企业实力雄厚且迫切需要拓展发展领域的实际，积极推介发展太阳能光伏产业并赢得企业积极响应。2010 年，常熟市中利集团控股的腾晖科技投资 21 亿元建设了 1GW 太阳能光伏组件项目；波司登集团投资 50 亿元成立了康博电子科技公司参与发展太阳能光伏产业，初步规划形成 2GW 规模光伏组件生产产业链，目前项目正在建设中。

三是以新兴产业带动传统产业转型升级。鼓励传统工业企业积极转型，向太阳能光伏产业转化，加强与强势企业的合作开发，做好龙头企业配套服务。目前，铝合金加工行业、玻璃幕墙设计安装行业中的一些企业，经过和光伏企业对接交流、新产品合作开发，已成功转

化为光伏产品配套企业，从事光伏电站设计安装和太阳能电板配套生产，走出了一条传统企业与新兴产业嫁接的企业升级之路。

（三）创新产业集聚区管理运行机制，赋予园区建设、属地管理和运营职能，按照集约、集群和特色发展的原则，构建光伏产业加快发展的良好载体

一是打造光伏产业发展新平台。确立光伏产业为常熟市新兴支柱产业，纳入全市城镇化发展总体布局。根据常熟市经济发展总体规划，设立专业产业园区，确立辛庄镇20平方公里范围为常熟市光伏产业核心区，打破以往工业园区招引各类企业的惯例，为光伏产业预留专门发展空间。

二是创新光伏产业管理运行新机制。以市镇联动、属地为主的原则，成立由市分管领导挂帅、辛庄镇党政领导班子主要成员任职的中共常熟太阳能光伏产业园工作委员会、管理委员会，并设办公室、招商局、地方发展局、规划建设局、财政局等工作机构，对光伏园实行一体化管理。

三是构建光伏产业招商新模式。本着节约集约使用土地，整合各类资源，减少重复投资的原则，盘活辛庄镇原光华工业坊20万平方米标准厂房，将之作为定向招引光伏企业的主要载体，使旧工业园区成功嫁接为光伏产业专业生产基地。

四是创造光伏产业发展新环境。按照市级工业园区规划要求以及现代先进园区规划理念，提升光伏园规划水平和档次。市镇两级财政加大基础设施投入，合力提升产业园硬环境，提高各项配套服务设施质量和水平，建设道路交通框架，制定光伏产业物流方案，全面配套完善园区员工住宿娱乐设施，创造良好发展环境。

（四）创新科技人才孵化机制，强化企业在技术创新中的主体地位，以产业技术创新联盟为纽带，联合交流互动培养人才，为产业发展提供科技人才支撑

一是引导企业加大科研投入，形成企业自主创新的造血机制。通过举办讲座、组织企业家考察学习等途径对企业进行科技培训，引导企业确立自主创新意识，持续加大科研投入。2010年，全市光伏产业科研投入资金达3.15亿元，约占销售收入的3%。2009年，阿特斯公司投资建设国家级光伏组件测试中心、国家级光伏组件实验室，成为国内首个通过CNAS认可的光伏实验室和我国首家由企业建立的太阳能光伏测试中心；冠日与苏州大学材料与化学化工学院合作，投资700万元组建了苏州市冠日太阳能背板工程技术研究中心；福斯特、奥瑞特、明昊等企业设立了专业技术研发中心。目前，光伏产业园内有10个项目被列为江苏省重点科技项目，四类产品被认定为江苏省高新技术产品，共拥有发明专利、实用新型专利、外观设计专利等100余项，体现了园区企业的创新能力。

二是创新对外交流技术平台，建立科技资源的共享机制。2009年，常熟市依托光伏产业园和光伏产业行业协会，组织阿特斯等9家骨干光伏企业，联合上海交大、大连理工、浙江大学等多所高校创立了光伏产业技术创新战略联盟。依托产业联盟这一平台，积极组织企业、大学和科研机构等围绕产业技术创新的关键问题，开展技术合作，突破产业发展的核心技术，实现创新资源的有效分工和知识产权共享，加速科技成果的产业转化，极大提升了光伏产业的发展层次和水平。

三是创新人才交流培养方式，构建产业升级人才保障机制。一方面，加大引进优秀人才的优惠政策力度，鼓励和吸引海外科研高端人才回国创业，带动产业振兴；另一方面，引导企业结合自身发展需求，制订专门人才培养计划，鼓励企业通过与高校联合办学、定向协议培训等多种方式加速光伏专业人才的培养和储备。2009年，常熟市牵头促成阿特斯公司与常熟理工学院合作创办了阿特斯太阳能光伏科技学院，通过校企合作为常熟光伏产业发展提供了持续的人才支撑。

二、主要成效

（一）光伏产业网络初步形成

目前，常熟市光伏产业企业数量超过40家，产品涉及光伏组件、光伏应用、光伏系统、测试设备、铝型材、接线盒、EVA、太阳能绝缘背板、光伏玻璃等方面，基本形成较为完整的光伏产业链。光伏龙头企业由阿特斯一枝独秀发展成阿特斯、腾晖科技、康博电子科技三足鼎立，初步形成了龙头企业带动发展，产业创新能力不断增强，产业链不断丰富，企业间相互配套不断完善的光伏高新技术产业集群。

（二）产业吸附力日益增强

常熟光伏产业园于2010年荣获“江苏省光伏高科技特色产业基地”称号。随着知名度不断提升，吸引了一批拥有成熟技术或研发团队的国内光伏行业著名上下游企业或项目进驻，如奥瑞特的层压机项目、江苏广晟的硅拉棒切片项目、深圳硕克的网版印刷设备项目等相继落户产业园，极大推动了常熟光伏产业的发展。

（三）经济社会效益明显

2009年，全市20余家光伏企业中实现开票的8家，当年实现开票销售30亿元。2010年，超过20家企业实现了开票销售，开票销售额超过80亿元。2011年，光伏企业开票销售额预计达150亿元。光伏产业的发展，优化了产业结构，激活了区域经济，促进了社会充分就业，经济社会效益明显，正逐渐成为常熟经济新的增长点。

（四）发展前景广阔

2011年，全市光伏产业产值预计达200亿元。“十二五”期间，常熟光伏产业的投资总量将超过100亿元，产量和销售量将保持每年翻番，到“十二五”期末，全市光伏产业产值将达到1000亿元，光伏组件产量达到10GW以上，常熟将成为全省乃至全国最大的光伏产业基地。

三、典型体会

（一）科学发展观的确立落实是光伏产业快速发展的源动力

可以说，常熟光伏产业之所以能在短短几年内取得量变质变的同步飞跃，正是全面落实科学发展观、把产业结构调整同培育新的经济增长点相结合取得的硕果。正是在科学发展观的指导下，市镇两级才能达成牺牲财政收入、精心耐心培育新兴产业发展的共识，才有彻底摒弃过去那种只要有利可图就“拉郎配”的粗放型发展模式的决心，才有圈定20平方公里范围为光伏产业核心区、配置20万平方米标准厂房作为筑巢引凤主载体的大手笔，也才有光伏产业三年提升规划的出台以及政策措施环环相扣的落实，否则，光伏产业将难以发展起航。

（二）改革创新的实践举措是光伏产业快速发展的主动力

光伏产业的快速发展，是改革创新的实践成果。为使光伏产业有良好的发展载体，常熟积极解放思想，突破工业园区综合招商的思维定势，大胆设立光伏产业专业生产园区。为增强光伏产业发展的竞争优势，全面创新科技体制，颠覆单个企业独立设立研发中心的模式，筹建成立产业技术创新战略联盟，形成分工协作的技术开发体系，使技术开发从过去单一的本地企业向区域外扩展，演变为企业、高校、研发机构多地多层次的立体开放组织，大大提高了企业技术创新及产业转化的能力。

（三）政府职能的调整转变是光伏产业快速发展的助动力

在产业结构的调整升级中，政府部门积极转变职能，把对企业的微观管理调整为宏观把握和微观服务，努力打造全方位的服务型政府。为积极助推光伏产业成长壮大，构建了部门属地联通联动的服务体系，把市级层面的各部门与属地乡镇的能动性全面调动起来，分管副市长同时担任市光伏产业领导小组组长和光伏产业园工作委员会书记，统筹部门和乡镇工作，市级层面由发改委负责协调光伏产业发展的日常工作，产业园委员会以属地为主负责招商、建设、管理运营职能，经信、科技、财政等部门实行专业化分工协作联动，确保了整个服务体系的顺畅协调运转，主动、细致、贴心的服务型管理协调促进了相关生产要素的汇聚涌流。

快速发展需要快速应对。下一步，常熟市将对已有的鼓励扶持政策作优化调整和适度完善，不断增强政策的吸引力和导向性。积极突破以辛庄镇为中心围绕阿特斯公司发展太阳能光伏产业的制约，统筹编制全市产业布局规划，为太阳能光伏产业发展留足空间。再规划建设一批新的更高层次的示范项目，持续扩大太阳能光伏产品应用范畴。加强人员培训，引进专业管理人才，积极锻造一支专业管理队伍为光伏产业发展保驾护航。

（注：刊登时略有删节。）

强化引导　创新机制
积极推进生态工业示范园区建设

山东省商务厅副厅长　阎兆万

一、生态工业园区建设基本情况

近年来，山东省坚持以科学发展为主线，以“转方式、调结构”为主题，以富民强省为目标，抓住山东半岛蓝色经济区和黄河三角洲高效生态经济区上升为国家战略的重大机遇，积极实施绿色、低碳发展战略，大力发展循环经济，倡导开展生态工业示范园区建设，加快构建资源节约型、环境友好型的生产方式和消费模式，培育可持续发展能力，提高生态文明建设水平，取得显著成果。

全省拥有9家国家生态工业示范园区，其中，综合类园区5个、行业类园区3个、静脉产业类园区1个，涵盖国家级生态工业示范园区的全部类别。烟台、潍坊滨海、日照开发区于2010年获得国家级生态工业示范园区的正式命名，其他6家园区正在积极创建中。从2009年起，全省有13家单位开展了省级生态工业园区创建工作。与此同时，超额完成“十一五”总量减排目标任务，减排工作位居全国首位。截至2010年底，全省化学需氧量和二氧化硫排放量分别累计削减19.44%和23.22%，完成国家下达“十一五”时期减排任务的130%和116%。全省重点河流化学需氧量平均浓度达到29.6mg/L，水环境质量总体上已恢复到1985年之前水平，省控59条重点污染河流全部恢复鱼类生长。在国家重点流域治污考核中，已实现淮河流域治污考核“五连冠”和海河流域治污考核“三连冠”。

二、主要做法

（一）建立健全工作机制，形成推进生态工业园区创建的工作合力

重视生态工作园区的建设，特别是在创建生态工业园的问题上，山东省环保厅、商务厅、科技厅3个部门认识高度一致，工作密切配合。2009年11月，成立山东省生态工业园区建设领导小组，启动省级生态工业园区创建工作。同时设立领导小组办公室，明确了技术依托单位，建立了生态工业园专家库，加强对生态工业园区工作的全方位指导。2010年，联合制定了《山东省省级生态工业园区管理

办法（试行）》和《山东省生态工业园区考核标准》，对省级生态工业园区申报、考核、验收、监督管理等作出了明确的规定。2010 年 8 月，联合举办全省创建省级生态工业园区工作会议及培训班，营造了全社会广泛参与的良好氛围，提高了生态工业园区创建的积极性。2011 年，省环保厅通过加强环境信息公开的方式，对生态工业园区创建单位的环境报告书进行了审查和指导，促进了生态工业园区建设；山东省商务厅将生态工业园区建设指标纳入《省级经济开发区年度发展综合评价办法》中，作为山东省级经济开发区年度工作的考核内容；山东省科技厅在高新技术企业和科技计划项目申报等方面实行单列，各类科技计划向园区倾斜，40% 以上的省、市两级应用技术研究与开发资金重点支持开发区的技术创新。

（二）注重规划引导，培育特色鲜明的生态工业园区

坚持高起点制定建设规划，引导开发区和企业突出特色，推进生态工业园建设。烟台开发区着力构筑五大产业集群和 11 个生态工业链条，五大产业集群总产值占到全区总量的 70% 以上，100 家企业产值过亿元；潍坊滨海开发区构建了海水和卤水“一水五用”生态产业链，建设了盐、碱、溴、精细化工四大动脉产业和废水、废液、废料、废气等资源化利用的静脉产业，每年综合利用化工废水 6000 余万立方米，减排废渣 6000 吨、二氧化碳 1100 吨、二氧化硫 480 吨，节煤 3 万余吨；日照开发区突出生态工业园区“点上突破、线上延伸、面上拓展”3 个建设重点，60 余家企业形成废弃资源、能源链接，区内企业与区外 30 余家企业形成废物交换链接，建立了高效的企业内部和企业间的中水回用链网，成立了全国首家生态企业协会。建设了二氧化碳、甲烷回收利用等碳减排工程，为日照市荣获世界清洁能源奖、联合国人居奖以及入选联合国环境规划署气候中和网络项目作出了重大贡献；鲁北生态工业园区规划建设了“磷铵、硫酸、水泥”联产，海水“一水多用”技术，“盐、碱、电”联产等产业链条，实现园区内热电脱硫石膏、灰渣的全部循环利用，一年可回收各种废渣 164.8 万吨，回收利用五氧化二磷 1.5 万吨；临沂开发区以高水平、高标准的建设要求，构建了以工程机械、生物化工、新材料新能源、商贸物流为主导产业，以医疗器械、家具木业和再生资源加工为特色产业的生态产业链网，园区内几十家工程机械相关配套企业建立起共生网络，带动了一批再生资源企业的发展，各项建设指标均已达到省级生态工业园区考核标准；东营开发区充分利用黄河三角洲高效生态经济区开发建设的重要机遇，构建电子信息、汽车及零部件、新能源、石油装备、新材料、有色金属压延及深加工和动车组装备六大高端产业链，积极打造高效生态的经济发展模式，引进 30 余个过亿元项目，总投资 400 多亿元，生态工业园区建设进一步增强了开发区招商引资的吸引力。

青岛新天地静脉产业园区建设废旧家电、电子产品、报废汽车拆解、废旧轮胎热裂解、废矿物油等综合利用项目，处理处置各类废物 18.56 万吨，回收各类再生资源 12.8 万吨；阳谷祥光生态工业园是以铜产业为核心的生态工业园区，园区内的祥光铜业充分利用矿山开发和再生铜相结合的“双重资源”，采用世界上最先进的闪速熔炼和闪速吹炼工艺，打造铜冶炼、铜精深加工和再生铜资源利用“三大基地”，构建以铜冶炼废气、废渣和阳极泥为主要原料的“三条循环经济链”，被环保部评为全国冶炼行业唯一一家“国家十大环境友好工程”企业。

（三）依靠科技创新，突破生态工业发展的技术瓶颈

积极推动以企业为主体的产学研合作，解决生态工业园区建设的技术瓶颈，强力支持区域的创新发展。2005 年起，山东省财政每年补助 3000 万元用于省环保产业研发基地建设和省级环保产业研发项目的研发与推广。山东省环保产业研发基地总投资 1.5 亿元，占地面积 60 亩，现已建成一期工程近 2 万平方米，

构筑了技术研发、产品孵化、标准测试、新技术产品展示4个平台。2009年，开展了“山东省经济社会发展中的若干重大环境瓶颈问题解析与突破”研究；2011年5月，山东省编办专门批准成立了山东省环保技术服务中心。鲁北生态工业园区与国内几十家知名大专院校和科研机构建立了紧密协作关系，取得了“旋风预热器窑外分解”、“高效节能型沸腾炉等一系列拥有自主知识产权的重大科技成果。“化工领域循环经济关键节能技术推广与示范”和“氧化铝赤泥废渣资源化利用项目”被列为国家发改委资源节约和环境保护中央预算内投资项目；青岛新天地静脉产业园承担了“青岛城市循环经济发展共性技术开发与应用”和“废旧橡胶催化裂解高值化利用技术研究与示范”等两个“十一五”国家科技支撑计划项目，废旧电视机拆解上料系统技术等多项技术申报了国家专利技术认证；青岛高新区、济南高新区先后被科技部确定为创建创新型科技园区试点，为生态工业园区的建设增添了新的创新驱动力。

（四）发挥国际合作优势，积极开展生态工业的国际交流与合作

山东省科技厅先后引进30余家国外大企业的研发机构入驻各高新区，建立中俄、中乌、中白3个国际科技合作基地，合作建设了一批中俄、中韩科技企业孵化器，累计实施政府间科技合作项目160余项。青岛循环型城市试点示范项目写入了2007年《中华人民共和国政府和日本国政府关于进一步加强环境保护合作的联合声明》中，并与日本北九州市签署了青岛市循环型城市合作备忘录。积极推进中德生态园的建设，省市联手，共同打造具有欧亚合作示范意义的高端生态园区、世界高端生态企业国际化聚集区、世界高端生态技术研发区和宜居城市生态示范区。山东德力西再生塑料生态产业园已经列为中日推进循环经济合作项目的案例园区。联合国工业发展组织、瑞士政府和环境保护部在日照开发区开展了环境友好技术（EST）合作项目，开发区内的亚太森博浆纸有限公司、尧王酒业等多家企业不仅实现了污染物达标排放，更重要的是使能源循环起来，降低生产成本或加工成副产品创造经济效益。其中，尧王酒业公司通过改进污水处理发酵工艺，每天节约煤炭10吨，日发电量5000度，年增加经济效益200余万元，成为2010年第四届绿色产业国际博览会的亮点企业。

（五）依托环境标准的倒逼机制，激发生态工业园创建的积极性

为改善全省生态环境质量，发挥标准的引领作用，从2003年起，建立了分阶段、逐步加严的地方环境标准体系，共发布实施了36项地方环境标准，包括12项行业污染物排放标准、4项流域水质量标准、14项环境友好型产品标准和6项规范、指南等，推动环保工作的健康发展。山东泉林纸业公司从曾经面临被关停的困境发展到现在全省造纸行业的排头兵，并开展了省级生态工业园区建设，形成了麦草制浆、沼气发电、沼气泥生产有机肥料的“一草三用”综合利用链条，构筑独具特色的生态纸业“泉林模式”，取得160余项专利技术，解决了草浆造纸资源消耗和污染治理的世界性难题，实现山东省草浆造纸技术的重大突破：每吨本色草浆仅排20.4立方米废水，化学需氧量稳定控制在30mg/L以内。2011年，泉林集团150万吨秸秆综合利用项目环境影响评价成功通过环保部审批，不仅解决了秸秆焚烧的环境污染问题，也为造纸企业带来显著的经济效益，在全国具有巨大的示范效应。山东信发集团参与编制了山东省氧化铝工业污染物排放标准，用标准严格约束自己，充分起到了示范带头作用，在标准的引导下，企业开展省级生态工业园区创建工作，优化提升热电、铝业、盐碱、精细化工等主导产业，大力发展再生铝、赤泥、灰渣资源化等静脉产业，并辐射带动了生态农业和生态旅游业的发展，为氧化铝行业的可持续发展提供了借鉴。

三、下一步工作计划

“十二五”时期是山东省全面建设小康社

会的关键时期，也是环境保护工作的攻坚阶段，按照山东省委、省政府建设生态山东的重要战略决策，围绕改善环境质量、确保环境安全、服务科学发展三条主线，进一步推进生态工业园区建设，加快构建资源节约型、环境友好型社会，提升生态文明水平。

（一）加强部门协作，为生态工业园区发展创造良好环境

各级主管部门将密切配合，各负其责，加强监管，进一步优化和完善生态工业园区考核评估机制和激励约束机制，积极协调省直有关部门，加强对生态工业园区建设的扶持力度，在环保审批、财政税收、金融信贷、价格补贴、土地申请、政府采购、科研立项等方面提供政策支持，对建设成效显著的生态工业园区给予奖励和支持，引导整个产业向生态工业和低碳产业的方向发展。

（二）深化试点工作，全面推动生态工业示范园区建设

山东省拥有省级以上各类开发区 170 余家，还有相当数量的企业集团和其他工业聚集区，生态工业园区建设潜力巨大。将根据每个园区不同的发展特色和建设重点，因地制宜地推进生态工业园区建设。“十二五”期间，力争建设 8 家国家级生态工业园区和 30 家省级生态工业园区。同时，严把质量关，成熟一个，验收一个，推广一个。深化创建内涵，真正实现园区的升级改造和可持续发展。

（三）加大培育静脉产业和低碳产业力度，促进园区的可持续发展

积极培育静脉产业，鼓励企业实施清洁生产审核，提高资源在企业内部的循环利用程度；推进企业间物质、能量梯级利用、基础设施共享以及产业链延伸和耦合，实现资源利用的最大化和废物排放的最小化；实现园区内外设施和信息共享，拓展园区生态经济发展空间；限制落后的高能耗、高污染产业发展，积极向低能耗、低污染、低排放的新兴产业发展，积极推动园区产业结构向低碳方向转变。

（四）加强关键技术研究，为生态工业园区创新发展提供科技支撑

以山东省经济社会发展中的若干重大环境瓶颈问题解析与突破重大专项为导向，引导和支持企业、大专院校和科研单位之间的联合创新，培育产学研结合的产业技术创新联盟。围绕钢铁、石油化工、金属冶炼等行业的关键节点技术以及行业间生态产业链关键技术需求，加大技术研发和引进力度，切实解决生态工业发展中的技术瓶颈问题。

（五）加强宣传业务指导和培训，广泛推广典型案例

加强对政府主管部门、各类园区、企业、技术咨询机构的业务指导和培训，规范生态工业园区创建，提高园区建设水平。加强生态工业园区建设规划编制的指导，宣传和推广不同类型园区建设的成功经验和做法，为山东省生态工业园区创建工作提供示范和经验。

（注：本文为阎兆万副厅长在第二次全国国家级生态工业示范园区建设工作会议上的发言，刊登时略有删节。）

关于开发区应对人民币升值问题的分析

天津经济技术开发区政策研究室　杨　丹

当前，人民币汇率是国际经济领域备受关注的焦点问题之一。在政策层面，国内外各界关于人民币是否被低估、应该采取何种升值方式，可谓众说纷纭；在实际运行层面，近年来

虽然我国总体坚持了人民币稳步升值的做法，但"小步慢升"几年积累下来，累计升值幅度达到了30%，对我国宏观经济，尤其是利用外资和外贸领域的影响也正在逐步显现。鉴于国内开发区多为外向型经济园区的基本现实，对于人民币汇率变化导致的国际经贸环境变化，各开发区应保持高度敏感。

一、人民币汇率历史走势回顾

20世纪90年代以来，人民币汇率制度经历了两个主要发展阶段，第一个阶段是1994～2005年。在此期间，人民币兑美元除了在1994年1月～1995年8月期间小幅升值外，始终保持在一个相对稳定的水平（1美元兑8.3人民币左右）。特别是1997年亚洲金融危机之后，我国政府进一步收窄了人民币汇率的浮动区间，汇率只能在1美元兑8.27～8.28元人民币的范围内波动，这一阶段实际上采取的是盯住美元的固定汇率制度。

2005年汇率制度形成机制改革后至今，是汇率制度第二个发展阶段。在此期间，我国实行以市场供求为基础、参考一篮子货币进行调节、有管理的浮动汇率制度，人民币兑美元汇率累计升值30.75%，年均升值5.5%左右，其走势也明显地分为：大幅单边升值—走稳—快速升值3个阶段（参见图1）。其他主要货币如欧元兑人民币的汇率单边波动显著，呈现出有升有降、大幅震荡的趋势。相比之下，人民币兑日元汇率的双向波动更为明显，但整体上还是呈现出贬值的态势，汇率弹性不断增强，人民币兑美元汇率占据了我国汇率体系的主导地位。

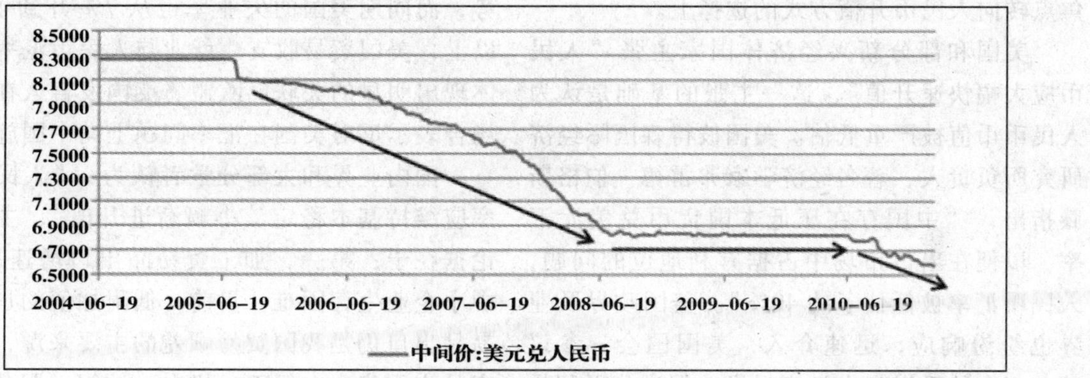

图1　2004年以来人民币兑美元名义汇率走势

资料来源：天大研究院金融与经济课题组《人民币汇率趋势：回顾与展望》

与上述3个阶段相对应，2005～2008年，我国出口、贸易顺差、外汇储备、FDI持续扩大，但同比增速逐年回落；2009年，除外汇储备外，其他指标规模均有不同程度的下降；2010年经济复苏明显，主要指标大幅反弹，但2011年指标增速又有所放缓（见表1）。不难发现，汇率制度改革以来，我国外资外贸的表现与人民币兑美元升值的走势基本一致，这说明了人民币升值对出口、吸引外资的抑制以及对进口的拉动作用。

表1　2005年以来我国出口、贸易顺差、外汇储备、引进FDI情况　单位：亿美元

项目＼年份	2005～2008年				2009年	2010年至今	
	2005	2006	2007	2008	2009	2010	2011
出口	7620.00	9690.80	12180.20	14285.50	12016.60	15779.30	15497.10
同比增长	28.40%	27.20%	25.70%	17.20%	-16.00%	31.30%	22.00%

续表

项目＼年份	2005～2008年				2009年	2010年至今	
	2005	2006	2007	2008	2009	2010	2011
贸易顺差	1018.80	1774.70	2622.00	2954.60	1961.00	1831.00	1240.30
同比增长	217.00%	74.20%	47.74%	12.68%	-33.63%	-6.40%	-15.40%
外汇储备	8188.70	10663.40	15282.50	19460.30	23991.50	28473.40	32016.80
同比增长	34.26%	30.22%	43.32%	27.34%	23.28%	18.68%	12.44%
FDI	603.25	694.68	826.58	923.95	900.33	1057.34	950.12
同比增长	-0.01%	30.76%	18.99%	11.78%	-2.56%	17.44%	15.86%

注：1. 表中数据来源于国家统计局、商务部、海关总署公开发布的指标；
2. 2011年的数据为1～10月份的累计指标。

二、关于人民币汇率问题的主要观点

金融危机以来，国内外各界针对人民币汇率问题再次展开激烈争论，目前来看对于人民币升值的长期必然性已形成基本共识，交锋的焦点转向人民币升值方式的选择上。

美国和部分新兴经济体国家主张“人民币应大幅快速升值”，这一主张的基础是认为人民币币值被严重低估。美国彼得森国际经济研究所负责人、著名经济学家弗雷德·伯格斯滕指出，“中国存在压低本国货币兑美元汇率，以便在出口市场中占据有利地位的问题，人民币汇率被低估了约40%”。美国政界及业界也纷纷响应，迅速介入，美国国会、参议院、工会轮番以打击汇率操纵、促进公平贸易之名施压人民币升值，参议院在2011年10月11日通过的《2011年货币汇率监督改革法案》更是掀起施压人民币升值的新一轮高潮。值得注意的是，国内也有部分学者支持人民币快速升值，经济学者薛兆丰认为，“过分压低人民币汇率等于贱卖中国商品供养美国，同时引致热钱持续涌入，国内通货膨胀不断加剧”。

联合国、IMF、欧盟、英国等对此持有不同意见，认为人民币币值未被低估，人民币升值无助于缓解美国贸易逆差和失业。2011年1月18日联合国贸易和发展会议公布的研究报告称，人民币汇率自2005年来累计升值近30%，再考虑到中国的通胀率大幅高于美国的因素，人民币对美元的实际升值幅度要更大。IMF的统计数据显示，在人民币升值最快的2005～2007年期间，美国贸易逆差逐年增加，在2007年达到峰值；危机期间逆差虽有缓解，但2010年经济复苏以来贸易逆差又有扩大趋势，而同期美国的失业率也从7%升到了9%以上，美国贸易收支、就业与人民币汇率没有体现出明显的关联。欧盟、英国发言人在公开场合表示反对美国在汇率问题上向中国施压。

国内业界和大部分学者认为：“人民币汇率应维持基本稳定，小幅渐进升值”，主要的论据在于：第一，加工贸易品出口增速放缓，中小企业生存困难。目前，低附加值的加工贸易品出口仍是我国贸易顺差的主要来源，这类产品主要集中在轻工、机电、纺织、服装、玩具等行业。2011年以来，我国机电、玩具、纺织品出口增速均有不同程度的放缓，来自于欧美的订单锐减，出现订单向越南、印尼、孟加拉等新兴市场国家转移的趋势。以机电产品为例，海关总署的统计数据显示，我国机电产品1～10月累计出口8824.5亿美元，同比增长17.6%，低于平均增速6.4个百分点。对美订单同比降幅高达33.1%，对欧洲市场也下降了21.3%。并且，这些行业内议价能力低的中小企业居多，出口利润率仅维持在3%～5%的水平，人民币升值对于这些企业的运营无疑是雪上加霜。

第二，利用外资增速有所回落。人民币升值，意味着相同的在华投资，企业经营成本提高，相应地会降低中国市场对外国资金的吸引力，减少外商对我国直接投资，甚至会出现已经在华投资的企业压缩生产、转而投资其他国家的情况。我国60%的出口份额由外资企业贡献，这一引致影响更是不容小觑。表1数据显示，2008年以来我国利用外资增速震荡回落（2010年增速大幅反弹原因在于2009年FDI基数较低）。2011年1～10月份，全国实际使用外资金额950.12亿美元，同比增长15.86%，增幅与2010年同期基本持平，目前来看情况较为乐观。但从资金来源看，美国和欧盟对华投资继续下行，欧盟二十七国投资仅增长1.05%，美国反而下降18.13%，同2010年同期相比，分别降低了9.45和28.88个百分点。

第三，农产品竞争力将被进一步削弱。中国大宗农产品的价格大多高于发达国家，出口竞争力较弱，因此汇率的国际贸易杠杆作用格外突出。2011年以来，我国重点农产品——大米、食糖的出口额同比降幅超过30%，一旦因此改变农产品的国内供需关系，农产品的价格和生产规模（种植面积、牲畜数量）必然随之变化，对农业大国的中国负面冲击巨大。

三、人民币汇率问题的深层次分析

全球经常账户失衡成为世界各国尤其是美国等贸易逆差国关心的重要问题：一是国际金融危机爆发的一个深层次原因，就是全球经济发展的过度失衡；二是全球经常账户的失衡严重阻碍了全球经济复苏的进程。美国以财政赤字、居民债务和衍生金融工具为支撑，走上高福利、过度消费的发展道路，造成巨额的经常账户逆差；另一些国家则以投资和出口为主导，形成巨大的经常账户顺差，由于本国居民消费不足，大量盈余的外汇储备流向赤字方为其提供融资支持。而危机后，增加的资金供给难以进入实体经济，经常账户逆差反而呈扩大趋势，导致国内实体经济复苏缓慢。

理论上讲，全球经常账户失衡的主要根源来自两方面：一是储蓄率失衡。根据宏观经济学的基本恒等式“储蓄－投资＝经常项目顺差”，新兴市场经济体存在储蓄盈余，则经历顺差；美国存在储蓄缺口，则经历逆差；二是汇率失衡。汇率水平偏离均衡值，无论是低估还是高估，直接结果是出口竞争力失衡，从而导致经常账户失衡。因此，从美国的角度讲，减少经常账户逆差的基本路径是：或者美国的储蓄率上升，消费下降；或者美元贬值，出口增加。所以，当前美国不太可能以储蓄率的调整作为平衡经常账户的主要手段，而将更多地运用汇率政策。中国作为美国贸易逆差的最大来源国，在汇率问题上也自然首当其冲面临美国的压力。

然而，中美贸易逆差并非由人民币汇率低估引起，而是由当前国际分工格局所致。由于具有劳动力价格比较优势，中国大量承接国际制造业转移成为“世界加工厂”，其结果是中国得到了就业和对外贸易顺差，而包括美国在内的世界各国都从价廉物美的中国制造产品中得到了实惠。实际上，美国的贸易政策，也是造成其对中国巨额贸易逆差的重要原因，比如美国在高性能计算机、信息安全系统等高科技产品生产上具有比较优势，但却严格限制这些产品对中国出口。因此，逆差局面的扭转更多地取决于美国贸易政策的调整以及我国产品附加值的提升，汇率与贸易差额的关联并不十分紧密。即使人民币升值使中国出口竞争力下降，美国也会转向其他更具劳动力优势的国家进口获利，无助于解救美国经济衰退和失业，前文IMF的统计数据也证实了这一点。

美国经济刺激政策制造了大量流动性并流入他国，包括中国在内的新兴市场国家，要么被动扩张货币，承受通货膨胀、资产价格上涨压力，要么货币被动升值，从而不得不承受危机后世界经济调整的负担。在此基础上，美国再施压人民币升值，进一步触发热钱涌入逐利，从而快速达到其逆差改善和“资本圈利”的目的。从这种意义上讲，汇率已不仅是货币兑换的比价，更多的则是成为一种实现经济调整甚至经济霸权的政治工具。

四、未来人民币汇率走势判断

人民币升值预期和压力在一定时期内仍然存在，因此，对于汇率问题的应对之策，应结合全国的经济和社会目标综合考量。当前我国决策层确定汇率政策，第一要考虑的是如何在稳定出口的基础上保持经济平稳增长的势头和信心。实际上国内经济复苏和转型的情况越理想，出口行业升级换代速度越快，保持低汇率的必要性就越会被削弱。因而在目前经济增长预期放缓、转型升级动力不足等背景下，保持汇率稳定的压力就会很大。因此决策层的态度应该是观望和尝试，而不会采取贸然的升值举动；第二是考虑如何平衡内外部压力。我国虽不能因国外的政治压力升值人民币，但在国际博弈过程中，如何处理和平衡好升值和贸易摩擦的关系依然十分重要。第三是考虑如何将人民币升值的影响消除到最小。在稳定经济发展的基础上，如何稳定各方预期，将升值带来的资金内流压力以及由此导致的资产价格泡沫消除到最小，也是目前重要的管理目标，但在汇率问题的决策上，经济稳定的目标是主要方向，而防范游资的目标则是技术层面问题。

因此，保持人民币汇率的基本稳定仍是当前及今后一段时间人民币汇率问题的主基调。近年来，人民币升值对我国外向型经济的影响也开始显现，更加凸显了维持人民币汇率稳定的必要性，结合全球经济复苏显著放缓以及美元中期弱势难改的形势，预计短期内人民币兑美元仍将保持“小幅慢升”的态势。

值得提及的是，2011 年 11 月 30 日 ~ 12 月 15 日，人民币兑美元汇率连续 12 个交易日触及跌停，连续下跌之势为近年来罕见。复旦大学经济学院副院长孙立坚指出，“近期人民币汇率接连下跌，既有外部的套利驱动和资本回撤，也有内部经济增速的预期改变，另外也不排除一些机构看空中国经济、做空人民币的因素。尤其是欧美经济和金融市场疲软，使得投资者增加现金或美元资产等避险工具”。中金公司近日发布的研究报告也称，近期资本流出增加，人民币贬值压力初露端倪，从一定意义上讲，现在是增加汇率弹性、双向波动的好时机。目前来看，疾速下跌的原因和影响仍是十分复杂的。

五、应对人民币升值的工作建议

结合上述分析，人民币升值引发的外资外贸形势变化应成为关注要点，全国开发区从以下几方面做好人民币升值的调整应对工作，并做好谋划：第一，注意区域金融环境的培育。金融手段是应对人民币汇兑风险的有效途径，企业可以通过远期合约、出口押汇、提前结汇或者跨境人民币结算等途径来规避汇率变化带来的风险。因此，开发区应协调推动上述业务在区内金融机构推行，并积极争取跨境人民币结算试点在本区落地。

第二，注意区域经营成本的控制。加入世界贸易组织以来，生产要素价格尤其是劳动力价格优势一直是我国吸引 FDI 流入的主要因素，人民币升值将对这一优势有所削弱，如果外商预期人民币进一步升值，加上本国经济复苏乏力，对外投资意愿显著降低，势必对区域整体投资环境、经营成本要求更加苛刻，因此应在能源、交通、融资、基础设施配套等方面的成本上加强控制。

第三，注意对外贸企业的扶持。对开发区而言，将人民币升值带来的不利影响降到最低，关键是提升产业结构、改变产品技术含量。除企业自身积极争取科技创新外，开发区政府也应加强创新环境的培育和对企业自主创新的扶持，如注重科研院所研发软环境的保障以及科研成果与区内企业的对接，并为初创型企业多方拓展融资渠道。

烟台开发区资源再生产业的发展现状与对策

烟台经济技术开发区资源再生加工示范区管理局　于天佐

烟台经济技术开发区作为全国首批循环经济试点园区之一，认真研究资源再生产业的有效措施，制订了《国家循环经济试点园区工作实施方案》，坚持经济发展、社会进步和环境保护同步推进，按照“减量化、再使用、资源化”原则，有效构建活力充沛、互补共赢的现代工业体系，探索出经济效益和社会效益实现双赢的有效路径。

一、开发区资源再生产业发展现状

充分发挥产业聚集优势和生态效应，逐步形成了以电子信息、机械汽车等低耗高效的“动脉产业”和废弃物交换利用、梯级利用的“静脉产业”。

（一）园区拉动，资源再生产业规模位居全省首位

2005年，开发区响应国家大力发展循环经济号召，成立了烟台资源再生加工示范区，规划面积6.67平方公里，重点吸纳工业固体废弃物、农业固体废物、生活垃圾、废汽车、废机电设备、废家电等再生资源加工企业。2007年8月，资源再生加工示范区通过国家环保部等部委的综合验收，成为全国首家进口再生资源“圈区管理”的试点园区，并推出一系列优惠政策和服务措施吸引资源再生企业入园发展。短短5年时间，入园企业近50家，投资总额达20亿元，从业人员近万人，经营范围涉及废钢铁、废有色金属、废家电、废塑料等10余个品种。截至2011年底，全产业共创造产值40亿元，资源再生产业规模跃居山东省首位。

（二）龙头引领，培育资源再生企业集群

2006年以来，开发区资源再生产业涌现了一批规模大、技术含量高、经济效益好的龙头企业，对产业拉动起到引领作用。如，烟台鑫广绿环再生资源有限公司始终坚持科技自主创新，广泛拓展业务领域，走出一条产品结构合理、处理加工能力强、综合效益高的发展之路。2011年该公司实现工业总产值6.2亿元，利税9800万元，共回收拆解废家电152万台，回收加工废钢铁6万余吨、废旧塑料8000余吨，处理危险废物1.8万吨，生产可利用金属6万余吨、塑料粒子5000余吨。建厂5年来共为富士康、东岳汽车、大宇造船、万华等企业处理了50余万吨工业废弃物，成为全省最大、效益最好的废弃物综合加工处理企业。东诚生化用高科技手段从海洋生物废弃物中提炼生物药品和营养品。2011年实现产值7亿元，利税5800万元。截至2011年底，烟台开发区投资规模500万元以上的资源再生企业达到55家，占全行业的79%。

（三）服务支撑，打造资源再生产业发展的良好环境

为引进更多的国内外资源再生项目，近年来，开发区不断优化投资环境，出台帮扶政策，改善服务措施，提高工作效率，将“优化资源再生产业发展环境”列入烟台市政府重点工作。2011年8月，中国最大的再生资源拆解加工综合利用企业——齐合天地集团有限公司与开发区签订合同，总投资60亿元的“中国再生资源综合利用示范基地”项目正式落户开发区。规划建设中国起点最高、管理最规范、工艺最科学、拆解最彻底、节能环保效益最显著的示范基地。项目全部建成达产后，

可实现年处理再生资源150万吨，销售收入163亿元，进出口13亿美元以上，将成为中国最大的再生资源拆解加工基地。总投资1.8亿元的隆达铝业项目由日本金属株式会社等5家公司出资，主要利用废铝加工生产液态铝及合金，可为东岳汽车、日本电装等提供优质液态铝和铝材。项目达产后，年产能约10万吨，实现销售收入12亿元~15亿元。

（四）资源再生产业发展存在的问题

1. 多渠道多层次的废弃物回收体系尚未建立，“静脉产业”流通渠道不畅，许多资源再生企业“等米下锅”。

目前，开发区资源再生企业所加工利用的废弃物主要依靠富士康、东岳汽车、大宇造船等大型企业供应，而加工利用区外废弃物、进口废弃物和居民生活废弃物较少。如，2011年进口可再生废弃物5万吨，加工利用区外可再生废弃物41万吨，加工利用居民生活垃圾、旧家电等1万吨，仅占烟台开发区再生资源利用总量的67.2%。全区70家资源再生企业设计加工能力为90万吨，但2011年仅加工利用废弃物71万吨，形成产能过剩“吃不饱”的被动局面。

2. 资源再生加工示范园区部分功能缺失，园区的聚集拉动效应没有得到充分发挥。

一是法制不健全，行业无规划。除国家2008年出台《循环经济促进法》外，各级地方政府没有出台和制定促进资源再生产业发展的地方性法规、资源再生产业的中长期发展规划，相关政策不健全，缺乏规范的产业发展环境。二是基础设施资金投入不足，“圈区管理”没有落到实处。“圈区管理”是国家环保部提出、旨在尝试对资源再生企业实行特定的园区化管理，以提高废弃物的回收利用率，减少和避免废弃物和污水对环境的影响。按照国家政策初衷，“圈区管理”后，园区内符合条件的企业可直接办理国家允许进口的再生资源资质和指标，同时将限制区外同类企业的发展。但截至目前，资源再生园区基础设施累计投入只有1350万元，现场查验设备、设施和办公场所均未到位，不能享尽国家相关部门给“圈区管理”园区的一系列政策，园区始终没有实现真正意义上的“圈区”。

3. 部分资源再生企业忽视科技进步，生产加工工艺落后粗放，产品科技含量低。

据统计，全区70家资源再生企业中有80%只是对废弃物进行简单的拆解、分拣、包装，仅有20%的企业对废弃物进行二道工序以上的加工；仅有8家企业拥有自主知识产权的产品；仅有5家企业拥有研发中心和科技人员团队。

4. 鼓励发展的优惠政策不够，扶持培育企业的力度不大，导致资源再生产业发展后劲不足。

开发区目前还没有出台全面鼓励培育资源再生产业发展的相关规划、发展意见以及与其配套的系列扶持政策。

二、大力发展烟台开发区资源再生产业的对策

要保证开发区资源再生产业做大做强，形成“静脉产业”与“动脉产业”的良性循环耦合，应坚持“五个紧紧围绕”：

（一）紧紧围绕开发区制造业4个产业链的废弃物回收加工发展资源再生产业

一是电子信息产业链条上的废弃物综合加工利用。烟台开发区是山东省重要的电子信息产业基地，年产值达1380亿元。产业发达的同时产生了大量的电子废弃物，仅富士康和浪潮LG两家企业每年产生的电子废弃物就达2万吨，区内电子废弃物和废旧家电总量可达3万吨，但实际综合加工利用率却不足60%，回收的电子废弃物以再生塑料为主，其中的贵重金属却得不到回收利用，造成资源浪费、财富流失。因此，电子生产企业必须增强资源价值观和环保意识，与更多技术先进的资源再生企业建立长期合作关系。资源再生企业也要通过技术创新和更新设备提高综合处理能力，使开发区电子信息产业链上的废弃物得到更充分利用。

二是机械汽车产业链条上的废弃物回收加工利用。鼓励引导企业科学加工处理废弃物，提倡多层次筛选利用，不具备利用价值的再回炉炼钢，做好物尽其用，创造更好的经济效益。要注重发展绿色再制造，“十二五”期间，力争建立发动机等装备的绿色再制造基地。

三是食品加工产业链条上的废弃物综合加工利用。开发区食品加工产业产生的废弃物数量庞大，通过回收利用此类再生资源既保护环境又可以产生可观的经济效益。同时，抓住建设山东半岛蓝色经济区契机，充分利用海洋废弃物加工生产生物药品、食品、化工原料等，实现海洋资源的深度利用。

四是综合加工利用热电产业链条上的废弃物。区内3个热电厂每年产生废渣10万吨，充分对热电厂的废渣废料回收加工，生产新型环保复合建筑材料，投入小、利润高。

（二）紧紧围绕建立再生资源回收体系发展资源再生产业

随着资源再生产业的发展，仅靠区内制造业的废弃物已不能满足资源再生企业的需要。因此，必须多渠道建立各类废弃物多渠道回收体系，不仅要把区内再生资源回收利用好，还要将境外、区外的废弃物拿来“为我所用”。

一是建立区内再生资源回收体系。该体系采用两种模式：“再生资源交易市场+收购摊贩”和“资源再生龙头企业+回收网点”，从而保证区内再生资源的充分回收利用。

二是利用良好的市场平台吸纳区外再生资源。通过建设好区内再生资源交易市场和壮大资源再生龙头企业，吸引区外的再生资源尤其是加工利用附加值高的优质再生资源不断流入区内，供给开发区资源再生企业。

三是疏通进口渠道，利用好境外再生资源。海关、商检、环保等部门要创新工作模式，鼓励引导资源再生企业进口优质再生资源进行加工利用，尤其是鼓励企业引进国外先进的加工利用技术，提高附加值。

（三）紧紧围绕健全拓展资源再生加工示范区功能发展资源再生产业

资源再生加工示范区是资源再生企业的聚集区，是开发区资源再生产业的隆起带，是资源再生产业科技创新的制高点。因此，必须下大力气扶持培育，完善功能，健全机制，做大做强。

一是制定再生资源产业优惠政策，鼓励技术先进、规模大的资源再生企业入园，尤其是鼓励企业通过兼并、重组、股权转让等方式做大小企业。

二是加大基础设施投入，实现“圈区管理”模式，凸显“圈区管理”带来的园区通关优势，带动企业集聚入园、抱团发展、快速扩张。

三是进一步发挥示范区管理局的服务作用，除招商外，应尽快建立起围绕再生资源产业发展的科研公共平台、拍卖交易平台、物流平台和电子信息平台。

（四）紧紧围绕科技创新发展资源再生产业

切实转变开发区资源再生产业的发展方式，必须坚持科技创新。

一是鼓励引导资源再生企业走集约化、规模化、规范化的路子，不搞“小打小闹”。

二是鼓励引导企业围绕资源再生产业关键技术组织研发，形成自有的技术专利及知识产权等，加快技术、工艺、设备的提升，进一步提升产业竞争力。

三是逐步淘汰低级落后的产能。对粗放型的资源再生企业要强制其技术改造，达不到要求的要予以淘汰。

四是开发区科技发展资金适当向资源再生科技创新项目倾斜，鼓励企业加大研发投入。

（五）紧紧围绕政府引导、全社会参与的路子发展资源再生产业

坚持“政府引导支持，企业市场化运作”的原则，按照开发区工业项目的性质和分类，建设布局合理、网络健全、设施先进、管理科学、服务功能齐全的再生资源回收加工体系，引导企业以资本、技术、管理、品牌为纽带，全面推进开发区资源再生产业向规模化、连锁

化、产业化的方向发展。各相关部门应做好社会宣传工作，发动群众积极参与到资源再生产业中来，通过提高个人环保意识节约资源，达到人与资源和谐共处的良好氛围。

开发区推进低碳经济发展的经验举措

广州开发区发改局　黄宗超

建设低碳城市，减少二氧化碳排放，实现可持续发展，是国际公认的未来城市发展方向。开发区作为我国城市化的先行军和重要推手，纷纷编制规划、出台办法、创新举措、狠抓落实，着力推进开发区低碳经济快速发展。

一、北京经济技术开发区低碳发展的经验举措

北京开发区自提出“低碳绿色家园”战略定位以来，积极推进国家生态工业示范园区建设，大力发展高新技术产业发展，构建有利于资源节约和低碳发展的运行模式，深入落实循环经济试点工作。

（一）积极推进国家生态工业示范园区建设工作

一是编制《北京开发区国家生态工业示范园区建设规划》，制定一系列促进经济发展和加强环境管理的规划和政策，完善园区基础设施建设，积极引导公众参与，形成了比较完善的生态工业园建设框架，实现了经济高速发展与环境持续改善的良性循环。

二是与北京大学联合成立了“北京低碳高端园区发展研究中心”，负责推进北京开发区低碳规划、低碳设施与低碳技术应用规范、低碳管理和评估体系等标准制定，并围绕低碳园区规划、设计、开发、建设与物业运营等全过程开展低碳实践。

（二）大力发展高新低碳产业和低碳技术

一是出台《北京开发区产业扶持和鼓励办法》，重点扶持对园区产业发展具有带动作用的企业。近几年来，诺基亚中国研究中心、京东方数字电视、百度云计算等众多高端低碳技术企业已建成多条高科技新兴产业链。全区已成功推出全系列25款超云计算服务器和国内首台商用模块化数据中心，云计算产业链已经成为北京开发区战略性新兴产业首条成形的“金”链条。

二是制定《北京经开区建设国家太阳能光伏发电集中应用园区方案》，积极引导京东方能源等太阳能光伏企业开展技术创新，以合同能源管理模式向区内中小型企业及公共建筑推广，推行用户侧低压并网接入、自发自用的创新模式。在光伏应用方面，集聚了彩虹LED新能源、京运通科技等20余家太阳能光伏产业企业，完成20兆瓦以上太阳能光伏发电装机容量。

三是构建低碳创新平台。神州细胞、百泰、舒泰神药业等生物医药研发、生产类企业落户入区，集新药创制平台和技术支撑平台于一体的生物医药公共服务平台进一步提升开发区生物医药产业的集聚优势。

目前，开发区已有327个企业技术研发中心，科技成果的转化率达到80%；聚集了229家高新技术企业，产值占全区工业总产值比重连续9年超过80%；万元GDP能耗0.16吨标煤，远低于全国国家级开发区平均水平。

（三）构建有利于资源节约和低碳发展的运行模式

一是创新低碳模式，推动自主技术创新，在奔驰汽车产业园、中国云计算产业园和移动

硅谷产业园等园区推广屋面雨水虹吸排放系统，提高雨水收集处理及综合利用效率。

二是积极采取 BOT 模式和政府委托企业运营模式推进污水厂提级改造及运营，促进水资源综合利用和太阳能光伏发电应用统筹发展。

三是建立余热再利用机制，利用天然气发电后产生的余热烟气加热蒸汽，并经过汽轮发电机组做功后再抽出向热网供应蒸汽，同时利用余热锅炉的尾部烟气加热给水，向城市管网提供热水供应，实现了能源从高品质到低品质的阶梯利用。

四是制定了《北京开发区创建国家水资源综合利用示范区实施方案》，再生水厂对 1000 万吨污水进行深度处理，生产出 700 万吨达到高品质的再生水，供给区内企业和居民使用，在国内率先实现区域内工业废水的循环使用。

（四）积极引进高端人才

开发区颁布《鼓励高级人才入区的规定》、《北京开发区“博大贡献”实施办法》和《关于鼓励和吸引海外高层次人才来北京经济技术开发区创业和工作的意见》等人才政策和措施 20 余项，支持各类人才在开发区创业和就业。全区已聚集两院院士 20 余名、海外学人 1100 余名，其中 83 人通过开发区海外高层次人才认定，17 人入选国家“千人计划”、17 人入选北京市“海聚工程”。

二、中新天津生态城低碳发展创新途径

作为世界上首个国家间合作开发建设的生态城市，天津生态城在规划建设过程中，充分借鉴新加坡先进经验，低碳定位明确突出，规划建设国内一流的低碳基础配套设施及出台科学完善的低碳指标考核体系，践行建设生态城市和低碳发展的新途径。

（一）低碳定位明确突出

天津生态城充分利用国家综合配套改革试验区先行先试、改革创新的政策优势，借鉴国际先进生态低碳城市的成功经验，通过 10 年左右的规划建设，将成为展示滨海新区“经济繁荣、社会和谐、环境优美”的宜居生态型新城区的重要载体和形象标志。

（二）全力推进低碳产业发展

一是大力发展以知识经济和生态产业为主的生态经济，努力构筑以高新技术产业和现代服务业为主的产业结构。

二是构建良好的低碳发展体制机制。天津生态城出台《中新天津生态城产业发展促进办法》、《中新天津生态城动漫产业发展促进办法》等政策文件，从原创扶持、运营支持、投融资支持、配套服务等方面给予战略新兴产业和动漫产业等政策和资金上的支持，进一步壮大了低碳高端产业发展。

（三）高标准规划建设园区低碳配套基础设施

一是园区基础设施建设充分体现了低碳理念。生态城的建筑有着严格的评价、管理、施工和设计标准，城内的绿色建筑达到 100%。生态城热力供应以常规热源为主，同时辅以清洁能源（燃气）和可再生能源（地热、太阳能、生物质能），形成相互衔接、相互补充的高效综合利用的热能供应系统。

二是注重水资源的优化配置和循环利用，建立了广泛的雨水收集和污水回用系统，实施污水集中处理和污水资源化利用工程，多渠道开发利用再生水和淡化海水等非常规水源，提高非传统水源使用比例。

三是采用世界先进的垃圾真空收运系统，利用气流，将垃圾通过地下管道输送到中央垃圾收集站，把垃圾从暴露转为封闭，从地上转入地下，从人工变为自动，避免二次污染。城内建有一座现代化的垃圾资源化利用中心，利用完善的物资回收系统对生态城的生活垃圾进行资源化利用，实现垃圾资源回收利用率达到 60% 以上。

（四）积极打造生态城低碳指标体系

借鉴新加坡和德国等先进国家和地区的成功经验，结合选址区域的实际，围绕生态环境健康、社会和谐进步、经济蓬勃高效和区域协

调融合4个方面，确定了包括区域环境空气质量、区内地表水环境质量、水喉水达标率、功能区噪声达标率、单位GDP碳排放强度等22项控制性指标和4项引导性指标。该指标体系以科学性与操作性相结合、定性与定量相结合、特色与共性相结合、可达性与前瞻性相结合为原则制定，为生态城低碳规划建设提供了强有力的依据。

三、苏州工业园区低碳经济发展的成功路径

苏州工业园区始终坚持经济发展和低碳化并存,以产业转型升级、技术创新和制度完善为核心，逐步形成低碳经济增长方式。积极倡导低碳生产生活理念，建设低碳社区，营造良好的低碳文化氛围。建立健全管理机制，将园区打造成为全国低碳发展的先行区。

（一）重视低碳规划、标准建设和政策制定

一是编制了《苏州工业园区生态工业园区建设规划》、《苏州工业园区生态优化规划》、《苏州工业园区生态文明规划》和《苏州工业园区关于推进中新生态科技城生态环保产业集聚的若干意见》等系列低碳规划文件，为园区低碳发展明确了方向。

二是制定了《苏州工业园区低碳能源利用研究报告》、《苏州工业园区绿色建筑评奖办法》和《中新生态科技城绿色建筑管理办法》等系列低碳实施文件，有效促进低碳快速发展。

（二）积极推进低碳重点领域建设

一是通过低碳建筑、低碳交通、低碳产业、低碳政策导向、低碳生活缔造及低碳理念培育等一系列特色项目的运作，为园区转型升级的“低碳”之路奠定坚实的基础。在低碳建筑方面，苏州工业园区注重新建建筑节能及既有建筑节能改造，率先将建筑节能指标与土地拍卖挂钩；通过明确的政策导向，大力引导绿色建筑的发展。大力推广绿色照明、可再生能源等新产品、新技术应用，通过资金补助和示范项目倡导社区绿色生活。

二是拓展智能交通建设。全面完成智能公交项目工程，260个公交站信息全覆盖。在科教创新区建设了首个通勤慢行系统，鼓励自行车发展。

三是对园区内企业进行能源审计和清洁生产审核，通过引导资金推动企业节能技改，进一步降低园区企业能耗；通过固定资产投资项目能评审查，管控园区新项目的能耗增量。已开展200余个节能减排项目，50余家企业通过能源审计，35家企业通过清洁生产审核。

四是积极开展碳排放核查工作，2010年底，10家园区企事业单位签订了组织碳盘查或产品碳足迹的核查协议。

（三）积极推进低碳重点示范工程

在“油改气”方面，完成对园区工商企业生产及居民生活用气进行天然气置换，积极推动区内拥有燃油（重油、柴油）锅炉的企业将燃料改为天然气。

在集中供热和供冷方面，启动实施了科教创新区集中供热和供冷项目，集中供热范围覆盖整个科教创新区11平方公里，并在其核心区综合商务中心0.8平方公里范围内实现集中供冷。

在废物处理方面，引进了5家危险废物资源化处置单位，危险废物安全处理处置率达到100%。

在废水处理方面，实现了区域污水管网100%覆盖，日污水处理能力达到35万吨，污水厂排放标准执行国家最严格的一级A标准。

（四）注重以技术创新推进低碳发展

园区坚持把“创新引领”作为区域发展的核心战略，举全区之力、集全区之智，构建了以企业为主体、市场为导向、政产学研紧密结合的科技创新体系，率先建成“国家创新型科技园区”。为贯彻落实《苏州工业园区“十二五”科技发展规划》确定的目标任务，在园区战略性新兴产业领域组织67项关键技术的研发攻关、53项目标产品的开发研制、20个创新载体的建设，推动低碳产业的发展。

（五）完善区域低碳制度，建设开放创新体系

一是建立了低碳发展绩效评估机制和重大决策听证及评议制度，积极推进低碳发展制度创新。

二是成立了“低碳发展工作领导小组”，落实各部门的职责分工，制定奖惩措施和激励机制。此外，通过增加财政投入、税收减免和财政资金奖励等经济手段保障低碳试点工作。借助金鸡湖“双百”等人才引进计划，着力引进低碳高层次人才。

四、广州知识城未来低碳城市建设措施

为全面贯彻落实知识城“科学发展、从容建设”的要求，广州知识城编制了《中新广州知识城低碳发展规划》和《建设“低碳萝岗”总体实施方案》，统筹谋划、重点突破，将从6个方面推进低碳城市建设。

（一）完善知识城低碳发展政策和落实机制建设

一是积极贯彻落实国家及省市颁布的各项关于低碳发展的规章制度，充分借鉴新加坡低碳发展政策的经验，制定完善区内低碳发展政策体系，为《中新广州知识城总体发展规划》的落实创造良好的政策环境。包括健全促进低碳发展的企业准入政策、财政支持政策等，加强知识城对低碳企业培育、低碳科技研发和技术转移及低碳投融资的环境建设能力，大力营造适合低碳经济发展的政策环境。

二是根据《中新广州知识城低碳发展规划》重点工程任务，尽快编制低碳产业、绿色建筑、低碳市政和交通及低碳社区等重点领域相关低碳发展实施细则，为促进低碳经济发展提供有力保障。

三是成立知识城低碳发展工作领导小组，建立主要工作通报制度和监督机制，全面落实《中新广州知识城低碳发展规划》和《中新广州知识城建设低碳城市工作方案》各项要求。

（二）建设低碳产业体系，增强知识城高端低碳产业发展内力

一是知识城应重点发展战略性新兴产业、知识密集型服务业和总部经济，配套发展智慧绿色城市生活产业。产业要坚持高端化、集群化和国际化的发展原则，形成以知识密集型服务业为主导、战略性新型产业为支撑、宜居产业为配套的低碳产业结构。

二是拓宽资本融资渠道，增强知识城低碳产业发展内生动力。吸引产权投资基金进入知识城，加速高端自主创新资源集聚。在发挥知识城产权投资引导基金杠杆作用以及营造良好的商务环境基础上，提供具有竞争力的税负环境和开放项目资源，吸引股权投资公司。鼓励和引导社会资本进入低碳领域，多形式、多渠道筹集低碳发展资金，形成多元化的投入机制。

（三）高标准规划建设知识城低碳配套基础设施

一是在知识城大力推广使用冷热电三联供等低碳技术，构建低碳能源供应管理系统，降低能源消费碳排放，实现知识城能源结构与能源利用的低碳化。

二是构建绿色智能电网，联合南方电网、运营企业积极推动知识城“三网融合”的智能电网示范工程，构造安全、高效、环境友好的供电体系和清洁可靠的能源供应体系。

三是建立和健全绿色建筑的标准体系，将知识城建设成为100%的绿色建筑区域。推动物联网智能路灯控制系统及智能路灯、LED节能路灯和风光互补路灯等新的节能产品在公共照明中、市政系统中的应用，鼓励企业自建太阳能光伏发电设施，促进新建建筑与太阳能光热和光电应用、空气（水）源热泵等新能源一体化应用。

四是建设智能绿色交通运输体系，构建舒适合理的慢勤交通系统。支持与国家电网公司、南方电网公司等大型供电企业合作建设换电配套设施，采取鼓励和优惠政策促进电动车在知识城的推广与使用。

五是建立科学的垃圾回收分类和处理系统，以及雨水收集和污水再生回用系统，实现

废弃物和水资源的有效再利用。

（四）开发具有国际竞争力的低碳智慧产业人力资源

一是通过引进高端企业项目来引进专业的研发技术团队，进行智慧城市技术研发与建设，引进运营和管理专业人才，确保知识城低碳智慧城市运转顺畅高效。

二是通过多种方式帮助专业从业人员方便获取金融服务、教育提升、医疗保健、衣食住行和社交等优势服务，推动智慧产业专业人员在新材料、新能源、云计算、绿色科技、咨询通信技术安全和网络工程等新兴领域的创新能力。

三是积极推动与新加坡等发达国家和地区的低碳发展交流，促进共同研发、学者互访、人才交流、碳市场开发、技术合作和信息交换等，积极参与国际公约和国际标准的制定工作。

（五）加强低碳发展能力建设

一是健全减排温室气体工作机制，将二氧化碳排放强度下降指标纳入各企业综合评价考核体系。

二是加大力度推进企业碳资产管理能力建设项目，推广碳盘查和碳管理，鼓励和引导企业参与清洁发展机制（CDM）项目。选择重点企业试行“碳披露”和“碳盘查”，鼓励企业积极参与碳排放权交易。

三是倡导碳标识生产与消费。鼓励企业启动“产品碳足迹标识”项目，对知识城生产的产品加贴碳标识标签。制定碳标识产品引入计划，逐步推广碳标识产品，引导大众低碳消费。

四是抓住对知识城经济发展影响大、产业关联高、技术成熟等重点行业和领域，加快开展低碳发展示范项目建设。利用现有相关扶持政策，强化资金支持、技术支持、人才支持，对低碳发展重点项目给予适当补助或贷款贴息支持。

（六）高标准建立低碳评价指标体系

参考新加坡和天津生态城等地低碳指标体系，重点建立涉及低碳产出指标、低碳资源指标、低碳社会指标和低碳政策指标等知识城低碳评价指标体系，建立健全低碳发展统计、评估和考核体系。此外，编制温室气体排放清单，建立温室气体排放的统计和监测体系，加强工商业、建筑等重点领域的温室气体排放监管。

从“制造基地”向“创新中心”的演进

——西安开发区培育和提高创新能力的主要做法

西安经济技术开发区管委会主任 贾生林

自2009年国务院批复《关中—天水经济区发展规划》并赋予西安市建设统筹科技资源改革示范基地重任以来，西安经济技术开发区作为西安市统筹科技资源改革试点区域，制定了培育和提升区域创新能力的多种工作方案和实施办法，激发了科技资源的创新活力，增强了科技对产业的支撑能力，促进了发展方式的快速转变，引领区域经济走上创新驱动、内生增长的可持续发展道路。

一、完善公共服务体系，推动科技资源开放共享

（一）搭建战略性新兴产业实验测试公共服务平台

对利用平台进行测试的企业给予补助，对提供仪器设备的单位给予奖励。目前，平台已累计纳入仪器设备701台（套），企业累计进行实验测试1772项，带动新技术、新产品开发326项。

（二）建设西安开发区企业服务网

搭建了产业协作配套服务平台、科学仪器设备共享平台、科技资源共享数据库、企业设备资源库、专家库等信息共享系统，为区内企业提供协作配套信息发布、实验测试设备共享、专利技术成果查询与专业人才技能与管理培训、标准化建设及专业认证等多方位和专业化的共性技术服务。

（三）建设开发区科技服务大厅

为区内企业提供项目申报、科技企业孵化咨询、知识产权服务、实验测试服务、技术合同认定、统计业务受理、投融资服务、商标注册等专业化服务。

（四）启动知识产权托管服务

制定了知识产权托管服务套餐、托管工作制度及托管协议，确定9家托管服务机构，累计为区内45家企业提供托管服务。目前，区内企业专利申请量累计达到8049件，企业知识产权创造、运用、管理和保护能力明显增强。

二、转变财政资金投入方式，创新科技融资服务体系

（一）转变财政资金投入方式

加大财政投入力度，设立统筹科技资源专项资金，并逐年递增，用于支持企业创新；转变财政投入方向，将财政资金从重点支持产业项目向支持科技研发和产业化并重转移；设立政策性风险投资基金，采取股权投资的方式，为科研院所、高校、企业及技术持有人开展科技成果转化提供不以盈利为目的的资金支持；建立科技保险补贴机制，鼓励企业投保科技保险并给予保费补贴；鼓励、支持担保机构为区内中小企业提供融资性担保并给予补贴。

（二）创新科技金融服务体系

与银行合作，成立开发区中小企业（科技）支行，鼓励、引导和支持科技支行为区内企业提供信贷资金；设立科技企业贷款风险准备金，对科技企业贷款给予风险补偿，对科技支行发放的科技企业贷款提供贴息；加快发展创业风险投资，以开发区风险投资引导基金为杠杆，引导社会创业投资基金在区内发展，利用社会资金服务科技创新；成立开发区政策性担保公司，探索和建立专利、商标等知识产权质押贷款、科技企业信用贷款等贷款担保方式。

三、建立科技成果收益机制，推动科技资源有效配置

发明专利权属和收益分配机制及科技人员、科技成果持有人激励机制不健全，是制约科技成果转化、科技资源有效配置和科技人才流动的最大障碍，为有效破解这一瓶颈问题，开发区进行了积极实践。

（一）建立发明权属和收益分配机制

支持区内企事业单位与发明人或设计人通过合同约定发明创造成果权属和收益分配；对于管委会财政资助的科研项目所形成的科技成果，承担单位拥有所有权，发明人或设计人依法享有署名权和取得荣誉权，专利权所有单位在专利转让或许可他人实施后，在税后收益中提取不低于30%作为发明人或设计人的报酬。

（二）建立科技人员及科技成果持有人股权激励机制

对科技人员携带科技成果创办企业，开发区以政策性风险投资基金投入不高于企业注册资本30%的股权资金作为创业资金支持，在退出时，将投资的增值部分作为对成果持有人或创新团队的奖励；科技人员或科技成果持有人创办的20人以内的小微企业，经认定，对其自取得第一笔收入之日起三年内缴纳的增值税、企业所得税开发区留成部分予以全额奖励；对科研机构、高校在区内转化职务科技成果以股份或出资比例等股权形式给予技术人员的奖励，技术人员在取得股份、出资比例时，

暂不缴纳个人所得税；对新办或已入区企业在区内转化科技成果，以股份或出资比例等股权激励形式给技术人员的奖励，经税务机关审核，技术人员可在一定期限内分期缴纳个人所得税。

四、积极营造良好的环境，加大创新创业人才引进

（一）建立高端科技人才引进激励机制

设立高端人才引进扶持资金，鼓励、支持高端科技人才、国家“千人计划”、省“百人计划”和市“5211人才计划”人才入区创新、创业和工作。与人才猎头公司、咨询公司等智力机构合作，建立西安开发区科技专家库、高端人才库和高层次留学人才库，促进科技企业和科技人才的横向交流。

（二）建立高级职称评审和高技能人才技术等级评定机制

突破传统的职称评审程序和参评条件，建立以业绩和能力评价为导向的领军人才高级职称评审机制；建立高技能人才技术等级评定机制，形成高级技师、技师等技术工人技术等级评定体系，吸引和聚集高技能人才。

（三）建立快速创业辅导及便捷服务机制

建立开发区科技创业导师团队，对持有专利技术并在区内自主创业的个人，提供技术服务、政策咨询、项目申报、企业孵化、技术评估、投融资的支持与服务，形成专利持有人科技成果转化的便捷通道，帮助其创业发展。

五、大力促进产学研结合，加快成果转化载体建设

（一）积极发挥产业联盟纽带作用

支持联盟内已建立国家级企业技术中心、工程中心的企业面向行业和产业链上下游企业，组建技术联盟，开展产品研发、工艺改造和技术升级等专业服务，有效解决中小企业创新能力不足问题。

（二）与高校建立战略合作

为形成产学研合作的有效机制，开发区与西北工业大学等院校建立了校企交流机制，在技术创新、人才交流等方面开展全面合作。

（三）鼓励多元资本投资建设科技企业孵化器

积极引导社会资金建设科技企业孵化器，并给予补贴和支持，为科技成果转化提供载体。

（四）建立科技成果转化示范基地

开发区已与中科院西安分院、西北有色金属研究院、兵器集团、中电集团、中航集团、北车集团等单位合作，建设新材料、轨道交通、电子信息、航空装备、军民融合等科技成果转化基地，促进产学研合作和科技成果转化。

六、加强企业创新能力建设，增强产业核心竞争力

（一）鼓励企业自主创新

设立促进主导产业发展专项资金，对企业技术改造、产学研合作、中试等项目给予支持。

（二）支持企业创新能力建设

鼓励和支持企业建立各类技术中心、工程中心、实验室、博士后工作站等研发机构，并给予奖励；鼓励、支持高校和科研院所向区内企业进行技术转让、技术开发、技术合作，并给予支持。

（三）支持企业加大研发投入

对科技研发投入占销售收入5%及以上的高新技术企业，按其上年新增研发经费30%比例进行补贴。

壮大“引擎” 完善“飞控”
全速推进镇江开发区“甲板起飞”

镇江经济技术开发区管委会副主任 丁夕平

自2010年镇江经济开发区获批升格为国家级经济技术开发区以来，已经成为国家级经济技术开发区这艘“航母”上的战机，但与先进开发区相比仍存在较大差距。置身后危机时代，面临资源、环境、资金、人才、技术等诸多挑战，镇江开发区必须在较短时间内将差距缩短甚至追平，即要成功实现在航母上“甲板起飞”，才能不掉队甚至被迫从“航母”上“退役”。为了实现这一目标，镇江开发区对自身这架国家队“航母”上的“战机”实施了综合性能改造，以新兴产业为“引擎”、以持续创新为“燃料”、以精细管理为“飞控”、以民生幸福为“战力”，进行了不懈“测试”，整体发展水平实现了大幅提升。

一、加快新兴产业集聚，打造“战机”新“引擎”

（一）顶层设计产业方向

科学调整了以化工、造纸等重化工产业为主的传统产业结构，明确了包括新能源、新材料、航空制造以及新兴信息、软件和服务外包等“3+2”新兴产业的产业发展方向，成立了“新能源、新材料、航空制造、新兴信息产业、软件和服务外包”五大新兴产业专家咨询委员会，全面引领和指导新兴产业的发展。计划到“十二五”期末实现全区高新技术产业增加值占工业增加值比重达到71%以上，新兴产业年营收占全区第二、三产业营业收入的60%以上。其中：形成以高性能碳纤维材料、电子信息材料、新型合金材料为主的新材料产业集群，实现销售额1000亿元以上；以太阳能为主的新能源特色产业集群，实现销售额600亿元以上；以航空精密机械和电子设备、飞机结构件、客舱设备及内饰、航空专用灯具等为主的航空制造产业集群，实现销售额300亿元以上；打造智能电网、物联网等新一代信息技术产业集聚区，实现销售额200亿元以上；打造国家级软件和服务外包产业基地，实现销售额150亿元以上。

（二）科学谋划专业园区

坚持高端化、规模化、特色化、集约化的发展理念，合理确定光伏产业园、绿色化工新材料产业园、航空产业园、工程技术创新园、车船装备园、镇江大学科技园、镇江软件园、2.5次产业园、现代物流产业园等各专业园区的功能布局，建立总体规划、专项规划、详细规划相统一的空间规划体系，切实增强新兴产业集聚效应和承载能力。光伏产业园努力打造千亿光伏产业承载区和新能源示范区；着重发展高性能纤维材料和先进复合材料；将航空产业园打造成国家级航空科技新材料产业园和航空特色产业基地。同时，全力打造大学科技园、工程技术创新园，努力为新兴产业发展提供技术支撑与产业配套。

（三）集约配置资源要素

围绕高端产业和产业高端两大方向，密切跟踪国内外龙头企业投资动态，实施沿链引进，着力做好新兴产业项目的开发、包装、推介工作，引导资金投向，加快延伸产业链条，推动新兴产业集聚倍增。充分利用土地、能源、人才、资金等产业发展要素，引进一批具有较强产业带动能力和先进技术水平的龙头型、基地型、旗舰型项目，培育一批具有核心竞争力的领军型企业，打造一批在全省乃至全国有影响有地位的特色新兴产业基地，不断推动产业链及价值链向高端攀升。

（四）健全产业配套功能

重点发展金融、物流、科技服务、商务服务、会展交易、信息咨询、文化创意等生产性服务业，加快集聚国家检验中心、国家重点实验室、国际产品认证、专业技术服务、专业技能培训、产品交易展示、数据处理等功能模块，提高专业园区资源共享功能，增强对新兴产业重大项目的专业配套定向吸引力。大力发展商务服务业，积极促进法律、会计、审计、资产评估、咨询、策划等中介服务业的健康发展，逐步形成种类齐全、分布广泛、运作规范的中介服务体系。支持发展金融保险业，积极拓展各类金融服务业，鼓励和引导股份制银行、担保机构、风险投资、证券公司等进区设立分支机构，协助企业进一步拓宽融资渠道。

二、加大科技创新，为发展跃升提供可持续“燃料”

（一）科技创新空间载体不断丰富

以大学科技园为核心、以镇江科技新城为载体，大力实施“筑巢计划”，建设科技大厦、56幢独立研发楼、2.5次产业园一期、中小企业创新园等100余万平方米创新载体。高标准推进现代智能配套服务，加快实施智慧大道、数码电子城等重点项目，尝试启动新型轨道交通建设，打造创新创业人群理想的高品质宜居宜业环境。

（二）科技创新技术平台日趋融合

与中科院、南京大学、日本会津大学等20余家国内外知名院所合作成立了南京大学镇江高新技术研究院、北京交通大学长三角研究院等一批产学研平台。强化企业在技术创新中的主体地位，与台资企业合作建立镇江奇美研究院，配合央企建立中建材光伏应用技术研究院，引导和扶持“海归”高层次人才创办了国家船舶导航雷达实验室、喷射成形工程技术研究中心、物联网应用研究中心等工程技术研究中心，通过开展联合技术攻关、创建重大产学研联合创新载体等，实现各类研发平台的优势互补和资源共享。

（三）科技创新创业人才加速集聚

开发区提出“新金山”创新创业领军人才集聚计划，每年设立不低于5000万元的专项资金，围绕重点发展产业，加快引进以国家“千人计划”为代表的国际尖端人才、掌握国际先进技术和引领产业发展的领军型创新创业人才、具有自主知识产权和科技项目实施能力的创新人才以及高端经营管理、科技服务、金融服务人才。

（四）科技创新服务体系不断完善

成立镇江科技新城管委会，统一协调推进科技新城的总体建设和配套服务；成立大学科技园股份有限公司，实行市场化运作。同时，在全省率先组建江苏银行镇江科技支行和紫阳小额贷款公司，集聚各类风投创投机构20余家，管理募集风险资金规模超过40多亿元；先后引进科技评估、知识产权交易、市场营销、管理咨询等中介服务机构36家，组织开展一系列产学研对接会。

三、加强机制改革和精细化管理，提升完善“飞控系统”

（一）创新发展理念

定期举办新视野讲坛，与复旦大学等高校合作举办“中青年干部培训班”，组织新兴产业知识、市场经济知识和城市建设知识考试。鼓励干部突破传统观念、思维定势和路径依赖的束缚，认真学习与经济转型升级、科技创新、社会管理创新等相关的新知识，不断提升新区干部跨越发展的新理念。

（二）改革体制机制

按照“精简、统一、效能”原则，开展机构和干部人事制度改革，机关部门从22个压缩至12个，机关科级领导职位从76个减少到43个，工作人员从305人精简至188人。按照市场导向和激励的原则，推动政企分开、政事分开，将开发建设、投资融资、经营管理等任务全部交由经济开发总公司承担。坚持凭实绩用干部、选人才，推行差额选拔和竞争上岗机制，探索干部考核新机制，实现压力有效传递。

（三）实施精细化管理

运用科学适当的管理工具和方法，把“精、细、实、严”落实到管理的每个环节，实现管理从经验型到科学型、从外延式到内涵式、从粗放到精细的转变，全面提升新区科学发展和可持续发展水平。

一是推行“双增双节”。制定下发《精细化管理重点目标与创新服务工作要点》，大力开展“双增双节”（节本增效、节支增收）活动，通过服务企业、控制工程建设成本、提升资产运作水平等方式，确保各类公用资金支出大幅下降。

二是创新社会管理。全面推行社区“网格化管理”，积极开展城市中心社区建设试点工作，实现社区物业全覆盖，强化社区自治和服务功能，努力建成管理有序、服务完善、文明祥和的社会生活共同体。

三是强化机关效能。重点推行决策机制改革，创新效能评估体系，推进审批权限下放，实施行政审批流程再造，完善“一站式”服务等制度，简化各类前置审批程序，最大限度压缩审批时限，将效能提速与创新落实到重点工作、重点项目之中，促进项目提速、服务增效。

四、加速城乡统筹和谐发展，铸造强大“战斗力”

（一）优化城市功能布局

与国内外一流规划设计机构合作，重新明确城市发展定位，提出从“园”向“城”转变，加快开发区由产城缝合向产城融合转变。重点建设商贸集聚区、物流集聚区、科技服务业集聚区和文化旅游休闲集聚区。

（二）积极推进城乡统筹

开发区的城市化不仅要推动传统工业区向现代城市的转变，也要实现传统农村向现代城市的转变。为了在更大范围内实现城乡一体发展，镇江开发区在江苏省率先试点“万顷良田建设工程”，积极探索在沿海开发区实现城乡一体化发展的新路径和新模式。

（三）突出富民惠民实效

围绕居民收入五年倍增和六大体系建设的要求，强化公共财政的民生导向，加大社会事业、公共服务及社会保障投入力度，让群众最大限度地分享发展成果。

一是拓宽富民增收渠道。引导和鼓励更多居民兴个体、办企业，全民创业工作保持全市领先；推动居民充分就业，开展各类劳动技能培训1万人次以上。

二是持续完善保障体系。逐步将被征地农民纳入社会保障网；推进异地就诊“一卡通”，有效解决群众看病难、看病贵问题；加快廉租房、经适房、公租房等保障性用房建设；建设市新福利中心，社区居家养老服务中心覆盖率达80%。

三是着力优化公共服务。规范校车运营，校舍安全工程达标率100%；建立“15分钟健康服务圈”，实现卫生服务中心体系全覆盖；实现人均拥有公共体育设施面积3.56平方米。

优化资源配置　统筹城乡发展

——镇江经济技术开发区大力实施“万顷良田建设工程”

镇江经济技术开发区管委会主任　罗洪明

近年来，镇江经济技术开发区（镇江新区）在经济社会加速发展的同时，面临着城乡二元结构明显、农村资源分散经营、农民生产生活方式落后、发展用地矛盾突出等一系列问题。为从根本上破解保护耕地、保障发展的两难命题，从2009年起，开发区以国土资源部城乡建设用地增减挂钩政策实施为契机，在江苏省范围内率先试点“万顷良田建设工程”，通过实施农村土地综合整治，进一步节约集约利用土地资源，优化城乡用地结构和布局，促进城乡统筹发展。已完成土地整理3.5万亩，工程范围内的房屋拆迁和土地流转分别完成96%、85%；160万平方米的安置区已竣工面积达97%，交付安置住房7000套，工程建设取得阶段性成效，“万顷良田建设工程”受到国土资源部的充分肯定和高度评价。

一、科学规划，确保工程符合政策

2009年4月，开发区开始对“万顷良田建设工程”进行论证，委托江苏省国土勘察规划院编制项目规划方案，经专家组多次调研指导和方案评审，确保了工程方案既符合土地总体利用规划，又与开发区城市和产业发展规划接轨，真正做到“耕地面积不减少，建设用地不增加，农民利益不受损，国土规章不违背”。

“万顷良田建设工程”土地整理总规模为5.59万亩，涉及3个镇、18个行政村、84个自然村，需拆迁农户8500户、约2.4万人。工程总投资约55亿元，其中安置区建设约50亿元，土地整理和其他配套工程投资约5亿元。通过复垦可新增建设用地8277亩、新增耕地3957亩，新增耕地比例为7.08%。项目分4个区域进行建设，建设周期为3年，到2012年7月底将全部结束。

二、强化引导，积极争取群众支持

为满足广大群众深入了解项目的愿望，开发区组织市、区两级新闻媒体广泛宣传项目方案和实施目的。针对部分群众担心今后长远生计的问题，多批次组织项目区范围内的群众代表赴苏州、无锡和常州等地参观，让群众亲身感受先进地区在推进城乡统筹过程中带来的实惠，打消了项目区群众重土恋家、求稳怕变的顾虑。同时，为进一步顺应民意、汇集民智，在前期论证的基础上，连续召开三场由近千名群众参加的项目听证会，向来自三镇4个项目区的村民代表、村委会代表、镇政府代表以及各级人大代表介绍了项目规划方案，充分听取社会各界的意见和建议，并在实施方案中认真吸收和借鉴。

三、统筹协调，有序推进工程建设

“万顷良田建设工程”是一项系统工程，必须坚持政府主导、统筹协调的原则，有计划、有步骤地施行；必须坚持集中有效性投入，严格按照时间节点推进每项工作，避免或减少过程性浪费。

为确保工程顺利实施，开发区建立了有效的组织保障体系，成立由党工委、管委会主要领导为组长、分管领导为副组长、各部门负责人为成员的“万顷良田建设工程”领导小组，做到严格分工、密切合作、全力推进工程建设。在坚持政府主导的同时，不断加强制度建设，一方面，严格按照国家和省市拆迁、安置等相关政策实施工程建设；另一方面，就惠民、补偿等出台一系列通知、文件等，在农民转型、社会保障、集体土地政策等方面形成了一整套系统的创新做法和政策规定。

四、以人为本，切实维护群众利益

以“生活水平不下降，长远生计有保障”为原则，开发区在工程建设中积极实现好、维护好广大农民的发展权。

（一）妥善安置，确保农民安居乐业

平昌新城是开发区投入50亿元，在城市区域范围内与土地整治同步建设的“万顷良田建设工程”离地农民安置区，总建筑面积160万平方米，借鉴苏州新加坡工业园区的经验，建设有5万平方米的邻里中心，配套了菜场、超市、幼儿园、小学、卫生服务中心、文体活动中心等公共设施，并根据实际需要，补建了3万平方米综合功能便捷酒店。并专门成立平昌新城中心社区管委会，积极探索社区管理新模式，让安置农民迅速融入现代城市生活。

（二）合理分配，确保农民收入稳定

以切实维护农民权益为出发点和落脚点，确保土地增值收益全部返还农村。统一实行土地流转，给予安置农民850元/亩/年的流转补贴，并逐年递增。结合农村土地二轮承包，在全市率先开展农村土地确权换证工作，土地确权率达99%以上。对“万顷良田”工程范围内的土地，在确定土地所有权不变的基础上，进一步明确了土地收益归属权。

（三）全力保障，确保农民后顾无忧

通过人才资源配置市场，实现劳动力供需贴近，已新增就业岗位1.5万个。政府每年安排不低于3000万元的专项资金，免费向安置农民提供创业培训、项目推介、开业指导等各项服务。以政府购买服务的形式，向“零就业”和低收入家庭提供公益性岗位1100多个。2013年起，开发区将按照有关法律法规，在群众自愿的基础上，把工程范围内的安置农民纳入被征地农民基本生活保障，并逐步与城镇居民基本生活养老保险对接。

五、规模经营，提升农业发展水平

开发区“万顷良田建设工程”土地整治完成后，预计农业年产值将比土地整治前增长10.9%；新增农业适度规模经营面积4.8万亩，全区规模农业占比提升至80%以上。

自工程建设以来，开发区积极促进农业分散经营向规模经营集中，以省级现代农业产业园区建设为平台，大力发展现代高效农业项目，不断提高农业产出水平。同时，在国内率先示范应用板桩水渠等水利设施；联合中科院东南资源环境综合研究中心等科研机构，建立了土地开发利用及信息系统；邀请省农科院等专业机构对耕地进行土壤分析，推广应用测土配方施肥、秸秆还田等农业高新技术。开发区土地整治项目已经省国土资源厅专家认定为“全省预期收益最好的工程”。

六、立足长远，纵深推进工程建设

下一步，开发区将系统总结经验，探索具有普遍指导意义的有效做法，强化农民生活保障、社区服务管理、农业集约发展等，真正实现城乡一体化发展。

（一）健全农民保障体系

对“万顷良田建设工程”范围内的农户除依法给予合理的拆迁补偿和土地收益分配外，还将实行新型农村合作医疗保险全覆盖，对60岁以上的老年人给予每月60元的生活补贴。对原本享受农村最低生活保障的人员，集中居住后，统一纳入城镇居民最低生活保障。在此基础上，将以群众自愿为前提，按照以家庭土地承包经营权换取被征地农民基本生活保障的方式，在两年内将“万顷良田建设工程”范围内的离地农民纳入社会保障系统。

（二）强化社区服务管理

着手开发社区居民家庭信息管理系统及社区门户网站，进行系统的信息采集和录入管理，全面掌握居民家庭动态信息，为更好地开展社区管理服务提供依据。探索社区管理与物业服务相结合、政府行为与市场行为相结合的物业管理模式，构建资源共享、优势互补的服务机制，确保为社区居民提供最低收费的超值服务。着力将5万平方米邻里中心、3万平方米便捷酒店打造成综合性便民商业设施，功能设置基本涵盖居民日常生活中的所有需求。

（三）推进现代农业发展

加大农业基础设施投入，推进农业规模化、产业化、市场化、生态化。根据“万顷良田建设工程”实施方案和全区现代农业发展规划，结合各片区地理条件，在土地整理完成后，因地制宜发展花卉、园艺、粮油等。加快建设现代农业产业园，以果蔬、花卉等品种为重点，加快园区基础设施建设，提升种植业态，把园区建设成为长三角领先的现代农业特色产业园区和农业现代化先导区，并积极创建国家级特色农业示范区。

加速集聚产业优势　全力打造千亿集群

——江宁经济技术开发区智能电网产业发展研究

江宁经济技术开发区党政办公室

江宁经济技术开发区长期跟踪研究智能电网产业发展趋势，依托多年培育的电力自动化产业高端技术和基础，加速形成集聚优势，全力打造千亿级智能电网产业。

一、智能电网产业发展潜力巨大

智能电网作为引领新能源技术革命的核心，引领着未来电网发展方向。近年来，世界各国尤其是美、欧、日、韩等国均将智能电网作为国家培育经济可持续发展、掌控科技进步制高点、谋求发展主导权的重大战略选择。我国也高度重视智能电网发展所带来的重大机遇，近三年中央政府工作报告中均明确提出要“加强智能电网建设”，计划到2020年全面建成统一的坚强智能电网。在整个建设过程中，预计总投资将超过4.25万亿元，其中特高压总投资将达1.63万亿元，智能化方面总投资将达2.62万亿元，每年的智能化投资将达2180亿元。

智能电网的全面建设完善将带动特高压输变电、新能源并网、智能变电站、电动汽车业和电力电子等上下游产业的发展，衍生出智能家居、智慧城市、智能交通等更多新的产业，产生巨大的“蝴蝶效应”，形成带动中国经济的一个全新、庞大的“智网产业链”。目前，国内已有上海、山东出台智能电网产业发展行动方案，江苏省内扬州、镇江也积极推进智能电网产业发展，扬州市已制定出打造“千亿级智能电网产业基地”的具体目标。

二、开发区智能电网产业初具规模

智能电网产业是江宁开发区传统优势特色产业，经过多年的产业积淀和人才集聚，已经拥有一批技术一流的科研院所和人才队伍、一批骨干优势企业和完整的产业链，具有较强发展优势。大力发展智能电网产业，贴近开发区在电网自动化、信息、通信、软件等产业具备领先优势的实际，能够大力促进开发区优势产业的集约化发展和规模化效应，并进而促进新能源、新材料、节能环保等关联性战略性新兴产业快速形成和发展，拉动衍生服务、咨询、集成、总包等增值业务。

（一）规模效应初步显现

开发区坚持以龙头项目引领产业发展的思路，先后引进国网电科院、ABB、菲尼克斯、大唐科技、金智科技等70余家重点项目和关联企业，其中，高新技术企业25家，亿元以上规模企业20余家，产品产能、市场占有、技术水平保持全国同行业领先水平。

（二）核心优势逐步彰显

开发区智能电网产业聚集了一大批专业技术人员，其中具有高级职称的技术人员近500名，本科以上科技人员占企业总人数70%以上；拥有发明专利200余件，建有国家级工程技术研究中心1家、省级以上企业技术中心17家、博士后工作站7家；培育中国名牌2项、江苏省名牌或著名商标8项；企业参与制定了190余项国家标准和行业标准，获得江苏省重大科技成果转化项目6个。

（三）产业链条日趋完善

目前，区内智能电网企业涵盖电力系统的发电、输电、变电、配电、用电和调度等六大环节。在发电环节，集聚了以中电光伏、高齿、大唐为核心的新能源发电企业；在输、变电环节上，南瑞继保等企业的电网安全稳定控制、高压直流输电控制保护等技术已达到国际领先地位；在智能配电环节，已经涵盖配电监测系统、配电自动化系统及接线端子等产品；在智能用电环节，包括了电信息采集系统、智能小区管理系统和智能用电高级应用系统等业务范围。

（四）载体内涵不断丰富

自2009年12月国内首个以智能电网自主技术研发、核心装备制造、关键产品检测为主要内容的科研产业基地——“国网智能电网科研产业（南京）基地”落户开发区以来，为进一步扩大江宁智能电网产业的品牌影响力，开发区牵头成立“南京智能电网产业联盟”，并依托智能电网产业集聚的优势，发起成立江宁智能电网产业协会，同时投资建设了南京市唯一的智能电网博览馆——南京江宁智能电网博览馆。目前，开发区智能电网产业已先后被国家科技部授予“国家火炬计划电力自动化产业基地”、“国家级智能电网特色产业基地”等称号。

三、开发区智能电网产业发展面临瓶颈

开发区智能电网产业取得良好的发展势头，但对照打造国家级的智能电网产业基地的要求以及周边地区发展态势，仍然存在制约发展的一些共性和个性问题。

（一）产业链仍需完善

智能电网的技术优势突出，但产业领域不宽。南瑞继保、国电南自等龙头企业的产业方向均集中于电网调度和自动化等二次部分，虽然目前在该领域的市场占有份额较高，但产值不高，二次部分的市场容量仅占整个电网投资的15%左右。在高压电缆、变压器、高压断路器、互感器等产业方向，开发区优势并不明显，发展也相对较慢。

（二）政府支持力度有待加大

虽然南京市已将智能电网作为重点发展产业予以支持，但相对于软件等产业而言，智能电网仍缺乏如税收优惠、资金扶持等实质性的支持措施。

（三）高端技术人才相对匮乏

智能电网领域高层次人才特别是领军型人才还相当匮乏，在“千人计划”、“双创人才”等各类人才引进计划中，该领域的人才也相对较少。

四、进一步优化培育环境，打造智能电网产业基地

根据现有产业基础和国内外智能电网产业发展趋势，开发区确立了智能电网产业发展总体目标：围绕坚强智能电网建设，将江宁开发区打造成国内首个以智能电网自主技术研发、核心装备制造、关键产品检测为主的科研产业

基地，并迅速成长为国内规模最大、系列最完整的智能电网装备产业园区，到 2015 年，园区智能电网产业实现总产值 1000 亿元。

（一）全力培育智能电网大公司大企业

坚持自主培育与外部引进相结合，着力培育本地龙头企业和重点品牌，推动本地企业加快做大、做强，同时着重引进能够弥补产业链核心技术空白或能够有效拉长产业链的企业或项目，提升产业整体竞争力。要继续扶持南瑞继保、国电南自、大唐科技、长园股份、金智科技等企业，通过增强企业自主创新能力，加强品牌建设，扩大市场占有率，实现企业做大做强，形成一批超百亿元的企业集团。同时，加大对日立、三菱商事、通用集团、施耐德电气、阿尔斯通等外企的招商引资力度，引进一批国际知名龙头企业。

（二）全力推进智能电网科技研发平台建设

坚持把建设智能电网自主创新平台、抢占产业研发至高点作为实现智能电网产业发展目标的关键之举。充分发挥新成立的智能电网产业联盟、智能电网产业协会平台作用，围绕智能电网关键环节，发挥南京研发优势，大力推进产学研联合，在网络监测系统、控制系统和安全维护装备，变电站及电气设备的智能化、特高压及直流输电设备、特种变压器、可再生能源和新能源并网接入技术等方面，加快智能电网应用产品质检中心建设，加大研发力度，形成有江宁特色、较为完备的智能电网产业发展技术支撑体系。

（三）全力支持园区企业创业创新

抓好《关于鼓励企业自主创新的若干政策》等文件的贯彻落实，鼓励企业在知识产权、自有品牌、行业标准、发明专利、企业技术中心、名牌创建方面取得新进展，在继电保护、电网安全稳定控制、高压直流输电控制保护等技术上继续保持国际领先。支持企业利用南京市在人才、研发方面的优势，促进智能电网产业向高端发展、向下游延伸。迅速占领风电光电并网、轨道交通、储能装备和需求侧电网节能管理等新兴领域高地。

（四）全力打造百亿级智能电网产业园

重点打造国网电科院国家电网公司智能电网科研产业（南京）基地、南瑞继保智能化电气装备产业园、国电南自（江宁）智能电网产业园 3 个百亿级智能电网产业园，依托 3 个产业基地建设，打造国内最大的智能电网自主技术研发基地、核心装备制造基地和关键产品检测基地。

全力构建国家一流的生态、循环、科技“化工新城”

宁波石化经济技术开发区管委会

2001 年，联合国正式文件中首次提出“21 世纪是海洋世纪”，海洋经济正在并将继续成为全球经济新的增长点。作为现代海洋经济的重要内容之一，海洋油气业近年来在全球范围内得到了长足发展。宁波石化经济技术开发区作为浙江省率先建立的石化工业专业园区，把推进园区开发建设作为落实国家发展战略、加快海洋经济发展的需要，作为推动科学发展、提升基础工业水平的需要，作为加快转型升级、实现集约集聚发展的需要，不断完善园区产业层次，做优做强石化新材料产业，努力打造成为世界领先、国内一流的国家石化产业基地。

一、10 年孕育出“国家一流”化工新城

（一）地缘和发展优势

宁波号称东方港都，拥有全国四大国际深水中转港之一的北仑港。因港而兴，强大临港型大工业体系沿海岸线蔓延，发展石油化工产业具有天然的发展禀赋和传统。

20世纪末期，宁波为搬迁市区内化工企业，结合镇海炼化产业链延伸而设立宁波化工区，并于2002年正式成立管委会。从宁波市东北侧、杭州湾南岸的滩涂上开始，总规划面积56.22平方公里的宁波化工区崛起了一座现代化石油化工新城。10年来，化工区已从过去的“摒弃”企业集合地发展成为产业集聚度高、产业链条完备、符合循环发展要求、经济带动力辐射力大的石油化工产业样板区。近年来，先后获批为“国家新材料高技术产业基地化工新材料基地”、“国家新型工业化产业示范基地”，2010年12月升级为国家级经济技术开发区。

（二）发展的重要性和使命

宁波石化开发区是浙江省产业战略布局的重要区域。在提高环杭州湾产业带发展水平、打造临港产业集聚提升示范区的规划中，成为省先进制造业基地石化行业重点推进的“三区一基地”之一；在转变发展方式、推动产业结构优化升级的规划中，是宁波发展壮大临港大工业的“主角”之一。

2009年，国家发改委提出的《石化产业调整和振兴规划》中，宁波化工区被列入国家“十二五”期间通过改造扩建和联合布局建设的4000万吨级大型炼油及200万吨级乙烯产业区之一。宁波石化开发区具有发展石化和化工新材料产业的独特优势，符合振兴规划提出的石化产业实行集群化、一体化的园区发展模式。因此，宁波石化开发区的发展承担着国家石化产业和浙江省临港工业发展跨越的重要使命。

二、规划先导显现“聚变效应”

（一）发展目标

开发区自2003年大规模开发建设以来，坚持按照“规划先导、分步实施、内外资并举”和可持续发展的工作要求，以“完善、整合、提升基础化工产业；做新、做细精细化工和新材料产业；对接、配套、延伸石油化工产业”为目标，努力营造一个以炼油和乙烯项目为支撑、以液体化工码头为依托、上下游产业一体化、资源配置集约化、生产与生态环境均衡协调、世界先进、国内一流的石化和化工新材料专业园区。确立了以大中型炼油、化工项目为主，以基础无机化工、精细化工、有机中间体等产业为辅的石化和化工新材料产业。

（二）发展成绩

自2003年进入大规模开发建设至今，开发区已引进石化企业45家，累计完成工业投资466.34亿元，吸收外商直接投资累计达到9.16亿美元。2010年，园区实现工业总产值1050亿元，同比增长23%。

目前，区内除了建成具有1000万立方米储备能力的国家原油战略储备和中石化商业储备基地外，还拥有中石化镇海炼化2300万吨炼油和100万吨乙烯、韩国LG甬兴50万吨ABS、韩国爱敬和东来化工45万吨DOP、镇洋化工30万吨离子膜烧碱、日本大赛璐6万吨醋酸纤维切片等项目。此外，即将建成的还有赫连阿克苏诺贝尔多产品生产基地、巨化科技12万吨醇醚及ODS代替品二期、浙江江华8万吨顺酐、金海德旗15万吨C5分离、宁波顺泽5万吨丁腈橡胶等多个大中型石油化工项目，“油头化尾”产业链已形成。下一步，将加速产业集聚集约发展，促进区域循环经济，实现效益最大化并有效降低环保和安全风险，努力打造国家级石化经济开发区和石化产业基地。

三、安全环保共铸和谐生态园

（一）发展化工产业与优化生态环境和谐发展

按照生态园区理念，开发区始终把发展循环经济、建设生态园区的理念贯穿于园区开发建设的全过程。在基础设施建设上，充分考虑了资源再利用和污染减量化。在企业布局上，以循环利用为纽带，按“油头化尾”的原则，上一个企业的产品作为下一个企业的原料，使资源得到最大限度的利用，增强园区可持续发展能力。

截至2010年底，园区已累计投入基础设施建设资金40多亿元，打造了良好的基础条件：便捷的交通、独立的污水处理系统、高效的热点联供、化工物料传输设施、完善的危险废物处理中心和生活垃圾焚烧发电厂等，促进了园区的健康发展。

（二）经验做法

自成立以来，宁波石化经济技术开发区先后完成了《宁波化工区总体规划》、《宁波化工区区域环境评价》、《宁波化工区总体规划环境影响报告》，编制了《宁波化工区循环经济实施方案》，成为浙江省生态化改造试点园区和宁波市循环经济示范试点园区，并通过ISO14001环境管理体系认证，实现了污水集中处理率、工业“三废”排放达标率、强制清洁生产审核实施率100%和固体废弃物综合利用达标率80%的目标，规模以上企业全部达到清洁生产企业水平。

目前，园区新建企业环境评价率为100%，从源头杜绝了不符合园区产业规划、环保评价不过关的项目进入园区。同时，开发区坚持贯彻“预防为主、防消结合”的方针，按一线设防，二线驻点的消防配置，建立了高效实用、安全可靠的消防体系和先进的消防通信网络，达到安全生产、经济合理和方便使用的要求，在消防救援、管理模式上与国际接轨，预防和减少火灾危险。近几年，先后完成了《宁波化工区区域性风险评价》、《化工区事故应急预案》等；作为我国与日本政府合作的“加强中国国家安全生产科学技术能力计划项目”两个试点之一，园区的安全生产体系得到显著加强；目前园区新建企业安全评价率为100%，投产企业安全标准化达标率为100%。

四、“软环境”为园区升级注活力

（一）探索建立创新平台取得成效

近年来，园区与浙江大学合作，开展循环经济、清洁生产等领域的研究和探索；与中国科学院宁波材料所、清华大学、浙江大学、哈尔滨工业大学、北京航空航天大学、华中科技大学和宁波大学等合作，共建成果转化、人才合作、实习实践基地等创新平台。园区内的镇海炼油化工股份有限公司是中石化的骨干企业，借中石化的技术与资金优势，在2006～2008年，园区立项并获批的国家火炬项目达12个，国家重点新产品达3个，国家中小企业创新基金达4项，国家“863”科技项目为1个，重大科技攻关项目达4个，产学研科技对接项目达18个，开发市级以上新产品80余项。

（二）建立健全体制机制

园区内重点企业已普遍建立技术开发机构，具备开发具有自主知识产权的技术和产品的能力，有条件的企业积极争取建立国家企业技术中心。在此基础上，开发区进一步探索多种合作与联合模式，推动“产学研”合作不断向深度和广度发展；构建以企业投入为主体、银行贷款为支持、社会集资和引进外资为补充、优惠政策为扶持等多渠道、全方位的资金支持和保障机制。

在新的发展平台上，宁波石化开发区将在更宽领域、更大范围、更高层次上，以建设“世界级、高科技、一体化”的大型石油化工新材料产业基地为目标，以全面调整石化产业结构、提升竞争力、提升技术含量为核心，全力构建生态石化、循环石化、科技石化的国家一流“化工新城”。

综　合　篇

2011 年北京市开发区发展情况综述

一、经济发展

2011 年，北京市开发区实现总收入 22327.2 亿元，同比增长 21.5%；其中国家级开发区 19879.1 亿元，同比增长 23.9%，市级开发区 2448.1 亿元，同比增长 4.8%。开发区实现工业总产值 7050 亿元，同比增长 15.8%；利润总额和应缴税金分别为 1548.3 亿元和 1011 亿元，同比增长 6.6% 和 19.6%。

二、招商选资

2011 年，北京市开发区招商项目个数 4539 个，同比增长 48.5%；招商项目总投资 1286.1 亿元。市级开发区招商情况良好，招商项目个数和项目总投资同比分别增长 1.2 倍和 1 倍，增速均高于国家级开发区。全市开发区共有投产开工企业 24761 家，同比增长 10.6%。

三、科技创新

2011 年，以中关村国家自主创新示范区为依托的创新企业在战略性新兴产业领域研发出一批国内外领先的重大成果。在信息技术领域，利亚德研发全球首台 108 英寸 LED 电视，在 LED 液晶电视显示技术和生产工艺上实现重大突破。在生物医药领域，博奥生物研发出全球第一张用于临床的致聋基因检测芯片。在能源环保领域，华锐风电推出国内首台 6 兆瓦风机，可以广泛应用于陆地、海上、潮间带等各种环境和不同风资源条件的风场；华电工程成功开发出 DN3200mm 大直径中压柱状离子交换设备，首次实现百万千瓦级核电机组的中压凝结水精处理系统及设备的国产化。

四、重大项目

北京市开发区基本形成了以汽车、电子信息、生物及医药、高端装备、新能源等为代表的高新技术产业和现代制造业为主导，“梯度分布、专业集聚、特色突出、协同发展”的产业格局。总投资达 280 亿元、中国内地首条自主设计与自主建设的京东方 8.5 代 TFT—LCD 生产线在北京经济技术开发区投产，实现了从 1.8 英寸到 55 英寸全系列主流液晶面板的国产化。迄今为止，中国汽车零部件产业最大的一次海外并购——中航工业汽车、北京亦庄国际联合收购耐世特汽车系统公司暨中国区总部落户北京经济技术开发区，亦庄生物医药园和云产业园正式启动。位于北京高端制造业基地的京西重工率先投产，长安汽车项目一期全面开工。福田汽车综合产业园入驻北京兴谷经济开发区。

五、生态建设

自 2007 年以来，北京市先后启动了两批共 8 家园区的生态工业园试点建设。这 8 家园区积极探索开发区生态化建设的发展模式，转变传统的园区管理理念，加强开发区公共基础设施和支撑服务体系建设，优化产业发展的硬设施和软环境，不断优化园区产业结构，试点建设取得显著效果，为北京市如何在有限的资源能源和日益严格的生态环境约束条件下推动工业持续健康发展探明道路。2011 年，北京天竺空港经济开发区和北京雁栖经济开发区单位工业总产值综合能耗均仅为全市平均值的 1/4。单位工业总产值新鲜水耗分别是全市平均值的3/10和3/5。单位土地面积工业总产值相当于全市平均值的4倍和1.2倍。

六、中关村“1+6”先行先试政策全面推进

2011年，在中央有关部委的大力支持下，北京市委、市政府坚决贯彻落实党中央、国务院的重大决策部署，全面推进“1+6”新政落实。一年间，依托中关村创新平台的集中统筹工作机制，北京市与科技部等六部委建立了部市会商机制；与财政部等四部委在中关村联合率先开展现代服务业试点；进一步完善了重大科技成果转化和产业项目资金统筹机制；由中央部委牵头出台了12项支持中关村先行先试政策文件；北京市出台了20余项配套实施文件，实现了制度设计的突破性进展。中关村以贯彻落实“1+6”政策为契机，不断整合创新资源、激发创新活力，推动了示范区的跨越式发展，2011年，示范区新创办科技型企业近4000家；企业研发及科技活动经费总额将超过750亿元，同比增长近20%，约占企业总收入的4%；专利申请量和授权量增长约30%；完成技术合同成交额超过2300亿元，同比增长约40%。现代服务业、文化创意产业及生物医药、环保、新材料等新兴产业均实现20%以上的增长。

（北京市开发区协会）

2011年上海市开发区发展情况综述

一、综合实力不断加强

2011年，上海市开发区实现工业总产值23319亿元，同比增长10.8%，占全市工业比重约73.3%。其中，松江工业区、金桥出口加工区、国际汽车城、宝山钢铁基地、康桥工业区、漕河泾经济技术开发区、嘉定工业区等7个工业区工业总产值超过1000亿元，松江工业区工业总产值超过3000亿元，金桥出口加工区超过2000亿元。

2011年，上海市开发区第三产业主营业务收入16820.67亿元，增长26.24%，其中，外高桥保税区超过1万亿元，漕河泾、张江超过1000亿元，金桥、市北、嘉定、莘庄、紫竹等均快速增长。引进合同外资89亿美元，增长22.94%，注册内资企业注册资金达946.44亿元，增长47.11%。完成固定资产投资金额1489.37亿元，增长1.64%。上缴税金3113.59亿元，增长20.62%。期末从业人员达262.28万人。

二、产业集聚进一步凸显

工业区产业集聚发展效应明显，逐步形成以若干产业集群为核心的发展态势。上海市工业区的主导产业集聚度达到88%。电子信息、汽车、石化及精细化工、精品钢材、成套设备、生物医药六大重点行业工业产值达20782亿元，占全市89%。战略性新兴产业工业产值达5686.52亿元。重点产业基地产业集群优势进一步显现，一批产业特色明晰、集聚度高、配套完善的特色产业集群正在加快形成，如张江、金桥、漕河泾、松江、康桥、青浦、莘庄等电子信息产业集聚区，上海化工区、金山石化、星火等石油化工和精细化工产业集聚区，嘉定国际汽车城、浦东金桥、金山枫泾等汽车及零部件产业集聚区，临港、闵开发、金桥、莘庄、嘉定、青浦、松江等先进装备产业集聚区以及张江、南汇、星火、奉贤等生物医

药产业集聚区等。

三、资源集约化水平不断提高

上海市工业区通过调整产业结构，盘活存量土地，土地利用效率效益不断提升。全市104个工业区单位土地产出水平达到56.16亿元/平方公里，与全国国家级开发区平均水平相当。其中国家公告开发区单位土地面积产出达到125.43亿元/平方公里。国际汽车城、金桥出口加工区、漕河泾开发区土地产出已超过200亿元/平方公里。投资强度也从“十五”期末的32亿元/平方公里左右提高到36.73亿元/平方公里。节能减排方面，公告开发区万元产值能耗从2006年的0.12吨标准煤下降到2011年的0.09吨标准煤，连续5年下降、幅度较大。全市开发区排污纳管率接近100%。

四、创新发展水平不断提升

通过引进培育产业链高端和拥有核心技术的重点企业，工业区成为上海市创新要素最集聚的区域之一。全市各区县和工业区规划了41个高新技术产业化基地，聚焦重点项目，推动产业链对接，形成高端引领态势，高新技术产业化深入推进。如长兴、外高桥海洋工程、金桥通信设备、南汇工业区新能源、张江软件等基地集聚了新的重大项目；闵行区依托紫竹科学园区和浦江高科技园，大力发展新能源、民用航空制造业；市北园区着力打造云计算产业基地。一批重大高新技术产业化项目如益科博、林洋、理想能源、华锐风电、映瑞光电、华为云计算中心等落户工业区和产业基地。全市工业区已集聚1400余家高新技术企业（约占高新技术企业总数的40%），拥有近2万项技术专利。

五、开发区人才高地日渐成型

上海在构筑人才高地的基础上提出推进国际人才高地建设是国家人才战略的外延深化，也是地方人才战略的积极举措，更是时代发展的必然要求。根据《上海市实施海外高层次人才引进计划的意见》，上海出台了“上海千人计划”，力争用5～10年时间，围绕国家重大战略和上海重点发展战略目标的人才需求，引进一批紧缺急需的海外高层次人才；在符合条件的企业、高校、科研院所、园区建立20～30个市级海外高层次人才创新创业基地，搭建海外高层次人才创新创业平台。上海开发区牢牢把握住国家和上海发展“千人计划”的历史机遇，大力引进国内外高层次人才，将上海开发区建设成为上海市乃至全国的人才高地。目前，仅张江园区就聚集了近千家海外留学生创办的企业。截至2011年底，全市开发区引进国家和上海市级人才1340余人，其中国家级人才达到434人。

六、社会事业和文化建设不断推进

不断优化产业配套环境。完善区域内社会保障体系，关注和主动做好民生工作。加快各类人才公寓、高端居住设施和园区服务设施及生态环境建设，做精做深城市化功能和服务功能，不断完善开发区的配套环境建设，推进园区生态改善。

建立一门式服务平台。开发区积极推进政府管理方式创新，进一步完善服务流程和运作机制，优化办事程序，探索审批职能的相对集中，打造综合型、高层次服务平台和窗口，做到“一口受理、一门服务”，不断提高办事效率和工作透明度，向行政高效化发展。化解园区企业劳资纠纷。

创造和谐的园区环境，建设开发区文化。加强管理队伍建设和内部管理，加强党建和精神文明建设工作。建立具有开发区特色的文体工作管理模式，以文体活动为纽带，不断丰富群众文体生活，提升开发区文化品牌内涵。

（上海市开发区协会）

2011年江苏省开发区发展情况综述

一、概况

江苏省开发区队伍进一步壮大。2011年新批国家级开发区4家，其中：国家级经济技术开发区3家、国家级高新技术产业开发区1家。截至2011年底，全省共有各类国家级、省级开发区125家，其中：国家级开发区26家、省级开发区99家。

经济规模和综合实力进一步增强。全省开发区完成业务总收入122594.4亿元、地方一般预算收入2186.39亿元，同比分别增长32.3%、36.6%。国家级开发区完成业务总收入63410.81亿元、地方一般预算收入1116.15亿元，分别增长23.9%、26.5%。全省开发区呈现出苏南地区在高平台上稳定发展，苏中、苏北地区快速发展的态势。

全省开发区的发展有效地扩大了就业，推动了和谐社会构建和区域共同发展。全省开发区期末从业人员达1026.07万人，同比增长6.5%，其中，工业从业人员745.59万人，同比增长7.6%。境外人士在开发区从业人员7.03万人，同比增长8.4%。国家级开发区期末从业人员474.79万人，同比下降0.3%，其中，工业从业人员356.17万人，同比增长4.6%。境外人士在开发区从业人员5.08万人，同比增长3.3%。

二、工业经济规模进一步扩大

开发区结合自身特点，着力加快重点产业发展，企业集聚效应明显，产业规模进一步扩大。2011年，江苏省开发区完成工业总产值92002.09亿元，其中，规模以上工业总产值80037.85亿元，同比分别增长33%和32.2%。国家级开发区完成工业总产值45636.13亿元，其中规模以上工业总产值41457.42亿元，分别增长22.9%和22.4%。开发区完成工业增加值20981.24亿元，同比增长38.5%（现价，下同）。其中，国家级开发区完成工业增加值9924.93亿元，增长22.7%。

围绕“转型升级”的目标，江苏省开发区内的产业不断调整、优化和集聚，结构进一步优化。全省开发区完成主导产业增加值［指以《国民经济行业分类与代码》（GB/T4754－2002）的中类划分，并且增加值排在前3位的3个行业增加值的总和，同口径计算同比］15363.06亿元，同比增长30.7%。其中，国家级开发区完成主导产业增加值7567.87亿元，同比增长23.2%。

三、固定资产投入保持稳定增长

2011年，江苏省开发区根据产业特点和发展要求，着力引进项目，不断加大投入，推进项目建设，完善产业配套能力。全省开发区完成全社会固定资产投资17148.04亿元，其中，工业项目固定资产投资10961.35亿元，同比分别增长29.8%和24.6%；完成基础设施投入2108.88亿元，同比增长3%。国家级开发区完成全社会固定资产投资6823.05亿元，其中，工业项目固定资产投资3840.93亿元，分别增长21.1%和21.3%；完成基础设施投入770.9亿元，同比下降20.4%。

四、招商引资成效显著

2011年，江苏省开发区积极营造良好的投资环境，不断创新招商方式，投资结构进一步改善。全省开发区实际到账注册外资243.29亿美元，同比增长9.4%，其中，国家级开发区实际到账注册外资133.78亿美元，同比增长1.7%。全省开发区新批外商投资企业3102家，同比增长5%。其中，国家级开发区新批外商投资企业1503家，同比增长8.4%。

全省开发区新增内资企业注册资本4203.49亿元，同比增长35.3%，其中，工业项目注册资本1799.01亿元，同比增长29.6%。国家级开发区新增内资企业注册资本1984.88亿元，同比增长35.6%，其中，工业项目注册资本544.32亿元，同比增长19%。全省开发区新增内资企业40366家，同比增长5%，其中，国家级开发区新增内资企业22176家，同比增长0.2%。

五、对外贸易总量稳定增长

2011年，江苏省开发区充分发挥对外开放窗口的示范作用，不断拓宽渠道，对外贸易成效显著，进出口总额保持稳定增长。全省开发区完成进出口总额、出口额和进口额分别为4087.54亿美元、2322.22亿美元和1765.32亿美元，同比分别增长14%、14.6%和13.2%，分别占全省的75.7%、74.3%和77.7%。国家级开发区完成进出口总额和出口额分别为3404.54亿美元和1849.36亿美元，分别增长10.2%和9.5%。

六、科技进步步伐加快

自主创新能力进一步增强。2011年，江苏省开发区内设有高新技术创业服务中心（孵化器）317家，中心（孵化器）内共有15500家企业，同比增长42.7%。全省开发区内有研发中心6391家，同比增长45.7%。全省开发区2011年新增授权、申请专利为28.48万项。全省开发区内现有高新技术企业3097家，完成业务总收入25273.83亿元，同比增长24.9%。其中，国家级开发区内有高新技术企业1746家，完成业务总收入15993.55亿元，同比增长14.6%。

七、出口加工区建设成效显著

江苏省现有13家出口加工区，已全部封关运作。2011年，全省出口加工区完成进出口186.81亿美元，其中，出口102.3亿美元，同比分别增长31.2%和39.7%。新批外商投资企业27家，实际到账注册外资额5.25亿美元，累计基础设施投入74.06亿元，同比增长19.1%。

八、南北共建园区建设稳步推进

南北共建园区是江苏省委、省政府为加快苏北振兴促进区域共同发展采取的一项重大举措。经过几年的努力，全省南北共建园区发展速度进一步加快，成效显著。全省南北共建园区数量已达30家，苏南开发区共派出223名各级各类干部及管理人员到共建园区工作。

南北共建园区完成基础设施投入60.34亿元，同比增长41.2%；批准进区项目443个，项目投资总额834.31亿元，同比增长52.7%；实际到账注册资金128.4亿元，其中实际到账注册外资5.97亿美元，同比增长分别为33.2%和71.5%。开工在建项目334个，同比增长34.1%，建成投产项目新增733个。

南北共建园区产出快速提升，2011年完成工业产品销售收入931.69亿元，规模以上企业工业增加值225.69亿元，地方一般预算收入26.26亿元。

九、积极维护开发区的生态环境

江苏省共有74家开发区开展生态工业园的创建，比2010年新增22家。其中，通过国家三部委验收并正式命名的国家级生态工业示范园有7家，通过省级验收并正式命名的省级生态工业园有16家。

（江苏省开发区协会）

2011年山东省开发区发展情况综述

一、综合经济实力继续增强

2011年，山东省开发区实现地区生产总值19826.8亿元，占全省的43.6%。实现地方财政一般预算收入1200.7亿元，增长33.7%，占全省的比重为34.7%。截至2011年底，开发区内实有企业已达94652家，其中内资企业83083家、外商投资企业8511家、高新技术企业4430家，注册企业资本总计10454.5亿元。全省开发区年末从业人员718.6万人，其中，第二产业从业人员469.3万人、第三产业从业人员179.8万人。

二、规模以上工业快速增长

2011年，山东省开发区规模以上工业实现总产值61710.7亿元，增长47.9%；主营业务收入57769.9亿元，增长39%，占全省规模以上工业主营业务收入的56.3%；利税总额5641.8亿元，增长39.9%，占全省规模以上工业利税总额的50.6%。

三、对外经济保持较快增长

2011年，山东省开发区实现进出口总额1240亿美元，其中出口633.6亿美元，进口606.4亿美元，分别增长19.4%、12.1%、28.4%，分别占全省的53%、50%、55%。实际到账外资62亿美元，增长22.8%，占全省的56%。实际到账外资增幅高于全省平均水平1.1个百分点。

四、“蓝黄”两区内经济开发区节点平台作用突出

2011年，“蓝黄”两区内69家经济开发区共实现地区生产总值11223.8亿元、地方财政收入647.4亿元、工业总产值35061.5亿元，分别占全省开发区的56%、54%、58%。实现进出口总额1039.6亿美元，占全省开发区的83.8%。实际到账外资46亿美元，占全省开发区的74.2%。

五、国家级经济技术开发区引领作用明显

2011年，国务院批准招远经济开发区升级为国家级经济技术开发区，山东省国家级经济技术开发区达到9家，共实现地区生产总值3861.88亿元，地方财政一般预算收入204.43亿元，工业总产值12286.37亿元，工业增加值增长19.3%，进出口总额531.7亿美元，其中出口254.4亿美元，实际到账外资25.3亿美元。地方财政一般预算收入、工业总产值、进出口、出口、实际到账外资分别占全省开发区的17.1%、19.9%、42.9%、40.1%、40.8%。

六、特殊监管区域平稳发展

青岛前湾保税港区二期封关，烟台保税港区一期全面运营，保税港区的功能辐射作用进一步增强。潍坊出口加工区升级为综合保税区。山东省已构成以青岛前湾、烟台保税港区为龙头，以综合保税区、出口加工区、保税物流中心为节点，覆盖全省的多元化保税物流和保税加工格局。2011年，特殊监管区域（指保税港区、综合保税区、出口加工区）实现进出口295.9亿美元，其中进口161.5亿美元，分别增长5.1%和17.9%。

七、西部开发区建设速度加快

2011年，山东省西部开发区（包括枣庄、济宁、泰安、莱芜、临沂、德州、聊城、滨州、菏泽9市的经济开发区）共完成固定资产投资额5078.54亿元，增长12.1%，基础设施投入1189.31亿元，增长124.2%。批准进区项目4084个，其中内资项目3749个、外资项目142个。2011年末实现注册资本4138.52亿元，其中内资项目3722.87亿元、外资项目44.3亿美元。

八、科技创新能力持续提升

2011年，山东省开发区科技活动经费支出总额907.8亿元，增长34.1%，其中研发经费支出532.8亿元，增长43.3%。2011年专利授权量17172件，增长32.8%，其中，发明专利3995件，增长42.58%。截至2011年底，开发区高新技术企业已达4430家，规模以上高新企业实现工业总产值22260.74亿元，增长24.1%；工业增加值5711.2亿元，增长15.1%。

九、固定资产投资稳定增长

2011年，山东省开发区共完成固定资产投资额11836.3亿元，增长24.3%，占全省固定资产投资额的45.6%。其中，基础设施建设投资2435.4亿元，增长59.2%；固定资产施工项目12677个，比2010年增长1262个。

（山东省开发区协会）

2011年江西省工业园区发展情况综述

一、经济总量攀新高，成为全省经济增长的重要平台

2011年，江西省工业园区主营业务收入突破万亿元，达到13241.5亿元，同比增长40.4%；完成工业增加值3003.4亿元，增长19.6%，占全省工业GDP的53.5%，较2010年提高0.9个百分点，对全省工业GDP增长的贡献率为58.7%。其中，高新技术产业完成工业增加值939.6亿元，增长28.3%。主营业务收入过100亿元园区新增12个，达到46个，占全省园区总数的近1/2，完成主营业务收入1.06万亿元，占全省园区总量的4/5。南昌、九江、赣州、上饶、宜春、吉安6个设区市的工业园区主营业务收入超过1000亿元，全省过200亿元园区达到19个，其中，南昌高新区突破800亿元；新余高新区、南昌开发区超过500亿元。

二、发展效益稳步提升，成为全省财政增收的重要渠道

2011年，江西省工业园区入园企业达到12659家，比2001年增长5.8倍；实现利税总额1326.9亿元，增长42.4%。其中实现利润836.6亿元，增长47.4%；上缴税金490.3亿元，增长34.6%，占全省税收总额的34.5%，较2010年提高1.9个百分点，比2001年增长97倍，年均增长58.2%，上缴税金过亿元园区80个，比2010年增加6个，其中过10亿元园区11个。全省工业园区2011年实现出口交货值1249.3亿元，增长39.1%，占全省出口总额的90.6%。出口创汇1亿美元以上园区达到46个，其中有4个园区超过10亿美元。

三、实际投入快速增长，成为全省工业发展的重要阵地

2011年，江西省工业园区合同引进资金3973.4亿元，其中引进1亿元以上项目资金2948亿元；招商实际到位资金2322亿元，增长17.7%；其中招商实际到位资金亿元以上项目514个，到位资金1378.8亿元，占全部到位资金的59.4%。全年新开工、投产亿元以上重大项目899个，总投资3439.3亿元，分别增长3%和18%。投资5亿元以上项目191个，投资总额2243亿元，占重大项目总投资的65.2%，比2010年提高5.1个百分点。2011年，全省园区实际开发面积525平方公里，增长4.7%；完成基础设施投入378.5亿元，增长17.9%；固定资产投资2611亿元，增长11%，占全省工业固定资产投资总额的50.7%。全省园区每亩投资强度达110.8万元，较2010年提高35.1万元；其中13个国家级开发区（含高新区、出口加工区）为207.3万元，高出全省平均水平96.5万元。

四、产业集群取得新进展，成为经济转型和结构调整的重要载体

通过进一步总结2001年以来江西省工业园区建设发展的成功经验，瞄准园区未来发展趋势，制定出台了《关于在全省工业园区推进产业集群促进集约发展的指导意见》（赣府厅发［2011］65号），在全省优选20个园区作为省级产业集群试点，支持编制产业集群规划。利用省级产业集群发展专项资金，集中支持23个特色产业集群发展，主要是引导园区将所获专项资金设为风险保证金，由江西省中小企业信用担保有限公司协调相关银行，按10倍放大比例提供担保贷款，支持集群中龙头和配套企业做强做大，已为永新、丰城等16个园区的200余家企业提供担保贷款4.15亿元。以汽车零配件、节能灯等10个特色产业为重点，围绕产业集群缺失环节，组织全省工业园区开展百个园区服务对接、百家企业合作对接为主的“双百对接”活动，成功举办“泛珠三角区域产业转移合作与园区对接磋商会”，引进重大项目214个，签约资金358.9亿元。南昌半导体照明及软件、赣州钨和稀土、鹰潭铜加工、九江有机硅、宜春锂电、吉安电子、抚州生物医药、新余和上饶新能源、萍乡和景德镇陶瓷等各具特色的产业正在加速集群，成为园区壮大规模、提升集约化水平的重要推动力。

五、生态创建纵深推进，成为建设绿色生态江西的重要窗口

坚持地下减污、地上绿化相结合，着力环境保护与循环经济相促进，大力实施园区污水处理厂建设、绿化提升、生态化改造三大工程，有力促进了经济发展与生态保护和谐共赢。省级生态工业园区试点建设深入开展，全省94个工业园区中，累计有78个园区编制了生态工业园区建设规划，63个园区列入省级生态工业园区创建试点，其中20个园区通过省级考核验收，经江西省政府批准命名为省级生态工业园区；2个园区列入国家生态工业示范园区建设范畴。工业园区污水处理设施建设加快推进，会同省直有关部门，将32个工业园区污水处理设施建设项目列入2011年江西省统一开工建设污水处理设施建设规划，16个污水处理厂进展较快，已经基本进入开工建设实施阶段。园区绿化建设扎实开展。依托省林科院的科技力量，在鄱阳湖生态经济区范围内选择南昌小蓝经济开发区、共青城经济开发区等7个工业园区开展工业园区绿化提升试点，通过典型示范引领全省工业园区提升生态绿化水平。生态化改造工程顺利实施。联合江西省环保厅等部门积极推进生态工业园区环保信息平台以及环境报告书制度建设，加强对工业园区的环境管理和动态评估。推动省中小企业服务中心与节能减排公司合作，对萍乡、高安两地建筑陶瓷企业开展试点，推广合同能源管理，促进企业节能降耗。2011年江西省工业园区万元主营业务收入耗电量下降为310.6

千瓦时，同比降低6个百分点。

六、服务社会化水平明显提高，成为推进工业化和城镇化结合的重要阵地

按照工业化与城镇化相结合、工业与服务业相融合的要求，积极探索园区建设发展新机制，着力推进园区走向城区化。园区产业服务体系进一步完善。依托全省中小企业服务平台网络，以建立行业技术开发中心、检测中心、试验中心等为重点，推进工业园区产业共性服务平台建设。南康家具产业、安义铝型材产业、樟树医药产业、玉山轴承产业等11个产业集聚区窗口服务平台已全面启动。企业文化和用工培训机制进一步健全。成功举办“赢在员工”企业文化建设现场会，授予旭阳雷迪“全省中小企业中层管理干部培训基地”，对江西省1000名中小企业的车间主任和班组长进行培训，引导和促进全省园区企业重视文化建设、提高内在素质、增强人文关怀。配合省委组织部、省教育厅在全省范围内启动实施职业学校与工业园区干部双向交流挂职制度，着力缓解园区企业招工难和技能型人才紧缺矛盾，建立工业园区人才培养的长效机制。企业办社会向园区办社会转变进一步加快。引导各地集中规划建设若干个园区配套生活社区，将公共租赁房、经济适用房建设政策与促进企业招工政策相衔接，在全省推广九江市等地建设新市民公寓的经验做法，为职工安居乐业提供保障。促进各地抓紧完善园区的学校、商业、医院、酒店等生活设施，积极引进金融、物流、市场等生产性服务业，努力提升工业园区的人气和活力。截至2011年底，江西省园区从业人员达到174万人，比2010年增长10.5%，增加就业岗位16.5万个，占同期全省城镇新增就业总数的31.8%。

（江西省中小企业局）

2011年福建省开发区发展情况综述

一、概况

截至2011年底，福建省共有各类开发区90个，其中国家级开发区22个（含海关特殊监管区域）、省级开发区68个。核定规划面积718.81平方公里，已建成面积553.14平方公里。

二、经济发展

2011年，福建省开发区完成规模以上工业产值13107.81亿元，税收收入550.4亿元，实际利用外资36.33亿美元，外贸出口459.02亿美元，分别同比增长31.14%、33.7%、23.64%和20.38%；分别约占全省的48.61%、16.93%、58.58%和49.44%。开发区已成为工业集聚、外资密集、外向度高、投资环境日趋完善的重要经济增长区域。

三、招商引资

编印出版《福建省开发区招商指南》，共有90家开发区入编，明确开发区招商选资主攻方向，推出招商项目187个。举办了第四届山区与沿海开发区项目对接洽谈会。6个山区开发区共签约项目25个，其中外资项目5个，总投资44.55亿元，拟利用外资2.22亿美元。组织开发区参加第十五届投洽会（9·8投洽会），50个开发区签约项目131个，总投资56.56亿美元，拟利用外资（历史可比口径）

47.96 亿美元，分别占全省的 31.57%、31.67%和31.62%。

四、拓展提升

福建省政府批准设立了建宁经济开发区、明溪经济开发区、松溪经济开发区等3个省级开发区。福州台商投资区扩区和新设泉州、漳州台商投资区均得到商务部、国家发改委、国土资源部、住建部、国台办审核并原则同意，报国务院审批。龙岩经济开发区升级为国家级经济技术开发区得到商务部等国家有关部门支持，报国务院审批。3个省级高新区升级正在促批中。

五、陆地港建设

建立了福建省及设区市陆地港建设协调机制和联席会议制度，出台并实施了陆地港建设扶持资金使用办法。武夷山陆地港经过1年的试运行，2011年9月，获批开展铁路集装箱业务，11月24日，海关查验设施通过福州海关验收；晋江陆地港于9月29日启动试运行，出口监管仓库、公用保税仓库的设立也获厦门海关批准，查验设施在12月6日通过验收；龙岩陆地港于12月24日试运行；三明陆地港预计2012年上半年启动试运行。

六、海关监管区

福州保税港区一期、厦门保税港区二期先后通过验收投入运营。泉州出口加工区维修业务拓展取得突破。经商务部等国家有关部门同意，晋江邓禄普太古飞机轮胎有限公司及晋江太古势必锐复合材料有限公司在泉州出口加工区内开展国内航空零部件及飞机轮胎维修业务试点。

七、环境保护

2011年底，福建省开发区113个片区已完成规划环评80个，待审查通过20个，正开展环评13个。74个片区已实现污水集中处理，39个片区正在建设或接入城镇污水处理厂。已创建绿色开发区61个，新增绿地2808.93公顷，植树362.4万株，投入资金2.82亿元。

（福建省开发区协会）

2011年吉林省省级开发区发展情况综述

吉林省现有省级开发区60家，9个市（州）和长白山管委会、60个县（市、区）都有了开发开放的载体。吉林省省级开发区大体分为高新技术类、经济技术类、旅游经济类、农业经济类、贸易经济类、出口加工类等六种类型，基本形成汽车及汽车零部件、农产品深加工、生物医药、光电子技术、信息技术、新型建材和旅游等七大产业。吉林省经济增长第一动力的固定资产投资，重点产业项目建设，大部分集聚在开发区；扬长补短，培育新的经济增长点，提高高新技术产业、服务业、民营经济在全省经济总量中的比重，重要突破口在开发区；汽车、石化、农产品加工、医药、光电子信息等支柱优势产业中一大批成长性好的企业，主要集中在开发区。

吉林省省级开发区从设立到现在，基础设施明显改善，承载能力大幅提高，投资环境逐步优化，对当地和全省经济的贡献份额不断加大，已经成为区域经济协调发展、东北老工业基地振兴的战略支撑点和科学发展的示范区，是吉林省经济发展的重要增长极。

一、经济指标

2011年，吉林省开发区地区生产总值为6612.95亿元，同比增长为19.6%。实现规模以上工业企业增加值3670.62亿元，同比增长20%；完成全口径财政收入857.7亿元，同比增长40%。

二、投资环境

经过20多年的开发建设，吉林省省级开发区已成为对外开放、招商引资和项目建设的重要载体；成为集聚新兴产业、优化经济结构、转变发展方式的示范区和增长极。省级开发区基础设施建设已达到“七通一平”，绿化、亮化、美化工程已基本达标，部分开发区已达到“九通一平”。优良的环境是开发区发展的生命线，是开发区实现又好又快发展的根本所在。同时力争做好三个“争取”，一是争取各级党委政府支持。争取开发区所在地党委、政府的支持，给予开发区与其地位和作用相符合的管理权限，支持开发区自主进行改革创新，从人力、物力、财力上向开发区倾斜。二是争取各部门支持。各开发区要主动与有关部门沟通交流，争取各部门的理解和支持。三是争取社会支持。提倡“亲商、安商、富商”新理念，注重加强与外商的感情交流，帮助外商解决生产、生活、安全等方面的问题，创造适合于企业生存发展、适宜于客商生活居住的良好环境。建立征地拆迁补偿、就业、社会保障、村改居、集体经济发展等多领域协调发展制度。

吉林省委、省政府《关于加快推进开发区发展建设的意见》（吉发［2006］10号）和《关于进一步加快推进开发区发展的意见》（吉发［2009］18号）实施以来，各级党委、政府高度重视，在人员配备、机构设置、权力下放、政策执行等方面下大力气狠抓落实，开发区软环境建设上升一个大台阶。体制机制创新成果得到巩固和完善，服务质量和服务水平得到不断提高，全方位、全过程、全天候、无障碍服务在全省得到普遍推广。各地各部门从各自的职能出发，出台扶持政策，简化办事程序，下放各种事权，确保了开发区建设所需的重要职能到位。

三、产业发展

各开发区充分发挥本地优势，突出自身特色，规划建成了一批专业园区，如长春文化印刷产业开发区、长春空港开发区、长春玉米工业园、四平循环经济示范区，初步形成了一批特色鲜明、专业程度强、科技含量高的现代制造业集聚区。开发区已基本形成汽车及汽车零部件、农产品深加工、生物医药、光电子技术、信息技术、新型建材和旅游等七大主导产业。截至2010年底，已有1084家高新技术企业在开发区注册。中国大唐集团投资的新能源项目、中粮集团投资的大米综合加工项目、凯迪投资的低碳循环经济项目、抚松锦江泉矿泉水项目和长白山旅游度假区等一大批产业项目得以实施和推进。

四、自主创新

吉林省充分依靠较强的科教实力，完善政策支持体系，在重点开发区建设完善了一批高水平的技术研发中心、大学科技园等，大力开发重点领域的关键技术。加强产学研结合，围绕重点产业发展需要，突出企业主体作用，推动重大科技成果在开发区实施产业化，促进高新技术产业向开发区集聚。支持开发区重点企业技术改造，鼓励区内企业建立产业技术联盟，完善产业技术平台，开展共享服务。倡导和支持企业创新技术和产品，培育名牌产品和驰名商标，提升企业及园区的知名度。要优化科技人员的创业和生活环境，健全发挥人才作用的机制，落实省里制定的引进人才政策，鼓励和支持各类人才到开发区创业发展，为开发区提供强有力的人才支撑和智力保障。通过实施综合性措施，使开发区成为技术创新的“摇篮”、科技成果转化基地、高科技企业孵化器、提升企业素质的排头兵和吸引人才的高地。

五、招商引资与利用内外资

开发区已经跨越了单体项目招商阶段，成为对外开展全方位招商引资、合作的重要载体。2011 年全省省级开发区利用外资达 16.07 亿美元，实际利用内资 2945.26 亿元。

六、土地集约利用

开发区认真贯彻执行国家的宏观调控政策，高度重视与珍惜节约土地资源。工业用地成为吉林省开发工区用地的主导。开发区作为现代制造业发展的主要承载区，在土地集约利用方面率先垂范，走出一条集约化发展新路子。开发区对现有土地“精耕细作”，把集约利用土地和产业结构调整结合起来，用有限土地资源谋求更高的产业能级和经济效益，提高集约化发展水平。一是做好园区规划修编。会同省国土等部门，对吉林省开发区用地状况进行评估，根据投入产出强度进行分类，按照“先行试点、逐步推进”的原则，对部分投入产出水平高，确需调整规划的开发区要预留充足的用地空间。二是盘活挖潜存量土地。积极探索新形势下盘活存量土地、提高土地容积率和投资强度的新模式、新办法。加大低效用地调整力度，在法律框架内破解回购劣势企业的土地难题，为开发区产业集群发展、结构优化升级赢得土地空间。三是鼓励开发区“零”增地发展。引导和鼓励企业利用地上和地下空间，建立多层厂房和地下生活生产设施。重点引进占地少、科技含量高、附加值高的项目，努力提升现有企业用地集聚度。鼓励农村建设用地整理，把盘活存量土地与区内旧村改造、建设社会主义新农村结合起来，拓展开发区项目建设空间。

七、生态环保

开发区不应是污染、高能耗的代名词，而应是高效利用资源、有效节约资源、注重环境保护的典范。一是积极开展省级生态工业园认定工作。会同省环保局等部门，制定省级生态工业园管理办法，建立联合工作机制，加快推进生态工业园创建工作。二是开展循环经济试点工作。会同相关单位开展循环经济试点，按照循环经济模式规划、建设和改造开发区的思路，建成一批循环经济产业示范园区。三是加强环保基础性工作。重点推动抓好开发区内污水处理厂及其配套管网、集中供热、供气，以及园区绿化等环保基础设施建设。

八、社会事业与文化建设

为进一步促进开发区项目建设和招商引资工作，更好地服务开发区企业和投资者，推进和加快开发区发展，根据吉林省开发区发展实际和经济发展方式转变的要求，吉林省经济技术合作局全力做好开发区调整和整体规划工作。在全省开发区中开展人力资源平台、项目信息平台、投融资平台、创新研发平台、物流服务平台（以下简称五种平台）建设，提高开发区管理服务项目、企业和社会的水平，促进开发区科学发展、和谐发展、加快发展。

1. 人力资源平台建设。开发区人力资源平台以“网络促进就业，人力转化资本”为宗旨，充分利用人力资源市场的硬件设施，创新交流手段，利用各种媒介发布招工求职信息，创新人才交流招聘渠道，创新人力资源市场平台功能，促进企业与求职者和谐交流，并以“全心全意打造开发区招聘品牌”为目标，为用人单位和求职者提供专业化招聘服务，创造和谐的交流环境。人力资源网站和人才信息库建设，要满足入区企业的需要，储备好各类人才。努力为开发区发展提供所需人才。

2. 项目信息平台建设。项目信息平台主要宣传推介开发区的投资环境、总体概况、项目资源、招商优惠政策、企业信息、办事流程等内容。利用信息和网络技术，积极建立开发区项目信息服务平台，及时采集、分析、发布区内项目及企业信息，在信息共享、协同管理、监督考核等方面为招商引资和投资者提供服务，设立完善的项目信息库，存储投资者所需各种信息，方便投资者和区内企业再投资，从而降低招商引资成本，全面提高招商引资工作效果和为投资者服务的水平，促进开发区招商引资工作和项目建设。

3. 投融资平台建设。依托政府、金融机构、企业联手搭建投融资平台，创新融资方式，不断扩大融资规模，完善融资服务体系，逐步提高开发区自我造血功能和融资能力。通过投融资平台积极筹措经济社会发展所需资金，增强开发区对基础设施、产业结构调整升级、公益事业、科技创新、中小企业所需资金投入能力，推动经济社会平稳快速持续发展。投融资平台要达到既能为中小企业提供贷款和担保，又能为开发区基础设施建设提供资金支持。吉林省已建立开发区担保公司，各开发区也要积极探索加快金融服务平台建设。

4. 创新研发平台建设。创新研发平台建设主要是解决吉林省开发区内企业自主创新能力弱、技术人才短缺、产业升级步伐较慢、可持续发展动力不足、缺少核心竞争力等问题。创新研发平台主要任务是，集聚高技术人才，创新研发高、新、尖端技术，促进高新科技成果转化，增强开发区及区内企业的核心竞争力，使其成为开发区可持续健康发展的源动力和助推器。创新研发平台在自我研发的基础上，积极争取国家和省级科研项目的支持，努力提高科研能力和水平。特别要通过加大对孵化器的投入，加快创新研发平台建设，促进中小企业进驻开发区，培养一批具有创新能力的企业。

5. 物流服务平台建设。开发区的物流服务平台建设主要是科学规范物流企业向标准化、信息化、专业化、规范化的现代物流方向发展，具有综合服务能力。在政府部门和企业支持下，建立现代物流服务体系，整合现有物流相关信息资源，进行综合处理，促进不同物流平台之间的共享和整合，从而改善整个物流系统的运作环境，提高物流系统的运作效率，降低供需双方的运行成本，增加企业发展的竞争力，营造顺畅、良好的物流环境。

（吉林省经济技术合作局）

2011年山西省开发区发展情况综述

一、概况

山西省首批省级开发区成立于1992年，至2011年底已发展到24家。按级别分：国家级2家，省级22家；按类别分：高新技术开发区2家，经济开发区22家。全省开发区分布在11个地市21个县区，大部分依附在母城周围。主管部门分别由山西省商务厅、省科技厅进行管理。

二、投资环境

2011年，山西省政府出台了《关于大力推进开发区科学发展的意见》。加强对开发区的领导，包括确定开发区的规格、领导配备、园区面积、基础投入、产业发展等，都要有明确要求，重点在招商引资、抓大项目上做文章。开发区基础设施建设投资突破300亿元。山西省财政厅立项开发区基础设施建设贴息资金3000万元支撑开发区建设，进一步优化了开发区的投资环境。

三、产业发展

全省开发区区内企业突破1万家，初步形成了医药、汽车、光电、现代物流、煤机装备、新能源、新材料、食品农产品深加工、新型文化暨漫画等产业集群。

四、招商引资与开放性经济

2011年，山西省开发区实际利用外资7.54亿美元，同比增长30.4%；进出口37.2亿美元，同比增长52%；科工贸总收入3503亿元，同比增长26.6%；区内生产总值1110亿元，同比增长33.2%；税收收入110.2亿元，同比增长26.9%。阳泉经济开发区被批准为山西省产业转移示范区，引进全省综改试验标杆项目——百度云计算项目。

五、自主创新建立特色园区

朔州和临汾开发区与法国瓦兹河谷省高新区结为友好开发区，新加坡3个公司与山西省有关开发区达成合作意向。

六、土地利用与社会事业

山西省24个开发区共有土地规划面积198平方公里，已开发利用90%以上。

山西省政府专题研究解决扩区增地升级问题。升级扩区工作取得进展，国务院批准大同开发区升级为国家级经济技术开发区。晋中经济开发区升级工作全部程序已履行完毕。晋城经济开发区升级工作已上报国务院。朔州经济开发区和晋城经济开发区扩区已报省政府审批。

山西省开发区入区企业达到1万余家，充分利用当地的资源优势，解决了开发区所在地的就业问题，带动了地方经济社会发展，大部分开发区已解决新农合医疗、农民培训、文化娱乐等问题，促进了经济社会和谐健康发展。

（山西省开发区协会）

国家级经济技术开发区篇

大连经济技术开发区（金州新区）

【经济发展】 2011年，大连经济技术开发区（金州新区）实现地区生产总值1320.6亿元，比2010年增长12%；固定资产投资（新口径）完成666.3亿元，增长20%；财政一般预算收入实现90.6亿元，增长21.4%；规模以上工业总产值完成2641.2亿元，增长15.8%；实际利用外资35亿美元，增长10.6%；实际利用内资240亿元，增长41.2%；实现出口总额91亿美元，增长10%；社会消费品零售总额实现264亿元，增长17.2%；城镇居民人均可支配收入实现24761元，增长14.4%；农村居民人均纯收入实现19851元，增长17.8%；万元生产总值能耗下降3.8%；主要污染物排放总量平均削减3%以上。年内，开发区主要经济指标在辽宁省56个城区排名中居首位。

【投资环境】 2011年，大连经济技术开发区（金州新区）城市化进程加快，城乡面貌发生新变化，投资环境进一步改善。完成《金州新区发展规划》、《老城区概念性规划》、《市政基础设施专项规划》等75项规划编制，明确战略规划层面的若干重大问题。城市空间布局不断优化，新区开发与旧城改造协调推进，多点联动、并举发展的良好格局逐步形成。着力破解动迁难题，统一动迁政策，明确责任主体，健全工作机制，加大保障力度，坚持依法规范动迁，为拓展发展空间、加快项目建设提供强力保障。居民回迁上楼10039户；投入各类动迁保障资金20亿元。深入挖掘用地潜力，对征而未供土地进行专项清理。城乡建设进程加快，完成投资51亿元，加大基础设施建设力度。新建公路101.2公里；金州大桥、盖亮线等道桥工程完工，渤海大道建设有序推进，大连湾跨海交通工程勘查设计工作全面启动；“十二五”电网体系建设全面铺开；大连经济技术开发区第二热电厂等4处热源建设扎实推进；6个污水处理厂（站）竣工调试；造林绿化十大工程全面完成，植树造林1.12万公顷，城区新增绿地70万平方米，林木绿化率达到45.3%。“两城同创”（创建辽宁省卫生城区、文明城区）工作取得阶段性成果。投入8亿元，加大城市环境综合整治和市政设施改造力度，深入实施绿化、美化、净化、亮化工程，城乡面貌焕然一新；加大城市管理执法力度，城管长效机制逐步建立，全社会共同参与维护环境的有利氛围逐步形成。金州新区荣获省级“文明城区”称号。

改革创新取得新成效，经济发展环境再上新水平。体制机制改革稳步推进。进一步理顺园区和街道管理体制，按照“自求平衡、责任分担、成果共享”原则，推进园区、街道财政管理体制改革，基层谋发展的积极性和主动性不断增强；推动城管体制改革，充实城区11个街道执法力量；完成35家事业单位转企业改制工作，分流安置职工2408人。投融资建设取得新进展。出台《融资工作管理暂行办法》，全年实现融资40亿元；争取上级财政支持资金10.6亿元；通过BT（建设—移交）形式吸引外资2.2亿美元。

【产业布局】 2011年，大连经济技术开发区（金州新区）产业集群化进程明显加快。装备制造、石化产业产值均突破600亿元；电子信息产业在英特尔项目全面达产带动下，产值达550亿元，跻身辽宁省优秀产业集群行列；生物医药、食品加工、现代冶金产业产值均超过100亿元；华晨专用车科技创新基地实现当年签约、当年开工；随着大连德豪光电科技有限公司芯片等项目达产，光电产业步入快速发展轨道。被列入省、市政府考核的六大产业集群销售收入达2115亿元。其中，石油化工产业集群销售收入达586亿元；装备制造产业集群销售收入达572亿元；电子信息产业集群销售收入达523亿元；现代冶金产业集群销售收入达185亿元；汽车及零部件产业集群完成销售收入175亿元；生物医药产业集群完成销售收入74亿元。大连机床（数控）股份有限公司、大连西太平洋石油化工有限公司、英特尔半导体（大连）有限公司、东北特钢集团大连基地、大众一汽发动机（大连）有限公司、辉瑞制药有限公司成为金州新区装备制造、石油化工、电子信息、现代冶金、汽车及零部件和生物医药产业集群的领军企业。石油化工、装备制造、电子信息三大产业集群销售收入指标在辽宁省90个重点考核产业集群中位居第五、第六和第八。

都市现代农业迈出新步伐。农业总产值突破100亿元，五大优势农业产业产值占总产值的85%；大连天宝绿色食品有限公司冰淇淋加工项目、大连迈豪发展有限公司日本鲜花种植项目等11个投资超1000万元的产业化项目开工建设，大连韩强食品有限公司黄桃深加工项目被列为全省唯一的“国家富民强区专项扶持项目”；农业标准化生产面积达3.3万公顷；农产品出口额连续10年位居全省第一。

功能园区建设步入新阶段。各园区控制性详细规划编制基本完成，规划定位进一步明晰。完成固定资产投资560亿元，占全区固定资产投资总额的55%；填海造地6.9平方公里，平整土地29.6平方公里，新建路网55条，水、电、气、污水处理等配套建设全面启动；园区新注册外资企业171家、内资企业114家；开工建设重大产业项目29个，投资总额375亿元；重点在谈及储备项目37个，占全区在谈及储备项目总数的37%。10个园区载体作用得到有效发挥，拉动经济增长的引擎作用开始显现。

【招商引资】 2011年，大连经济技术开发区（金州新区）创新招商引资方式，拓展招商引资领域，加速高端产业链形成，取得新成效。年内，以十大产业园区为载体，实施大项目带动战略，实际到位内外资、重大项目引进及产业集群建设等实现重大突破，全区新批准外商投资企业和增资企业191家，实现进出口总额217.7亿美元。实际到位外资35亿美元，全面完成市政府下达的各项任务指标，占大连市到位外资额的31.8%，占辽宁省到位外资额的14.6%。

年内，全区新批准外商投资企业112家，新批增资企业79家，投资总额32.7亿美元，其中艾尔多汽车动力总成（大连）有限责任公司、迈艾特（大连）汽车零部件有限公司、山崎马扎克机床（辽宁）有限公司、速亚动力总成零部件（大连）有限公司、大连住化复合塑料有限公司、大连住化金港化工有限公司、蒂业技凯（中国）投资有限公司、大众汽车自动变速器（大连）有限公司、利优比压铸（大连）有限公司、奥镁（大连）有限公司、平山重工（大连）有限公司、IMC国际金属切削（大连）有限公司等58个项目投资总额均超过1000万美元。

利用外资领域逐步拓宽。截至2011年底，全区历年批准的利用外资项目企业2600个，其中房地产业拓展至235个，专用设备制造业193个，农副食品加工业146个，纺织服装、鞋、帽制造业154个，通用设备制造业135个，通信设备、计算机及其电子设备制造业127个，电器机械及器材制造业121个，交通运输设备制造业125个，化学原料及化学制品制造业100个，金属制品业103个，木材加工及木、竹、藤、棕、草制品业85个，其他行业1076个。

外资项目来源涵盖亚洲、欧洲等国家和地区。截至2011年底，全区历年批准的利用外资项目（按外资项目来源分）主要有：日本757个，韩国420个，美国557个，加拿大54个，澳大利亚19个，英国21个，法国14个，德国29个，意大利20个，新加坡42个，马来西亚40个，泰国16个，中国香港332个，中国澳门10个，中国台湾119个，其他国家及地区150个。

【科技创新】 2011年，大连经济技术开发区（金州新区）有技术研究开发机构200家，其中市级以上工程技术研究中心44家，企业技术中心36家，外资企业研发中心44家；企业有科技人员15万人，研究开发机构有科技人员1.3万人；企业研发经费占产品销售收入的比例达1.5%。年内，全区新增高新技术企业24家，高新技术企业总数达到88家，占全市高新技术企业总数的25%。全年高新技术产品增加值达243.81亿元，比2010年增长62.5%。出台鼓励科技创新、扶持企业发展、吸引和培育人才的若干政策规定，初步构建起科技创新政策体系。对278家企业给予资金扶持；大连双D港创业孵化有限公司成为大连市唯一的“首批国家中小企业公共服务示范平台”；全年申请专利3159件，形成一批拥有自主知识产权的高新技术产品。

积极争取国家数控机床产业基地落户金州新区。截至2011年底，全区有大连市国家半导体照明工程产业化基地、大连经济技术开发区国家级电子元件产业园区、金州新区国家信息产业高技术产业基地核心区、“国家火炬计划”大连双D港生物医药产业基地、“国家火炬计划”大连双D港新兴工业化示范基地、大连金州国家农业科技园区、大连国家数控机床产业基地7个国家级产业基地，产业基地的发展壮大将全面带动全区新兴产业发展。

继续加强科技企业孵化器和科技企业加速器建设。截至2011年底，全区有国家级科技企业孵化器2个，面积12.6万平方米，正在孵化企业156家，拥有研发型人才600人，年生产总值实现5亿元，为社会提供就业岗位4000余个；有科技企业加速器3个，面积14.7万平米。全年围绕优势产业和产业集群，推进科技企业孵化器、加速器载体资源建设，加大对大连大学、大连民族学院、鲁迅美术学院大连校区等驻区高校和大连双D高科产业发展有限公司、大连德泰投资有限公司等直属企业的科技载体资源整合力度。

【对外贸易】 截至2011年底，全区实现进出口总额217.7亿美元，比2010年增长15.2%。其中，进口总额126.7亿美元，比2010年增长19.3%；出口总额91亿美元，比2010年增长10%。机电产品出口额29.8亿美元，比2010年增长30%；高新技术产品出口额13.09亿美元，比2010年增长25%。全区有47家企业进入大连市“百强出口企业”行列。

2011年，大连经济技术开发区（金州新区）继续优化出口产品结构，积极推进加工贸易转型升级，鼓励具有自主品牌和高附加值的产品出口，对外贸易持续稳定增长，主要行业产品出口实现逆势上扬。截至2011年底，全区实现出口总额91亿美元。电机、电气、音像设备及其零附件产品出口额24.6亿美元，占出口总额的27%；矿物燃料、矿物油及其产品出口额16亿美元，占出口总额的18%；核反应堆、锅炉、机械器具及零件产品出口额15.9亿美元，占出口总额的17%；金属、非金属及其制品出口额7.7亿美元，占出口总额的8%；食品加工类产品出口额6.7亿美元，占出口总额的6.8%；通用及专用设备及其零部件产品出口额6亿美元，占出口总额的7%；纺织服装、鞋、帽类产品出口额6亿美元，占出口总额的7%；木材加工类产品出口额3.6亿美元，占出口总额的4%；有机、无机化学品及药品出口额3亿美元，占出口总额的3.2%；其他行业产品出口额1.5亿美元，占出口总额的2%。

全区出口产品主要面向日本、韩国、美国、印度尼西亚、中国香港等国家和地区。其中，出口日本35.1亿美元，占出口总额的38.6%；出口韩国9.9亿美元，占出口总额的10.8%；出口美国9亿美元，占出口总额的9.9%；出口印度尼西亚6.7亿美元，占出口总额的7.4%；出口中国香港4.9亿美元，占出口总额的5.4%；出口德国2.9亿美元，占出口总额的3.2%；出口新加坡2.8亿美元，占出口总额的3.1%；出口荷兰2.3亿美元，占出口总额的2.6%；出口越南1.6亿美元，占出口总额的1.8%；出口中国台湾1.5亿美元，占出口总额的1.7%；出口泰国9639万美元，占出口总额的1.1%；出口俄罗斯联邦9471万美元，占出口总额的1%；出口意大利9324万美元，占出口总额的1%；出口其他国家和地区11.3亿美元，占出口总额的12.4%。

【工业生产】 2011年，大连经济技术开发区（金州新区）工业固定资产投资完成276亿元，占全社会固定资产投资的26.9%；工业用电量58.2亿千瓦时；万元工业增加值综合能耗降低6%。

年内，金州新区有规模以上工业企业540家，实现工业总产值2641.2亿元，比2010年增长15.8%；实现工业增加值723亿元，增长16.1%（统计口径变化）；完成出口交货值615.14亿元，比2010年下降4.3%；实现主营业务收入1992.24亿元、主营业务税金及附加值34.53亿元；有从业人员17.97万人，比2010年下降19.4%；实现利润111.4亿元，比2010年增长24.3%；实现利税178.6亿元，比2010年增长16%。在规模以上工业企业中，有轻工业企业177家，实现产值400.13亿元，占规模以上工业企业产值的19.6%；有重工业企业363家，实现产值1642.58亿元，占规模以上工业企业产值的80.4%；有内资企业208家，港、澳、台商投资企业60家，外商投资企业272家。石油化工、装备制造、电子信息工业企业实现产值1681亿元，比2010年增长10.7%，占规模以上工业企业产值的82.3%。

【民生工程与社会事业建设】 2011年，大连经济技术开发区（金州新区）民生改善力度加大，社会建设实现新突破。全面实施民生工作“双十工程”。总投资48.9亿元，当年完成投资25亿元，十项民生工程全部启动，十件惠民实事全面落实。社会各项事业加快发展。全年安置就业3.1万人（次），完成普惠制培训9060人，城镇登记失业率控制在2.7%以内，为历史最好水平；全面落实新型农村社会养老保险和城镇居民养老保险制度，首批居民4.9万人受益；健全城乡分类救助体系，低保对象3836人获得救助；基础教育强区综合工程全面启动，教育总投入达12.5亿元，加大校舍新建、扩建和维修改造力度，实现塑胶操场全覆盖；医疗卫生服务体系高端化建设实现突破，与中国医科大学附属盛京医院、大连医科大学附属第一医院分别签署合作协议，盛京（大连）妇儿医院主体完工；投入1307万元，落实计划生育家庭奖励政策，改扩建健康家庭指导站20个；完成大魏家、七顶山引水工程，使困扰西部地区群众多年的饮水安全问题得到彻底解决；金州新区中心汽车站投入使用，金州与开发区实现公交互通，两区融合步伐加快，方便居民出行；市民文化活动中心主体完工并加快建设，全国唯一的副都统衙署博物馆启动建设，大连青少年女子足球训练基地开工，成功举办国际马拉松赛、百花会等赛事和文体活动；第六次人口普查工作全面完成。

【机构设置与党工委、管委会领导】 2011年，大连经济技术开发区（金州新区）党工委、管委会下设党工委机构7个，分别是：纪工委（监察局）、党工委管委会办公室、组织部、宣传部、统战部、政法委、政研室；设管委会机构23个，分别是：发展和改革局、经济发展局、教育文化体育局、科学技术局、民政局、财政局、人力资源和社会保障局、土地房屋局、环境保护局、规划建设局、城市管理与行政执法局、交通局、农林水利局、海洋与渔业局、经济贸易局、卫生与人口计划生育局、审计局、食品药品监督管理局、安全生产监督管理局、旅游局、信访局、建筑工务局、行政服务办公室；设群团机构5个，分别是：总工会、团委、妇联、工商联、残联；辖产业园区10个，分别是：大连金石滩国家旅游度假区、大连双D港产业园区、大连卧龙湾国际商务区、大连金州经济开发区、大连金渤海岸现代服务业发展区、大连登沙河临港工业区、大连金州国家农业科技园区、大连先进装备制造业园区、大连金石国际运动中心区、大连冷链物流及食品加工园区；辖街道办事处20个，分别是：中长、先进、拥政、友谊、光明、站前、登沙河、杏树、大魏家、七顶山、向应街、华家、得胜、大李家、金石滩、董家沟、大孤山、海青岛、湾里和马桥子街道办事处。

大连经济技术开发区（金州新区）领导成员为：党工委书记、管委会主任徐长元，管委会副主任杨广志、路刚、宋海清、滕人贵、李莉、王怡、孙军、秦淑华、卢俊福、丛军。

大连经济技术开发区（金州新区）管委会

秦皇岛经济技术开发区

【经济发展】 2011年，秦皇岛经济技术开发区（以下简称秦皇岛开发区）完成地区生产总值208亿元、规模以上工业主营业务收入615.3亿元、财政收入31.97亿元、固定资产投资92.05亿元，同比分别增长15%、17.8%、26%和16.4%；实际利用外资1.74亿美元、内资87.06亿元，分别增长18.2%和15.7%。以上指标均达到或超过“十二五”规划的均衡进度。区内拥有美国、英国、德国、日本、澳大利亚、韩国、新加坡等35个国家和中国香港特别行政区、中国台湾地区的客商，包括美国通用电气、美国铝业、ADM、德国德玛格、哈动力、天威等一大批世界500强企业、跨国公司和国内知名大企业投资兴业。

【投资环境】 2011年，秦皇岛开发区在中外跨国公司CEO圆桌会议上再次被评为“中国最佳投资环境开发区”之一。此项殊誉得益于开发区近年来推进软硬环境建设方面的多项有力举措，一是顺利通过河北省城市建设“三年大变样”考核验收。全区共实施道路交通、园林绿化、环境卫生、城中村改造等工程657项，完成投资38.82亿元。二是基础设施建设扎实推进，高标准打造精品工程。秦皇国际大酒店正式营业，西环路立交桥竣工通车，腾飞路津山铁路桥、北京道、天马湖路等重点道路工程已经完工；总投资7000万元的铁路扩能改造即将投入运营，年运力超过1000万吨；东区海堤工程进展顺利，并获得国家资金支持2300万元，2011年已完成工程总量的2/3，建成后可新增产业用地1500亩；孟姜220KV变电站正式投入使用，彻底解决东区用电紧张问题，全区产业配套能力进一步提高。以数据产业园环境建设为重点，实施各类城建工程40项，完成投资1.2亿元，新建、改造绿地88万平方米，建成区绿化覆盖率达到42.06%。

投资软环境不断优化，开发区积极采取有力措施，支持企业发展，加大融资力度，促进经济增长。一是继续加大资金扶持力度。区财政投入980万元，重点扶持领先科技、宏岳塑胶、图成玻璃等9家成长型中小企业发展。二是不断提高服务水平。积极完善“三个服务体系”，按照“能并则并、能减则减”的原则，制定出台《重点项目投资服务手册》，最大限度精简审批事项，提高审批效率，将审批时间压缩了60%。三是深化服务内容。建立工、管委领导联系重点企业制度，掌握生产经营状况，解决困难和问题，为企业发展出谋划策。适应特色产业快速发展的需求，及时成立电子信息行业协会，搭建了产业互动发展的平台。

【产业发展】 秦皇岛开发区采用高新技术改造传统产业，推进产业优化升级，不断提升高新技术产业对开发区经济的贡献率。2011年，开发区继续加快产业结构调整步伐，大力发展数据产业、生物及新医药、新能源与节能环保等战略性高新技术新兴产业。一是数据产业加快崛起，园区配套设施跟进，数谷大厦全面封顶，产业规划通过专家论证。IBM秦皇岛数据产业研究院正式落户，三维互联网孵化平台开始建设，总投资4.2亿元的数据产业研发中心正式签约，院士专家服务中心正式揭牌，产业发展的基础环境不断优化。中国动漫产业基地、数据产业研究院、数据产业研发中心、工信部电子五所、光彩服务、点通数据等20余个重点项目落户。北京大学（秦皇岛）科技产业园在2011年开工建设。开发区还利用北京大学的优质科技、教育、医疗资源建设国内高科技园区典范。全球首家IBM提供技术支持的秦皇岛物联网技术中心正式启动，有效提升了数据产业基地影响力，成为河北省五大物联网产业基地之一。二是生物及新医药产业发展态势良好，重点发展生物制药、生物农业、生物能源等领域，加快领先科技的生物新能源系列产品、益海嘉里大豆分离蛋白、长胜农业的新型芦笋深加工等项目的推进。三是新能源与节能环保取得重大成果，以哈电重装核岛主设备、天威变压器、艾尔姆风电设备、中航惠腾风电设备等项目为依托，重点发展核电、风电、太阳能发电装备及相关配套产品，打造渤海沿岸最大、产品最齐全的新能源装备及零部件制造基地。加快淘汰落后产能。2011年，开发区与中冶集团合作，投资8亿元，对NPB、欧登多、奥格型材等11家企业实施收购，逐步淘汰规模小、附加值低、技术落后的企业，发展高附加值服务业，产业结构进一步优化。

经过产业升级，高新技术产业得到快速发展。2011年，全区通过认定的高新技术企业达到37家，同比增长32%，占全市高新技术企业总数的63%。全区高新技术产业完成工业总产值160亿元，销售收入185亿元，利税19亿元，利润13亿元，分别占全区的27%、31%、50%和53%，均高于2010年同比水平。高新技术产业对区域经济的拉动作用明显。

【招商引资与利用内外资】 秦皇岛开发区围绕国家战略性新兴产业发展规划，不断加大产业招商力度。2011年，中信戴卡成功并购德国KSM公司，总投资约合人民币23亿元，成为中国汽车零部件行业最大的海外并购项目。新瑞晶、京能热电、光宇汽车、玻璃设计院产业基地等20个亿元以上项目成功落地。海上飞机、单轨列车、博硕太阳能、安广昌太阳能空调等14个亿元以上项目正在办理落户手续。项目建设扎实推进。全年实施千万元以上项目57个，总投资479亿元，完成年度投资71亿元。其中省重点项目10个，总投资256亿元。2011年，区内实际利用外资1.74亿美元、内资87.06亿元，分别增长18.2%和15.7%。

【科技创新和重点企业】 秦皇岛开发区以企业技术创新为基础，以数据产业基地建设为中心，加大资金投入，积极促进企业自主创新。2011年，开发区加大对区内科技型中小企业自主创新的扶持力度，投入690万元对领先科技、光彩集团、思泰意达和燕大正洋等10家优秀自主创新企业进行表彰。对星箭特种玻璃等68家企业发放申报自主知识产权及申报科技项目资金补助，共计发放补助金48万元，充分调动了企业自主创新的积极性。开发区全年列入国家科技计划项目18个，省级16个；获得河北省自主创新重大成果两个；通过省科技成果鉴定项目20个。

一批重点企业科技创新取得明显成果，天威保变公司单相特高压变压器一次性通过验收，成为2011年世界上电压最高、容量最大的变压器。哈电重装公司核电蒸汽发生器正式生产，标志着中国第三代核电技术取得重大突破。中信戴卡、五兴能源等4家企业入选

"河北百强"。

【开放型经济】 秦皇岛开发区始终坚持大开放战略不动摇，围绕主导产业及新兴产业招商，强化亲商安商服务，开放型经济运行态势良好。2011 年，在外需下降的不利条件下，开发区积极壮大龙头企业，扶持中小企业，促进各项经济指标的持续增长。全年完成地区生产总值 208 亿元（预计数）、规模以上工业主营业务收入 615.3 亿元、固定资产投资 92.05 亿元，同比分别增长 15%、17.8% 和 16.4%；实际利用外资 1.74 亿美元、内资 87.06 亿元，增长 18.2% 和 15.7%。完成财政收入 31.97 亿元，增长 26%，高于全市 6 个百分点；规模以上工业企业利润 25.75 亿元，增长 21.2%，占全市的 2/3。截至 2011 年底，开发区共有进出口企业 183 家，其中进出口额超千万美元企业 31 家，合计进出口 30.06 亿美元，占全区进出口总额的 93.2%；进出口额超 1 亿美元企业 5 家，合计进出口额 22.45 亿美元，占全区进出口额的 69.6%。

【人才建设】 秦皇岛开发区区内及区外有燕山大学、东北大学分校等 13 所高等院校。同时，秦皇岛市周边的北京、天津、沈阳分布着数百所知名院校和科研机构，人才交流便利，为开发区发展提供充足的人才保证。到 2011 年，开发区先后组织见习单位 18 家，提供见习岗位 599 个，安排高校毕业生参加见习 175 人，90% 以上的毕业生通过见习直接实现了就业。通过高校毕业生就业见习工作是秦皇岛开发区一整套人才培养体系中的重要一环。开发区还不断完善人才政策，通过建立开发区博士后科研工作站、选派优秀高端人才到国内外科研机构进行培训和深造以及奖励作出突出贡献的科技人员等措施，吸引和培养了一批高科技创新型人才。

【社会事业与文化建设】 2011 年，秦皇岛开发区加大社会事业投入，让发展成果惠及更多群众，各项社会事业得到全面进步。一是制定出台"十二五"民生工程计划。5 年投资 62 亿元，实施公共服务、文化建设、校舍建设、拆迁安置等七大类 51 项工程，民生事业发展驶入快车道。二是"包村"工作成效明显。投入资金 46 万元，解决实际问题 120 件。三是保障房建设取得重要进展。100 套廉租房、853 套限价房已经建成，3000 套公租房正在建设。四是社会保障更加完善。企业参保人数、征缴基金超额完成任务。新农合参合率达到 97.4%，将失地超龄人员全部纳入养老保险范畴，在全市率先实现城乡一体化、全覆盖。发放低保、特困补贴、优抚补助等 480 万元，城镇困难人口实现应保尽保。五是农民生活更加殷实。以"双创"为统领，扎实做好农村工作，促进农民增收。全年投入各类涉农补贴、奖励 1.3 亿元，失地农民年均纯收入超过万元，高于全市平均水平。六是就业工作成效显著。瞄准企业需求，强化政策扶持，实施就业"一条龙"服务，全年新增城镇就业 4056 人，下岗再就业 421 人，农村劳动力 627 人。七是教育工作迈上新台阶。完成"十二五"教育发展规划编制。狠抓教育质量，全区中小学教育管理水平全面提升，燕大附中高考上线率创历史最好水平。大力实施校安工程，完成一中、二中、燕大附中校舍安全加固任务。投资 3100 万元新建开发区第二小学并投入使用，区域办学条件改善。八是医疗卫生事业持续发展。新医院建设加紧推进。第二社区卫生服务中心和妇幼保健站正在筹备。村级卫生室建设实现全覆盖。九是文化建设欣欣向荣。投入专项资金完善文体设施，组建开发区艺术团，为全区机关、企业、社区奉献了高水平的文艺节目。全区全年广泛开展全民阅读、彩色周末、社区联谊会、机关文体竞赛等活动 50 余场，参与群众 10 万人（次），掀起文化建设的新热潮。

【机构设置及管委会领导】 中共秦皇岛开发区工委是中共秦皇岛市委的派出机构，内设工委办公室、组织部、宣传部、纪工委、政法委、工会联合会、机关工委、企业工委、妇女联合会、共青团。

秦皇岛开发区工委主要领导成员为：工委

书记郑宝亮，工委副书记胡英杰、李生、周雁、陈永富、郝凤斌、郑新，纪工委书记王家林。秦皇岛开发区的行政管理机构为秦皇岛开发区管理委员会，是秦皇岛市政府的派出机构，行政级别为副地级，下辖管委办、经发局、财政局、政策法制局、建设规划局、招商局等20个直属单位。秦皇岛开发区管委领导成员为：管委主任胡英杰，管委副主任郑宝亮、李生、邵宏根、李颖熹、扈秋宁、郭晓城、刘洪柱、何华庆、吕爱国。

（秦皇岛经济技术开发区管委会）

天津经济技术开发区（南港工业区）

【经济发展】 2011年，天津经济技术开发区（南港工业区）（以下简称天津开发区）实现地区生产总值1908.45亿元，可比增长24.9%，占滨海新区比重30.1%。其中，第二产业增加值完成1468.91亿元，可比增长27.6%，第三产业增加值完成439.54亿元，可比增长16.3%，第二、三产业比例为77:23。工业总产值突破6000亿元大关，实现6102.84亿元，同比增长20.1%，占滨海新区比重48.1%。固定资产投资完成550.14亿元，同比增长23.4%。财政收入完成403.56亿元，比2010年增长28.5%。完成税收收入341.86亿元，同比增长24.5%。进出口总额完成416.77亿美元，同比增长22.7%，其中出口完成198.45亿美元，增长20%，占滨海新区比重72.6%。

【产业发展】 2011年，电子信息、汽车、生物医药、食品饮料、新能源新材料、装备制造、石油化工、航天、现代服务业九大产业构架基本形成，以电子信息、汽车为代表的产值超过1000亿元的产业集群形成。以金融、物流、商贸、信息以及总部经济为代表的现代服务业聚集程度显著提高。作为滨海新区重要功能区，天津开发区坚持“三为主、二致力、一促进”（以提高吸引外资质量为主、以发展现代制造业为主、以优化出口结构为主，致力于发展高新技术产业、致力于发展高附加值服务业，促进区域向多功能综合性产业区发展）的方针，以企业发展带动产业发展和经济发展，推动结构调整和优化升级，打造高质化、高端化、高新化产业结构。

工业继续保持稳定增长。2011年，天津开发区实现工业增加值1430.67亿元，按可比价格计算，比2010年增长28.4%；实现工业总产值6102.84亿元，同比增长20.1%，其中外商及港澳台投资企业完成4966.16亿元，同比增长20.1%；内资企业完成1136.68亿元，同比增长21.3%。

重点企业继续发挥带动作用。2011年，天津开发区有12家企业工业产值超过100亿元。全区工业产值过10亿元的企业有79家，产值合计占全区的87.9%；产值超过1亿元的企业有278家，产值合计占全区的97.9%。俊安集团、一汽丰田、三星集团、渤海钻探、渤海装备、摩托罗拉、奥的斯、诺和诺德、立中集团、顶新集团等重点企业对全区经济发展发挥着重要作用。

产业结构继续升级。2011年，天津开发区电子通讯、汽车、装备制造、石油化工、生物医药、食品饮料、航天、新能源新材料等八大产业共完成工业总产值4758.86亿元，占全区工业总产值的78%，其中电子通讯产业完成产值1539.44亿元，占全区工业总产值的25.2%；汽车产业完成产值1054.41亿元，占全区工业总产值的17.2%；装备制造产业完成产值711.47亿元，占全区工业总产值的11.6%；食品饮料行业完成产值563.09亿元，占全区工业总产值的9.2%，石油化工产业完成产值494.31亿元，占全区工业总产值的8.1%；新能源新材料产业完成产值269.53亿元，占全区工业总产值的4.4%；生物医药产业完成产值122.4亿元，占全区工业总产值的2%。先进制造业继续做大做强。电子信息产业迅猛增长，通过实施“聚焦三星”战略，三星集团成为开发区首家千亿级企业集团。摩托罗拉平板电脑、富士康“三器”项目相继落户。汽车产业高速增长，长城汽车西区生产基地整车下线，通用汽车项目落户，整车及零部件企业不断聚集。装备制造业稳步增长，约翰迪尔、奥的斯增资，滨海环保装备、海芙德建筑、矽比科签约落户。航天产业积极推进，新一代运载火箭项目加快实施。生物医药产业蓬勃发展，金耀集团制剂园项目、天津医药集团医疗器械项目等先后落地，赛诺医疗增资。诺维信、诺和诺德二期项目投产。新能源新材料产业发展迅猛，维斯塔斯、茂联科技、瑞天化工等项目增资。食品饮料行业发展迅速，康师傅设立方便面、饮品、方便食品3家投资公司，联盟谷物、嘉吉食品、爱克林增资。石化产业快速增长，中石化LNG、壳牌润滑油等项目签约落户，中石化原油储备库、泰奥石化、林猷石化等项目相继奠基开工建设。

重点产品结构进一步优化。液晶显示模组、平板电脑、液晶显示器等电子产品，电梯、大型拖拉机等装备制造产品，太阳能电池、锂离子电池、铝合金等新能源新材料产品，方便食品、软饮料、乳制品等食品饮料产品都实现快速增长。

高新技术产业规模继续扩大。2011年，天津开发区高新技术企业实现产值1840.8亿元，同比增长11.4%，占全区工业总产值的30.2%。生物医药、航天技术、新能源新材料等产业对全区高新技术产业发展的作用不断提高。

工业经济效益水平继续提升。2011年，天津开发区工业企业实现主营业务收入6198.28亿元，比2010年增长19.5%，其中外商及港澳台投资企业实现5043.82亿元，增长20.3%。规模以上工业企业实现利润299.39亿元，比2010年增长16.6%。经济效益综合指数为285.08，总资产贡献率15.4%，资本保值增值率118.3%，成本费用利润率5.1%，产销率98.7%。工业全员劳动生产率45.46万元/人，按可比口径比2010年增长16.6%。

建筑业保持稳定发展。2011年，全区建筑业企业实现增加值38.24亿元，可比增长1.2%。完成建筑业总产值169.38亿元，同比增长33.6%，完成房屋施工面积1129.04万平方米。

第三产业保持稳步增长，交通运输、仓储和邮政业实现增加值37.14亿元，可比增长3.5%，批发和零售业实现增加值108.28亿元，可比增长17.9%，住宿和餐饮业实现增加值5.19亿元，可比下降0.7%，金融业实现增加值93.02亿元，可比增长12.7%，房地产业实现增加值15.34亿元，可比下降41.5%，其他服务业实现增加值160.06亿元，可比增长35%。

交通运输、仓储和邮政业稳步发展。2011年，各种运输方式共完成货运量2619.35万吨；旅客发送量6534.42万人次，增长22.2%，其中津滨轻轨全年共运送旅客2753.22万人（次），增长22.8%。截至2011年底，全区共有客货运输单位319家，客货营运车辆7418部，其中货运车辆6928部。

信息传输、计算机服务和软件业规模继续扩大。2011年，全区电信业务总量完成3.46亿元，固定电话长途电话通话时长4.67亿分钟，其中国际通话时长0.33亿分钟，IP电话通话时长0.9亿分钟。年末程控电话装机容量20.65万门，固定电话用户9.13万户。

批发和零售业高速增长。2011年，天津开发区完成社会消费品零售总额133.56亿元，同比增长13.3%。全年实现商品销售总额1690.93亿元，同比增长52.4%，其中，金属材料类商品销售额527.47亿元，增长75.5%；煤炭及制品类商品销售额390.35亿元，增长44.1%；石油及制品类商品销售额263.76亿元，增长71.2%；汽车类商品销售额113.35亿元，增长77.8%；化工材料及制品类商品销售额104.81亿元，增长40.9%。

住宿和餐饮业保持健康发展。2011年，天津开发区各宾馆实际住宿人次共计94.37万人（次），同比增长15.3%，其中境外旅客17.74万人（次）；营业收入13.27亿元，同比增长24.5%，其中餐饮业实现营业收入8.5亿元，同比增长49.1%。

金融业继续快速发展，金融创新效果显著，私募基金、融资租赁、国际保理、消费金融企业加速聚集。2011年，融资租赁业规模进一步壮大，工银、中联、兴业等融资租赁企业业务实现快速增长，融资租赁企业全年主营业务收入76.11亿元，增长111.7%。私募基金加速聚集，全年新设基金企业366家，认缴出资额382.38亿元。截至2011年底，区内共有银行机构36家，其中外资银行7家，银行营业网点94个；各类保险机构11家；上市公司6家，其中境外上市公司2家；基金类企业759家；融资租赁公司8家；专业交易市场10家；国际保理公司6家；财务公司2家；消费金融公司1家。

会展业持续发展。2011年，全区共举办展会22次，展览总面积30万平方米，累计吸引参观人数57万人（次）。

现代服务业加速集聚发展。金融创新类项目显著增多，全年人民币基金及基金管理公司注册366家，注册资本/认缴出资额总计382.4亿元。工银国际、汉威资本等基金相继落户。俊安中国、神州投资等投资公司均已落户。融资租赁、小额贷款公司、消费金融项目快速聚集，康正融资租赁、擎天融资租赁、恒运融资租赁、嘉融小额贷款、永旺小额贷款等项目相继入区，中联重科融资租赁等项目实现增资。服务外包业快速增长，服务外包园一期入住企业46家，腾讯数码、一重研发中心、中星电子、渣打银行财务共享服务中心等项目顺利实施。各类要素市场加速聚集，包括铁合金交易所、排放权交易所、滨海知识产权交易所、寿光蔬菜、元盛钢材在内的各类交易市场累计达到11家。会议会展、文化创意产业蓬勃发展，零售、商贸业态更加丰富，赛博数码广场、伊势丹百货、三菱等高端零售业项目顺利选址，永旺购物、友谊商厦成为滨海新区重要的新兴商贸圈。

【招商引资和利用内外资】 2011年，天津开发区新批外商及港澳台投资项目129家，办理增资项目389家，项目投资总额76.89亿美元；合同外资金额63.1亿美元，增长10.3%；实际使用外资金额43.5亿美元，增长20%。全年新设立登记内资企业969家，增加注册资本企业485家，新增内资企业注册资本821.16亿元，增长18.6%，其中新增民营企业789家，注册资本231.9亿元，增长50.3%。

项目质量不断提升。2011年，天津开发区新批外商及港澳台项目合同外资平均规模2303万美元，投资规模在1000万美元以上的有75家，新批《财富》全球500强项目4家。外商及港澳台项目合同外资增资金额38.52亿美元，平均增资规模1212.76万美元，增资额超过1000万美元的项目有30家。全年新设立内资企业平均注册资本2756.38万元，注册资本在1000万元以上的306家；内资企业平均增资规模1.14亿元，增资额超过1000万元的210家。

2011年，天津开发区制造业新批外资项目32个，增资项目312个，合同外资金额28.35亿美元；新注册内资企业30家，新增注册资本5.7亿元。康师傅方便面和饮品总部、约翰迪尔发动机和工程机械、胜达因工业设备、中石化LNG、巴斯夫聚氨酯、金耀集团制剂园、鸿富锦精密电子、三星视界移动、诺基亚西门子等优势产业项目的引进和增资，为全区经济持续增长注入新的动力。

以金融、服务外包、物流、贸易为代表的现代服务业项目保持高速增长和多元化发展的趋势。2011 年，天津开发区第三产业新批外资项目 97 个，增资项目 77 个，合同外资金额 34.75 亿美元；新注册内资企业 896 家，新增注册资本 248.58 亿元。吸引惠普数据中心、英伟达研发中心、搜狐视频、一重研发中心、赛博数码广场、伊势丹百货、三菱阳光、滨海知识产权交易所、寿光蔬菜交易所、工银国际、康正融资租赁、中联重科融资租赁等一批大型服务业项目落户或增资。

截至 2011 年底，天津开发区累计批准外商及港澳台投资企业 4999 家，项目投资总额 698.96 亿美元，合同外资金额 525.83 亿美元，实际使用外资金额 305.17 亿美元，项目平均投资规模 1398.19 万美元。其中投资规模超过 1000 万美元的项目有 957 家，投资规模超过 1 亿美元的项目有 62 家。全区共有内资企业 9233 家，注册资本 2412.24 亿元，其中民营企业 7312 家，注册资本 1230.54 亿元，注册资本在 1000 万元以上的内资企业达 1949 家。2011 年《财富》全球 500 强企业中，共有来自境内外的 82 家企业在天津开发区投资，投资项目达 185 个。一大批国际著名跨国公司，如美国摩托罗拉、IBM、惠普、可口可乐、百事可乐、哈里伯顿、霍尼韦尔、联合技术、菲利普莫里斯、约翰·迪尔、邦基，日本丰田汽车、丰田通商、雅马哈、矢崎、松下电器、电装、京瓷、出光兴产、伊藤忠商事、丸红商事、住友商事、佳能、三菱商事、永旺商业、三菱电机、三井物产、日商岩井、爱信、积水、日本邮船、川崎，韩国三星、现代、乐喜金星国际、浦项制铁，德国大众、大陆、蒂森克虏伯，瑞士雀巢，法国施耐德、拉法基、威立雅，英国葛兰素史克、BOC，荷兰阿克苏诺贝尔，丹麦诺和诺德、维斯塔斯，台湾地区鸿海、顶新、英业达、富士康，以及中石油、中石化、新兴重工、长城汽车等已经成为天津开发区的投资主体。

【科技创新】 优化科技创新体系，为天津开发区构建自主创新高地和高端产业高地提供强有力的支撑和保障。完善科技融资体系和科技服务机制，形成政府、银行、担保机构、企业“四位一体”融资模式，2011 年协助 95 家科技类企业通过风险投资、担保、银行贷款、设备租赁等方式融资 9.4 亿元。加大对科技型中小企业帮助扶持力度，对科技型中小企业实行“一站式”认定和“一企一策”服务，帮助有发展潜力的 55 家企业申报科技小巨人周转资金项目。科技发展集团发挥资源整合优势，提高统筹服务中小企业水平。组织专业辅导，积极协助膜天膜、国韵生物、天隆种业、凯莱英等 10 家科技小巨人企业筹备上市工作。投入科技发展金和科技风险金 1.85 亿元，截至 2011 年底，天津开发区累计投入科技发展金和科技风险金 25.06 亿元。

科技载体和科技平台建设不断加快，科技资源集聚效果显著。生物医药产业孵化转化载体入选天津市首批孵化转化载体。生物医药联合研究院已经吸引国内外 180 余家研发团队入驻。国家超级计算天津中心已建成石油勘探、生物医药、动漫设计、高端装备制造等 4 个信息处理平台。截至 2011 年底，区内共有各类孵化器 12 家，孵化场地面积 48 万平方米，在孵企业 480 家，工程技术研究中心 35 家，企业技术中心 32 家，跨国公司研发中心 55 家，风险投资公司 80 家，设立企业博士后工作站和博士后创新实践基地 81 家。

科技创新和研发活动活跃，科技产业化成效凸显。2011 年，天津开发区共申报各类科技创新项目 380 余项，有 150 个项目列入天津市级以上科技计划项目，获得政府资金资助超过 1.2 亿元。8 个品牌入选天津著名品牌，2 家企业荣获国家一类新药批复。认定高新技术企业 26 家，累计达到 184 家；认定技术先进性服务企业 1 家，累计达到 12 家；认定软件企业 2 家，累计达到 49 家；认定科技型中小企业 651 家，累计认定 2003 家。全年技术交易总额 7.08 亿元，累计实现 34.02 亿元；完成技术合同登记 395 份，累计完成 1966 份；科技成果鉴定登记 32 项，累计登记 168 项。

【社会事业与文化建设】 民计民生工作成绩显著。2011 年，天津开发区从业者人均劳动报酬增长 15%，为近年来最高增幅。新增就业岗位 7 万个，完成全市下达任务指标的 202.4%，同比增长 88.5%。新增青年就业见习基地 10 家，新增青年就业见习人员 500 人，全年应届毕业生在开发区就业人数达到 8000 人。大力推行企业工资集体协商，协商企业总数超过 350 家，协商职工总数达 15.5 万人。开展面向外来务工人员的“春风行动”，全年培训人数达 1.5 万人。落实各项民政计生政策，保障民计民生。社会保障事业稳步发展。积极开展社保扩面，养老保险、医疗保险、工伤保险、生育保险、失业保险均完成计划指标。新增社会保险投保单位 396 家，全区累计投保单位达到 4625 家。养老、医疗、失业、工伤、生育及子女医疗五个险种社会保险征缴 41.52 亿元，增长 31.4%，其中基本养老保险缴费额为 26.13 亿元，医疗保险缴费额为 9.94 亿元。全年发放养老保险 1.86 亿元，共向 8184 名离退休人员发放养老金。

教育体系日臻完善，教育水平持续提升。2011 年，开发区国际学校、枫叶国际学校二期改造完成，第三小学、第七幼儿园、泰达保育院开工建设，公办中小学一次性通过义务教育学校现代化达标工程验收，形成优质均衡的基础教育条件。截至 2011 年底，全区共有各级各类学校 20 所，其中大学 4 所、民办学校 5 所；在校学生 3.7 万人，其中大学生 2.6 万人、中小学生 0.72 万人、在校学生中外籍学生 800 人。幼儿园 8 所，入学儿童 2475 人。教职工 2500 人，其中外籍教师 120 人。

医疗卫生保障水平进一步提升。2011 年，泰达国际心血管病医院管理体制和运行机制创新得到国家重视和推广，医疗保险跨省实时联网结算成为全国首创。泰达医院评定“三甲”工作全面启动。泰达普华医院成为天津市首家高标准中外合资医疗机构，泰达新世纪妇儿医院正式落户。成立社区卫生服务中心，实现社区卫生服务在开发区的全覆盖，区内首家由外资承办的社区医疗机构——天津滨海福瑞门诊部对外开诊。截至 2011 年底，天津开发区拥有 8 家综合性医院、3 家专科医院，18 家社会力量办其他医疗机构、1 家社区卫生服务院、56 家企业保健站，拥有各类卫生技术人员 1556 人，其中高级职称卫生技术人员 244 人，病床 1206 张。全年诊疗 104.3 万人（次）。

多层次构建文化发展平台。建成泰达移动图书馆档案馆服务平台，泰达图书馆在全市率先实现馆藏纸本和数字资源在移动终端的一站式搜索。完善区内网络服务配套环境，建立 IP 互动电视平台，促进广电网络事业发展。泰达足球队夺得 2011 年度中国足协杯冠军。泰达档案馆 2011 年档案借阅利用 2 万人（次），馆藏档案资料 45 万卷（件）；泰达图书馆馆藏图书文献总量 111 万册，镜像数据总量 1 亿余篇，全年累计接待读者用户 84.6 万人（次），图书借阅量 18.3 万册（次）。共有体育场 11 处，总面积 10 万平方米，社区、学校、公共场所、企业内体育设施 629 处（所）。

城市管理创新取得新成绩。成立泰达街道办事处。社区管理全面落实“泰达模式”，社区工作受到党和国家领导人的关注和肯定。成立公寓管理中心，形成天津开发区公寓管理新模式。数字城管系统作用显著。2011 年末，全区共成立 7 个社区、7 个社区居委会，建立 22 个社区志愿者服务站和 61 支社区志愿团体，全年组织志愿活动 2082 次，志愿服务时间 18 万小时。全区共有全民健身场所 21 个。社会救济、优抚安置、老龄、民族和宗教、计划生育等工作落到实处。

【机构设置与管委会领导】 天津开发区管委会及党组设置如下部门，即：管委会（党组）办公室、党建工作部、企业党委、开发区工会、西区办公室、财政局、人力资源和社会保障局、政策研究室（法制局、司法局）、经济发展局、投资促进领导小组办公室、投促一局、经发局（滨海新区工商行政管理局开发区分局）、外事局、贸易发展局、建设和交通局（规划和国土资源管理局）、教育文化卫生体育局、城市管理局、安全生产监督管理局、公用事业局、科技发展局、审计局、发展和改革局、环境保护局、南港综合办、南港规建局、南港经发局（投促四局）、投促二局、投促三局、南部新兴产业区。

天津开发区领导成员为：中共天津开发区管委会党组书记、管委会主任何树山，天津开发区管委会副主任孙胜、王强、张军、艾亚民、张东昇、郎东、施扬、马玫，天津开发区管委会副巡视员王恺、王俊明。

（天津经济技术开发区管委会）

烟台经济技术开发区

【经济发展】 2011年，烟台经济技术开发区（以下简称烟台开发区）完成地区生产总值985亿元，增长21.8%；完成工业总产值3200亿元，增长25%；实现地方财政收入48.8亿元，增长39.4%。

【投资环境】 烟台开发区坚持城市规划、城市经营和经济建设一体化推进，聘请国内外一流的城市规划院所，在原有规划的良好基础上，对全区进行了新一轮战略规划研究。按照“提升东部、完善中部、拓展西部”的城市发展思路，高水平完成了滨海景区、长江路、衡山路等7个重要区片的详细规划，形成新一轮的全覆盖规划体系。坚持以重大基础设施的规划布局引领城市发展，2011年完成基础设施投资55亿元。以争创全国文明城市为契机，大力加强城市管理和环境综合整治，城区形象和环境水平得到较大提升。政务服务中心正式启用，在全市率先实现“两集中、两到位”改革，行政审批和政务服务工作迈上新台阶。

【主导产业】 烟台开发区累计注册各类企业16800余家，其中工业企业3000余家，外商投资企业1280余家，构筑起机械制造、电子信息两大主导产业和汽车、手机、电脑、船舶、装备制造等优势产品集群，成为全国重要的汽车工业基地、电子信息产业基地和装备制造业基地，培育了生物医药、新材料、新光电三大新兴产业。2011年，机械制造、电子信息两大产业完成产值2400亿元，103家企业产值过亿元，23家企业产值过10亿元，5家企业产值突破百亿元，利税过亿元企业达到24家。坚持依托工业化和城市化，大力繁荣发展现代服务业，2011年全区服务业增加值占GDP比重达到22.6%。

【招商引资】 烟台开发区坚持把招商引资作为第一要务的核心，落实招商责任、强化招商力量，新引进世界500强投资项目7家，累计达到57家；新引进项目876个，总投资112.2亿元，其中外商投资项目34个，总投资13.9亿美元；实际使用外资7.3亿美元，增长38.7%。外经贸快速发展，2011年进出口总额327.7亿美元、出口185亿美元。把企业上市作为可持续发展和产业培育的战略性任务，2家企业成功上市，上市企业合计4家。大力实施“走出去”战略并取得积极成效，中俄工贸合作区通过市场化运作成功引进世界500强、央企中航国际参与重组，并顺利通过国家商务部、财政部联合确认考核。

【科技创新】 2011年，烟台开发区实现规模以上工业企业高新技术产业产值2170亿元，比2010年增长22.2%，占规模以上工业总产值的比重达75.8%；新增市级技术中心2家，累计国家级企业技术中心2家、省级7家、市级12家；新增省级工程技术中心2家、市级3家，累计国家级工程技术中心1家、省级10家、市级6家。完成专利申请1607件，专利授权814件，其中发明专利授权64件。承担火炬计划项目4个，累计达到310个；科技攻关和新产品开发项目65个，累计达到1767个；取得科研成果19项，累计达到721项；新增省级以上著名商标7件，累计28件；引进国家“千人计划”7人、省“泰山学者海外特聘专家”6人。

【社会事业】 烟台开发区以城市化理念统筹城乡发展，2011年民生投入21.9亿元，占财政支出47.5%，增长50.7%。全面落实校舍安全工程，全年改扩建学校18所；高度重视就业再就业工作，新增就业再就业7.2万人，失地居民就业率达到85%以上；不断完善社会保障，医院门诊大楼、社会福利中心敬老院投入使用。城镇居民收入、农民人均收入分别达到34715元和14925元。

【机构设置与管委会领导】 烟台开发区管委会有23个工作部门，公务员编制258名。国税、地税、工商、海关、商检、国家安全局、技术监督局等省市垂直管理单位在区内均设有派驻机构。

烟台开发区领导成员为：烟台市委常委、开发区工委书记、管委会主任王曰义，工委副书记、管委副主任陈文晔，工委副书记谭维忠，管委会副主任高松敏、孙军、苏智、孙夜晓、王宏峰、李国友、刘建民、于少轩、杨林盛。

（烟台经济技术开发区管委会）

青岛经济技术开发区（黄岛区）

【经济发展】 2011年，青岛经济技术开发区（黄岛区）完成地区生产总值1174.6亿元，增长13.1%；完成第二产业增加值750.12亿元，增长12.3%；实现第三产业增加值420.28亿元，增长14.7%。工业总产值3500亿元，增长15%。辖区地方财政一般预算收入65.8亿元，增长24%。固定资产投资442.68亿元，增长23.2%；社会消费品零售总额122.8亿元，增长18%。金融系统本外币各项存款余额628.71亿元，增长7.6%；各项贷款余额513.23亿元，增长11.8%。城镇居民人均可支配收入31420元、农民人均纯收入13976元，分别增长14.4%、17.4%。

【投资环境】 开发区已建成青岛前湾港、黄岛油港、胶黄铁路、环胶州湾高速公路、胶州湾跨海大桥、胶州湾隧道、国际国内电话交换站、移动通讯基站等一批大型交通通讯能源设施以及区内的道路、供排水、供电、供热、供气等市政环保设施。青岛流亭国际机场距开发区53公里，通过环胶州湾高速公路可直达。目前开通国际航线的国家、地区和城市有：汉城、釜山、大邱、中国香港、中国澳门、新加坡、曼谷、福冈、东京、大阪、法兰克福。同三高速、青兰高速纵横区境。胶州湾跨海大桥、胶州湾隧道开通，加速了胶州湾东西两岸经济社会的融合。前湾港港口货物吞吐量3.9亿吨，集装箱吞吐量1300万标箱，黄岛口岸进出口货值达1400亿美元。投资软环境持续改善。施行“一站式”审批，推进“零收费区”建设，设立机关效能投诉中心，机关效能建设走在全省、全国前列。省级综合配套改革试点工作全面启动，被商务部批准为首个

“国家级开发区体制机制创新试点”单位。

【产业布局】 高水平规划建设前湾新港城、凤凰国际旅游岛、国际生态智慧城、石化产业循环经济园区、北部产业新城“五大板块”，深入实施蓝岛、绿岛、智岛“三大计划”，搭建转方式调结构新载体。前湾新港城，重点发展港航物流、航运金融、大宗商品交易、汽车和海洋装备制造等产业，完善集疏运体系和航运服务功能，建设山东（青岛）航运中心，打造第四代国际港口。凤凰岛国际旅游岛，重点发展休闲度假、影视文化、现代商务、节庆会展、海上旅游等产业，创建国家级旅游度假区，打造中国北方最佳滨海旅游岛、国际知名休闲旅游度假区。国际生态智慧城，重点引进建设信息服务、创意设计、科教研发等行业领域的产业项目，突出培育战略性新兴产业和高技术服务业，打造低碳生态、宜居宜业、可持续发展的示范引领区。中德生态园正式奠基，成为对外开放和国际合作的新平台。石化产业循环经济园区，重点发展炼化一体化、石化新材料、油品交易等产业，全面提升产业发展、安全环境监管、生态建设水平以及黄岛老城区环境，建设国家级循环经济区。北部产业新城，重点发展通用航空、新能源等战略性新兴产业，打造青岛西海岸蓝色产业城区。坚持集群、高端、低碳发展，构建以蓝色经济为特色的现代产业体系。港口、家电电子、石化、汽车、造修船、海洋工程“六大产业集群”全面进入产出期，集群产值占规模工业产值的70%以上，5年内将形成产值过千亿元产业集群3个。拥有家用电子产品产业园、船舶与海洋工程新型工业化产业示范基地、船舶出口基地三个国家级产业园区，山东通用航空产业园落户出口加工区。服务业成为新的增长点，服务业增加值占生产总值的35%以上。旅游业实现井喷式增长，全年接待游客突破1000万人（次），旅游业总收入55亿元，分别增长64.7%、62%。

【招商引资】 新批外商投资项目95个，其中过千万美元项目33个，总投资23.41亿美元；合同利用外资12.08亿美元；实际利用外资7.64亿美元，增长35.7%。实际利用内资115亿元，增长14%。截至2011年底，已有57个国家和地区的客商到区投资，引进投资过千万美元项目495个、投资过亿美元项目26个、世界500强投资项目67个；引进过10亿元内资项目21个。

【科技创新】 制定现代产业发展扶持政策，中国电信、山东高速物流、武汉光谷等一批新兴产业大项目加速集聚。服务外包从业人员及离岸执行额实现翻番增长。人才智力彰显新优势，2011年引进大专以上学历毕业生1.2万人，其中硕士、博士896人，驻区高校毕业生区内就业率提高到12.7%，3人入围中央“千人计划”答辩评审，被评为山东省首批“人才工作先进单位”。大力发展智慧经济，省部级以上研发机构达到44家，高新技术产业实现产值1605亿元，占规模工业总产值的58%，荣获“全国科技进步考核先进区”称号。

【城区建设】 青岛胶州湾大桥和隧道正式通车，进入与青岛一体化发展的同城时代。加快全域城市化，已完成和正在进行改造的社区达73个，建成区面积扩大至75平方公里，城市化率提升至82.5%。农村社区集体经济发展用房配建标准由每人1.14平方米提高到6平方米，试点区域增至12平方米。加大保障性住房开发力度，新开工建设各类保障性住房53万平方米、4500余套。完成辛安前河等河道综合整治，建成隧道连接线、薛家岛充换电站等一批重要基础设施，隧道连接线绿化、唐岛湾南岸滨海公园荣获“人居环境设计金奖”。城区绿化覆盖率提高到45.5%，空气质量优良率保持在92%以上。

【西海岸出口加工区】 2011年，新开工建设项目8个，实现合同利用外资1.3亿美元，实际利用外资5049万美元，园区工业生产总值实现8.1亿元，主营业务收入实现7.34亿元，税收总额4550万元，进出口总额实现1.7亿美元，其中出口8135万美元。

截至2011年底，园区注册项目26个，累计实现工业总产值23.2亿元，固定资产投资累计16.69亿元，总投资达6.1亿美元，注册资本金3.3亿美元，合同利用外资4.38亿美元，到账外资1.6亿美元。园区累计实现进出口3.53亿美元，实现税收1.29亿元（含海关关税）。

【社会事业】 民生福利不断提升，城乡居民幸福感显著增强。设立年度4000万元的全民创业扶持资金，扶持创业1300人，创业带动就业3200人，农村富余劳动力转移突破万人，城镇登记失业率始终保持在2%以内。城乡低保标准分别提高到每人每月440元、300元，新农合筹资标准提高到每人每年340元，保障水平走在全国前列。集中供热普及率提高到76%以上，开通桥隧公交线路，居民生活品质进一步提升。总投资1.53亿元的实验初级中学投入使用；新建、迁建、改扩建中小学和幼儿园15所，荣获全省“学前教育先进区”称号；北京电影学院现代创意媒体学院实现首批招生，西海岸职业教育有限公司注册成立。加强公共文化服务体系建设，形成1处区级文化艺术中心、6个街道文化活动中心和131个社区文化活动中心的基层文化服务网络，成功举办第十三届金凤凰奖颁奖典礼。体育事业健康发展，增设便民体育设施，中国大学生沙滩排球训练基地成功落户。总投资10.8亿元的西海岸医院正式开诊，其建筑荣获“鲁班奖”。社区卫生服务体系日益完善，医药卫生体制改革让全区人民广泛受益。成功创建全国残疾人工作示范城市。

【机构设置与管委会领导】 青岛开发区工委（区委）工作部门有：青岛市纪委经济技术开发区工委、黄岛区纪律检查委员会机关、工委（区委）办公室、组织部、宣传部、统战部、政法委、区直机关工作委员会。管委（区政府）工作部门有：发展和改革局（物价局、中小企业发展局）、教育体育局、科学技术局（知识产权局、科协）、财政局、劳动和社会保障局（民政局）、城市建设局（人民防空办公室）、市国土资源与房屋管理局黄岛国土资源分局、交通局、农村经济发展局（林业局、水利局、畜牧兽医局）、海洋与渔业局、安全生产监督管理局、对外贸易经济合作局、卫生局（人口和计划生育局）、审计局、统计局、旅游局、行政执法局（市政公用局）、重点工程局、临港开发建设局、日韩投资促进局、欧美亚投资促进局、港澳台投资促进局、国内投资促进局、出口加工区管理局。

中共青岛市委经济技术开发区工作委员会（中共青岛市黄岛区委员会）领导成员为：书记张大勇（青岛前湾保税港区工委书记），副书记孙恒勤、曹峰，常委于东明、张建刚、车贵正、庄贵相、刘鲁强、逯鹰、王艳。

青岛经济技术开发区管理委员会（青岛市黄岛区人民政府）领导成员为：主任张大勇，副主任孙恒勤（副主任）、张建刚（副区长）、郭继山（副主任）、王崇江（副区长）、孙大贵（副区长）、刘鹏照（副主任）、明秀云（副主任）、柴方利（副区长）、韩冠智（副主任）、孟庆胜（副主任）、张磊娜（副区长），主任助理陈国良。

青岛经济技术开发区（黄岛区）管委会

南通经济技术开发区

【投资环境】 南通经济技术开发区（以下简称南通开发区）南靠长江、东临黄海、紧邻上海，地处长三角核心区域，拥有水、陆、空立体式交通网络，世界第一斜拉桥——苏通长江大桥和崇启大桥两大过江通道，将开发区与国际大都市上海有机连接，1小时可到达上海，3小时内可到达长三角地区各大城市；宁启高速、沈海高速、沿江快速、新长铁路、宁启铁路交错汇集；开发区毗邻上海虹桥机场、浦东国际机场，南通机场与国内相关主要城市开通了航线；吞吐量近2亿吨的南通港，与世界300余个港口通航。区内基础设施配套完善，实现了“九通一平”。开发区始终恪守“为投资者服务，让投资者盈利”的服务宗旨，为中外投资者辟有“绿色通道”，在项目审批、项目建设、企业通关等方面，提供全面、优质、高效、专业的“一站式”、“保姆式”服务。

【产业发展】 南通开发区高起点规划建设了“五园三区”（精密机械产业园、电子信息产业园、装备制造产业园、医药健康产业园、新材料产业园等5个先进制造业园区和能达商务区、综合保税区、城郊型商业集聚区等3个现代服务业集聚区）特色产业发展平台，为产业发展提供载体支撑和空间保障。先后吸引30余个国家和地区700余家外资企业落户区内，总投资超过110亿美元，其中世界500强跨国公司入区设立企业60余家，初步形成了以东丽合纤、帝人化纤等为代表的现代纺织产业群，以清华同方LED项目为代表的光电子产业群，以振华港机、高丽钢线、宝钢日立等为代表的现代装备制造业产业群，以申华化学、迈图高新等为代表的新材料产业群，以百奥生物、联亚联科等为代表的新医药产业群，以韩华太阳能电池、龙源风电为代表的新能源产业群，以携程呼叫中心等为代表的服务外包产业群。2011年，现代装备制造、精细化工、纺织及造纸、粮油食品四大主导产业板块实现产值940亿元，增长26.5%；产值超亿元企业突破130家。全年实现高新技术产业产值406.2亿元，增长37.3%，占规模以上工业总产值的39.4%；实现服务业增加值43.2亿元，占GDP比重比2010年提高1.8个百分点。

【招商引资】 南通开发区不断深化产业招商，重点招引现代装备制造、精密机械、电子信息、新医药、新材料、现代服务业等产业项目。2011年新增工商登记注册外资6.56亿美元，实际利用外资6.43亿美元，新批外商投资项目31个，增资项目16个，其中超千万美元项目12个。全年进出口总额40亿美元，增长12.8%；其中出口22亿美元，增长15%。全年累计认定服务外包企业31家，其中超千万元企业16家。SKC功能薄膜、日立化成、科聚亚聚氨脂、万洲丙烯酸、吉宝湖畔地产等一批重大项目成功落户，中国二维码技术研发应用基地揭牌成立，苏中苏北地区首家外资银行——日本名古屋银行开业运营，爱信精机汽车零部件研发中心、翔龙红石信息技术、蜜柑动漫、瑞思医药研发、嘉骏信息科技、欧虎软件等一批现代服务业项目落户运营，国际软件园获批为“江苏省软件和信息服务产业园”。

【科技创新】 南通开发区设有创业投资引导基金，对高新技术企业提供融资担保；设有科技进步奖励基金，对企业研发投入、重特大科技项目立项、创新平台建设等均按照不同层次给予相应的奖励扶持。2011年共申报国家级高新技术企业7家，列入国家级科技计划项目9个、省级科技计划项目7个，获得省级以上科技扶持资金4387万元，新增孵化器面积5.5万平方米。专利申请数5139件，增长60.4%；专利授权数2475件，增长88.6%；其中发明专利授权88件，增长184%。

【园区建设】 南通开发区突出产城融合，推动功能提升，着力建设现代化新城区。2011年新开工基础设施和城建工程总投资17.5亿元，星湖大道改造、新开北路大桥、新开南路改造等26个路桥工程如期竣工，出口加工区二期、汽车城周边道路、同方科技配套等基础设施建设基本完成，污水处理厂扩容，污水排江口迁建，输变电站扩容新建等工程加快推进。开发区中心区城市设计完成中间成果，城市核心区能达商务区内能达总部大厦、润华国际五星级酒店、益兴总部大厦、金融财富大厦、创业外包服务中心二期等重大项目快速推进，星湖商业中心入选“江苏省高品质城市空间示范项目”。

【人才建设】 用足用好国家、省市出台的人才引进各项政策，进一步整合全区人才、科技扶持政策，南通开发区围绕电子信息、新医药、新能源、软件和服务外包等新兴产业，加大人才投入，大力实施“星湖人才”计划，2011年引进海外高层次人才33名，签约海外高层次人才工作站1家，1人入选国家“千人计划”，5人入选江苏省“双创计划”，9人入选南通市“江海英才引进计划”。

【社会事业】 “三农”工作扎实推进，农民人均纯收入12540元，增长13.42%。社会保障体系不断完善，全区新农保参保率98%以上，医疗保险参保率99%，被征地农民纳入企业职工养老保险工作全面启动。国际学校建设有序推进，素质教育水平不断提升。医疗服务体系进一步健全，基本药物制度深入推进。出台全区社会管理创新十大体系建设标准，32个社会管理创新项目基本实现预期目标。反腐倡廉工作成效明显，被江苏省委、省政府评为“全省纪检监察工作先进集体”。

【管委会领导】 中共南通市经济技术开发区工作委员会领导成员为：书记屈宝贤，副书记羌强、严宪、陈晓东，委员张海涛、范新泉、董克新、丁秉华、陈强、陈琦、王世瑞、范志强、周少华、李玲、李晓斌、刘锋。南通市经济技术开发区管理委员会领导成员为：主任羌强，副主任严宪、陈晓东、张海涛、范新泉、董克新、陈强、陈琦、王世瑞、池宇。

（南通经济技术开发区管委会）

连云港经济技术开发区

【经济发展】 2011年，连云港经济技术开发区（以下简称连云港开发区）实现地区生产总值255.5亿元，比2010年增长23.2%；规模以上工业总产值803亿元，增长33.6%；财政总收入79.2亿元，增长26.2%，其中一般预算收入28亿元，增长25.6%；实际利用外资3.47亿美元，增长8.4%；出口总额14.7亿美元，增长47%；固定资产投资152亿元，增长25.2%，其中工业投入110亿元，增长25.3%。销售收入过100亿元的企业1家，过50亿元的2家，过10亿元的16家。在参评的90家国家级开发区中，连云港开发区综合实力排名23位。入选“中国最具投资潜力百强开发区”。

【招商引资】 2011年，连云港开发区新批准外资项目30个，项目总投资12.9亿美元，项目平均规模4302万美元，同比增长8.7%。总投资50亿元的150万吨PAT项目、总投资10亿元的金康和信项目及柯奇新能源太阳能电池片项目、总投资6.5亿元的国农生物肥料项目、总投资4.6亿元的华海诚科新材料项目等一批重点项目入驻区内。罗盖特（中国）精细化工有限公司增资项目完成报批，增加总投资2亿欧元、注册资本1亿欧元，到账外资5000万美元。

【科技创新】 高新区升级国家级高新区通过科技部专家组考察，进入培育期。国家生态工业示范园区创建通过省预审，获批苏北唯一的省级“两化融合示范区”以及省级“软件和信息服务园区”，获设省级“博士后创新实践基地”。区内6家企业成为省十大自主创新成就主要技术支撑单位。新设立江苏创新药物研究院、国电工程研究中心等省级科研平台14家。恒瑞集团成为全国第一家制剂产品通过美国FDA认证的企业。2011年新增省级高新技术企业3家、省创新型企业3家、信息化标杆（两化融合）企业3家，孵化器在孵企业57家；已开发新产品新技术245项，专利申请130项。全年完成高新技术产值350亿元，占工业总产值比重43.5%；全区研发投入6.38亿元，占GDP比重3.2%。

【项目建设】 连云港开发区主攻新兴产业，开展了“项目建设加速年”活动，全年新批准内外资项目113个，投资总额385亿元；建设项目194个，投资总额862亿元，其中，新开工总投资3540万美元的暨明医药、总投资10亿元的金康和信医药等项目85个；新竣工总投资37亿元的天洋汽车，总投资20.8亿元的韩华新能源三、四期等项目68个。“五园五中心”建设迅速推进，国家新能源产业和中小企业科技创新与成果转化示范园形成基础设施框架，其中国家软件园、中国重工工业机器人等项目落地建设；中科院能源动力研究中心初具实验条件，清洁能源创新产业园育成区启动建设；豪森医药研发中心、恒瑞豪森医药产业园一期、康缘现代中药创新产业园一期完成建设工程；国内首家省级高性能纤维检验中心投入使用，国内唯一的T700碳纤维千吨生产线试生产；中日（连云港）生态科技产业园上升为中日两国政府合作项目，建成规划展示中心，中日纳米研究院揭牌成立。

【园区建设】 2011年，连云港开发区工城并进、园当城建，累计完成基础设施投入16.35亿元，形成固定资产8.75亿元，回填场地513公顷，建成道路11.38公里，配套公用管网16.14公里，铺设供电线路58公里。新增绿地66万平方米。重点建设“一城一轴一片一圈”：连云新城完成投资7.6亿元，完成汇海路、云湖路等8条道路路基工程，基本建成汇海路大桥、新光路大桥等9座桥梁，完成场地吹填131公顷，形成可出让用地77.4公顷；花果山大道两侧已有企业总部、研发中心、商务办公、文化创意等30余个项目抢滩进驻；新海连商务大厦暨服务外包中心主体竣工，高品质建成昌圩湖、曹圩湖2个景观工程。中科院办公区已建成投运，中心实验区已完成5个主要单体、7个辅助单体在内的土建工程；华东城建设速度加快，其皮革交易市场投入营运，光伸国际购物中心开盘，金三角商业广场开业。

【产业园建设】 新医药产业园。江苏省创新药物研究院已投入运营；累计新增投入1263万元，新增仪器设备43台（套）；19层的康缘中药制药过程新技术国家重点实验室（A楼）已完成地下室工程施工，地上部分进展到主体13层施工；B楼、C楼中试研究平台已完成内部装修，正在进行设备调试；现代创新中药产业园中药饮片项目已开工建设。新材料产业园。省级高性能纤维检测中心完成实验楼改造安装及道路、绿化等配套工程，已全面建成并投入运行。中日（连云港）生态科技园。制作完成规划模型、宣传手册，启动园区基础设施建设，场地回填40公顷；启动标准厂房建设，组建合资公司，完成园区展示中心建设的任务。清洁能源创新产业园。完成清洁能源产业园规划，一期工程实验区已竣工2万平方米，在建、拟建0.3万平方米；办公区1.6万平方米已投入试运行，科研人员陆续入驻；研究中心的道路、绿化景观等已逐步完善。连云港开发区与中科云博公司成功签订《育成产业园合作共建协议》，中科云博公司进行前期规划、设计等工作。国家新能源产业和中小企业科技创新与成果转化示范园区。2011年1月成立管理委员会，10月出台示范园区及国家软件园投资扶持政策，12月底形成园区基础设施建设框架，基本完成4条道路、2个节点景观工程，完成项目场地回填133公顷。启动国家软件园项目一期总建筑面积5万平方米的科研办公楼工程。全年入园项目10个，其中汉唐新能源汽车及动力电池项目已举行开工仪式；工业机器人项目已开工建设；光大鸿瀚移动通信电脑项目正在积极洽谈生产线订制。

【人才建设】 连云港开发区不断强化对科技人才的政策激励，集聚国家"千名计划"人才4名，新增省"双创"、"333"工程人才24名，引进全市唯一的省"双创"团队，荣获"江苏省人才工作先进区"称号。截至2011年底，全区各类人才总量达3.2万人，每万名人口中拥有人才数1066人，高层次人才1583人。其中，国家"千人计划"人才5名，享受国务院特殊津贴8人，第四期省"333工程"人才48名，省"创新团队"1个，省"双创计划"23人，省"企业博士聚集计划"17人。市"521工程"15人、市"555工程"14人。海外留学归国人员192人，硕士、博士532人。

【投融资体制改革】 江苏新海连集团发展有限公司继续推进公司实体化运作，不断健全现代企业管理制度，发行15亿元二期债券进入国家发改委审批环节，新增融资余额8.06亿元，成立苏中苏北首家科技小额贷款公司，通过股权质押、创业贷款、三源公司担保等多种方式，为成长性创新型企业、中小企业提供资金支持。集团权属公司15家，其中全资公司9家、参股公司6家。

【社会事业】 连云港开发区农民人均纯收入突破1万元。建成藤花落农贸市场、猴嘴宋跳农贸市场、中云社区卫生服务中心门诊楼主体工程等公共服务设施，新竣工猴嘴安置小区等安置房面积5.3万平方米。连云港高级中学建成，大港中等专业学校通过省"四星级"验收，1.52万平方米的宋跳小学启动建设。成功举办连云港开发区首次大型体育运动会。汉东海孝妇祠列入"市首批非物质文化遗产名录"。启动第二次地名普查，录入并标注地名500个。完成《连云港经济技术开发区志（1984~2005）》初稿编纂工作并启动区志下限后延工作。全区社会保险参保企业586家，参保55454人，较2010年同期增长10.9%。新农保全区参保15244人，参保率达99.2%。成立区基本药物代采办公室，设立基本药物采购结算专用账户和采购周转金80万元，3个社区卫生服务站通过省级示范社区卫生服务站验收。11个城市社区、6个农村社区全部达到星级和谐示范社区标准，区内公众安全感测评名列全市第一。

（连云港经济技术开发区管委会）

上海漕河泾新兴技术开发区

【经济发展】 2011年，上海漕河泾新兴技术开发区（以下简称漕河泾开发区）实现销售收入2331.6亿元，比2010年增长6.5%，其中第三产业收入突破1069.4亿元，同比涨幅32.1%，占总销售收入的45.8%；地区生产总值（GDP）752.5亿元，比2010年增长12.3%；税收收入65亿元，同比增长11.7%；进出口总额179亿美元，同比持平。

漕河泾开发区2011年获“国家海外高层次人才创新创业基地”授牌，被认定为首批市“数字园区”和首批“上海市信息服务产业基地”，并再次通过“上海市著名商标”和“上海品牌园区”认证复评。在商务部国家级经开区的投资环境综合评价体系中，漕河泾开发区位列第八，其中发展与效率指数蝉联第一。

【投资环境】 为全面完善园区综合投资环境，漕河泾开发区2011年继续推进生态园区、智慧园区、国际园区“三大园区”建设。生态园区建设方面，开发区初步实现“产业高端、资源高效、生态安全、机制创新”的创建目标，完成国家生态工业示范园区规划指标并顺利通过市级验收；获评“节水型工业园区”。

智慧园区建设方面，开发区被认定为首批5家市“数字园区”之一；与中国移动上海公司签署《战略合作框架协议》，完成19个办公楼宇和厂区的宽带接入和无线热点覆盖工程并开通应用。

国际园区建设方面，截至2011年底，漕河泾开发区在国内外的友好园区数量已增至44个，其中国外17个、国内27个，进一步加强与友好园区的双向交流和人员互访。

【招商引资】 漕河泾开发区实施“大招商”战略，进一步突出第二、三产业并举和内外资并举，在产业结构调整、转型发展等方面取得新突破。新引进项目389个，其中外资项目59个；新增注册资本约15.2亿元，其中外资5800万美元。

2011年7月6日，漕河泾开发区举行首次“大招商”推介会暨项目签约仪式，签署内外资项目10个，总投资额2.9亿美元，其中8个为世界500强项目。通过开发区搭建的统一招商平台，漕河泾各园区间全年互相推介项目72个，涵盖电子信息、汽车、新材料、新能源等产业；成功完成佛吉亚、百事、福彩中心、科华生物、都福等5个项目签约。

新漕河泾国际商务中心两幢38层超高层办公楼招商工作取得重大进展，先后引进了一大批国内外知名企业，包括：美国财富500强、多元化全球制造商都福公司设立的管理中心；新兴动漫公司——浙江甲壳虫动漫产品公司；国内领先的呼叫中心软件服务供应商——上海宝东信息技术公司；国家火炬计划重点高新技术企业——思创数码科技；欧洲医疗保健器械巨头——德国保赫曼集团；国家级高新技术企业——深圳宝龙达信息技术公司；世界著名高科技跨国集团公司——德国捷德公司；全球500强企业——从事汽车制造研发的加拿大麦格纳卡斯马公司；全球500强企业——美国依工集团设立的亚洲技术中心和食品设备业务的中国销售总部；全球最大的色彩供应商——美国爱色丽（X-Rite）公司设立了中国区总部；台湾地区第一大电信专业渠道商——神脑国际企业股份有限公司设立的地区总部；大型综合性股权投资基金管理公司——上海盛宇股权投资管理有限公司设立了公司总部；国内领先的通信科技企业——天奕达电子科技有限公司设立了研发中心及产品测试中心；全球500强企业——韩国浦项制铁集团所属企业浦项建设（中国）有限公司设立了华东区总部。此外，信息安全领域知名企业启明星辰公司入驻开发区设立华东区总部；美国《财富》500强企业、全球最大的工业品分销商——固安捷公司，全球顶级音响品牌——BOSE汽车音响研发中心等入驻漕河泾开发区现代服务业集聚区总部园。

漕河泾开发区浦江园区新引进百事亚洲研发中心、长安汽车上海研究院、阿尔斯通电网中国技术中心、东风科技、柯惠医疗中国研发中心等内外资大项目。

【服务体系】 2011年8月15日，漕河泾开发区"服务集成平台"正式启动，同时成立专门负责服务平台建设的企业服务部。"服务集成平台"将汇聚区内外的服务资源，为企业提供包括政务服务、创新创业服务、人才服务、商务服务等各项服务，不断改善漕河泾开发区服务质量。2011年，开发区还与区内现代服务业企业——腾讯、统一星巴克、杉德公司等签署战略合作协议，以"客户需求为导向"完善开发区服务体系，用创新的服务模式、创新的服务手段去服务创新的企业。

【自主创新】 漕河泾开发区2011年新认定高新技术企业27家，区内经认定的高新技术企业达到244家，占全市的7%；区内企业专利申请量1710项，同比增加29.1%，其中发明专利795项，占比46.5%，累计申请专利7790件。

2011年12月21日，集科技创业苗圃、大学生创业园、留学生创业园、国际企业孵化器、科技企业加速器于一体的漕河泾开发区国际孵化中心正式启用，这是漕河泾开发区致力于创新驱动转型发展、发展原创经济的重要载体，也是努力打造第六代品牌孵化器、推动自主创新品牌拓展的重要举措。年内累计孵化企业1004家，孵化面积41.6万平方米，已培育36家企业成为市"科技小巨人"。为帮助中小企业解决融资难问题，漕河泾开发区融资平台总规模增至1.25亿元，全年批准52家（次）企业贷款申请，发放贷款1.41亿元，无坏账、无逾期还款现象；对46家拟上市重点企业开展个性化辅导服务，万达信息、淘米网络、新进半导体、谱瑞科技4家企业年内上市，漕河泾开发区已上市企业总数增至34家。

2011年，漕河泾开发区完成知识产权试点园区验收、开发区知识产权统计服务平台建设，形成上海首个园区知识产权管理系统。此外，漕河泾开发区产业转移促进中心（商务部上海基地）聚焦对口援疆建设，全年共有27个转移项目，投资总额145亿元。

【园区文化】 2011年，为庆祝建党90华诞，漕河泾开发区发起"唱响漕河泾"歌咏比赛，区内共有102支参赛队伍报名，参赛人数近800人，进一步丰富园区文化建设。此外，漕河泾开发区冠名徐汇区第六届运动会，开发区企业协会还与徐汇区体育局合作举办了拔河、篮球、乒乓、羽毛球和网球邀请赛等体育系列活动，展现了开发区人蓬勃向上的精神风貌。

【人才建设】 2011年，漕河泾开发区成功获批"国家海外高层次人才创新创业基地"，区内新增5人入选国家"千人计划"（总人数达到11名）、5人入选市"千人计划"、22人入选市领军人才，澜起公司、飞利浦亚洲研究院、天和亚太有限公司共有3人获评2011年市"白玉兰荣誉奖"。

（上海漕河泾新兴技术开发区管委会）

福州经济技术开发区

【经济发展】 福州经济技术开发区面积为23平方公里，设有台商投资区、科技园区、马江园区、长安投资区和出口加工区。区内聚集中华映管、爱普生、统一企业、顶新国际、汇津水务、中国铝业、新大陆等国内外知名企业近百家，是海峡西岸跨国公司、台商和上市公司投资最密集的区域之一。2011年，全区完成生产总值277.9亿元，增长13.1%；财政收入38亿元，增长18%，地方财政收入21.7亿元，增长12.9%；固定资产投资72.2亿元；城市居民人均可支配收入30242元，增长14.9%；农民人均纯收入13708元，增长15.9%。

【产业发展】 2011年，福州经济技术开发区实现农林牧渔增加值5.18亿元。马尾区共有市级农业产业化龙头企业12家，全年总产值75亿元。在龙头企业的强力带动下，坚持以项目为抓手，加快现代农业发展步伐。引导合作社、水产养殖户与沃尔玛、永辉等大型超市开展"农超对接"。

以实施"五大战役"为切入点，抓龙头、扩链条、促转型，全区完成工业总产值704.39亿元，增长16.1%，其中规模以上工业产值700.52亿元，增长16.1%。总投资10.2亿美元的科立视触控材料项目成功落地，一期动工建设；中铝瑞闽高精铝板带、上润智能执行器等一批重点工业项目竣工投产。企业创新能力不断增强，汽车尾气净化器、料盘移动式编烟机等19个项目获国家、省、市科技扶持资金，新大陆集团入选首批"国家技术创新示范企业"，天晴数码被科技部认定为"创新发展示范企业"，慧翰微电子成功研发全球首款同时支持WIFI与蓝牙4.0标准无线模组。国家电子信息产品检验中心落成，高新技术产业标准化示范区通过国家验收。

现代服务业发展迅速，海西物流、百事达等企业总部相继建成，华浔、福建移动、阳光钢贸城等9个总部项目全面推进。成功承办海峡（福州）渔业周水产品交易会活动，海峡水产品交易中心与20余个国家和地区实现贸易往来，年交易量超过200万吨。福建物联网产业创投基金获批，阳光汇鑫小额贷款公司和华福证券马尾营业部设立。首家五星级酒店对外营业，游客服务中心以及中旅、春秋等国内知名旅行社加快布点，有效促进旅游、购物、餐饮等消费热点形成。2011年实现社会消费品零售总额59.76亿元，增长20.7%。

（福州经济技术开发区管委会）

广州经济技术开发区

【经济发展】 2011年，广州经济技术开发区（以下简称广州开发区）实现地区生产总值（GDP）1872.39亿元，比2010年增长16.02%；工业总产值4938.16亿元，增长16.1%；固定资产投资365.48亿元，增长15%；出口总值160.72亿美元，增长17.51%；实现财政收入471.96亿元，增长21.46%；税收收入376.33亿元，增长18.99%。财政收入、税收收入等主要效益指标连续3年位居全国国家级开发区首位，增速分别比GDP增速高出5.44个、2.97个百分点。

【产业发展】 2011年，广州开发区第二、三产业比例由2010年的74:26调整为73:27，第三产业比重比2010年提高1个百分点。其中，第三产业实现增加值510.02亿元，比2010年增长18.08%，比全区GDP和第二产业增加值的增速分别高出2.06个、2.79个百分点。截至2011年底，广州开发区历年经济总量累计实现5个重大突破：GDP突破1万亿元，税收收入突破2000亿元，固定资产投资突破2000亿元，合同利用外资突破200亿美元，进出口总额突破2000亿美元。

【招商引资】 2011年，广州开发区参加广州市组织的"新广州·新商机"系列招商活动，组织赴欧美、日、韩、中东及以色列等国家和地区开展重点项目"小分队"招商，成功参与组织3次重大项目集中签约活动。全年合同利用外资17.52亿美元，比2010年增长35.22%，其中第三产业合同利用外资8.46亿美元，占合同利用外资的48.29%；实际利用外资11.12亿美元，比2010年下降9.32%。两项指标完成额均占广州市的26%，排名全市第一。新批和增资外商投资项目191个，其中新批项目107个、增资项目84个。全年集中签约项目120个，投资总额1034亿元，注册资本393亿元。修订出台新的招商引资奖励政策，着力提升项目引进质量。新引进投资额超过5000万美元的项目27个，注册资本5000万美元以上大项目占合同外资总数的76%。引进世界500强企业新设项目5个，合同外资额合计约1.21亿美元；世界500强企业增资项目6个，增资2.03亿美元。新引进科技和金融项目超过300个。制定出台重点服务业扶持政策，新引进外资服务贸易项目65个、总部项目15个，全年引进第三产业项目超过950个

【自主创新】 2011年，广州开发区加快重大创新平台建设，广州国际生物岛正式开岛运营，首期5万平方米标准产业单元建成投入使用，引进瑞士洛桑生命科技园、博济医药等30个生物产业项目，搭建了"中英生物科技之桥"等国际合作平台。广州科学城新建成科技企业加速器19万平方米，营业总收入超过2400亿元，比2010年增长20%。财政投入科技发展专项资金2.65亿元，获得国家和省、市专项资金扶持6亿元，推动全社会研发经费投入占GDP的比重提升到3.75%。制定出台加快科技金融、民营经济发展的政策，创新政策体系进一步完善。华南地区首个创新驿站"广州开发区创新驿站"建成投入使用，构建协同创新的良好机制。依托广州科技资源公共服务平台建设了科技资源共享服务站。加快人才"金字塔"体系建设，新增入选中央"千人计划"人才7人，累计15人；3个团队入选省创新科研团队；新认定区科技领军人才8名，累计28人；评选首批科技骨干人才76名。企业自主创新能力显著增

强，22个项目入选省现代产业500强，11家企业被评为省自主创新100强；全年专利申请3598件，比2010年增长63.1%；专利授权1936件，增长61.9%；高新技术产品产值超过2370亿元，增长33%，占工业总产值的比重达到48%。新增安居宝、冠昊生物、中科天元等上市企业3家，累计25家，占全市上市企业数量的1/3。

【社会事业】 2011年，广州开发区、萝岗区全面完成6个街镇共28个行政村、31个社区的“两委”换届选举任务。在全市率先选举产生村务监督委员会。区内563个农村集体经济组织完成换届选举。在册社会团体29家、民办非企业单位73家。制定实施技能人才租赁住房补贴管理办法。完成5个街镇家庭综合服务中心建设，累计达7个，实现各街镇全覆盖，拥有专业社工81人，自行招募社区义工700余人。五街一镇全部通过“平安街镇”验收。成功创建省“双拥模范区”。

教育文化体育方面，2011年，广州开发区、萝岗区顺利通过广州市义务教育规范化学校终期督导验收。区重点本科上线率28.48%、本科A线上线率57.57%、本科B线上线率71.47%、高考录取率98.82%，均居全市第一位；其中玉岩中学连续3年总上线率100%。玉岩中学通过广东省国家级示范性普通高中终期督导验收，科学城中学成为广东省一级学校。成功推荐开发区第二小学1名教师成为“广东省第三届名班主任培养对象”。组建“广州开发区职业教育院校联盟”。完善以社区学院为龙头、街镇社区学校为主体、村居社区教育工作站为阵地的社区教育三级网络，被广东省推荐为全国社区教育实验区。完成龙光峰景华庭、联和新村等小区配套幼儿园的产权接收及管理工作。萝岗区知明学校揭牌成立，填补了区特殊教育的空白。

在全市率先实现24小时自助图书服务。科城锦绣入选为羊城新八景。举办第八届萝岗香雪荔枝文化节、2011禾雀花文化旅游节等旅游文化活动。推动玉岩书院修缮工作。完成文物普查数据的校改，最终确定区内普查文物线索267处。各级文化、图书馆舍建设稳步推进，萝岗街文体中心主体建设完成，图书流动服务点增加24个。

区竞技体育取得重大突破，在广州市第十五届运动会上获得金牌39枚、银牌37枚、铜牌69枚，奖牌总数145枚。在2011年广州国际龙舟邀请赛传统龙决赛中取得“五连冠”。广州开发区国际网球学校正式挂牌。率先实现各村、居（59个）建有1个标准灯光篮球场和1条健身路径，共有灯光球场102个、健身路径132条。

卫生方面，2011年，广州开发区、萝岗区首家三甲医院中山大学岭南医院投入使用。实施基层医疗卫生机构综合改革。完成核定5间政府办基层医疗卫生机构“三定”方案，全部核定为公益一类事业单位，经费渠道为财政补助一类。从2010年12月27日起，广州开发区、萝岗区基层医疗卫生机构（包括政府办和民办）全部实施基本药物制度，是广州市唯一将民办社区卫生服务机构全部纳入基本药物制度实施范围的区。华南地区唯一的国家级医疗器械检验机构“广东省医疗器械质量监督检验所”整体迁入。区疾控中心实验室通过国家实验室认可和省计量认证监督评审。区红十字会医院加入120急救网络。实施“健康萝岗2011年行动计划”，免费向居民提供基本公共卫生服务。2011年新农合参合率达到99.9%，住院次均补偿费用及实际报销比例均有提高，分别为3919元和44.3%。8月起提高新农合补偿水平，普通门诊报销年度封顶线提高到280元。5月1日起开始实施新农合村（居）卫生站门诊报销政策，参合农民到村（居）卫生站就诊，可报销50%的医药费。2011年新农合基金共报销14.05万人次，比2010年增长13.63%。开展全科医学岗位培训，培训全科医师55人、社区护士81人，培训率100%。累计创建5个“广东省卫生村”，27个“广州市卫生村”。其中，九龙镇广东省卫生村的创建工作实现零的突破，

“九龙镇山龙新村”被广东省爱卫会授予“广东省卫生村”称号。

劳动就业和社会保障方面，推动工资集体协商取得新进展。全年审查备案集体合同和工资协议 52 份，涉及 43 个单位和近 3 万名职工，比 2010 年同期分别增长 227%、190%、135%。组建电子通信、汽车配件、钢铁金属制品等六大行业的工会联合会，电子通信行业已签订工资集体协议。打造校企合作平台，开通专门网站并召开第三届校企合作论坛，强化订单式人才培养。累计评定 15 个区就业见习基地和创业实训基地，成功申报企业加速器等 5 个市级创业基地。全区创业培训累计超过 1 万人次，自主创业人员突破 3200 户，带动就业近 6000 人。开发岗位 5.5 万个，成功推荐就业 1.51 万人次，其中户籍人员 5086 人次（含农村富余劳动力 1096 人次）。采取预缴费方式为 2000 名被征地农民预缴 15 年养老保险费，并为 5000 名已征地人员完成参保手续办理。全额资助全区 2500 名特困人员参保。全区累计农转居人员参保 1.52 万人，新农保参保 4 万人；城镇居民医疗参保 1.62 万人；城镇老年居民养老保险参保 1174 人。从 2011 年 1 月起，区内城镇、农村低保标准分别提高到每人每月 480 元和 420 元，孤儿养育标准提高到每人每月 1000 元；全区低保对象 1277 户 3773 人，其中城镇 237 户 638 人，农村 1040 户 3135 人，月支出低保金 105.2 万元。

【机构设置与管委会领导】 广州开发区党工委、管委会设纪律检查工作委员会（与监察局合署）、工委办公室（与管委会办公室合署）、组织部（与机构编制委员会办公室、老干部局合署）、宣传部（挂统一战线工作部、台湾工作办公室牌子）、政策研究室（挂法制办公室牌子）、发展和改革局、经济发展局、科技和信息化局（挂知识产权局、金融管理办公室牌子）、规划局（与国土资源和房屋管理局合署）、财政局、人力资源和社会保障局、建设和环境管理局、保税业务管理局、企业建设局（挂萝岗区企业建设局牌子）、国有资产监督管理局等 15 个职能工作部门。其中 13 个工作部门与萝岗区委、区政府有关工作部门合署。

广州开发区领导成员为：广州开发区党工委书记、管委会主任凌伟宪，党工委副书记石奇珠（任至 2011 年 8 月）、李红卫（2011 年 9 月任）、陈小华，管委会副主任为石奇珠（任至 2011 年 9 月）、李红卫、郑锡雄、蔡刚强、郭粤明、崔新宇、孙秀清（2011 年 1 月任），秘书长王春华（任至 2011 年 12 月）、陈杰（2011 年 12 月任），中共广州开发区纪工委书记赵春华（任至 2011 年 9 月）、崔世刚（2011 年 9 月任）。

（广州经济技术开发区管委会）

湛江经济技术开发区

【经济发展】 2011 年，湛江经济技术开发区（以下简称湛江开发区）完成生产总值 158.3 亿元，增长 13.3%；工业总产值 227.8 亿元，增长 15.1%；外贸进出口总额 8.28 亿元，增长 19.2%；地方财政一般预算收入 8.21 亿元，增长 26.23%。固定资产投资 102.6 亿元，增长 13.1%。

【投资环境】 2011 年，湛江开发区稳步推进建成区“三旧”改造。皇冠广场等 6 个“三旧”项目已动工建设，完成平乐工业园区、四航三公司“三旧”项目单元规划编制和报批；加快“城中村”和道路改造，正在进行平乐工业园区道路、明理路、海色路和上坡东路的整治与改造；乐金路建成通车；海景路、海燕路基本改造完成。加快建设东海新城。编制完成东山、民安及东海大道南侧和东部组团的控制性详细规划；疏港公路、河南大道、新丰西路即将竣工；完成东海大道全线和湛林路以及民安大道、东简镇区主要路段的路灯改造；东海岛西南跨海通道列入省“十二五”交通规划。大力推进新农村建设，投入2678万元建设农村公路70.55公里，在湛江市率先完成村村通硬底化公路；积极推进名镇名村和生态文明村建设，民安镇山头村、硇洲镇天轩村评为“湛江最美村庄”，民安镇丹僚上村、西湾村和东简镇村内村评为“省级卫生村”。努力改善生态环境，新增绿地面积12万平方米。

【产业发展】 2011年，湛江开发区产业布局调整初显成效。在建成区，重点发展总部经济和现代服务业。中央商务区（CBD）控规修编已完成；按“白金五星级”标准建设的君豪酒店正式开业；银隆广场、城市尚品大厦、祺祥大厦、威格大厦、金洋大厦等高档写字楼相继建成投入使用，江南世家、广和澳海、银地绿洲等一大批房产项目建设加快，中央商务区建设已颇具规模。在东海岛，重点发展临港重化工业和旅游业。湛江钢铁、中科炼化两大项目建设推进顺利，石化产业园、冠豪特种纸产业基地、双林医药园、华德力电气、大湛螺纹管等工业项目加快建设，现代化工业新城初现雏形。

【招商引资与利用内外资】 2011年，湛江开发区招商签约项目57个，计划投资总额1930.86亿元。其中：已建项目5个，投资9.82亿元；待建项目16个，计划投资137.25亿元。LPG能源基地、东普电器、恒诚制药东海岛生产基地、湛江申港钢铁、中海油气电集团粤西LNG、京信电厂等项目已完成立项审批。共向各商业银行和社会融资16.88亿元投入到各项基础设施建设。与中铁建合作成立开发公司，拟融资300亿元建设石化产业园区及相关基础设施，开创了湛江市融资新模式。

【科技创新和园区建设】 2011年，湛江开发区高新技术产业产值67.8亿元，增长15%。投入657万元，支持区内重点企业挖潜技改，实现产业升级，拥有市级研发中心22家、高新技术企业16家、高新技术产品84个；申请专利98项，授权68项，同比分别增长10%和21%。

产业转移园建设再上新台阶。广州（湛江）产业转移园在建及建成项目共122个，投资672.4亿元，其中在建项目8个，投资461.37亿元；意向签约项目39个，计划投资1125.07亿元。2011年在广东省重点产业转移工业园的对决中，以第一名的成绩被评为“广东省重点园区”，获省政府重点扶持资金3000万元、用地指标3000亩、贷款贴息3亿元的奖励，年度考核列广东省产业转移示范园第二。

石化园区建设稳步推进。已全面完成石化园区一期、二期控制性详细规划，园区专项规划、环评已获批准，控制性详细规划已通过评审，区域建设用海规划和产业项目发展规划均编制完成，各项前期工作顺利推进。新域、新月、易旭等用海申请已获省批复，2011年11月18日启动了海域吹填工程。

【重点项目】 广州环保迁建钢铁项目和中科炼化项目推进顺利。钢铁项目获广东省核准建设，宝钢湛江钢铁有限公司正式成立，主厂区场地平整全部完成，配套重件码头及砂石码头竣工投产，原料码头、自备电厂和厂东区开工建设，投资20.7亿元的钢铁项目安置小区已有60栋封顶，达25万余平方米。中科炼化项目也获国家核准并正式动工，完成中科项目及石化产业园区海域清理14.67平方公里。

【社会事业】 2011年，湛江开发区用于民生事业的财政投入7.5亿元，占地方财政一般预算支出的69.6%，比2010年高2.6个百分点。深入推进扶贫开发，投入扶贫资金8639万元，改造危房茅草房265户，实现545户脱贫，脱贫率95%，12个贫困村集体经济收入均达5万元以上。积极拓宽就业渠道，投入劳动力培训资金733万元，培训劳动力7933人，农村劳动力转移就业8367人，城镇新增就业7616人，再就业1948人。城镇职工参保人数6.3万人，支付养老保险待遇9674万元，发放率100%，城镇、农村低保分别提高到300元和210元，全年发放低保709.9万元；大幅提高孤儿生活补贴，五保、孤儿看病实行医疗救助，给80岁以上的老人发放津贴170万元。全面落实各项惠农政策，兑付惠农支农补贴7300.37万元，投入2507万元解决9.2万人饮水问题。

坚持优先发展教育，招聘62名专业人才，优化了教师队伍，区教育局被省定为“创建学习型党组织试点单位”，区一中、四小迁建动工，党民中学“三年三千万”改造工程扎实推进，完成红卫等5所小学的搬迁工作。加强人口计生殡改工作，计划生育率97.88%，人口自然增长率为8.17‰。

【机构设置与管委会领导】 湛江开发区设党委、管委会，党委、管委会下设党政办、纪委（监察局）、组织部、政法委、发改和招商局、经贸和科技局、机关事务局、教育局、住房和规划建设局、财政局、农业局、旅游局、安监局、人口和社会局、城市管理局、交通局16个部门。

湛江开发区领导成员为：湛江市市委常委、区党委书记、管委会主任陈昊。另设区党委副书记3名（其中1名兼政法委书记，1名兼管委会常务副主任），区党委委员、管委副主任6名，区党委委员5名。

（湛江经济技术开发区管委会）

温州经济技术开发区

【经济发展】 2011年，温州经济技术开发区（以下简称温州开发区）管辖范围发生变化，发展空间得到拓展。根据温州市委、市政府建设国际性大都市战略部署和城市东部功能区的调整，温州开发区5.11平方公里状蒲园区（国批）委托高新园区管理，托管了龙湾区天河、沙城、海城和星海4个街道，连同金海园区（原民科基地丁山片、天成片）和瓯飞围垦部分区域，温州开发区规划总面积拓展到128平方公里，总人口达30万。2011年，温州开发区实现地区生产总值180.94亿元，同比增长6.8%；实现工业总产值545.67亿元（属地），同比增长13.3%，其中滨海园区工业总产值增长17%；实现财政总收入23.47亿元，同比增长13.8%。完成全社会固定资产投资77.19亿元，同比增长75.35%。

【招商引资】 2011年，温州开发区加快以新能源新材料（包括激光与光电产业）、电子信息、汽车关键零部件、先进装备制造等新兴战略产业为主的大项目招商，引进新兴产业项目38个，总投资2亿元以上项目20个，其中总投资5亿元以上项目11个、总投资10亿元以上项目4个。完成进出口总额15亿美元，同比增长15.03%，其中外贸出口12.8亿美元，同比增长13.27%；完成2563.9亩土地挂牌，占全市工业土地挂牌的58.4%。

【科技创新】 2011年，温州开发区加大技术改造力度，完成技术改造投资3.7亿元，同比增长26.3%。强化科技支撑，全年科三经费投入1410万元，列入国家创新基金项目5个、国家火炬计划项目1个、国家重点新产品项目2个，亿元以上企业技术研发中心建设实现全覆盖，区级以上科技型企业及高新技术企业数累计达到102家。注重品牌建设，评选市知名商标11枚、省著名商标4枚。

【项目建设】 2011年，温州开发区深入开展“双百攻坚”和“挖潜提质”行动，因企制宜，多策并举，切实加大对中小企业的帮扶力度，推行项目联合验收、闲置厂房统一招租等机制，做实做强实体经济。全年完成固定资产投资77.19亿元，增长75.35%。重点产业项目建设力度加大，滨海一道19个工业项目基本竣工，博德包装等8家企业集体开工投产。着力解决了矿渣矿源、施工便道、施工用电等问题，金海（丁山）首批入园53个项目基本进场施工，第二批入园18个项目有2/3进场施工。基础配套项目建设强力推进，完成政府投资30.25亿元，同比增长267%。项目前期扎实有效，金海（丁山）市政工程初见雏形，金海湖公园、金海安置厂房、天成片4900亩吹填造地工程等项目进展顺利。污泥热电联产、第三污水处理厂等环保基础设施项目开工建设。滨海新城投资集团挂牌成立，下设5个全资子公司，政府投融资平台建设取得实质性进展。

【管理与服务】 2011年，温州开发区深入推进基层组织建设。开展党工团组织组建年活动，全年组建非公有制企业党组织50家、工会组织50家、团组织35家。开展以“一颗红心跟党走”为主题系列纪念活动，获“浙江省开发区红歌比赛金奖”。区域联合党建逐渐成为区域化党建特色。深化活力和谐企业创建，1家企业党组织评为省“双强百佳”党组织，5家企业获温州市“发展强、党建强”先进企业。开展公车GPS定位试点，推进廉政文化进机关、廉洁工作进民企工作。深化作风建设，推行审批默许制和即办制，审批时限进一步提速提效。根据温州市委功能区调整的总体要求，认真做好机构“三定”工作，推进开发区带街道的融合发展。浙江省开发区年度综合考评温州开发区进入国家级前5名。

【社会事业】 2011年，温州开发区扎实推进社会事业建设，民生工作力度加大。滨海第一幼儿园动工，滨海学校完成附属设施建设。滨海园区公交站点完成布局。建成294套共2.73万平方米滨海人才公寓，推进712套共3.46万平方米状蒲片人才公寓和大学生公寓建设，完成1396套、5.3万平方米公租房建设。创新外来务工人员计划生育利益导向机制。强化经济社会发展保障，单独设立公安分局。深入开展“平安园区”创建，成立浙江省开发区首家综治协会。安全生产三项指标保持零增长。强化无照经营综合整治，做好特种设备监管工作。健全完善劳动纠纷处理联动机制。聚集创新人才，2人入选国家“千人计划”，4人入选省“千人计划”，2人入选省“151”人才工程。

【机构设置与管委会领导】 温州开发区管委会内设行政机构13个：管委办、审管办、综治办、经济发展局、安全生产监督管理局、招商局、规划建设局、人事劳动局、市政环保局、社会发展局、财政局、城市管理与行政执法局、公安分局。党群机构4个：党委办、纪委（监察室）、总工会、团委。派驻机构8个：国税分局、地税分局、工商分局、社保分局、国土资源分局、质监分局、卫生监督所、开发区海关。国有企业3个：滨海新城投资集团有限公司、城建发展公司、交通建设发展公司。

温州开发区领导成员为：党委书记陈玲玲（兼），党委副书记、管委会主任徐蓬勃，党委副书记王军（兼），党委副书记、管委会副主任郑邦良，管委会副主任陈叶挺、郑炳停、沈伟卿、宋金理，开发区纪委书记夏禹桨，党委委员、经济发展局局长谢少乐，党委委员、温州滨海新城投资集团董事长应士杰。

（温州经济技术开发区管委会）

昆山经济技术开发区

【概况】 昆山经济技术开发区（以下简称昆山开发区）是全国首家通过自费开发建设获得国家认可的国家级开发区。辖区面积115平方公里，辖5个街道、24个（村）社区。2011年批准项目121个，截至2011年底，累计吸引45个国家和地区客商投资的1858个项目，其中投资总额超1亿美元的项目47个，合同外资171亿美元，形成电子信息、光电显示、精密机械、装备制造、民生轻工五大主导产业和特色产业。2011年，国家商务部公布的全国国家级开发区投资环境综合评价排名中，昆山开发区连续第10年位列前4名，成为昆山率先发展、科学发展、和谐发展的一面旗帜。

【第三产业】 2011年，昆山开发区实现服务业增加值276亿元，同比增长25%。实现利税总额88.6亿元，其中利润总额72.9亿元，分别同比增长33.8%和23.4%。先进制造业企业服务环节分离，涌现一批科技研发、营销贸易、现代物流项目，纬创、牧田、仁宝、捷安特、统一等企业总部相继落户，世界电子竞技大赛、中国进口商品博览会、中国包装博览会等“国字头”展会相继落户开发区。

【招商引资】 2011年，昆山开发区把招商选资作为促转型的首要环节，积极捕捉世界500强和“国字头”、“中字号”企业投资动态，加大产业链招商、基地化招商、精细化招商力度，项目数量、体量、质量实现新超越。2011年新批外商投资项目121家，新增开业投产项目69家，投资亿元以上项目40个，完成投资75亿元。围绕资金到位率、项目开工率和竣工投产率，以友达光电、旭硝子玻璃基板、新世纪光电等重特大项目为依托，集中力量建设一批高投入量、高技术含量、高市场容量的旗舰项目。2011年工业投资同比增长24.3%，生产性投资同比增长29.8%。

【科技创新】 2011年，昆山开发区新批院士工作站1家，新认定高新技术企业21家、高新技术产品90个，沪士、龙腾、华恒获评“国家火炬计划重点高新技术企业”，南宝、樱花获认驰名商标，锐芯等3个项目列入“江苏省重大科技成果专项”，截至2011年底，共引进留学人员580余名、博士团队50余个，其中国家“千人计划”人才20名，1人入选“新世纪百千万人才”工程。2011年，高新技术产业产值占规模以上工业比重提高到36.1%，设立各类产学研联合体360余家、博士后工作站10个，建有各类孵化器、中小企业园总面积14万平方米，形成完善的孵化—加速体系，吸引海归人才创办高新技术企业200余家。完善创新创业环境，健全投融资体系，鼓励科技企业上市直接融资，实现人才、技术、资本、市场有效对接，累计上市企业达3家，建立20家上市企业后备库。加大知识产权保护力度，成功创建国家知识产权试点园区，制定或参与制定国内标准、行业标准69件，注册商标479件。

【园区建设】 昆山开发区固定资产投资连续6年超百亿元，2011年完成固定资产投资219亿元，同比增长11.5%；工业投资持续增长，全年完成投资99.6亿元，同比增长23.8%；服务业投资快速增长，全年完成投资119.4亿元，同比增长3%。城市功能不断完善。国际会展中心、时代大厦等一批功能项目相继启用，中冶国际、隆祺酒店、农商行等重点项目加快运作实施，绿地家园、中大简界、帝景天成等房产项目全面开工，金鹰国际商城启动建设；沪宁城际铁路配套道路地下空间、轨道交通等工程加快建设。2011年累计新开工功能性项目250万平方米。市政道路、污水管网、绿化景观等基础设施建设全面展开，新增绿化面积130万平方米，新建和改造道路35公里，新建污水管网25公里。

【进出口贸易】 2011年，昆山开发区对外贸易平衡增长，全年完成进出口总额697亿美元，比2010年增长1.8%，其中出口总额442.8亿美元，同比增长-3.6%。外资占据主导地位。全年"三资"企业出口额达421.8亿美元，占全区出口总量的95.3%；内资出口异军突起，出口额达21亿美元，占全区出口总量的4.7%；出口产品以机电产品为主，全年出口额420.6亿美元，占全部出口额的95%。龙头企业带动作用明显。全区共有出口企业799家，其中出口额超1000万美元企业146家、超1亿美元企业36家，超亿美元企业累计出口总额391.3亿美元，占全部出口额的92.8%；在进出口中，昆山综合保税区龙头效应明显，占全部进出口总额的77%；昆山开发区进出口总额、出口总额和进口总额分别占昆山市的81.5%、83%和79.1%。

【社会事业】 富民强村卓有成效。坚持以改善民生为重点，狠抓富民、惠民、安民、利民各项实事，群众收入水平、保障条件稳步提高。积极参与全国文明城市创建，平巷、晨曦、夏驾园农贸市场升级改造到位，环境综合整治强势推进，城市管理水平不断提升。新组建开发区富民发展有限公司，重点扶持村级经济发展，实现集体经济可支配收入8509万元，其中超500万元社区8家、超千万元社区2家，实现农民人均纯收入21500元。低保、医疗、养老等政策措施进一步完善，新农保保费征缴工作全面完成，医疗保险"千千万万"行动获省级表彰。深入开展解放思想大讨论活动，科学发展思路不断拓宽。

【党群工作】 切实加强基层党工组织建设，制定并实施《关于加强外资企业新建党组织的工作意见》，2011年，新建党工组织308家，发展工会会员超万名。着力抓好干部培训，举办12期培训班，各类专项业务培训144次，参训人数1万余人（次）。全国首创为企业员工免费办理人身意外保险，增进劳资关系和谐，成功创建全国模范劳动关系和谐工业园区。深入推进党员关爱帮扶行动，"昆山祥和帮困基金会"顺利运作，募集善款近百万元，发放关爱基金82万元。认真开展"勤廉指数"测评工作，突出内部审计监控，重点抓好国有、集体企业财务审计，加强车改后续管理及动迁房管理工作，廉政风险防控制度不断完善。

（昆山经济技术开发区管委会）

营口经济技术开发区

【投资环境】 营口经济技术开发区（以下简称营口开发区）区位优势明显，投资环境优越。交通运输四通八达，长大铁路、哈（尔滨）大（连）公路、哈大高速铁路、沈（阳）大（连）高速公路均从区内东部穿过，疏港铁路、疏港公路横穿东西直达港口码头。距沈阳桃仙国际机场200公里，距大连周水子国际机场180公里，驱车1.5小时可达。东北第二大港、全国第十大港口——营口港，坐落在营口开发区内，拥有140余条国际、国内航线，与50余个国家和地区通航。与港口相配套的海关、出入境检验检疫部门和外轮代理、理货、供应等服务机构一应俱全。2011年，吞吐量完成2.6亿吨，集装箱运量400万标准箱，成为中国沿海的主枢纽港之一。拥有总投资380亿元精品钢材的鞍钢鲅鱼圈钢铁厂；东北最大、总装机容量184万千瓦的火力发电厂——华能营口电厂；28.5公里长的黄金海岸线，中国慈母圣地——望儿山，鲅鱼公主、贝壳观景台、墩台山古烽火台、亚洲植物标本园、熊岳温泉、金沙滩海滨浴场等自然人文景观，构成了山、海、林、泉交相辉映的海滨旅游度假胜地。望儿山、月亮湖公园晋升为国家AAAA级风景区。营口开发区被评为“国家精品旅游城市”、“国际最佳温泉休闲旅游胜地”。

【产业发展】 2011年，营口开发区产业结构进一步优化。三次产业比为1.8∶62.2∶36。农业增加值9亿元，增长12.7%。农业产业化龙头企业达17家。

规模以上工业增加值190亿元，增长33.5%。新增规模企业8家。销售收入超10亿元企业达到10家。

第三产业增加值180亿元，增长26.8%。夏、秋两季房交会成功举办，全年销售房屋6895套，成交金额26.3亿元。大东北农副产品物流中心破土动工，营口港保税物流中心进出口贸易实现30亿美元，全区物流企业达700余家。家乐福、万隆国际广场正加紧施工，红旺广场、义乌商贸城已投入使用。浦发、中信银行正式营业，首批政府债券发行进展顺利。

大力发展先进制造业。以临港、滨海、船舶工业园区为载体，重点发展冶金、装备制造、光电、输变电、修造船等主导产业，积极培育技术先进、附加值高、竞争力强的名牌产品，加快新型工业化进程。

着力发展高新技术产业。以鹊鸣湖高科技园区为依托，大力引进电子信息、文化创意、动漫设计、生物制药、新能源、新材料等高新技术产业，形成开发区经济发展的新亮点。

强力发展现代服务业。加快发展现代物流、金融保险、科技信息等生产性服务业，做大做强旅游、文化、节庆、会展等高端服务业，吸引国内外企业集团总部、研发、采购和营运中心落户，使开发区成为集聚总部经济、楼宇经济的重要平台。

积极发展精品农业。以芦屯、红旗两大果菜园区建设为重点，做精现代都市农业、生态观光农业，实现规模经营、专业管理、科技支持、高效发展。

【招商引资与利用外资】 2011年，营口开发区生产总值500亿元，同比增长（下同）25%。规模以上工业产值720亿元，增长30.8%。全社会固定资产投资（新口径）200亿元，增长21.2%。实际利用外资3.8亿美元，增长26.7%。出口创汇15.6亿美元，增长41.8%。全口径财政收入47.6亿元，增长39.1%。一般预算收入40亿元，增长46.5%。城镇居民人均可支配收入2.1万元，增长13%。农民人均纯收入1.1万元，增长12%。各项主要经济指标继续保持营口地区首位、位居全省100个县区前列。新开工亿元以上项目96个，投资总额达320亿元，其中包括香港信义玻璃、新东北电气精密设备、北钢管业二期等45个工业项目；会展中心、香格里拉、中航防务等30个服务业和高新技术项目。中船重工、李锦记生物制药、安博微软教育管理中心、东北医药产业园等项目已签约落户。北方重工、九星电缆、沈鼓压缩机、东北师大软件园等一批重大项目正扎实推进。项目引进和建设呈现出体量大、附加值高、牵动力强等新特点。

园区建设成果显著。临港、滨海工业区功能分区日趋完善，项目集聚效应凸显。输变电产业园建设进展迅速，新东北电气总部整体迁入。新兴装备制造产业园一期填海工程基本完成，一批重大项目投资意愿强烈。鹊鸣湖科技产业园创新大厦和新兴产业发展中心正加紧施工，一批高科技项目纷纷落户。冶金装备制造、输变电光伏、高新技术等产业集群已初具规模。

服务业发展势头强劲。房地产业持续健康发展，夏、秋两季房交会成功举办。餐饮商贸业繁荣发展，红旺广场、义乌商贸城投入运营，万隆国际广场、红星美凯龙已开工建设。现代物流业迅猛发展，大东北农副产品物流中心已破土动工，世贸物流等一大批物流企业竞相入驻。金融业快速发展，浦发、中信银行正式营业，首批债券发行工作进展顺利。旅游业空前火爆，2011 年接待国内外游客 965 万人(次)，旅游总收入 67.4 亿元。海滨温泉旅游集聚区被评为首批“省级现代服务业集聚区”。

【开放型经济】 营口开发区充分利用国家级开发区、辽宁沿海经济带等优惠政策，积极发挥沿海、临港、区位优势，坚持以城市品牌吸引项目、以产业链条牵动项目、以优质服务留住项目，实施“第一、二、三产业”全面招商。坚持“走出去，请进来”，突出对地区有牵动性的重大项目招商，抓好重点区域、重点领域招商，形成多种产业、多个地区项目流、资金流的共同涌入。

【社会事业与文化建设】 2011 年，营口开发区新建标准化社区服务中心 14 个。新增公交线路 10 条、站点 140 个，实现主城区 300 米内乘公交。农民免费参加新农合、提高失地失渔农民养老金标准已经实施。

教育体育事业蓬勃发展。职业教育中心已投入使用。高标准承办全国沙滩排球巡回赛、全国男子排球联赛等重大赛事，成功举办首届鲅鱼圈马拉松邀请赛。营口开发区荣获辽宁省首届“科研兴教”十强县区和“全省普及九年义务教育先进县区”称号。

计划生育卫生水平不断提高。计划生育卫生综合大楼即将投入使用。营口开发区中心医院争创国家三级综合医院通过省级评审。人口计划生育各项指标全面完成。全民健康促进计划有序实施。食品、药品、卫生安全整治活动有效开展。新型农村合作医疗参合率达 99.5%。营口开发区被评为“省级新农合工作先进县区”。

精神文明和文化建设成果丰硕。高标准举办了望儿山母亲节、海滨温泉节、中秋晚会等重大节庆活动。全国沙滩排球赛、营口开发区首届马拉松大赛圆满成功。广场文化月精彩纷呈，全区首届文艺汇演即将开幕，群众精神文化生活空前活跃。以营口开发区为实景拍摄的第二部电视剧《深白》圆满封镜。营口开发区连续六届十二年被评为“辽宁省文明城区标兵区”。

【机构设置与管委会领导】 营口开发区党工委、管委会下设职能机构有工委办公室、组织部、宣传部、纪工委、政法委、统战部、管委会办公室、城乡规划建设局、监察局、发展和改革局、对外贸易经济合作局、人力资源和社会保障局、财政局、群众工作局、交通局、审计局、城市管理综合行政执法局、环境保护局、司法局、公安局。

营口开发区领导成员为：党工委书记高作平，管委会主任王立群，党工委副书记朱秀科，管委会副主任谭姝、敬峰、江东、宋勇、赵新明。

（营口经济技术开发区管委会）

威海经济技术开发区

【经济发展】 2011 年，威海经济技术开发区（以下简称威海开发区）实现生产总值 151 亿元，同比增长10.6%；限额以上工业总产值371亿元，增长23%；固定资产投资123亿元，增长24.6%；社会消费品零售总额70.8亿元，增长17.5%；财政总收入47.2亿元，增长16.8%；地方财政收入32.4亿元，增长11.6%；城镇居民人均可支配收入25280元，增长13.7%；农民人均纯收入12115元，增长11.1%。

【投资环境】 威海开发区大力提升配套服务环境。按照城市现代化、新型城镇化和城乡一体化的思路，共实施总投资7.3亿元的城建重点工程253项，2011年完成5个旧生活小区整治、20条道路修建等209项工程，区内就业、居住、上学、养老、就医、交通等设施更加完善。大力改善金融服务环境。出台《威海经济技术开发区小额担保贷款暂行办法》，积极搭建银企对接平台，完善银企合作长效机制，开展助保金贷款融资服务，新组建区银企小额贷款公司，累计协调金融机构发放贷款110亿元，优先保障了骨干企业膨胀、重点项目建设和科技型中小企业融资需求。大力营造和谐稳定环境。深入开展“法治经区”和“平安经区”创建活动，全面推行企业履行社会责任考核体系，深化和谐劳动关系企业建设，被评为“全国模范劳动关系和谐园区”。大力优化行政服务环境。出台《全区服务业重点工作和重点产业协调推进制度》，严格落实扶持企业发展各项政策，认真履行管委领导和部门包项目责任制，隆重表彰奖励贡献突出企业经营者，大力营造尊重企业家、关心企业家、支持企业家的浓厚氛围，为企业家干事创业搭建广阔舞台。累计兑现贡献突出企业经营者和扶持企业奖励资金1266.5万元，争取上级扶持资金6911万元，办理各类税收优惠8.3亿元，协助解决企业用工8055人，提升了区域投资吸引力。

【产业发展】 威海开发区积极推进工业经济转型升级，坚持以园区建设为载体，以促进产业集群发展为目标，着力抓好泊于工业园、崮山工业园和出口加工区三大园区规划建设，大力改造提升传统产业，积极培育战略新兴产业，发展壮大特色优势产业，坚持不懈地扶持船舶及零部件、通用与专用设备、汽车及零部件、电子信息、食品医药、新材料、新能源和轻纺服装八大产业做大做强，工业八大支柱产业产值同比增长23.2%，被评为“山东省船舶优质产品生产基地”。坚持把发展现代服务业作为结构调整的重大举措，围绕建设威海市现代服务业聚集区，重点推进九龙城休闲购物广场、乐天双子星等总投资170亿元的52个现代服务业项目加快建设，有19个项目投入运营，48家楼宇总部企业签约入驻，首届汽车、家居节和无花果文化旅游月等六大节庆活动圆满成功，带动人气物流极大提升。2011年服务业增加值和税收同比增长15%和72%。大力发展城郊特色农业，围绕打造无花果绿色产业带、苹果红色产业带、设施农业白色产业带和农产品质量安全示范区，成片新栽无花果2.1万亩，带动农民增收3759万元，同比增长259%；改造苹果郁闭园1200亩，扶持发展设施农业大棚318亩，建立超市果蔬直供基地778亩，全区农产品质量抽检合格率达到100%。全年实现农村经济总收入64.4亿元，同比增长11%。三次产业比重优化为2.98:61.08:35.94。

【招商引资与利用内外资】 威海开发区准确把握国际产业转移新规律，加大招商考核奖励力度，深入开展对韩招商、产业招商、信息招商和以商招商，全力做好项目引进和服务推进工作，不断增强经济持续发展后劲。2011年新引进内外资项目55个，实际利用外资1.02亿美元，利用内资35.5亿元；有20家外资企业追加总投资2.3亿美元。全区列入推进计划的141个第二、三产业项目，开工112个、投产71个。

【科技创新和重点企业】 威海开发区加快企业创新步伐，出台《威海经济技术开发区知识产权奖励资助办法》和《威海经济技术开发区科学技术促进办法》，将科技扶持资金列入当年预算，着力推进企业创新平台建设、成果转化、人才引进等，完善区域科技创新体系。2011年新签产学研合作协议10项，累计达到70项；认定国家高新技术企业7家，建立市级以上企业研发中心5家，分别达到18家和45家；华东数控省级工程实验室、华康生物芯片院士工作站和华康医学检验所填补区内空白。大力实施品牌强区战略，争创市长质量奖2个，新增中国驰名商标2件、山东省著名商标1件、省名牌产品7个、省服务名牌1个，累计达到35个。推进骨干企业膨胀发展，全区新口径规模以上工业企业达到114个，其中销售收入过亿元和进出口过千万美元的企业均达到49个；新增纳税过百万元企业51个，总数达到194个，其中过亿元企业5个、过千万元企业40个。

【开放型经济】 威海开发区加快转变外贸发展方式，建立外贸企业动态监测机制，积极扩大船舶、电子、轮胎等优势产品出口，打造优势出口产品集群。全区实现进出口总额45.3亿美元，同比增长28.8%。其中，出口21.7亿美元，增长15.8%。进出口过千万美元企业49个，增加4个，其中过亿美元企业7个，增加1个。大力发展对外经济合作，积极引导企业实施“走出去”。2011年新批境外投资项目2个，中方投资额868万美元；外派劳务302人，同比增长5%。

【人才建设】 威海开发区坚持把人才作为科学发展的第一资源，出台全区人才工作规划纲要和推进高层次人才创新创业的意见，全面实施企业经营管理人才素质提升、海内外高层次人才引进、文化名家塑造和社会人才队伍建设等“十大人才”工程，着力培养造就结构优化、布局合理、素质优良、规模较大的人才队伍。全区完成职工技能鉴定1670人，接收大中专毕业生1024人，引进博士以上学历的高层次人才7名，全区院士达到15人、博士和博士后78人、硕士329人。

【社会事业与文化建设】 教育事业率先发展。启动5所学校和1所公办幼儿园新建扩建工程，实施10所学校维修改造，强化学校特色教育和家校共建，完成全部12所学校标准化建设任务。医药卫生改革普惠百姓。实施了国家基本药物制度，启动两镇卫生院改造工程，新建村居卫生服务机构9处，所有定点医疗机构新型农村合作医疗实现即时结报。社会保障更加完善。认真落实财政补助、征地补偿款和村居集体收益优先解决居民养老保险制度，全面推行城镇居民养老保险，城乡居民养老保险实现全覆盖。社会救助力度加大。累计发放城乡低保、五保供养、临时救助等补助资金2015万元，机关298名科级以上干部结对帮扶351户困难党员群众，组织失业人员、就业困难人员和农村劳动力转移就业2462人，“慈心一日捐”活动募集善款270万元。文化事业繁荣发展。新建区市民文化活动中心和12处社区文化活动中心，评选“文化艺术名人”和“优秀文化艺术人才”21名，举办各类文化活动45场（次），丰富了居民文化生活。

【机构设置与管委会领导】 威海开发区按照“精简、高效”的原则，加强机关编制管理，调整理顺18个部门机构编制，新成立区人力资源和社会保障局、审计局和科学技术局，为正科级行政机构，隶属管委。区工委管委会内设行政机构达到14个、直属事业机构18个。区工委管委领导班子成员共16人。

（威海经济技术开发区管委会）

福清融侨经济技术开发区

【经济发展】 2011年，福清融侨经济技术开发区（以下简称融侨开发区）实现工业总产值705亿元，同比增长6.7%；销售收入700亿元，同比增长8%；进出口总额117亿美元，其中出口交货总值64亿美元；实际利用外资7818万美元；财税收入14.8亿元。

【投资环境】 2011年，融侨开发区被国家科技部批准为“国家高新技术产业基地”。根据新引进项目发展要求，开发区科学规划并精心制定基础设施配套规划及实施方案，继续完善光电园区基础设施配套建设。作为光电园区与中心区连接重要通道的福融路北段道路工程（清荣—西环），2011年4月份完工通车，为捷联电子旧厂区与光电园新厂区交通连接提供更加便捷的通道，提升道路沿线包括胜田食品、华信食品、成龙木业及汽车检测站等企业的周边环境。同时完成清宏路（福政—福玉）道路、路灯建设，完成清华路破损路面修复，进一步提升了园区环境。

【产业发展】 2011年，以国家（福清）显示器产业园和福清光电科技园为载体，重点引导液晶显示、光伏电子、精密机械等产业发展，形成冠捷集团为骨干龙头，集合华冠光电、捷星显示、福强精密印制线路板、三照电子、睿鸿光电、富鸿齐电子、缔邦电讯、威佳电子等60家配套企业组成的液晶显示产业链，形成LCD/LCD - TV整机、LCM模组、背光模组、主控板、升压板、转轴、轴芯、偏转线圈、印制板、注塑、模具、IT服务等生产于一体的液晶显示加工配套协作体系，产业集中度、产业水平居国内先进水平。融侨开发区龙头企业电子信息产业实现产值402亿元，占全区总产值比重57%。区内其他传统产业如玻璃、食品、塑胶、机电等产业发展平稳。

【招商引资与利用内外资】 2011年，融侨开发区以各类投资贸易洽谈会为招商平台，加大开发区形象宣传，通过平台对接大项目、新项目33个。其中外资项目为18个，总投资额2.7亿美元；内资项目为15个，总投资额27.83亿元；项目成果转化15个，总投资额6.57亿元。

【科技创新和重点企业】 2011年，融侨开发区共有天海东方、福耀集团等6家企业进行福建省名牌申报和复评，5家企业申报福建省著名商标认定和复评。此外，开发区组织天使日用品开展福建省高新技术企业申报，组织万达玻璃、捷联电子等5家企业申报高新技术企业复评，经公示，现已全部获得批复。区内共有6个科技成果获得“2011年度福州市科学技术进步奖”，2项产品获得“福州市产品质量奖”，4个项目获得2011年省工商发展资金企业技术创新专项补助。

区内有如下重点企业代表：捷星显示科技（福建）有限公司，由全球最大的专业电脑显示器制造商—冠捷科技集团（TPV）和韩国电子电器制造业先驱—LG集团共同合资设立。主要从事TFT—LCD平板显示屏、显示屏材料，液晶显示屏、液晶显示器、液晶监视器、液晶电视、电脑显示器一体机、电脑电视一体机等显示产品及其部件的开发、设计、生产与销售，提供自产产品的技术及售后维修服务。于2010年7月正式投入生产，有员工2400余人，2010年完成产值10.3亿元。2011年增设一条生产线后共有四条生产线投入生产，完成产值39亿元。福建中能电气股份有限公司，是福建省首家创业板上市企业，也是国内最早生产中压预制式电缆附件的企业之一，系行业龙头企业，市场占有率第一，主要产品为高低压电气设备、电缆附件、互感器、变压器、高低压开关、地埋式配电设备、综合继电保护装置等。“中能电气”是福建省著名商标和福州市知名商标。项目于2011年在开发区南部片区设立，总投资3.5亿元，2011年完成投资1.96亿元。其中，一期旧厂房改造完成并投入使用，二期厂房于12月动工建设，全面达产后可实现年产值6亿元以上。

【党建工作】 基层组织活力不断增强。进一步优化非公企业党建工作机制，组织召开纪念建党90周年暨“一先三优”表彰大会，表彰了先进党组织10个、优秀党务工作者10名、优秀党支部书记5名、优秀党员30名；组织区内广大党员踊跃参加在人民网、新华网开展的全国优秀共产党员网上投票推荐活动；组织非公企业基层党组织书记及入党积极分子听取《重温党的历史，坚定理想信念》演讲；组织非公企业80余名基层党支部书记参加中秋非公企业党建工作茶话会；全年培训入党积极分子113名，发展新党员45名；指导基层党组织切实做好民主选举工作，民主选举产生68名出席融侨开发区党员代表大会代表。工会以丰富多彩的文体活动为载体，增强员工主人翁意识，组织冠捷公司代表开发区参加福清市“纪念建党90周年”红歌会，获得铜奖；组织福耀集团代表开发区参加福清市“重温党的光辉历程，憧憬福清美好未来”电视知识竞赛。

机关建设不断强化。深入开展“创先争优”活动，凝聚发展共识，理清发展思路，以“三为”要求指导干事创业，以等不起的紧迫感、慢不得的危机感、坐不住的责任感，在“敢为”上动真格，在“能为”上下功夫，在“有为”上见实效，奋力攻坚克难，推动各项工作目标任务的完成；健全干部综合考核评价体系，加强后备干部管理，营造勤奋干事创业、勇于开拓创新的工作氛围；推行绩效考核办法，完善创新鼓励机制，健全部门间协作工作机制，进一步强化各部门的责任意识、创新意识和协作意识；继续深入实施ISO9001质量管理体系，努力转变工作作风，改进服务态度，提高机关效能。

【社会事业与文化建设】 在促进企业壮大自身和发展地方经济的同时，加强企业社会责任的履行。通过引导企业建立党组织、工会组织，扩大党群工作覆盖面，增强了党组织的创造力、凝聚力和战斗力。2011年新建6个党支部，现共有党组织133家；新建4家工会，现共有工会组织183家。深入开展落实企事业单位安全生产主体责任三年行动迎检工作，与区内企业逐个签订安全生产责任状，对17家企业的消防安全四个能力建设进行考评验收，并对福耀集团、南方铝业等12家A级企业进行达标企业复核。建立健全劳动监察制度，完善劳动合同备案程序，加强劳资双方工资协调机制，推进全区工资集体协商工作，巩固发展和谐稳定劳动关系。同时，结合区域基础设施推进情况，完善员工公寓和休闲公园配套，有力改善员工工作和生活条件。针对部分重点企业高管户口落户和子女就学问题，通过呈报市委市政府协调解决。健全突发事件的“快速”处理机制，调解成功率达100%。

【机构设置与管委会领导】 融侨开发区党工委、管委会合署办公，下设办公室、财政局、国土规划建设局、劳动人事局、经济贸易发展局，其中劳动人事局加挂党群工作部牌子。开发区管理机构定编30人，其中行政编制20人、机关事业编制10人。机构定级仍保持副处级，领导干部予以高配。

融侨开发区领导成员为：党工委书记陈少华，管委会主任魏唐茂（2011年11月退休），管委会副主任林云明、何玉金，纪工委书记游友宝。

（福清融侨经济技术开发区管委会）

沈阳经济技术开发区

【经济发展】 2011年，沈阳经济技术开发区（以下简称沈阳开发区）实现地区生产总值771.9亿元，同比增长22.1%；服务业增加值101.2亿元，同比增长19.8%；规模以上工业总产值2609.2亿元，同比增长14.3%；规模以上工业增加值679.7亿元，同比增长21.6%；固定资产投资355.6亿元，同比增长17.2%，其中工业投资260亿元，同比增长15.9%；实际利用外资9.08亿美元，同比下降1.8%；地方财政一般预算收入40.3亿元，同比增长35.2%；社会消费品零售总额62亿元，同比增长16.5%。万元地区生产总值综合能耗下降3.77%，万元地区生产总值取水量下降5%。沈阳开发区在综合经济实力保持全国国家级经济技术开发区第10位的基础上，技术、创新、环境三大类指标排位明显高于2010年水平。

【产业集群】 2011年，沈阳开发区机床及功能部件、电气及新能源装备、现代建筑、汽车及零部件、医药化工五大产业集群共实现产值1600亿元。机床及功能部件产业集群实现产值200亿元，机床主机企业和项目43个，其中已建成主机企业31个、在建项目3个、拟开工项目4个、在谈推进项目5个；功能部件企业和项目83个，其中已建成项目47个、在建项目10个、拟开工项目6个、在谈推进项目20个。电气及新能源装备产业集群实现产值340亿元，共有电气类企业482个。特高压变压器设备、高压开关设备处于世界领先水平，在国内市场占有率均达30%。特变电工沈变集团的产品技术和工艺水平，在国内外处于领先地位。现代建筑产业集群实现产值450亿元，共有规模以上企业68家。“住宅产业化示范工程”取得较好进展，宝钢钢构项目在铁西工人村三期开展10万平方米产业化示范工作全面完工。国家住宅产业化基地企业——江苏中南建设控股集团投资建设的住宅工厂化项目，占地53万平方米，总投资12亿元，将在浑河、细河沿线区域推广。汽车及零部件产业集群实现产值270亿元，有企业127个、在建企业12个、在谈推进项目30个。有整车制造企业4家，汽车零部件配套产品门类逐步健全，涵盖百余种汽车及其零部件产品，主要为华晨宝马、华晨金杯、上海通用等企业配套。医药化工产业集群实现产值340亿元，12平方公里的园区全面启动。建成东北制药集团、沈化集团等企业429个，在建企业22个，拟开工项目9个，在谈推进的有加拿大米高集团硫酸钾、汎宇化工润滑油等项目。

【项目建设】 2011年，沈阳开发区共完成投资3000万元以上新开工项目98个、签约落地项目72个、竣工项目89个。在全市260个重点推进建设项目中，以华晨宝马新工厂项目及米其林搬迁改造为代表的重点项目有29个，总投资703.3亿元。其中华晨宝马新工厂项目总投资10亿欧元，总用地面积2.07平方公里，完成投资38亿元，占全年计划完成投资40亿元的95%；普利司通（中国）投资有限公司轮胎生产基地项目总投资10亿美元，主要建设年产250万条全钢载重卡客车子午线轮胎、1000万条轿车子午线轮胎、年翻新轮胎胎面胶100万条工厂。其中一期用地39.5万平方米，建设卡车、巴士用全钢载重子午线轮胎生产用标准厂房及配套设施。2011年，该项目完成可研报告、能评报告、环评报告、安评报告；米其林沈阳轮胎有限公司搬迁扩大产能项目总投资15亿美元，用地71万平方米，年产轿车子午线轮胎1000万条、卡客车子午线轮胎180万条，卡客车车胎翻新胎面29.5万条。2011年3月，项目全面开工建设；下半年，11万平方米轿车轮胎车间厂房基础基本完工；年底前，21万平方米卡客车轮胎车间和密炼车间厂房完工，部分设备进场安装调试。2011年，完成投资30亿元，累计调入外资3亿美元。

【园区建设】 2011年，沈阳开发区内化学、冶金两大工业园区发展迅速。其中沈阳化学工业园是以石油化工、氯碱化工、精细化工、橡胶制品及化工新材料五大核心产业为主导的东北地区新型化工产业基地。截至2011年底，园区共有企业76家，其中规模以上企业14家、年产值超亿元企业6家、世界500强企业7家、危化企业24家、化工企业35家、非化工企业17家。年内园区实现工业总产值27亿元，完成计划指标的180%，同比增长11%。沈阳冶金工业园主要以生产装备制造业必需的锻铸件及零部件等为主，为装备制造业核心区配套服务。截至2011年底，园区入园企业70家，其中投产和在建企业64家。园区实现工业总产值30亿元，年纳税约6000万元。

【基础设施建设】 2011年，沈阳开发区完成基础设施建设项目投资10.42亿元，市政工程修建道路23条，道路总长32公里。其中新建道路25公里，改造道路7公里，污雨水排水管线58公里，给水管线32公里，桥梁3座、排水泵站3座、新建1台75吨、2台10吨蒸汽锅炉，铺设热力管线14公里。完成电力工程架设线路15公里，迁移线路34公里，安装路灯1500基，企业配套9项。绿化工程以“打造最优环境，创一批精品工程”为目标，创新基础设施建设投融资管理体制，率先在区内实行BT投融资建设管理，强力推进开发区园林绿化及环境建设工作，提升城市品位。全年完成新建绿化项目36个，完成投资6400万元，植树8.1万株，新增绿地面积54万平方米，绿地覆盖率42%，绿地率39%。

【生态环境】 2011年，沈阳开发区参与“生态沈阳”区域战略，依据沈阳市“十二五”建设国家中心城市、建设先进装备制造业基地、建设生态宜居之都的发展策略，制定以两河流域为生态基础，开发建设滨河三岛生态城——铁西产业新城的目标。两河流域开发建设工程位于铁西产业新城，规划范围北至二十二号路、南至浑河、东至三环、西至细河新城，规划总面积约56平方公里。两河流域景观工程由浑河西峡谷和细河悠谷组成，全线35公里。改造治理后的两河流域沿岸，将把滨河生态城打造成距市区距离最近、环境最优的旅游度假场所，并使开发区土地价值和环境品味不断提升，实现铁西新区产业新城的全面振兴。2011年，浑河西峡谷一期工程完成防洪评价及大堤改线的防洪评价等相关审批手续，已具备两岸同时开发的条件；细河悠谷完成环境评价、可研性评价等相关审批手续，已具备全面开发条件。开发区创建国家生态工业示范园区建设已完成省厅预审。全区污染减排工作取得新成效。通过加强对细河沿岸化工、重金属企业整治等措施，开发区完成二氧化硫减排量3018吨，氮氧化物49.52吨，化学需氧量7.56吨，氨氮5.37吨。

【社会保障】 2011年，沈阳开发区累计投入民政保障资金2985万元，农村贫困人口控制率实现3.09%。全区低保、五保等民政对象全部免费享受新农合待遇，参保率实现100%。全区累计补助医疗救助资金120万元，救治人员1162人（次）。“两节”救助标准逐年增加，全区发放“两节”救助金403万余元，救助对象7000余人，人均救助额900元。全区新农保参保4.8万人，参保率完成情况良好。同时，继续加大企业养老、失业等项保险的征缴力度，新增养老保险扩面1.7万人；失业保险扩面累计13.1万人，完成考核指标的123.6%；工伤保险共参保12.5万人，完成考核指标的103.6%。

（沈阳经济技术开发区管委会）

长春经济技术开发区

【经济发展】 2011年，长春经济技术开发区（以下简称长春开发区）完成地区生产总值728.5亿元，同比增长20.75%；工业总产值1750亿元，增长21.28%；一般预算全口径财政收入64.6亿元，增长34.6%；实际利用外资10.5亿美元，增长15.5%，实际利用内资75.7亿元，增长14.3%；固定资产投资343.2亿元，增长38.4%，其中，工业投资185亿元，增长38.8%，实现了“十二五”规划的良好开局。在商务部对全国133个国家级经济技术开发区投资环境综合评价中，排名保持第13位；在中部38个国家级开发区中，排名第1位。

经济总量和质量双提升。全区经济总量再攀新高，产值超亿元工业企业已达70家，对长春市工业增长贡献率居全市开发区之首。产业结构进一步优化，汽车及零部件产业实现产值892.5亿元，占全区工业总产值的51%；生物化工产业实现产值612.5亿元，占工业总产值的35%，其中大成集团产值跃升到400亿元。同时，一批新兴产业、装备制造业项目相继建成和投产，有力地推动了开发区产业结构向多元化发展。服务业呈现加速发展的良好态势，一批商业综合体项目加快建设，有效提升了服务业业态质量，全年第三产业实现增加值170亿元，增长27.06%，开发区被省政府列为首批“服务业改革试点区”。

【招商引资】 招商引资和项目建设稳步发展。突出大项目带动，利用政府机构和民间商会等平台，发挥驻外办事处的联络协调作用，“走出去、请进来”，开展多次大型招商活动，招商工作取得新突破。先后组织60余次招商活动，成功举办20余次招商推介活动。2011年，长春开发区共完成实际利用外资10.54亿美元，同比增长16%，其中直接利用外资完成2.17亿美元，实际利用内资完成75.71亿元，同比增长14.3%，其中，省域外内资完成48.27亿元。

【重点企业与项目】 引进项目数量、规模、质量明显提高。2011年签约项目175个，其中工业项目141个、商业项目34个，投资总额579亿元，占地面积8.3平方公里。全年开工项目130个，其中亿元以上项目93个、10亿元以上项目10个、100亿元以上项目1个。签约引进较大的外资项目有：秦川实业、发电设备、窄轨客车、新金享、深国际物流、佛吉亚保险杠、采埃孚高铁变速箱、萨科斯减震器、佩尔则隔音隔振、科士达汽车电子、伟速达汽车电子、KTC机床刀库、统一食品、希杰生物等项目。

积极搞好项目的谋划与包装。按照汽车及零部件产业、生物产业、现代服务业、装备制造业、综合保税及物流业五大产业，包装项目155个，采取中英文对照方式，高标准高质量印制成册，增强对投资者的吸引力。

【园区建设】 五大产业园区为项目建设提供平台。长春兴隆综合保税区作为吉林省对外开放新平台，在省市高位统筹、各方大量努力下，正式获得国务院批准，对长春开发区丰富政策平台、提升竞争优势将产生深远影响。生物产业园区被省政府命名为吉林省特色工业园区，成为第一批15个特名工业园区之一，围绕大成集团初步形成了产业链集群，现有46个项目已投产15个。专用车园区引进项目55个，投产项目24个，其中一汽通用20万辆整车项目“坤程”皮卡已投产。生产力促进中心5个地块厂房全部建设完毕，成为土地集约、企业集中和产业集聚的典范。装备制造业园区和新兴产业园区项目全面铺开，签约项目36个，已投产5个。

【管理与服务】 投资环境进一步优化。2011年，长春开发区成立了行政审批中心，强化大厅服务功能，简化程序，提高办公效率。强化了政务督查，规范了督查制度，全年679件督办事项办结率93.5%，对提高行政效能和政务执行力起到积极作用。加强干部队伍建设，开展了“重走抗联路”等丰富多彩的主题实践活动。顺利完成兴隆山镇党委和20个社区支部换届工作。

全面开展“创城”工作和奋战150天市容环境综合整治行动，高标准打造特色街路，实施“暖房子”工程，改造老旧散弃管小区环境，大规模开展广告牌匾、占道经营、环卫保洁等市容环境和交通整治专项战役。区域环境质量大幅提升，为长春市成功创建全国文明城作出了应有的贡献。回迁楼建设取得积极进展。兴隆丽景A、B区和金色家园一期36万平方米已建成交付使用，安置居民5059户。高标准打造周边环境，毗邻回迁楼建设了中山公园，配备了学校、医院、社区服务中心等完善的公共服务设施。社会保障体系不断完善，充分发挥人力资源市场平台，城镇新增就业4098人，超额完成市政府任务指标；新农合参合率、城市农村低保金发放覆盖率均达100%。文教事业有序开展。中山小学新校已落成使用，对安龙小学、威海小学等8所学校进行了重建和维修，全区文化市场秩序得到进一步规范。建立健全三级信访网络和多元化纠纷调解体系，以局长接待日为契机，集中解决了一批群众关心的热点、难点问题，促进了全区和谐稳定。与此同时，安全生产监管和防范得到强化，计生、民政等各项社会事业全面发展。

【开发区领导】 长春开发区领导成员为：长春市市长助理、开发区党工委书记吴德金，党工委副书记、管委会主任张焕秋，管委会副主任赵旭、孙洪健、王志良、王大鹏。

（长春经济技术开发区管委会）

杭州经济技术开发区

【经济发展】 2011年，杭州经济技术开发区（以下简称杭州开发区）实现地区生产总值（以下简称GDP）420.6亿元，比2010年增长10.2%，其中第二产业增加值332.2亿元，增长10%；第三产业增加值87.2亿元，增长11%。第一、二、三产业增加值结构为0.30:78.98:20.72。实现全区财政收入92.64亿元，增长15.5%，其中地方财政收入43.28亿元，增长29.7%。

【投资环境】 2011年9月21日，商务部在江苏镇江公布《关于国家级经济技术开发区2010年投资环境综合评价情况的通报》，杭州开发区以总得分453.6分在国家级经济技术开发区中排名第10位，这也是杭州开发区连续第3年跻身综合竞争力10强。此次评价包括8个方面的评价指标，其中杭州开发区的“技术创新环境”、“人力资源及社会责任”、“管理体制建设”三大类指标名列前茅。

2011年7月初，浙江省政府通报2010年度外经贸工作成绩显著的县（市、区）及开发区优秀工作单位，杭州开发区以2010年度省级以上开发区综合考评第一的优异成绩受到表彰。

2011年10月，杭州开发区创建国家生态工业示范区建设规划通过国家三部委综合评审。

【产业发展】 优势产业更加壮大，结构调整步伐加快。杭州开发区规模以上工业中，机械制造、电子通信、食品饮料、生物医药四大主导产业工业销售产值合计完成911.97亿元，占全区规模以上工业销售产值比重的60.8%。其中，机械制造业为365.75亿元；电子通信业为286.85亿元；食品饮料业为223.9亿元；生物医药业为35.47亿元；比2010年增长14.62%、7.37%、11.81%、14.97%，分别占全区规模以上工业销售产值比重的24.38%、19.12%、14.92%、2.36%。

新兴产业快速发展，转型升级初显成效。汽车及零部件产业共实现规模以上工业销售产值417.02亿元，比2010年增长27.21%，占全区规模以上工业总量的27.8%；新能源产业实现规模以上工业销售产值11.7亿元，比2010年增长16%。列入杭州市十大产业的装备制造、生物医药、新能源、节能环保四大产业共实现规模以上工业销售产值680亿元，占全区规模以上工业销售产值比重的45.3%。

经济效益平稳增加，大企业大集团强势发展。2011年，实现规模以上工业利润总额109.75亿元，比2010年增长1.2%。281个规模以上工业企业中年销售产值1亿元以上企业176个。其中，重点培育的38个大企业大集团实现销售产值1216.1亿元，增长15.6%，占全区规模以上工业总量的81.1%。

【招商引资】 杭州开发区坚持大项目带动，招商引资成效显著。2011年成功引进汽车整车、食品饮料、新兴产业等多个大项目，引进杭州中粮包装有限公司、立酷派服饰（中国）有限公司两个总部项目，引进外资注册资金1000万美元、内资6000万元以上工业大项目18个，服务业大项目24个。全年新批外商投资企业38个，实现合同利用外资10.44亿美元，实际利用外资6.42亿美元；批准设立内资企业1063个，引进内资注册资金32.63亿元。

【科技创新】 杭州开发区创新要素进一步集聚，发展动力持续增加。2011年实现规模以上高新技术产业产值991.72亿元，占销售产值的66.1%。实现新产品产值270.2亿元，比2010年增长23.1%；新产品产值率18%。新增市级高新技术企业20个，累计275个；新增国家重点支持高新技术企业8个，累计67个；新增省级企业研究院1个，实现“零”的突破。新增市级创新型试点企业4个，累计7个；新增市级以上企业研发（技术）中心15个（其中省级5个），累计107个。开发区生物产业国家高技术基地新药创制平台建设获批“国家重大新药创制专项”。全年促成产学研合作项目31个；获得专利授权3089件，获得1项“国家发明专利优秀奖”。新增1个市级院士专家工作站，累计4个。

【浙江杭州出口加工区】 2011年，浙江杭州出口加工区已经封关运作10年，面对复杂多变的国际国内经济形势，出口加工区工业经济、外贸出口整体发展平稳，各项经济指标与2010年持平。产业、产品结构稳步调整，保税物流业务保持高速增长，结构更趋合理，进一步拓展保税范围，成功引进杭州钱盛进口商品展示有限公司。出口加工区实现工业总产值136.02亿元，实现税收7.71亿元，其中工商税收1.7亿元、海关代征税6亿元。实现工业增加值10.85亿元。进出口总额28.14亿美元，其中19.17亿美元，增长0.4%。

【对外贸易】 对外贸易均衡发展，外贸结构不断优化。2011年，杭州开发区完成进出口总额87.32亿美元，比2010年增长9.3%。完成进口总额34.71亿美元，出口总额52.61美元。出口产品中以机电产品、高新技术产品为主，其中机电产品出口总额32.82亿美元，占出口总额的62.4%。主要贸易方式仍为加工贸易，但一般贸易呈现快速增长势头，全年增幅达23%。

【社会事业】 教育资源投入逐步加大，基础教育质量不断提高。截至2011年底，杭州开发区共有各类学校30所，其中大学14所、中小学16所。大学在校生18.15万人；中小学在校学生1.25万人，教职员工1051人。幼儿园26所，入园儿童6575人。

“文化下沙”品牌显现，新生活理念深入人心。承办元宵灯会、第三届“下沙之韵”摄影大赛、纪念“中共建党90周年”书画大赛、第四届职工运动会、“下沙新城·文明之星”系列评选等活动；2011年6月19日，由下沙高教园区、杭州开发区联合举行了庆祝中国共产党成立90周年大型晚会。全区拥有文化经营单位56家，新建街道综合文化站1个，成功创建市级“文化示范社区”2个，新建“一证通”基层服务点5个。

卫生体系不断健全，服务品质逐步提升。全区拥有各类卫生机构66个，顺利通过“国卫”复评工作，实施12个公共卫生服务项目，为居民提供优质的公共卫生服务。

杭州开发区市民中心办事大厅新增公共服务机构5个，新增医保业务等办事事项46项，大厅办事窗口增至70个。2011年窗口业务量达31.5万件，接待办事群众13.6万人（次），接待参观考察团组46批（次）共831人。

【机构设置与管委会领导】 杭州开发区下设纪工委（监察局）、管委会办公室、人事劳动社会保障局、社会管理综合治理办公室、经济发展局、社会发展局、公安分局、财政局、国土分局、规划分局、建设局、招商局、城市管理办公室、出口加工区综合管理局等16个行政部门。

杭州开发区领导成员为：中共杭州市委经济技术开发区工作委员会书记盛成皿、副书记陈晨、俞建国、冯国明、邵立春，杭州经济技术开发区管理委员会主任陈晨、副主任冯国明、张学宁、施水祥、程锋、张振丰、李建平、詹国平、沈燕俊、何铨寿、王永芳。

（杭州经济技术开发区管委会）

芜湖经济技术开发区

【经济发展】 2011年，芜湖经济技术开发区（以下简称芜湖开发区）实现生产总值310亿元，可比价增长18%；187家规模以上工业企业实现总产值1323.7亿元，同比增长30.2%；规模以上工业实现增加值319.8亿元，可比价增长19.3%；完成开发区本级财政收入40.1亿元，同比增长49.1%；实现进出口总额29.7亿美元，同比增长63.6%；完成固定资产投资159.1亿元，同比增长28.9%。

【投资环境】 芜湖开发区区位优势明显，水陆空交通便利。5条铁路干线在芜交汇，3条高速公路，以及205、318国道穿境而过，距上海3小时车程，距南京禄口机场1小时车程，朱家桥外贸码头航线直通海外40余个国家和地区。

芜湖开发区人才劳动力资源供应充裕，产业工人培训机制发达，人工成本相对低廉；基础设施配套能力较强，供电充裕，管道液化气、管道蒸汽、光纤宽带通讯、雨水排水系统、污水管网一应俱全，服务完备；功能配套服务设施完善，可充分满足生活需求；气候常年宜人，环境优美，适宜人居创业。

区内开发面积近60平方公里，基础设施累计投资132亿元；开业投产企业1527家，累计投资839亿元，其中工业企业551家；实际利用外资25亿美元，引进23家世界500强企业进区投资；汽车及汽车零部件、家用电器、新材料3个主导产业基本形成，具备较强竞争力；汽车及高端装备、光伏光电、生物工程、电子信息等战略性新兴产业和现代生产性服务业正全力拓展，一批骨干项目已经建成或正在建设之中。

【产业布局】 汽车及零部件产业：奇瑞汽车已形成年产100万台发动机和90万辆整车的生产能力，连续10年排名国内自主品牌乘用车企业销量第一，连续8年位居国内乘用车企业出口销量第一。2011年汽车零部件生产企业达100家以上，实现产值491亿元。

家用电器产业：聚集了以美的、日立为代表的知名品牌企业，是国内最重要的家电生产基地之一。美的制冷、美智空调、日立空调等企业生产能力达年产1200万台空调器；美的厨卫、美的精品、美的洗涤等企业年产达860万台厨卫电器、5100万台精品电器和500万台洗涤电器等。2011年实现产值410.1亿元。

新材料产业：海螺型材是国内最大的型材生产企业，以海螺、华亚、可耐福为代表的型材企业可年生产60万吨型材、6万吨PVC管材、3000万平方米石膏板；鑫科新材料是国内最大的精密铜带和白铜合金生产企业，楚江集团是国内最大的铜板带材及线材生产基地之一；中达电子等电子材料企业在海内外市场均占有重要份额。2011年实现产值239.5亿元。

区内正重点培植的汽车及高端装备、光伏光电、生物工程、电子信息和现代生产性服务业，已经引进了一批技术含量高、投资规模大、产业带动性强的龙头项目。

汽车及高端装备产业：瞄准汽车重大技术装备、智能制造装备、高效节能环保装备等新兴领域的关键设备及部件开展招商，同时注重引进产业核心配套体系和培育研发创新体系，高起点推进产业集群化发展，打造特色装备产业基地。

光伏光电产业：不断延伸并壮大以光伏、光电为核心的节能环保产业链。光电产业以三安光电、德豪润达的LED外延片等新材料及相关设备制造项目，下游拓展汽车及半导体通用照明、背光源封装等项目。推动MOCVD制造、大功率LED封装及照明应用、LED自动化测试等一批上下游配套项目加快落实。光伏产业以信义集团光伏玻璃和长信公司玻璃镀膜技术为切入点，以薄膜太阳能技术路径作为发展主线，打造完整的光伏产业链，重点推进澳洲绿色新能源集团太阳能电池片和逆变器等项目。

生物工程产业：以中国芜湖生命健康城为依托，重点发展以生物工程技术、中医药现代化、新药研制开发、干细胞再生医学、生物农业、保健产品、高端医疗器械、康复医疗为主的生命健康产业，进而带动生物科技孵化器、技术服务外包、金融服务、中介服务、商业休闲、康居娱乐、物流贸易、教育培训等产业的培育和发展。

电子信息产业：瞄准国际一流企业和技术，通过技术引进、结构调整和科技创新，重点发展以信息技术、电子材料及元器件、软件、汽车电子、微电子为主的电子信息产业。

现代生产性服务业：大力发展现代物流业，完善产业功能配套，重点建设临港物流园和东区高速枢纽物流园；结合产业特色，加快发展高端生产资料市场。

【招商引资】 2011年，芜湖开发区按照“大项目、产业链、产业集群、产业基地”的跨越式发展思路，围绕支柱产业的提升壮大和战略性新兴产业的培育成长，继续做好汽车零部件产业的发展壮大、内涵提升；重点培植光伏光电等战略性新兴产业。全年工商注册企业485家，同比增长32.9%（计划总投资亿元以上项目58个，其中总投资5亿元以上项目14个）；投产开业企业402家，同比增长86.1%。全年实际利用内资180.5亿元，同比增长14.6%；实际利用外资4.57亿美元，同比增长22.8%。一批重大项目先后落户。新引进加拿大麦格纳、日本富士通、美国伟士通、法国法雷奥、德国本特勒和韩国浦项6家世界500强企业，引进广州毅昌股份等10家国内上市公司。东旭集团、信义光伏玻璃、人本轴承、华宏电子、联友科技、康卫制药等一批战略性新兴产业项目先后落户。

【科技创新】 芜湖开发区不断完善以企业为主体的技术创新体系和以高新技术产业化为中心的创新服务体系，围绕“自主创新、结构优化、转型升级和产业高端化、集群化发展”的目标，有效组织区内企业实施“火炬”计划、工业领域科技开发计划、科技攻关计划和科技创新工程。推动高校院所与区企业间产学研合作。成立质量兴区工作领导小组和名牌战略推进工作协调小组，积极组织企业用足用好扶持政策争创名牌。

2011年，新增国家高新技术企业7家、国家级研发机构2家、省级研发机构13家；新增专利申请2645件，其中发明专利967件；申报市级以上名牌产品15件；新增省著名商标5件，市知名商标4件。完成“全国知名品牌创建示范区”申报工作，申报材料经省政府批准已报送至国家相关部门。

2011年，开发区荣获“安徽省创新型园区”称号，成为“安徽省汽车及零部件制造专业商标品牌基地”、“安徽省铜及铜材加工专业商标品牌基地”。奇瑞汽车股份有限公司、安徽精诚铜业股份有限公司被认定为“商标品牌骨干企业”，为芜湖市首批获得认定的专业商标品牌基地和骨干企业。

【社会事业】 芜湖开发区坚持做到发展成果共享，把新增财力主要用于与民生息息相关的社会事业。加大财政投入，进一步完善社会救助体系，完善覆盖城乡居民的社会保障体系。2011年累计投入资金10776.3万元全面完成30项民生工程。城镇居民参保人数55201人，完成全年目标任务110%；征收社会保险基金约7.5亿元，比2010年同期增长44%。各项惠民资金均采用“一卡通”拨付，发放家电下乡补助资金78.9万元，在全市兑付率评比中位居第一。

创新公租房建设和运营模式，引入企业参与公租房建设。万春新苑三期安置房、龙山新苑廉租房、万春新苑蓝领公寓建设按计划顺利推进，城北和城东公租房项目开始施工。已经建成安置房26万平方米，公租房8.3万平方米，正在招标的安置房160万平方米，正在建设的公租房4.1万平方米。

坚持日常整治与专项整治相结合，坚持委领导带队上路检查，强势推进市容整治工作。启动数字化城管指挥中心及各处置平台系统建设。

【机构设置与管委会领导】 芜湖开发区管委会内设工委管委办公室、监察室、经济贸易发展局（安全生产监督管理局）、投资促进一局、投资促进二局、投资促进三局、规划建设局、财政局、人力资源和社会保障局、出口加工区管理局、社会事业局、科技创新局（知识产权局）、市容管理局（城市管理行政执法局）、东区服务中心、社会治安综合治理办公室（信访办公室）、房屋征收办公室、招标采购管理办公室17个工作部门。下辖龙山、万春2个街道，建设和公用事业管理处、投资服务中心2个直属事业单位。

芜湖开发区领导成员为：党工委书记、管委会主任陆雷，党工委副书记叶政林，管委会副主任张春虎、后力、纪良柱、胡金贵、孙四平、杨会成，党工委委员方春果。

（芜湖经济技术开发区管委会）

广州南沙经济技术开发区

【开放型经济】 2011年，广州南沙经济技术开发区（以下简称南沙开发区）进出口总额106.7亿美元，增长5.89%，其中出口40.18亿美元，增长12.98%；进口66.53亿美元，增长2.02%。按出口贸易方式分类，全区实现一般贸易出口3.35亿美元，增长38.15%；加工贸易出口30.44亿元，增长13.83%；保税区仓储出口4.24亿元，增长5.26倍；保税仓进出境出口2.15亿美元，同比下降62.35%。按出口目的地分类，传统市场方面，对香港和美国分别增长20.99%和7.17%，对日本则下降54.08%；对印度尼西亚、马来西亚和墨西哥等新兴市场分别增长2.76倍、1.96倍和25.69倍。按出口商品分类，主要集中在船舶及运输设备、机电和音像设备及其零件附件、纺织原料及纺织制品等类别，出口额分别是9.38亿美元、9.12亿美元和6.99亿美元。全区机电产品出口14.89亿美元，增长27.04%；高新技术产品出口4.43亿美元，下降2.65%。

2011年，全区港口完成货物吞吐量1.47亿吨，增长18.84%；集装箱吞吐量892万标箱，增长23.01%。年末，龙穴港区拥有集装箱班轮航线48条，其中国际航线35条，国内航线13条；全年累计航次达到5.88万次，增长20.74%。

2011年，南沙保税港区管理办法颁布实施，驻区现场查验机构全部到位，实现业务办理“一站式”服务。2011年底，园区企业125家，合捷、索尼、惠而浦、天运、大创等近10家大型物流供应链平台项目进驻运作，出光塑料、日立工机、卓威脚轮等生产项目竣工试产。南沙保税港区2011年进出区货值285亿美元，增长48%；保税业务货值30亿美元，增长1.25倍；区内企业进出口货值8.5亿美元，增长3倍，其中出口货值4.4亿美元。

【投资环境】 人才及科技创新体系。广州是华南地区的文化科技中心，拥有39所高等院校、200余所职业技术学校及400余个科研机构。南沙新区北上20多公里即广州大学城，现有10所大学进园，每年有4万名大学毕业生，可为广州以及南沙的发展提供充足的人才支持。

以国家级高新技术产业园区资讯科技园、南沙科技创新中心等为载体，南沙搭建起优越的公共创新平台，促进高新技术企业的成长。区内已有中科院广州工业技术研究院等中科院体系研究机构（广州中国科学院软件应用技术研究所、广州中国科学院沈阳自动化所分所、广州中国科学院先进技术研究所、中国科学院南海海洋研究所等均落户南沙）、教育部广州现代产业技术研究院、中山大学科技产业基地、香港科技大学霍英东研究院以及博士后科研工作站、各类企业研发中心等众多科研机构进驻，中山大学、华南理工大学、广东外语外贸大学等一批著名高校也已落户南沙开展合作，集聚各类专业人才3万余人。

南沙保税港区。南沙保税港区是全国第5个、广东省第1个通过国家正式验收的保税港区，是中国对外开放层次最高、手续最简便、政策最优惠、功能最齐全、区位优势最明显的特殊经济功能区。南沙保税港区规划总面积7.06平方公里，其中一期封关运作面积3.7平方公里，包括港口区、物流区、加工区等3个功能区，集港口作业、物流和加工为一体，是具有口岸功能的海关特殊监管区域。南沙保税港区已建成10个5万~10万吨级码头，开通了内外贸班轮航线48条，世界前十大班轮公司已全部进驻。

南沙实施CEPA先行先试综合示范区起步区。南沙新区作为加强粤港澳合作的重要载体，规划60平方公里作为南沙实施CEPA先行先试综合示范区起步区。起步区规划以“一中心、两枢纽”为依托，划分为三大片区，即北部以庆盛交通枢纽为依托的教育培训、创新、高端医疗合作区，中部以明珠湾区为依托的商业服务和金融创新合作区，南部以珠江湾区南沙交通枢纽为依托的粤港澳数据特区和战略性新兴产业合作区。

庆盛枢纽高端服务业合作区定位为教育培训、创新、高端医疗合作区，围绕广深港高铁、广州市地铁四号线庆盛站进行规划布局，致力于打造粤港澳教育、创新和高端医疗合作的示范区。粤港澳数据特区定位为战略性新兴产业合作区，围绕作为区域轨道交通重要交汇换乘点的珠江枢纽站进行规划布局，致力于打造成国际化高端综合性高新技术产业园区。明珠湾区定位为商业服务和金融创新合作区，位于灵山、横沥和珠江滨水地区，是规划中的珠江口湾城中心区的重要组成部分。该合作区将充分发挥港澳在专业服务、金融航运等高端要素服务方面的优势，结合珠三角庞大的市场需求，建设成为粤港澳高端服务合作平台，并选取其中交通基础及开发条件较为成熟的18平方公里进行首期开发。

【产业发展】 先进制造业保持高端化发展。广汽丰田新车型“逸致”、第七代凯美瑞、首台用于广深港高铁香港段的盾构机、世界最先进的半潜船“祥云口”等产品成功下线，广东省首条现代化冷轧薄板生产线——广钢JFE180万吨冷轧项目建成投产。战略性新兴产业实现突破性发展。成功引进中国科学院南海海洋研究所等一批科技研发平台和产学研基地，多次组织区内科研机构和企业开展技术对接，推出107项高新技术成果。全年专利申请量和专利授权量分别达到453件和306件，同比分别增长44.3%和41%；实现高新技术产品产值716.39亿元，同比增长11.92%。招商引资和产业载体建设成效明显。新引进及增资项目76个。光电、新一代信息技术、生物医药、新能源汽车、金融机构等多个大型项目成功落户，产业招商持续优化。推动成立了穗港、穗澳合作专责小组，成功与香港生产力促进局合作开发香港（南沙）创新产业园，珠江工业园基本建成并进入规范化运行阶段，招商载体进一步完善。现代服务业发展势头强劲。南沙港区实现货物吞吐量1.47亿吨，同比增长18.84%，集装箱吞吐量892万标箱，同比增长23.01%。保税港区获批为省级首批现代服务业集聚区，实现进出区货值285亿美元，同比增长48%。湿地生态保护荣获“2011年联合国可持续发展自然项目类银奖”，南沙旅游休闲基地品牌形象不断提升。全年接待游客565万人（次），同比增长48.7%；实现旅游综合收入和社会消费品零售总额14.1亿元、52.51亿元，同比分别增长69.9%和16.02%。

【招商引资与利用内外资】 2011年，南沙开发区累计完成实际外资6.71亿美元，完成合同外资13.02亿美元，共引进6家合同外资额9000万美元以上的境外大型企业投资项目，合同外资额超过3000万美元的新项目和增资项目多达16个。

【科技创新和重点企业】 强化科技创新平台建设与引进，加快推进广州中国科学院工业技术研究院的建设，引进中国科学院软件研究所、沈阳自动化研究所和深圳先进技术研究院，在智慧城市、物联网、云计算、环保、新能源、微生物、自动控制等方面已取得丰硕的研究成果。与此同时，广州现代产业技术研究院第2批共3个研发中心开始进驻南沙区科创中心，广州南沙中山大学科技创新产业基地各项工作逐步启动，安排专项资金支持香港科大霍英东研究院建设工业自动化国家工程中心华南分中心和数字生活中心，中国科学院南海海洋研究所也于2011年10月与开发区签订主体搬迁协议，计划将研究所主体、科考码头迁至南沙。努力促进高新技术产业发展，龙穴造船获批“国家级企业技术中心”；东方重机的1000MW项级核电汽水分离再热器研制及产业化项目获“市科技进步一等奖”，为南沙开发区首次获得此项殊荣；晶科电子已成为珠三角最大规模的专业大功率、高亮度LED芯片上游制造企业；凯希电子公司获得2000万元风险资本投资，企业发展迅速；开发区还引入光子治疗仪产学研基地、海洋能技术产业园等孵化项目。积极促进产学研资结合，多次组织区内科研机构与企业开展技术对接，于2011年12月牵头举办了广州南沙首届科技创新成果推介会，共推出106项高新技术成果，有15个合作项目签约，吸引500余家珠三角及香港、台湾大型企业和科技型中小企业参会。统筹科技配套服务设施建设，积极协调解决科研机构在生活配套方面的众多困难，如为中科院3个所协调解决了新进人员的住宿、交通、餐饮等问题；为广州工研院协调解决了工程验收、环境美化等问题。广泛开展各类科普活动，举办科技活动周系列活动，积极推进南沙科学馆复馆工作，在全区营造浓厚的科技氛围。

【社会事业与文化建设】 就业社会保障等工作取得新成绩。2011年培训省内双转移劳动力4569人，安置本地劳动力7421人，城镇登记失业人员就业率达75%。全区农民参加社会养老保险6万余人，35岁以上农民社会养老保险覆盖率达到100%。圆满完成市下达的保障房建设任务，解决了一批房改遗留问题。卫生计生工作迈上新台阶。积极推进基层医疗卫生机构综合改革，落实医疗制度改革任务和基本药物制度，进一步完善区内卫生服务体系。提高新农合保障水平，新农合参合覆盖率达100%。在全市率先实行区内三级医疗机构增设普通门诊补偿。教育文化体育事业再上新水平。高考成绩、中考成绩和留优工作有了新进步，全面启动“以区为主”基础教育管理体制改革工作，区内三镇顺利通过省教育强镇复评，全区高中优质学位达到100%。稳步推进教育规范化学校建设后续工程和校安工程建设。建成灯光篮球场35个、健身路径17条，群众健身条件明显改善。狠抓公共文化阵地建设，积极推进区文化馆、图书馆、村（居）综合文化室、有线电视网络建设，全区实现有线电视“村村通”。完成《南沙大全》公开出版和南沙区第三次文物普查工作，策划了多项文化主题活动。

【机构设置与管委会领导】 南沙开发区设有纪工委（监察局）、工委（管委会）办公室、工委组织部、发展和改革局、经济贸易局、国土房管（规划）分局、建设和管理局、财政局、保税业务管理局、环境保护局、企业建设局等部门。

南沙开发区党工委领导成员为：书记陈明德，副书记袁桂扬（2011年8月任）、罗兆慈（任至2011年8月）、钟华英（2011年8月任），委员陈明德、袁桂扬（2011年8月任）、罗兆慈（任至2011年8月）、钟华英（2011年8月任）、孙雷、陈万雄（任至2011年10月）、李自根、段险峰、杜丽霞（2011年8月任）、陆原（2011年10月任）、林波（任至2011年10月）、张谭均（2011年8月任）、崔世刚（任至2011年8月）、王洪涛。南沙开发区管委会领导成员为：主任陈明德、副主任袁桂扬（2011年8月任）、罗兆慈（任至2011年8月）、孙雷、陈万雄（任至2011年10月）、李自根、段险峰、陆原（2011年10月任），秘书长王洪涛，副总规划师庄海波，副总经济师李芳琪。

（广州南沙经济技术开发区管委会）

惠州大亚湾经济技术开发区

【经济发展】 2011年，惠州大亚湾经济技术开发区（以下简称大亚湾开发区）实现地区生产总值434亿元，增长11.5%；工业总产值1524.9亿元，增长9.5%；地方财政一般预算收入17.4亿元，增长33.4%；国税收入148.3亿元（不含海关代征税128.5亿元），增长25.9%；地税收入24.8亿元，增长31.3%；港口货物吞吐量4262.9万吨；社会消费品零售总额15亿元，增长14.7%；实际利用外资2.99亿美元，增长9.1%。

【产业发展】 2011年，大亚湾开发区围绕科学发展主题和转型升级，出台扶持鼓励港口航运、总部经济、企业上市等政策措施。石化产业方面，新投产项目8个，投资额约27.39亿元；在建、筹建项目31个，投资额约802.2亿元；新引进项目10个，总投资87.87亿元。全年石化产业实现工业产值1158亿元。西部综合产业方面，新引进电子信息产业项目13个，投资总额24.6亿元；新引进汽车零部件产业项目3个，投资总额2.5亿元。西部产业区全年实现工业产值335亿元，其中电子和汽车零部件两大产业实现工业总产值251亿元。新兴产业方面，加大项目引进力度，比亚迪LED照明、宝明精工、奥拓LED、洲明LED等一批战略性新兴产业项目相继进驻。现代服务业方面，依托水铁联运的优势，开通了惠州港至台湾、海口两条航线。港口基础设施建设明显加快，荃湾煤码头一期工程项目已获核准，惠州港荃湾港区主航道扩建工程已经动工，国际集装箱码头第一个5万吨泊位已经建成。商贸旅游业呈现新亮点，乌山头高端酒店群项目的前期工作有序推进，中国（惠州）国际文化产业基地项目落户区内。

【招商引资】 2011年，大亚湾开发区结合省500强、市100强重点培育项目，抓好石化中下游、精细化工、新兴产业、总部经济、商贸流通服务业和文化旅游业等领域的择商选资。全年准入项目39个，涉及投资额约154.6亿元，其中，投资超亿元的项目25个，超10亿元的项目4个。截至2011年底，全区在建、筹建项目为85个，投资额达1031亿元；在谈项目为43个，涉及金额400余亿元。

【科技创新】 2011年，大亚湾开发区科技研发经费支出达7.1亿元，占GDP的1.63%，科技创新工作呈现新局面。科技创新产业园第一栋孵化楼投入使用，4个高校研发团队已经进驻，15个孵化项目开始运作，专家公寓已经封顶装修。创新体制机制，先后出台专利资助奖励、科创园管理、企业孵化管理、研发机构管理等多项科技扶持管理政策，全年安排科技、节能等专项扶持资金4000余万元，对惠州炼化、中海壳牌等几十家企业技术改造、扩大产能给予了大力扶持。企业自主创新能力不断加强，中海油惠州炼油项目整厂能量优化、中海能发轻石脑油馏分油生产工艺参数优化两个项目获得2011年度“广东省科技进步二等奖”，惠绿环保公司“重金属污泥循环利用的零排放处理工艺及其产业化实施”项目获得“广东省科技进步三等奖”。

【园区建设】 2011年，大亚湾开发区实施了绿化工程（含公园）48项，完成省立绿道大亚湾段、滨海公园一期等20项景观工程的建设，全区建成区绿化覆盖率达35.52%，人均公园绿地面积达10.24平方米；实施了主干道和主要景观节点亮化工程，大亚湾夜色愈加漂亮；建成一座环保型、现代化的新桥垃圾压缩站，日处理能力达200吨。严格按照《大亚湾区城乡环境卫生管理一体化实施方案》要求，启动城乡垃圾统一收集、清运工作；重点推进北环路、进港路、中兴北路、疏港大道、龙盛五路西等交通基础设施建设，城区路网不断完善。同时，与深圳的对接道路基本贯通，西南大道至兰竹东路、石化大道西至锦绣东路已完工并正式通车，龙海二路西至丹梓东路的路面已完工，待对方完工后即可通车。

【安全环保】 2011年，大亚湾开发区修订大亚湾区总体应急预案、专项预案和部门预案共计30项。制定《大亚湾区新闻媒体通气会方案》、《石化区企业信息发布工作规定》等制度，加强安全生产舆论引导。加强应急救援演练，先后在道路交通运输、供电抢险、校园消防安全、人员密集场所、特种设备、危险化学品等领域进行11场大型应急演练活动，有效提升了应急救援能力。扎实推进节能减排，对年能源消耗量达1000吨标准煤以上的新、改、扩建项目实施节能评估和审查，加大节能监察执法力度，全年节能量超过1万吨标准煤。完善环保基础设施，投资664万元建成石化区环境监控中心；中心南区污水处理厂落实规划选址并完成项目可研报告和环评报告的编制；石化区于2011年6月被省经信委认定为第一批“广东省循环经济工业园”。

【社会事业】 2011年，大亚湾开发区民生投入达10.34亿元，占全区财政一般预算支出的43.45%，其中区本级新增可支配财力的75.74%投入民生事业。区全年农村经济总收入达21.49亿元，增长13%；农民人均纯收入达10774元，增长15.6%。出台《大亚湾区普通高中免费教育实施办法》，秋季在全市率先实行普通高中免费教育；在全市率先实现征地农民养老保险、城乡居民医疗保险全覆盖，低保标准由2009年的每人每月315元调整为365元；建立80岁以上老年人政府津贴制度，津贴标准有所提高，成为惠州市实行80～89岁老年人高龄补贴和提高90岁以上老年人高龄补贴的示范先行区。

【机构设置与管委会领导】 大亚湾开发区管委会下设两委办公室、组织部、政法委、工贸局、住建局、社管局、宣教局、人社局、交通运输局、财政局、审计局、环保局等12个工作部门；市政府工作部门派出机构5个（市公安局大亚湾分局、市国土局大亚湾分局、市安监局大亚湾分局、市海洋与渔业局大亚湾分局、市城管执法局大亚湾分局）。

大亚湾开发区领导成员为：大亚湾区委书记侯经能，管委会主任黄伟才，管委会副主任王广军、张添才、叶光明、李耀楠、詹星、张忠、陈东照、黄志军。

（惠州大亚湾经济技术开发区管委会）

北京经济技术开发区

【经济发展】 2011年，北京经济技术开发区（以下简称北京开发区）在高端产业、服务环境、社会民生、资源利用等方面取得显著成效和标志性成果。全国第一条液晶显示8.5代线如期投产；奔驰汽车全球首个海外发动机厂开工建设；承载国家级新药创新孵化基地和国家生物产业基地重任的亦庄生物医药园正式开园；当年获批、当年竣工、当年验收封关的全国领先的亦庄保税物流中心正式运营；首批国家生态工业示范园区申建成功；国家级海外高层次人才创新创业基地批准建设；全市最大规模的示范性公租房项目率先启用。

新区规模以上工业总产值 2742.4 亿元，同比增长 6.8%，占全市的 20%；汽车制造、生物医药、装备制造等主导产业产值增长率分别达到 74%、28.6%、17.2%；新区生产总值 1150.1 亿元，同比增长 13.8%，其中开发区完成 797 亿元，同比增长 14.1%；全社会固定资产投资 785.8 亿元，同比增长 25.3%，其中开发区完成 320.2 亿元，同比增长 42.2%。各项主要经济指标均超额完成年度任务。新区工业增加值 582.1 亿元，同比增长 17.2%，增速在全市区县中排名第一。开发区工业投资占全部投资的比重提高到 32.9%，比 2010 年增长 10.6 个百分点。新区税收收入 353.7 亿元，同比增长 20.4%，其中开发区完成 245.4 亿元，同比增长 15.6%。开发区财政收入 269 亿元，同比增长 10.2%。

【投资环境】 加强政策和体制机制创新。适时调整基准地价，促进土地资源节约集约利用。积极稳妥地推进工业蒸汽价格改革，建立蒸汽、热水和燃气价格联动机制。成立国有企业监事会，加强国有资产的监督管理。积极推广社会保险业务网上申报的试点工作，社会保险精细化管理工作走在北京市前列。

提升区域品牌。积极参与筹办金博会、科博会、京港洽谈会以及中国云产业园发布会、世界云计算大会等推介活动，创新拓展央视中文国际频道、北京卫视、首都国际机场和纽约时报广场等广告渠道，充分利用人民日报、北京日报、新华网等媒体资源，进一步宣传新区，“北京·亦庄”品牌的国际国内影响力不断扩大。

工商分局采取措施服务辖区企业。开发区工商分局为进一步支持企业发展，针对重点项目，积极跟进，提前介入项目研讨，跟踪指导项目落地，不仅明确重点项目基本情况，还分配专人负责项目跟踪服务。同时，开发区工商分局积极配合招商部门，对重点招商项目企业在办理工商注册时加快办理，并依据项目特点和实际情况特事特办，加速项目落户开发区，对有政策需求的企业进行走访，为企业出谋划策，现场帮助企业解决实际困难，为总部设立在开发区的股份公司、外资公司总部、中央企业提供全方位行政指导服务。对一些注册企业比较集中的商务楼宇，举办集中年检 6 次，为 200 余家企业提供了足不出户的年检服务。

开发区海关推行服务举措。开发区海关为企业着想，进一步缩短工作时限，积极推行“立等可取”、“当日办结”等制度，提高加工贸易备案、核销审核速度，力争 1 个工作日内完成电子数据审核工作。推行预约加班制，全面实施“5 天工作、7 天延时服务、24 小时预约通关”，为企业提供紧急情况下加急和预约通关服务，由关、企双方根据实际情况协商最优加班办理时段。推广“属地申报，口岸验放”通关管理模式，尽最大可能便利企业办理通关手续，提高企业通关速度。大力加强与口岸海关的联系配合，帮助企业及时协调解决通关过程中遇到的难题。通过定期座谈、走访，深入了解企业的个性化需求。海关还采取多种措施积极促进内销便利，畅通征税渠道。进一步简化内销审批业务手续，通过设置“内销便利窗口”，前置加工贸易内销征税的归类、审价、单耗核定等工作，缩短内销征税办理时间。

【招商引资与利用内外资】 世界 500 强项目加速聚集。北京开发区新增世界 500 强企业 6 家、项目 12 个，500 强企业个数达到 76 家，项目总数 108 个；引进央企项目 13 个，使新区央企项目达到 60 余个。

稳步推进“四个一批”。北京开发区跟踪储备项目总计 137 个，其中，投资 5 亿元以上的重大项目 50 个；签约 57 个（含投资意向书），涉及投资额约 1255 亿元，其中投资额 5 亿元以上的项目 24 个；签约开工项目 40 个，开工投产项目 25 个。

提前完成引资任务。北京开发区新批内、外资企业投资总额（含增资）折合 63.6 亿美元，同比增长 7%，完成全年任务的 159%，其中外资 25 亿美元，同比增长 59%；内资企业注册资本 243.3 亿元；合同利用外资 17.1

亿美元，同比增长132%；实际利用外资6.45亿美元，同比增长103%；核准内资项目投资196亿元；新设立内、外资企业1038家，其中内资企业993家，外资企业45家；新设立1000万美元以上外资企业10家，增资1000万美元以上外资企业18家。

【科技创新和重点企业】 北京开发区出台促进孵化器发展办法，认定区内首批公共技术服务平台9家。挂牌成立开发区首批企业创新中心60家，新增各类市级研发机构35家，国家、市级研发机构总数达到111家。推进中小企业知识产权保护工作，新增专利引擎试点企业20家。制订“小巨人”企业培育方案，筛选确定“小巨人”培育企业42家。对132家企业的238个项目提供1.2亿元科技创新专项资金支持。

【项目建设】 7个重大项目签约。2011年1月4日，大兴区、经济技术开发区主办的“北京·亦庄重大项目签约仪式”在亦庄园举行。共有生物医药、新媒体、新能源汽车、新材料、微电子等领域的7个项目签约落户大兴区、北京经济技术开发区，投资额均达到或超过10亿元，涉及总投资额135亿元。7个项目中，5个项目位于大兴区域，即：同仁堂集团拟投资30亿元在生物基地建设集生产、制造、物流、销售于一体的同仁堂中药现代化产业园；步长集团拟投资20亿元，在生物基地建设包括科研中心、医疗器械生产基地、现代中药生产基地在内的北方区区域总部；上海同捷科技股份有限公司拟联合北汽集团、开发区总公司及其他多家投资公司在采育新能源汽车产业园开展整车及超级平台的研究；亿利资源集团拟在青云店镇建设新材料新能源产业园高端PVC、木塑复合新材料（WPC）等新材料生产研发基地；大业传媒集团有限公司拟在国家新媒体产业基地核心区建设集影视、动漫、创意、培训、综合服务于一体的传媒产业园。2个项目位于亦庄开发区，即：中国黄金集团公司将投资10亿元，注册成立特大型黄金珠宝有限责任公司；华润集团将建设华润微电子地区总部、研发和设计中心。

13个项目开工建设。数字电视产业园冠捷等13个项目开工建设，入园配套项目总数达到22个；移动硅谷产业园移动硅谷创新中心等4个项目签约落地；中国云产业园引入百度云计算等近20个重点项目。生物医药基地引进大基康明等14个项目；新媒体产业园引进央广购物等6个项目；新能源汽车产业园引进北汽光华等3个项目；军民结合产业园获批成为市级产业基地。

25个项目开工投产。奔驰越野车、北汽新能源汽车等25个项目实现投产，当年新增产值50亿元。中电华通、协和药厂等40个产业项目实现开工，涉及投资总额291亿元。

【人才建设】 北京开发区全年共有13人入选中央“千人计划”，累计达到27人，23人入选北京市“海聚工程”，累计达到37人。认定73名海外高层次人才，引进各类核心人才612人。落实扶持奖励政策，安排各类人才扶持奖励资金近6000万元。实施“一线创新人才培养”项目，设立开发区第4家留学人员创业园。海外高层次人才创办的企业年度产值同比增长54%。

【社会事业与文化建设】 社会建设水平有效提升。完成人大代表、政协委员换届选举工作。检察院和法院设立派出机构。亦庄实验学校完成转制，北京八中亦庄分校正式开学。配租公租房1644套，继续开展送电影、送演出、送讲座进企业活动，举办新区第八届运动会暨北京市第三届外企职工运动会。

深入推进劳动力就业。深化“政府—企业—劳动力”和“区—镇—村”两项劳动力就业合作机制，开展岗位开发、培训指导等全方位服务，2011年共开发就业岗位30160个，推荐9252名大兴区劳动力在开发区就业。

提前3个月完成全年就业指标。2011年1~9月，8163名大兴劳动力在开发区实现就业，提前3个月完成全年8000名新区劳动力开发区就业的目标任务。新区人力社保部门加强服务企业，通过组织为企业“量身订制”

的218场招聘活动确保用人单位在最短的时间内招聘到合格的新区劳动力，通过积极落实鼓励和吸纳劳动力就业的各项政策补贴资金有效降低了企业的用人成本。共有3093家（次）企业先后贡献就业岗位23450个。新区人力社保部门在14个镇和5个街道分别建立人力资源就业服务中心，实现了为劳动力提供统一管理、统一培训、统一输出、统一匹配的服务。

【机构设置与管委会领导】 北京开发区工委、管委会内设机构为：工委办公室，组织部（人事教育处、机构编制办公室、统战部），宣传部，党群工作部，政法工作部，机关党委（机关工会），工会，管委会办公室（外事办公室、信访办公室），发展和改革局，产业促进局，科技局（知识产权局），财政局（国有资产管理办公室），人事劳动和社会保障局，房屋和土地管理局（北京市国土资源局经济技术开发区分局），建设发展局，征地拆迁办公室，市政管理局（水务局），社会发展局，审计局，环境保护局，统计局，安全生产监督管理局，研究室（法制办公室），信息化工作办公室等。

北京开发区领导成员为：中共北京经济技术开发区工作委员会书记林克庆，北京经济技术开发区管理委员会主任张伯旭。

（北京经济技术开发区管委会）

乌鲁木齐经济技术开发区

【经济发展】 2011年，乌鲁木齐经济技术开发区（以下简称乌鲁木齐开发区）实现生产总值367.2亿元，较2010年同期增长19.6%。其中：第二产业实现增加值285.6亿元，同比增长15.9%；第三产业实现增加值81.6亿元，同比增长34.6%。三次产业分别拉动经济增长12.8和6.8个百分点，三次产业比例由2010年的0∶80.3∶19.7变化为0∶77.8∶22.2。

全年实现工业总产值768.8亿元，同比增长27.3%；工业增加值280.2亿元，同比增长20.5%，其中规模以上工业增加值182.9亿元，同比增长21%。

黑色金属冶炼、电气机械及器材制造、食品饮料制造、金属制品和家具制造五大行业实现工业总产值705.1亿元，占工业总量的91.7%。产值亿元以上企业24家、新增3家，占全区工业总量的87.7%。

投资规模不断扩大。全社会固定资产投资197.1亿元，同比增长33.4%。其中：基础（公共）设施投资达到31.2亿元，同比增长28.9%。

国内贸易继续保持平稳发展。社会消费品零售总额16.5亿元，同比增长24.2%。对外贸易保持快速增长。进出口总额56.3亿美元，同比增长37.8%。

财政收入45.3亿元，同比增长15.6%，其中：税收收入34.1亿元，同比增长14.1%。

【节能减排】 2011年，乌鲁木齐开发区以节能减排为重点，着力推进资源节约型、环境友好型城市建设。全年实施8个重点治理改造项目。规模以上万元工业增加值能耗0.049吨标煤，同比下降74.9%，二氧化硫排放量441吨，与2010年持平；化学需氧量380吨，同比下降0.5%；共有33家企业通过ISO14000环境管理体系认证，1家企业完成清洁生产审核。完成343台燃煤锅炉拆并、4个小区1.38

公里老旧管网改造和8.68万平方米建筑节能改造的大气污染治理任务。空气质量好于二级的天数达到277天，占全年总天数的75.9%。

【招商引资】 2011年，乌鲁木齐开发区招商引资硕果累累，创造了投资总额、增长幅度、亚博会签约总额的"三个全市第一"。新核准、备案、注册项目总投资375.5亿元，占全疆份额近1/5，同比增长66.6%，引入外省到位资金184.5亿元，同比增长47.5%。重大项目引进取得新突破，亿元以上项目36个，其中：投资额10亿元以上项目7个，占引资总额的46.5%。投资领域更加广泛，汽车和装备制造业填补了全疆空白，积极拓展冶金、建材、商贸、商务、金融、物流、科研等领域，引资项目结构呈现多元化。三一集团机械制造、渤海装备制造、东风汽车专用车生产、陕汽集团整车生产、红云红河烟厂异地改造等19个项目落地建设，落地资金100.3亿元。特别是汽车企业扎堆入驻，将有助于扭转乌鲁木齐开发区（头屯河区）支柱产业单一的局面，有力推动工业的结构转型和产业提升，加快了区产业结构优化升级，培育了新的经济增长极。

在首届亚欧博览会上，开发区共签约项目37个，引资370亿元，占乌鲁木齐市签约总额的45%，居全市第一。

【对外贸易】 2011年，乌鲁木齐开发区对外贸易保持快速增长。进出口总额56.3亿美元，同比增长37.8%，其中：出口44.8亿美元，同比增长42.4%；进口11.6亿美元，同比增长22.6%。出口与进口比例为79.5:20.5，贸易顺差33.2亿美元。

【科教兴区】 2011年，乌鲁木齐开发区为全面推进科教兴区工作，积极推进科技创新与发展，围绕加快建立"以企业为主体、市场为导向、产学研相结合"的技术创新体系，先后制定《乌鲁木齐经济技术开发区自主创新资金管理办法（试行）》（乌经开办发［2011］258号）、《乌鲁木齐经济技术开发区知识产权奖励资金管理办法（试行）》（乌经开办发［2011］259号）、《乌鲁木齐经济技术开发区高新技术企业奖励办法（试行）》（乌经开办发［2011］260号）等政策，通过不断优化科技政策环境，促进了自主创新能力的提高，有效推动了高新技术企业的发展。围绕区域科技发展现状，研究制定了《开发区科技发展"十二五"发展规划》，拟定了《科技型中小企业技术创新基金管理办法》、《科技型中小企业创新基金实施细则》等政策。

2011年，乌鲁木齐开发区投入财政科技经费5287万元，吸引社会科技研发投资6.5亿元。推荐申报国家、自治区和市级各类科技项目60余个，实施国家、自治区、市级各类科技项目30多个，驻区企业金风科技荣获"中国专利优秀奖"，新疆机械研究院获得"自治区科技进步一等奖"、"科技兴新贡献奖"，新疆绿色使者空气环境技术有限公司获得"十一五"国家科技计划执行突出贡献奖。截至2011年底，开发区有高新技术企业18家，其中工业企业15家，全年实现产值222亿元，占全区工业总产值比重达到28.9%。

【项目建设】 2011年4月20日，三一西北重工产业园项目举行开工奠基仪式。由三一重工股份有限公司投资创建的三一西北重工产业园项目，主要投资工程机械制造、煤炭机械、风电设备等项目，全部项目达产后，预计将实现年产值120亿元，提供就业岗位5000个。产品立足新疆，辐射西北五省及中亚等国。该项目有利于乌鲁木齐开发区打造全疆最大的机械设备制造基地，促进自治区新型工业化建设，提升开发区装备制造业水平。三一重工集团公司作为全球工程机械制造50强和中国最具竞争力品牌的大型企业，在机械装备制造业等方面具有全球范围的市场优势、先进的技术创新能力以及雄厚的资金实力。三一西北重工有限公司入驻新疆，标志着一批拥有先进技术的大型机械设备在新疆即将实现本地化生产，对加速乌鲁木齐开发区新型工业化进程，加快构建具有新疆特色的现代产业体系，提升开发区综合经济实力和整体竞争力具有十分重要的意义。

【出口加工区】 乌鲁木齐出口加工区位于乌鲁木齐开发区二期用地内，规划面积3平方公里，其中首期规划面积0.7平方公里，首期围网0.4平方公里；其范围东起卫星路，西至洞庭路，南临苏州路延伸段，北接黄山路；北距乌鲁木齐国际机场2.5公里，西距火车北站（货运）1公里、火车西站（编组站）2公里，交通便捷。截至2011年底，出口加工区内注册企业17家，其中加工贸易企业7家、物流及其他贸易企业10家。

2011年，出口加工区累计投入2.98亿元建设和完善基础设施。新建厂房两栋，面积分别为5569.3平方米和4997.43平方米；为解决因市政管网水压不足导致的出口加工区办公区供水不足问题，在区内联办楼内安装无负压供水设备；新建加工区食堂，解决了驻区单位和企业的就餐难问题。

2011年，出口加工区实现进出口贸易总额2.06亿美元（全年目标任务1.6亿美元），完成目标任务的146%。其中进出区货值实现4035万美元，同比增长26%，一般贸易完成1.66亿美元，同比增长80%。“区政合一”后，二类口岸实现过货44.85万吨，货值14.63亿美元，过货量居乌鲁木齐市二类口岸之首。2011年3月，出口加工区管委会办公室成立政策研究小组，加强外向型经济政策研究工作，以《出口加工区重点关注》形式刊发“关于新亚欧大陆桥的思考”、“俄白哈关税同盟”两期研究成果；组织开展“经济技术开发区（头屯河区）国际物流产业发展操作研究”和“乌鲁木齐经济技术开发区（头屯河区）出口加工产业发展研究”两项课题研究。

2011年，出口加工区管委会办公室与投资促进局建立了联合招商机制。全年洽谈项目15个，企业涉及保税物流、保税加工等，成功引进江苏海欣申禾公司投资生产毛毯项目、新疆今乐矿业有限公司、新疆和润理货有限责任公司落户出口加工区。同时，出口加工区管委会办公室与海关联手积极开展项目引进、功能拓展工作，保税物流业务取得突破。

（乌鲁木齐经济技术开发区管委会）

合肥经济技术开发区

【经济发展】 2011年，合肥经济技术开发区（以下简称合肥开发区）完成工业总产值1860.4亿元、同比增长39%。实现地区生产总值626.4亿元，按可比价格计算，同比增长34.89%。其中，第二产业增加值541.88亿元，增长35.9%；第三产业增加值84.49亿元，增长28.74%；第二、三产业增加值比例为86.51∶13.49。实现工业增加值502.32亿元，完成财政收入92.29亿元，同比分别增长36.84%、27.27%；完成固定资产投资331.1亿元，同比增长10.3%，其中，工业项目投资175.2亿元，同比增长47.8%。

【投资环境】 2011年，合肥开发区基础设施投资总额39.7亿元，同比增长25%。秉承“谁规划先行，谁就抢占先机”的发展理念，超前编制《派河以南合作区道路路网规划》、《派河以南合作区防洪规划》；修订完成《“十二五”建设与管理规划》。基本完成出口加工区的基础设施与监管设施建设，并推进莲花路跨派河桥、新港工业园等重大基础设施建设。供电、供水、燃气、热力、通讯、污水等管网进一步完善，全年供热70万吨。在集约节约用地方面，全区审批工业项目平均容积率由2009年的1.1提升至2011年的1.28。实施双轮驱动，提升城市承载力。南艳湖畔电子产业基地建设初见规模，中环城、港澳广场城市综合体陆续建成。积极推进生态开发区建设，全年新增公共绿化面积1500亩，建成区绿化覆盖率达43%。

在国家商务部对国家级经济技术开发区投资环境综合评比中，合肥开发区跻身全国15强之列；在全国省会城市开发区中排名第6位，其主要发展指数和综合投资环境居中西部国家级开发区第1位，其“发展与效率指数”进入全国10强之列。

【产业发展】 合肥开发区发挥龙头企业聚变效应，支柱产业显现结构优、抗风险能力强的特点，家电、装备制造、汽车产业增速分别达58%、48.5%和20.4%。全区当年实现产值逾亿元的工业企业有93家，比2010年净增13家，其中实现产值逾10亿元的企业有33家，比2010年净增14家；实现产值逾亿元的企业完成产值1506.9亿元，占全区总产值的98.4%；家电产业实现产值逾600亿元，占全区总产值份额的近4成。海尔工业园全年实现产值近300亿元，日立建机、联合利华全年实现产值均逾百亿元。在2011年度合肥企业十强中，开发区占据5席；在合肥制造业企业20强中，开发区占据7席。

合肥开发区加大新兴产业培育力度，船舶、微电子、新材料和生物医药等产业完成产值562亿元，同比增长54%，占全市相应比重的42.4%。在国有企业市场化运作方面，海恒集团实现经营总收入9.16亿元，在全市开发区中率先通过一般公司类融资平台认定，破除了融资瓶颈制约。

【招商引资与利用外资】 合肥开发区招商引资成效显著。完成招商引资总量129亿元，同比增长11.97%。拥有世界500强内外资企业24家。实际到位外资4.62亿美元，占全市总量25.5%，同比增长29.8%，实际利用外资总量、外商直接投资、工业外资、新批项目、合同外资等各项指标均居合肥市榜首，多项数据刷新开发区纪录。全年签约工业项目17个，总投资285.62亿元。成功引进总投资10亿美元的联想（合肥）笔记本生产基地项目，引入联想集团和台湾仁宝集团两家世界500强企业。加速高端产业集聚，成功引进熔盛机械、中烟二醋酸纤维丝束、晶弘冰箱等一批具有牵动性的重大工业项目。在引进日资项目方面，成功引进尼普洛医疗器械、花王、淀川等6家知名日资企业，总投资超过100亿元，成为中西部地区最大的日资企业集聚地。

【科技创新】 合肥开发区转变经济发展方式，围绕现有支柱产业和骨干企业，全面实施“传统产业高新化、高新产业规模化”，全力推进企业自主创新建设和产业改造升级，新认定高新技术企业14家、国家级企业技术中心2家。截至2011年底，开发区拥有高新技术企业69家、国家级企业技术中心6家、省级企业技术中心16家、市级企业技术中心3家。高新技术企业产值占全区工业总产值的67%，占全市高新技术产业总产值的35.7%。

开发区加大政策扶持力度，区级财政兑现各类扶持资金7.61亿元；芯硕半导体、合锻机床、力杰半导体等3家企业获得国家重大科技专项支持，金额达1.08亿元。在2011年中国产学研合作创新大会上，合肥开发区荣获中国产学研界的最高荣誉——中国产学研合作创新与促进奖。住宅产业化工作荣膺“全省先进集体”。

【项目建设及服务】 合肥开发区以建设高水平的大项目好项目为支撑，新建项目137个，总投资127亿元，续建和技改扩建项目191个，总投资173亿元。其中，熔盛机械挖掘机、航嘉电器、美的机电工业园、宝龙达笔记本项目实现了提前投产；联想（合肥）产业基地、尼普洛医疗器械、花王家庭日用品、晶弘格力冰箱等新开工项目和熔安船用低速柴油机、海尔工业园扩建、友达光电液晶模组等续建项目加快建设。

建立管委会领导牵头的月重点项目调度会

制度，完善企业三级服务机制，全面提升企业服务水平，加强经济运行监测，保证工业经济持续健康快速发展。强化“双向约束”机制，督促项目单位按计划、按进度完成建设任务。充分发挥海恒集团投融资平台作用，为10余家入区企业提供14亿元资金支持，并为企业融资提供担保12亿元，有力促进了企业早建成、早达产和顺利运营。

构建人才高地，出台企业用工及培训补贴政策，每年拿出600万元用于企业用工及培训补贴；2011年帮助区内企业招工2.7万人，有效缓解企业用工紧缺问题。

搭建银企融资桥梁，组织4次银企对接会，区内共有235家企业参加，落实各类贷款41.91亿元。促成熔盛重工获国家开发银行350亿元战略授信。出台鼓励和促进企业上市政策，挖潜出后备上市资源企业21家，其中洽洽食品股份有限公司成功上市，融资20亿元。

【文化发展】 合肥开发区牢固树立“环境出竞争力、出生产力，环境比投资更重要”的理念，管理水平和生态环境向国际化标准看齐。开办“明珠讲坛”定期邀请跨国企业高管和资深专家开设讲座，学习借鉴先进管理理念；通过企业联谊会等多种形式，开展信息互动交流，进一步增强入区企业对区域投资环境的认同感和归属感。深化开发区干部职工培训，不断推进效能建设，进一步强化主动服务的意识，提升服务水平和服务能力。树立鲜明的用人导向，坚持“德才兼备”的原则，选优配强各级领导班子，加强后备干部队伍的培养，大胆培养选拔使用年轻干部。

在推进文化活动方面，成功举办第四届文化艺术节，成为全省规模最大、参与人数最多的群众性文化盛会；举办第七届迎国庆环湖长跑、第六届社区晨晚练展示赛、第二届“中环杯”羽毛球大赛；合肥开发区管委会获“2011年第九届安徽省文明单位”称号。

【管理与服务】 2011年，合肥开发区创新开展“千名党员干部下基层、倾听社情民意进万家”活动，把解决群众最关心、最直接、最现实的利益问题作为检验干部群众观念、宗旨意识、领导能力的“试金石”。完善社区管理服务体系，划分173个网格，实现“四级架构、三位一体”的基层社会管理服务全覆盖。推进示范社区创建，初步形成“一居一品（一个居委会一个品牌特色）”、特色鲜明的基层服务局面。创新城市管理，深化园林绿化、市政维护、道路保洁“三位一体”招投标工作，推进城市管理社会化新模式，完善复建安置小区物业管理试点工作。

【社会事业】 2011年，合肥开发区投入各类民生资金10.78亿元，同比增长39.27%，占财政总支出的55.8%，比2010年提高7.52个百分点。在完善社会保障方面，提标扩面，累计发放各类保障资金1.24亿元；其中，养老保障提高，累计发放各类养老保障资金7300余万元，惠及被征地农民1.7万人；完善医疗保障制度，发放被征地农民医保资金645万元，参加居民医保人数达4.5万人。

坚持带领群众致富是立身之本。全区20家居委会为合肥市充分就业社区，海恒社区委、锦绣社区委、莲花社区委3家单位为合肥市充分就业街道，合肥开发区为合肥市充分就业区。1993年祖居农民人均纯收入为1705元，而到2011年，人均可支配收入已达14934元。

教育卫生文化事业取得较快发展。投入近4000万元添置现代化教育设备，基本实现区属学校运动场塑胶化；区属中小学校现有在校生1.17万人，其中市级特色学校2所、区级特色学校2所；引进民办学校（含幼儿园）44所，区内共有高校14所。引入和建成安医大二附院等3家医院，建成社区卫生服务中心5个，全面推进示范社区卫生服务中心建设。全区建有文化体育广场21个、运动场（馆）191个，建成藏书2万余册的芙蓉社区图书馆和可容纳近万名观众的锦绣大舞台。

【机构设置与管委会领导】 合肥开发区下设工委办公室、管委会办公室、经贸发展局、建设发展局、社区管理局、财政局、社会发展局、人事劳动局、信访局、城市管理局、招商局、环保分局等17个工作部门。

合肥开发区领导成员为：工委书记、管委会主任姚卫东，工委副书记、管委会副主任操云何，工委委员、管委会副主任孙余洲、李保国、程振革、吴昊、王家和。

（合肥经济技术开发区管委会）

郑州经济技术开发区

【经济发展】 2011年，郑州经济技术开发区（以下简称郑州开发区）完成地区生产总值118.3亿元，增长61.1%；其中第二产业增加值完成93.9亿元，增长81.8%；第三产业增加值完成23.7亿元，增长12.3%；三次产业比调整为0.6:79.3:20.1；完成全社会固定资产投资112.7亿元，增长33%；完成规模以上工业总产值319.8亿元，增长146.1%；完成规模以上工业增加值72.9亿元，增长140%；完成财政总收入41.3亿元，增长78%；一般预算收入9.93亿元，增长34.2%；完成社会消费品零售总额49.4亿元，增长17.4%。产业集聚区主营业务收入列河南省第一。

【主导产业】 2011年，郑州开发区坚持“大项目—产业链—产业集群—产业基地”的思路，培育壮大汽车及零部件、装备制造、电子信息、食品医药、现代物流五大主导产业。汽车产业龙头地位凸显，东风日产单厂计划突破150亿元，“十二五”期末将达到500亿元。全区汽车产量达到14.8万辆，同比增长371.4%。装备制造业已经形成以龙工、海尔、郑煤机等企业为核心的产业集群，“十二五”期末产值可超千亿元，将整体提升郑州市装备制造业水平。富士康项目的引进，带动形成以安飞、旭飞、宇飞为龙头的电子信息产业快速发展，工业增加值比2010年增长150%。食品工业园已经吸引中粮、益海嘉里、百事可乐、杜邦等世界500强企业和跨国公司入驻，医药物流业已经汇集国药、华润、九州通三大行业巨头。重大项目向第三产业进一步延伸，标准厂房及总部经济需求强劲。以滨水新区综合开发引领的基础设施建设项目将快速提升区域城市化水平，由产业园区向产城融合的先进制造业新城迈进。

【招商引资】 2011年，郑州开发区在加快项目开工建设的同时，通过积极参加省市各类招商活动，自行组织招商小分队和邀请跨国公司、国内知名企业到区参观考察等形式，成功签约项目29个，协议投资总额312亿元，签约项目包括东风日产、华润集团、日立化成工业株式会社、中国建筑股份有限公司、新加坡丰益——益海嘉里、伊藤忠丸红铁钢株式会社等6个世界五百强企业项目，外资项目11个，承接产业转移项目17个。洽谈跟踪项目100余个，拟投资总额近500亿元，其中五大主导产业类项目约占80%，总部经济项目23个，为全区未来发展储备了一批投资大、效益好、市场前景广阔的优良项目。

【科技创新】 2011年，郑州开发区与省科技厅合作共建全省规模最大的科技创新孵化基地，极大调动区内企业科技创新积极性。始终把增强自主创新能力作为科技发展的战略基点和调整科技产业结构、转变增长方式的中心环节来抓，研究出台《郑州经济技术开发区关于加大知识产权扶持力度实施方案》，加强科技创新研发平台建设。组织区内企业经申报获得省重点科技攻关、省中小企业创新资金、市技术研究与开发等111项工作，完成年度目标的350%。获得国家、省、市资金扶持3800万元，完成年度目标的105%，同比增长50%，为企业的科技创新提供有利的资金保证。共组织企业申报市各类科技项目35个，申报专利257件，9家企业申报成为市级以上企业工程技术研究中心，4家企业申报成为高新技术企业。全区高新技术企业总产值同比增长83%。企业上市工作取得新突破，四方达公司在创业板上市发行，金博士种业等4家企业被省金融办列为“首发上市重点后备企业”。

【项目建设】 2011年，郑州开发区计划新开工和续建重大项目60个，总投资730亿元。以项目建设为核心，以打造8个超百亿产业园区为目标，严格落实重点项目协调推进机制，全力抓好项目落地开工、建成投产，全年新开工东风日产郑州60万台发动机项目、龙工中原生产基地项目、国控宇飞触摸屏盖板玻璃原片生产线项目、雅士利豆奶粉及液态奶生产项目、路畅电子高端车用GPS导航产品生产项目、富士康二期标准厂房建设项目、富士康职工公寓项目等重点项目25个；郑煤机长壁煤矿装备生产扩能项目、郑煤机高端液压支架电液控项目、中铁盾构设备基地项目、郑州双汇食品工业园项目、宇通5000台客车专用车产能提升项目（一期）、海马年产15万台发动机项目等13个重点项目竣工投产。项目建设整体呈现大、好、快、优等特点，工业龙头地位进一步凸显。

【城区建设】 2011年，郑州开发区坚持把城市建设放在与经济发展同样的地位，继续加大基础设施投入力度，投资2.9亿元开工建设经南八路北二路、第二十三大街、经南三路、107东辅道等道路42条，总长27.8公里，已完工道路20条。完成滨河国际新城20平方公里控制性详细规划全覆盖编制工作和滨水地区人工湖经管方案终审工作，全面完成综合交通体系专项规划和供水、通信、电力等基础设施专项规划。着力实施城市绿化美化工程，投资787万余元，种植行道树5841棵，完成绿化面积3万平方米。投资6289.5万元，完成航海东路、广场北路、第八大街等7处4.8公里道路的积水点改造工程。切实强化城市管理，实行常态化“三区”管理模式，建立市政管理范围内小广告清理长效机制，开展各类市政设施不间断巡查、维护，依法拆除各类违章建筑约16万平方米，修补破损路面1万多平方米。

【对外贸易】 在2011年度河南省对外开放工作会议和全省商务工作会上，郑州开发区被授予“河南省对外开放工作先进开发区”、“河南省招商引资特色产业园”等荣誉称号。2011年完成进出口总额15.9亿美元，增长200%；实际利用外资3.46亿美元，增长22.3%。出口加工区充分利用自身平台优势，围绕富士康二期项目、B区开发建设、保税物流产业发展等中心任务，大力发展外向型经济，全力推进重点项目，全年实现进出口总额14.5亿美元，增长258%，其中进口9.4亿美元，增长502%；出口（含深加工结转）5.1亿美元，增长105%。富士康二期32万平方米标准厂房及50万平方米职工公寓建设项目全面启动，申请设立加工区B区顺利进入海关总署、国土资源部、住建部等国家九部委的联合会签程序。郑州集装箱中心站项目一期工程、河南保税物流中心先后正式建成运行。其中，保税物流中心开关运行当月就入驻企业9家，办理进出口报单130票，缴纳税款72万元，创全国保税物流中心开关运营首月最好水平。

【社会事业】 2011年，郑州开发区继续加大民生方面的投入，区财政安排教育、文化、体育、社保、医疗卫生、农林水等民生保障性支出16782万元，增长210.53%。大力实施优质教育资源倍增工程，完成第二中学与郑州一中合作办学、扩建实验小学、实验小学托管梁湖小学、朝凤路小学与外国语小学联合办学等项目。大力发展城乡文化事业，区图书馆和群艺中心主体建筑已经建成完工。面向社会免费开放85中等学校体育场馆，为广大群众提供了设施优良的健身场所。就业再就业工作扎实推进，制定和完善留学人员、大学生、失地农民等创业优惠政策，以创业带动社会就业。2011年新增城镇就业1860人，完成年度目标的116%；农村劳动力转移就业750人，完成年度目标的188%。加强社会保障体系建设，新型农村合作医疗新增参保3065人，完成年度目标的102.2%；城镇居民医疗保险参保缴费达到12162人，完成年度目标的121.6%，参保续费率达77.31%，居郑州市第一。安全生产、信访稳定、计划生育、平安建设等工作不断加强，社会大局保持全面和谐稳定。

【机构设置与管委会领导】 郑州开发区管委会下设党政办公室、人事劳动局、财政局、规划建设环保局、社区管理服务局、教育文化体育局、行政综合执法局、国土资源分局、纪委监察审计局、投资发展服务局、企业服务中心、招商一局、招商二局、新兴产业服务局、汽车产业服务局、科技局、创业中心、科技创业园、留学人员创业园、工会、计生办、国资办、信息中心、政研室、拆迁办25个行政部门。出口加工区下设党政办公室、综合管理服务局、经济发展局、招商局、招商二局5个部门。

郑州开发区领导成员为：郑州开发区管委会党委书记、管委会主任张延明（2011年1月~8月），郑州开发区管委会党委书记崔绍营（2011年8月~今），管委会主任王贵欣（2011年12月~今），党委副书记、管委会常务副主任李喜安（2011年1月~2011年10月），党委副书记、管委会副主任李东明，管委会副主任、出口加工区常务副主任赵长根，管委会副主任时云辉、黄楠、李国立、王义民、孙兵，工会主席王华耀，纪委书记武斌，副书记马良。

（郑州经济技术开发区管委会）

成都经济技术开发区

【经济发展】 2011年，成都经济技术开发区（以下简称成都开发区）实现规模以上工业增加值300.73亿元，同比增长22.1%；主营业务收入909.03亿元，增长20.37%；利税总额265.95亿元，增长30%。其中，汽车产业（工程机械）实现整车（机）生产15.3万台，同比增长50%。汽车产业（含工程机械）及配套产业实现总产值476.8亿元，同比增长45.6%；工业增加值143.3亿元，同比增长45.9%；主营业务收入541.8亿元，同比增长21.8%；利税111.3亿元，同比增长43.2%。成都开发区在2011年商务部通报的综合发展投资环境评价中名列国家级经济技术开发区第27位、西部第2位。

【产业发展】 按照成都市产业布局总体规划，成都开发区推进以汽车（工程机械）产业为主导的先进制造业集中集约集群发展，着力构建了以强大现代汽车制造业为支撑，以汽车高新技术产业为先导，以现代汽车服务业和汽车总部经济为核心的全产业链汽车产业体系。促进一汽大众、一汽丰田、沃尔沃、吉利高原、日本神钢、德国海瑞克等17家整车（机）生产项目聚集发展，规划设计年产能达到125万辆，初步搭建百万整车生产平台；依托整车制造龙头项目，促进一汽大众发动机、吉利动力总成、德国博世底盘等重大主机项目和美国江森、哈曼、加拿大麦格纳、一汽富维、德国汉高等180余家关键零部件配套企业聚集发展，汽车关键核心零部件实现建链发展；成都瑞华特电动汽车生产基地、一汽新能源客车、川汽新能源汽车基地等新能源整车聚集发展，德国汽车智创中心、宁波卡倍亿电控研发中心、成都汽车产业研究院等一批研发、检测项目签约落户，汽车产业自主创新能力不断提升；中国长安汽车成都营销服务综合体、吉利汽车超市城市综合体、九峰国际汽车零部件采购中心、中信昊园全球汽车创意网络中心等一批汽车贸易博览项目进区发展，成功举办全球汽车论坛、全国超级卡车越野赛、成都汽车精英赛、汽车文化节等一批汽车文化娱乐赛事活动，汽车现代服务业实现创新发展。

【招商引资】 成都开发区全年引进汽车重大产业化项目32个，实现到位内资152亿元，到位外资4亿美元，分别增长32%、29%。重点引进总投资26亿元的明君集团商用车、总投资8.3亿元的神钢建机大中型挖掘机扩能等一批整车（机）龙头项目，促成年产35万套/台的EA211发动机、博世底盘控制系统、德尔福等49个汽车关键零部件项目落户，加快推进川汽新能源、恒能铁镍电池等一批新能源汽车项目和长安万友、中信昊园、银诚美车城、易控高科、成都聚润等一批功能性项目进区建设。

【科技创新和重点企业】 2011年，成都开发区承担国家、省、市科技项目45个，获得资金扶持3150万元。区内高新技术企业达49家，企业技术中心、工程技术研究中心达24家，国家级（省级）知识产权试点示范企业达8家，博士后工作站达11家，专家院士工作站达4家。专利申请数达1224件，高新技术企业销售收入达116亿元，位列成都第二。9项科技成果荣获省市科技进步奖（专利奖），园区被四川省科技厅推荐为“全国科技进步先进县（区）”，被中国科协评为“全国科普示范区”，被四川省科技厅评为“成都汽车产业高新技术产业化基地”。

成都开发区规模以上工业企业主营业务收入上亿元企业达64家，较2010年同期增加3家，其中上百亿元企业3家，为四川烟草、一汽丰田、神钢集团，分别达180亿元、160亿元、130亿元；利税总额上千万元企业达60家，其中上亿元企业9家；利税总额上百亿元企业1家，为四川烟草。重点促进大运汽车、丰田纺织等30余家骨干企业扩能增效，实现产销大幅增长；金固车轮、海信等16家重点企业实现技术创新；豪能科技、光明光电、西部石油等10余家企业加快上市进程，实现扩张发展。

【项目建设】 2011年，成都开发区新开工重大产业化项目58个，竣工投产项目63个，加快建设项目67个。加快推进了一汽大众二期、一汽新能源客车、成工装载机、瑞光、德国汉高、一汽国际物流一期、九峰国际零部件采购中心一期等汽车主导产业项目竣工投产，一汽大众三期、沃尔沃成都基地、一汽大众配套园、一汽国际物流、九峰国际汽配商城二期、三期等在建项目加快建设，一汽大众EA211发动机、德国博世底盘、瑞华特纯电动车等重大产业化项目开工建设。

【园区建设】 成都开发区完成基础设施投资32亿元，拆建面积6240亩，场平面积4106亩；重点促进开发区新区174公里路网和370公里管网建成投运，大力推进地铁2号线、成简快速通道、成安渝高速等重大交通基础设施项目建设，宝湾物流、一汽陆捷物流、一汽国际等一批现代物流功能项目及希尔顿大酒店、北大附属学校、职工三级综合医院、职工休闲广场等生活配套项目加快建设；促成开发区实验高中、省医院城东分院、敬老养老中心、残疾人服务中心、市民健身公园、政务服务中心、开发区职工生活中心等一批重大服务配套项目建成投运，进一步优化了区内投资环境，提升了产业承载能力。

【人才建设】 重点围绕百万整车生产纲领，加快构建政府、企业、高校联合培训机制，搭建“汽车产业人才培训联盟”，推进“成都开发区人才信息超市”等人才信息库建设，着力聚集培育一批与成都国际汽车城发展相适应的专业技能型人才、企业高层次经营管理人才、产业领军人才队伍。

【机构设置与管委会领导】 成都开发区党工委、管委会内设机构为“一办五局”，即：党工委、管委会办公室（含机关党委），汽车产业投资服务局，现代工业投资服务局，项目建设服务局，企业发展服务局，统筹发展局（区域合作局）。

成都开发区领导成员为：成都市市长助理、党工委书记陈争鸣，党工委副书记、管委会主任廖仁松，党工委委员、管委会副主任李桦，党工委委员、管委会副主任贾伦才，党工委委员、管委会副主任程果，党工委委员、管委会副主任蔡本刚。

（成都经济技术开发区管委会）

昆明经济技术开发区

【经济发展】 2011年，昆明经济技术开发区（以下简称昆明开发区）实现工业增加值81.35亿元，同比增长22.1%；地方财政一般预算收入12.53亿元，增长37.3%；完成全社会固定资产投资118亿元，增长37.1%；规模以上工业企业已达113家，实现规模以上工业增加值77.3亿元，增长28%；规模以上工业主营业务收入274.8亿元，增长31.7%；规模以上工业利税总额22.4亿元，增长25.2%。

【产业发展】 2011年，昆明开发区第一产业实现增加值1.63亿元，比2010年下降5.23%；第二产业实现增加值85.44亿元，比2010年增长25%；第三产业实现增加值50.3亿元，比2010年增长28.74%。三次产业比由2010年的1.58∶62.62∶35.8调整为1.2∶62.16∶36.62。第三产业比重比2010年提高0.84个百分点。第二、三产业对经济增长的贡献率分别为60.56%和39.79%。

全区实现工业总产值290.09亿元，同比增长29.03%，实现工业增加值81.35亿元，占全区GDP的比重为59.22%，工业对GDP增长的贡献率达到52.1%，拉动全区GDP增长13.47个百分点。主导产业实现工业总产值208.38亿元，增长17.23%，占全区工业总产值的比重为71.83%，对全区工业经济增长的贡献率为58.8%。其中，装备制造（含光电子）、生物医药及食品饮料、烟草及配套产业分别实现工业总产值135.18亿元、38.55亿元和34.65亿元，占全区工业总产值的比重分别为46.6%、13.29%和11.94%。

高新技术企业实现产值89.1亿元，比2010年增长17.42%，占全区工业总产值的比重为30.71%；高新技术产业实现增加值36.52亿元，较2010年同期增长25.24%；高新技术工业企业全年实现主营业务收入85.6亿元，同比增长19.7%。

【招商引资与利用外资】 2011年，昆明开发区在土地资源相对不足的瓶颈制约下，精选规模大、效益好的用地类项目，兼顾影响大、税收高的非用地类项目，成功引进昆明贵金属交易所、西安国际信托、上海村镇银行等总部经济及金融衍生项目，提升了园区综合实力和在全国金融界的影响力。在招商竞争日益激烈的情况下，开发区结合产业链现状及产业发展方向，大力开展产业链招商，持续完善招商促进政策，不断改进项目评审机制，打开园区产业链招商的新局面。与此同时，全区围绕“一个核心，五个强化”的项目推进思路，以固定资产投资为核心，强化项目推进部门责任，强化职能部门工作效能，强化信息平台交流应用，强化项目方约束管理，强化在建项目形象进度。不断创新的项目推进机制，确保了项目早开工、早建设、早投产。全区全年实际引进市外内资151.9亿元，实际利用外资2.69亿美元。新开工建设项目21个，开工面积2649亩，总投资达125.6亿元，其中亿元以上开工项目17个。

【科技创新】 2011年，开发区以昆明建设“创新型城市”为契机，进一步完善技术创新体系，强化创新基础平台建设，加大科技创新扶持力度，积极争取成为创建国家创新型城市试点单位，区内企业自主创新水平不断提高。积极扶持高新技术产业发展，适时推出《高新技术企业认定资助实施办法》，为高新技术企业持续、健康发展营造良好的政策环境。积极鼓励企业承担和实施科技计划项目，开展以企业为主体的技术创新活动，进一步加强技术创新宣传与培训，为高新技术产业化和企业科技成果转化打造了良好的服务平台。积极发挥政府对企业技术创新的引导作用，深入落实科技创新政策，区内科技型企业发展进一步加快。2011年，全区累计兑现科技发展资金229.5万元，13家企业顺利通过高新技术企业认定；累计组织申报国家火炬计划项目、云南省及昆明市科技计划项目80个，承担国家、省市科技项目27个，获科技扶持资金3044万元；企业获得授权专利157件。

【园区建设】 昆明开发区围绕“以大项目带动大配套、以大配套促进大招商”的基础设施建设思路，以信息产业基地为中心，以出口加工区、王家营物流片区等专业园区开发为龙头，以重点道路建设为重心，以综合管线等配套设施建设为载体，加快推进基础设施建设，积极做好土地征用收储，经济发展承载和保障能力持续增强。截至2011年底，信息产业基地33号路、出口加工区3号路、王家营物流片区呈荣大道东段顺利完工，总里程超过18公里；利用德国贷款建设的倪家营污水处理与再生水利用工程进入试运行阶段，信息产业基地32号路电力通道、33号路通讯管道等配套工程交付使用，园区供水、供电、通讯能力不断增强；昆明铁路枢纽、贵昆路改扩建工程征地拆迁全面展开，地铁6号线项目拆迁工作全部完成，为园区开发提供基本保障。2011年，全区累计完成基础设施建设投资14.6亿元，其中新增道路投资7.52亿元，综合管线投资1.56亿元；全区土地收储面积6663.6亩，新增“五通一平”面积3686亩。

【园区发展】 2011年，昆明开发区以城中村改造为突破口，全面推进园区全域城镇化工作，农民收入稳步增加，城乡差距日益缩小，群众生活质量和生活水平不断提高。按照市全域城镇化建设工作的要求，开发区制定并实施《全域城镇化试点建设工作方案》及其配套政策，全面推进“三区联动”、“三重组三置换”和新型社区建设，加快形成城乡一体化发展的新格局。把城中村改造作为全域城镇化的重要抓手，全区4个城中村改造项目进入实质性阶段，开工面积87.3万平方米，累计投资达24.3亿元，新建及配建公租房500套。认真对农业龙头企业实行季度监测，实地调查农业产业化经营情况，制定出台《农业产业化龙头企业扶持奖励办法》，累计奖励金额达31万元，积极组织企业进行省、市项目申报，争取上级资金扶持，加快农业龙头企业技术创新及产品品质提升。积极组织农村劳动力就业转移，举办技能培训班、开办专场招聘会、大力开发劳动岗位，全区全年共组织职业技能培训688人、专场招聘会3场，提供就业岗位近4000个。社保覆盖面进一步扩大，社会救助体系不断健全，城乡低保覆盖率达100%，“零就业”家庭及困难群众基本生活已得到有效保障。涵盖困难群众的临时生活救助、大病医疗救助、“五保”供养等城乡社会救助体系逐步形成，困难群众生活得到有效保障。

【环境建设】 2011年，昆明开发区高度重视“四创两争”工作，不断健全“创卫”长效机制，严密部署“创城”迎检，全面实施“创模”工作，生态工业示范园创建有序展开。进一步强化环境管理，积极开展污染源动态调查，确保园区环境综合整治程序化、规范化和常态化。继续开展宝象河、马料河综合治理，完善入湖河道管护长效机制，确保了河道水面无垃圾、河底无淤积、河岸无杂物、河道水流畅通。以建设“绿色经开”为目标，不断巩固非煤矿山禁采、滇池流域禁养及拆临拆违成果，推进城乡园林绿化，全区全年园林绿化累计投资达1.08亿元，新增园林绿化面积75公顷。通过“六·五世界环境日”、“小手拉大手”等多种形式的主题宣传活动，企业和居民环保意识普遍增强。2011年，全区建设项目环评执行率达100%，完成年度环保投资4亿余元，环保投资指数超过5%，环境保护和节能减排总指数在国家商务部组织的考核评价中连续第3年蝉联西部国家级经济技术开发区之首。全区全年未发生重大环境污染和生态破坏突发事件，保障了环境安全。

【出口加工区发展】 2011年，昆明开发区不断加快推进出口加工区项目开工与建设，全力促进企业入驻与发展，加快拓展加工区保税物流功能，积极推进王家营物流片区监管设施的建设。新批准引进云南明好新能源科技有限公司、云南骏寅进出口有限公司2家出口加工型企业，累计批准引进加工贸易和保税物流企业9家，完成进出口货值3321万美元，比2010年同期增长31.6%。2011年，园区项目开工面积59万平方米，竣工面积40万平方米。国际珠宝城、国际汽车城、昆明现代国际综合物流中心等项目大面积开工建设，园区供水、供电、电讯配套基本完成，道路建设进一步完善。

【社会事业】 2011年，昆明开发区围绕“以人为本，和谐发展”的核心理念，不断加大工作力度，全面推动公共服务水平提升，形成了社会事业健康、稳定、可持续发展的良好局面，为构建“和谐经开”、“文明经开”、“平安经开”提供了有力保障。义务教育均衡发展，教育改革逐步推进，教学质量稳步提升，果林小学建设顺利完成并投入使用，经开一中改扩建项目全面启动，全区义务教育巩固率达100%。通过加强对医疗机构的监管，强化内涵建设，引进社会资本办医，使开发区医患纠纷进一步减少、医患关系进一步改善、医疗质量进一步提高。为规范繁荣文化市场，丰富群众文化体育生活，开发区加大集中整治、专项整治工作力度，严格文化市场行政执法及日常监管，并继续开展社区文化室和8个社区农家书屋建设，满足群众日益增长的文化需求，更加活跃和丰富了群众文化生活。社会监管不断加强，园区整体形象大幅提升。

（昆明经济技术开发区管委会）

长沙经济技术开发区

【经济发展】 2011年，长沙经济技术开发区（以下简称长沙开发区）实现规模工业总产值1245亿元，同比增长36.62%；实现工商税收70亿元，同比增长40%；平均月度产值超过100亿元，经济规模两年内接近翻一番。被湖南省委、省政府授予“全省加速推进新型工业化一等奖”，在商务部发布的国家级经开区综合环境评价排名中，位居第16名。

【投资环境】 长沙开发区成功承办全省优化园区经济发展环境工作座谈会，较好推介了园区优化工作经验，提升了对外影响力。全面启动全程代办工作，成立全程代办服务中心，为入区项目提供工商注册到项目报建等全方位、全过程行政审批代办服务，平均每个项目办理时间比以前减少5个工作日。加大企业反映投诉问题的交办落实力度，做到事事有回音、件件有反馈，企业满意度明显提升。经过湖南省、市、区工商部门共同努力，获得国家工商总局外资企业注册登记授权，方便国（境）外投资者。在全国开发区首家开展非诉讼纠纷解决中心（简称ADR中心）试点工作，建立便捷、高效的企业纠纷调解机制，成效初显。与黄花机场边检站建立警民共建合作机制，为企业出入境提供更为高效优质的服务。星沙国际学校建成投入使用，成为湖南省首家投入运营的以国际标准教学的学校，有效解决外籍人士子女的就学问题。检验检疫局、海关等机构经协商即将落户区内，为发展外向型经济创造更加有利的条件。

【产业发展】 主导产业方面，工程机械产业2011年完成产值972.6亿元，同比增长50.6%，即将成为长沙开发区内首个千亿产业集群，主导地位更加突出。龙头企业继续发挥主力支撑作用，三一重工成功跻身世界上市公司500强，中联起重机、山河智能、中铁重工等保持健康发展势头，工程机械零部件配套率逐步提高。汽车产业方面，广汽菲亚特、广汽三菱、北汽福田、广汽零部件企业相继引进开工，汽车产业聚集度不断提高，为“十二五”期间的经济增长、优化产业结构奠定坚实基础。战略性新兴产业实现新突破，随着LG“腾笼换鸟”及蓝思科技入驻、创芯电子的开工、长城信息和纽曼科技等企业的不断成长，电子信息产业有望重振雄风。新能源、新材料、节能环保产业稳健发展。科技创新继续引领园区经济。2011年完成高新技术产值1150亿元，占全区工业总产值的92%。

【招商引资与利用外资】 长沙开发区通过组织、承办、参加“中国（长沙）国际工程机械配套件博览会”、“挖掘机产业年会”、“北京BICES工程机械展”、“科博会”、“欧洽会”、台湾电子信息经贸推介会等招商节会，推广、宣传开发区，不断提高了园区的知名度、美誉度。成功举办首届“中国（长沙）国际工程机械配套件博览会”，打造国内首个以工程机械配套件为主题的国际性、专业性的国际展会，其规模、影响跻身全国同类展会前三强。2011年共引进工业项目36个，新引进世界500强企业6家。全年完成到位外资2.23亿美元，完成到位市外境内资金形成固定资产投资24.81亿元，其中省外境内资金12.81亿元，实现进出口总额20亿美元。

【项目建设】 长沙开发区继续实行领导干部联系项目制度，深入开展“两帮两促”，加快推进项目开工、开建，2011年完成工业固定资产投资71.2亿元，同比增长25.7%。完成竣工项目16个，广汽菲亚特、蓝思科技、铁建重工、恒天九五、北汽福田（长沙新工厂）、广汽三菱、山河工业城、住友轮胎、云箭集团、铁建重工二期等重大项目全面启动，其中11个项目投资过亿元。广汽菲亚特项目累计投入30亿元，预计2012年7月投产，投产后将实现14万台轿车、22万台发动机的生产能力。占地580亩的住友轮胎项目，厂房建设已累计投入资金3.5亿元，预计2012年7月投产，全部达产后可年产1050万条轮胎、实现产值30亿元。蓝思科技项目LG厂区已经投产，榔梨基地厂房全面开建，预计全部达产后可吸纳6万工人就业，将为打造园区“第三个千亿产业集群”奠定坚实基础。

【园区规划和建设】 长沙开发区规划面积由38.6平方公里扩展至100平方公里，并由湖南省政府上报国务院报批，将为园区未来产业发展提供坚实的承载平台。开发区以人民东路为主轴，全面铺开北至漓湘路、南至榔梨镇、东至长株高速、西接芙蓉区的各项工程建设。2011年共安排大小工程62个，完成基础设施建设投资3.5亿元，新修道路15公里，硬化路面8公里，平整场地3000亩。基本完成38.6平方公里规划范围内的道路、管网、绿化的布局，初步实现与榔梨、黄花、星沙产业基地的无缝对接。

【资产盘活】 长沙开发区采取多种方式，全力推进破产企业的腾笼换鸟。通过多轮谈判，成功收回破产多年的光南摩托闲置土地272亩，同时收回光南摩托配套零部件企业土地，在此基础上，全面规划星沙中央商务区建设。主动、积极介入LG破产过程，通过引进破产主控方、租赁方、投资方等，在一年半时间内，取得债权方的理解与支持，顺利推进LG破产工作，并成功引进蓝思科技新项目，实现了破产与重组的双赢。通过协调湘林木业项目的退出，引进上海德普总部经济项目，取得显著成效。加大闲置厂房利用力度，清退画佳电子，引进了湖南信昌机械公司。

【以区带园】 长沙开发区全面推进"以区带园"工作，加强了与星沙、榔梨、黄花产业基地的基础设施和工作流程的对接。在"以区带园"体制的支持下，星沙产业基地迈入发展快车道，入园企业已达25家，其中上市企业4家、世界500强企业2家，引进项目总投资超过100亿元。有在建项目11个，年内有5个项目建成投产，日本住友、山河智能等重大工业项目预计2012年上半年将建成投产。全年完成拆迁腾地2685亩，既保障项目用地之需，又拓展承载空间。在公司运作方面，开发公司累计取得授信近10亿元，已到位6.95亿元。

【财源建设】 按照"选择一批、培育一批、参股一批、上市一批"的原则，探索园区企业上市帮扶机制，千山药机成功上市，恒天九五、开元仪器已通过IPO，瑞翔新材、凯天环保等企业正在筹备上市。在资金特别紧张的大环境下，财政部门迎难而上，全年新增授信额8.35亿元，争取上级资金支持1.51亿元。推进公司二期12亿债券发行工作，正在上报国家发改委审批。推进公司化运作步伐，先后与光大证券、经鼎投资签订战略合作协议，成立新材料投资基金，投资控股公司、小额贷款公司、担保公司的业务不断拓展，开发有限公司自我造血能力进一步增强。

【社会事业】 长沙开发区妥善调处和化解各类重大矛盾纠纷，平稳推进、圆满完成LG的破产重组。推进《社会保险法》宣传教育活动，园区新增参保人员1.5万人，五项保险参保率分别比2010年提高10%、15%。帮助企业协调处理劳资纠纷、职工维权、征地拆迁、工程结算等方面的矛盾和问题，做到应对及时、化解有方、控制有力。形成建设、公安、拆迁、乡镇、村组多位一体的联席会议协调机制，解决人民东路、中轴路、龙华小学等阻工问题，确保社会和谐稳定。完善各类突发事件应急预案，确保园区用电、供水安全。推进保障房建设，配合县住房保障局开展企业员工公租房补贴和分配工作，解决广汽菲亚特等企业员工的住房、租房问题。

（长沙经济技术开发区管委会）

贵阳经济技术开发区

【经济发展】 2011年，贵阳经济技术开发区（小河区）（以下简称贵阳开发区）完成社会生产总值80.63亿元，同比增长20.4%；完成规模以上工业总产值174亿元，同比增长44.3%，工业增加值41.16亿元；完成全社会固定资产投资145.06亿元，同比增长53.7%；完成财政总收入14.31亿元，同比增长31%；地方财政一般预算收入完成8.31亿元，同比增长45.1%；招商引资实际到位资金86亿元，同比增长41.5%；社会消费品零售总额完成49.32亿元，同比增长20.1%；城镇居民年均收入和农村居民年均纯收入分别完成19357元、8947元，同比分别增长17%、20.3%。

【产业布局】 贵阳开发区产业空间分布体系为："一区、两轴"即"核心功能区、开发大道发展轴和桐荫路发展轴"；"三功能区"、"四组团"即"翁岩功能区、陈亮功能区、付官功能区"、"特种车辆组团、汽车及零部件组团、工程机械及矿用机械组团、工业基础件及重点培育产业组团"；"其他配套和预留地"即"中小企业园、表面处理中心、无水港、发展储备区"。

2011年，贵阳开发区托管花溪区17.2平方公里的土地，有效拓展发展空间。强力推进园区建设，建成一批以道路为主的基础设施，引进优势产业项目。贵阳市唯一的百亿元企业——贵阳烟厂以及劲嘉彩印、安大锻造、枫叶管材、凯沃重工、刘老四食品等项目建成投产，中国汽车自主品牌第一的奇瑞集团落户园区并启动客车项目建设，中煤盘江、中航产业园、险峰机床、普天新能源等重大项目快速推进，小孟工业园区已成为贵州省新型工业化最典型的园区之一。全区规模以上工业企业75家，其中，产值100亿元以上企业1家、10亿元以上企业5家、1亿元以上企业29家，基本形成航空航天、特种车辆、工程机械及汽车零部件、电子信息、烟草医药五大产业集群。

把第三产业服务业发展作为产业升级的重要突破口，相继建成海纳广场、珠江商贸广场，世界500强的沃尔玛、国内首家大型连锁超市——北京华联、全球零售商250强的苏宁电器先后入驻区内，四星级西苑锦润酒店和喜百年酒店建成营业。房地产业平稳发展，全年销售房屋4064套，销售面积达42.69万平方米，销售金额22.28亿元。辖区金融机构存款余额突破100亿元大关，达109.8亿元，同比增长7%，贷款余额达83亿元，同比增长8%。同时，落实各项支农惠农政策，因地制宜发展城市精品农业，加快农村劳动力向非农产业转移，促进了农民增收致富。全区第一、二、三产业比为1∶59.7∶39.3，凸显了工业的主导地位。

【招商引资】 2011年，贵阳开发区建成投产项目有青岛鑫恒泰、浙江枫叶管材、凯沃汽车、中烟贵阳卷烟厂等企业。产品涉及电视机、PE管材、载重汽车和卷烟。实施"科技招商、项目招商、产业招商"三大招商平台，出台《贵阳经济技术开发区（小河区）2011年科技招商工作方案》，培育和引进高新技术产业及战略性新兴产业，结合小孟工业园区产业布局、产业集群发展和完善产业链的要求，采取"补链招商、产业招商、项目招商、以商招商"等多种举措，有针对性的面向世界500强、国内200强企业及中央企业招商。一批节能环保、循环经济、生态建设的重大项目落户小孟工业园区，奇瑞客车、中煤盘江重工、险锋机床、凯沃重工等龙头企业先后入驻，讯发烟胶、同城物流、创新铝业等一批配套项目也加速落地。全区全年招商引资实际到位资金85.23亿元，同比增长30.2%；实际直接利用外资2672万美元，同比增长47.1%；非公经济实现增加值22.4亿元，年均增长25%。外经外贸不断扩大，实现外贸进出口总额1.76亿美元，同比增长47.1%，其中，进口总额1.08亿美元，出口总额6803万美元。

【科技创新】 贵阳开发区拥有3个国家级技术中心、13个省级技术中心、4个省级院士工作站，先后获得"国家军民结合（装备制造）高新技术产业化基地"、"国家新型工业化示范基地"、"国家科技进步考核先进县"、"全国首批实施国家知识产权强县示范区"等称号，在全省率先建立"军民结合（装备制造）产业技术创新战略联盟"，企业创新能力显著增强。贵州詹阳动力重工有限公司、贵州航天风华精密设备有限公司、贵州西南工具（集团）有限公司等10家企业成为贵州省第二批省级创新型试点企业（贵州省共27家），占全省的37%，进一步提升了区域产业竞争力。

【项目建设】 2011年，贵阳开发区正在实施建设的项目达170个，其中工业项目60个，纳入省、市重点项目共27个，是建区史上开工项目最多的一年；小孟园区一、三、五号路、小孟园区标准厂房、翁岩城中村改造、贵航军民结合高新技术产业基地土地一级开发及奇瑞、险峰、普天等项目的土地一级开发建设正在全面推进；启动开发大道四期、开发大道至王武监狱道路及王武大沟排水主干线、翁岩公租房等项目；推动贵航军转民高新技术产业园、中煤盘江重机生产、险峰异地技改、精腾重工、讯发烟胶、贵材创新铝业、同城物流、省高总司、万科金域华府、龙湾国际、腾龙湾、宽城国际等项目的建设；完成开发大道三期、小黄河改造三期、中曹司大桥改造等项目建设，凯沃重工、枫叶管材生产、海信模组产业化一期等项目已完工并投入生产。投入资金3亿余元，完成辖区17个农贸市场改造升级和黄河路、长江路门头牌匾和花溪大道、开发大道的景观整治，取缔搬迁西工厂、小屯路等12个存在多年的马路市场。

由贵州省生物研究所、贵州高山生物科技有限公司、贵州高山黔灵原生态健康品有限公司共同研发的灵芝产业化技术研究与示范项目荣获"贵州省科技进步奖三等奖"。

【园区建设】 贵阳开发区重点实施"工业强区"和"开发带动"两大主导战略，把发展以"特种（改种）车辆和工程（矿用）机械"为龙头的装备制造业作为实现产业提升的突破口，举全区之力强力建设小河—孟关装备制造业生态工业园区。按照贵阳市"十一五"规划和《贵阳市建设生态文明城市的决定》的要求，区内正在规划建设贵阳市小河—孟关装备制造业生态工业园区（2010～2020年），园区总占地面积83平方公里，其中规划可用工业用地面积为352.61公顷，目前园区可供工业用地总面积为3675亩，其中开发大道三期沿线两侧可供工业用地约1310亩。预计到2015年，小孟工业园区将成为配套设施完善、产业配套较为完整、产业链较长的全省最大的装备制造业基地和西南地区乃至中西部地区重要的装备制造业基地，力争在贵州省经济强县的排名进入三甲，在西部国家级经济技术开发区综合排名进入中上游。

投资1亿美元（6亿元人民币）以上项目有：普天新能源及现代物流园区项目总投资30亿元，2011年1月开工建设；中煤盘江重工项目总投资25亿元开工在建；奇瑞万达客车生产项目（218项目）总投资12亿元，2011年2月签约并启动平场工程，9月开工建设；天义电梯项目总投资6亿元，2011年4月签约；中联重科项目总投资10亿元，2011年4月签约；电子商务、服务外包中心及物流设施建设基地项目总投资5亿美元，2011年5月在香港招商签约；凯沃重工项目总投资6亿元，2011年6月建成投产；贵航143项目（军民结合高新技术产业化项目）总投资8亿元在建；贵航130项目（云马客车、云马环卫车生产线项目）总投资6.6亿元开工建设；险峰机床异地技改项目总投资8.6亿元人民币已开工。

【社会事业】 2011年，贵阳开发区完成城乡统筹就业9203人，完成职业技能培训2257人；城镇登记失业率3.38%，控制在全年目标4.5%以内；创建充分就业社区累计完成13个；对城乡低保实现"应保尽保"，征收养老保险金7844.5万元，扩面2542人；征收失业金528.9万元；新型农村社会养老保险参保11006人，参保率达70.5%；征收基本医疗保险金2185.2万元。

坚持优先发展教育。辖区有中小学校41所，其中，区属学校24所、民办学校16所、企事业办学校1所，教职工1481人，在校学生29000余人；有贵航高级技工学校、贵阳经济技术学校和贵阳新世纪成人中等专业学校3所，在校学生6000余人；有幼儿园25所，在园幼儿4000余人，14个幼儿园分获省级一、

二、三类园称号。2011年，投入460余万元新建两所幼儿园，投入256万元完成区第一实验学校和区第二实验学校运动场改造；成功将贵阳市二十五中申办为省级二类示范性普通高中，填补了辖区没有公办幼儿园和示范性高中的空白。

辖区共有卫生医疗保健机构122个，其中，三级甲等医院、二级甲等医院、疾控中心、妇幼保健中心各1家，社区卫生服务中心3所、社区卫生服务站11所、厂矿医务室14所，村卫生室18家，个体诊所72家，医疗机构从业人员1375人；社区卫生服务和农村初级卫生保健多项主要指标均超过贵阳市平均水平。着力提高医疗卫生水平，打造“15分钟社区卫生服务健康圈”，获得“全国中医药特色社区卫生服务示范区”、“国家慢性非传染性疾病防控示范区”称号，辖区群众看病难、看病贵问题得到基本解决。荣获“全国计划生育优质服务先进区”、“中国人口早期教育暨独生子女培养示范区”称号，2011年人口出生率为7.52‰，自然增长率为4.53‰。建成经济适用房23万平方米、廉租房9900平方米，完成292户的农村危房改造。

强化社会治安综合治理，积极完善应急管理体系，高度重视安全生产工作，强化食品药品监管，全年未发生重特大安全事故。大力繁荣文化事业，亚洲青年动漫大赛永久会址落户小河，财政采取置换方式建成文化馆、图书馆、档案馆和古生物化石博物馆。引进五星级碧园影城，结束区内没有电影院的历史。辖区群众文体活动日益丰富多彩，人民群众的文明素质和生活水平不断提高。

【机构设置与管委会领导】 贵阳开发区工委是中共贵阳市委的派出机构，贵阳开发区管委会是贵阳市人民政府的派出机构。开发区与小河区实行“两块牌子、一套班子”的领导管理体制。贵阳开发区（小河区）管委会（区政府）机构设置为：工业园区建设开发办公室（副县级）、管委会办公室、发展和改革局、教育局、工业和信息化局、监察局、民政局、司法局、财政局、人力资源和社会保障局、环境保护局、住房和城乡建设局、农业水利局、商务局、文体广播电视局、卫生和食品药品监督管理局、人口和计划生育局、城市管理局、统计局、安全生产监督管理局、公安分局。区直属事业单位：档案局、房屋征收管理局。区派出机构：黔江社区服务中心、兴隆社区服务中心、瑞华社区服务中心、清浦社区服务中心、平桥社区服务中心、航空社区服务中心、航天社区服务中心、金欣社区服务中心、黄河社区服务中心、三江社区服务中心、小孟社区服务中心、金竹社区服务中心。省、市派出机构：工商分局、规划分局、国土资源分局、国税局、地税局、质监分局。

贵阳开发区工委、管委会领导成员为：工委（小河区委）书记马宁宇，小河区委书记李泽，工委（小河区委）副书记钟汰甬，小河区委副书记（工委委员）刘本立，工委委员（小河区常委）叶惠明、王延刚、刘建才、陈云贵，小河区常委向洋、黄家雄、王灏、何薇、阮晓燕、宋力、龚新民、熊国玺，管委会主任（区长）钟汰甬，管委会副主任（副区长）刘本立（兼职）、龚新民，小河区政府副区长向洋、何薇、施波、熊国玺（兼职）、赵代刚。

（贵阳经济技术开发区管委会）

南昌经济技术开发区

【经济发展】 2011年，南昌经济技术开发区（以下简称南昌开发区）地区生产总值（GDP）为187.84亿元，同比增长15.3%，增幅高于2010年同期（15.1%）0.2个百分点，列全市第3位。全年完成固定资产投资256.41亿元，同比增长33%，列全市第5位，高于全市平均水平近7个百分点；工业运行持续向好。2011年，全区完成工业总产值首次突破500亿元大关，达到542.64亿元，实现主营业务收入537.07亿元，同比分别增长35.46%和35.4%，实现利润总额为29.89亿元，同比增长77.9%。其中规模以上工业增加值115.32亿元，占全市规模以上工业增加值的比重为15.15%，比2010年同期提高1.86个百分点。外向型经济快速发展。全年实际利用外资3.74亿美元，同比增长26.79%；实际利用内资75.95亿元，同比增长13.11%；外贸出口6.6亿美元，同比增长82%。其中实际利用外资和出口创汇分别突破3亿美元和6亿美元，实际利用外资总量位居南昌市第一。财政税收稳步增长。2011年全区完成财政总收入27.02亿元，同比增长28%；实现地方财政一般预算收入6.69亿元，同比增长32.8%。全年完成税收收入25.42亿元，同比增长33%。从比重看，质量明显好转。财政总收入占GDP比重14.22%，比2010年同期提高了0.52个百分点；税收收入占财政总收入比重为94.1%，与2010年同期相比提高3.6个百分点；一般预算性收入占财政总收入的比重为24.7%，比2010年同期提高0.8个百分点。南昌开发区在2010年国家级经济技术开发区综合评价排名进入第二梯队，在全国90个国家经济技术开发区中位列35名。

【产业发展】 2011年，南昌开发区落户的企业有1100余家，全区规模企业产值过亿元以上的企业有79家。其中，以海立、奥克期为主链的家电，以康师傅、润田为骨干的饮品，以立健药业、苏克尔为主体的生物医药，以欧菲光为支撑的电子信息，以陆风、百路佳为龙头的汽车机电和以天高、硬质合金为引领的新型材料等六大主导产业，呈现出集群化产业发展态势，累计完成工业产值476.24亿元，同比增长36.51%，占工业总产值的87.76%，比同期提高7.24个百分点。其中汽车机电和新材料产业分别为126.38亿元和133.37亿元，初步形成汽车机电产业和新材料产业两大“百亿产业集群”。家电、生物医药化工、食品饮料和电子信息产业分别完成工业总产值72.29亿元、69.3亿元、47.31亿元和27.59亿元，形成产业集群化发展雏形。

【现代物流业】 依托交通区位和开放平台的叠加优势，南昌开发区重点发展现代物流业，积极打造中部地区“成本最低、通关最快、服务最好、政策最优”的区域物流中心。苏宁电器物流中心项目、美的—安得物流中心项目、中能国际电煤仓储中心项目等一批物流项目已陆续落户区内，并且进展顺利。

【项目建设】 格特拉克DCT项目：由格特拉克总投资18亿元兴建的DCT项目已于2011年3月开工建设，达产后将形成80万台DCT生产能力，年总产值将达70亿元以上，年总税收将达5亿元以上。

江西钢城基地项目：由上海富展钢铁发展有限公司投资11.2亿元兴建的江西钢城大型钢材加工仓储园区基地项目已列为南昌市

"百大重点项目"，预计 2012 年 12 月竣工，达产后年销售额可达 47 亿元以上、税收可达 6000 万元以上。

【基础设施建设】 南昌开发区全面实施黄家湖东路、中小企业路、榆林路、海棠南路等 8 条道路建设，配合红湾公路、松鹤路、庐山南大道综合改造等省市重大工程建设，共拆迁建筑面积 12 万平方米。金世纪等 4 个棚户区改造已准备就绪，榴云路商业中心等商业综合体已投入使用。围绕"创建办会"活动，建成昌九、乐温段等两大绿色长廊，改造广岚大道、玉屏大道、白水湖南路等绿色景观带。先后组织实施双岭水库除险加固工程建设以及协调做好瓜洲联圩除险加固工程规划初设、乐化组团城区防洪规划编制等工作，完成全区水利设施正式移交市水务局一体化管理工作。

【小额投融资平台】 2011 年，南昌开发区有中诺、智信、云程、钢缘 4 家小额贷款公司获得开业资格，其中中诺小额贷款公司注册资金 1 亿元、智信小额贷款公司注册资金 1.68 亿元、云程小额贷款公司注册资金 1.5 亿元、钢缘小额贷款公司注册资金 1.6 亿元。小额贷款公司的组建开业，为"三农"和微小企业的发展提供较好的金融服务平台，解决区内微小企业融资难的问题。

【民生工程】 南昌开发区加大教育、医疗、就业、养老、保障性住房建设等民生工程投入，推进区内学校、医院、卫生服务中心（室）的改造和配套设施建设，加快推进了 8000 余平方米的保障性住房建设。较好完成了小额贷款、"4050"人员安置、农村劳动力转移培训等市下达的民生指标。全区城乡社会保障体系进一步完善和规范，实现全覆盖，实际保障标准位于全市前列。全区 2011 年累计救助城市低保 9979 人（次）、农村低保 20832 人（次），发放救助资金 534.3 万元；共有 299 名城乡困难群众得到城乡医疗救助，发放城乡医疗救助资金 133.5 万元，全年城市、农村低保人均补差平均分别达到 263 元、130.3 元。2011 年，全区新型农村合作医疗参合农民数为 41737 人，参合率达 96.4%。全区城镇新增就业 8212 人，安置"4050"人员就业 398 人，新增转移农村劳动力 1283 人，省内新增转移农村劳动力 1038 人，创业培训 420 人，江西省内工业园定向培训 4472 人，发放小额贷款 600 万元，分别完成年度目标任务的 126%、133%、128%、136%、100%、118%、133%。全区企业职工养老保险参保人数 6516 人，缴费人数 5904 人，完成全年民生工程缴费人数任务的 130%，累计征缴养老保险费 3438 万元，完成全年民生工程征缴任务的 149%，基金累计 9571 万元。城镇职工参加失业保险人数 6047 人，累计征缴失业保险费 370 万元，完成全年民生工程征缴任务的 305%。城镇职工医疗保险参保人数 17737 人，完成全年任务的 110%；城镇职工医保累计征缴 2261 万元，完成全年民生工程任务的 105%。城镇居民医疗保险参保人数 8886 人，缴费人数 6205 人，完成全年民生工程任务的 176.8%，城镇居民医保累计征缴 263 万元，完成全年民生工程任务的 146%。

【机构设置与管委会领导】 南昌开发区工委、管委会是南昌市委、市政府的派出机构，为副地级单位，下辖一镇（蛟桥镇）二处（白水湖管理处和冠山管理处）。按照"精简、高效"、"小政府、大社会"的原则，区工委、管委会内设"一办一部七局"，即工管委办公室、党群工作部、财政局、人事劳动局、规划建设局、招商局、经贸发展局、社会发展局、安全生产管理局。

南昌开发区领导成员为：工委书记罗蜀强，工委副书记、管委会主任黄俊。

（南昌经济技术开发区管委会）

呼和浩特经济技术开发区

【投资环境】 呼和浩特市是内蒙古自治区的首府和全区政治、经济、文化、科教、金融中心。地处环渤海经济圈、西部大开发、振兴东北老工业基地三大战略交汇处，是“呼包银”经济带核心及“呼包鄂”金三角中心，也是国家重要的能源基地，同时还是西北和华北地区以及通往俄罗斯、蒙古、欧盟等国的物流中心集散地。所辖区域内电力、天然气、风光等资源丰富。市内聚集着内蒙古自治区80%以上的大专院校和国家级、自治区级科研院所，现有大中专院校66所，在校学生25万人。呼和浩特经济技术开发区（以下简称呼和浩特开发区）作为内蒙古自治区唯一的国家级经济技术开发区具有得天独厚的投资环境。

完善的基础配套设施。开发区成立以来，已累计投入50余亿元进行基础设施和配套设施建设。绿化率达35%，建成3个各近10万平方米的集文化与观赏、休闲与娱乐为一体的现代化大型广场。

优惠的扶持政策。开发区执行《国务院关于实施西部大开发区的若干政策措施》、《国务院关于进一步实施东北地区等老工业基地振兴战略的若干意见》、《国务院关于进一步促进内蒙古经济社会又好又快发展的若干意见》等政策。

健全的服务体系。开发区建立了精简、协调、效能的工作机构和运行机制，强化服务意识，健全了“三个服务体系”，即进区项目的“一厅式”服务、项目建设的全方位服务、企业投产后及运营中的经常性服务。

【产业发展】 呼和浩特开发区“十二五”期间确定的主要预期目标是：地区生产总值、工业增加值年增长18%，实现翻一番。已形成的优势特色产业有：以伊利为代表的乳业及绿色食品加工业，现有规模以上企业8家；以创维电子为代表的电子信息制造业，现有规模以上企业9家；以阜丰生物科技为代表的生物制药及相关产业，现有规模以上企业7家；以晟纳吉光伏材料为代表的新材料新能源加工业，现有规模以上企业5家；以利乐包装、天浩纸业为代表的包装材料业，现有规模以上企业3家；以精诚高压绝缘子、众环数控为代表的装备制造业，现有规模以上企业9家；以仕奇集团、中服羊绒等为骨干的纺织服装制造业，现有规模以上企业7家。

2011年，开发区进一步加快发展方式的转变，对原如意工业园区进行全面产业转型升级，启动了总规划面积为11.6平方公里的如意总部基地建设项目，发展定位为致力打造呼和浩特市乃至内蒙古自治区的行政中心、商务中心、金融中心，形成特色总部经济聚集区。2011年对24家老企业实施了搬迁，新整理出土地面积1268亩。西蒙奈伦、国际金融、巨华集团、内蒙古建行等13个总部项目开工建设，总投资额达167亿元，建筑总面积338万平方米，涉及单体楼座150个。

【招商引资和利用内外资】 “十二五”期间，呼和浩特开发区累计实际使用外资额、内联引资额、进出口总额分别年均增长10%。2011年新批内外资企业151家；实际到位内资59亿元，实际利用外资1.9亿美元。经济发展动力进一步增强，新建续建的固定资产投资项目82个，全年累计完成固定资产投资118.8亿元，同比增长32.2%。1000万元以上的40个工业项目，完成投资62.3亿元，同比增长34.4%。

【科技创新和重点企业】 “十二五”期末，呼和浩特开发区研发经费支出占地区生产总值的比重将达到2.5%；高新技术产值占工业总产值的比重达到40%。2011年，企业累计申报专利56项，获授国家专利35项、国际专利1项。申报科技重大专项、中小企业创新、高新技术产品研发等项目共55个，新申报高新技术企业6家。硅砂资源利用国家重点实验室·内蒙古风积沙资源利用研究中心，内蒙介电电泳研究院相继落户留创园，填补了内蒙古自治区的空白。区内有如下重点企业代表：国内乳品巨头——伊利集团公司、阜丰生物科技、齐鲁制药、双奇药业、大唐药业、惠丰药业、创维电子、TCL王牌电器、方维电器、北特通信、晟纳吉光伏材料、日月太阳能、华生高岭土、利乐、天浩纸业、精诚绝缘子、众环数控、富特橡塑、上海电气、仕奇集团、中服羊绒、中拓铝业等。

【生态环保】 呼和浩特开发区在招商引资中优先选择低消耗、低排放、高产出的清洁项目；从源头上有效控制污染物排放总量，以重点企业为对象，搭建废弃物处理平台，加大节能环保投入和设备技术保障体系建设，环保工作取得明显成效，重点工业企业污染物排放稳定达标率100%；各工业园区环保部门加大了环境监测及执法力度，配合上级主管部门对企业开展环境保护信用等级评定工作，对化工、烟尘等方面进行了专项整治，工业废水、烟尘等达到排放标准，工业固体废物处置利用率达到100%，建设项目环评“三同时”实现了100%。

【开放型经济】 呼和浩特开发区充分利用呼和浩特出口加工区“境内关外”的特殊政策和功能优势，不断提升出口加工型企业的科技含量、发展规模和集聚水平。积极打造内蒙古一流的集保税加工、保税物流、保税仓储为一体的国家级综合保税功能区。2011年进出口总额4.3亿美元，同比增长53.6%。

【人才建设】 呼和浩特开发区充分利用国家级留学人员创业园和各类创新平台，鼓励企业与大学、科研院所联合，培养高层次科技创新人才，进一步拓宽人才引进绿色通道、积极引进拥有自主知识产权，掌握核心技术的专业人才。重点引进和培养高层次科技领军人才和创新创业人才，注重围绕主导产业组建科技创新创业团队。2011年先后引进留学及各类高层次人才50余人，其中“千人计划”人才3人。

【社会事业与文化建设】 全面落实安全生产责任制。社会治安综合治理取得成效。加强以流动人口服务与管理为重点的社会治安综合治理工作，改善治安环境，为构建和谐开发区创造了良好的社会治安环境。就业和社会保障工作得到加强。切实加强社保网络体系建设，社保覆盖面进一步扩大。

文化建设方面，加强精神文明建设，开展了丰富多彩的群众性文化活动，提升机关文化、企业文化、社区文化水平。大力提升开发区形象，形成开放、多元、整合的区域文化，提升开发区文化的品牌价值。

【机构设置与管委会领导】 呼和浩特开发区党工委、管委会下设如意工业园、金川工业园、出口加工区以及留学人员创业园4个管理机构；开发区直属机构有党工委办公室、管委会办公室、综合办公室、监察室、经济发展局、建设规划局、人事劳动局、财政局。

呼和浩特开发区领导成员为：党工委书记李建平，党工委副书记李博宏、李建春、云凤英，管委会主任李博宏，管委会副主任李智礼、赵浩沁、张俊平、赵常富、张焕宏。

（呼和浩特经济技术开发区管委会）

南宁经济技术开发区

【概况】 2001年5月，南宁经济技术开发区（以下简称南宁开发区）经国务院批准为国家级经济技术开发区，托管那洪街道办，2011年3月31日正式代管吴圩镇，现占地504平方公里。南宁开发区实行“三园两区”管理模式，东面为金凯工业园，西侧为银凯工业园，南端为空港经济区，中部为北部湾科技园和中央商住区，各园区功能互补，规划建设为“以第二产业为主，多产业协调发展的现代化综合性新城区”。

【经济发展】 2011年，南宁开发区完成全部工业总产值240.3亿元，完成全年任务的105%，同比增长55.3%；财政收入13.2亿元，完成全年任务的111%，同比增长49.7%；全社会固定资产投资114.4亿元，完成全年任务的103%，同比增长41.6%；招商引资实际到位内资59亿元，完成全年任务的118%，同比增长42.9%；实际到位外资4637万美元，完成全年任务的104.2%，同比增长21.8%；完成社会消费品零售总额35.6亿元，完成全年任务的111%，同比增长18.6%。亿元企业达42家，规模以上工业企业达90家。

【投资环境】 2011年，南宁开发区实施基础设施建设大会战，北部湾科技园一期基础设施建设即将完成，吴圩新园区已着手开展相关前期工作。年内续建及新建标准厂房50万平方米，竣工20万平方米，可用标准厂房总面积达到36万平方米。完善金凯和银凯工业园区、白沙商住区、北部湾科技园区内的路网，全面打通那历路等6条“断头路”，推进金阳路等9条道路开工建设，五象大道延长线在国庆期间全线通车，全年建成通车道路25公里。总投资50亿元的北部湾科技园总部基地一期项目动工建设，预计2015年建成；金凯、银凯工业园区管线迁改工程及供水、供电、通讯设施建设等项目进展顺利。辖区首家五星级酒店开业；支持100万元并与广西石化技校建立战略合作关系，为园区企业培养和输送各类技能人才。

南宁开发区继续大力加强服务体系建设，启用新的政务服务中心，为入区项目提供全程一条龙服务，加强机关行政效能建设，推行和完善管委会领导现场办公、管委会领导联系项目、机关干部下企业等服务机制和措施，重点帮助企业解决项目报建报批手续办理、建设资金短缺、招工及项目建设过程中遇到的其他困难和问题，推动项目开工和建成投产。

【产业发展】 坚持以大项目支撑大产业，以大产业推进大发展；完善重点产业、新兴产业扶持政策和企业奖励政策，继续安排重大工业项目建设扶持资金；着重推动新能源、新材料、节能环保、机电制造、电子等成为主导产业，努力推动造纸、食品等传统产业升级；着力培育核心竞争力强、规模较大、能参与国际国内产业分工的产业集群；推进“工业扶优扶强工程”和“工业亿元企业工程”，通过产业引导、政策配套、资金支持、加强协调、有效服务等一系列政策措施；加大工业技改的投入，确保技改项目顺利实施，通过扶持企业技改，引导企业走工业创新道路。

【招商引资】 2011年，南宁开发区创新招商机制，坚持“以项目论英雄，看成效比高低”，切实转变招商方式，积极推进全员招商，形成“人人都是引资者，个个都是招商员”的浓厚氛围。引进娃哈哈饮料等重点项目以及兴南城物流、九牧王商贸、嘉路人力资源等税源型项目，为南宁开发区新增税源达到2亿余元。全年引进项目156个，投资总额86亿元。在谈和储备项目60余个，总投资约140余亿元。

【项目建设】 2011年，新开工工业项目78个，总投资46.8亿元；在建工业项目95个，总投资74亿元；竣工工业项目44个。

北部湾科技园总部基地一期开工。2011年7月28日，北部湾科技园总部基地一期项目正式开工建设。项目计划投资50亿元，创南宁开发区项目单体投资之最；占地276亩，总建筑面积71.5万平方米，由9个单体建筑组成，最高单体建筑为51层，计划于2015年全部建成；届时将成为集商务办公、商业配套等为一体的企业总部基地。

吴圩机场扩建工程征地拆迁三产回建配套一体化项目开工。2011年8月30日，吴圩机场扩建工程征地拆迁三产回建配套一体化项目正式开工建设。该项目位于吴圩光明小学旁，项目总用地面积26.67万平方米，建筑总面积46.28万平方米，共58栋建筑，总投资概算10.18亿元。项目建成后，可安置937户共4000人。

金凯南公共租赁房项目开工建设。2011年9月25日，金凯南公共租赁房项目正式开工建设，项目计划总投资约1.6亿元，占地18.7亩，共建设房屋758套，总建筑面积4.4万平方米，其中规划公共租赁住房总建筑面积约3.67万平方米，食堂、活动用房规划建筑面积7400余平方米，预计2013年6月竣工。

五象大道延长线全线通车。2011年10月18日，南宁市五象大道延长线全线贯通，该路段全长4.88公里，道路宽度为68米，其中南宁开发区段长4.4公里、良庆区段长0.48公里，工程建设内容包括道路工程、排水工程、桥涵工程、照明工程、绿化工程、交通工程、地下管线等，总投资约为10.15亿元。五象大道延长线通车后，与那洪大道连成一线，贯通壮锦大道、友谊路和银海大道等，成为通往南宁机场的主要道路，方便市民出行。

丽汇科技工业园标准厂房竣工。丽汇科技工业园区标准厂房项目位于南宁开发区银凯工业园，占地37752.2平方米，用于建设标准厂房和配套用房。其中，厂房区为一类工业标准厂房共5栋，办公楼1栋，地上6层职工宿舍2栋，配有食堂、地下室和停车场等附属配套设施。丽汇科技工业园区标准厂房项目周边设施较为齐全，可提供给各类中小企业租用。厂房、宿舍楼以及办公楼已经全部竣工交付使用，入园企业可及时投入生产。

【大型企业落户园区】 2011年，南宁开发区全力推进招商引资工作，推进康师傅饮料系列产品、娃哈哈饮料、上海浦东电缆南宁生产基地等重点工业项目建设。

娃哈哈饮料生产基地项目。2011年7月28日，娃哈哈饮料生产基地项目正式开工建设，项目投资8亿元，计划建设4条水汽两用生产线和2条热灌装生产线，年产娃哈哈果汁饮料25亿瓶，品种包括营养快线、冰红茶等。该项目建成投产后，将实现年产值10亿元、年创税1.2亿元。

广西盛虎金属制品有限公司。2011年11月3日，项目总投资达28亿日元的广西盛虎金属制品有限公司在南宁开发区开业。该公司的投资方日本泰格株式会社是一家日本独资企业，主要生产螺杆、五金件、塑料制品等建筑材料，其产品除畅销日本外，还远销东南亚各地。此次开业的广西盛虎金属制品有限公司投资建设了年产1800吨塑料制品和13200吨金属制品的生产线，项目总投资28亿日元（合2亿元人民币）。

【重大举措】 作风纪律整顿月。2011年3月14日，南宁开发区召开专题会议，在管委会机关全面动员部署开展“作风纪律整顿月”活动，着力解决机关作风纪律方面存在的突出问题，进一步改善园区发展环境。该活动分自查自纠阶段、问题整改阶段、总结检查阶段，力求全面彻底解决影响南宁开发区发展的突出问题。

新的政务服务中心正式启用。2011年3

月23日，南宁开发区新的政务服务中心正式启用，建筑面积4100平方米，总投资800万元，配备先进的办公设备。国税、地税、工商、投资服务中心等单位和部门同时进驻该中心办公，设有40余个工位，集各项行政审批职能于一体。同时，通过运用信息化管理手段，搭建行政审批与效能监察网络平台，全程管理服务中心整个办理过程，通过专门的业务网络系统实现申报事项联合审批，对进驻部门和整个区域行政效能进行综合评价和管理监督，形成廉洁高效、相得益彰的审批服务工作流水线。

代管吴圩镇。2011年3月31日，吴圩镇代管交接仪式在市政府举行，南宁开发区正式代管江南区吴圩镇。吴圩镇代管意义重大，是南宁市转变发展方式、调整工业布局、优化产业结构、增强可持续发展能力的迫切需求，是继续打好工业经济振兴和产业园区基础设施建设攻坚战的具体措施。

热烈庆祝中国共产党成立90周年。南宁开发区开展多种形式活动庆祝建党90周年。一是组织辖区单位开展“绿城红歌献给党”大合唱比赛。二是组织辖区各部门、各单位的选手开展“永远跟您走”纪念中国共产党成立90周年演讲比赛。三是召开表彰大会，隆重表彰17个先进基层党组织、201名优秀共产党员、16名优秀党务工作者。四是开展“童心向党—做一个有道德的人”主题征文比赛活动。五是在吴圩镇举办南宁开发区“青年志愿者服务农村青年就业”专场招聘会。共有50余家企业、300余名农村青年参加了此次招聘会。六是组织召开企业家座谈会，共有44名企业家参加了座谈会。七是组织开展党内互助金捐献活动。

南宁开发区质监分局正式成立。2011年6月28日，南宁开发区质监分局正式成立。该分局主要负责区域内特种设备安全监察，食品生产加工环节的食品质量安全监管，生产企业的质量、计量、标准化等综合管理，产品（食品）质量、标准化、计量和特种设备安全举报（投诉）的受理等。

普罗旺斯小学落成启用。2011年8月29日，南宁开发区普罗旺斯小学落成并启用。这是该片区继八桂绿城小学建成投入使用后的又一所公办学校。普罗旺斯小学是南宁开发区规模最大的一所公办小学，于2010年10月正式动工建设，总投资1800余万元，占地面积25亩，校舍建筑面积1万余平方米，设有36间标准教室，可容纳1700余名学生就学。学校配套设施齐全，配备有多媒体教室、语音室、计算机室、音乐教室、美术教室、自然科学实验室、图书阅览室等功能室，教室均配有多媒体教学，各专用教室均按省一类标准配备。室外配备200米塑胶环形跑道运动场、风雨操场、室内多功能球馆、4个篮球场、羽毛球场等体育运动设施和1个植物园。

（南宁经济技术开发区管委会）

太原经济技术开发区

【经济发展】 2011年，太原经济技术开发区（以下简称太原开发区）完成科工贸收入426亿元，同比增长18%；工业总产值260亿元，同比增长23.9%；规模以上工业增加值67.82亿元，同比增长34.5%；地区生产总值74.6亿元，同比增长32.1%；财政总收入14.66亿元，同比增长22.7%；外向型经济发展势头良好，实现出口7.25亿美元，占全省的

13.4%、全市的20.7%；实际利用外资（全口径）4.84亿美元，占全省的23.4%、全市的71.3%。全年完成社会固定资产投资62.5亿元，增速为30.84%。其中，固定资产投资完成50.1亿元，同比增29.42%，占全社会固定资产投资80.27%；房地产项目完成投资12.3亿元，同比增36.99%，占全社会固定资产投资19.73%。分产业看，第二产业完成投资35.6亿元，增长14.99%，占比70.92%，成为投资增长的主导力量；第三产业完成投资14.6亿元，同比增长86.46%。

【产业发展】 太原开发区已初步形成五大产业基地，一流的新兴工业基地初具雏形。

国家级装备制造（能源装备）产业基地。已被批准为“装备制造（能源装备）国家新型工业化产业示范基地”。正全力建设以太原为中心的世界煤机产业基地、国家高铁轮对产业化基地和新能源重型汽车研发生产基地。

世界煤机产业基地：被批准为“国家火炬计划煤机装备特色产业基地”。主要有太重煤机、煤科总院山西煤机、中煤科工煤机研发制造基地、三一重装山西工业园、山西煤机、维达机械、向明机械等，拥有3个国家级研发检测中心和6个省级技术中心，已形成国内规模最大，技术水平最高的煤机装备基地。建成后将实现煤机主要装备采煤机、掘进机、输送设备国内第一，其他产品如液压支架、洗选设备、电气设备、提升机、安全设备等品种齐全，“十二五”末年工业产值将达150亿元以上。

国家高铁轮对产业化基地：主要有智奇铁路设备、太重动车减速机和高速轮对国产化项目等，是全国唯一的高速铁路轮对集成生产和检修基地，将建设国家高铁轮对工程技术中心，形成年产10万对轮对的能力，建成国家级高铁轮对产业化基地，“十二五”末年工业产值将达150亿元以上。

新能源重型汽车研发生产基地：主要有长安重汽（总投资90亿元，已实现销售5000台。正与国际知名重卡生产商洽谈合资建设重型汽车及发动机生产项目）、青特汽车（总投资3亿元，年产特种汽车3万辆，年销售收入20亿元）、荣长汽车零部件（研发生产和销售汽车安全气囊系统用气体发生器等汽车零部件）等企业，将重点发展新能源汽车，建成全国最大的燃气重型汽车生产基地，“十二五”末年工业产值将达150亿元以上。

国家级新材料新能源基地。已被批准为“国家新材料高新技术产业化基地”。主要有鸿富晋精密工业有限公司（累计投资15亿美元，生产3C产品及宝马、捷豹等镁铝合金部件，成为世界镁铝合金深加工基地）、山西纳克太阳能（总投资2.55亿元，年产10MW太阳能光伏电池）。已落实的项目有：中国电科光伏产业园（总投资6.4亿元，生产太阳能电池用多晶硅片、电池片及成套装备）、中科院新材料能源项目（建设碳纤维、高导热石墨材料及新能源开发生产基地）、蓝宝石晶体材料项目（生产具有国际先进水平的蓝宝石晶体，主要用于LED电视、国防工业，是最有前景的新兴产业）。正在落实的项目有总投资17亿元的贝尔卡特项目（全球领先的钢丝拉拔生产商，将建设亚洲最大的钢纤维生产基地）。

电子信息产业基地。主要有富士康精密电子、中电科技特种装备、山西长城微光等企业，正在建设富士康苹果产业园项目，日产5万台苹果手机（iPhone）整机，将建成山西省内最大的电子信息产业基地，“十二五”末年工业产值将达150亿元以上。

食品及农产品加工基地。主要有青岛啤酒、蒙牛乳业、康师傅、江苏雨润集团、宏全食品等国内行业龙头企业，“十二五”将新增投资17亿元以上，建成山西省规模最大的食品及农产品加工基地，年工业产值将达50亿元以上。

生物制药产业基地。主要有国药集团、亚宝药业、康源堂药业、华元药业、千汇药业、瑞福莱药业、创隆制药、大宁堂药业、锦波生物制药、亚宝新龙物流等企业，“十二五”末将建成省级生物制药产业基地，年工业产值将达50亿元。

【招商引资与利用外资】 2011年，太原开发区按照“招大商、引大资，完善产业链”的招商引资思路，进一步创新招商引资方式，加大招商引资力度，共签约引进山西三一煤机工业园，中煤科工设计制造基地、德国赛威传动SEW—技术服务中心，阳煤集团现代煤化工装备研发制造基地、山西国际能源公司1GW太阳能电池片及电池组件制造基地、澳大利亚威利朗沃等项目33个。其中投资10亿元以上项目5个，项目总投资203亿元，预计产值544亿元。从签约数量到项目规模创历年招商引资成果新高。在山西省136个县市区及开发区中、太原开发区2011年实际引进外资排名第一。实际利用外资（全口径）4.84亿美元，占山西省的23.4%，占太原市的71.3%。

【科技创新和重点企业】 太原开发区制定出台《太原经济技术开发区加快实现转型跨越促进企业创新发展鼓励办法》等一系列扶持政策，加大对企业创新的支持力度，不断提高企业自主创新能力。

区内已有煤矿采掘装备国家工程实验室、中煤科工国家研发设计中心、三一煤机国家级技术中心、煤矿掘进机械质量国家监督检验中心、煤矿安全计量器具产品国家监督检验中心、富士康全球科技实验室太原检测中心、通泽重工国家级技术中心等7个国家级研究检测机构和企业技术中心，山西煤机行业技术中心等11个省级企业技术中心，16家高新技术企业，入区企业拥有专利达518项（富士康科技集团目前拥有专利2.4万件，鸿富晋精密工业（太原）有限公司拥有其全部专利使用权），发明创造专利126项，实用新型专利207项，外观设计185项。2011年，通泽重工国家级企业技术中心获批，实现山西省民营科技企业国家级企业技术中心“零”的突破。

区内企业成功研制世界最大功率的3000千瓦电牵引采煤机、国内载重量最大的JC5B/12T防爆物料运输车、国际上载重量最大的新型WC80Y支架搬运车、国内最大的超重型刮板输送机和国内最大井下移动救生舱等一大批达到国际领先水平的产品；纳克太阳能成功运用物理法冶炼提取高纯度多晶硅技术投入生产，填补了国内物理法提纯多晶硅的空白，达到世界领先技术水平。太原开发区已成为全省自主创新能力最强的区域。

2011年，太原开发区内经批准立项的国家、省、市科技项目为10个，协助企业争取科技资金支持1900万元；企业正在研发、已经投产和准备研发的科技创新项目共计97个；向国家知识产权局申请专利共计141项。

太原开发区有如下重点企业代表：富士康（太原）科技工业园、太原重型机械集团煤机有限公司、太重高速车轮生产线、煤科总院山西天地煤机装备有限公司、山西煤矿机械制造有限责任公司、太原向明机械制造有限公司、太原通泽重工有限公司、山西荣长汽车部件有限公司、智奇铁路设备有限公司、太原长安重型汽车有限公司、中国电子科技集团（太原）特种装备有限公司、中国电子科技集团（太原）光伏产业园、山西纳克太阳能科技有限公司、中国科学院山西煤炭化学研究所、青岛啤酒（太原）有限公司、蒙牛乳业（太原）有限公司、宏全食品包装（太原）有限公司、国药控股山西有限公司、亚宝药业太原制药有限公司、山西华元医药集团、山西创隆制药有限公司。

【人才建设】 太原开发区人才中心始终发挥基础人才资源的配置作用，积极开拓以现场招聘、网络招聘、代理招聘、平面媒体招聘为平台的“四位一体”多层次、多渠道的人才配置模式，为入区企业提供全方位、全程式的代理服务，满足了用人需求，收到良好效果。2011年，组织入区企业参加21场招聘会，累计为企业招聘人才2000余名。全年仅为富士康工业园招聘基础人力就达2.1万人。全年办理人才引进43人（次）。通过日常招聘向企业推荐各类人才1351人。新增人事代理企业15家，落户599人，新增人事档案971份，审批签订就业协议书906份。太原开发区博士后科研工作站正式获得国家人保部全国博士后管理委员会批准。截至2011年末，开发区共有人才70525人，其中，博士21人、硕士356人、本科4369人、专科6570人、技能人员65051人；高级职称307人，中级职称996人，初级职称4123人。

【社会事业与文化建设】 2011年，太原开发区为所辖9个居委会1520个农户核实补贴粮食种植面积5581亩。发放粮食直补资金和生产资料综合直补资金24万元。结合城中村改造、三资管理、社区换届选举，全年共培训社区“两委”干部、会计和选委会成员217人(次)。全区9个社区共2781户9036名居民全部参加新型农村合作医疗，筹集新农合医疗基金451800元，覆盖率达100%。9个居委会共硬化街道29条，硬化面积93674平方米，硬化巷道72条，硬化面积36495平方米；建立农家书屋5个，面积210平方米；有文化活动场所7处，健身活动场所15个，健身器材82件；有便民连锁店12个，面积900平方米；社区公共事业基本实现街巷工程、便民连锁店工程、文化体育健身活动场所工程、中等职业教育免费工程、新型农村养老保险工程“五个全覆盖”。

【机构设置与管委会领导】 太原开发区管理委员会与中共太原开发区工作委员会分别是太原市人民政府和中共太原市委的派出机构，副厅级建制，拥有市级经济管理权限和部分行政管理权限，负责行使开发区的管理职责。机构设置如下，党群部门：党务工作部、纪工委、总工会、群工部、妇工委、团工委、综合治理办公室、机关党委、企业党委；行政部门：综合办公室、财政局、社会事务局、经济发展局、建设管理局、安全生产监督管理局、招商发展局、环保局、人力资源局、综合执法局、新闻宣传中心、接待办公室、政策研究室、投诉中心（信访局）、企业服务大厅、城中村改造办公室、北京招商办公室、科技创新局；事业单位：企业服务中心、分园区发展办公室、公用事业中心、太原经济技术开发总公司、太原新技术与教育发展中心、人才交流服务中心、劳动保障监察执法队、综合执法大队、计生服务站、农村财务委托管理中心、培训中心、征地事务中心；派驻单位：公安分局、土地分局、规划分局、工商局、国税局、地税局、质监局。

太原开发区领导成员为：管委会主任张金旺，党工委书记邵秋枫，党工委副书记邢珺淼、李春友，纪工委书记郭富有，管委会副主任董良、陈曦、乔建伟，管委会总工程师王建民。

（太原经济技术开发区管委会）

南京经济技术开发区

【经济发展】 南京经济技术开发区（以下简称南京开发区）已集聚400家来自20余个国家和地区代表行业乃至世界领先水平的企业，世界500强投资企业44家，内资超亿元企业40家，已集中规模以上工业企业110家，高新技术产业产值占全区工业产值的80%，高新技术产品出口额占全区出口额90%以上；已建立上规模研究院和研发中心30余家，2011年专利申报1000余项。开发区光电显示产业集聚一批液晶显示、OLED显示、激光显示、新光源、太阳能光伏、电子装备等项目。其中，中电熊猫、夏普、乐金显示、瀚宇彩欣等企业，总投资约60亿美元，形成以TFT-LCD面板、模组及整机制造为核心的产业集群，成为国内液晶产业集群度最高、液晶模组生产规模第一的开发区，并全力打造全国领先、产业规模达3000亿元的“中国南京液晶谷”。2011年，南京开发区实现地区生产总值428亿元，增长29.72%；财政总收入79.5亿元，增长29.72%；地方一般预算收入33.6亿元，增长29.2%；规模工业产值2149亿元，增长26%。

【投资环境】 2011年，南京开发区工业固定资产投资202亿元，增长36.48%。共有40个千万美元及亿元以上重点项目开工建设，中电熊猫6代线、中铁宝桥高速铁路道岔等26个重点项目实现竣工投产，为区内经济发展提供了新的支撑。

2011年，在商务部发布国家级经济技术开发区2010年投资环境综合评价情况通报中，南京开发区列总指数第12名。其中，“发展与效率”指数列全国第二，江苏省第一；“管理体制建设”指数并列全国第一；“技术创新环境”指数列全国第九。

2011年，南京开发区继续提升园区形象。坚持绿色发展、集约发展、高端发展，大力推进新港片区的生态建设、挖潜增效和功能品质的提升。开发区创建国家生态工业示范园区工作顺利通过环保部、商务部、科技部组织的考核验收，成为南京首家国家生态工业示范园区。新增2条公交环线，完成11万平方米经济适用房主体工程，建成7万平方米员工公寓并启动2万平方米员工公寓建设，完成新港大道商业化改造设计及出口加工区等5处地块科创载体的建筑设计。对园区主要道路实施路灯修复和亮化美化工程，园区环境品质有效提升。同时，开发区全面拉开液晶谷、龙潭新城起步区的建设框架。快速推进一批路网、地块整理、水电汽配套、安置房建设等工程，对项目的承载能力明显提升。

【产业发展】 2011年，南京开发区聚焦光电显示和现代物流两大主导产业，实施先进制造业与现代服务业“双轮驱动”的发展思路，明确建设世界级光电显示产业基地和国家级龙潭物流基地的目标，以及加快建设创新型开发区和高科技产业新城的转型方向。

【招商引资与利用内外资】 2011年，南京开发区共完成实际到账外资5.3亿美元，增长110%，创开发区建区以来引进外资最高水平。完成实际利用内资112亿元，增长82%。引进千万美元及亿元以上重点项目42个，其中1亿美元及10亿元以上项目12个，包括总投资9亿美元的AM-OLED显示、总投资8亿美元的新天时光学膜、总投资135亿元的汉能薄膜太阳能电池、总投资70亿元的大族实业太阳能光伏等光电显示项目，以及总投资10亿美元的NTN精密轴承、总投资50亿元的中国传动煤矿机械、总投资35亿元的中国电子装备产业园等高端装备项目，项目的规模质量实现重大突破。

【人才科技】 2011年，南京开发区人才科技迈出新步伐。建成5700平方米的人才服务中心，建设1200平方米的人才科技馆，购置126套现房作为人才公寓。引进1名国家“千人计划”人才，4名人才入选省“双创计划”，12名人才入选市“紫金人才计划”，组织51名海内外人才参加南京市“321人才计划”申报。新增2家企业院士工作站、3家研究生工作站、7家工程技术研究中心、4家企业技术中心，8家企业通过高新技术企业评审，63项产品被评定为高新技术产品，全年专利授权390件，其中发明专利110件。组建紫金（新港）科技创业特别社区管委会和开发公司，完成6处科创载体及核心区的选址和规划设计工作，总规划用地面积2.3平方公里、建筑面积300万平方米，其中通过租赁改造已建成载体1万平方米。成功引进上海新生源医药集团在开发区设立生物医药研发孵化公共服务平台，加快推进南京光电技术研究院的筹建，西门子冰箱研发中心、夏普电子研发中心、阿特拉斯·科普柯研发中心等3家世界500强企业研发机构先后建成投入运营。

【项目建设】 南京液晶谷第六代液晶面板生产线在南京开发区竣工投产。2011 年 3 月 30 日，南京液晶谷中电熊猫第六代液晶面板生产线在南京开发区竣工投产。该项目是全国第一条高技术高世代液晶电视面板生产线，总投资 126 亿元，技术上融合日本夏普公司最先进面板制造工艺，良品率很高，同时引进夏普全套八代线和十代线最新技术，是目前世界上技术最先进六代线。液晶谷现已引进液晶模组、大宗气体、LED 芯片、电子物流等项目，正推进玻璃基板、彩色滤光片、偏光板、整机制造及科技研发等配套项目落户。

汉能薄膜太阳能电池研发制造基地项目在南京开发区开工建设。2011 年 4 月 27 日，汉能薄膜太阳能电池研发制造基地项目在南京开发区开工建设。该项目是汉能控股集团投资 135 亿元，建设年产 1.25GW 薄膜太阳能电池研发制造基地。项目采用由非晶锗硅双结向三结薄膜电池结构发展技术路线，从事非晶硅薄膜太阳能电池研发、生产与销售，产品光电转化率超过 10%。一期项目投资 27 亿元，计划 2012 年建成投产。项目全部建成达产后，可实现年产值约 145 亿元、年利税约 25 亿元。

日本 NTN 首家海外大型轴承工厂落户南京开发区。2011 年 9 月 8 日，日本 NTN 株式会社、恩梯恩（中国）投资有限公司、南京开发区管委会在南京紫金山庄签署 NTN 精密轴承项目投资协议，NTN 首家海外大型轴承工厂落户南京开发区，成为南京目前最大的日商独资企业。该项目主要生产直径 10 厘米到 2 米以上超大型轴承，主要生产风力发电主轴、制钢厂滚动设备及大型工程机械动力传感部分。项目计划总投资 10 亿美元，其中一期注册资本 1.2 亿美元，总投资 2.9 亿美元。预计 2012 年 10 月投产，达产后可产生约 30 亿元年产值和 3 亿元年税收。

博世汽车部件（南京）有限公司新工厂在南京开发区奠基。2011 年 9 月 6 日，博世汽车部件（南京）有限公司新工厂在在南京开发区奠基。新工厂总投资超过 1.2 亿欧元，产品线涵盖火花塞、制动组件以及汽车诊断系统，预计 2013 年建成投产，将雇佣超过 3000 名员工，具备年产 1.25 亿只火花塞生产能力，成为博世集团全球最大火花塞制造基地。

中国传动煤矿机械项目在南京开发区开工建设。2011 年 9 月 9 日，中国传动煤矿机械项目在南京开发区开工建设。该项目由中国高速传动设备集团有限公司投资 50 亿元，采用高新技术改造落后、传统煤炭机械，研制出国际领先的采煤机、液压支架、刮板输送机、掘进机等煤矿综采综掘机械设备，使其迅速升级至世界一流水准。项目全面达产后，预计年销售收入 100 亿元、年利税 30 亿元，吸纳就业 1000 人。

【社会事业与文化建设】 南京开发区组织区内企业与栖霞区开展就业对接，安置当地人员就业 2200 人（次），全面落实企业安全生产责任制，有效防范较大事故的发生。成功举办足球赛、篮球赛、歌手大赛等各类文体活动，丰富了员工的精神文化生活。

【管委会领导】 南京开发区（南京出口加工区，南京新港开发总公司）领导成员为：工委书记臧正金，主任、工委副书记梁建才（2011 年 6 月免）、邢正军（2011 年 6 月任），副主任杨友林（2011 年 11 月任），工委副书记、纪工委书记倪德龙（2011 年 12 月免），副主任陈千茂、周铳、徐志国、蒋伟（2011 年 3 月任），巡视员贾斌，副巡视员刘众。

（南京经济技术开发区管委会）

宁波大榭开发区

【经济发展】 2011年，宁波大榭开发区实现工业总产值480.4亿元，同比增长32%；财政收入100.84亿元，同比增长27.6%，其中地方财政收入30亿元，同比增长55.9%。全年完成港口吞吐量7001.4万吨，同比增长14.5%，其中集装箱吞吐量187.7万标箱，同比增长12%。

【投资环境】 宁波大榭开发区进一步提升基础设施保障水平，全力做好重大交通工程建设，第二大桥工程完成投资4.87亿元，累计完成投资9.6亿元；顺利完成榭西片区市政配套工程第一阶段施工，全线贯通环岛西路，启动滨海西路等道路施工改造。着眼经济转型升级，加速公用工程“一体化”进程，优化榭北管廊带工程方案设计，完成大工业供水工程前期工作并启动榭北段施工，满足产业循环化、生态化发展需要。深入推进防洪防潮工程建设，完成双美碶西侧海堤及5座碶闸备用电源建设，郑家岙、淡水坑山塘除险加固工程主体完工，区域洪涝灾害防御能力持续提升。不断规范国土资源管理，全区土地总体利用规划正式获浙江省政府批复。

【科技创新】 2011年，宁波大榭开发区高新技术产品产值达157.2亿元，同比增长51.7%；高新技术企业累计达4家，市级企业工程技术中心（研发中心）3家；宁波万华两项目成功入选“十二五”国家科技支撑计划项目，获国家补助资金近1200万元；技术产业化转移应用取得突破，宁波万华依靠第五代光气化反应技术的成功，投资扩建三期MDI倍增项目，在不增加一分土地、投资额下降一半的情况下，有望实现产能和产值的“双倍增”。着力增强人才对产业转型的支撑作用，成功建立全区首个院士工作站，搭建高端人才创业创新有效载体。扎实推进知识产权保护和区域品牌建设，新增国内授权专利78件，其中发明专利18件；新增省著名商标1件、市知名商标2件、服务商标和农产品商标各2件，新增集体商标1件，实现集体商标注册“零突破”；区保险箱行业成功创建省信用建设示范行业，区域创牌提升成效明显。

【项目建设与产业布局】 宁波大榭开发区坚持把项目推进作为产业转型的突破口、源动力，按照“在建抓进度、拟建促审批、在谈重深化”原则，加速石化产业集聚发展。万华容威5万吨聚醚项目投入试生产，宁波万华1.5万吨HDI项目完成设备安装；中海油大榭石化馏分油综合利用项目、宁波万华三期MDI60万吨到120万吨倍增项目等正式开工建设；三菱化学、韩华化学二期项目完成各专项报告编制，具备报批条件；在谈石化项目洽谈比选有序推进，德国汉圣化工环保特种油项目完成合作洽谈和项目审批，正式落户大榭。扶持培育第三产业发展，切实增强产业协同优势和整体竞争力。加快国家能源中转基地建设，中海油大榭石化二期3万吨级码头完成主体施工；信海油品仓储项目正式开工；中油二期油品码头项目完成各前置报告评审；穿鼻岛油品仓储项目合作洽谈取得基本共识，项目可研、布局研究等工作扎实推进。提升港航物流服务功能，投资宁波航运交易所项目，大榭能源化工交易中心在省“三位一体”港航物流服务体系建设推进会上签约并正式开业。持续优化口岸发展环境，即靠即离服务承诺制、进出口分类通关改革、仓储物料实时监控机制、大型油轮管理“125”工程等特色服务成效明显，口岸查验通关速度全市领先。加大特色商贸服务业发展培育力度，2011 年引进商贸企业 92 家，注册资本 6.4 亿元。

【对外贸易】 2011 年，宁波大榭开发区完成进出口额 26.45 亿美元，同比增长 21.27%，创历史新高。其中，出口 6.04 亿美元，同比增长 39.09%；进口 20.41 亿美元，同比增长 16.84%。外贸运行呈现 3 个特点。外贸队伍进一步发展壮大。2011 年进出口经营实绩企业达 65 家，6 家企业年出口额超过 1000 万美元，6 家企业年进口额超过 1 亿美元，同比分别增加 2 家和 3 家。对外贸易结构进一步优化，形成以临港石化、港口仓储和中信金属等重点贸易企业为三大支撑的外贸格局。三菱化学等 6 家石化企业完成进出口额 7.62 亿美元，同比增长 68.06%，占全区进出口额的 28.79%，比重同比上升 8 个百分点；百地年、恒信油品等 2 家港口物流企业完成进出口额 5.58 亿美元，同比增长 120.55%，占全区进出口额的 21.08%，比重同比上升 10 个百分点；中信金属和远大物产两大重点外贸企业完成进出口额 8.9 亿美元，占全区进出口额的 33.64%。三是中小企业实施“走出去”步伐加快。22 家中小生产型企业完成出口 6340 万美元，同比增长 22.63%。

【管理与服务】 宁波大榭开发区以建设服务型党组织为重点，深入推进“创先争优”活动，全面推行基层党组织和党员公开承诺、领导公开点评、群众公开评议、组织公开结果“四个公开”，广泛开展“双强争优、示范创建”、“三亮三比三评”等活动，并根据全市统一部署，组织开展领导干部蹲点调研、一线服务工作，推动“创先争优”活动向广度和深度拓展。创新优化干部队伍建设。健全考核管理机制，按照对标管理、对账考核的要求，制定出台《关于进一步完善考核工作的意见》，形成“突出重点、注重实绩、严格奖惩”为特色的绩效对账考核体系，有效提升工作执行力。进一步完善竞争择优的选人用人机制，启动人才招聘工作，充实力量、优化结构。继续加强对年轻干部的培养使用，强化后备干部队伍建设，优化后备干部梯队结构；选派年轻干部到基层一线、项目现场等挂职锻炼，提升干部队伍培养效果。切实推进事业单位改革，顺利完成文教卫生系统 9 家事业单位岗位设置及 345 名事业编制人员岗位聘任工作。

【社会事业】 宁波大榭开发区统筹协调社会事业发展。扩大免费教育覆盖面，对普通高中和中职学生实行全免费教育，形成惠及从小学到高中学生的 12 年全免费教育体系，2011 年减、免费教育经费支出近 420 万元。加大因病因灾特殊困难人群救助力度，每年安排专项资金 200 万元，同步落实慈善、优抚及助学、助医、助老等救助政策，全年累计发放各类救助金、慰问金 270 余万元。完成老小区改造三期工程，并为所有居住小区每个楼道安装（配备）灭火器。启动海港路示范街区建设，深化邻里中心区域综合整治行动。深入推进文明城区创建。组织开展“我身边好人”等评选活动和常态化爱国主义教育、精神文明创建活动，着力深化文明品牌创建，大榭海关成功荣膺“全国文明单位”称号。开展多层次就业服务，量化年度困难群众帮扶就业指标，规范公益性岗位开发管理，动态消除“零就业”家庭；积极落实促进就业各项扶持政策；继续扩大社会保险覆盖面，各险种整体参保率达 90% 以上；稳步提升社会保障水平，两次上调被征地人员生活补助费标准。扎实推进医疗卫生改革，完善基本药物制度，有效减轻群众就医用药负担；完善大榭医院与市第一医院对口合作机制，逐步提高医疗服务质量；健全社区卫生服务网络，新增榭西、王榭两家服务站。稳步推进住房保障工作，加快金色海湾、碧海华庭等安置房建设。积极推进综合服务示范社区建设，优化金海岸综合服务中心服务项目设置，新建海文、海湾综合服务中心（“一站式”服务大厅），为居民群众提供户籍办理、社保参保等多项便捷服务。

【机构设置与管委会领导】 宁波大榭开发区

管委会为宁波市政府派出机构，内设办公室（应急办、外事办、宣传部、信访办、审计局、政研室）、经济发展（安全生产监督管理）局、财政（地方税务）局、人事局、劳动和社会保障局、规划建设（环境保护、城市管理）局、交通（港口）局（口岸办）、社区管理（民政、人口和计划生育）局、文教卫生局、拆迁办公室、商贸合作局、行政服务中心（政府采购中心、招投标中心）等职能部门。国税、工商、国土、公安、检察院、监察、法院、海关、检验检疫、边检、海事等垂直部门均在区内设置分局或派出机构。

宁波大榭开发区领导成员为：管委会主任陈利幸，管委会副主任陈召华、张才国、王志荣、刘黎勇、郑安源。

（宁波大榭开发区管委会）

上海金桥出口加工区

【经济发展】 2011 年，上海金桥出口加工区（以下简称金桥开发区）完成工业总产值 2407.84 亿元（其中，金桥园区完成 2275.66 亿元，同比增长 10.2%；南汇园区完成 132.18 亿元，同比增长 27.9%）；完成合同外资 4.01 亿美元、实到外资 2.53 亿美元（其中，金桥园区分别完成 3.21 亿美元和 2.06 亿美元；南汇园区分别完成 0.8 亿美元和 0.47 亿美元）；新增内资企业注册资本 24.9 亿元（其中，金桥园区新增 19.81 亿元；南汇园区新增 5.09 亿元）；完成税收收入 86.67 亿元、地方财政收入 20.75 亿元（其中，金桥园区分别完成 79.45 亿元和 18.83 亿元；南汇园区分别完成 7.22 亿元和 1.92 亿元）；完成固定资产投资 80.89 亿元（其中，金桥园区完成 62.85 亿元；南汇园区完成 18.04 亿元）。

【投资环境】 金桥开发区园区基础设施完善，具备“七通一平”条件，还具有“集中供热”和“卫星通信”功能，是国内基础设施条件最好的开发区之一。区内道路、变电站、供水系统、通讯系统、绿化、公共交通等基础设施一应俱全。周边的街道和镇是较为成熟的城市化地区，教育、医疗、商业、文化等社区设施齐全。区内金融、商检、报关、仓储、运输、科研、咨询、零售、餐饮娱乐、房地产、物业管理等配套服务项目基本完善，已成为上海最适合跨国公司设置地区总部、研发中心和制造业基地。现代服务产业园区为跨国公司总部、研发中心等机构提供新的发展空间。以碧云国际社区为主的开发区生活配套园区内建有高中档内外销住宅、办公楼以及配套的医疗、教育、商业、文化娱乐设施，园区内除适合跨国公司老总、高级管理人员居住的高档别墅外，还有适合一般外籍人士居住的酒店式公寓，社区配套设施完善。园区内建有医院 2 所（华山医院浦东分院、浦东妇幼保健院），涉外诊所 1 家，国际幼儿园、学校 3 所以及知名的中欧国际工商管理学院。外籍居民 1000 余人。碧云国际社区已经成为金桥乃至浦东外籍人士乐业安居的一流社区。金桥开发区是上海第一个通过 ISO14000 国际环保标准的国家示范区和上海市第一家国家级生态工业园区。

【产业发展】 金桥开发区以推进创建国家新型工业化产业（信息通信）示范基地为契机，推动开发区产业结构调整，促使产业能级的优化和升级。学习考察湖北省新型工业化产业规划布局思路以及创建示范基地的主要举措、先进经验，进一步完善修正国家新型工业化产业示范基地申报文件。扎实推进上海市知识产权保护试点园区、上海国家级高技术服务产业基地金桥高技术服务产业园区创建和服务业综合试点改革工作。着手设立高技术服务业、生产性服务业、移动视讯业等园区产业信息库。积极支持和推进第三方电子支付发展，启用“中国服务外包示范城市（上海）金桥示范园区”并把第三方电子支付作为园区运行的主体功能，以 Office park 三期由度工坊为重要承载地。积极支持和推动成立“上海生产性服务业发展联盟”，提升区域生产性服务业能级和水平。组织指导15家企业申报2010年“上海加速企业创新”计划、140家企业参加2010年科技部“火炬计划”培训、46家企业开展“高新技术企业”复审，从认定条件、申报程序和资料准备等方面帮助企业申报高新技术企业。加快推动南汇工业园区“光电之星科技港——新奥智城”等一批生产性服务业项目建设。以“金桥智造城”为展陈主题，以“智造、生态、人文”为展陈理念，以“人类创造科技，科技改变人类”为创意切入点，精心策划张江高新区创新成果展金桥展区。

会同园区企业和开发区域建设主体，着力研究推进产业发展的工作机制，使金桥“一区二园”产业管理科学、规范、有效运行。通过建立企业层面和区域块面两大经济运行分析推进与重点产业及重点企业双月例会制度、与市区相关主管部门季度交流制度、与各专业部门沟通合作机制等，形成每月简析、每季分析、每半年度综合报告制度，同时根据园区企业运行情况、行业变化特点以及面上共性问题等，不定期进行专题分析和研究，形成成果供领导决策参考。编撰完成《思考与实践——“十一五”研究课题汇编》，初步完成上海市生产性服务业功能区和张江国家自主创新示范园区管理服务工作架构和业务平台建设，开展金桥出口加工区产业运行数据库建设，为“十二五”期间相关工作有序推进提供借鉴。

【招商引资与利用内外资】 推动开发区重点项目建设。完善大项目引进沟通协调、工作例会和专人负责等制度，及时沟通进入商务洽谈和储备名单的招商项目信息，主动协调解决在项目推进中遇到的各种问题，大力推进华虹科技园、康宁二期、红星美凯龙、东方万国企业中心、光电之星科技港等项目的签约落户和开工建设。金桥“一区二园”有19个项目参加新区战略性新兴产业项目集中开工仪式，其中，欧姆龙控制电器等电子信息制造业项目，具有世界一流生产技术和研发设备；恩捷、山晟及卡姆丹克等3个新能源产业项目，预计投产后产值将近100亿元；腾飞、大族激光、东方成国、叶泰实业、玖业投资、光电之星科技港—新奥智城等6个高端生产性服务业项目，预计建成后营业额将超100亿元。

推动开发区战略招商联动机制。梳理汇总金桥“一区二园”招商资源，印制《金桥2011》招商宣传资料，加大宣传力度。加强招商引资队伍建设，参与“战略性新兴产业培训”，邀请新区商务委投资促进处开展投资促进业务政策培训讲座，提升业务工作水平。充分发挥南汇工业园区招商一中心、金桥投资服务中心的联动纽带和服务平台作用，在招商推介、政策口径、项目信息等方面逐步推进南北统筹兼顾的一体化招商服务协调机制，促进南北招商资源整合、优势互补。建立开发区招商引资项目数据库，掌握动态情况，提供数据分析，康宁三期、上电科、巴斯夫、三鑫科技等10余个重点接触洽谈项目已全部纳入数据库。积极参加市、区央企招商活动，梳理开发区内央企投资企业情况，先后拜访航天汽车机电、中国浦发机械、华虹 NEC 公司、烟草机械公司，了解企业情况及发展计划，为市区两级领导拜访在京央企做好准备。配合市委研究室、市商务委开展总部经济调研，为市委、市政府制定推动总部经济发展的战略举措提供信息，为总部经济战略招商打下坚实基础。

【科技创新和企业服务】 加快金桥开发区转型提升步伐，着力提升先进制造业水平和优先培育发展高技术服务业。研究制定有利于开发区调结构、转方式、促联动的政策体系，形成

《关于推动金桥开发区“优二进三、转型发展”的若干意见》征求意见稿。聚焦重点优先发展“442”产业项目，着重加大对高新技术产业、产业链核心项目、战略性新兴产业项目、专利发明、节能环保、创新人才以及功能性产业发展配套服务平台的扶持力度。用足用好国家、市和新区政策，帮助企业量身度造策划与产业发展、企业运营密切关联的政策实施方案。启动2011年度“市服务业发展引导资金”、循环经济发展和资源综合利用财政补贴申报，完成5家企业新区跨期财政政策补贴审核工作，做好上海市高新区建设发展突出贡献企业及个人申报工作。规范有序抓好“一事一议”财政扶持工作，切实发挥有限财力在投资促进方面的积极作用。

【社会事业与文化建设】 认真落实区委重点工作，强化和完善开发区综合配套服务功能，提升开发区投资环境。组织开展前期摸底调研，梳理公共服务配套设施现状，分析形成《关于强化和完善金桥开发区综合配套服务功能的工作方案》，加快推进新金桥路以北地区公共服务设施建设。根据轨道交通站点设置，做好开发区内轨交站点配套设施规划研究和设施落地工作。主动与新区建交委、浦东公交公司等部门联系沟通，商讨研究调整、优化、改善开发区地面公交线路的方案，2011年6月28日，一条连接轨交6号线和金桥开发区的公交线路“金桥1路”正式运营，方便园区企业员工出行。开展园区企业错时上下班可行性方案研究，发放调查问卷，及时掌握企业需求，着力优化园区公交布局。研究制定《关于在金桥海关监管区发展研发总部、推进功能创新的建议方案》。创新海关监管区监管模式，落实年度管理服务计划和设备设施维护工程项目资金，先后实施监管区围墙整修维护、监管技控装备调整等，完善监管区综合配套服务环境。建立和完善《金桥出口加工区管委会2011年度防汛防台应急预案》，切实增强开发区防汛防台与抵御自然灾害的能力。南汇工业园区动迁安置和基础设施建设有序推进。对涉及宣桥镇陆桥等4个村住房紧缺和危房对象进行清理摸底，为提前动迁做好准备。做好城西路、迎薰路等一批道路开工前期准备工作，完成园滨路、汇萃路等道路开工建设，实施通治河、徐桥河开挖工程，优化园区环境。

结合园区内部分企业因受市场影响或调整发展战略，实行“关、停、并、转”所引发的劳资矛盾等实际，集中排查梳理一批重点企业，全面了解企业生产经营状况、劳动用工现状及用工计划变化等情况，分析研判企业因亏损、迁移等产生的不稳定因素，建立基础性动态管理台账，及时制订应对突发事件预案。根据市区要求，认真抓好建筑市场调查整顿工作，对开发区内的在建工程按照全覆盖、不遗漏原则进行仔细排查，进一步完善建设方、总包方和监理方三方监管制度。加强安全生产监管，落实安全生产主体责任，与389家责任主体签订安全生产责任承诺书，要求企业和建筑施工方切实履行安全生产主体责任。

整合金桥“一区二园”文化活动资源，统筹开展“宜居家园、宜业乐园2011人文金桥年”主题活动，内容包括企业文化节、生态文化节、社区文化节、校园文化节、体育文化节、科技文化节等40个活动项目。策划开展“相聚南汇园区”人才资源招聘会、第十届碧云国际社区主题长跑暨2011“人文金桥年”启动仪式。以碧云国际社区、金桥镇为主体，筹划开展碧云国际社区中外家庭闹元宵、金桥之春画展等活动，充分展示区域文化特色，挖掘开发区文化内涵，打造金桥文化品牌。

【机构设置与管委会领导】 上海金桥出口加工区管理委员会有5个内设机构：办公室、计划财务处、规划建设环境管理处、工业和服务业发展处、投资促进处；2个直属事业单位：金桥出口加工区安全生产监察队，金桥经济发展促进中心。

金桥开发区领导成员为：管委会主任、党组书记朱嘉骏，管委会常务副主任、党组副书记张素心，管委会副主任、党组成员沈能、马淑燕、李幼林、奚志忠，管委会主任助理、党组成员杨晔。

（上海金桥出口加工区管委会）

海南洋浦经济开发区

【经济发展】 2011年，海南洋浦经济开发区（以下简称洋浦开发区）实现地区生产总值210.96亿元，同比增长18.8%；规模以上工业总产值达711.35亿元，同比增长22.4%；全口径公共财政收入达203.3亿元，同比增长38%；港口吞吐量达3092万吨，同比增长9.8%；进出口总值82.02亿美元，同比增长32.9%。

【投资环境】 岸滩整治成绩显著。实施“大干100天”、“奋战6·30”等岸滩整治战役，平均每天造地近70亩，新增临港工业用地近15平方公里、深水码头岸线23.5公里，解决100万吨乙烯、PET、孚宝、中石化成品油保税库等一批重大项目的用地问题。基础设施日臻完善。同步启动石化功能园区重大配套基础设施的规划和建设工作，总投资166亿元，其中，第二原水管线、排污管道、海陆消防站等将与PET项目同步建成使用。此外，区内的市政道路、水电等公用工程建设已经全面铺开，已开工建设和改造的区内11条主要市政道路投资超过2.3亿元，其中，滕洋路等6条道路已全部竣工。全面启动新一轮规划修编工作。完成《洋浦经济开发区总体规划（2011~2030)》编制并获得省政府批准，洋浦的规划面积扩大到120平方公里；完成《洋浦经济开发区产业发展规划》、《港航物流现代服务业专项规划》、《石化专项规划》、《石化功能区安全规划与评价》和《洋浦经济开发区石油储备基地规划纲要》编制；《洋浦经济开发区国家生态工业示范园区建设规划》和《洋浦经济开发区国家生态工业示范园区建设规划技术报告》已上报环保部，《洋浦港神头港区北部区域建设用海总体规划》、《海域使用论证报告》已通过国家海洋局复审；启动了《洋浦港总体规划》修编及环评工作。“四至”调整工作稳步推进。启动该项工作得到了国务院相关部委的大力支持，请示文件已上报国务院。

【产业发展】 石化产业链节点项目取得新进展，100万吨乙烯及炼油改扩建工程已列入《全国“十二五”重点行业生产力布局及调整规划》和《全国炼油行业“十二五”发展规划》。

油气储备项目迅速集聚崛起。2011年共签约7个油气储备项目，总投资289亿元，油气储备签约规模超过2000万吨。其中，中石化（香港）205万立方米成品油保税库项目已于2011年7月6日正式开工，项目规划建设总库容371万立方米，一期工程预计投资40.5亿元，建设库容205万立方米。项目投运后年油品周转量约1500万吨，码头吞吐量约2741万吨，年销售额约564亿元。中海油300万吨LNG站线项目已于2011年8月2日正式开工，项目总投资65亿元，建成投运后年销售收入116.52亿元。中国华信1200万方商业石油储备一期260万吨已于2011年9月开工。国投孚宝30万吨级原油码头及配套储运设施工程项目已于2011年11月28日开工，项目总投资70亿元，建设30万吨级、10万吨级、5万吨级泊位各2个以及500万立方米油品储罐。其中，一期投资29亿元，建设30万吨级、5万吨级泊位各1个和120万立方米原油储罐、15万立方米成品油储罐及配套设施，年设计吞吐量2160万吨。此外，中石化255万立方米原油商业储备、中汇控股151万立方米油品保税贸易库、海航集团230万立方米成品油商业储备项目选址已经确定，提前提供项目用地并签订投资协议。

浆纸一体化初步形成。160万吨造纸项目（一期90万吨）2011年7月6日正式投产。2011年生产文化纸86.97万吨，产值37.8亿元。洋浦开发区已形成100万吨木浆、30万吨卫生纸、90万吨文化用纸生产规模，为发展下游纸制品加工及印刷包装业奠定了基础。

港航物流快速发展。小铲滩一期起步工程2个10万吨级集装箱码头、PET项目配套码头、国投孚宝30万吨原油码头和海南炼化、金海浆纸、国投洋浦港等码头改扩建工程已全面开工建设，新增港口吞吐能力亿吨以上。洋浦港定期班轮航线保持15条，集装箱吞吐量连续3年保持近50%的增长，2011年达到31.4万标箱。泛洋航运公司围绕洋浦开通了越南、泰国等新航线，公司开辟近远洋及内贸航线达20条，承运洋浦港一半以上的集装箱量。

【规划布局】 2011年12月16日，海南省人民政府批准《洋浦经济开发区总体规划(2011～2030)》。根据洋浦开发区地理环境、产业发展需求和安全环保要求，由西向东规划为“四带两廊”。

港航物流产业发展带：布局海洋工程、大型修造船，集装箱多用途、液体化学品、大宗散杂货等码头。

临港石化、浆纸及下游产业发展带：布局石油储备、石化和浆纸一体化以及下游产业等项目。

现代加工制造配套产业和保税仓储物流发展带：以“一港三基地”产业为基础，以保税港区为重点，布局印刷包装、机械加工、旅游装备制造等新型工业、保税仓储物流和劳动密集型产业项目。

居住和配套公共服务发展带：布局为主导产业配套服务的金融、研发、培训、办公和生活等设施；规划居住人口规模为20万～25万人。

“两廊”：洋浦大道市政防护绿化走廊和开源大道环境绿化走廊等两条南北向绿化廊道，将重工业、一般加工业和生活区做安全环保隔离。

【保税港区发展】 2011年，保税港区海关注册企业13家，注册资本7.8亿元。新引进投资项目9个（同比增加2个），总投资额30亿元（同比增加26.5亿元）。一是葡萄酒仓储、集散产业加快聚集。海南乐城酒业有限公司投资的红酒仓储贸易项目扩大业务，代理的澳洲酒庄品牌已达16个，增加代理德国、法国、智利等国家的红酒，打开海南批发市场，扩大洋浦保税港区红酒仓储业的知名度。新引进海南阳光美酒业有限公司、海南洋浦汉欣贸易有限公司、海南洋浦伟豪国际贸易有限公司和海南源生态贸易有限公司等4家红酒贸易企业。二是高端旅游装备制造业招商取得初步成效。2011年招商引进3个游艇制造项目和1个房车制造项目。澳洲康麦德游艇已经开始试生产，海航游艇12月2日正式开工建设，泛兴游艇已签订租地协议。华锐集团房车制造项目于12月5日在香港签订投资框架协议。三是精密制造产业群初现端倪，精密轴项目二期将从单一的精密轴制造转向集成精密零部件制造（视窗面板、通讯等零部件），6万平方米厂房已启动建设，开始设备订购，自2011年底起陆续建成投产，并将引进上游的装备制造企业和下游的组装企业。四是一批重要公用厂房仓库启动建设，雷马3000吨肉类标准冷库已基本完工，建成后，洋浦将成为海南省唯一的进境肉类指定口岸，结束海南省无法进口肉类产品的历史。

【社会事业】 着力解决搬迁安置等民生突出问题。2011年，完成各类项目搬迁安置530余户，各类民生支出超过15亿元。一是投资9.2亿元建成了22万平方米、1416套居民安置周转公寓楼，配套出台相关公寓楼居住补助政策，437户搬迁居民已陆续入住。二是投资2.33亿元建设的8.28万平方米、1284套公租房已经全部封顶，主要用于解决入区企业职工居住问题。三是启动东部生活区安置新城前期工作，完成概念性规划及设计初步方案。四是免费培训2112人（次），实现新增就业1522人，失业登记率控制在4%以内；提高低保、老龄人生活补贴等8项民生工程补贴标准，全年发放失耕失渔居民大米补助864.3万斤，发放老龄人补助、最低生活保障金等各类补贴补助5977.3万元，发放财政惠民补贴资金累计2775.12万元。五是完成居民社区基础设施建设。此外，干冲民生防浪堤、社区自来水等民生工程也已开工建设。

大力发展社会事业。一是加快教育事业发展，编制义务教育均衡发展规划、学前教育发展规划，面向全国招聘一批教师，完成第一幼儿园、第一小学新校区开办。二是继续深化医疗卫生体制改革，制定《基本药物改革方案》，实施国家基本药物制度改革；与海南省人民医院合作实现洋浦医院全面运营；完成干冲卫生院改制；实现新型农村合作医疗门诊统筹；全区参合人数达38568人，参合率达99.17%。三是完成环海南岛大帆船赛洋浦赛段各项工作，举办“庆祝建党90周年”全区职工文艺晚会等系列文体活动，丰富职工文化生活。全面加强社会管理。一是社会治安综合治理成效显著，年度考核排名进入全省先进前列；二是安全生产形势稳定，在年度考核中被评为“全省先进单位”；三是人口与计划生育工作得到加强，符合法定生育率达到92.31%，超过省下达任务2.31个百分点，扭转落后局面。

【管委会领导】 洋浦开发区领导成员为：工委书记李国梁（兼任），工委副书记、管委会主任倪强，工委副书记张琦（兼任），工委副书记、副主任王立民（挂职），工委委员、纪工委书记王积权，工委委员、管委会副主任梁博、王庆义、王应福、张雷鸣（2011年11月任职），工委委员、组织部部长张德昌。

（海南洋浦经济开发区管委会）

厦门海沧台商投资区

【经济发展】 2011年，厦门海沧台商投资区（以下简称海沧区）实现地区生产总值380.7亿元，增长16%（其中：第一产业完成2.1亿元，第二产业完成288.2亿元，第三产业完成90.4亿元。注：增速按厦门市统计局核定数）；区级财政总收入52.6亿元，增长29.7%；区级财政收入21.1亿元，增长39.1%；城镇居民人均可支配收入30137元，农民人均纯收入14892元。

【投资环境】 2011年，海沧区积极推进基础设施建设，完成全社会固定资产投资167.3亿元，增长33%（注：按可比口径）。推进和谐拆迁，2011年完成征地面积486.7万平方米、拆迁面积突破100万平方米，发展空间进一步拓展。加快基础设施建设，厦成高速、海翔大道等重点项目进展顺利，翁角路完成拓宽改造，钟林路实现贯通。海沧湾新城建设全面推进，完成海沧湾清淤量40%。

【产业发展】 2011年，海沧区工业经济快速成长，实现工业总产值945.5亿元，增长23.7%。重点产业保持较快发展，机械、电子信息两大支柱产业产值达335亿元；汽车及配套、船舶制造等五大百亿级产业链、产业集群产值合计315亿元。大力发展生物医药产业，启动生物医药产业园区规划建设，完成产值47.5亿元。捷太格特二期、华顺民生等20个项目开工建设，丰泰汽车、科创二期等18个项目建成投产，新阳纸业等在建项目加快推进。第三产业大幅提升，2011年完成三产增加值90.4亿元，增长13.9%。实现社会消费品零售总额59.2亿元，增长23.4%。商贸旅游业加速发展，东孚商业街、阿罗海城市广场开业，豪生酒店、日月谷二期进展顺利。专业市场蓬勃发展，石油交易中心签约入驻企业达120家，2011年交易额达161亿元；汽车4S店产业实现零售额27.8亿元，增长27.8%；海沧建材城、沪金钢贸城开业运营。港口物流加速发展，建设东南国际航运中心被确立为省、市重大发展战略，海沧港上升为厦门核心港区。保税港区二期通过预验收，南海三路全线贯通；新海达、远海5个10万吨级集装箱泊位正式投产。外贸供应链、港基物流等物流贸易项目顺利落户。全年完成港口货物吞吐量3134.1万吨，其中集装箱吞吐量251.7万标箱，分别增长21.5%和9.2%。

【科技创新和重点企业】 2011年，海沧区积极开展科技进步考核工作。着力推动产业转型升级，提升产业链层级与产品科技含量，新增认定7家高新技术企业，高新技术产业产值占全区工业产值比重达38%。安排3300万元实施44项科技计划项目，重点投向新材料、电子信息、光电、制造业和社会发展项目。突出扶持生物医药等高新技术产业，提取生物医药产业发展资金约4200万元，扶持设立海银生物新医药产业基金，闽台诊断产品创新创业园公共服务平台建成开放，北京化工大学厦门生产产业研究院、厦门大学科技园海沧分园挂牌设立，“重组戊肝疫苗”成为国际首支戊肝疫苗、世界第三支基因工程病毒疫苗及国内首支拥有核心自主知识产权的基因工程疫苗，“十一五”期间共有10个申报或进入临床的国家一类新药，生物医药产业产值占厦门市近1/2、福建省1/4。加大科普工作力度，设立“海峡两岸青少年中医药科普教育实践基地”，海沧实验中学创建福建省防震减灾科普示范学校。做好“科技活动周”、“科技进校园”、“科普日”等主题科普活动。

【生态环保】 2011年，海沧区以削减污染物总量、防范环境风险、再创国家模范城为着力点，推行工业污染全防全控，加强农村环境保护工作，严格建设项目入驻审查，强化工业企业环境监管，海沧区生态环境质量全面提升，2011年城市环境空气质量优良率达96.4%，环境质量不断改善；建成新阳、东孚空气质量监测站，重点企业污染物排放达标率大于90%，世佳化工、金达威维生素等重点污染企业明确搬迁时间，2011年化学需氧量、氨氮、二氧化硫、氮氧化物排放总量分别比降1.09%、14.94%、17.70%、25.89%，完成年度减排目标；建成区绿化覆盖率大于36%，全面启动过芸溪流域综合整治；颁布《海沧区村庄排污整治专项规划》，将村庄污水截流或整治项目分批分阶段列入年度财政性基建投资计划，启动新阳9号路、东屿内湖片区市政污水管网及东埔玛瑙污水处理设施建设；投资区（区）被评为“十一五”主要污染物总量减排工作先进单位，华夏电力、腾龙树脂被评为先进企业。

【人才建设】 围绕海沧区重点产业和新兴产业发展方向，积极探索人才服务政策，提供更加有针对性和实效性的人事人才服务。结合海沧区情，研究人才住房政策、筹备与理工学院共建大学生实训基地、筹备企业博士联谊俱乐部等，着力解决企业后备人才短缺、储备力量不足、高端人才相对缺乏、吸引与留住高端人才困难的问题。举办“2011年海外留学博士海峡西岸行厦门市生物医药人才与项目对接洽谈会”。做好特岗医师的聘用手续，落实非师范类教师的录聘审批手续和各项待遇。厦门理工学院与区内13家企业建立实训协作关系，可容纳实习生700余人。截至2011年底，共有博士人才37人，主要分布在生物医药、新能源新材料、教育、卫生和社会管理等行业。

【社会事业与文化建设】 2011年，海沧区加大对各项社会事业投入力度，经济社会统筹协调发展。

社会事业全面发展。教育水平不断提高，成为福建省首批创建教育强区参评区，均衡教育水平跃居厦门市前列，在厦门市率先完成义务教育标准化学校建设任务。通过国家卫生城市复审。多元化医疗卫生服务体系不断完善，7个卫生服务站所投入使用，石塘社区卫生服务中心获评全国首批“示范中心”。继续推动全民健身活动全面开展，举办第六届中国女子高尔夫公开赛、筹办厦门（海沧）国际山地越野公开赛；体育中心一期基本建成，体育中心二期、体育公园开工建设。启动计划生育公共服务标准化和计划生育家庭意外伤害保险试点工作，推动流动人口计生基本公共服务均等化，全年人口出生政策符合率达97%。

社会保障继续完善。全年发放各类参保和救助补贴4600万元。启动国家首批城镇居民养老保险试点工作，参保率达99.6%，新农保参保率达99.7%。城乡居民医疗保险参保率达98.6%。提高城乡最低生活保障标准。海虹、海兴社区被评为“省居家养老服务示范单位”。实施一户多残低保家庭生活补助和重度残疾人居家护理补助，建成镇（街）残疾人职业援助中心。完成全年保障性安居工程任务，佳福花园公租房开工建设。加强就业保障工作，深入创建创业型城市，帮助农村富余劳动力转移就业3114人，实现“零就业”家庭动态归零。

社会管理持续推进。启动“数字城管”建设前期工作，城市管理水平跃上新台阶，全国文明城市、全省文明城区创建工作成效显著。投入1.6亿元实施绿化工程，完成迎宾路、阳光路等25条道路绿篱提升改造，建成彩虹公园、霞美公园，加快建设大屏山公园、北湖公园，人居环境不断优化。持续创建“平安海沧”，首创劳动仲裁诉调对接机制，建立劳动预警信息员制度。推动消防安全网格化规范管理，制定港区危化品场外应急疏散预案。开展食品安全监管专项整治行动。建成“三防”指挥中心。

文化建设更加繁荣。加快建设镇（街）文化活动中心及基层文化设施，提高文化服务能力。贯彻文化惠民理念，持续开展“温馨海沧”、广场舞等文艺活动，实现农村有线广播“村村响”，启动公共图书馆服务网络一体化建设，区文化馆通过国家一级馆复核评估。加快培育和发展具有海沧地域特色的文化产业，加强文物保护，强化文化市场管理和出版物市场的监管力度，加大校园周边文化市场、非法出版物的专项整治力度。

【机构设置与管委会领导】 2003年，厦门市行政区划调整，设立海沧区，保留厦门海沧台商投资区党工委、管委会继续履行开发建设职能，管委会下设经济贸易发展局与建设局两个职能部门，主要负责招商引资、企业服务、基础配套等工作。

海沧区领导成员为：党工委书记郑云峰，党工委副书记、管委会主任吴南翔，党工委副书记、管委会副主任林世粦，党工委委员、管委会副主任周威榕，党工委委员、管委会副主任李文东。

（厦门海沧台商投资区管委会）

廊坊经济技术开发区

【经济发展】 2011年，廊坊经济技术开发区（以下简称廊坊开发区）完成地区生产总值234亿元，同比增长20%；财政收入46.1亿元，增长28.5%，超额完成1.2亿元，实现升级后3年翻一番目标；其中地方一般预算收入10.4亿元，增长41.6%；实际利用外资3.98亿美元，同比增长87.9%，超额完成1.68亿美元。

【投资环境】 企业服务体系日趋健全。出台《关于鼓励“廊和坊”金融街金融业创新发展的若干规定》，鼓励金融机构和金融高级人才落户；欧克化工完成上市辅导，阳雨钨业股权在天交所成功挂牌交易；落实国家相关政策，民营企业、个体工商户实现“零成本”注册；规范区内企业占道停车管理，企业周边交通环境得到改善；争取中纺新元等8个项目扶持资金1600余万元；申请驰名商标1个、著名商标2个、知名商标2个，廊坊东信生物科技有限公司蛋白饲料获得“河北省名牌产品”称号，廊坊华日家具股份有限公司被评为“全国质量工作先进单位”，为廊坊市唯一获此殊荣企业；华日家具和新奥燃气被评为省级“双百优”单位，华创天元、荣盛建筑工程获批“省级企业技术中心”；强化税源监管，在全市范围率先实现纳税“同城通办”。

政企沟通更加顺畅。编印涉及区内53个单位、644项服务事项，涵盖企业和公众所有服务内容的《廊坊开发区服务指南》，并在廊坊开发区行政审批服务网站上实现全部公开，方便企业公众办事和咨询；编制行政审批整体业务流程；电子监察系统全面启用，管委会15个直属部门的135项行政审批业务全部纳入电子监察范围；开发区门户网站实现改版，政务信息定期更新；畅通电子沟通平台，企业外贸进出口、水、电、热、燃气等问题得到有效解决。

效能提升取得实效。以“深入实际、兴办实事，破解难题、优化环境”为主题，扎实开展“效能廊坊”建设和“服务效能提升年”活动。对零点调查中企业反映的各类投资环境问题，分解落实到有关职能部门和单位，逐一制定有效措施，进行整改。加强对各职能部门服务企业情况的监督，对机关干部工作纪律、统一着装、佩戴标识等作风建设进行明察暗访，强化政务督查和信息反馈，保障工委、管委各项重大决策部署的贯彻落实；以综合运用零点公司对各职能部门的服务满意度调查成果为导向，增强各职能部门优化服务、提高效能的主动性和创造性，企业和职工对全区投资环境和职能部门服务的满意度进一步提高。

城区建设扎实推进。投资4.4亿元完善道路、供热、供水、排水等基础设施，启动学校、医院、展览馆、农村拆改小区等功能设施建设。南营排渠景观改造部分工程已完工，面向市民开放；创业路贯通，桐西路、纬三道已竣工，第一、第三小学和人才交流中心主体已封顶，第四、第七小学和云鹏道社区服务中心已完成部分装修，开发区医院综合楼已开工建设；化辛、韩营及大官地小区等村庄改造回迁楼建设稳步推进，开工建设面积达30.24万平方米；试行城管工作量化考核制度，深化市容环境分级管理，完善“区、片、点”相结合的立体式巡查管理体系，市容环境、建筑工地和车辆超载超限管理整治工作取得较好效果，进一步规范生活垃圾清运、处置工作，在城区范围内普及生活垃圾桶装收集；数字城管平台健康平稳运行，按期结案率同比提升45.6%。城区管理和城区面貌有了新提升，基础设施保障能力和公共服务设施均等化水平逐步提高。

【产业发展】 2011年，廊坊开发区高端服务业发展势头良好。总投资200亿元的“梦廊坊”文化产业园项目奠基，已完成3次总体规划修改，465亩土地拆迁补偿已完成，大剧院工程具备开工条件；总投资150亿元的中国地质文化产业示范区项目列入国土资源部“十二五”规划，概念策划通过专家论证；总投资3.3亿元的世界500强企业——英国太古集团冷链物流基地正式签约；总投资4.5亿元的唯度物流完成供地，即将开工；宝湾物流、艾力枫社国际会议中心即将完工；智汇投资、新泽投资、名士产权代理、亿元佳知识产权代理等现代服务业公司完成注册。

【项目建设】 2011年，廊坊开发区新批准内、外资及增资项目48个，项目总投资289.6亿元，同比增长41.5%。其中，新批外资项目7个，项目总投资1.36亿美元，同比增长3倍；内资项目34个，总投资269.5亿元，同比增长33.4%。世界最大预绝热管制造商——丹麦朗格斯特、瑞典山特维克总部、日本群马电子零部件、荷兰英纳法汽车天窗、新奥太阳能发电系统、轨道交通检修基地、精雕二期数控机床等一批质量高、效益好的行业龙头项目相继落户区内，全年引进先进制造业和现代服务业项目达80%以上，以传统制造业为主的产业结构逐步向以新兴产业为主的产业结构转型。

【区中园建设】 “廊和坊”金融街30万平方米主体工程已完工，中行、建行、农行等区内金融机构和廊坊银行、河北银行、光大银行等区域性金融总部达成入驻意向。服务外包基地完成投资2.2亿元，北部片区已建成，南部片区总部大厦正在建设，累计注册外包企业21家，从业人员达到3700人，年内执行外包合同2000万元。出口加工区完成进出口总值2.52亿美元，同比增长25%，综合税收4790万元，同比增长15.1%；保税物流功能不断拓展，与62家企业建立业务关系，其中富士康部分业务从首都机场海关转入出口加工区办理。东方大学城控制性详细规划获市批准；莱佛士集团与北京中医药大学东方学院达成合作办学意向，东方职业技术学院被省教育厅确定为“单独考试招生改革试点院校”，北京城市学院被评为“中国民办大学第一名”，并获准开办研究生教育，北大方正软件学院被北京市教委批准为“职业教育分级改革试点院校”，廊坊市卫生学校升格为“廊坊卫生职业学院”；大学城城容城貌改善提升工程取得初步成效，服务车、电瓶车等历史遗留问题得到彻底解决。

【人才建设】 人才服务逐步完善。聘请四达公司等一流人力资源服务企业为区内企业和工委、管委机关提供先进的人力资源管理服务，促进企业和机关管理用工规范化；发挥人力资源市场载体作用，组织举办“金秋大型人才招聘会”、农村劳动力就业专场招聘会、高校毕业生专场洽谈会等人才招聘活动89场，共引进各类人才3158人，实现农村劳动力向非农产业转移1258人，农村劳动力就业难和企业招工难问题得到有效缓解。

【社会保障】 2011年初确定的改善民生“十件实事”基本兑现：新型农村养老保险政策顺利实施，在全省率先将失地农民、拆迁居民和村干部等不同身份人员统一纳入新农保覆盖范围；全面落实各项惠民保障政策，提高被征地农民安置补助标准，共发放失地农民生活保障金6750.9万元，农村养老补贴302.3万元，落实农机购置补贴、房屋帮建等补贴资金54.2万元；发放城镇职工医疗救助补贴、取暖补贴、贫困残障救助及优抚资金共计117.2万元；农村居民人均纯收入达到8741元，增长13.1%；启动城乡最低生活保障工作，完成低保人群摸底调查。建立农村新型合作医疗大病统筹基金，免费建立农村居民健康档案，新农合参合率达到95.9%；启动农村养老服务体系建设试点，建立两个村街幸福院；依法推进社会保险扩面征缴，全年累计征缴基金4.8亿元。创新外来务工人员落户制度，开启华为等重点企业公积金业务绿色通道，通过发放贺卡方式满足职工查询公积金余额需求，全年住房公积金累计缴存6.07亿元，同比增长41%。

强化食品安全监管，全区食品安全事故保持“零记录”；改造投资近4亿元，产品市场占有率稳步提高；妥善处理疫情，开展碘盐、水氟监测，有效防控各类传染病的聚集性爆发以及碘缺乏病和地方性氟中毒现象的发生；组织校长、教师参加各类培训8次，举办图书进社区、电影下乡、消夏晚会等系列活动245场，完成全区20个村的农家书屋工程建设，进一步丰富人民群众的文体生活。人口和计划生育、民族宗教、武装、残疾等事业也取得新进展。

编制完成华为基地员工生活配套设施总体规划及开工前各项准备工作；协调市公交公司调整公交线路和站点设置，进一步扩大公交覆盖范围，公交运营时间延长，车次增加，职工上下班和居民出行更加方便快捷；房地产市场规范有序发展，物业服务水平进一步提高，房产登记实行“立等可取”；积极解决低收入家庭住房困难，为115户家庭办理廉租住房及经济适用房申请。

【开发区领导】 廊坊开发区领导成员为：工委书记孟繁祥，工委副书记王金忠，工委副书记王宁，管委会主任孟繁祥，管委会常务副主任王金忠，管委会副主任马兴旺，管委会副主任张平，管委会副主任、东方大学城管委会主任王小卫，管委会副主任黎斌，纪工委书记王冠军，工委委员、社会发展局局长孙绍虎，工委委员、人武办主任刘俊峰，管委会副主任郑维东（挂职）。

（廊坊经济技术开发区管委会）

徐州经济技术开发区

【经济发展】 2011年，徐州经济技术开发区（以下简称徐州开发区）实现业务总收入1665亿元，增长31%，地区生产总值360亿元，增长27%，财政总收入66亿元（不含基金），增长76%，其中一般预算收入29.1亿元，增长80%，税收占比94.8%。完成固定资产投资185亿元（不含房地产），增长26%。第二产业快速增长，实现工业销售收入1212亿元，增长30%，工业增加值314亿元，增长27.2%，工业投资143亿元，增长30%。现代服务业加快发展，实现营业收入448亿元，增长37%，在业务总收入中占比27%，较2010年提高1个百分点。都市农业提质增效，实现农业收入5.33亿元，建成有机蔬菜生态园、金针菇生产基地、浅水藕种植基地、优质皇冠梨基地、良种猪规模养殖基地、种鹅现代化智能孵化基地等，其中有机蔬菜生态园被认定为“徐州市第一批现代农业科技园”。

【投资环境】 投资环境实现新优化。2011年，徐州开发区牢固树立干部职工“不是招商人员，就是服务项目建设人员”的新理念，建立健全项目审批“一站式”、项目建设“一条龙”和企业投产“保姆式”3个服务体系，推行“马上办、办到位”的工作机制，采取“一个重大项目，一名领导，一个部门，一个联络人，一套班子”的“五个一”推进保障措施，实施项目引进，全程目标管理，缩短项目转化周期。制定出台一系列惠企新政，为企业应对危机、加快发展提供“真金白银”的支持。同时，加大投入，切实完善功能配套和载体平台，加快建设国内首家清洁技术产业园、高铁生态商务区以及光伏光电产业园、工程机械产业园等，促进了产业集群集约发展。

【产业布局】 产业升级迈出新步伐。2011年，徐州开发区主导产业规模继续壮大。以工程机械和专用车辆为主的装备制造产业实现销售收入653亿元，增长16.7%，形成以徐工集团、卡特彼勒等为龙头、从主机到关键零部件较为粗壮的高端工程机械产业链。现有九类主机、三类零部件占有率国内第一，20余项配件产品居于国内前5位，3个整机产品销量世界第一，工程机械综合实力连续13年领冠全国。以光伏光电为主的新能源产业实现销售收入214亿元，增长32%，基本形成从多晶硅、拉棒、切片、电池组件到太阳能电站的完整光伏产业链。2011年，多晶硅产能达到6.5万吨，产量达到3万吨，占国内半壁江山，实现了综合产能、成本控制、切片规模、节能环保等4个世界第一。

大企业培育成效明显。2011年，徐州开发区新增销售收入超亿元工业企业7家，总数量达到60家，新增超百亿元企业2家，总数量达到3家，新增超70亿元企业2家；新增超亿元服务业企业10家，总数量达到32家，新增超10亿元服务业企业5家。其中，徐工集团、徐州协鑫加速向世界级企业迈进。截至2011年底，全区培育形成工程机械、太阳能光伏、现代服务三大主导产业，以及工业电子、食品医药、纺织服装等传统优势产业，建成全球第五的工程装备和世界第一的多晶硅生产基地。2011年被省政府确定为“江苏省两化融合示范区”、“江苏省工程机械优质产品示范区”、“江苏省低碳经济试点园区”等。

【招商引资】 招商引资取得新突破。2011年，徐州开发区新批外资项目25个，增资外资项目9个，共计34个，总投资20亿美元，合同利用外资8.2亿美元，实际到账外资5.71亿美元，占全市总量的39%，位列江苏省开发区第9位，比2010年前进一个位次；在新批外资项目中，装备制造和新能源项目11个，总投资5亿美元；现代服务业项目10个，总投资4.6亿美元，全年新注册2000万元以上内资企业26家，比2010年增加10家。统一食品、亿光达太阳能、开易服务外包中心等一批重大项目签约进区。截至2011年底，已有美国卡特彼勒、德国蒂森克虏伯、法国圣戈班、丹麦维斯塔斯、韩国斗山、香港协鑫、大陆徐工集团等一大批世界500强和全球知名公司在区内成功投资发展。

【科技创新】 创新驱动激发新活力。2011年，徐州开发区以企业为主体的全社会研发投入23.5亿元，占GDP的比重上升到6.5%，比2010年提高0.5个百分点，增长40%。用于扶持奖励企业科技创新的资金达到6.4亿元，增长30%以上。实施各类重大科技攻关项目40余个，新增创新型企业9家，总数量达到15家。新增专利申请和授权分别达1101件、540件，其中申请发明专利197件，创历史之最。新认定省级以上高新技术企业15家，总数量达到40家，高新技术企业实现产值636亿元，占工业总产值的比重达到52.4%，比2010年提高1个百分点。截至2011年底，全区拥有国家级区域性博士后科研工作站等研发机构180家、院士工作站4家、国家和省级博士后创新实践基地8家、省级高层次人才创新创业基地4家。2011年，徐州开发区成为“江苏省机器人产业基地”、“江苏省软件信息服务产业园”、“江苏省高层次人才创新创业基地”、“江苏省知识产权试点园区”、“江苏人才工作先进园区”等。

【对外贸易】 进出口形势日趋向好。2011年，徐州开发区实现进出口总额29.6亿美元，增长34%，其中自营出口13.35亿美元，增长30%，自营进口16.23亿美元，增长38%。主要出口产品涉及工程机械、光伏光电、医疗电子等领域，其中工程机械产品自营出口9.3亿美元，增长43%，自营进口9.5亿美元，增长56.2%。内资企业自营出口增幅不断提高，同比增长98%，占全区出口总额的57.7%，外资企业出口增幅超过50%的升至13家。据统计，截至2011年底，全区共有各类出口企业109家，出口国家和地区130多个。

【项目建设】 重大产业项目、重大城建和基础设施项目、重大为民办实事项目以及事关改革发展的大事等“三重一大”建设取得新进展。2011年，徐州开发区确定“三重一大”项目110个，总投资536亿元。实施重大产业项目36个，总投资365.7亿元，当年完成投资105亿元，增长34%，新上全地面起重机、混凝土泵送机、智能化装载机、混凝土搅拌机，卡特大型挖掘机、大型底盘，中能硅业四期3.6万吨多晶硅，协鑫硅材料三期3.4万吨铸锭，晶旺光电LED芯片，中润光能太阳能电池组件等一批大体量项目，并完成年度建设任务；协鑫光电蓝宝石衬底、苏煤矿山设备、荧茂触摸屏、斗山发动机、海伦哲专用车辆等一批重点项目竣工投产。新建工业厂房面积360万平方米，占徐州市总量的一半以上。实施重大城建和基础设施项目56个，总投资167.7亿元，当年完成投资85亿元，增长127.8%。高铁国际生态商务区一期工程快速推进，金龙湖小镇、君廷五星级酒店、美的城、月星环球商业中心、高铁时代广场、瑞隆总部、欧蓓莎国际商城等城市综合体以及蟠桃山佛教文化景区等项目有力实施，工业化、城市化互动并进势头良好。

【管理与服务】 创新社会管理。建立完善社会风险评估、诉求表达、矛盾排查和调处、应急管理及社会公共安全管理等六项机制。深化平安创建。加强“平安开发区”、“法治开发区”、“诚信开发区”建设，不断提高群众生活的安全感和舒适度。推进生态文明，以创建国家生态工业示范园区为契机，推广清洁生产，打造数字城管，加大环境保护，园区生产生活秩序和城市面貌焕然一新。

【社会事业】 民生改善取得新成效。2011年，徐州开发区进一步完善向民生倾斜的公共财政体系。实施重大为民办实事项目25个，新增城镇就业6000人，农民人均纯收入达到11300元，增长12.9%。养老、医疗两大保险以及“新农保”、“新农合”参保覆盖率持续提高，“低保”、“五保”全面提标，被征地农民基本生活保障覆盖面达到100%。

2011年，徐州开发区教育现代化创建成绩斐然，受到江苏省考核验收组的高度评价。医疗卫生事业加快发展，开工建设徐州医学院附属医院东院项目，设立徐州市第一人民医院仁慈（开发区）分院等。以解决群众出行难问题为重点，组建开发区公交公司，累计开通19条城市公交线路；为解决群众买菜难问题，规划建设一批农贸市场和商贸街区，徐州市首家三星级标准的东贺农贸市场、徐州市区单体面积最大的西贺农贸市场等建成投用。2011年，全区财政用于以民生为主的城乡公共服务支出14.9亿元，增长76.1%。

【机构设置与开发区领导】 徐州开发区党工委、管委会下设党政办公室、政策研究宣传工作办公室、组织人事部、纪检监察局、招商局、投资服务中心、财政局、审计局、经济发展局、安监局、农业发展办公室、规划建设局、征迁管理办公室、行政执法局、社会事业局、社会保障局、综治信访办公室等业务部门。

徐州开发区领导成员为：党工委书记张赴宁（中共徐州市委常委），管委会主任丁维和（党工委副书记），其他班子成员有仇玲柱、娄民强、陈明、刘一专、汤文浩、朱明勇、余承琅、梁书丰、王黎明、刘新宏、陈堂清、张颖、柳如钰、高雷等。

（徐州经济技术开发区管委会）

增城经济技术开发区

【经济发展】 2011年，增城经济技术开发区（以下简称增城开发区）实现地区生产总值159.63亿元，同比增长20.6%，其中第二产业增加值155.45亿元，增长20.75%，第三产业增加值1.89亿元，增长12.26%，全员劳动生产率43.23万元/人，增长7.97%；完成工业总产值555.2亿元，增长20.75%，其中外商投资企业工业总产值478.58亿元，增长22.22%；完成财政收入48.96亿元，增长3.71%，其中地方一般预算收入7.97亿元，增长47.4%；实现税收收入43.24亿元，增长1.73%；完成固定资产投资43.65亿元，增长30%；单位土地地区生产总值产出强度2.28亿元/平方公里，增长20.6%，工业用地工业增加值产出强度23.95亿元/平方公里，增长17.4%。

【投资环境】 2011年，结合广州"东进"战略对增城开发区提出的"建设广州东部城市副中心和广州东部高新技术产业带"的战略部署，以实施开发区带动战略和主体功能区深化战略为理论支撑，组织编制增城开发区发展战略规划。投入建设资金5.88亿元，推进香山大道、永宁大道、创业大道等骨干路网建设，形成迅速通达珠三角各地的交通条件，区位优势正加快转化为经济发展优势。水、电、通信、燃气、排水、排污等配套设施同步完善。推进区内6组220KV～500KV高压线迁改工程，拓展发展空间。制定《广州东部（增城）新能源汽车绿道示范应用及标准化工作方案》，获广州市政府批准实施，将推动电动汽车地方性标准体系的建立。广州市一级审批管理权限逐步落实到位，行政效率大幅提升。联同广州市和增城市有关部门以及海关、工商、商检等垂直机构，为落户项目提供从签约、筹建、动工到投产运营的"一站式"贴身服务，投资软环境明显优化。

【产业布局】 2011年，增城开发区实施"一区多园"发展模式，策划引进了一批具有战略性基础地位的产业龙头项目，规划建设了一批重大战略性发展平台，推进三大功能组团产业空间布局、五大战略性新兴产业发展平台、五大高端产业集群建设，促进产业高端化、集群化、融合化发展。三大功能组团为增城开发区香山产城新区、增城开发区增江高新区、增城开发区石滩创意区。五大战略性发展平台为省级汽车及新能源汽车产业园、省级LED产业基地、省级光伏产业园、电子商务及物联网产业园、总部经济及生产性服务业。五大高端产业集群为节能环保、新能源、高端装备和新能源汽车、现代信息服务、现代物流。重点产业扶持：增城开发区制定了LED产业和汽车产业优惠扶持政策，以及大力发展电动汽车产业、半导体照明产业、太阳能光伏产业等的实施意见。对世界500强企业和龙头骨干项目，将实行"一事一议"、"一企一策"，专项制定优惠扶持政策。

【招商引资】 积极实施"走出去，请进来"的招商策略，2011年先后引进总投资30亿元的晶正鑫光电LED外延片及芯片项目、总投资18亿元的通用光伏超白压延太阳能基片、一期投资15亿元的阿里巴巴华南电子商务运营中心、一期投资10亿元的中电投太阳能电池、一期投资约10亿元的日立汽车系统生产和研发基地等一批战略性新兴产业主导项目和龙头骨干项目落户，签订投资意向协议项目44个。截至2011年底，增城开发区累计引进项目58家，项目投资总额366.88亿元，其中投资规模超过1000万美元的项目有41家，投资规模超过1亿美元的项目有14家。

【科技创新】 截至2011年底，增城开发区共有研发机构3家，高新技术企业14家，比2010年新增2家。2011年研究与试验发展经费支出2.17亿元，增长2.16%，占地区生产总值比重为1.36%，同级财政支持科技发展资金3190万元，增长41.55%。区内高新技术企业工业总产值80.91亿元，占全区工业总产值的14.57%，高新技术产品进出口额3331万美元，增长27.68%，其中高新技术产品出口额1112万美元，增长26.22%，高新技术产品进口额2219万美元，增长28.42%，占全区进出口总额的3.06%。规模以上工业企业申请专利124件，比2010年增加8件，其中发明专利46件。

【项目建设】 工业投资增速保持较快增长，2011年，增城开发区工业项目完成投资27.56亿元，增长9.62%，占全区固定资产投资的63.13%。广汽本田增城工厂、科利亚现代农业机械、广州江铜铜材等重大项目有力促进了全区工业投资的增长。第三产业投资大幅增长，完成投资16.08亿元，增长约10倍。

【管理与服务】 以体制机制为抓手，全面加强党的建设和机关效能建设，促进政府职能转变和服务效能提升，为科学发展提供坚强保障。制定实施增城开发区和增城市工作部门资源优化整合工作方案，构建层级少、扁平化的行政体制和高效运行的管理机制。逐步建立起与国家级开发区相适应的招商引资、规划建设、征地拆迁、项目服务、财政管理以及党务、政务服务等各项工作机制。

【社会事业】 医疗卫生事业进一步发展，新引进一家大型综合性医院。劳动关系和谐，2011年末，区内从业人员3.69万人，增长11.69%，其中规模以上工业科技活动人员1724人，增长1.83%，占区内从业人员总数的4.67%；从业人员平均劳动报酬达到4.52万元，增长15%；同级财政教育经费支出5.67亿元，增长59.79%；2011年实现生产安全事故零死亡。社会保障事业稳步发展，社会保险参保人数35451人，增长11.69%，社保覆盖率达96%，从业人员社会保险缴费总额3.33亿元，增长29.55%，同级财政社会保障和就业支出1.8亿元，增长6.63%。

【机构设置与管委会领导】 增城开发区管委会内设党政办公室（与纪工委机关、监察局合署）、发展改革财政局、经贸科技信息局、国土规划建设环保局、企业建设和安全监督局等5个工作部门。

增城开发区领导成员为：党工委书记、管委会主任徐志彪，党工委副主书记、管委会副主任叶牛平，党工委副书记、纪工委书记何世光，副主任彭高峰、刘棕会，管委会秘书长蒋志恒。

（增城经济技术开发区管委会）

九江经济技术开发区

【经济发展】 2011年，九江经济技术开发区（以下简称九江开发区）实现生产总值225.4亿元，其中第一产业增加值完成2.88亿元；第二产业增加值完成188.87亿元，其中工业增加值完成165.79亿元；第三产业增加值完成33.64亿元；人均GDP达到5.7万元；工业主营收入371.21亿元，增长65.5%；财政总收入15.68亿元，增长106.6%；外贸出口

6.3 亿元，增长 145.3%。

【投资环境】 2011 年，九江开发区政务环境优化升级。开展“发展提升年”活动，首问负责制、限时办结制、服务承诺制等得到进一步落实。招商局对项目落户及企业办事程序、建口部门对工程建设报建流程进行了规范精简，提高了办事效率。区直各部门实行“敞开式办公、一站式服务”，区综合服务中心设立办证大厅，全区 20 余个职能部门集体办公，推行“联审、联批、联办”工作机制，实现政府与企业、群众的无缝对接。服务企业重点突出。全力破解人才、融资、用工等难题，新增 3 家国家级高新技术企业；实施“人才兴区”战略，支持区内企业引进人才 1200 余名。加大投融资创新力度，首次采用信托方式，并组织开展多次银企洽谈会，为企业进行融资。认真落实企业用工配送制度，构建健全的招工网络。

【产业发展】 九江开发区总投资 80 亿元的旭阳雷迪三期顺利投产，项目达产后，产能将达 40 亿瓦特。公司成立并建成江西首家私营企业科学研究院，获批专利 13 项，产品质量达到业界一流水准；正展光电增至 5 条封装生产线，实现产能 1000 万颗/月；昌河汽车实现主营收入 33 亿元，同比增长 57.4%。昌河铃木发动机改造扩能至 15 万台，新车派喜进入批量生产，配套企业纷至沓来；志高空调二期项目已新上 2 条家用空调外机生产线，产能有望达 200 万台，产值超 50 亿元。巨石玻纤一期基本达产，产销两旺。绿晶光电出口突破 3 亿美元；铨讯电子生产数码相机 446 万台，实现出口 1.8 亿美元。四大产业集聚发展格局已初步形成，成为推动开发区跨越发展的主引擎。

【招商引资】 2011 年，九江开发区引进亿元以上项目 33 个、10 亿元以上重大项目 6 个。实际利用内资 43 亿元，同比增长 43%，列江西省第三；外资 1.48 亿美元（现汇进资 7460 万美元）；总投资 10 亿元的明阳线路板项目拓展了玻纤新材料产业链；裕同印刷包装项目填补了中部地区高端电子产品包装材料空白；总投资 26 亿元的九江现代综合大市场项目建成运营后，可容纳各类商户 3000 余家，吸纳 1.5 万人就业，年交易规模可达 100 亿元。此外，开发区引进建设盛翔电子布、三一重工、力达机电等一批产业项目，加快产业集聚步伐。

【项目建设】 九江开发区推行领导挂点、分级调度、项目督查等机制，促进项目建设。总投资 173 亿元的 16 个项目已集中开工，项目全部建成投产后，可实现年产值近 400 亿元。2011 年新增华祥线路板、志高空调二期、新海扬纺织等一批项目开工，以及旭阳雷迪三期、赛翡蓝宝石、德福电解铜箔等一批项目投产。总投资 30 亿元的赛翡蓝宝石项目，建设年产 1600 万片蓝宝石衬底生产线，达产后年产值超 35 亿元，将成为国内最大的蓝宝石生产制造基地。一期投资 10 亿元的上海超日太阳能项目，仅用 14 个月时间就完成 8 条世界最先进的太阳能电池片生产线建设，项目全部建成后，预计年产值超过 40 亿元。

【园区建设】 出口加工区跨越发展步伐加快。外贸出口突破 6 亿美元，同比增长 2.2 倍，首次跃居中部地区 7 个出口加工区第一。首家电镀集控区投入运营。园区配套设施不断完善，实现园区整体供气，成为江西省首个使用天燃气的园区。

城西港区开发建设日新月异。2011 年实施公建项目 23 个，完成投入 6.98 亿元，一期 14.92 平方公里开发基本完成，达到“九通一平”，官湖北路等 6 条道路建成通车。二期已完成详规设计，并启动征地拆迁和道路修建设计等工作。

汽车工业园配套产业蓬勃发展。园区依托昌河铃木和电子配套产业园，重点发展汽车及零部件、电子配套产业。东岸 110KV 变电站建成投运，成为江西省变电站标准化建设示范点。

科技工业园科技创新亮点突出。园区重点发展高新技术和现代服务业，区内国家级高新技术企业增至 6 家，有博士后科研工作站 1

个、省级研发平台5个，完成国家“863”计划项目2个，科技部支持项目9个，获国家专利80余项，软件著作权20余项。汇天泽、银星等总部经济项目加快建设；恒盛科技孵化器升级为省级科技孵化器、江西省服务外包示范基地。

【城市建管】 城市建设成效明显。八里湖北大道、浔阳西路、滨江西大道中段等道路建成通车，主城区形成“四纵四横”道路骨架网络。国际汽车城一期、综合服务中心等项目提升了城区功能品位。区综合服务中心仅用22个月就高标准建成启用。

现代服务业发展迅速。九江现代综合大市场一期主体基本建成。国际汽车城完成4.5万平方米国际会展中心和汽车文化主题公园建设，建成11个4S店，引进奔驰、宝马等国际顶级品牌4S店入驻。全球商业连锁500强——大润发高端商业广场项目部分主体已完工，五星级智能型家居商业综合体——21世纪家居中心正在施工。

城市管理水平日益提升。扎实推进“六城同创”工作，顺利通过国家园林城市检查和省级卫生城市复审；长江大道、九瑞大道等重点路段绿化管养达到省二级标准。2011年在建工程140个、416万平方米，招投标率100%。创建了17个省市安全文明工地、20个省市优良工程。

【社会事业】 民生保障工作成绩喜人。民政工作连续五年荣获“全市综合先进”称号，畔湖社区被评为“全省十大敬老模范社区”。开发区社会福利中心建成投入使用，完成新湖社区居家养老中心建设，打造的永安乡敬老院为五星级敬老院，被评为“全市养老先进单位”。全年城镇新增就业人数7585人，城镇就业率99.8%；新增转移农村劳动力4816人；发放小额贷款1400万元；“零就业”家庭安置率100%。超额完成城镇职工基本养老、医疗、新农合、被征地农民养老等参保人数。2011年实施医疗救助1120人（次）、290.7万元，为群众提供69.4万元免费体检服务。

各项社会事业长足发展。完成“一大四小”绿化面积4810亩，获“省园区绿化先进单位”称号。投入2100万元新建兴中学校、蛟滩小学，并对5所小学进行抗震加固。全面落实义务教育政策，安排900名务工子女就读。鹤湖学校争创市级品牌学校，2011年中考成绩居全市榜首，荣获“国家级语言文字规范化师范学校”称号。港城学校已建成全市农村九年一贯制示范学校。公开选聘教师、医学专业人才45名，在3个园区设立医疗门诊部。投入544万元新农村建设资金，完成9个省级新村点建设。全区人口自然增长率控制在8‰以内。

【机构设置与管委会领导】 九江开发区党委、管委会下设党群工作部、纪委（监察局）、人力资源部、招商局、经济发展局、建设环保局、社会发展局、财政局等区直部门；有出口加工区管理局、城西港区管理局、汽车工业园管理办公室、科技工业园管理办公室等4个园区；有向阳街道、七里湖街道、滨兴街道、永安乡、赛城湖垦殖场、茅山头综合垦殖场等6个街道（乡、场）；有国土资源分局、规划分局等11个驻区单位。

九江开发区领导成员为：九江市人大常委会副巡视员、区党委书记李光荣，区党委副书记、管委会主任夏启国，九江市台办主任、区党委副书记张俊，区党委副书记、管委会副主任柯尊玉，区党委副书记、党群工作部部长卢友华，区党委副书记淦作乾，区党委副书记、管委会副主任黄家杰，出口加工区管委会副主任、开发区公安分局局长骆名远，区党委委员、管委会副主任杨剑，区党委委员、纪委书记张凯，区党委委员、城西港区管理局副局长刘宏，区党委委员、管委会副主任李善云，区党委委员、管委会副主任刘中原，区党委委员、党群工作部部长陈晶冰。

（九江经济技术开发区管委会）

马鞍山经济技术开发区

【经济发展】 2011年，马鞍山经济技术开发区（以下简称马鞍山开发区）正式托管雨山区银塘镇“四村一政区”，实现事实扩区，实际管辖面积34.44平方公里。开发区实现地区生产总值143.14亿元，比2010年增长58.7%；“三上”企业实现主营业务收入453.26亿元，工业总产值377.55亿元，外贸进出口总额2.92亿美元，比2010年增长55.78%，其中出口总额1亿美元、进口总额1.91亿美元，实现财政收入28.8亿元，其中税收收入21.49亿元，同比增长102.55%。

【招商引资】 2011年，马鞍山开发区累计签约项目52个，项目总投资327.85亿元，中国一重、圆融光电等7个总投资超10亿元的大项目成功签约。实际利用外资3.55亿美元（其中外商直接投资3.5万美元），同比增加17.8%；实际利用内资83.25亿元，同比增长45.36%。

【项目建设】 2011年，马鞍山开发区完成固定资产投资132.01亿元，同比增长15.4%，其中重点项目累计完成60.58亿元、工业性投资完成85.06亿元、城乡建设完成投资7.98亿元。全年累计新开工项目90个，其中重点项目12个、5000万元以上项目38个。圆融光电、西安开米、蒙牛PET、晶威太阳能、中国一重等一批重点工业项目开工建设；方圆新能源和重型机械用回转支承项目、华菱5万辆重卡底盘生产线项目、泰尔重工高性能联轴器数控化扩建项目、圆融光电LED外延芯片项目等一批项目竣工投产；金山路、超山路、银塘路等7条道路全面开工建设，全年建成道路12公里，南区“五纵六横”的路网框架基本形成。

【民生工作】 自2011年实施托管体制以来，马鞍山开发区作为征迁安置主体，在快速推进土地征迁工作的同时，大力开展保障性住房建设，与当地百姓共享开发区发展成果，2011年共交付安置房2380套，面积23.2万平方米，实现过渡期满18个月的征迁户全部安置。

【社会事业】 完成新增就业8700人，其中下岗失业人员再就业4500人、就业困难人员再就业600人、农村劳动力转移就业650人；完成职业技能培训841人，其中农民工技能培训745人，再就业培训96人，职业技能鉴定627人；新农保参保率86.14%，新农保续保率90.55%，被征地农民社会参保做到即征即保，企业退休人员社会化管理服务率98%，城乡居民医疗保险参保人数11966人，居民生育保险参保人数11966人；全面落实安全生产责任制，强化安全宣传教育，组织开展“安全生产和社会消防千人大培训”活动，园区安全生产保持总体平稳好转的态势；全面落实环境保护工作责任制，对园区500余家企业环评及“三同时”执行情况全面排查完善企业环评和环保“三同时”手续，完成杉杉新明达燃煤锅炉改造，开发区真正成为“无烟区”；积极打造“平安开发区”，开发区被评为“2006～2010年马鞍山市依法治市和法制宣传教育工作先进集体”；人口计生、综治维稳、文化、教育、体育、卫生等各项社会事务工作有序推进。

【机构设置与管委会领导】 为适应托管体制需要，马鞍山开发区适时调整管委会部门机构，管委会下设招商一局、招商二局、规划建设局、土地房产局、经贸发展局、人力资源和社会保障局、财政局、安全生产和环境保护局、社会事务局、重点项目建设局、征迁事务局、党政办公室12个行政部门。

马鞍山开发区领导成员为：党工委书记、管委会主任马少华，党工委副书记、管委会副主任吴晓东，管委会副主任白文化、缪新棠、陆维福、刘方文，纪工委书记、工会主席张清，管委会副主任李迎庆，党工委委员、党政办主任隋少杰。

（马鞍山经济技术开发区管委会）

漳州招商局经济技术开发区

【概况】 漳州招商局经济技术开发区（以下简称漳州开发区）地处厦门湾南岸，1992年经福建省人民政府和交通部批准设立，规划面积为31.4平方公里，以漳州优越的地理位置和岸线资源为依托，分为临港工业区、行政科教商住区、高科技产业园区、港口工业区等4个功能区。规划用20年的时间，建成一个以发展港航物流业、临港工业和高科技产业为主，第三产业配套发展，具有高尚人文环境，集知识经济、科学管理、可持续发展为一体的，环境优美、经济繁荣、功能完善的现代化滨海城市。

【投资环境】 漳州开发区投资环境优越，实行一个窗口对外的管理模式。以“投资者的成功才是我们的成功”为服务宗旨，为投资者提供从项目报批、施工建设到开业投产的全方位、全天候优质服务，为投资者营造方便、快捷、仁爱、安全的生产和生活环境。开发区正全力打造厦门湾南岸港航物流、临港工业、高尚人居新天地，积极培育金属制品加工业、交通机械制造业、粮油食品加工业3个百亿元产业集群。吸引了美国、德国、意大利、新加坡、荷兰、日本等国家以及中国香港、中国台湾地区的众多客商入区投资物流、金融、保险、商贸、房地产、电子信息、加工制造等各个行业。迄今为止，已有400余家中外企业落户，不断发展壮大，总投资达40多亿美元。

【产业发展】 2011年，全区工业总产值实现120亿元，同比增长11%；其中：规模以上工业企业实现产值110亿元，同比增长3.5%。同时开发区加大临港工业相关配套项目的引进和投建力度，延伸产业链。积极扶持现有骨干企业，促其尽快实现产能并不断做大做强；培育了福建省品种最多的食品油加工基地（大豆、棕榈、油菜籽等油制品）；创办了福建省门类较为集中的交通机械制造基地；正在建设福建省最大的薄板加工基地。开发区已引进凯西、诺尔、中集、豪氏威马等临港工业58家，合同资金超过20.41亿美元，其中有世界500强公司5家（嘉吉、诺尔—特雷克斯、精糖—路易达孚、果脯糖浆—ADM、首钢），央企2家（中纺、中储粮）。形成3个百亿产业集群，一是以诺尔、豪氏威马为代表的交通机械制造业产业集群；二是以首钢—凯西为代表的特殊钢制品产业集群；三是以中纺集团福建粮油、马来西亚棕榈油为代表的粮油食品加工产业集群，三大产业集群已具备300亿元以上的工业产能。

【招商引资与利用内外资】 2011年，漳州开发区共引进内、外资项目119个，实现合同资金7.39亿美元，同比增长46%。实际到资7.77亿美元，同比增长58.02%。凸显三大特点：一是大项目多，合同资金在5千万美元以上的有首钢—凯西等5个项目，其中首钢—凯西总投资为50亿元；二是世界500强多，先后有法国路易达孚、美国嘉吉项目入区签约并开工；三是新开工项目多。此外，CDC 中华网软件、欧中研发中心的入区，启动高科技产业入区的新局面。尤其是“五大战役”打响以来，全年累计完成投资 46.62 亿元，同比增长 12%，其中：12 个列入省、市的重点建设项目，全年完成投资 40.8 亿元，完成年度计划的 111.48%；城市建设亮点纷呈，19 个项目完成投资 3.03 亿元，完成年度计划的 101.8%；民生投入不断加大，12 个项目完成投资 2.79 亿元，完成年度计划的 136.5%。

【重点项目】 2011 年，漳州开发区共有 12 个项目列入省、市重点建设项目，计划投资 36.6 亿元，全年完成投资 40.8 亿元，完成年度计划的 111.48%。其中：厦漳跨海大桥项目全年完成投资 13.02 亿元，占年初计划总投资 10 亿元的 130.19%；累计已完成投资 32.52 亿元，完成总投资 51.03 亿元的 63.7%；双鱼岛填海工程项目全年累计投资 2.02 亿元，完成年计划的 100.88%，回填土石方约 1145 万立方米、回填砂约 314 万立方米，累计完成护岸围堤 12728 米，完成水上施工排水板约 155 万米；四区项目已获批陆域、海域面积合计 7000 余亩，占总征地面积的 82.7%，完成造地约 3200 亩，水、电、路的配套等工作正积极推进；原水工程管线工程项目已完成施工管线 19 公里，占管线长度的 89%；全年累计完成投资 1.1 亿元，完成年度计划的 110.49%；厦漳海底隧道项目即厦漳海上第二通道项目前期工作进展顺利，已完成《厦漳第二跨海通道功能定位报告》、《预可行研究报告》等；首钢—凯西 100 万吨新型复合板材、开发区基础设施配套工程、金海峡钢材加工贸易中心、棕榈油精加工、散粮中转库等项目也得到推进。

【人才建设】 2011 年，漳州开发区重新调整部分部门的机构人员编制，完成人员编制调整方案，并及时收集、整理新的机构设置及人员编制信息，做好人员编制历史数据管理，提高人员编制管理水平。此外。为缓解内部流动方式无法解决的人力资源总量与专业结构性矛盾，开发区积极拓宽人员招聘渠道，通过与国内知名人才招聘网站，校园就业指导中心合作等多种招聘方式，提高开发区人员招聘的广度与深度，扩大开发区影响力，提高招聘质量与招聘效率。全年通过公开招聘方式择优录取了新员工 21 人，并且协助下属单位开展人员招聘工作，有效缓解了人力资源紧缺问题。

【教育事业方面】 2011 年，漳州开发区按计划完成厦大附中二期建设，积极筹建开发区公办幼儿园，厦门大学附属小学正式招生。教学和生源质量明显提升。加强与台湾方面教育合作，厦门大学附属实验中学与台湾明道大学合办海峡部台生班于秋季正式招生，成为福建省首个台生班。

【卫生事业方面】 2011 年，漳州开发区进一步推动漳州市医院开发区分院各项建设，启动漳州市医院开发区分院住院医技大楼工程，继续加快社区卫生服务中心建设，逐步完善医疗卫生服务体系。深入开展以学校卫生、职业卫生等为重点的卫生监督工作，继续做好卫生行政许可工作。

【文体方面】 2011 年，漳州开发区不断加大文化设施投入，南太武文化广场已经封顶并进入室内装修阶段，启动社区文化站建设工程，完成全区有线电视系统改造。着力打造“节会文化”，先后举办开发区首届民俗文化节、首届生态杨梅节、“3.12”生态保护日等活动，丰富群众业余文化生活。大力推动协会建设，发挥协会引领带动作用。开展“全民健身周”活动，带动全民参与健身氛围。着力加强社区文化建设，动员各社区成立或充实民俗表演队，社区文化活动丰富多彩。对台民间交往日益频繁，大径社区与金门县珠浦许氏宗亲相互交流不断深化，积极与金门有关方面探讨设立“太武论坛”事宜。

【社会保障方面】 2011 年，漳州开发区社会保障更加有力，新增财力重点向民生倾斜，建设白沙社区办公综合楼，实施河道清淤、水库除险加固工作。稳步推进被征地人员养老保险，全年共发放养老补助金 161.4 万元。继续做好新型农村养老保险，参保率达100%。加快推进实施城镇居民基本医疗保险，参保率达98%以上。及时发放抚恤金、优抚对象生活补贴金、低保金、价格补贴及春节生活临时补贴共计36.87万元。着力促进社区居民就业，通过推进岗位进社区等活动，提供500个就业岗位，一批社区居民成功实现就业。老龄、残疾人、慈善事业取得新成效。

【机构设置与管委会领导】 漳州开发区管委会有内设机构22个、投资企业4家，有限公司有内设机构9个，投资企业9家，管委会、有限公司内设机构干部员工约400人。2011，管委会领导成员增至12人，分别分管不同的工作领域。

（漳州招商局经济技术开发区管委会）

泉州经济技术开发区

【经济发展】 2011年，泉州经济技术开发区（以下简称泉州开发区）实现工业总产值348.58亿元，同比增长21.1%，103家规模以上企业完成工业产值346.14亿元，同比增长21.1%，占全区工业产值的99.3%，33家亿元以上企业完成产值315.7亿元，同比增长27.5%；实现财政收入13.01亿元，同比增长17.5%，其中，一般预算收入5.2亿元，同比增长18.18%。33家亿元以上企业完成税收9.66亿元，同比增长45%；全年外商实际利用外资（历史可比口径）完成1.18亿美元，同比增长15%，完成年计划1.14亿美元的103.9%；外商实际利用外资（验资口径）完成8167万美元，同比增长7.3%；出口商品总值（海关统计数）4.98亿美元，完成年计划的102%，同比增长12.17%；进口商品总值6312.4万美元，同比增长35.78%。

【科技创新】 泉州开发区以高新技术企业孵化基地为载体，加快培植高新技术产业，新增省创新型企业2家、创新型试点企业4家、高新技术企业3家，新申报国家火炬计划重点高新技术企业4家，申请重新认定高新技术企业5家，申请高新技术企业复审4家。国家级高新区清濛园管委会正式揭牌。高新技术企业产值124.19亿元，占全区工业产值的35.8%。新增知识产权试点单位4家，全区共有市级企事业知识产权试点单位9家、国家企事业知识产权试点单位1家。全区专利申请量227件，同比增长112.1%。

【新区建设】 2011年，官桥园区共完成投资1.24亿元，建成过渡办公用房，人员正式入驻并完成园区整体性移交工作。规划设计、起步区工程、项目投融资、土地报批、招商选资等工作同步推进。完成控详规设计和防洪排涝专项规划设计工作，开展市政工程、规划环评方案、商务中心方案、南北大道施工图及对外联络道路方案等各专项规划和施工图设计工作。起步区已完成118万方土石方开挖工作，其他3个地块已开始进行施工。完成南北大道的工程勘察和进区大道土地征收面积测量和房屋拆迁面积的计算、投资估算等前期工作。

【城市建设】 泉州开发区扎实开展“城市建设管理年”活动，以中心城区的标准不断加强清濛园区的提升改造。基本完成南迎宾路改建项目开发区段需征拆企业用地、用房的评估和协议签订工作。完成国际商务大厦项目用地出让国有土地使用权。完成城市综合体的方案设计和土地收储审批工作。推进南片区南排洪工程建设，完成横穿“324”复线箱涵工程建设。完成清濛污水厂二期增容扩建工程建设，新铺设施500余米的地下管网。启动清濛园区控详规的修编工作，组织完成中仁山、狮子山公园园林景观方案设计及三号路道路改造设计和公交始末站规划设计。新建中心绿地和新增立体绿化31处。加强主干道路、路灯、环卫等市政设施的管理、养护。成立卫生管理考评中心，强化城区卫生管理，卫生考评每月均居泉州市前列。

【项目建设】 4个市级重点项目共完成投资3.71亿元，36个"新增长区域发展战役"建设项目共完成投资8.6亿元。至和织造二期、圣弗兰产业综合体两个项目均超时序进度完成。组织企业参加"6.18"项目成果交易会、"9.8"投洽会和"9.27"民营企业项目对接洽谈会，实现对接项目74个，总投资约16.4亿元。

【品牌创建】 安记、诺奇、特步等4家企业被新认定为中国驰名商标，特步公司成为"名牌企业品牌价值测算"的试点单位和首个现身英超联赛的中国体育品牌。全区市级以上品牌产品产值占工业总产值的比重达86%。

【改制上市】 举办国家高新区新三板业务推介会，九牧王公司成功在上海证券交易所上市，融资26.4亿元。泉州开发区已有境内外上市公司5家；完成股改企业6家，其中2家企业已将IPO申请材料上报中国证监会，1家企业向福建证监局申请辅导备案；改制后备企业11家。上市及后备企业数占全区规模以上企业比重达到20%。22家上市及上市后备企业完成工业产值236.74亿元，同比增长24.3%，完成税收8.33亿元，同比增长26.6%。

【社会事业】 以改善民生为出发点和落脚点，加强和创新社会管理，稳步发展各项社会事业。积极开展工资集体协商"要约行动月"活动，指导企业建立职工工资协商共决机制和正常增长机制。发动58家单位28137名干部职工参加第五期职工医疗互助活动。基本建成公租房421套，实现在2011年底建成或基本建成50%的目标任务。深化劳动关系和谐园区创建工作，获得"全国模范劳动关系和谐工业园区"称号。加强流动人口服务管理，流动人口登记率达97.55%。扎实开展安全生产"三年行动"，全区无发生重大火灾事故。做好创模复核迎检工作，完成区内所有燃煤（重油）锅炉的清洁能源替代工作。着手解决周边被征地村回拨地问题，促进与周边镇村和谐发展。实验学校首届初中毕业生一级达标高中录取率达26.7%。鼓励和支持5家民办幼儿园发展，扩建、扩容幼儿园2所，新增学位300余个。强化校车安全管理，采取市场化运作办法，采购7部专用校车统一接送实验学校学生，并为12部校车安装了GPS系统。

（泉州经济技术开发区管委会）

宾西经济技术开发区

【经济发展】 2011年，宾西经济技术开发区（以下简称宾西开发区）实现地区生产总值（GDP）35亿元，同比增长21%，完成年计划31亿元的113%；企业实现产值103亿元，同比增长66%，完成年计划71亿元的145%；企业实现利润7亿元，同比增长90%，完成年计划4.7亿元的106%；企业实现税金4.1亿元，同比增长17%，完成年计划3.2亿元的128%。

【招商引资与利用内外资】 2011年，宾西开发区实现进口总额5310万美元。区内共引进

18个总部经济项目，总部经济项目累计达到90个。总部经济项目实现税金9495万元，同比增长29%。自开发区成立以来，总部经济项目已累计实现税金2.9亿元。

截至2011年底，区内共有各类项目227个。其中：开发区内共签约入驻项目137个，合同总投资达409亿元，固定资产投产307亿元。其中：已投产项目72个（区外企业8个），在建项目42个，筹建项目20个。在227个项目中，内资项目达到130个，外资项目为7个（远东木业、鹏凯木业、大成玉米、宾西肉业、建华管桩、福喜食品、吉祥饲料）。按行业分类：农副产品加工业项目为17个，电气制造业项目为11个，设备制造业项目为25个，非金属制品业项目为8个，新能源项目为11个，新材料项目为10个，先进制造业项目为46个，现代服务业项目为70个。

宾西开发区突出招商重点。围绕壮大主导产业，促进产业升级，承接产业转移开展招商；围绕国际、国内500强企业，民营500强企业，国内行业百强企业开展招商；面向沿海发达地区、长江三角洲和珠江三角洲乃至海外等地区开展招商；面向高新技术企业、服务外包企业、上市公司、知名企业、知名品牌企业等开展招商；抓住国家新一轮促进外商投资企业发展机遇，围绕台港澳地区及俄罗斯、韩、日等国家开展招商；坚持“对财政税收有贡献、对产业发展有拉动、对就业岗位有提供、对农民增收有帮助”的原则开展招商。

提高招商质量。把好项目准入关，严格信息筛选，对拟入区项目做好严格考核，对“不符合国家产业政策、不符合环保要求、不符合区域规划、不集约利用土地、对经济增长无贡献”的项目不谈、不引、不落；对投资5000万元以下的项目除高新技术和高附加值项目外，原则上不入区；入区项目每万平方米固定资产投资应在2000万元以上，产值应不少于5000万元，纳税不少于300万元，建设容积率不低于0.6。

活化招商方式。采取以商招商、滚动招商、专业招商、定向招商、产业链招商和联合招商等方式，围绕重点产业龙头企业下游项目开展招商；同时应探索与发达地区的先进开发区合作开发建设分区方式，协作招商，合作共赢。

加快总部招商。高质量建设好总部经济基地，重点引进研发中心、结算中心、担保中心、金融证券等总部经济项目。争取到“十二五”末期，总部经济创税不低于15%，争取达到20%。

【重点企业】 宾西开发区有如下5家重点企业代表：黑龙江宾西牛业有限公司，是集肉牛育肥、屠宰加工、熟食加工、生物工程、饲料加工、有机肥生产为一体的现代化肉牛综合加工的科技型民营企业，是哈尔滨市最大的畜禽屠宰加工生产基地。主导产品为牛肉分割制品和副产品，生产的牛肉产成品有42个品种，副产品有34个品种。公司拥有3条现代化屠宰生产线，为全套引进最先进的德国拌斯公司肉牛屠宰、分割加工生产线，全部采用不锈钢材质，安全、卫生，达到了欧盟和美国农业部的安全标准。

哈尔滨奥瑞德光电技术有限公司，是黑龙江省高新技术企业，主要从事蓝宝石晶体材料的研发、生产与销售业务，已位处行业世界领先地位。该项目二期光电产业园工程计划投资总额6亿元，计划年产蓝宝石图形化衬底20万片、标准化衬底40万片、分子束外延基础20万片。该项目2010年7月开工建设，2011年8月投入生产，已有208台单晶生长炉投入使用，二期工程全部达产后，将有832台单晶生长炉投入使用，预计年可生产晶体798吨。

黑龙江建华管桩有限公司，是由世界上最大的管桩制造商“建华管桩集团”独资建设的，是建华管桩集团在国内的第27个管桩生产基地。该项目于2010年10月开工建设，南部厂区厂房、北部精工车间、pc钢棒车间、宿舍楼工程以及部分仓库、实验室、煤棚等工程已投入使用，已有1条生产线投入运行。2011年9月，一期工程已进入试生产，项目全部建后，年可生产混凝土管桩1000万米，年可实现产值10亿元、税金6000万元。

黑龙江远东木业有限公司，主要产品包括三层实木复合地板、多层实木复合地板、传统实木地板块，年产量为300万平方米。原材料全部从俄罗斯进口，所用树种包括柞木、枫木、桦木、水曲柳、松木等，产品80%以上出口到欧、美、俄等国家。远东木业的生产设备大部分从德国进口，生产工艺严格执行德国DIN280工业标准，为国内最先进水平。

黑龙江宏瑞彩印包装制品有限公司，是生产各种规格的高、中档瓦楞纸箱（盒）、彩色纸箱（盒）、异型纸箱（盒）及纸制品加工的专业公司。公司引进最先进的全自动电脑控制快速更换瓦楞辊五层瓦楞纸板生产线，可生产国际标准楞型A、B、C、E四种楞型的二层、三层瓦楞纸板和AB、CB、EB三种组合楞型的四层、五层瓦楞纸板，拥有德国四色罗兰（ROLAND800）印刷机及其他全套设备。客户遍布世界各地，年纸板生产能力6000万平方米、年彩箱包装生产能力5000万平方米。公司已通过ISO9001：2000质量体系认证。

【社会事业与文化建设】 宾西开发区拥有农技推广服务机构1个，农技推广服务从业人员4名，农业专业合作经济组织个数1个，农业专业合作经济组织成员5名，小学校总数12所，小学在校学生1500名，小学教师154名，中学2所，中学在校学生1200名，中学教师106名，幼儿园、托儿所8所，图书馆、文化站1所，影剧院1所，医院、卫生院4所，医生45名，病床数23张。

【人才建设】 宾西开发区大力优化劳动力环境，建立与黑龙江农垦职业技术学院、哈尔滨职业学院的合作机制，为企业培养技术型人才；积极发挥县职教中心的作用，采取企业委托代培的模式，为企业培养实用性人才；强化劳动和社会保障部门劳动就业培训中心的作用，畅通待业人员向开发区企业流动的渠道；发挥部门和乡镇的桥梁和纽带作用，促进农村剩余劳动力向开发区企业转移。

【机构设置与管委会领导】 中共宾西开发区工作委员会和宾西开发区管理委员会分别是中共宾县委和宾县人民政府的派出机构，按照国家级经济技术开发区要求，在行政区内代行使相当于地市级党务、经济和部分行政管理职权。宾西开发区党工委内设机构2个，管委会拟内设机构6个，直属事业单位3个。宾西开发区管理委员会核定行政编制70名（含党工委），全额事业编制40名。其中，副厅级领导2名（党工委书记1名、管委会主任1名），副主任3名，党工委副书记1名，内设局（部）长18名（副县处级），副局（部）长23名（正科级）。开发区党工委组成部门：办公室（与管委会办公室“一个机构、两块牌子”）、党群工作部；开发区管委会组成部门：招商局、建设局、企业服务局、市政局、土地分局、财政分局、社区事务管理服务中心。其中，招商局与宾县招商局“一套人员、两块牌子”；土地分局属于宾县土地局下派机构，归宾县土地局直管；财政分局和社区事务管理服务中心两个部门均未启动；直属事业单位：兴宾投资公司、市政工程公司、供排水公司。

2011年1～10月，宾西开发区党工委书记为马旦曰，宾西开发区管委会主任为赵革，宾西开发区党委书记、管委会常务副主任为尹承云，宾西开发区管委会副主任为田玉民，宾西开发区管委会副主任为赵军强，宾西开发区党委副书记为邵敬铭，宾西开发区党群工作部部长为王大海，宾西开发区管委会办公室主任为杨越，宾西开发区管委会建设局局长为陈立新，宾西开发区管委会市政局局长为王庆军，宾西开发区管委会企业服务局局长为武建辉，宾西开发区管委会招商局局长为李金鑫。2011年10～12月，宾西开发区党工委书记为赵革，宾西开发区管委会主任、党委书记为刘金成，宾西开发区管委会常务副主任为刘长河，宾西开发区管委会副主任为李林林，宾西开发区管委会副主任为赵军强，宾西开发区管委会副主任为王德满，宾西开发区党委副书记为邵敬铭，宾西开发区党群工作部部长为王大海，宾西开发区管委会办公室主任为杨越，宾西开发区管委会建设局局长为陈立新，宾西开发区管委会市政局局长为王庆军，宾西开发区管委会企业服务局局长为武建辉，宾西开发区管委会招商局局长为李金鑫。

（宾西经济技术开发区管委会）

德阳经济技术开发区

【经济发展】 2011年，德阳经济技术开发区（以下简称德阳开发区）规模以上工业企业实现工业总产值566.13亿元，同比增长12%；实现主营业务收入503.69亿元，同比增长24%；实现利润29.34亿元，同比增长3%；实现利税44.2亿元，同比增长2%。完成全口径财政收入31.8亿元，完成年计划22.5亿元的141%，同比增长73%；入库税收24.9亿元，完成年计划18.2亿元的137%，同比增长60%；一般预算收入完成7.36亿元，完成年计划5.8亿元的127%，同比增长61%；地方财政收入完成12.86亿元，完成年计划的131%，同比增长89%。

【产业发展】 德阳开发区实施"调整、转型、创新、升级"战略，推动装备制造等传统产业转型升级。在巩固提升特色重大装备制造业基地建设质量和水平，继续以重大装备制造业为基础，明确装备制造业发展思路，围绕建设中国重大技术装备制造业基地的战略定位基础上，积极扩大重大装备制造产业领域，大力发展新能源、新材料、高端装备、节能环保、生物技术等战略性新兴产业，积极培育新的经济增长点。开拓新能源储电储能装备、航空航天装备、工程机械、农业机械、采掘机械等领域，进一步拓宽产业门类，扩张经济总量，增强发展后劲，提升发展优势。

【招商引资】 德阳开发区全年共引进内资投资项目46个（其中增资项目20个），总投资为325.2亿元，到位资金83.1亿元，同比增长59.42%，超额完成全年目标任务。其中工业项目30个，协议资金223亿元，到位资金52.5亿元；服务业项目10个，协议资金55亿元；房地产项目6个，协议资金46.46亿元。省外项目27个（其中增资项目14个），协议资金28.287亿元；市外项目19个（含增资项目6个），协议资金42.36亿元。

【党建工作】 德阳开发区继续坚持抓好党建工作，结合深入推进创先争优活动，明确以"效率年、服务年、项目年、创新年"活动为载体，组织广大党员干部以作风建设为抓手，以实际行动践行党员承诺，进一步解放思想，转变观念，创新发展，提高工作效率，增强执行力，努力开创风清气正心顺、干事创业发展的良好局面，促进开发区科学发展、加快发展、和谐发展。按照中央和省、市委的部署，深入开展保持共产党员先进性教育活动，通过认真学习，深入查摆，落实整改，进一步改进广大党员干部的思想作风、工作作风；党的基层组织建设也进一步加强；群众反映的热点、难点问题得到进一步化解，党群干群关系更加密切。通过先进性教育，班子的凝聚力、战斗力进一步增强，贯彻民主集中制的自觉性进一步提高，领导经济社会发展的能力和水平进一步凸显，做到讲政治、讲大局、讲团结，心齐气顺，一心一意共谋发展。同时，认真落实党风廉政建设责任制，推行党务政务公开，堵塞漏洞，从源头上预防腐败。

【思想建设】 围绕"以良好的作风建设，深入推进'二次创业'，实现高位求进、加快发展新目标，再铸开发区新辉煌"的主题，组织人员开展作风建设大讨论，结合工作实际在解放思想、转变观念、务实高效、创新发展等方面认真找问题、找差距，着力解决干部职工在作风上存在的主要问题，以达到增强服务意识、环境意识、创新意识、中心意识、大局意识、责任意识、廉政意识、忧患意识和学习意识的目的，以增强干部工作激情，进一步提升服务水平，提高工作效率，创新发展出新招等10个方面的新面貌、新变化、新气象。

【社会管理】 社会管理创新在探索中前进。高起点规划，外出学习取经，并委托四川大学制定了开发区社会管理创新实施方案，积极探索有效的具有开发区特色的社会管理新模式。根据实施方案，一是规划逐步解决社区阵地建设滞后问题，其中3个社区服务中心已纳入第二批特殊党费援建项目，正进行建设前的前期工作；二是投入上百万元资金启动对龙井、天山、春锦等社区的硬件升级，并按照“三有一化”的网格化管理要求完善功能配套；三是落实社会管理创新试点社区，以点带面，典型引路，全面推动；四是试点建立了集社会保障、信访调解、维权服务、文化活动、社会治安于一体的社区捆绑式服务体系，拓宽服务项目，提升综合服务水平；五是进一步加强群众自治组织建设，提高居民自我管理、自我教育、自我服务的自治能力。

【城市建设】 城乡环境治理深入推进。建立“网格化、精细化、常态化”工作机制，并突出重点，加大基础设施和环卫设备的财政投入，大力开展“五乱”治理，积极建立农村生活垃圾“村收集、镇运输、县处理”工作模式，城乡环境面貌发生基本改观，实现了治标到标本兼治的根本转变。2011年全市城乡环境综合治理和“五十百千环境优美示范工程”考核评比中，德阳开发区荣获一等奖，八角井镇获得“环境优美示范镇”称号。

【民生保障】 社会事业统筹发展，人民生活明显改善。社会保险日趋完善，建立起全覆盖的养老保险和多层次的医疗保障体系，引导和鼓励征地农转非人员积极参加社会保险。城乡社会就业不断扩大，各项就业培训、就业援助取得良好成绩，按照规范化、法制化建设要求构建起和谐劳动用工关系，2011年9月，德阳开发区被人力资源部和社会保障部、中华全国总工会、中国企业联合会/中国企业家协会、中华全国工商业联合会授予“全国模范劳动关系和谐工业园区”称号。

【教育卫生】 教育、文卫事业稳步发展。努力改善办学条件，提高办学质量。对辖区3所学校、1所卫生院进行重点改造、重建，改善学校、卫生院的硬件设施水平。大力实施“名校”战略，着力深化课程改革，提升教师素质，提高教育教学质量和办学水平。在德阳市第二届运动会上，开发区代表队以39枚金牌、19枚银牌、13枚铜牌的成绩居全市金牌榜首，落实义务教育经费保障机制，实施“两免一补”。免除区内学校2600余名中小学生学杂费和教科书费，为500余名贫困学生提供生活补助，财政投入36万余元补助住校学生住校费，千余名学生家庭直接受益，减轻了学校和家庭的困难，确保全区中小学入学率、在校生巩固率和合格率均为100%。三是全面实施基本药物制度，实行药品零加价，大力推行新型农村合作医疗服务，缓解了群众看病难、看病贵的问题。四是认真做好食品安全工作，积极开展“食品添加剂”、“瘦肉精”和“地沟油”等大型食品安全专项整治活动，全年无一例食品安全事故发生。

（德阳经济技术开发区管委会）

陕西航空经济技术开发区

【经济发展】 2011年，陕西航空经济技术开发区（以下简称航空开发区，即西安阎良国家航空高技术产业基地）实现工业总产值199亿元，同比增长11%；实现规模以上工业增加值40.96亿元，同比增长16.9%；实现进出口总额8.02亿美元。

【投资环境】 打造先进规划体系，加快园区环境建设。完成《阎良副中心城市发展战略研究》及扩区总体规划编制，为航空开发区发展拓展了空间。开展航空科技走廊建筑特色专题研究，确保建设项目建筑、景观的整体协调，塑造良好、划一的园区形象。稳步推进高科路、研发路、高新路等市政道路和管网工程建设，改善了基地配套环境。邻里中心、应急管理中心、供电服务中心陆续建成投用，航空科技大厦实现主体封顶，国家重大水专项中水回用示范工程建设完成，基本满足了产业发展的需要。2011年，航空开发区首次进入西部22家国家级开发区综合评价前10强，位居第9位。

【产业布局】 2011年，航空开发区按照"产业链构建、集群化发展"的总体思路，以培育产业和做大项目为着力点，不断完善产业发展支撑体系，产业聚集度持续提升，产业优势愈加凸显，已成为全国航空产业链最完整、产业业态最完善的高技术园区。

举办国家级2011中国国际通用航空大会。10月13日~16日，成功举办2011中国国际通用航空大会，并获国务院批准成为大会永久会址，每两年举办一届。大会参会企业481家（国外企业101家），参会嘉宾1053人（外国客商和嘉宾150余人），近30万人观看飞行表演，近10万观众参观西安展区的航空设备器材展。大会总签约额达106.3亿元，其中投资项目共计35个，投资额96亿元（外资项目2个，总投资额7000万美元）。大会期间共交易通用飞机157架，交易数量超过2010年全国通用飞机的交易总量，遥居国内所有航空展会飞机交易量之首。大会彰显航空开发区在通用航空发展方面的优势，夯实西安打造中国通用航空产业之都的基础。

【招商引资】 2011年，航空开发区不断深化产业链招商，坚持招大商、招好商，在招商引资质量和规模上实现历史性突破。全年实际引进内资16.43亿元，同比增长39.24%；实际利用外资1701万美元，同比增长37.29%；新增注册企业74家，累计入区企业达到400家。其中，新引进过亿元项目33个。

内资招商走出新路，大项目入区亮点频现。航空开发区克服远离城市中心带来的各种不利因素，坚持产业链构建的模式，招商引资呈现出大项目引进速度倍增、外资引进步伐加快、大项目来源多元化的喜人态势，一批投资大、带动强的重大产业项目和商业项目相继落户。其中包括投资17.8亿元的元和置业商业配套设施项目、投资8亿元的力兴航空钛及钛合金用材及配件产业园项目、投资7.2亿元的昊天动力航空叶片精密制造项目、投资5亿元的盛驰电气小型风力发电机组研制项目等。

拓宽国际交流合作，外事工作取得新进展。采取多种方式，进一步深化国际交流合作。一是加强同外国使领馆、行业协会等机构的紧密合作。与美国使馆等20余家机构开展互访活动，巩固已建立的联系，不断拓宽合作领域。二是加强区内企业与国外航空企业之间的交流合作。组织台湾优秀企业代表团、英国地区航空联盟代表团等7次大型企业一对一会谈及研讨会。组织10余家企业赴美、法等六国考察，效果较好。三是外事活动成绩明显，有力提升了航空开发区的国际影响力。

【科技创新】 加强公共平台建设，提升项目培育水平。建成快速制造、陶瓷基复合材料和高性能碳纤维等3个国家级工程中心和一批省市级工程中心。2011年，策划西安超轻材料公司的轻质镁锂合金工程技术中心、西安三角公司的航空大型模锻件工程研究中心、康本公司碳纤维工程研究中心等11个公共平台项目，其中获批省部共建工程中心1个（碳纤维工程研究中心）、省级工程中心2个、市级工程实验室2个；受理企业研发补贴申请8项，完成审批4项，发放研发补贴980万元，有力支持企业的技术创新和产品开发。

【项目建设】 2011年完成固定资产投资35.61亿元。重点项目取得新进展，产业配套服务能力不断提升。4万吨大型模锻液压机项目，已完成厂房主体建设和主设备调试；西安蓝天仿真公司研制的新舟系列飞机的高等级全状态飞行模拟器，已通过国家民航总局验收并交付使用，填补了国内民用飞机模拟器自主研制的空白；西安飞鹰亚太航空模拟设备有限公司研制成功了国内首台波音B737－800飞机全动空乘训练模拟器并交付使用；陕西金宇航空科技有限公司取得中国民航局CCAR－147部维修培训机构合格证，成为西北地区筹办起点最高、规模最大、批准大项最全的航空维修、改装、培训的专业化机构，为东方航空等航空公司进行多期航空维修人员专业培训。

严格执行项目开工联席会议制度、开工项目负责人等制度，全面开展闲置土地清理清查工作，力促企业开工建设。加大协调力度，积极争取土地指标报批。

【社会事业】 完善社会管理体系，提升城市服务功能。一是建成园区安防系统，数字化城管建设工作全面启动，各项公共服务设施不断健全。二是社会管理水平不断提升。修编《突发地质灾害应急预案》、《建筑工程事故应急预案》等综合性和专业性预案15项，为应对突发公共安全事件提供了制度保障。三是加强建设和环保管理。2011年完成各类工程、监理项目招投标33个，在建项目41个，在建面积70万平方米，完工面积8.8万平方米。严把环评准入关，切实加强污染减排和中水回用项目实施，被西安市政府授予“十一五”污染减排先进单位称号。

【管理与服务】 加大项目申报和扶持力度，继续加强产业公共服务平台建设。紧扣国家和省市各类资金扶持计划，积极协助入区企业申请政府扶持资金，为产业项目的开工建设和尽快投产提供资金支持。共组织企业申报国家及省市各类项目资金支持56项次，获批22项次，获得资金支持共计3910万元。

创新孵化和企业服务能力不断提高。一是加强国家级航空企业孵化器建设，提升孵化服务专业化水平。加快中小航空企业国际合作平台、国际采购中心、展览展示平台建设。孵化器中心于2011年5月被认定为“陕西省中小企业公共服务示范平台”。二是人才市场建设取得新进展。2011年为入区企业举办两次大型公益招聘会，参加企业60余家，提供岗位800余个，达成就业意向约500人。三是做好产业投融资服务，支持企业发展。协助重点企业三角航空公司完成2.4亿元8年期贷款，有力支持大型航空模锻液压机项目建设。加大产业引导资金扶持力度，支持精功通航、西安燎原、华通公司等重点项目建设。筹建融资担保公司，推进创业引导基金的设立，支持企业融资发展。

全面提升机关服务效能。做好门户网站信息公开，2011年新增460条网站信息，全文电子化率达100%。稳步推进依法行政，落实依法行政责任制，明确执法主体和执法职权，严格规范行政处罚自由裁量权的行使。

【机构设置与管委会领导】 航空开发区管委会下设办公室（信息中心）、发展策划局、经济发展局、投资服务一局（国际合作局）、投资服务二局（空港园）、人力资源局（人才服务中心）、财政局（财务管理中心）、规划局、建设环保局、社会事业局（城管执法局）、土地局（土地储备中心）、统筹城乡发展局、通用航空园管理办、出口加工区筹备办、飞行产业园管理办等部门。

航空开发区领导成员为：党工委书记金乾生，管委会主任何亮，副主任刘宗峰、李西宁，纪工委书记张炎，副主任马胜利，主任助理阎增选。

（陕西航空经济技术开发区管委会）

陕西航天经济技术开发区

【概况】 陕西航天经济技术开发区（以下简称西安航天基地），成立于2006年11月30日，是由陕西省政府、西安市政府与中国航天科技集团联合建设的以航天民用产业为主导的国家战略性新兴产业聚集区。2010年6月26日被国务院正式批复为国家级经济技术开发区。2011年6月7日，陕西省西安市政府明确西安航天基地二期规划面积为63.61平方公里，全区规划面积达86.65平方公里。

西安航天基地秉承产业化和城市化并重的发展理念，积极推动军民结合产业发展，重点发展以卫星及卫星应用、航天特种技术应用、航天电子信息为主导的民用航天产业，以太阳能光伏和半导体照明为主导的新能源、新材料产业，兼顾发展现代服务产业。

【经济发展】 2011年，西安航天基地完成固定资产投资46.17亿元，同比增长38.8%；重点项目投资19.89亿元；工业总产值190亿元，同比增长34.2%，其中，高新技术企业工业总产值78亿元；规模以上工业增加值39.4亿元，同比增长35.6%；财政收入19.4亿元；进出口总额6亿美元，增速47%；新注册企业资本金191亿元。

预计到“十二五”期末，西安航天基地总收入将达1000亿元，财政收入达8亿元，工业总产值达800亿元，外贸进出口总额达5亿美元。引进和培育形成百亿元企业集团3个、50亿元企业集团6个、10亿元企业集团8个，规模以上企业增加到100家以上。建成区面积超过20平方公里，人口达到20万，城市化率达到60%，区域辐射带动力显著增强。

【投资环境】 2011年，西安航天基地建设政务服务大厅，增强产业培育服务功能；完善土地、环保、规划、工商、税务等服务支撑体系，建立“一站式办理、一条龙审批”的高效能服务体系；设立产业基金、高科技人才创业扶持资金、企业研发补贴等专项资金，增强产业发展扶持能力；紧扣国家和省市的各类资金扶持计划，积极协助入区项目申请政府扶持资金，为产业项目发展提供资金支持；多渠道、多层次促进区内企业开展国际合作与交流。

【产业布局】 西安航天基地初步形成以民用航天、新能源新材料为主导，兼顾发展现代服务业的产业布局。

统筹航天科技资源，着力发展军民融合产业。2011年，中国航天科技集团四院、六院选址基地，进一步扩大科研生产规模，西安测绘导航卫星应用产业基地等一批卫星应用项目落户，初步形成体系较为完整的民用航天产业集群。西安航天基地发起成立的陕西省卫星应用产业联盟首期聚集陕西省42家相关机构和企业，为卫星应用产业提供交流发展平台。

完善新能源新材料全产业链构建。完成从

“单晶硅切片到电池组件加工”的产业链构建，形成一定的产业规模。

立足航天，打造独具特色的现代服务业。积极拓展产业发展领域，被陕西省工信厅批准为“陕西省云计算产业示范基地”。吸引包括西北发电集团总部、北京航空航天大学西安科技园、陕西广电园等在内的一大批现代服务企业。

【招商引资】 2011 年，西安航天基地实际利用外资 2030.4 万美元，同比增长 30.6%。引进各类项目 38 个，过亿元项目 33 个；产业项目中军民融合类新签约项目 23 个，其中过亿元项目 19 个。引进孵化培育市场潜力高、发展前景好的中小企业 46 家，争取到扶持资金 2600 万元，为西安航天基地经济发展增添后劲。

【项目建设】 2011 年，西安航天基地全力推进项目建设。航天六院民品产业园、五院西安分院、771 所集成电路封装等一大批军民融合项目顺利推进。中电投、阳光能源等新能源新材料产业项目相继竣工试生产，太阳能光伏产业逐步壮大。

【城市建设】 2011 年，西安航天基地与西安市市政公用局、西安市供电局开展战略合作，为基地基础设施、市政配套建设规范有序建设提供保障。新建道路 14 公里，完成雨污水、给水、通信管网敷设 51.5 公里。东长安街北幅全段、雁塔南路、航天南路等 17 条道路竣工通车。完成 35 千伏高压线迁改工程，迁移 10 千伏架空及电缆线路 4.9 公里，安装交通信号灯 41 套，新增绿化面积 4.3 万平方米。垃圾压缩站、自来水加压泵站建成并投入使用。启动公交场站建设。总投资 3 亿多元的西安航天城交大附中、附小，总投资近 10 亿元的三级甲等综合医院——西安市人民医院，两大城市化配套项目集中开工。3700 套保障性住房顺利开工；枣园村城中村改造安置小区项目正常推进，西兆余村安置小区项目顺利开工建设。

【体制机制创新】 2011 年，西安航天基地申报并落实符合国家产业政策和区域发展要求的重大项目 38 个，争取各类资金 4608 万元。成立 5 年来，累计申报并落实重大项目扶持资金 128 项，争取各类资金 3.39 亿元。创新融资模式，设计了“一主三多”的融资模式，确立以银行贷款为主、直接融资为辅，以政策性银行为抓手，四大商业银行融资为重点的融资策略，按照“营销一批，策划一批，储备一批”的融资项目管理目标，积极构建融资项目储备库，截至 2011 年底，获得银行授信贷款余额 53 亿元；创新业务模式，为企业提供融资服务，为企业担保融资 10.67 亿元。成立 5 年来，累计实现担保融资 16.12 亿元。2011 年，为了规范和加强基地宣传工作，成立宣传策划局。

【机构设置与管委会领导】 西安航天基地机构设置包括党工委办公室、管委会办公室、人事劳动社会保障局、纪检监察审计局、宣传策划局、财政局、经济商务发展局、规划建设局、国土分局、招商局、社会事业局、综合执法局、投资服务局、房屋管理局、征地拆迁安置办公室、农村工作局、环保分局、卫星应用产业暨军民融合产业促进局、安全生产监督管理局等 19 个部门。

西安航天基地领导成员为：党工委书记毋晖，党工委副书记、管委会主任陈长春，党工委副书记、纪工委书记逯雁春，管委会副主任李岩、张新民、张继学、刘顺利、赵舰。

（陕西航天经济技术开发区管委会）

吴江经济技术开发区

【经济发展】 2011 年，吴江经济技术开发区（以下简称吴江开发区）完成地区生产总值 299 亿元，比 2010 年（下同）增长 26.2%；全口径财政收入 58.3 亿元，增长 9.4%，其中地方一般预算收入 26.4 亿元，增长 17.9%；全社会固定资产投入 130.8 亿元，增长 23.7%；新增注册外资 9.9 亿美元，增长 2.7%；到账外资 5.4 亿美元，增长 10.4%；新增注册民资 64.8 亿元，增长 97%；完成进出口贸易总额 167.4 亿美元，其中出口 81.9 亿美元，进口 85.4 亿美元，工业销售收入 1304.3 亿元，增长 15.6%。（其中：吴江出口加工区新批项目 7 个，增资项目 3 个，注册资本 1.1 亿美元。）

2011 年 1 月，吴江开发区被人民网评为“中国十大活力开发区”；经江苏省经信委命名为“江苏省新型工业化产业示范基地”。8 月，吴江开发区被第二届中国城市科学发展高层论坛评为“中国最具投资吸引力开发区”。10 月，被江苏省机械工业联合会认定为“江苏省先进装备制造业特色产业基地”。

【产业发展】 2011 年，吴江开发区新批装备制造项目 26 个，注册外资 2.85 亿美元，占新批注册外资的 35.6%，首次超过了电子信息产业的占比。装备制造业销售首次突破 100 亿元，成为第 2 个销售突破百亿元的产业。世界 500 强—GS 国际株式会社、国内新能源产业龙头企业—协鑫动力电池项目签约落户，崇德碳技术、迈肯箔带、索格非、荷马特等汽车关键部件项目签约入驻，汽车零部件产业群逐步形成；吴江国际商贸分销中心（台湾中小企业商品交易中心）建设正式启动，文化产业项目实际投资额 9831 万元，实现营业收入 40.7 亿元。

【招商引资】 2011 年，吴江开发区新批项目 64 个，注册外资 8 亿美元；增资项目 36 个，增资额 2.01 亿美元。新批项目中总投资 1000 万美元以上的项目 25 个，其中嘉群工业房产物流项目注册 1 亿美元，敏华总部项目注册 6000 万美元，柔爱纸业项目注册 5000 万美元；新批欧、美、日项目 21 个，注册外资 1.56 亿美元，占新批注册外资的 20%。卡特彼勒、佳施加德士、康宁、岱高、美盈森、南玻、金刚玻璃、华上光电等项目相继竣工开业；柔爱纸业、旺能Ⅱ期、中旺、亨通奥维信、伊之密、佳施金属、氟瑞、博迈等大型工业项目以及麦考林、东吉等总部型项目相继开工建设。

【科技创新】 2011 年，吴江开发区新增高新技术企业 10 家、高新技术产品 37 个，国家质检总局批准国家动力及储能电池检测重点实验室建设。羿日新能源的郭射宇、先阔生物科技的李旭进入国家“千人计划”，康润医药的徐炜政和爱博斯蒂低碳能源技术的张吉礼被评为省双创人才，另有 5 人被评为姑苏科技领军人才，50 人被评为吴江科技领军人才。累计 64 个领军人才的项目孵化投产。新设立研发机构 9 家，投入研发资金 7.36 亿元；申请专利 1287 件，其中发明专利 405 件；授权专利 971 件。科技创业园二期 2 万平方米综合科研楼和三期 3.5 万平方米厂房及人才公寓建成投用。吴江开发区成为“江苏省区域性博士后创新实践基地”。

【基础设施建设】 2011 年，吴江开发区完成基础设施建设投入 17 亿元。完成通苏嘉城际铁路线形规划，确定用地控制方案以及轨道交通4号线区内站点周边区域综合规划和云梨路两侧中央商务区概念规划。推进“13579”工程（即1个高速互通口、3片重要绿化景观、5条主要河流、7座大型桥梁、9条主要道路）建设，学院路跨运河大桥主跨合拢，跨苏嘉杭高速大桥推进建设；苏嘉杭高速江陵互通改建和江陵东路东延工程、同津大道北延、庞东路北延、运东大道南延等工程有序推进。新建道路15公里，雨水管铺设44公里，污水管铺设22公里，驳岸建设7.7公里。江陵西路吴江入口3万平方米景观绿地工程完工，九里湖生态绿地公园完成基础建设，南部片区502公顷（7529亩）流转土地实现复垦；完成绿化142公顷（2119亩）。安置小区在建公寓房53万平方米4570余套，竣工9.8万平方米636套。

【人才建设】 制定实施《吴江经济技术开发区机关部门KPI考核工作意见》，机关效能建设进一步提升；完成机关工作人员轮岗交流和后备干部滚动调整；通过竞争上岗，在全市范围选拔副科级领导干部2人，调整副科级以上领导干部12人，中层干部轮岗交流11人，竞争上岗7人。党风廉政建设常抓不懈，通过树立勤廉典型、开展警示教育、创建廉洁文化示范点等多种形式，抓好党风廉政建设。

【社会事业】 2011年，吴江开发区山湖幼儿园、天和幼儿园以及苏州实小明珠学校建成投用。积极组织开展全民健身月、百村千场电影下乡等活动，社区文化日益繁荣。社区医疗卫生水平进一步提升，农土保接轨城保工作继续保持全市领先。7月，省级生态工业园通过江苏省环保厅验收。运东污水处理厂三期扩建提标工程完工运行，日处理能力提升到6万吨；精细化工集中区完成控规环评。平安建设扎实推进，治安防范体系不断完善。民政、司法、水利和涉农工作稳定发展。

【机构设置与管委会领导】 中共吴江经济技术开发区工作委员会、吴江经济技术开发区管理委员会（吴江出口加工区管理委员会）内设1室8局，分别为党政办公室、招商局、建设局、财政局、组织人事劳动局（与非公企业党委合署办公）、经济发展局、农村发展局（与农村党委合署办公）、社会事业局、出口加工区管理局，均为正科级建制。另按规定设置机关党委、监察机构、人民武装部和工青妇组织。

中共吴江经济技术开发区工作委员会、吴江经济技术开发区管理委员会的领导成员为：吴江开发区党工委书记徐明、吴江开发区党工委副书记、管委会主任梁一波；吴江开发区党工委副书记、管委会副主任盛红明、李觉民；吴江开发区党工委委员、管委会副主任吴仲健、张金政、杜建华、范建龙；吴江开发区管委会主任助埋吴卫中、金建伟。

（吴江经济技术开发区管委会）

常熟经济技术开发区

【经济发展】 2011年，常熟经济技术开发区（以下简称常熟开发区）实现地区生产总值642.8亿元，比2010年增长29.2%；财政一般预算收入35.5亿元，比2010年增长26.7%；完成注册外资12.6亿美元、到账外资6.4亿美元、注册内资127.5亿元；实现进出口总额114.4亿美元，增长13.3%。

【招商引资】 常熟开发区在新批项目中，实现了注册超千万美元项目超过10家，新兴产业汽车及零部件产业注册资本占比首次超过

50%，观致汽车分别在上海发布品牌、在常熟开发区正式揭牌并开工建设。增资项目中，近几年落户区内的重点骨干企业继续发挥示范和引领作用，长春化工、住友橡胶分别增资注册资本达1.11亿美元和6900万美元。

【科技创新】 2011年，常熟开发区引进22个海内外领军型创新创业项目，2人入选第六批国家"千人计划"人才，实现常熟培育国家"千人计划"人才"零"的突破，入选省"双创人才"2名、苏州姑苏人才5名；引进西北工业大学、中国人民大学和香港应用科技研究院3家研究院所，中关村科技城开工建设，西北工大、大连理工、华东理工常熟研究院入驻运行；校企合作不断深化，区域性博士后科研工作站挂牌运作，苏州诺华、芬欧汇川2家分站相继引入博士后科研人员进站工作；累计申报各级各类科技项目20大类，涉及企业75家（次）；新增省高新技术企业2家、江苏省民营科技企业3家、江苏省重点新产品3个、江苏省高新技术产品15个、各类专利申请70余项。

【项目建设】 投资规模继续扩大，2011年，常熟开发区完成全社会固定资产投资268.7亿元，同比增长35%。全年43个外资项目完成报批，29个重点工业项目加快建设进度。常熟发电三期、长春化工、巴德富科技、达涅利二期、慧桥自动化、夏普二期等项目顺利推进，苏南重工、亨通电缆、宏华机械、施耐特电梯、隆盛钻采、神隆医药、波士胶粘合剂、欧英石石材、智索无纺材料、阮氏化学等15个项目竣工投产或即将投入运行。规划面积1平方公里的常熟科创园各大功能板块建设有序、快速、高效推进。人才创业园一期4万平方米综合孵化器全面竣工投用，4万平方米的加速器已完成方案设计；大学研究院区10家研究院（所）有4家已正式运行，其余正加紧建设；18万平方米的中关村科技城、2万平方米的人才公寓以及20多万平方米的总部经济区建设已全面启动。

【城市建设】 开发区法庭、滨江派出所、市一院滨江院区、滨江生态园、长泰国际社区、滨江国贸中心等先后建成投用。稳妥推进碧溪集镇和浒浦集镇"退二进三"工作，加快实施城乡一体化工程和浒浦老街综合改造工程。人才创业园二期、大学研究院区、中关村科技城等城市功能项目均顺利推进，滨江国贸中心租售招商工作有序开展，成功引进长江国际、博利置业、汇金3个总部经济项目，尼桑、丰田两家汽车4S店项目，苏州邻里中心综合性商业项目。开展国家级生态工业示范园区创建，并已通过国家环保部专家审查。区内长春化工等8家企业通过ISO14001认证，烨辉科技等10家企业完成清洁生产评审。单位GDP能耗下降12.2%，规模以上万元工业产值能耗下降10.3%，上报"能效之星"三星级以上企业2家，开发区全面完成市政府下达的节能目标任务。在常熟市率先启动数字化城管建设和大环境综合整治"百日行动"、"百日巩固"、"百日提升"，全区河道路面、宅前屋后的环境面貌有了全新改观。累计完成总长10多公里的14项道路工程建设，新建桥梁2座，新增绿地面积约30万平方米。现代农业有序展开，园区形象初步显现。

【管理与服务】 创新社会管理，全面运行三级社情民意交流平台，推行基层民主议事制度，不断选树身边的典型，弘扬文明新风。档案工作通过省五星级规范测评，成为苏州市第2家档案工作达五星级标准的国家级开发区。安全生产、计划生育等工作扎实推进。深入开展创先争优活动，表彰10名"我身边的优秀共产党员"，命名2个"党建工作示范点"，开发区机关被命名为常熟市首批"平安机关"。组织开展纪念建党90周年系列活动，进一步增强了党组织的凝聚力。成功组织"圆融滨江"中外企业中秋联欢活动，丰富了区域文化。开展"作风效能建设提升年"活动，创新创优意识进一步增强。全年新组建党组织40家、企业工会15家，发展新党员17名。统战、人武、群团工作取得新成绩。

【社会事业与文化发展】 成功举办常熟开发

区（碧溪新区）首届体育运动会，共有88支代表队、140多个单位的4100名运动员参加了17个大项、40个小项的比赛和表演赛。市一院滨江院区建成投用，全面推行社区家庭医生团队服务。积极关心弱势群体生产生活，社会救助体系进一步完善；不断加大技能培训力度，积极拓展就业渠道；全区社保覆盖率达99.6%、社会养老保障率达100%；开展“文化进村入户”和以送影、送戏、送书为主题的“三送”活动，营造出和谐安定的发展环境。

（常熟经济技术开发区管委会）

沧州临港经济技术开发区

【经济发展】 2011年，沧州临港经济技术开发区（以下简称临港开发区）完成国民生产总值115.07亿元，同比增长7.14%；工业总产值454.48亿元，同比增长69.29%；固定资产投资259.52亿元，同比增长13.93%；财政收入37.01亿元，同比增长2.44%。

【投资环境】 基础设施不断完善，项目承载力大幅提升。2011年，临港开发区基础设施项目相继完工，主要包括：投资1600万元的经四路翻新改造工程；投资1900万元的经三路、经四路、纬二路的绿化和亮化工程；投资3000万元的圣捷污水处理厂改造工程；投资100万元的雨水泵站工程；投资1250万元的西区生态公园建设及绿化工程；投资50万元的纬二路雨水管网改造工程。

全面打造“绿廊花海”，建设绿色和谐开发区。省第八次党代会明确提出要将环渤海地区打造成中国北方沿海生态良好的宜居区。2011年以来，临港开发区按照重点突破、总体推进的工作思路，努力打好绿化攻坚战，重点打造“两园、六路、一基地”，即：东区贝壳堤公园、西区生态公园（迎宾广场）和区内6条主要道路两侧绿化带及西区苗圃基地项目，区内绿化面积已达15万平方米。今后，临港开发区绿化将主要围绕企业厂区内及厂区外的道路、空地两大部分展开，总绿化面积将达123万平方米，企业绿化率达到15%，公用用地绿化率达到30%，真正使临港开发区达到绿化、净化、美化的目标，创造开发区良好的生产和生活环境。

【产业布局】 临港开发区已建成及正在建设的项目达到80余个，总投资超过600亿元，聚集了法国液化空气公司、中国海洋石油、神华集团、中国化工集团、香港华润集团、冀中能源集团等一批国内外知名企业投资或参与建设的各类项目，以及与之配套的公用工程和物流专业公司。形成公用工程、大炼油、TDI、PVC、特种板材、水泥、高档染料、医药农药中间体等以化工产业为主体，其他相关联产业快速发展的良好局面。

借助国家级经济技术开发区这一平台，充分挖掘好河北沿海开发上升为国家战略的发展机遇，临港开发区将以现有产业为基础，以引进高科技、高附加值化工项目为重点，立足港口优势，增强开放活力，重点发展高端装备制造、新材料、节能环保等新兴战略性产业。

【招商引资】 2011年，临港开发区签约大项目11个，协议引进资金820多亿元，签约项目涉及化工、新材料、节能环保、仓储物流、研发中心、基础设施开发等多个产业，包括：郑州天途路业有限公司碳五馏分综合利用系列项目、美国阔码科技集团研发基地暨新兴产业科技园项目、河北欧亚集团公司500万标米海洋输油输气柔性管道暨新材料工业园开发项目、黄骅市信诺立兴煤化工有限公司50万吨/年蒽油加氢系列项目、中盐长芦沧州盐化集团有限公司1000吨/年EDOT项目、河北金港投资管理有限公司沧州临港化工品交易市场项目、青岛华龙工程公司港台工业园开发暨等离子发电机系列项目、大连瑞克科技有限公司新能源催化剂产业基地项目、上海植信化工有限公司10万吨/年小苏打系列项目、苏利集团控股公司阻燃剂及母粒系列项目、大庆高新国际工贸有限公司60万吨/年煅烧焦及碳素产品深加工项目。

全年在谈项目15个，总投资280亿元。主要包括：中国化工集团投资102亿元的异氰酸脂一体化、沧州临港化工品交易市场有限公司投资40亿元的建设大厦及产品交易市场及仓储物流、浙江新和成集团投资30亿元的已内酰胺、浙江新凤鸣集团投资35亿元的120万吨/年的PTA项目等。

【科技创新】 临港开发区鼓励建新化工与浙江大学、山东大学合作，进行技术研发；为华腾万富达复合塑料包装专用新型双组份无溶剂聚氨酯胶粘剂（4000吨/年聚氨酯胶粘剂、100吨/年塑料助剂）申报科技创新项目，同时申报沧州市科技进步奖。精细化工区集中供热项目，获“省级节能项目”称号，该项目每年可节煤32095吨，每年向大气少排放污染物425吨。

【项目建设】 随着《河北省沿海发展规划》的批复，渤海新区“港、产、城”三大任务都已纳入国家战略，临港开发区把做大做强石化产业、推动产业结构优化升级作为工作重点。按照“三个一批”，即“投产一批、开工一批、谋划一批”的工作思路，抓紧调度、全力推进，招商引资和重点项目建设呈现较好局面。

临港开发区新开工项目13个，总投资98亿元。主要包括：河北正元化工的60万吨合成氨、80万吨尿素，华润集团2X30万热电联产，金牛化工40万吨PVC，亚诺化工医药中间体，大田包装容器有限公司160万只包装桶等项目。

拟开工项目12个，总投资73.2亿元。主要包括：东阳化肥化工有限公司投资23亿元的40万吨/年硫磺制酸15万吨/年氯醋共聚树脂项目、苏利集团控股公司投资18亿元的阻燃剂及母粒系列项目、大庆高新国际工贸有限公司投资20亿元的60万吨/年煅烧焦及碳素产品深加工等项目。

2011年竣工项目14个，总投资25.3亿元。主要包括沧州大化投资19.7亿元的10万吨TDI、沧州泛博精化有限公司投资8800万元的1000吨/年高档酸性染料、河北碧隆饲料添加剂有限公司投资5529万元的8万吨/年氯化胆碱扩建等项目。

【管理与服务】 临港开发区推行领导班子“一线办公”制度。实施24小时值班，重点督导环保和安全生产工作，使环保和安全隐患在一线发现、办法在一线寻找、问题在一线解决。临港开发区安监局和环保局办公地点也前移至一线，执行“7×24小时”值班制度，确保临港开发区绿色安全发展。

挖掘服务潜力，实行统一归口管理（即封闭式管理），实行一企一策，特事特办，积极引导；牢固树立“亲商、富商、安商”和“服务是第一竞争力”的观念，成立投产企业经济运行服务小组，着力为投产企业达产达标协调解决人才、融资、物流、技术、信息、市场等方面的问题，优化投资软环境；建立无收费区，实行全程代理，努力打造“特区”模式和政策“洼地”，实现服务的品牌效应。

【机构设置与管委会领导】 临港开发区管委会下设管委会党政办公室、财政局、招商局、规划建设局、安全监察局、环境保护局、国土资源局共7个部门。

临港开发区领导成员为：管委会党组书记、主任张召堂，管委会副主任孙俊利、李盛春、鞠贵仁、李国庆。

（沧州临港经济技术开发区管委会）

淮安经济技术开发区

【经济发展】 2011年，淮安经济技术开发区（以下简称淮安开发区）实现地区生产总值346.2亿元，一般预算收入42.4亿元，全社会固定资产投资331.5亿元，规模以上工业产值1317.9亿元，实际到账外资5.2亿美元，地方一般预算收入、全社会固定资产投资、实际到账外资等指标增幅在江苏省开发区排名靠前。

【投资环境】 淮安开发区地处苏北腹地重要中心城市，公路、铁路、水路、航空四通八达，适合于原材料和产品大进大出，能较快地向全国辐射延伸，具有广泛的商机和极大的市场空间，区位优势十分明显。区内已达到“九通一平”的水准，基础设施处于江北领先水平。区内设有国家级出口加工区、国家级留学人员创业园、国家级软件园、高等教育园区、海关通关点、公共保税仓库、台商工业园、韩国工业园、民营工业园、物流园区等功能区。区内地价、劳动力价格、电价、水价以及各种费用相对较低，拥有充足的产业工人和服务业人力资源，为外来客商提供了优越的发展平台、丰富的人力资源。

【产业发展】 截至2011年底，已有日韩、欧美、港台等20多个国家和地区的客商在淮安开发区内投资兴业，累计进区企业4000余家，形成以富士康淮安科技城、明基达方为代表的IT产业，以台玻、韩泰轮胎为代表的盐化工新材料产业和以美的电机、大通电机为代表的机械产业。IT、盐化工、机械制造三大主导产业占比超过80%，产业结构进一步优化。面向“十二五”时期，淮安开发区将在着力做大做强IT、盐碱科技、节能环保三大产业的同时，积极发展精密机械、生物科技、民生用品、现代服务业、高新技术等五大鼓励性产业。

【招商引资】 2011年，淮安开发区创新招商思路，改进招商方式，抓责任落实，通过举办投资环境说明会、以商引商投资说明会、台商论坛等活动，宣传、推介开发区，在重大项目招引上成效显著。全年签约注册超10亿元工业项目4个，成功引进投资10亿美元的建滔、2亿美元的台玻超薄基板、3亿美元的敏实电动汽车、60亿元的麦道农化等一批行业龙头、基地型项目。新批外资项目53个，其中超千万美元项目28个。

【科技创新】 2011年，淮安开发区成立全市首家科技小额担保公司，融资贷款逾亿元；争取国家、省市级科技项目20多个，获得资金3168万元；专利申请量达300件，新增省级以上高新技术企业5家，占全市的70%。

【生态环保】 2011年，制定开发区“十二五”时期总量减排规划，细化年度减排任务，化学需氧量、二氧化硫排放削减率分别为2.2%、1.7%；分解落实了生态市环保创建目标，徐杨乡、钵池乡、南马厂作为淮安市第一批创建单位通过国家级生态乡镇建设的技术考核，淮安开发区于2011年11月13日通过江苏省环保厅、江苏省商务厅、江苏省科技厅组织的省级生态工业园区建设考核验收；完成重点污染源和一般污染源环境监督检查工作，全年对各类企业环境监察频次达1500人次。

【利用外资】 截至2011年底，淮安开发区合同利用外资5.7亿美元，同比增长8.5%；实际到账5.2亿美元，同比增长73.14%；实现进出口总额15.38亿美元，同比增长43.08%，其中，出口总额8.65亿美元、进口总额6.73亿美元，同比分别增长39.34%和48.2%。

【人才建设】 2011年，淮安开发区深入开展党建创新工程，非公企业党组织组建率、外资企业工会组建率、规模以上非公企业团组织组建率、农村扩展型远程教育站点比率全市排名第一，党工共建工作在全国交流经验。干部素质得到有效提高，与清华、北大等高等院校建立合作关系，举办各类培训活动提升干部能力；顺利完成乡级党委集中换届，试点竞聘上岗有效选贤任能，选派15名“80后”年轻干部到招商、拆迁、信访、乡办“四个一线”任职，干部队伍结构不断优化。

【社会事业与文化建设】 2011年，淮安开发区着力保障和改善民生，社会事业全面进步。民生方面，组织实施民生十件实事，城市低保、农村低保分别提高到340元、210元，80岁以上老人普发尊老金落实到位，南马厂惠民医院即将投入使用，医疗信息化建设全面推进。社会保障推进有力，“城保”工作开始启动，社保“一卡通”发放到位，养老和失业保险金社会化发放率100%，培训失地农民“4050”人员就业率达63%。安置房建设面积70万平方米，建成交付安置小区10个，房屋交付4279套、46.3万平方米。社会事业方面，全面提升中小学及幼儿园软硬件水平，在苏北开发区首家通过省教育现代化验收，建立区乡两级人口和家庭公共服务中心，国家基本药物制度实现基层全覆盖，出台五星级社区管理考核办法，推行社区管理市场化运行机制，安置小区广播站广受群众好评，曲棍球训练基地等文体设施成为全省亮点；省文明城市复检工作有序推进。

【机构设置】 中共淮安开发区工作委员会、淮安开发区管理委员会内设党政办公室、党群工作部、经济发展局、城乡事业局、招商局、项目审批服务中心等14个机构。

（淮安经济技术开发区管委会）

江宁经济技术开发区

【概况】 江宁经济技术开发区（以下简称江宁开发区）已经形成以开发区总部为核心，软件园、空港、中创、无线谷、创启和科技金融为支撑的“1+6”平台，差异化、专业化、特色化运作模式初步建立；形成电子信息和汽车制造及零部件两大主导产业，智能电网、新能源、软件和服务外包、总部及研发中心和航空动力等一批特色产业。2011年，江宁开发区成功创建中央“千人计划”基地，被国侨办列为“引智引资重点联系单位”，电子信息产业获批“国家新型工业化产业示范基地”；综合实力首次跻身全省各级各类开发区前五强。

【经济发展】 2011年，江宁开发区完成地区生产总值427.3亿元、地方财政总收入128.3亿元、地方一般预算收入55.5亿元、规模以上工业总产值1457.3亿元、工业投入225.2亿元；新引进服务外包项目3个，服务外包离岸执行额达3.3亿美元，出口达38.6亿美元；完成全社会固定资产投资357.9亿元、合同外资14.3亿美元、到位外资6.9亿美元；引进世界500强项目3个；参与国家及行业标准起草23项；实现软件收入384亿元，新增双软认定企业6家、引进软件企业15家，新增软件研发面积15万平方米、软件从业人员2000人，完成软件销售亿元以上企业达18家。

【产业发展】 2011年，江宁开发区强化重大项目推进，迈瑞医疗、55所等40个重大项目全部开工，完成当年投入78亿元，投入率达90%；上海大众B级车、联鑫投资等一批重大项目顺利投产。两大主导产业增速达71%。汽车产业增长强劲，上海大众、长安福特两大整车厂量质同升，全年产量达38万辆，实现产值488亿元；新兴产业势头迅猛，国网电科院、南瑞继保产业园、国电南自产业园等龙头项目开工建设，智能电网博览馆一期投入使用、二期开工建设，智能电网产业产值达175亿元，新能源产业的协鑫硅切片等项目开工建设。新增软件企业15家，软件销售收入突破350亿元，完成服务外包执行额7.45亿美元、离岸执行额3.37亿美元。

【招商引资】 2011年，江宁开发区完成合同外资14.3亿美元、到位外资6.9亿美元，新增千万美元以上项目38个，其中超亿美元项目4个，引进国电ABB、金城汉胜、大陆汽车3个世界500强项目。

【科技创新】 2011年，江宁开发区大力实施海外高层次人才创新创业基地创建行动计划，全年新引进高层次创新创业人才45人，其中“千人计划”4人，符合省级标准人才28人，引进重点产业紧缺急需人才33人。新增安倍信投资、再保科技、宁港融通等5家创投企业，基金投放达3亿元。促成埃斯顿、世纪江南等6家企业与创投基金对接，累计注资2亿元。设立了第一批5名创业导师和15名创业助理，22人获得“紫金人才”计划扶持。

开发区大力实施创新创业创意载体建设行动计划，着力提升创新驱动承载力。一方面，载体建设速度加快。紫金（吉山）特区建设全面启动，一期20万平方米孵化器全面开工，特区建设走在全市25个紫金特区的最前列。无线谷8.8万平方米、久大产业园6.5万平方米、中兴软创3.2万平方米等交付使用；翠屏2.2万平方米即将投入使用，翠屏科创园集聚效应日趋显现；中关村二期、国网智能电网等“三创”载体加速建设；启迪科技园、南瑞继保研发中心开工建设，全年新开工载体面积87.7万平方米，竣工41.7万平方米。另一方面，载体内涵不断提升。立足功能平台发展定位，着力引进科技项目和公共平台。全年共引进孵化企业31家。无线谷搭建了无线通信产业公共平台，启迪科技园引进了启迪物联网应用研究中心，未来网络谷构建了未来网络产业创新中心，曙光云计算项目开工建设，8家省级工程中心和实验室对外开放，成立了南京智能电网产业联盟、光伏工程研究院等6家联盟或基地。

【城市建设】 2011年，江宁开发区以城市更新优化、环境品质提升、国际化社区构建和牛首山开发行动计划为重点，加快基础开发向功能开发转变。在基础设施完善上，完成秦淮路、天元路快速化改造、绕越南庄互通等道路建设，完成河定桥门户、高湖等节点的绿化和亮化，启动机场高速三期、百家湖周边亮化提升工程，建成区一期“优二进三”依法展开。在城市功能配套上，河定桥、九龙湖、高湖3个城市小游园建成开放；百家湖“1912”一期正式开街，入驻率达95%；同曦万尚城开业，高端商贸加快发展；胜太路商业街被授予省级“放心消费先进单位”；会展中心、同曦大都会、湖滨金陵二期加快建设。在城市综合管理上，持续加大队伍规范化建设，扩大机械化保洁覆盖，市容免检化程度不断提升，通过了全国文明城市、省级市容管理示范道路复查；拆违、控违及环境综合整治有力有序开展。商业街管理办公室连续三年荣获“全国先进集体”荣誉称号。

【社会事业与文化发展】 2011年，江宁开发区突出“惠民生、促和谐”主题，与秣陵、谷里、禄口、横溪4个街道达成联动协议，重点围绕薄弱社区帮扶、基础设施完善等工作支持街道发展。大力实施安居工程，优先安排4.5亿元资金，开工复建房31.5万平方米，竣工交付20.4万平方米。实施乐业工程，全年举办招聘活动176场，录用11400人，推进145家企业参加社会保险，净增参保人员4796

人。坚持民生情怀，克服人手少、工单多、事情杂等诸多困难，积极办理民生诉求，“12345”工单办理成效在江宁区街道园区组位居第一，树立了为民服务的新形象。坚持协调推进，党建、人大、政协、群团、综治、稳定以及精神文明建设等工作也在统筹协调中取得新成效。

（江宁经济技术开发区管委会）

金华经济技术开发区

【概况】 金华经济技术开发区（以下简称金华开发区）管委会受金华市政府委托管理苏孟乡、秋滨街道、三江街道、西关街道和江南街道，管辖面积 82.86 平方公里，集聚人口 35 万。金华开发区和金华省级高新技术产业园区实行“一套班子、两块牌子”的运行模式，是长江三角洲经济圈南翼重要的先进制造业基地，金华重要的经济增长极。

【投资环境】 区位优势明显。金华市是浙江中西部中心城市，是闽浙赣皖四省九方协作区的龙头城市，是“长三角”经济协调会成员城市，是海峡西岸经济区与“长三角”的重要节点。境内 8 条高速公路、4 条铁路贯穿其中，杭金衢、金丽温、甬金、台金、诸永高速已建成通车，浙赣铁路、金温铁路、金千铁路和杭长高速铁路（正在建设）交汇于市区，距上海 360 公里、杭州 180 公里，是国家级陆路交通主枢纽、沪浙闽赣四省物流走廊交汇点。开发区位于主城区，区位优势突出。

基础配套完善。按照建设“多功能综合性产业园区”目标，金华开发区大力实施“四大功能区”（工业园区、科技园区、高教园区、商贸中心区）的基础设施建设。功能配套全部实现“九通一平”，并加速向“新九通一平”（信息、市场、法规、配套、物流、资金、人才、技术、服务、网络平台）转变，是浙江中西部基础设施配套最完善的多功能综合性产业园区。

服务高效便捷。金华开发区管委会秉承“规范、高效、便捷、透明”的服务宗旨，为入园企业提供“一门受理，限时办结”的全程代理服务，一般项目 15 个工作日办结，重大项目设有“绿色通道”，专人跟踪，随到随办。

【产业发展】 2011 年，金华开发区主导产业进一步集聚提升，汽车及配件产业实现产值 144.85 亿元，同比增长 36.72%；电子信息产业实现技工贸总收入 130.8 亿元，同比增长 24.57%，“5173”、“9158”、亿家电子等一批优势企业快速崛起。被命名为“浙江省外商投资新能源汽车产业基地”。全面优化经济发展环境，修订完善工业扶持政策，积极培育和扶持龙头企业及中小企业，工业经济持续较快发展，全年实现工业总产值 401.63 亿元，同比增长 23.71%。被评为“2011 年度全市工业经济目标责任制考核优胜单位”。

【招商引资与利用内外资】 2011 年，金华开发区管委会发挥国家级开发区的品牌作用，坚持“三驾马车抓招商、党群合力抓经济”，引进投资 1 亿元以上项目 19 个。围绕质量、进度、安全的建设要求，开展项目建设竞赛活动，28 个总投资 70 亿元的重点工业项目中 70% 实现竣工投产。全年实际利用外资 4580 万美元，合同外资 8373 万美元，均列全市首位；到位内资 19.5 亿元，超额完成全年工作任务，被评为“全市招商引资工作先进单位”。

【科技创新和重点企业】 2011年，金华开发区管委会以建设“创新型园区”为契机，全方位开展促进、引导和服务工作，推动自主创新和科技进步。承担国家创新基金项目6个，实施国家火炬计划2项，新增国家重点新产品3个；新增国家级高新技术企业6家、国家级研发中心2家、省专利示范企业2家、省创新型试点（示范）企业3家，授权专利712件（其中发明专利授权26件）。高新园区实现技工贸总收入332亿元。被命名为金华市首批“高层次人才创业创新基地”。

金华开发区有如下重点企业代表：青年汽车集团。集团下设商用车集团、乘用车集团和汽车部件集团三大子集团，是一家生产、销售NEOPLAN客车、MAN重型卡车、莲花轿车及汽车零部件的综合性汽车工业集团。其客车产品与德国NEOPLAN合作，产品覆盖长途旅游、公交、专用客车等全部领域，长途旅游客车在中国的占有比率超过85%，公交客车占据中国低地板公交车市场垄断地位，在北京奥运会公交车采购招标中中标1600余辆。其卡车产品与德国MAN合作，已成功开发出牵引车系列、专用车系列、专用车底盘系列、军车系列和轻卡五大系列，共计40多种车型。其轿车产品与英国莲花合作，首款青年莲花“竞速”于2008年1月9日上市，全国共有80余家4S加盟经销商；2010年7月15日青年莲华L6系列乘用车项目正式签约落地开发区，该项目一期达产后可新增销售额58亿元。目前集团拥有员工4300余人，其中研发人员600余人、外国专家100余人。企业先后获得“中国客车企业10强”、“中国机械工业500强”、“国家级重点高新技术企业”、“国家火炬计划”等荣誉。2011年实现产值54.54亿元，纳税1.2亿元。

5173.com（中国网络游戏服务网）。公司是一家专业从事虚拟数字产品网络交易服务管理系统研发及电子商务服务的新经济企业，现已成为国内规模最大、成长最快的C2C网游数字电子商务交易服务平台之一，主要提供寄售交易、担保交易、求购交易、点卡交易等多种交易服务及网站平台软件的技术开发等。5173网站旗下拥有金华利诚信息技术有限公司、金华比奇网络技术有限公司等，在金华有员工2800余名，在上海拥有研发技术团队400余人。公司先后荣获“中国游戏产业优秀服务商”称号、“中国互联网最具潜力项目奖”、国家新闻出版总署“中国游戏产业优秀服务商”奖、新浪网“游戏十年”优秀服务商、中国网络文化盛典“网络技术创新奖”称号；网站所属的金华比奇网络技术有限公司被评为2009年、2010年浙江省电子商务10强企业，金华利诚信息技术有限公司荣获“浙江省高新技术百强企业”、“浙江省优秀创新型单位”、“浙江省高新技术企业研究开发中心”、“国家A级信用企业”、“浙江省最佳创新软件企业”、“浙江省纳税大户”等称号。2011年，网站实现交易额84.12亿元，同比增长19.72%。5173正在积极推进企业总部大楼和电子商务基地项目建设，并筹划在香港上市。

【开放型经济】 2011年，金华开发区实现外贸进出口总额7.66亿美元，同比增长20.08%。其中出口总额7.12亿美元，同比增长24.86%，进口总额5441万美元，同比下降19.97%。

【人才建设】 2011年，金华开发区管委会实施重大人才引进工程，新增人才（含外地引进和本地培养）3200人，其中引进和培养高层次人才（具硕士以上学历或副高以上职称）120人；培训党政人才77人，培训企业管理人才1620人（次），实施专业技术人员培训工程1890人（次）；完成海内外英才引进项目3个；完成金华籍智力回归10人；完成省“千人计划”申报项目3个；创建市级高层次人才创业创新基地2家。

【社会事业与文化建设】 2011年，金华开发区实现新增城镇就业6816人，完成目标任务的113.6%。失业人员再就业3843人，完成目标任务的109.8%。实现困难人员再就业934人，完成目标任务的133.42%。有17个社区被金华市人民政府命名为“金华市创业型社区”。城镇失业率为2.64%。城镇居民医疗参保缴费人员为18563人，完成目标任务102.57%。城乡居民养老保险享受人员为7026人，养老保险金发放率达100%。失地农民实现即征即保。开展农村社区医疗卫生服务站标准化建设，建成农村社区卫生服务站30个。实施十五中学、西苑中学、丹溪小学附属幼儿园扩建工程和城乡学校结对活动，教育教学质量名列前茅，成为全市教育均衡化发展推进最快、成效最好的地区。

【机构设置与管委会领导】 金华开发区下设办公室、维稳办、纪工委、经济发展局、招商中心、高新技术产业局、财政局、社会发展局、建设环保局、公用事业管理处等部门。另外，公安、工商、国土、规划、执法等市直部门在开发区设有分局。管委会主任为李郁华。

（金华经济技术开发区管委会）

漯河经济技术开发区

【概况】 2011年，漯河经济技术开发区（以下简称漯河开发区）规模以上企业实现主营业务收入686亿元、增加值96亿元，主要经济指标的绝对量和增速在河南省产业集聚区中继续保持前列位置。开发区先后被批准为“国家新型工业化产业基地”、全国首家“食品安全标准化示范区”、“国家中小企业创业基地”、全国首批“国家中小企业公共服务示范平台”、“河南省留学人员创业园”、“全省知名品牌示范产业聚集区”、“河南省商标战略实施示范区”、“河南省标准化行为良好企业示范区”、“河南省知识产权优势区域”，连年被评为“河南先进开发区”、“河南省对外开放工作先进单位”、“河南省十强产业聚集区”。

【投资环境】 漯河开发区内，京广、漯阜（漯河—阜阳）铁路交汇，京珠高速、南洛（南京—洛阳）高速纵横交错，形成双十字架枢纽，6条国道、省道经市区向周边辐射，具有连南贯北、承东启西的区位优势，到郑州90分钟车程150公里；到新郑航空港40分钟车程100公里；到连云港口5小时车程600公里；到武汉4小时车程400公里。建区以来，累计投入资金11亿元，形成了“八纵九横”道路路网，绿化率达到36.7%，25平方公里区域实现了“七通一平”，区内酒店、医院、学校、市场等公共服务设施完善，工商、税务、公安、土地、质监、房管、银行、保险等机构齐全，初步形成环境优美、设施齐全、交通便利、适宜居住的新城区。

开发区实行封闭式管理，坚持“思想上全心全意、作风上微观具体、方法上千方百计”的工作理念，对入区项目施行“领导分包制、部门负责制、具体到人，全过程、保姆式、个性化服务”，根据投资者需求量身定做服务项目。区招商局、投资服务中心、创业中心、土地储备中心、民营工业园等投资创业机构为客商提供一条龙式全程服务。

【产业发展】 漯河开发区始终把产业发展作为第一任务，突出食品产业优势，聚集食品名企、名牌，打造漯河食品名城产业核心区。凭借鲜明的产业特色，先后吸引美、日、意、韩等国家和地区30余家外资企业入驻，累计进驻上市公司投资项目20余个、工商企业550

家、规模以上工业企业和限额以上商贸企业91家。初步形成以食品产业为主导，高新技术、现代服务业竞相发展的产业格局。集聚以可口可乐、双汇集团、中粮集团、汇源、嘉吉食品、台湾旺旺、统一、泓一食品为代表的260余家食品产业集群，以香港保利协鑫、中鼎矿用安全设备、三一重工、三三变压器、天源环保高科为代表的60余家高新技术产业集群，以双汇物流、顺通物流、闽豫钢贸物流、宏信物流、银鸽物流为代表的50余家企业组成的商贸物流产业群，构成了开发区经济发展的坚实基础。

【招商引资与利用内外资】 2011年，漯河开发区共签约项目51个，总投资122.3亿元，其中投资10亿元以上项目4个、投资5亿元以上项目7个、投资亿元以上项目19个。新开工项目48个，总投资113.4亿元，其中投资10亿元以上项目5个、投资5亿元以上项目3个、投资亿元以上项目18个、投资5000万元以上项目22个，三一重工、美国嘉吉、可口可乐二期等一大批项目成功入驻。实际利用外资1.06亿美元，较2010年增长231%；实际利用市外资金25亿元，其中省外资金19亿元。

【科技创新和重点企业】 漯河开发区坚持以自主创新为第一动力，以着力打造高科技产业的聚集区、产学研结合的密集区、科技成果转化的示范区为主攻方向，开展知识产权保护，强化创新人才队伍建设等为工作重点，狠抓工作推进和落实，自主创新工作取得明显成效。2011年，开发区获批漯河市首家省级院士工作站——河南省电力变压器与材料技术院士工作站，获批省级工程技术研究中心2家，通过认定的国家级高新技术企业3家；已申报成功市级高新技术企业3家、市级工程技术研究中心4家，申报市农业科技示范园区1家、省级企业技术中心1家、河南省留学生创业园1家。新申请专利79件，区内企业开发新产品、引进和改造传统产品35种，通过省级鉴定的科技成果项目3个，获得市科技成果奖2项，获河南省科技进步二等奖1项。共申报省市和国家级科技计划项目41个，获得立项支持的项目13个，项目支持资金总计1622万元。新引进高新技术领域重大项目6个，其中投资10亿元的项目2个、固定资产投资5亿元以上项目1个、固定资产投资1亿元以上项目3个。全区高新技术产品和技术收入达146.56亿元，高新技术产业增加值达40.32亿元，较2010年同比增长31.2%，占全区工业增加值的比重为43.4%。

区内有如下重点企业代表：双汇集团、美国杜邦、美国高盛、日本火腿株式会社、银鸽集团、可口可乐、旺旺集团、中粮集团、东方华恳、三一重工集团、香港协鑫集团、香港华懋集团、天源环保、王牌纱布、周宁钢材电子商务港、顺通物流、宏运物流、利通橡胶。

【人才建设】 漯河开发区坚持以创新创业型领军人才和高层人才引进开发为重点，坚持高端引领、服务发展原则，以人才工作项目化管理为手段，不断完善相关政策，积极加大工作力度，着力抓好领军人才及其创业项目，服务好企业人才需求，全面提高党政人才素质。一是出台政策，鼓励员工通过在职学习、脱产学习、参加考试等方式，取得更高学历或职称，报销一定比例的学费。2010以来累计已有10余名同志参加了研究生班学习，5名同志取得中级职称，并有1名同志获得全日制博士学位。二是扎实推进领军人才和高层次人才引进工程。引进留美科学家董良宇博士到区创办总投资1.6亿元的天源环保高科项目，项目工程已基本完成，并投入试生产；该项目已经形成由14名博士组成核心研发团队，极大丰富了区内高层次人才队伍。此外，先后引进美国A123公司技术专家、麻省理工学院教授黄碧英博士，与海奥通公司合作建设总投资3.2亿元的电动客车动力系统制造项目；美国密执安大学肖宏葵博士与倍佳贝尔公司合作开发高效润滑油项目。三三变压器股份有限公司建设的河南省电力变压器与材料技术院士工作站被批准成为“第一批河南省院士工作站”。三是成功申报省级留学人员创业园。精心制定了留学人员创业园建设实施方案，制定并出台了吸引进留学人员的创业优惠政策，在厂房、办公、资金、住房等方面给予全方位扶持，联合市委统战部、市人社局向省人力资源和社会保障厅进行汇报对接。2011 年 9 月，漯河留学人员创业园被省人力资源和社会保障厅批准为全省第 4 家“省级留学人员创业园”，并于 12 月 7 日举行了隆重的揭牌仪式。四是着力做好企业人才服务。定期深入企业开展调研活动，宣传人才政策，了解人才需求，建立企业人才需求信息库，开辟人才引进绿色通道，多渠道、多方位帮助企业引进人才。2011 年，共组织区内企业参加各类人才招聘会 4 次，参加企业 30 家，新引进大专学历以上人才 150 余人，其中硕士学历以上人才 5 人。实施企业经营管理人才素质提升计划，重点抓好骨干企业经营决策者、成长型企业经营管理人才队伍建设。邀请嘉富诚基金公司高层等专家到漯河举办大型公开讲座 2 期，依托区工商联开展企业经营管理人员大讲堂 3 期，加强了区内企业经营管理人才间的相互交流与合作。五是认真制定开发区中长期人才发展规划纲要。在认真学习、深入调研和分析开发区升格后面临的发展形势的基础上，提出要达到四个目标、推进七大重大人才工程。

【社会事业与文化建设】 漯河开发区加大文化事业投入，推动文化基础设施再上新台阶，和谐开发区公共文化服务体系建设得到进一步加强。争取上级补助资金 110 万元，建设农家书屋 29 所、村级文化信息资源共享店 28 个，为全区 28 个行政村配置了投影仪、音箱等设备。组织市豫剧团送戏下乡 6 场，电影下乡 280 场（次）。全年共为 3194 人失地老人发放生活补助 142.94 万元；免除新农合农民自费部分 123.79 万元，由区财政承担；为农村大学新生发放奖学金 174 万元；财政全额承担农民殡葬费用。此外，开展“民间艺术大赛”、月末文化广场等文化活动，丰富了基层文化生活。

【机构设置与管委会领导】 漯河开发区党工委、委管委会分别是漯河市委、市政府的派出机构，按照“小政府、大社会”的原则，组织机构精干高效。开发区党工委、管委会内设机构有党政办（目标办）、经发局、建设和环境保护局、财政局、科技局、招商局、组织人劳局（考核办）、社会事业局、监察室、城管办、城乡一体化办公室、三产招商局、土地储备中心、会计核算中心、机关后勤服务中心、投资服务中心（招商办）、信息中心、城市管理执法大队、轻工食品工业园建管委、投资发展公司、公用事业公司、园林公司、环卫公司，下辖后谢乡。

漯河开发区领导成员为：党工委书记刘国勤，党工委副书记、管委会主任赵改焕，党工委副书记尚汉生，党工委委员、管委会调研员魏斌，党工委委员、管委会副主任胡坤锋、付剑伟、程惠文、彭朝阳、王彦民，党工委委员、总工会主席宋金才，党工委委员、后谢乡党委书记罗国庆。

（漯河经济技术开发区管委会）

鹤壁经济技术开发区

【经济发展】 2011年，鹤壁经济技术开发区（以下简称鹤壁开发区）实现地区生产总值80.02亿元，比2010年增长27.6%，其中工业增加值65.89亿元，比2010年增长27.12%，规模以上工业增加值59.29亿元，比2010年增长31.02%；第三产业增加值9.25亿元；地区生产总值（GDP）/年末全区从业人员22.22万元/人。开发区完成财政收入9.24亿元，比2010年增长34.98%，其中地方一般预算收入6.09亿元；税收收入8.903亿元，比2010年增长33.28%。税收收入/地区生产总值（GDP）为11.13%。开发区工业总产值实现263.8亿元，比2010年增长28.34%，其中规模以上工业总产值231.5977亿元，比2010年增长29.91%，外商投资企业工业总产值16.12亿元，比2010年增长10%；全区“三上”企业主营业务收入240.97亿元，比2010年增长32.98%，全区“三上”企业利润总额15.01亿元，比2010年增长35.32%，其中规模以上工业利润总额13.34亿元，比2010年增长28.67%。

【投资环境】 鹤壁开发区采取BT、BOT等形式，多方融通资金，完善道路、供水、污水、燃气、蒸汽、通信、电力、绿化和标准厂房等基础设施，区内实现“九通一平”。投资近4亿元推进道路、水、电、气、绿化等基础设施及标准厂房建设，建设了50万平方米标准厂房，8条段、5公里道路及配套设施建设，有效提升了产业承载能力。资本运作迈出积极步伐，担保公司、投资公司规范和扩大投融资行为，累计为天海、中科诺、大农等企业协调资金3.1亿元。建立了高效、亲商的服务体系，在土地、税收、信贷、规费等方面提供一系列优惠政策，最大限度地降低外商投资成本和生产成本。对于特别重大项目以最优地价提供土地，对中高层管理技术人员提供科研奖励和免费住房。

【产业发展】 电子信息和金属镁精深加工两大主导产业纳入国家、省发展战略，电子信息产业基地写入国务院《支持中原经济区发展指导意见》，金属镁精深加工产业成为省政府支持重点，省政府正式提出要在鹤壁建设“中国镁谷”。2011年，电子信息、金属镁精深加工两大产业产值占全区工业总产值的比重达到79%，两大产业新落地项目占全区新落地项目的93%，电子信息产业基地和“中国镁谷”建设呈现加速发展的良好势头。PLC光分路器芯片、镁合金发电机组、华中星高性能电容器、美丽鸟镁合金自行车电动车等项目相继投产，航盛汽车电子工业园、广西景典智能车库、德圣发镁业镁合金汽车轮毂、明镁镁业镁合金薄板等项目已开工建设。

【招商引资与利用内外资】 围绕电子信息、金属镁精深加工主导产业，把龙头项目和高新技术企业引进作为重点，紧盯深圳、北京和江浙等地区，围绕深圳、北京、江浙等重点招商区域，运用政企联手招商、坐地招商、以商招商等多种招商模式，全面提升招商引资的质量和水平。一是紧盯项目线索。每周召开班子工作例会，专题研究招商引资和项目建设，及时分析有关线索，高位推进、主动出击、紧盯不放，先后组织了赴珠三角、长三角和京津地区等重点区域开展招商对接活动150余次，接待考察、洽谈项目客商200余次，达成合作意向30个，促进了项目签约落地。二是科学谋划招商项目。发挥比较优势，结合电子信息和金属镁产业发展的态势和国际国内产业转移趋势及国家产业政策，先后谋划和包装主导产业项目200余个。鹤壁（深圳）电子工业园、光电子产业园、航盛汽车电子工业园、天津镁合金自行车及零部件产业园等30多个投资规模大、科技含高量、带动能力强的战略支撑项目，均取得突破性进展。三是积极推进企业组团转移。坚持引南靠北、外引内培，努力实现深圳企业和北京技术的交汇、引进企业和现有企业的融合。采取定位、定向、定点坐地的“三定一坐”招商方式，与中电长城科技、中国电子商会、深圳电子商会、中关村电子商会、中国镁协等企业集团和行业协会建立了紧密的合作关系。成功引进深圳航盛电子、中科院PLC光分路器芯片、华信医疗电子等行业品牌项目，产业带动和积聚效应进一步增强，电子信息产业集群正在加速形成。四是大力推进以商招商。以商人引商人、以外资引外资、以企业引企业、以产品引产品，借助品牌龙头企业，加快引进上下游配套项目，实现横向产业拓宽、纵向链条拉长，推动产业集群发展。以天海集团为依托，以中科诺数码产品制造、科王IT产品制造等项目入驻为标志，形成从汽车线束、光纤通讯到高性能电子控制系统ECU、笔记本、手机等终端产品的产业链。

2011年，鹤壁开发区招商引资到位省外资金36.5亿元，新落地超亿元项目38个，总投资91.3亿元，新增内资企业226家。实际利用外商直接投资1.09亿美元，比2010年增长141.02%，世界500强投资企业18个，比2010年增长12.5%；在建5000万元以上项目81个，总投资146亿元，其中列入省、市重点项目53个，完成投资38亿元。

【科技创新和重点企业】 鹤壁开发区拥有国家级、省级研发机构10个，高新技术企业6个；研究与试验发展（R&D）经费支出2.21亿元，比2010年增长21.09%，其中规模以上工业企业研究与试验发展经费支出2.15亿元，比2010年增长21.82%，开发区财政支持科技发展资金0.65亿元，比2010年增长27.84%。高新技术企业工业总产值39.66亿元，比2010年增长29.6%，占全区工业总产值的15.03%，高新技术产品进出口额5603.3万美元，比2010年增长53.32%，其中高新技术产品出口额3739.7万美元，比2010年增长59.18%，高新技术产品进口额1863.6万美元，比2010年增长42.78%，高新技术产品进出口额占全区进出口总额的49.37%。规模以上工业企业专利申请数184件，比2010年增长25.17%，其中发明专利72件，比2010年增长22.03%，规模以上工业企业有效发明专利50件，比2010年增长11.11%。

河南天海电器有限公司、淇林、海昌、百运佳等企业被认定为“省高新技术企业”。金山环保、东大高温等企业被认定为“河南省节能减排科技创新示范企业”。佳多、仕佳、天海、田山等企业被认定为创新型试点企业。推进与中国有色金属协会、上海交通大学、东北大学的合作，筹建了金属镁产业院士工作站，与清华大学合作建立清华园创业示范基地。与中科院、清华大学、上海交大、郑州大学、黄河科技大学、郑州轻工学院等创新团队建立了长期战略合作关系，合作项目已达40余个，其中列为省级重点项目的有4个，并签订了合作协议。

【人才建设】 出台《引进科技创新创业领军人才实施办法》，广泛吸引高层次人才带成果、带项目到区创业，设立5亿元创新创业基金，制定免费提供住房和产业化标准厂房等优惠政策，对引进院士、领军人才的企业及作出突出贡献的人才和团队，给予重点扶持和奖励。

【社会事业与文化建设】 全面完成村改居工作，全区11个行政村的村民全部转为城市居民。人口低生育水平得到巩固，新农合大大提高了农民医疗保障水平，特困群众实现应保尽保，民生进一步得到改善。把村庄改造和招商引资结合起来，通过引入有实力的投资商，采用项目打捆和联合投资的方式，推进新型农民社区建设。加拿大圣劳伦斯投资公司改造刘长屯村，温州飞龙汽车集团改造杨庄村和户堂、杨小屯等村庄改造工作正在积极推进。2011年底，鹤壁开发区从业人员36607人，规模以上工业科技活动人员2831人，占区内从业人数的7.86%，同级财政教育经费支出3358万元。社会保险参保36607人，社保覆盖率100%，社会保险缴费总额2.33亿元，比2010年增长44.02%，同级财政社会保障和就业支出3187万元。

【机构设置与管委会领导】 鹤壁开发区管委会内设机构“四局一办一委”，下设城北、金山、东杨3个园区管理机构，公安、工商、国税、地税、国土、规划等部门先后在开发区设立了派出机构，进一步完善了开发区的服务功能。

中共鹤壁开发区工委领导成员为：书记樊举格，副书记王金朝，工委委员王英群、赵中文、李长根、刘文耀、袁金虎、王雪红、杨蕾、施锦华、史瑞丰。鹤壁开发区管委领导成员为：主任樊举格，副主任王金朝、王英群、赵中文、李长根、王雪红、杨蕾、施锦华、史瑞丰。

（鹤壁经济技术开发区管委会）

上饶经济技术开发区

【经济发展】 2011年，上饶经济技术开发区（以下简称上饶开发区）实现工业主营业务收入400亿元，同比增长40.8%；工业增加值89亿元，同比增长23.6%；出口交货值10.14亿美元，同比增长53%；税收10.67亿元，同比增长20%；财政总收入14.5亿元，同比增长24.5%。获批“江西省高新技术产业园区”。荣获“2011年度先进工业园区”、“浙商最具投资价值开发区”等荣誉。

【项目与产业动态】 2011年，晶科能源继续迅猛发展，完成主营收入150亿元；圣达威电工加速扩张，在茶亭产业园、宜春开发区等地兴建基地；凤凰光学退城搬迁项目进展顺利；大自然木业后续项目逐步跟进，橱柜和强化木地板产品全国销售总部在上饶开发区正式签约落户；上饶客车积极拓展海外市场；耐普矿机等企业发展势头良好。新增项目推进明显加快，投资40亿元的光电高科、投资6亿元的中昱新材料、投资5亿元的晶科光伏材料等项目实现当年签约当年建设当年投产。开展项目攻坚百日活动，推动一批项目加快开工、建设进度。光伏、光学、机械电子三大产业集聚度进一步提升，获批“国家级光伏高新技术产业化基地”和“国家级光学高新技术产业化基地”。

【招商引资】 2011年，上饶开发区外资实际进资1.17亿美元，其中现汇0.9亿美元；外贸进口1.85亿美元，出口10.14亿美元，分别实现过亿元、过10亿元的历史性突破。与江西沃达水控有限公司签订固定资产投资10亿元智能温控卫浴产品生产项目。

【规划建设】 2011年，上饶开发区规划理念进一步提升，策应上饶市大城市、大交通战略，着手编制开发区100平方公里发展战略规划，开始实施调园扩区和增设沪昆高速开发区出口战略。土地供应能力进一步提升，新开发黄源、板桥两大片区及晶科新项目、中材入园项目共2000亩工业用地。基础设施建设完成投入1.55亿元，建成田墩220千伏变电站、自来水二期、黄源雨污水管网等工程，基本建成马鞍山、红石渡改桥、兴园、田墩安置小区、公安指挥大楼等工程，加快推进大塘沿公租房以及上二路、上三路、滨江西路等道路工程，全面提升主干道亮化、绿化、美化工程。开始通过自主造地解决耕地占补平衡问题，新增耕地面积331亩。更加注重集约节约用地，建立土地与投入、产出挂钩考核制，将入区企业投资强度的标准提高到200万元/亩，用地容积率提高到0.8，亩均税收设定为8万元以上，鼓励建设多层厂房，同时清理、盘活企业低利用率土地，成功收购龙翔教育、一村制药、沪饶鞋都等企业土地714亩。

【企业服务】 从整顿干部作风入手，推出一批工作机制，机关效能明显提升。陆续开展“三热爱”主题教育、“百名干部下基层”、“百名干部服务企业、百家企业服务三农”、解放思想大讨论等活动，进一步搅动了干群思想，凝聚了发展合力，提升了团队凝聚力、工作执行力和形象影响力。不断完善企业服务机制，全面实施“四个一”服务机制，即：“一对一”帮扶重点企业、为企业提供“一站式”办结服务；“一单清”收费、干部联系企业“一条龙”服务。

【农村事务与社会事业】 扎实推进农民创业就业保障体系建设，推荐就业再就业1.1万人。扎实推进农村基础设施建设，投入资金2000余万元，完成6座小（二）型和14座重点山塘除险加固工程；投入资金1700万元，完成董团中心小学整体搬迁和两个明德小学等校房工程，拆除校舍D类危房5500平方米；投入资金813万元，完成36个新农村试点和53个农村清洁工程点建设。

【机构设置与开发区领导】 上饶开发区内设机构12个，即：党政办公室、组织部、监察局、经济发展局、招商局、招商二局、财政局、规划建设局、农村事务与社会事业局、劳动保障与安全生产监督管理局、督查考核办公室、社会治安综合治理办公室；下属事业单位10个，即：行政服务中心、城市管理局、城市房屋拆迁办公室、金融工作办公室、土地储备中心、劳动就业培训中心、城市建设管理监察大队、劳动保障事务所、产业和政策研究中心、会计核算中心。设立了国土、工商、质监、国税、地税、环保、房管、消防、公安等市直派驻机构。

2011年，上饶开发区领导成员为：党工委书记汪友良（1～8月为市政府副市长朱寅健兼），党工委副书记、管委会主任郑卫平（9月任），党工委副书记李建华，党工委副书记、组织部长叶震春，党工委副书记危岩，党工委委员、纪工委书记况华，党工委委员、管委会副主任夏毅，党工委委员、管委会副主任杨一虎，党工委委员、管委会副主任王河，党工委委员、管委会副主任叶和彬，党工委委员、管委会副主任林伟，党工委委员、公安局长左小武，党工委委员、管委会副主任聂玉平，党工委委员、管委会副主任章仕根。

（上饶经济技术开发区管委会）

宁乡经济技术开发区

【经济发展】 2011年，宁乡经济技术开发区（以下简称宁乡开发区）完成工业总产值353.8亿元，同比增长50.2%；完成工业增加值94.2亿元，同比增长41%；实现财政总收入15亿元，同比增长49.1%，其中主体园区完成财政税收10亿元，同比增长61.27%，其他各项经济指标均实现50%以上增幅。

【投资环境】 2011年，宁乡开发区强化制度保障，改革行政审批工作机制，推进网上审批和联合审批，切实强化部门协调配合，简化审批手续；完善优化环境工作机制，成立专项工作领导小组，制订领导干部服务联系制度，所有企业、项目均明确1名班子成员为责任领导、1名科级干部为联络员，要求每周深入企业、项目现场一次以上，及时掌握企业、项目最新动态，了解和协调解决企业、项目生产建设中存在的问题和困难。优化服务流程，搭好“一站式”服务、“封闭式”管理平台，从项目招商到项目用地规划、报批、征拆、平整，再到项目建设、竣工等过程，统一由项目办调度，将每一项工作落实到相关部门和个人，并分别为每个项目建立进展台账，制订项目办结“倒计时”表，通过不断完善首问责任制、限时办结制、项目联系责任制等服务机制，积极优化项目引进、项目腾地、项目建设、项目投产4个阶段的服务流程，为客商和企业创造良好的投资兴业环境。

【产业发展】 2011年，宁乡开发区全力调整空间布局，合理优化产业结构，科学制定发展规划，明确园区功能定位，坚持产业差异化、产品高端化方针，逐步构建园区产业集群发展框架，找准“食品、机电、新材料与现代服务业”“3+1”产业发展之路。食品产业重点发展液态食品、休闲食品以及农副产品精深加工项目，代表企业有加加集团、台湾宏全、青岛啤酒、洽洽食品、美怡乐冰激凌等。机电产业重点发展白色家电、工程机械、再制造项目，代表企业有楚天科技、飞翼股份、华良中意、盛泓机械、湘电重工等。新材料产业重点发展新型能源、新型建材项目，代表企业有日本东洋铝业、海纳新材料、中财化建、远大住工等。现代服务业重点发展现代物流和综合配套服务业，代表项目有格力区域销售中心、源山冷链物流等。

【招商引资】 2011年，宁乡开发区累计引进固投5000万元以上项目25个，其中亿元以上项目14个，合同引资60亿元。中国坚果炒货行业第一的洽洽食品、中国休闲卤制食品第一的绝味食品、中国乳饮料行业前三的小洋人乳业、全球空调产销第一的格力电器区域销售中心、中国建筑管道行业排名第一的中国联塑湖南生产基地等项目成功落户园区，为园区蓄势跨越发展注入了强劲动力。

【科技创新和重点企业】 2011年，宁乡开发区科技创新成效显著。楚天科技成功创建国家级技术中心；飞翼、海纳、佳飞创建市级技术中心；海大铝业荣获“湖南省著名商标”称号；拜特生物、长城型材荣获“湖南省名牌”称号；搏浪沙水工董事长叶锋获得“第四届长沙市十佳科技创新青年人才”称号；佳飞新材料与拜特生物研发产品获得“湖南省优秀技术创新项目”称号；三博士电器、盛泓机械、新源氨基酸等企业研发产品获得“长沙市企业技术创新项目”称号；利洁生物、海大铝业等企业研发项目荣获“湖南省企业技术创新项目”称号。吉唯信、宏全国际、中京机械、马克菲尔等企业也在自己的领域创造出令人瞩目的成就。

【项目建设】 2011年，宁乡开发区动工建设项目59个，累计完成投资66亿元。东洋铝业、格力再生、妙盛国际孵化港项目建设相继启动；蓝色港湾、创业大楼、金洲西线进展顺利；中财、海纳、乐福来、飞翼及谐园北路等续建项目相继竣工。随着园区路网、电力、亮化、供热、排污、绿化提质等配套设施的不断完善，园区承载功能不断增强。12月17日，宁乡开发区举办了30个重大项目集中开工仪式，总投资过80亿元，得到省市领导和社会各界的高度关注与肯定。

【文化建设】 成功举办“经开印象”摄影大赛，收集2000余张优秀照片。编写《宁乡经开区之歌》广为传唱，自主编排的快板舞《走进经开区》在市、县文艺调演中多次荣获大奖。积极打造活力机关，培育艺术人才。园区机关坚持每月开展不同主题的文化活动，利用“三·八”妇女节、“五·四”青年节、七·一党建活动日等节日，组织园区干部职工开展户外拓展训练、知识竞赛、演讲征文比赛等形式多样的文化体验活动。在开发区举办各类文艺培训班，培养更多更专更精的文艺人才，不断壮大开发区的文化艺术团队。

【人才建设】 2011年，宁乡开发区全面实施“人才强区”战略，通过引进、培养、激活等举措，不断完善人才工作机制，致力于打造一支高效、前沿的精英服务团队，以“5127”人才引进工程为主要平台，先后引进30余名专业型、技术型、经济型高素质人才，其中博士2名、硕士12名。致力打造学习型机关，实行“传帮带”，为每名新进人员安排1名经验丰富的“师傅”；坚持“请进来”，定期邀请知名专家学者进行专题讲座；安排“走出去”，选派优秀人才到国家级开发区和上级部门跟班学习，到发达地区和先进园区考察；制订激励措施，鼓励自学进修，自我提升，培养专家型、复合型人才。从考核、晋升、薪酬、奖励等方面制定科学的人才管理办法，营造“做事有动力，做人没压力”的积极向上的工作氛围。

【社会事业】 宁乡开发区积极开展“全省保障性住房示范基地”项目建设，妥善安置失地农民，2011年5月全面启动集生活安置、休闲娱乐、宜居宜商于一体的“旺宁安置小区”项目，切实保障农民的住房需求。科学制定惠民政策，出台九大惠民政策：一是完善社保机制；二是创新土地股金分红办法；三是设立失地农民特困救助基金；四是制定《关于失地农民创业就业、增收致富试行办法》，鼓励农民创业兴业；五是成立农民就业指导服务中心，定期开展劳动技能培训；六是联合企业开展专场招聘会；七是建设全省首条“失地农民商业步行街”；八是将园区小型工程交由当地村组建设；九是实施“1+1+1”扶贫帮困计划，即1名干部联系1家企业，帮扶1户困难群众。全力维护园区稳定。连续多年保持无群体性事件、无越级上访事件、无重大安全责任事故的“三无”良好记录。2011年1月，开发区荣获湖南省首家“平安园区”称号。

【机构设置与管委会领导】 宁乡开发区管理委员会下设工会联合会、办公室、产业发展局、招商合作局、规划建设局、社会事务局、财政局、公安分局、城管分局、国土分局、环保分局、工商分局、房产分局、劳动分局。

宁乡开发区领导成员为：党工委书记戴中亚，党工委副书记、管委会主任陈海波，党工委副书记、纪工委书记刘辉，党工委委员、管委会副主任王子进，党工委委员、管委会副主任喻锦东，党工委委员、总经济师袁钊。

（宁乡经济技术开发区管委会）

武汉吴家山经济技术开发区

【经济发展】 2011年，武汉吴家山经济技术开发区（以下简称吴家山开发区）已基本形成集机械电子、现代食品、生物制药、新型材料和现代物流等于一体的产业体系。开发区（东西湖区）全年实际利用外资1.75亿美元，比2010年增长12.6%。实现规模以上工业总产值463亿元，比2010年增长32.7%。全口径财政收入109.07亿元，比2010年增长25.2%。

【投资环境】 2011年，吴家山开发区积极开展“治庸问责”行动，密切了党群干群关系；完善政务公开制度，强化服务措施，简化审批程序，提高办事效率，增强了工作的透明度；成立项目代办服务专班，为外来投资者在园区投资发展提供优质快捷的代办审批手续服务。此外，配合东西湖区城管局执法队，动员各方力量投入“城管革命”，使开发区投资环境得到有效改善。

【产业发展】 2011年，吴家山开发区坚持以“园区为载体、产业为支撑”，深入推进新型工业化。突出抓好食品、机电、物流等支柱性产业，加快产业结构调整，提高产业核心竞争力。同时，大力发展节能环保、新能源、生物医药、新一代移动通讯、服务外包、文化创意等六大新兴产业。

全面推进已签约项目开工和开工项目投产工作。全年已完工项目9个，包括日特固、富拉斯特、矽感科技等企业；正在建设的项目10个，包括台湾大觉明、李时珍药业、台玻集团、敏实集团等；即将开工项目5个，包括斯坦雷、本田制锁等。

狠抓企业增资投产。先后使统一企业、荷贝克、森六等3家企业在本区域内当年增加投资1.1亿元扩产，新增产值3亿元以上。使联塑、森六、TCL等提出并实施区内异地新征土地增加投资在积极洽谈中，这几个异地投资企业将会新增投资约30亿元。

【招商引资与利用外资】 2011年，吴家山开发区加大招商引资力度，在重大项目的引进上取得明显突破。全年实际利用外资1.75亿美元，比2010年增长12.6%。全年内资项目实际引进区外资金（内资）73.3亿元，比2010年增长48%。全年实际出口创汇1.94亿美元，比2010年增长20.5%。

【科技创新和重点企业】 2011年，吴家山开发区新创建高新技术企业6个，使全区高新技术企业数累计达到28个。实施国家级科技项目6个、市级科技项目20个、区级科技项目66个。

全年共签约过亿元工业制造业项目14个，有武汉斯坦雷电气、武汉长兴电器、漳州集成新技术、天黎轮胎（华中强化轮胎）、正同药业、武汉大广源科技、本田制锁、广东顺威精密塑料、武汉硕冠科技、台湾晋亿高铁紧固件等项目。武汉临空皇冠假日酒店和豪生国际酒店两家五星级酒店签约落户开发区，带动现代服务业向高端化发展。在充分利用区域内闲置土地和厂房资源的前提下，总部经济又创新高，新增总部经济企业50余家，新增税收9900万元。

【人才建设】 2011年，吴家山开发区围绕食品、机电、物流等支柱产业，依托园区高层次人才创新创业基地及重点企事业单位，开展大规模招才引智工作。加快实施“金山引才计划”，启动引才、育才、惠才、施才“四大工程”，争取在未来5年内，引进和培养100名党政战略储备人才、1000名产业创新创业人才，将各类优秀人才集聚到科学发展的主战场。武汉西部人才大厦作为吸引人才、服务人才的重要平台，已列入区内“十二五”规划项目库。向武汉市人才办申报了4个首批“黄鹤英才计划”人才项目，其中武汉航达航空科技发展有限公司黄勇同志申报的国家大型客机C919部分项目研制入选“黄鹤英才计划”人才项目，获得100万元项目资助。

【社会事业与文化建设】 2011年，吴家山开发区新增就业7150人，城镇下岗失业人员实现再就业1262人，组织开展各类技能培训6728人。

全区基本建立覆盖城乡居民的社会保障体系，社会保险覆盖范围不断扩大。全年全区社会保险参保人数达43.9万人次，其中：基本养老保险参保16.6万人，失业保险参保5.8万人，基本医疗保险参保9.2万人，工伤保险参保5.8万人，生育保险参保6.5万人。全年社会保险扩面净增54076人，全年基金累计征缴7.48亿元，基金支出7.3亿元。

【机构设置与管委会领导】 吴家山开发区下辖海峡科技园、台资密集区、机电产业园、保税物流园、食品加工区、循环经济园等多个特色园区。

吴家山开发区领导成员为：管委会主任（中共武汉市东西湖区委书记）张平；管委会常务副主任（武汉市东西湖区人民政府区长）

刘子清。

（武汉吴家山经济技术开发区管委会）

钦州港经济技术开发区

【经济发展】 2011年，钦州港经济技术开发区（以下简称钦州港开发区）规模以上工业总产值完成730亿元，同比增长153.3%；财政收入完成87.5亿元，同比增长222.6%；港口货物吞吐量完成4716.2万吨，同比增长56.1%，其中集装箱完成40.2万标箱，同比增长60.2%。

【产业发展】 随着中国—东盟自由贸易区的如期建成以及钦州保税港区的开关运营，钦州开发区加紧推进临海产业的建设和发展，形成石化、能源、造纸、物流加工、粮油加工等支柱产业。截至2011年底，建成投产了中石油1000万吨炼油项目、金桂林浆纸一期项目、中粮油脂钦州项目、玉柴石化、钦州燃煤电厂、东油沥青等25家规模以上工业企业，临海大工业产业集聚效应已经形成。

石化产业。至2011年，落户企业15家。其中中石油、东油、玉柴、国创沥青、华索等5家企业已经投产，形成657.7亿元的生产能力；中石油含硫装置、中亚石化、凯禹源等11个项目在建，建成后达产产能将增加794亿元，届时开发区的石化产业项目将实现超千亿元产能。宁波科元新材料、100万吨重蜡油深加工、钦州港10万吨催化油浆综合利用、钦州港10万吨苯乙烯等4个项目正在加快项目前期工作，总投资达149亿元，达产产能206亿元，将使开发区的石化产业产能达到1657.7亿元，有望接近石化产业规划发展的工业产值达1700亿元以上的中期目标。

能源产业。至2011年，落户企业4家，其中钦州燃煤电厂、新天德能源2家企业已经投产，形成33亿元的生产能力。燃煤电厂二期、钦州热电厂临时供热工程及中电投热电项目等在建项目3个，建成后达产产能将增加84亿元，使开发区的能源产业产能超过100亿元，达到117亿元。

粮油加工产业。至2011年，落户企业3家，大洋、中粮已经投产，生产能力合计达107亿元；在建项目2个，分别为中粮2000D/T菜籽生产线项目及汇海100万吨大豆油脂加工项目，建成后达产产能将增加64亿元，使开发区的粮油加工产业产能达到171亿元。

现代冶金产业。至2011年，落户企业5家，已投产企业4家，形成38亿元的生产能力，在建企业1家，建成后达产产能将增加15亿元，使开发区的现代冶金产业产能达到53亿元。

造纸产业。至2011年，落户企业1家，即广西金桂浆纸业有限公司，已投产的浆线生产能力达16亿元。在建的纸机项目将于2012年建成投产，将新增生产能力42亿元。

物流产业。主要发展以保税物流为重点的物流产业。2009年以来，开发区充分利用保税港区的有利条件，推动码头物流业及其他产业发展。随着保税港区两个10万吨级泊位及一期工程通过国家验收，慕名而来的物流项目意向投资商络绎不绝，相继引进了中石油、中海集团、中外运等16家航运、物流、贸易公司，其中中石油国际储备油库项目一期420万立方已建成投产。2011年2月，钦州保税港区顺利开港运营，年内外贸产值超过百亿元。

【招商引资与利用外资】 2011年，钦州港开发区签约的项目共10个，总投资额达到391.43亿元，完成到位资金103.35亿元，其中实际利用外资1.35亿美元。全年新引进石化项目6个：科元ABS新材料项目、玉柴200万吨/年重油综合利用项目、海旺100万吨/年蜡油深加工项目、南部湾120万吨/年重油综合利用项目、绿辰300万吨/年高清洁汽车用甲醇汽油项目；石化仓储项目1个：中恒纪改性沥青加工及仓储项目；能源项目1个：国投交通煤炭储运基地项目；粮油项目2个：中粮二期生产工艺技术改造项目、汇海粮油二期精炼加工项目；浆纸产业项目1个：翔盛集团50万吨/年粘胶短纤维项目。此外，还有20余个石化及物流项目正在洽谈中。

【科技创新和重点企业】 钦州港开发区工管委立足产业优势，围绕建设创新型企业，出台了一系列鼓励企业自主创新的政策措施，加大奖励力度，企业自主创新能力显著提高，尤其是在承担科技项目、开发新产品、科技创新平台建设、知识产权等方面取得明显成效。

中石油广西石化千万吨炼油项目：国家“十一五”炼油发展规划项目、广西“十一五”重点建设项目，项目建设规模为每年1000万吨炼油能力，总投资152亿元。该炼油工程炼化装置集中控制，均为世界级规模，主要工程包括1000万吨/年常减压蒸馏、350万吨/年重油催化裂化等10套主体生产装置以及公用工程、铁路专用线、码头及码头库区等配套设施。项目于2007年11月动工，2010年9月8日建成投产。投产一年来，企业所生产的柴油和汽油达到欧Ⅲ标准，部分达到欧Ⅳ标准，还开发了航空煤油等高档产品，是南宁、北海等机场航空煤油的主要供应商。

广西金桂林浆纸一体化项目：总规划为年产180万吨浆及310万吨纸，总投资约400亿元。其中，一期工程总投资79亿元，建设规模为年产30万吨木浆、60万吨高档文化纸及纸板。项目于2006年10月开工，一期工程30万吨化机浆项目于2010年9月8日顺利投产。金桂一期工程化机浆项目环保总投资超过4.5亿元，配套建设了化机浆碱回收系统，以确保项目投产后三废排放指标达到世界最先进水平。

中粮油脂钦州项目：中粮集团在广西北部湾经济区投资建设的第一个全资油脂加工项目，总投资30亿元，占地面积348亩，2010年1月全面动工建设，2011年4月18日建成投产。项目新建及后续的并购、改造工程完成后，油料加工能力可达240万吨，油脂加工能力达96万吨，仓储能力达33.8万吨，同时配备5万吨级码头泊位和铁路专用线等物流设施，预计年销售收入逾百亿元。其生产的“福临门”系列食用油及“四海”牌豆粕等产品，将销往云南、贵州、四川、重庆、广东、海南等省市及越南等东盟国家，预计年销售额超过100亿元。中粮将在北部湾地区形成一个粮油加工产业布局，并使之拓展成一个大的产业园区，辐射西南及东南亚市场。

国投钦州燃煤电厂项目：国家重点电力建设工程，其一期工程建设两台60万千瓦超临界燃煤发电机组，总投资47.17亿元，2005年5月动工建设，2007年11月两台机组投产运营，每年发电60亿度以上，年均销售收入约18亿元。该工程是国投集团建设的首个超临界电源项目，项目将等离子点火技术与大型的双进双出钢球磨煤机及超临界锅炉前后墙对冲燃烧方式三者有机结合，填补国内一项节能技术结合应用空白。国投钦州燃煤电厂的目标是打造成为广西能源基地，建设规模为总容量为720万千瓦的全国最大火力发电厂。

【社会事业与文化建设】 社会事业方面。2011年，钦州港开发区共安排超过4830万元财政资金实施惠民工程。其中搬迁安置惠民投入超过800万元；共有4094户6415人获低保生活补助和困难生活补助，获得补助的户数、人数分别占开发区总户数及总人口的78%和38%；继续实行参合群众免费参加新农合医疗制度，共有19098人参加，参合率达到100%；积极推进新型农民养老保险工作，年内参保人数3545人，其中60周岁以上1495

人；加大教育设施整改力度，继续落实本地农村户口子女免费就读高中政策，减轻农民群众负担。

文化建设方面。2011 年，钦州港开发区投入 63 万元建设了澄海小区篮球场和中心广场健身路径，为群众开展文化生活提供良好的环境。同时，进一步加快社区群众文化娱乐场所建设，开发区投入 10 万元建成水井坑和金鼓社区两间农家书屋和为各社区文化娱乐室配备了电视机、影碟机、投影仪等设备，发挥出基层文化阵地作用。

【人才建设】 建立健全高校毕业生见习基地。2011 年，开发区建立健全以工管委直属部门为主体的高校毕业生见习基地，吸纳 30 多人进行见习；以钦州市港口（集团）有限责任公司、广西金桂浆纸业有限公司等企业为主体的市级高校毕业生就业见习基地吸纳了 200 多人进行见习。

提升港区人力资源市场的服务功能。2011 年，港区人力资源市场为 30 余家企业办理职业登记，提供就业岗位 2200 多个，切实为开发区各重点产业企业解决急需人才问题；举办专场招聘会，35 家企业提供就业岗位 1924 个，招聘工种 120 种，发放各种相关宣传资料 560 份。

加强市级人才小高地建设。2011 年，申报成功了以广西金桂浆纸业有限公司为载体的钦州市制浆造纸产业人才小高地，以中粮（油脂）钦州有限公司为载体的钦州市粮油食品加工产业人才小高地，为聚集和培养浆纸、粮油产业高层次人才提供了重要平台。

通过公务员招录、“三支一扶”等方式引进人才。2011 年，开发区招录公务员 1 名，“三支一扶”招录 2 名。此外，通过工作调动、聘用等方式，共引进 20 多名高素质专业人才。

【机构设置与管委会领导】 钦州港开发区工委、管委是钦州市委、市政府派出的正处级机构，实行党政合署办公，“一套人马，两块牌子”。开发区工委设 4 个工作部门：工委办公室、纪律检查工作委员会、工委组织部、社会治安综合治理委员会办公室。开发区管委设 6 个工作部门：管委办公室（与工委办公室合署办公）、人力资源和社会保障局（与工委组织部合署办公）、经济发展局（挂招商局牌子）、社会工作局（挂计划生育局、民政局、人民武装部、教育局、残疾人工作办公室、搬迁安置办公室、扶贫开发领导小组办公室牌子）、建设规划办公室、安全生产监督管理局。市里还设了钦州港经济技术开发区（市）石化产业办公室，由开发区管委会管理。此外，开发区还按有关规定设置工会、共青团、妇联等群团组织。

钦州港开发区工委书记、管委会主任为陈润良。

（钦州港经济技术开发区管委会）

武清经济技术开发区

【经济发展】 2011 年，武清经济技术开发区（以下简称武清开发区）实现地区生产总值 166 亿元，同比增长 29.1%；工业总产值 576 亿元，增长 36.8%；吸引投资 82.7 亿元，增长 25.7%；税收 56.5 亿元，增长 25%；固定资产投资 97.7 亿元，增长 32%；新增就业岗位 1 万个，增长 10%。

【投资环境】 武清开发区地处京津之间，是中国环渤海经济区的中心，区位优势得天独厚。北距北京市区71公里、首都国际机场90公里，南距天津市区25公里、天津滨海国际机场35公里、天津港71公里。周边10分钟车程范围内有京津、京沪、京津塘和“112”等4条高速公路，设有出入口5个；有京津、京福等2条国道；规划京、津地铁4号线；有京津城际铁路经停站1处，至京津两大城市车程仅需20分钟。

基础设施达到“十一通一平”，分别为道路、给水、雨水、污水、供电、通讯、宽带网络、供热、蒸汽、天然气、有线电视通和土地平整。生态环境优美，园区绿化率达到40%以上。在质量管理和环境管理方面通过了ISO国际标准认证。

配套服务体系完善，设施齐全。有保税物流区、大型商务写字楼、星级酒店、温泉公寓、高级会馆、廉租公寓、双语国际学校、连锁超市、奥特莱斯购物中心、主题乐园等。行政服务环境优良，设有行政许可服务中心，能为企业提供“一站式”办公、“一条龙”服务。设有武清海关、检验检疫局，使武清具备所有进出口业务服务功能。引进了法律、金融、财务等服务机构。

【产业发展】 建区以来，武清开发区共吸引投资总额700亿元（其中外资60亿美元），引入50个国家和地区的企业1000余家，其中有美国艾默生和英格索兰、日本东棉和住友、韩国LG、中粮等世界500强企业17家，有天狮、丹佛斯、南玻、信义玻璃、娃哈哈饮品、伊利奶制品、红日药业、戴纳派克、奥克斯、玉柴重工、蓝猫卡通传媒、EKC工业等100余家国内外行业龙头企业。形成电子信息、机械制造、生物医药、汽车及零部件、新材料、新能源等六大主导产业，正在大力发展文化创意、动漫游戏、服务外包、金融、研发孵化、保税物流等现代服务业和科技型中小企业，以及总部经济。建区以来，累计实现税收241亿元，年纳税额占全区总量一半以上；吸引直接就业9万人，带动配套企业200余家，间接就业3万余人。

【招商引资与利用内外资】 2011年，武清开发区共引进项目113个，投资总额82.7亿元，增长25.7%。引进投资超亿元优质项目24个，其中总投资超30亿元的项目1个，为天津坝上春秋艺术园；总投资超20亿元的项目2个，为敏华家具和普亚物流；总投资超10亿元的项目4个，为日进第二工厂、中纺院高新技术园、亚马逊电子商务运营中心、奥克斯二期。引进了亚马逊、普洛斯和国机重工等3个世界500强项目。

高端制造业聚集区基本招满项目，引进高端制造业项目17个。主要有敏华家具、国能飞腾、国机重工、日进第二工厂、韦史伐里亚、大连机床、中纺院高新技术园、美国维益食品、德国天马筛得力分离机、德国西马格矿山机械、德国大都克电触头、奥克斯数码电器、天加空调、凯涛奇第二工厂、恒通源水处理、嘉林药业、法国BEIRENS工业排风系统项目等项目。

依托创业总部基地平台，总部楼宇经济取得突破性发展，共引进项目18个主要。有中国亿农营销结算中心、天津振戎国际能源、奥克斯研发中心、完达山液态奶总部、可信科技有限公司、坝上春秋设计创意总部、圣火科技园、天盛鼎和通信工程有限公司、奥帕蒂玛软件有限公司、信邦科技创业投资公司、奥峰文化传媒、与众科技（天津）有限公司、天津雅歌科技有限公司、天津尚思科技有限公司、天津三和工业电器科技有限公司、安科科技发展（天津）有限公司、龙沙集团、融鑫汇、创达投资咨询等。创业总部基地已引进总部楼宇经济项目40余个。

保税物流区基本招满项目，引进现代物流项目4个。主要有普亚物流园、玉柴重工国际服务中心、玉柴物流中心、人人乐物流等。

原有企业增资扩产形式较好。2011年开发区企业增资共23.33亿元。其中，较大增资项目包括信义玻璃增资5.02亿元、陶润置业增资3.77亿元、蜡笔小新增资2.45亿元、天狮生命科学增资 1.98 亿元、佛罗伦萨小镇增资 1.58 亿元。

【科技创新和重点企业】 武清开发区的国家级、省级企业技术中心致力于新产品、新技术的开发和研究，先后获得国家及天津市多项荣誉：

天津红日药业股份有限公司"中药血必净注射液制备及防治 SIRS 和 MODS 的研究"及"盐酸法舒地尔注射液"均荣获"天津市科技进步二等奖"。

天津红日药业股份有限公司 2006 年"国家二类新药物盐酸法舒地尔"项目获天津市科委推进计划转化认定支持；2008 年"Ⅰ类抗肿瘤创新药物基因重组藻胆蛋白—雷普克的临床前研究"项目获天津市科委支撑计划医药专项支持；2009 年"血必净注射液自动化生产在线质量控制"项目获科技部科技服务计划支持；2010 年成为"天津市制造业信息化示范单位"。

天津天狮生物发展有限公司 2007 年"抗氧化功能食品的研究与产业化"项目获天津市科委部项配套计划支持；2010 年成为"天津市制造业信息化示范单位"。

天津中敖生物科技有限公司 2007 年"酸枣仁提取物防治出口家禽病害"项目获天津市农委合作计划支持；2008 年"淡水养殖水体复合生物净化剂的开发"获天津市科委创新资金支持；2008 年"可提高家禽饮水免疫效果的天然指示剂"项目获天津市科委成果转化认定支持；2009 年"新型高效猪用补铁剂的中试与示范"项目获天津市科委农转资金计划支持；2010 年"兽用蔗糖铁在配制猪预混料中的应用示范"项目获天津市农委转化计划支持。

天津海迈医用科技有限公司研制的"激光采血仪"2010 年获科技部创新基金的支持。

【人才建设】 2011 年，武清开发区总公司共有干部员工 82 人。在人才建设工作中，大力开展员工培训，全面提升综合素质。重点加强招商部、创业拓展中心、企管部 3 支招商队伍建设，完善竞争激励机制，分解目标，压实责任，落实招商责任人制度、项目会商制度、招商督查制度和项目比选机制。

【社会事业与文化建设】 天狮集团获得直销经营许可证。2011 年 3 月 11 日，天狮集团被国家商务部正式授予中华人民共和国直销经营许可证。天狮集团于 1995 年成立于武清开发区，注册有 17 家公司，累计注册资本 11.2 亿元，是一家涉足零售、旅游、金融、国际贸易、电子商务等诸多领域，融产业资本、商业资本和金融资本于一身的跨国企业集团。集团成立 16 年来，为武清经济社会发展贡献了积极力量。仅 2010 年，该集团全球销售收入达 250 多亿元，在武清开发区纳税超过 3 亿元，吸纳就业 3000 人。

"天津坝上春秋"艺术园项目举行签约仪式。2011 年 4 月 28 日，武清开发区与北京美加投资有限公司举行"天津坝上春秋"艺术园项目签约仪式。该项目位于武清区文化产业园区内，投资方是美国世纪发展集团子公司——北京美加投资有限公司。项目将分三期建设，投资总额 30 亿元。项目将以美加公司"坝上春秋"模式为蓝本，建成以美术馆及国际艺术交流中心为核心，同时包含艺术家工作室、公共艺术教育研究中心、世界文化创意公司总部基地、知名企业文化会所、国际顶尖艺术院校、机构创作基地以及艺术主题公园等元素的"天津坝上春秋"文化艺术产业链。项目建成后，每年将吸引全国数以百万计的参观者、北京大量的高端旅游人群，使武清聚集大批国内外知名艺术家和企业名流，从而有力提升武清文化品位，提高武清在京津乃至国际社会的文化地位。

佛罗伦萨小镇·京津名品奥特莱斯开业。2011 年 6 月 9 日，佛罗伦萨小镇·京津名品奥特莱斯隆重开业。佛罗伦萨小镇·京津名品奥特莱斯是武清开发区引进的现代服务业项目，也是天津市区县第 3 批重大建设项目、市级商贸文化旅游项目，由美国威特公司和意大利 RDM 集团共同投资开发。项目位于京津城际铁路武清经停站北侧，占地581亩，投资总额15.4亿元，建筑面积20万平方米。是集休闲、娱乐、餐饮、购物、景观于一体的中国首座纯意大利风格的奥特莱斯购物小镇。项目以新型商业模式和独特的人文环境广泛吸引京津冀人群前来消费，打造京津精品商业名城，带动武清“城铁商圈”的形成，是武清乃至天津现代服务业发展的一大亮点。项目主要经营300余个高档世界名品服饰，年销售额30亿元、税收1亿元以上。项目一期占地271亩、投资9亿元、建筑面积10万平方米，目前已建成开业并有普拉达、巴宝丽、巴利等多家世界顶级品牌入住；二期已完成规划，即将启动建设。

武清开发区建区20周年发展高峰论坛召开。2011年12月16日，主题为“ChinaSourcing智领服务、慧助产业”专家巡讲·天津站暨“创新驱动、转型升级”武清开发区建区20周年发展高峰论坛在武清开发区天狮健康产业园会议中心举行。本届高峰论坛由中国软件与信息服务外包产业联盟和天津市武清区人民政府主办，工业和信息化部软件与集成电路促进中心和武清开发区承办，吸引了国内外众多企业代表和知名专家参与，国家工信部及天津市相关部门代表到会发表致辞，近30家媒体参会报道。本届高峰论坛召开的背景是为探讨“十二五”期间，国内各个经济园区面对加快转变经济发展方式的崭新形势和任务，如何打造差异化竞争优势、提升创新能力和完善服务体系。同时，主办单位旨在借助本届论坛为促进区域有序释放软件与信息产业内需市场、助力园区产业转型升级提供强有力的理论支撑。

【机构设置与管委会领导】 武清开发区机构设置：九部门分别为综合部、招商部、创业拓展中心、规划部、建设部、企业管理部、劳动就业部、财务部、城市管理部，五公司分别为自来水公司、热力公司、栖仙物业公司、绿化公司、工业物业公司。

武清开发区领导成员为：中共武清区委书记、武清开发区管委会主任张勇，中共武清区委副书记、武清开发区管委会副主任罗福来，武清开发区工委书记、武清开发区总公司总经理刘东海，武清开发区管委会办公室副主任、总公司副总经理李富国，武清开发区管委会办公室副主任、总公司副总经理、中共武清区委开发区工委委员黄巨山，武清开发区总公司副总经理、中共武清区委开发区工委委员李刚，中共武清区委开发区工委委员王继斌，武清开发区总公司总会计师张武民，中共武清区委开发区工委委员张书月。

（武清经济技术开发区管委会）

萍乡经济技术开发区

【经济发展】 2011年，萍乡经济技术开发区（以下简称萍乡开发区）完成地区生产总值81.08亿元，同比增长17.9%；财政总收入12.1亿元，同比增长43%；规模以上工业增加值60.5亿元，同比增长30.4%；固定资产投资69.63亿元，同比增长40.7%；招商引资实际进资33亿元，同比增长57%；实际利用外资3516万美元，同比增长46.5%；出口创汇1.8亿美元，同比增长79.5%；城市人均可支配收入19440元，同比增长15%；农民人均纯收入8965元，同比增长16.1%。辖区完成工业主营业务收入410亿元，同比增长

31.9%；工业增加值86.6亿元，同比增长30.2%；出口交货值24.2亿元，同比增长98.8%；工业企业税金总额14.5亿元，同比增长31.2%；工业企业利润总额20.8亿元，同比增长30.1%。主要经济指标增幅位于全市三县三区和全省94个工业园区第一序列，多项主要经济指标总量进入全市县区和全省工业园区前列。荣获“国家新材料高新技术产业化基地”、“全国模范劳动关系和谐工业园区”、“江西省先进工业园区”、“江西省节约集约用地先进开发区”、“江西省中小企业信用体系试验区”等国家和省级荣誉。

【投资环境】 2011年，萍乡开发区以完善“五网六平台”建设为重点，优化基础环境，增强园区产业承载力。着力推进公共资源交易平台建设，完善金融信用担保平台，积极与科研院校合作，全力推进物流中心建设，为园区企业提供更快捷优质的服务。

以开展“发展创新提升年”活动为契机，优化服务环境。一是实行全天候、快节奏行政。推行重要部门双休日不间断工作和严格限时办结制，进一步提高办事效率；推行无缺位工作制，保证企业请办事项随时有人办理。二是简化审批环节。公共政务管理局进一步集中审批事项，按照“进一个门办好、交规定费办成、在承诺日办结”的要求，为群众和投资者提供“一个窗口受理、一个窗口办结”的“一条龙”服务。三是强化暗访监督检查，及时受理和处理人民群众、企业和外来投资者的投诉。

以“依法行政、廉洁从政”为抓手，优化政务环境。一是全面落实国家级开发区的有关优惠政策，并出台一系列支持鼓励企业发展的优惠政策。二是严格规范行政行为。区公共政务管理局、法制办对管委会现行文件尤其是涉及到行政审批、资金使用和征地拆迁方面的规范性文件进行全面清理，确保其依法、合法。三是在工程建设中严把“四关”，即招投标关、预算评审关、质量监理关、验收审计关，打造优质工程和廉洁工程。抓好政府采购领域的监督，确保“公平、公正、公开”，为园区企业和基层群众提供优质的政务环境。

【产业发展】 2011年，萍乡开发区全面推进工业产业化进程，新引进、新开工和续建工业项目72个，项目总投资达138亿元。

产业聚集初步形成。按照2011年初规划布局的新能源、汽车及零配件、生物医药食品、新材料、冶金机械、非金属材料等六大产业，重点推进了汽车及零配件、新能源、生物医药食品三大产业，取得可喜成效。全年建成投产亿元以上重点工业项目12个，分别是柯美纸业、宝瑞能源、江西神硅二期、日普升大阳能、安源万向、捷英达电子、蓝翔重工二期、浏阳河饲料等。区内共有安源万向和蓝翔重工等机械和汽车及零配件企业20余家、神硅科技和宝瑞能源等新能源企业8家、甘源航空食品和浏阳河饲料等新生物医药食品企业12家，产业聚集效应初步显现。

产业平台全面拓展。2011年，萍乡开发区重点打造了新材料、汽车及零配件、生物医药食品三大产业基地，其中生物医药食品产业基地和非金属材料产业基地完成“五通一平”近1000亩；国家新材料高新技术产业基地完成“五通一平”650亩；创业园新增标准厂房面积约5万平方米，基本保障了项目落户的需求。在拓展平台的同时，还十分注重利用闲置土地和厂房进行招商引资盘活资源，先后引进宝瑞新能源落户安源制冷、优锂新材料落户南方煤机厂、捷英达落户安成电池，成功完成了“腾笼换鸟”。工业平台的不断拓展，为项目建设提供了强大支撑，吸引了大量项目、资金的聚集，促进了工业经济的发展和壮大。

第三产业持续快速增长。2011年，萍乡开发区完善的基础设施和优美的生态环境吸引了投资12亿元的幸福里商务广场、投资8亿元的美佳华城市综合体、投资2.5亿元的生态体育商务中心、投资1.5亿元的运通别克汽车商业广场、投资1.2亿元的春蕾粮油批发市场等一批大型商服项目入驻。总部经济持续发展，依托经贸大厦、金山大厦、财富大厦等总部经济平台积极引进流通商贸企业落户，区内共有商贸流通企业116家，全年完成商贸流通企业税收超1亿元。建安房地产业发展迅猛，全年新开工和续建了玉湖新城二期、四城花城二期、幸福里、南剑小区、美地二期、凤凰五期、景泰园、雍华庭、星州世家等10个高档房地产项目，共完成建安房地产业税收2.5亿元。

【招商引资】 萍乡开发区着力优化经济环境，重点围绕新能源、汽车及零配件、生物医药食品等产业，2011年共引进项目55个，协议进资108.5亿元，实际到位资金33亿元；引进5000万元以上项目25个，其中亿元项目10个、国内500强企业投资项目3个；实际利用外资3516万美元，实现外贸出口1.8亿美元，新增出口企业11家，外资和出口创汇总量列全市第一。

区内引进的宝瑞能源、神硅科技二期等项目均属高新技术项目，宝瑞能源建成投产后，年产值可达8.5亿元以上，两年内形成年产600MW太阳能电池片及组件生产能力。捷英达电子、安源万向等项目产品均领先国内外同类行业，安源万向投产达标后年产值达5亿元，年利税8000万元。柯美纸业配套建设了国内最先进的治污工程，利用蒸汽回收循环发电，实现了废水“零排放”，全部建成投产后年产值将达12亿元，年利税1亿元以上。2011年投产的新增工业项目可安排劳动力就业近两万人。

【科技创新】 2011年，萍乡开发区加快创新型开发区建设步伐，大力推进科技创新“六个一”工程，全区科技事业快速发展。科技创新对全区经济社会发展的贡献率由2010年的32.8%提高到40.5%；成功获批国家高新技术企业4家，高新技术企业完成增加值21.6亿元，同比增长37.2%；以北京理工、武汉理工、湖南大学、中南大学等科研院校为依托，成功申报国家重点新产品1项、国际专利2项、省重点新产品16项；区内拥有2个省级工程技术中心、4个省级综合服务平台和5个市级工程技术中心。组织萍乡市新科环保陶瓷有限公司、江西岳峰高分子材料有限公司等13家企业申报国家创新基金项目，三瑞科技（江西）有限公司的玻璃绝缘子项目成功申报江西省高新技术重大产业化项目，全区共获批各类科技项目资金合计达1200余万元。区本级财政兑现“六个一”科技创新奖励101万元。

【基础设施建设】 2011年，萍乡开发区全年续建和新建65项规模以上的基础设施，项目总投资113亿元（含中央、省、市及社会投资）。田中生态水库挖湖工程已完成工程量的35%，泄洪道和防洪工程完成工程量的50%；征地拆迁工作进展顺利，安置工作同步跟进，三田、田中、大星安置区建设全面启动，已完成6.5万平方米建筑面积，可提供500余套安置房进行分配；田中片区主要路网——洪山路、大星路、郑和路、江南路全面开工，整个田中生态水库建设格局走上正轨。主干道路网络不断完善，建设东路延伸段、彭高路已竣工通车；中环路开发区段、鹅湖路、周江路等城区和园区主要路网正在紧张施工。完成供水搬迁、改造工程4个，全面保障了区内居民和企业用水需求；天然气改造工作全面完成，为全区居民和企业提供了清洁能源。

【社会事业】 惠民政策全面落实。2011年，萍乡开发区在全市率先实现城乡最低生活保障全覆盖、城乡困难群众大病医疗救助全覆盖、城乡义务教育免学杂费和贫困生资助政策全覆盖、城乡居民合作医疗全覆盖，实现发展成果与民共享。在全区实施了被征地农民养老保险，共有9905人参保，全年共发放被征地农民养老金419.7万元，启动了城乡居民养老保险试点工作，参保人员4347人，共发放基础养老金145万元，实现老有所养；城镇职工医疗保险参保参合15774人、城镇居民医疗保险参保参合43801人、新型农村合作医疗参保参合37020人，实现病有所医；为义务教育阶段学生全面减免杂费和公共经费，并免费提供教科书，实现学有所教；积极引导群众就业，新增城镇就业人数3915人，新增转移农村劳动力4310人，“零就业”家庭安置率100%。投资5000万元开工建设廉租房600套共3万平方米，解决了住房困难群众的燃眉之急，实现住有所居；全区共有465名特困残疾人家庭享受了城乡低保待遇，建立了城乡困难群众临时救助制度，解决了困难群众临时性、突发性问题，实现困有所助。

社会事业协调发展。2011年，萍乡开发区投资2000万元改造鹅湖农贸市场和金陵大市场，为群众生活提供了便利；投资4000万元对中小学校进行全面改造，提升了办学水平；投资2500万元完成彭高至周江段萍水河防洪治理，提高了城市防洪能力；投资2000万元配套建成12个社区服务场所，为群众提供了便捷的综合服务；在15个管理处建设便民服务中心，为村民办事提供全方位的服务；投资2786.48万元打造27个新农村建设点；开展农村清洁工程试点工作，完善建设了5个垃圾中转站、119个小型垃圾池；投资5000万元启动园区污水处理厂建设，空气、水质均达到国家标准。

【机构设置与管委会领导】 萍乡开发区管委会下设管委会办公室、党群工作部、监察（审计）局、财政局、招商局、安商局、规划建设局、经贸科技发改局（安全监督交通局）、社会发展局、城市管理局、武装部（政法办）、教育体育局、社区管理局、行政执法局、民生工程事务管理局、信访局、环保局、测绘院、人口与计划生育委员会、公共政务管理局、人大政协联络处、汇丰投资公司等区属部门。

萍乡开发区领导成员为：萍乡市委副秘书长、萍乡开发区党委书记李锦林；市政府副秘书长、萍乡开发区管委会主任彭济庆；萍乡开发区党委副书记、管委会副主任黄薄双、汤萍方；萍乡开发区党委委员、管委会副主任胡志纯；萍乡开发区党委委员、纪委书记刘树韬；萍乡开发区管委会副主任刘光辉；萍乡开发区党委委员、管委会副主任颜云红、周若愚；萍乡开发区党委委员、公安分局局长钟振秋；萍乡开发区党委委员、管委会副主任柳东兴、黄镇萍。

（萍乡经济技术开发区管委会）

长春西新经济技术开发区

【经济发展】 2011年，长春西新经济技术开发区（以下简称西新开发区）GDP完成404亿元，同比增长18.6%；固定资产投资完成364亿元，同比增长44%；区属规上工业产值55亿元，同比增长35.1%；全口径财政收入完成54.6亿元，同比增长33.7%；实际利用内资完成86.8亿元，同比增长14.4%；实际利用外资完成4.24亿美元，同比增长17.5%。主要经济指标位居全市前列，固定资产投资总量、实际利用内资总量、利用外资增速、区属规上工业产值增速等四项指标全市第一，连续4年获得“长春市经济目标责任制优秀奖”。

【招商引资】 西新开发区采取随团招商与专业招商相结合的办法，全力推动招商工作迈上新台阶。2011年共引进重点工业项目83个、亿元以上项目61个、10亿元以上项目8个、20亿元以上项目4个，计划总投资358亿元，预计可实现产值420亿元。

【城市建设】 新区建设快速推进。建设乙六路等10条、8.2公里道路，完成丰越、西湖二次变、三水厂供水专线等重大项目配套工程，东风大街下穿高速公路涵洞竣工通车。建成区改造成效明显。城市绿化美化亮化净化水平进一步提升。大力实施“奋战150天市容环境综合整治行动”，完成支农大街、长沈路绿化亮化，对东风大街大屋檐建筑及一号门广场进行了维修，建设了“江南园林”风格的精品锦绣北园，汽车公园进一步完善。全区新增绿化面积22.3万平方米。进一步完善城市功能。引进大润发、沃尔玛等大型超市，居民生活更加便利。汽车贸易稳步发展，高力北方汽贸城、汽配商街运营有序，长沈路整车精品一条街形成规模，新引进4S店4家。

【民生工作】 全年完成民生实事105项。积极推动就业。全区城镇新增就业4106人，下岗失业人员再就业1083人，农村转移就业1000人。加强社会保障工作，城镇居民医疗保险75600人，新增养老保险1100人，失业保险870人，工伤保险5310人，超额完成长春市下达的指标。顺利启动城乡居民养老保险，完成5602名60周岁以上老人的办理工作。深入开展结对救助活动，与311个困难家庭结成救助对子。大力改善群众住房条件，完成2万平方米廉租房、9万平方米回迁住宅建设。投资9000万元完成“暖房子”改造共64栋、32万平方米，近2万群众从中受益。持续开展“安全建设年”活动，重点解决食品安全、交通安全、消防安全、卫生安全、生产安全等重大安全问题。注重解决发展性民生问题。大力发展教育、科技、文化、卫生、体育、人口计生、民族以及残疾人等各项社会事业。突出办好人民满意教育，教学条件不断改善，教育教学质量不断提高，中高考成绩排在全市前列。积极推进健康城市建设，公共卫生服务体系不断完善。深入开展社区、农民文化艺术节，举办长春汽车节群众文化艺术大型演出活动。积极开展全民健身活动，获得“全国老年健身展示大会优胜奖”、“体育道德风尚奖”。

【管理与服务】 西新开发区通过严格落实涉企行为“八禁止”的各项规定、规范涉企检查收费、规范自由裁量权、积极推进“三段式”执法等四项措施全面提升执法水平和能力。推出即时办理（办结）制。窗口工作人员根据前来办事群众或企业的基本信息和申办事项填写承办单，对于材料齐全的办件当场给予办结，不能当场办结的作出解释，承诺办理时限。让进入大厅的审批事项“件件有落实，事事有回音”，彰显“能办事、办成事、办好事”的政府部门新形象。

服务一汽发展。设立“服务一汽专区”，为一汽项目提供VIP式政务专项服务。开辟“直通车”窗口，把区内投资3000万元以上的项目列入“直通车”项目。2011年共为69家一汽所属企业办理项目审批事项131件，办理一汽新建企业76家。跟踪服务、电访企业200余次。

【社会事业】 加强和谐社会建设。以迎接全国文明城检查验收为主线，积极开展精神文明创建活动，增强了创城的责任意识和参与意识，全面完成创城迎检任务。进一步推动以城乡居民、在校学生及企事业单位为重点的个人品德、家庭美德、职业道德和社会公德建设，全面提升了全区文明创建水平。努力提升汽车人生活质量。为一汽困难职工提供114套廉租住房，新建改建停车场4处，增加停车位422个。完成城建管理、卫生防疫人员接收工作，一汽总医院医疗大楼和10万平方米公租房建设项目扎实推进。重视社会稳定工作，深入开展积案化解、领导大接访和局长接待日活动，建立和完善了社会风险防控化解机制，有效维护了和谐稳定局面。积极构建和谐劳动关系，妥善处理各类劳动纠纷，成功召开非公企业联合职代会。加强和创新社会管理，群众工作水平不断提升。双拥工作成效显著，锦程街道拥军工作成为全国典型。加强新农村建设，村集体经济发展、就业培训、村屯文化建设和农民稳定工作有序推进。

【机构设置与管委会领导】 西新开发区内设

党政机构21个，人员总数182人。管辖1个园区、2个街道办事处和9个行政村。管委会领导成员共10人，党工委书记（市委常委、一汽集团副总经理）为孙国武，管委会主任为李长明。

（长春西新经济技术开发区管委会）

哈尔滨利民经济技术开发区

【概况】　哈尔滨利民经济技术开发区（以下简称利民开发区）位于松花江北岸的哈尔滨市呼兰区境内，地处哈大齐工业走廊核心示范区，是哈尔滨市实施“北跃”战略新的发展空间，2011年4月，经国务院批准升级为国家级经济技术开发区。国家科技部批准的国家火炬计划利民医药产业基地，国务院信息化产业办公室、国家测绘总局和黑龙江省政府共建的黑龙江省地理信息产业基地，国家服务外包基地城市示范区，生物产业国家高技术产业基地及省级新型工业化医药产业示范基地等多个专业园区及食品药品研发检测中心、大学生创业园、职业技术培训中心等同时坐落于区内。在哈尔滨市实施“北跃”战略中，松花江避暑城被确定为“北国水城”样板区，品牌效应日益放大，区域竞争力提升扩面。2011年，利民开发区实现工业总产值260亿元，同比增长22.1%；全口径财政收入35.9亿元，完成固定资产投资103.3亿元，增长28%；出口创汇8412万美元，增长15.6%。

【招商引资】　利民开发区不断强化招商职能，主动由“引资”向“选资”转变，围绕生物医药、绿色食品、机械装备、现代服务业等主导产业进行重点招商，加速了产业集聚，有力支撑了今后更好更快更大发展。2011年，新引进派斯菲科生物制药、康隆药业、关东老窖酒业、奥特莱斯商业综合体、哈尔滨塑料五厂等41个项目，项目投资总额236.4亿元，实际到位资金114.5亿元。5000万元以上的项目达28个，亿元以上项目达21个，10亿元以上项目达5个。

【项目建设】　2011年，利民开发区重点组织实施了70个投资大、效益高、牵动力强的项目，其中省重点项目5个、市重点项目19个。全年开工建设的项目52个，总建筑面积678万平方米。华润雪花啤酒二期当年签约、当年建设、当年投产，老哈轴、高金食品等一批大项目开工建设，中航哈轴、摇篮乳业、哈尔滨电碳厂、华优动力、哈药物流配送中心等一批项目进展迅速，生物医药、绿色食品、装备制造等产业规模不断壮大，发展活力不断增强。

【城市建设】　利民开发区在城市基础设施建设上加大投入，全年共投资22.8亿元。在硬化上，建设39路8桥，道路总长46公里，面积105万平方米。松浦大道北延线呼兰段、昆明大街、广州路、生物医药产业园“四横五纵”路网和朱家立交桥、世纪路桥等25路4桥已完工，拓展了城市和产业发展空间；在亮化上，天津大街、香港大街、重庆路等18条道路安装路灯1296盏，其中将南京路、北京路、学院路的路灯提档为特色景观灯；在美化上，学院路、远东大街、南京路转盘和四环桥安装装饰灯4076盏；在绿化上，福州路、长沙路等道路完成绿化面积5.3万平方米。

【利民生物医药产业园区】　哈尔滨利民生物医药产业园区辟建于1998年，2002年2月被省政府正式批准为“省级医药科技园区”，同年12月被国家科技部火炬中心认定为“国家火炬计划利民医药产业基地”，2010 年被国家发改委命名为“国家高技术生物产业基地”，2011 年 3 月被省政府列为全省产业建设重点园区，实行省、市、区三级共建。医药园区由最初的 2 平方公里建成区规划调整到 20 平方公里，定位为“中国北方药谷”。生物医药园区突出产学研用特色，以生物医药、生物制造产业体系为核心，以药品、医疗器械和功能食品为生产主体，以利民“东北亚经贸科技合作区”为平台，打造生态化、集约化、专业化的全国一流、世界领先的国家级现代生物医药产业园区。园区设科技研发、生产制造、贸易物流、健康服务、综合配套等 5 个功能区、36 个功能单元。截至 2011 年底，园区共引进医药企业 35 家、配套企业 4 家，有 24 家医药企业通过国家 GMP 认证，执行国家及地方火炬计划和“863”计划项目 21 个，拥有自主知识产权的一、二类新药 7 个，医药园区企业已生产 16 个剂型 841 个医药品种，其中高新技术产品 87 个，拥有自主知识产权项目达 50 个。2011 年，园区实现销售收入 50.3 亿元、利税 10 亿元。

（哈尔滨利民经济技术开发区管委会）

衢州经济技术开发区

【经济发展】 2011 年 6 月 29 日，国务院办公厅下发《关于浙江省衢州经济开发区升级为国家级经济技术开发区的复函》，同意衢州经济开发区升级为国家级经济技术开发区，定名为衢州经济技术开发区，实行现行国家级经济技术开发区的政策。衢州经济技术开发区（以下简称衢州开发区）成为浙江省首个设在欠发达地区的国家级开发区。2011 年，衢州开发区实现工业总产值 320.2 亿元，同比增长 25%，其中规模以上企业 307.04 亿元，增长 22%。实现工业增加值 72 亿元，增长 14%。出口交货值 19.3 亿元，增长 24%。全年财政总收入为 16.05 亿元，同比增长 14%，其中国税入库为 8.9 亿元，地税入库 7.15 亿元。地方财政收入 8.71 亿元，同比增长 15%。

【投资环境】 衢州开发区设立了行政服务分中心，实行“窗口式”、“保姆式”服务，对所有引进的招商引资项目，都确定服务责任人，为企业全程代办协办各项手续，协调解决项目落地过程中遇到的问题，协助企业加快建设进度。在区内 32 家企业设立了投资发展软环境监测点，对企业反映的问题及时办理。每月 15 日定期举办企业用工招聘会，联合劳动部门在云南等地设立劳务用工输入基地，为企业提供用工服务。

【产业布局】 工业产业结构继续升级。衢州开发区拥有先进装备制造、新能源、新材料、电子信息等四大战略性新兴产业，是国家级空气动力机械产业基地、浙江省光伏产业基地和浙江省电子元器件及材料产业基地。黑色金属冶炼及金属制品业、通用专用设备制造业、食品加工制造业、纺织皮革业、化学原料制品业 5 个行业实现产值 272.2 亿元，占全区规模企业工业总产值的 88.7%，支撑作用显著。各行业产值情况：黑色金属冶炼及金属制品业产值 159.07 亿元，同比增长 23.8%。通用专用设备制造业产值 59.9 亿元，增长 28.9%。食品加工制造业产值 25.3 亿元，增长 27.9%。纺织皮革业产值 13.98 亿元，增长 5.6%。化学原料制品业产值 13.95 亿元，同比增长 77.6%。造纸及纸制品业产值 7.27 亿元，增长 16.5%。新能源及电子信息产值 6.98 亿元，增长 64.6%。电气制造业产值 5.76 亿元，同比下降 5.87%。交通运输设备制造业产值 5.26 亿元，增长 92.3%。塑胶制品业产值 5.2 亿元，同比下降 34.9%。非金属矿物制品业产值 2.37 亿元，同比增长 16.8%。燃气及水的生产和供应产值 1.25 亿元，同比增长 33.6%。医药制造业产值 6515 万元，增长 24.5%。

【招商引资】 2011 年，衢州开发区新引进市外投资项目 36 个，项目投资总额 53.68 亿元，其中投资额 5 亿元以上项目 2 个、1 亿元以上项目 18 个，实际到位资金 27.46 亿元，同比增长 12.1%。引进首个互联网 IT 产业项目——浙江盘石科技公司投资项目，引进旺旺控股、三一重工、阿尔诺维根斯特种纸、康师傅、银轮股份、横店集团等大品牌公司投资项目。全年有 32 个项目建成投产，有 7 个项目完成全部证照程序办理；新开工建设 23 个项目；15 个项目在做开工前期准备工作。全年决策咨询工业项目 39 个，总投资 36.43 亿元，总用地面积 547.5 亩，平均投资强度 273 万元/亩。

【科技创新】 2011 年，衢州开发区实现新产品产值 74.8 亿元，同比增长 75%，国家级高新技术企业实现产值 70 亿元，同比增长 28%。新批国家级高新技术企业 2 家、省级研发中心 2 家、市级各类科技计划立项 17 个、省级新产品 5 个。

【基础设施建设】 2011 年，衢州开发区基础设施建设工程快速推进，完成投资额约 1.8 亿元。完成临溪路等道路工程 8.4 万平方米，汽车城 4S 店两侧绿化等园林绿化工程 7.2 公顷，150 万立方米东港园区土方平整以及 21 公里水电配套工程，实施东港污水处理厂、宁波-衢州山海协作示范项目区二期道路等项目建设。

【人才建设】 2011 年，衢州开发区通过引导鼓励企业参与各类项目技术洽谈会，积极引进高层次产业人才，建立行业性技术研发中心，开展校企合作等形式，培育国家级高新技术企业 12 家、省级技术中心 5 家、省级研发中心 4 家、市级高新技术企业 16 家；加强海外高端人才的引进、服务，衢州库米赛诺粮食机械有限公司有海外人才被列入省“千人计划”创业人才。

【社会事业】 2011 年末，衢州开发区新星学校和东港学校两所义务教育学校共有在校学生 4826 人、教职工 271 人。新星学校初中部主体工程竣工。

2011 年，衢州开发区财政预算内资金用于“三农”支出增长率达到 14.6%，农村居民人均纯收入比 2010 年增长 20.87%。开发区加大资金投入，推进村级公益事业项目建设，年初成立村级公益事业建设工作领导小组及办公室，制定下发了《开发区村级公益事业建设一事一议财政奖补项目和资金管理办法》。闹桥老年活动中心、旺村自来水、旺村道路硬化和排污等 6 个项目竣工，总投资 331.67 万元，下拨省财政奖补资金 105 万，开发区配套奖补资金 113.32 万元。

社会保障事业稳步发展。2011 年，全区累计投保单位达到 723 家，全年养老保险征缴 29402 人，医疗保险征缴 29443 人，失业保险征缴 28050 人，工伤保险征缴 32054 人，生育保险征缴 29391 人。养老、医疗、失业、工伤和生育 5 个险种社会保险征缴 2.4 亿元，比 2010 年增长 48 %，其中养老保险缴费额为 1.6 亿元、医疗保险缴费额为 4874 万元、失业保险缴费额为 1625 万元、工伤保险缴费额为 977 万元、生育保险缴费额为 580 万元。

【机构设置与管委会领导】 衢州开发区管理委员会下设办公室、组宣处、监察室、招商局、经济发展局、社会发展局、财资管理局、建设管理局 8 个部门，派驻在开发区的工作部门有市规划局城东分局、市国土资源管理局城东分局、市住房和城乡建设局城东分局、市工商行政管理局开发区工商所、市人力资源和社会保障局城东分局、市环境保护局城东分局、市公安局经济开发区分局、市综合行政执法局开发区支队、国税管理科、地税管理科、市司法局直属分局、市质量技术监督局开发区质监分局等12个部门。下设事业单位1个，为衢州经济技术开发区办事中心；国有企业1家，为浙江汇盛投资集团有限公司；受衢江区委托，管理衢江区东港街道办事处。

衢州市政府副秘书长、衢州开发区党工委书记、管委会主任为徐常青（2011年7月调入），党工委副书记、管委会副主任为吴自力，党工委委员、管委会副主任为邵新安、谢剑锋（2011年11月调离），党工委委员、纪工委书记为余建军，党工委委员为李韬、汪胜（2011年11月调离）、吴俊生。

（衢州经济技术开发区管委会）

张家港经济技术开发区

【经济发展】 2011年，张家港经济技术开发区（以下简称张家港开发区）完成地区生产总值575.99亿元，同比增长26.6%；财政收入84.12亿元，其中地方一般预算收入40.38亿元，均同比增长28.2%；入库税收78.12亿元，同比增长30.6%；完成固定资产投资170.21亿元，同比增长30.4%。7月，在香港中华工商业协会主办的“2011两岸四地国际投资合作高峰论坛”上，张家港开发区荣获“2011中国最具发展潜力园区前10强”称号；9月25日，经国务院批准，升级为国家级经济技术开发区。

【投资环境】 2011年，华东国际技术创新园被国务院侨办授予“海外人才中国创业示范基地”称号，太阳能光伏产业园被中国可再生能源学会命名为“光伏产业示范基地”，再制造产业基地经国家发改委批准开展前期工作。“江苏张家港太阳能光伏产业园”经江苏省商务厅批准设立，张家港开发区被江苏省经济和信息化委员会认定为2011年度“江苏省信息化和工业化融合试验区”，创意软件（动漫）产业园被命名为苏州市首批“文化产业示范基地”。

【产业发展】 2011年完成工业总产值1656.85亿元，同比增长23.1%；工业增加值474.27亿元，同比增长23.1%。全年在建项目223个，总投资87.6亿元，其中超千万元项目79个、新开工项目214个。重点发展新材料、新能源、新装备三大新兴产业，初步形成太阳能光伏产业链。全年完成服务业增加值96.28亿元，同比增长38.2%。重点发展文化创意、软件和服务外包、现代物流、金融服务等产业。引进韩国友利、香港汇丰两家外资银行，江苏如意通动漫产业有限公司原创动画片《如意兔之红晶石》获2011年度“第三批优秀国产动画片奖”。区内江苏国泰国际集团有限公司、江苏张家港农村商业银行股份有限公司两家服务业企业被评为“2011年中国服务业企业500强”。张家港富瑞特种装备股份有限公司在深圳证券交易所创业板上市，区内累计上市企业达7家。

【招商引资】 2011年完成实际利用外资3.44亿美元，同比增长88.5%；新增内资企业注册资本24.62亿元，同比增长8%。骏马钢帘线四期、盛康光伏电池和组件、宏宝光伏拉棒切片、江苏富瑞达光电太阳能晶体硅片、张家港永能光电电池片和组件、西马克冶金设备等总投资超5亿元项目开工建设，天威五洲220万KVA以上变压器、富瑞特装LNG船（车）用供存储系统、华东电站H型鳍片管、海陆重工大型核承压设备、苏州爱康光伏新材料、申港锅炉重型车间、亚兴重工钢厂设备和压力容器、骏马钢帘线三期、康维明太阳能电池背板、爱博纳双金属复合板等重点项目竣工投产。

【科技创新】 2011年研究与试验发展经费支出13.29亿元，同比增长27%，占GDP的2.31%，其中，规模以上工业企业研究与试验发展经费支出10.15亿元，同比增长26.8%，占规模以上工业增加值的2.52%。同级财政支持科技发展基金1.56亿元。年末，全区规模以上工业科技活动人员4562人，比2010年增加323人，占区内从业人员数的5.17%。陶军华博士入选国家"千人计划"。全年新增研发机构4个，累计65个。全年申请专利2783件，其中发明专利593件、专利授权2351件。新增高新技术企业13家，年末累计59家，全年实现高新技术产品企业工业总产值504.88亿元，同比增长36.07%，占全区工业总产值的30.5%；高新技术产品进出口额10.74亿美元，同比增长18.8%，占全区进出口总额的15.5%。科技创业园顺利通过国家级科技企业孵化器复审。苏州大学张家港工业技术研究院签约落户开发区。智能电力研究院建成运行。

【社会事业】 2011年，全区农村居民人均纯收入19067元，城镇居民人均可支配收入35128元，分别增长16%和14%。完成乘航中路、金塘路街景改造。易地新建塘市中小学、幼儿园。新开工安置房110万平方米，竣工42万平方米，交付公租房3.5万平方米。年内从业人员平均劳动报酬39984元/人，同比增长19.2%；2月1日起上调企业月最低工资标准为1140元，同比增长18.75%。社会保险参保人数88039人，同比增长5.13%，社保覆盖率达到99.81%；从业人员社会保险缴费总额6.23亿元，同比增长5.33%，占从业人员工资总额的18.1%。同级财政教育经费支出5.73亿元，同比增长28%。社区基层医疗服务站实现全覆盖。农村生活垃圾无害化处理率达到100%。同时，张家港开发区作为全市主阵地，做好了全国文明城市创建迎检工作。举办区内首届全民健身运动会，实现文化阵地"村村建"、农家书屋"村村办"、文明百村欢乐行"村村演"、文化信息共享工程"村村通"。编辑出版《暨阳名人丛书》，重印《杨舍堡城志稿》，汇编暨阳文化论文集，举办第二届暨阳文化论坛。

【机构设置与管委会领导】 张家港开发区管委会下设党政办公室、招商局（商贸局）、经济发展局（科技人才局）、综合管理局（安全环保局）、建设局、财政局、组织人事局、监察室。

张家港开发区领导成员为：工作委员会书记梁一波（2011年10月免）、张伟（2011年11月任），副书记葛晓明、谢刚，委员徐根法、陶惠兴、李良、庞立新（2011年2月任）、张跃（2011年11月任），纪律检查工作委员会书记庞立新（2011年2月任）。管理委员会主任葛晓明（2011年3月任），副主任葛晓明（2011年3月免）、谢刚、徐根法、陶惠兴、李良、季冬、张跃（2011年11月任）。

（张家港经济技术开发区管委会）

长寿经济技术开发区

【概况】 长寿经济技术开发区（以下简称长寿开发区）于2010年11月经国务院批准升格为国家级经济技术开发区，规划控制面积78.25平方公里，主要发展天然气化工、石油化工、新材料、冶金钢铁、装备制造五大产集群。累计开发面积达34平方公里，完成固定资产投资991亿元，其中基础设施投资104亿元，产业项目投资887亿元；引进企业220家，协议引资总额1972亿元，其中包括世界500强企业17家、跨国公司28家、上市公司38家；先后荣获“全国循环经济试点园区”、“国家化工新材料高新技术产业化基地”、“重庆市首批知识产权试点园区”、“中国钢产业示范基地”等称号。

【经济指标】 2011年，长寿开发区实现工业产值580亿元，增长33%；新增合同引资487亿元，增长44%；实际利用外资4亿美元，增长60%；完成固定资产投资207亿元，增长12.5%。

【产业招商】 2011年，长寿开发区储备一大批项目，形成了3750亿元项目群；引进一大批项目，新加坡金鹰集团投资200亿元的亚太纸业项目、世界500强企业——德国拜耳科技投资13亿元的组合料和复合料项目、市能投集团投资60亿元的已二酸项目等项目成功入驻，新增世界500强企业1家、200亿级项目1个、50亿级项目1个；洽谈一大批项目，川维合资项目取得实质性进展；追踪一大批项目，正全力追踪涂料行业世界名列第一的阿克苏·诺贝尔项目、泰博等46个总投资637亿元的重点项目。

【规划管理】 2011年，长寿开发区秉承“五个一体化”发展理念，以国际视野、国家级开发区的新要求，对区内拟规划控制的约80平方公里范围进行了全新详细研究，完成了开发区城市总规局部修改和土地利用总体规划修编，整合了晏家、江南、八颗3个组团控制性详细规划，产业、公辅设施和生态隔离带布局进一步优化，为实现封闭管理和建设安全环保示范型开发区提供了规划保障，提高了承载大项目的能力，为建成国际知名重化工园区、国内一流国家级开发区绘就了新蓝图。

【基础设施建设】 2011年，长寿开发区筹资6.5亿元提升三片区公用工程服务，建成道路14公里，110KV、35KV输变电站各1座，敷设水管15公里、天然气管10公里、蒸汽管廊2.5公里，确保17家新建成投产企业的需要。争取用地指标11425亩，完成土地征迁7000亩，土地整治2000亩，满足了MDI一体化等一大批项目建设需要。

【项目建设】 2011年，长寿开发区实施重大项目44个，总投资192.8亿元。快速推进产业项目建设。重庆市“一号工程”MDI一体化项目顺利开工建设，已累计完成投资49亿元，2011年共计签订设计、采购和施工等合同200余个，合同金额超过60亿元，制造周期在15个月以上的长周期设备的订货全部完成，现场强夯及临时水、电、排污等公用工程准备工作全面完成，巴斯夫公司已完成土地招拍挂、初步设计审查和工程详细设计等前期工作，所有项目按二级计划进度推进顺利，能确保实现2014年10月MDI一体化项目商业运行的总体目标。新重钢650万吨产能建成投产，从2007年5月奠基到2011年9月一期全面投产，仅用1580天，创造了大型联合钢铁企业建设奇迹。小康汽车100万台发动机项目、正新橡胶子午线轮胎一期工程、85万吨/年甲醇项目、云天化研发中心等一大批重大项目建成投产；快速推进公用工程项目建设。建成江南钢城循环经济区路网，为新重钢2015年建成“双千亿企业集团”奠定了基础；建成移民生态工业园主干道，确保具备了招商新形象。

【安全环保】 2011年，长寿开发区完成晏家河应急拦截闸门和企业级事故污水应急处理池建设，形成可靠的四级事故污水风险防范体系。完成所有排污口和重大危险源视频监控系统安装，建成了安全环保监控预警体系。完成联动报警系统建设，形成了应急救援联动指挥体系。设置19套应急疏散风向标、5个应急集合点和疏散通道，启动了消防特勤二站建设前期工作，建成应急救援资源保障体系，为建成最安全、最环保开发区提供了保障。

【管理与服务】 2011年，长寿开发区机制再创新，确保与国家级开发区接轨。完成管委会、公司内设机构设置，实现了原化工园区、晏家园区人员优化组合和工作无缝交接，确保了各项工作推进不断档。迅速制定管委会和公司内设机构职能职责，优化完善工作流程，确保了各项服务工作畅通运转。修改完善聚商选资工程流程等工作办法和工作制度30个，为各项工作顺利推进提供了制度保障。建立投产企业、在建企业联席会制度，及时解决企业生产经营中实际困难；注重过渡期间与市、区部门的沟通，确保工作沟通全方位、零障碍，保证了对企业的服务水平不降低。

2011年，长寿开发区深入开展服务提升年活动，创新服务制度会商解决企业实际困难和问题230余件，确保了企业生产运营和项目建设顺利推进。强化运行调度，建立投产企业用能档案库，协调天然气11.3亿方、电54亿度、水1183万吨、煤485万吨、蒸汽82万吨，确保了投产企业的基本用能需要。

【管委会领导】 长寿开发区领导成员为：管委会主任陈金山，管委会副主任宋平、肖庆华、冉洪、涂山全。

（长寿经济技术开发区管委会）

其他开发区篇

上海外高桥保税区

【经济发展】 2011年，上海外高桥保税区投资企业实现增加值1469.83亿元，比2010年增长17.8%。从产业上分析：以国际贸易等服务业为主体的第三产业实现增加值1353.43亿元，比2010年增长21.1%，所占比重从2010年的89.7%提高到92.1%；以先进制造业为主体的第二产业实现增加值116.4亿元，比2010年下降9.4%，占7.9%。

2011年，上海外高桥保税区投资企业完成经营总收入突破1万亿元大关，达到10835.63亿元，比2010年增长19.9%，实现利润总额440.82亿元，比2010年增长9.5%。投资企业资产规模持续扩大，资产结构不断优化，期末资产总额达到5158.3亿元，比2010年增长11.8%，其中流动资产4474.5亿元，占资产总额的86.7%，比重比2010年提升0.6个百分点。投资企业期末从业人员23.7万人，比2010年增长2.2%；全员劳动生产率达到62.02万元/人，比2010年增长15.4%。

【投资建设】 2011年，上海外高桥保税区完成固定资产投资额25.36亿元，虽然保持较大规模，但比2010年减少12.7%。随着保税区主体园区综合投资环境的渐趋完善，重点市政基础设施建设项目逐步减少，基础设施投资额基本保持稳定。目前保税区的市政基础设施投资额主要体现在微电子园区以及少量道路、卡口、绿化等项目上。2011年，保税区完成基础设施投资额4.68亿元，比2010年增长1.5%，占保税区固定资产投资额的18.5%。此外，保税区进一步完善公交配套设施建设，十号线保税区站的建设工作进入方案深化阶段。进区企业纷纷进行扩容投资，通过改扩建厂房、仓库等实体性作业以及装置设备等改造更新工作，促使进区企业固定资产投资额保持较大规模，完成17亿元，占保税区固定资产投资额的67%，是保税区固定资产投资额完成的主要方面。集团下属各开发公司继续开展园区综合环境的完善优化工作，推进配套设施建设进程，有效落实产业用房（厂房、仓库等）的供应保障，促使开发公司固定资产投资额与2010年基本持平，完成8.36亿元，占保税区固定资产投资额的33%。2011年在区内开展投资建设的企业单位共有31家，比2010年增长40.9%，净增9家；施工项目44个，比2010年增长10%，净增4个；其中新开工项目26个，比2010年增长23.8%，净增5个；竣工项目21个，比2010年增长162.5%，净增13个。全年房屋施工面积77.15万平方米，比2010年减少12.6%，其中新开工面积26.69万平方米，比2010年增长16%。全年完成房屋竣工面积12.65万平方米，房屋竣工率为16.4%。

【产业发展】 贸易业是上海外高桥保税区经济发展的支柱产业，也是经济总量和税收贡献的主要来源。据统计，2011年保税区实现商品销售总额9713.76亿元，比2010年增长22.5%。区内众多贸易企业依托雄厚的资金实力、先进的营销理念和优质的商品及服务，努力扩大销售规模，促使重点企业不断涌现，对保税区商品销售额发挥"主力军"的作用。据统计，2011年保税区销售额超过100亿元的贸易企业有12家，比2010年增加3家，合计销售额2721亿元，比2010年增长37%，占保税区商品销售总额的28%；销售额超过10亿元的贸易企业达到163家，比2010年增加

21家，合计销售额6833亿元，比2010年增长24.8%，占保税区商品销售总额的70.3%。随着国内经济实力的不断增强和居民购买力的提升，国内市场对国外优质商品和中高档消费品的需求进一步增长，区内贸易企业积极扩大包括汽车、手表、电脑等在内的商品的进口内销力度，不断提升对国内市场的销售份额。据统计，2011年保税区贸易企业完成国内商品销售额7807.76亿元，比2010年增长23.1%，增幅超过保税区平均水平0.6个百分点，占保税区商品销售总额的比重从2010年的80%进一步提升至80.4%。国际著名品牌如苹果的Iphone、捷豹路虎的汽车、瑞士的名牌手表等商品都是通过保税区销售到全国各地。随着国内市场的发展，外资贸易企业不断加快功能整合和产业升级进程，加大市场开拓和业务模式创新的力度，促使商品销售额呈现持续较快增长。据统计，2011年保税区外资贸易企业完成商品销售额9169.16亿元，比2010年增长22%，占保税区商品销售总额的94.4%。排名保税区贸易企业商品销售额前15位的均为外资贸易企业，其中三星半导体、苹果电脑、捷豹路虎、明朗国际、乐金显示、三菱商事、松下电器机电、爱思开能源、沃尔沃汽车、嘉能可、伊藤忠、日立建机等12家企业销售额均超过100亿元。

物流业是保税区具有竞争优势的主导产业，是产业联动的良好"润滑剂"。随着区内贸易总量的不断扩大和物流配套环境的加快改善，物流企业积极满足加工贸易向中西部转移后的新需求，创新保税物流业务发展新模式，加快进口分拨中心和出口配送中心的发展，促使保税区增强发挥服务上海、服务长三角、服务全中国并且面向世界的重要国际物流平台的作用。据统计，2011年保税区从事物流业务的900家企业共拥有仓储面积226万平方米，全年保税区物流企业经营收入完成3324.62亿元，比2010年增长14.5%。保税区的分拨企业主要依托保税物流功能，运用现代物流的管理措施和手段，通过自营型保税仓库对自有的商品货物进行采购、仓储、拼拆、简易加工、包装、分拨配送等一系列营销活动。这是保税区特有的一种特殊物流企业类型，具有集贸易、物流等多种功能于一体的综合优势，在一定程度上满足了跨国公司业务功能多元化的需求，从而在保税区获得了较快的发展。据统计，2011年保税区600家物流分拨企业完成经营收入（含分拨货值）3165.11亿元，比2010年增长15.3%，占保税区物流企业经营收入的95.2%，所占比重比2010年提高0.7个百分点，是保税区完成物流企业经营收入的主体。外高桥港区积极依托外高桥保税区国际贸易功能发展和上海航运中心建设，进一步完善自身服务功能，充分发挥进出口货物目的港和启运港的枢纽优势，扩大对内河流域的辐射作用，促使港区货物吞吐量和集装箱吞吐量均呈现持续稳定增长。2011年外高桥港区合计停靠各类船舶36854艘次，比2010年增长15.8%，其中外籍货轮达到9646艘次，比2010年增长15%；完成货物吞吐量1.46亿吨，比2010年增长7.6%，占上海港的20%；集装箱吞吐量1570.8万标箱，比2010年增长4.8%，占上海港的49.5%，是上海港集装箱吞吐量继续稳居世界第一的重要组成部分。

2011年，虽然受到欧美市场需求萎缩、日本地震及泰国洪灾等国际因素和通货膨胀高位运行、生产要素居高不下、人民币升值压力较大等国内因素的共同影响，上海外高桥保税区加工制造业继续依托国内市场发展，加快产业结构和产品结构调整，努力提升产业能级转变经营方式，促使保税区工业产值实现小幅增长。截至2011年底，保税区正式投产加工企业200家，其厂房占地面积164.29万平方米，厂房建筑总面积144.86万平方米。全年保税区完成工业总产值736亿元，比2010年增长5%。保税区积极推进加工企业结构调整和能级提升，促使重点加工企业的产值集聚度进一步提高，推动保税区工业产值的增长。2011年保税区产值超亿元的工业企业达到72家，合计完成工业产值692亿元，比2010年增长

5.5%，占保税区工业产值的94%。其中联想（上海）电子科技有限公司完成工业产值355.7亿元，比2010年增长15.9%，比保税区产值平均增幅高出10.9个百分点，占保税区工业产值的48.3%；同时，企业经济效益持续向好，实现利润4.18亿元，比2010年增长10.5%。区内加工企业全年完成高技术产业产值491亿元，比2010年增长9.6%，占保税区工业产值的比重从2010年的64.1%提升至66.7%。保税区生产的产品主要有："联想"电脑1092万台、"金士顿"存储盘2839万个、"安靠"集成电路59987万片、"凯斯"工程机械1827台；"安捷伦"分析仪器及装置9240台；"日东光学"偏光片91274万片。保税区加工企业市场竞争力强，经营方式领先，发展质量较高，2011年保税区工业产品销售率达到99.7%，工业企业实现利润总额33.6亿元，工业企业创造就业岗位4.38万个。同时，保税区节能降耗工作成效显著，单位产值能耗水平保持领先位置，全年工业企业能耗总量20.03万吨标准煤，在产值实现增长的情况下能耗总量比2010年下减少4.2%。

上海外高桥保税区已经形成以贸易、物流、加工三大产业为主体，以房产、金融、商务等服务产业为配套的综合产业体系。近几年来，随着跨国公司的产业转移和保税区投资企业的升级转型，以技术服务和离岸外包为特征的研发、软件、维修等新型业态的发展取得积极进展。跨国公司纷纷将原来布局在国外发达地区的产品研发中心或研发部门转移到保税区来，开展新产品的研发和本土化设计等业务活动，提升了保税区投资企业的自主创新能力，也增强了保税区经济的集约化发展水平。据统计，2011年保税区有30余家企业开展科技研发活动，科研投入合计超过18亿元，涉及科技项目超过100个，从事科技活动的研发人员达4700人。其中专门从事研发业务的企业合计完成经营收入20.5亿元，比2010年增长8%。随着国际产业分工的细化和加工贸易的转型升级，特别是跨国公司"本地化战略"的实施，更多的处于产业链高端的维修、检测等售后服务环节从欧美地区逐步向中国转移，保税区正处于承接国际服务业转移的前沿。据统计，2011年保税区共有90余家企业开展维修和检测业务，共完成维修服务收入13亿元，比2010年增长10%。随着信息技术和电子产品的发展，软件服务业已经成为现代服务业发展的支柱产业，坚持发挥政策扶持作用，促进原有软件企业创新技术手段，加强人才集聚，拓展服务范围，促进软件服务业务保持一定发展。据统计，2011年保税区从事软件设计、系统集成等业务的软件服务企业有27家，共完成软件服务收入16.13亿元，比2010年增长10.8%。外高桥保税区巨大的经济规模和企业群体，也吸引了众多金融机构纷纷入区开展各类金融业务活动，既保障了保税区综合经济的健康发展，也为保税区金融业的发展提供了机遇。截至2011年底，在保税区设立经营网点并开展业务活动的金融机构共有14家。

保税区把营运中心的培育和发展作为提升产业能级、推进总部经济发展、促进招商稳商育商工作的重要抓手，通过财政扶持、功能拓展、创新试点等多项有效政策措施，积极推进以营运中心为载体的实体性总部经济发展。众多投资企业在政策引导下，纷纷加快跨国公司总部授权步伐，加大业务功能整合和增资扩容力度，提升了在集团内部的地位和话语权，促进了符合条件的营运中心数量不断增加。据统计，截至2011年底，经保税区管委会认定的跨国公司营运中心达到169家，其中2011年认定15家。此外，保税区已有22家跨国公司被上海市认定为区域性地区总部。保税区营运中心数量的不断增加和业务功能整合的不断推进，促使营运中心的经济规模持续扩大，在保税区经济总量中的比重不断提升，成为保税区经济稳定发展的助推器。据统计，2011年169家跨国公司营运中心企业完成经营收入5345.17亿元，比2010年增长20%，占保税区企业经营总收入的46.9%。随着政策扶持的完善和规模经济效应的显现，保税区营运中心的经营效益日益突出，企业利润和税收产出较快增长，体现出良好的发展成效。据统计，2011 年 169 家营运中心企业实现利润总额 248.31 亿元，比 2010 年增长 25.2%，占保税区利润总额的 60.3%。保税区的营运中心以 3% 的企业数量，创造了保税区 47% 的收入、60% 的利润以及 46% 的税务部门税收，是保税区经济可持续发展的重要基石。

【招商引资与利用内外资】 据统计，2011 年，上海外高桥保税区新批投资项目 344 个，比 2010 年增长 24.2%，吸引投资总额 14.57 亿美元，其中外商投资额 12.76 亿美元，比 2010 年增长 6.2%。保税区加快先行先试和产业转型升级进程，从提升贸易便利化环境、提供高效企业服务体系和优惠财政扶持政策等方面着手，为企业持续发展创造较好的发展空间，使得企业增资扩容继续保持一定规模。2011 年保税区增资项目达到 301 个，实现增资额 12.05 亿美元，占保税区投资总额的 82.7%，其中合同外资增资额达到 6.08 亿美元，占保税区合同外资的 88.9%，继续成为保税区完成投资额和合同外资的主体。2011 年外高桥保税区增资额超过 1000 万美元的大项目共计 27 个，合计增资额达到 7.68 亿美元，占保税区增资额的 63.7%，合同外资增资额 3.7 亿美元，占保税区合同外资增资额的 60.9%。随着产业功能的创新和发展环境的完善，保税区招商引资再次呈现良好增长态势，新批项目数量及吸引投资额均较快增长。2011 年保税区新批投资项目 344 个，比 2010 年增长 24.2%。新批项目吸引投资额快速增加，完成 2.8 亿美元，比 2010 年增长 57.6%。新批大项目的增加推动了吸引投资额的快速增长，2011 年保税区投资额超过 1000 万美元的新批项目达到 7 个，比 2010 年增长 4 个，合计吸引投资额 1.08 亿美元，占新批项目投资额的 38.6%。外资项目的招商引资由于 2004 年政策调整经历了多年的低迷，近两年终于走出低谷，连续实现回升。2011 年保税区新批外资项目 126 个，比 2010 年增长 23.5%，占保税区新批项目的 36.6%。吸引外商投资额稳中有升，完成 12.76 亿美元，比 2010 年增长 6.2%，占保税区投资额的 87.6%。合同外资完成 7.17 亿美元，比 2010 年增长 4.9%；实际利用外资增长较快，完成 5.78 亿美元，比 2010 年增长 32.6%。2011 年保税区新批内资项目 218 个，比 2010 年增长 24.6%，内资项目数量超过外资项目数量已经成为一种趋势。

【人才建设】 据统计，2011 年末，上海外高桥保税区投资企业从业人员达到 23.7 万人，比 2010 年增长 2.2%，其中经营管理人员 3.5 万人，占保税区从业人员的 14.8%。从业人员中：中方人员 22.62 万人，比 2010 年增长 2.1%，占保税区从业人员的 95.4%；外籍人员数量又有新增加，为 1.08 万人，比 2010 年增加 300 人，占保税区从业人员的 4.6%。2011 年末，保税区从业人员中具有大学专科以上学历的人员达到 15.08 万人，比 2010 年增长 4.6%，占保税区从业人员的 63.6%。其中大学本科学历从业人员增长较快，达到 8.35 万人，比 2010 年增长 9.7%，占保税区从业人员的 35.2%，比重比 2010 年提高 2.4 个百分点；硕士及以上学历从业人员和大学专科学历从业人员分别为 1.58 万人和 5.15 万人，占保税区从业人员的 6.7% 和 21.7%。

（上海外高桥保税区管委会）

张家港保税区

【经济发展】 2011年，张家港保税区（金港镇）实现地区生产总值500亿元，比2010年增长15%；工业产品销售收入1337.98亿元，比2010年增长23%；全口径财政收入65.91亿元，比2010年增长26%；地方一般预算收入28.3亿元，比2010年增长26%；入库税收66.2亿元，比2010年增长24%；实现进出口贸易额149.5亿美元，比2010年增长31%；其中进口贸易120.75亿美元，出口贸易28.75亿美元，分别比2010年增长36%和11%。

【投资环境】 2011年，滨江新城、扬子江重型装备产业园和香山旅游风景区控制性详细规划通过市规划委员会评审。行政商务中心大楼、石化交易大厦、段山重装码头（一期）相继开工建设，完成再生示范园视频监控系统等配套工程建设，新兴产业育成基地一期竣工投运。南京路、东新路和香山大街改造、金港路、再生园绿化等基础配套工程相继竣工，全年基础设施投入25亿元，比2010年增长33%。

【产业发展】 区（镇）33家规模企业完成工业产品销售收入1031.7亿元，占区（镇）总额的79.98%；利税总额54.7亿元，占区（镇）总额的81.8%；入库税收22.7亿元，占区（镇）总额的36.97%。工业产品销售收入超200亿元的企业为2家，超50亿元的企业为2家，超30亿元的企业为4家，超10亿元的企业为19家，新增上市企业1家。20家规模、成长型经济村的销售总量占全镇销售总量的46.97%，比2010年增长16.45%，其中15个村的销售收入超5亿元，4个村的销售收入超10亿元。2011年完成服务业增加值207亿元，增长16.5%，占GDP比重41.4%。成功引进总投资3亿美元的新加坡普洛斯物流园项目，东华能源、长江国际、孚宝物流等一系列码头、仓储、储罐项目，"江苏化工品交易所"、棉花保税物流交易中心、进口消费品展示交易中心、粮油交易市场、进口葡萄酒交易市场、名贵木材国际采集中心等一批新兴物流载体成功运行。

【招商引资和利用内外资】 2011年引进注册外资7亿美元；到账外资4.7亿美元；完成注册内资75.8亿元，其中注册外地资本30亿元，比2010年增长46%。完成工业投入94.1亿元，比2010年增长28%。新开工工业项目107个，新增私营企业933家，注册资金37.2亿元，累计有私营企业4520家，注册资金197.5亿元。

【科技创新和重点企业】 2011年2月，张家港保税区管委会出台《张家港保税区领军型创新创业项目科技资金管理规程》；8月，修订《扬子江化学工业园产业规划》，确定烯烃、有机硅、锂电等"9条环境友好产业链"。江苏扬子江重型装备产业园获批省级特色产业园，科技创业园被认定为省级高新技术创业服务中心。10月，张家港康得新光电材料有限公司光学膜示范基地正式投产，成为国内首家具有知识产权的光学膜规模企业。

【开放型经济】 2011年进出口总额150亿美元，增长31%，其中进口121亿美元；实际利用外资4.7亿美元。"走出去"战略不断取得新进展，7月，江苏其元集团在埃塞俄比亚投资的东方工业园获得国家发改委批准，园区开发建设进展顺利，入园企业已达12家，日益成为苏州乃至全国发展"走出去"战略的平台。丰立集团海外公司通过股权转让购买过产业张家港公司，东华能源股份有限公司对外投资获得国家发改委备案，取得省发改委批复。

【社会事业与文化建设】 加强对办事处、村（社区）的管理，出台办事处职能强化、村级经济发展等一系列措施意见，启动实施了"网格化"管理。把双山离岛农民中的应保对象全部纳入城保系统，率先全面完成城乡养老保险并轨，4306人实现了手续办理和缴费两个100%到位，合作医疗、住房公积金、老年农（居）民贴补等工作全面铺开。推进"四有一责"行动计划，促进农村新型集体经济快速发展，壮大村级经济实力，村平均可用财力近700余万元，为张家港市最高，农民人均收入超1.7万元。投入5.68亿元，新建和改建教育设施配套工程、城市建设基础工程、动迁居民安居工程等10件政府实事工程。

【人才建设】 2011年获评市领军型创业人才28人、姑苏人才2人、省双创人才5人，申报国家"千人计划"2人；成功申报省级高新技术企业12家、省级高新技术产品35个、省级科技项目7个，列入国家"863"计划项目2个，列入国家火炬计划、国家重大科技专项、国家中小型企业创新基金等国家级科研项目8个，其中国家火炬计划项目5个、国家重大科技专项项目1个、国家中小型企业创新基金项目2个。

【机构设置与管委会领导】 张家港保税区管委会是江苏省人民政府的派出机构。张家港保税区党工委、管委会下设党工委、管委会办公室（外事办公室），金港镇，经济发展局（科技人才局），招商局，物流贸易局，财政局，规划建设局，安全环保局，国土资源局，企业服务管理局，工商行政管理局，国家税务局，地方税务局等部门。

张家港保税区管委会领导成员为：张家港市市委书记、张家港保税区党工委书记徐美健，张家港市市长、张家港保税区党工委副书记、管委会主任姚林荣，张家港市市委常委、张家港保税区党工委副书记、管委会副主任徐仲高，张家港保税区党工委副书记、管委会副主任汤建中，张家港保税区党工委副书记、管委会副主任许剑波，张家港保税区党工委委员、纪工委书记张建平，张家港保税区管委会副主任王惠忠、周伟、张雷、黄镇、顾秋雁，张家港保税区管委会主任助理童扣林、孙济刚、季峰、支振荣、翁羽人。

（张家港保税区管委会）

宁波保税区（出口加工区）

【经济发展】 2011年，宁波保税区（出口加工区）实现生产总值135.4亿元，同比增长13%，其中：第二产业增加值50亿元，同比下降2%，第三产业增加值85.4亿元，同比增长23%；完成财政收入32.7亿元，其中中央级收入16.9亿元，地方级收入15.7亿元，分别同比增长25%、30%和20%；海关税收总额22.5亿元，同比增长22%。以国际贸易、进口专业市场、仓储物流为特色的现代服务业得到较快发展，已成为推动园区经济发展的重要支柱，产业结构转型升级取得成效，为"十二五"发展奠定了良好基础。

【投资环境】 2011年，宁波保税区（出口加工区）完成固定资产投资15.1亿元，其中厂房仓储投资2.6亿元，设备购置投资11.8亿元，在建项目19个，其中2011年新开工项目

1个。推进一批重点功能性项目建设。累计建成2.4万平方米进口葡萄酒市场展厅；总投资3.5亿元的商务大楼顺利结顶；总投资4.8亿元的进口商品集散中心一期工程预计2012年6月投入使用；2.7万平方米的进口食品仓储配送中心建设前期工作已启动。

积极实施贸易便利化改革试点，推出系列创新管理举措。深化集中报关、无纸通关、分类通关、分送集报等通关模式，调整优化了进出口货物通关监管模式，宁波保税区海关实现一体化放行，提高了通关效率。优化进口商品预检验模式，对大宗商品实施“一站式”监管，检验效能大幅提高。深化跨境贸易人民币结算和进口付汇核销改革，积极争取外汇主体监管试点，区域贸易管理服务环境进一步优化。

围绕优化产业结构的目标任务，在产业转型升级、节能减排与淘汰落后产能、技术创新、产业链延伸等方面相继出台一系列政策，引导区内工业企业健康快速发展，取得了良好成效。2011年，全区万元工业增加值能耗同比下降7%，成为超额完成宁波市政府下达的考核目标任务的两家单位之一；深化和谐企业创建，探索实施工资集体协商，完善劳动关系调处网络，被评为“全国模范劳动关系和谐工业园区”；推进“平安企业”创建，探索开展“平安市场”创建，企业创安合格率达100%、优良率达83%；积极创新社会管理，获批城市管理执法主体资格。

【产业发展】 工业。2011年，全区完成工业总产值539.2亿元，产品销售收入531.6亿元，同比分别增长2%、1%；实现工业增加值49.5亿元，同比下降3%；实现利润8.4亿元，同比下降43%。其中：液晶光电产业在产品价格持续走低的不利形势下，实现产值400亿元，保持了稳定发展，液晶模组产量9120万件，同比增长66%；工业集约化发展明显，销售收入过亿元企业达34家，占全区工业企业数量的32.1%，销售收入占97%；新兴产业迅速发展，实现产值25.5亿元，同比增长16%，被评为“浙江省外商投资新兴产业示范基地”。

物流业。2011年，宁波保税区（出口加工区）仓储货运总量117.4万吨，与2010年持平，货运总值39.1亿美元，同比增长5.7%。其中进仓货物60.8万吨，货值20.5亿美元；出仓货物56.6万吨，货值18.6亿美元。期货交割业务高速发展，龙头企业高新货柜公司期货交割仓扩容项目完成增资扩股，打造浙江省最大期货交割库。拓展出口采购配送业务，区内已有10余家采购配送企业，2011年实现国际采购出口配送货值2.5亿美元，同比增长80%。建立进口分拨中心，主要发展固体化工、葡萄酒、冷藏食品、稀贵金属、汽车零部件等专业市场配载物流。依托出口加工区物流中心发展第三方物流，引进德国DHL、日本阿尔卑斯、中外运等10余家著名跨国公司，开展第三方生产性物流业务，为区内外近千家企业提供供应链配送服务，近3年完成物流配送货值200多亿美元。

【招商引资】 2011年，宁波保税区（出口加工区）新批外资企业21家，总投资2.5亿美元，同比增长150%；合同外资1.3亿美元，实际利用外资1亿美元。全年引进内资项目463个，其中注册资本500万元以上项目达70个，1000万元以上项目达52个，亿元以上项目达3个；注册资本21.3亿元，实收资本15.2亿元。

【科技创新】 2011年，宁波保税区（出口加工区）科技型企业发展加快，新兴产业实现产值25.5亿元，同比增长16%。落实各级扶持科技型企业发展资金1.23亿元，其中：立立电子国家02专项扶持资金到位1.18亿元；理工监测获得市级工业择优项目资助100万元，被认定为“国家规划布局内重点软件企业”；路宝公司“桥梁伸缩装置”通过国家火炬计划产业化项目认定。积极鼓励科技创新，组织企业申报各级科技项目24个，立项19个，其中国家级项目2个；新认定高新技术企业1家、市级科技型企业2家；获得授权专利

20件。

【对外贸易】 2011年，宁波保税区（出口加工区）完成外贸进出口总额144.8亿美元，同比增长8%；其中出口49亿美元、进口96亿美元，同比分别增长1%、13%。实现加工贸易63.6亿美元，同比下降2%；一般贸易43.1亿美元，同比增长32%，其中一般贸易进口30亿美元，同比增长40%，贸易结构持续优化。全区国际贸易继续在浙江省及宁波市外贸发展中保持重要地位，外贸进出口占宁波市外贸总额的14.7%；进口占宁波市进口总额的25.6%，占浙江省进口总额的10.3%。国际贸易主体进一步集聚，全年新增国际贸易企业387家，新增自营进出口获权企业208家；培育优势总部企业3家、营运中心3家；全年进出口超千万美元企业达145家，超亿美元企业达19家，超10亿美元企业达3家。从行业来看，固体化工品、有色金属、铁矿砂、船舶、进口葡萄酒等进口专业市场规模进一步做大，市场会员企业达890家，注册资本31亿元，全年实现交易额842亿元，税收6.3亿元，同比分别增长29%、100%。

【机构设置与管委会领导】 宁波保税区、宁波出口加工区是由国务院批准设立的海关特殊监管区，由市政府派出机构——宁波保税区管委会统一管理，下设管委会办公室、人事劳动社会保障局、经济发展局（统计局、安监局）、财政局、建设管理局（环境保护局）、贸易合作局、市场物流合作局、工业科技合作局、审计局（监察室）、行政审批管理办公室等部门；海关、检验检疫、工商、税务、外汇、规划、国土等单位在区内设立了分支机构。

宁波保税区管委会领导成员为：党工委书记、管委会主任马兆祥，党工委委员、管委会副主任徐红，党工委委员、管委会副主任严荣杰，党工委委员、管委会副主任夏群，党工委委员、管委会副主任、巡视员汪闻勇，党工委委员、纪工委书记杜占春，巡视员刘存华，党工委委员、办公室主任叶万档，党工委委员、组织部部长、人事劳动社会保障局局长沈勤儿。

（宁波保税区管委会）

福州保税区

【经济发展】 2011年，福州保税区（含保税物流园区）引进项目170个，项目总投资1.93亿美元，实际利用外资503万美元，进出口总值为27.34亿美元，财政收入达3.15亿元。区内百万税收企业增长为300家，为福州市及周边企业提供各类物流配送总值达48.28亿美元。

【投资环境】 福州保税区管委会不断加大投资环境建设，取得积极成效。一是干部作风明显改善。切实加大了机关效能建设的广度和力度，加大督查督办力度，有力提高了干部服务企业的意识和为企业办事的效率。二是窗口服务更加到位。加强投资服务中心和经发局两个对外窗口的建设，不断深化服务机制建设，对企业投资生产、经营中的各种问题实行“一条龙”服务。2011年为企业办理有关项目审批、变更、进口设备审批、加工贸易审批等350余项，外企年检40余家。三是企业服务更扎实。定期和不定期走访企业、召开企业座谈会，积极协调海关、国检、工商、税务等驻区机构，及时解决企业遇到的困难和问题，促进企业安心稳定生产。四是通关环境更便捷。

保税区海关从2011年初以来不断推进分类通关改革，实现“由企及物”的管理模式，进一步提高了通关效率。同时，不断完善物流监管体系，提升综合监管能力，有效运用风险分析，切实提升了查验效率。

【福州保税港区通过国家验收】 2011年12月16日，福州保税港区（一期）3.1平方公里通过了国家十一部委验收，成为通过国家验收的第14个保税港区。

【对接武夷山陆地港业务启动】 2011年初以来，福州保税区积极落实与武夷山陆地港签署的战略合作协议，建立“福州保税港区—武夷山陆地港物流集散中心”，并于2011年1月6日启动了武夷山陆地港经由福州保税港区出口的第一票报关业务，建立了保税港区与武夷山及江西之间的物流绿色通道。

【福州港江阴港区汽车整车进口口岸获批】 2011年12月21日，福州港江阴港区正式获国务院批准为汽车整车进口口岸，成为继大连新港、天津新港、上海港、广州黄埔港、满州里和广西钦州之后第7个汽车整车进口口岸。

【物流业】 2011年，福州保税区紧紧围绕做大做强现代物流产业，积极依托保税物流园区，健全与完善园区辅助信息系统、货物待检区等基础设施建设，加大招商引资力度和业务拓展，不断培育品牌物流产业，深化物流功能，有力促进了现代物流产业的升级。2011年新引进厦门优传、新远通、万诚、圣安等8家物流企业，全区物流企业达到74家，全年为福州市及周边地区企业提供45.17亿美元物流服务，有力促进了福州市和周边地区外向型经济发展。

【文化创意产业】 2011年，福州保税区利用有限的资源，鼓励多种经营模式，积极吸引富有特色的创新型文化创意企业。已经聚集以蔚蓝广告有限公司、十方文化传播有限公司等为龙头的28家文化创意企业，经营范围涉及现代传媒、文化会展、广告创意、咨询策划创意、工艺美术和建设设计等六大行业。

【市场集群建设】 2011年，福州保税区围绕市场集群建设，加大市场招商力度，取得积极成效。钢材城引进185家钢材企业，年营业额70亿元，服务范围辐射至全国。同时，成功引进厦门优传物流，设立了福州优传进口酒交易中心。该中心同来自15个国家的供货商签订了15年的独家代理权，经营范围涉及葡萄酒、洋酒以及意大利的橄榄油，种类达600余款。

【机构设置与管委会领导】 福州保税区管委会与福州保税港区管委会实行“两块牌子、一套人马”管理模式，设有办公室、财政局、经发局、开发建设局、投资促进局、马尾保税区办事处、加工贸易区办事处和综合投资服务中心8个工作部门。

福州保税区管委会领导成员为：党组书记、管委会常务副主任陈承茂，党组副书记、管委会副主任李平，党组成员、纪检组长程红梅，党组成员、管委会副主任李克亭，党组成员、管委会副主任黄武闽，管委会副调研员林继红。

（福州保税区管委会）

厦门象屿保税区

【经济发展】 2011年，厦门象屿保税区完成区域生产总值44.5亿元，比2010年增长14.4%；进出口总额43亿美元，比2010年增长10.3%；工业生产总值17.2亿元，比2010年增长15.4%；物流营运收入57.3亿元；比2010年增长10.8%；商贸收入310亿元，比2010年增长30.8%；财政收入5.5亿元，比2010年增长36.8%；实现了又好又快平稳发展的目标，为“十二五”发展奠定了坚实的基础。

【投资环境】 全面落实各项扶持政策，积极牵头建立银企沟通平台与合作渠道，协调各银行机构推出面对区内中小企业的服务产品和项目，切实帮助中小企业解决融资难、信贷难的问题。加大投入，改进园区信息管理系统，保税区信息化辅助管理系统2011年1月1日正式投入运行，有效提高了卡口通行效率；保税物流园区PDA无线系统的投用提升了园区的物流信息化和供应链管理水平。完善海关联席会、经贸座谈会、挂钩走访帮扶机制等制度，各驻区机构紧密配合，及时研究解决企业经营运作中的困难和问题。厦门新的口岸联检中心2011年3月启用，为实现真正意义上的口岸联动大通关创造了条件。努力创造条件并鼓励区内企业积极申报上市融资，象屿股份成功上市并获第十届中国公司治理论坛“典型并购重组案例奖”提名奖，扩展了融资平台，增强了保税区资本积聚能力。港中路石湖上码头铁道路口的开通，进一步疏解了东渡港区道路交通，方便周边企业的生产经营。象屿保税区荣获“福建省第十一届省级文明单位”称号。

高度重视安全生产工作，在企业安全生产等级评定完成的基础上深入开展企业安全生产标准化建设工作，狠抓安全生产责任制和各项措施的落实；认真开展“安全警示教育图片展”、“安全生产有奖征文比赛”、应急预案演练周等丰富多彩的“安全生产月”活动，2011年安全生产形势良好，无重特大安全生产事故。

【招商引资】 坚持把招商引资作为一项全局性的工作来抓，突出功能优势，全力推进五大片区的招商工作。2011年共引进企业291家，引资总额23.3亿元；合同利用外资和实际利用外资分别达到2150万美元和1720万美元。引进了大昌行、中穗投资、安港等数家前景看好的企业和项目，并有近百家企业完成增资6.78亿元。世界三大休闲鞋类品牌之一的ECCO公司物流分拨中心落户保税物流园区。

【项目建设】 2011年，园区重点项目累计实际完成投资7.5亿元。其中，象屿五金机电物流集散中心、港务叶水福仓库、农水产品物流中心、贝莱胜电子厦门二厂等4个市级重点项目累计实际完成投资4.13亿元，完成年计划的130%；象屿五金机电物流集散中心、万翔国际商务中心顺利封顶；大嶝对台小额商品交易市场改扩建项目启动区——“大嶝小镇·台湾免税公园”9月6日开业。

厦门两岸新兴产业与现代服务业合作示范区基础工程开工。2011年8月，厦门市委市政府决定在翔安（莲河）规划建设两岸新兴产业和现代服务业合作示范区。9月5日，示范区基础工程开工。市政府专题会议纪要[2011]230号指出，示范区必将成为厦漳泉大都市区的重要增长极，更是厦门象屿保税区跳出本岛发展壮大的重要战略机遇。

【专业市场】 加大进口酒市场扶持政策宣传

力度，积极引入进口酒类经营企业，组织企业参加成都糖酒会等重要展会，举办进口葡萄酒品鉴会、大型公益红酒品酒培训会、进口酒检验通关说明会等活动，进一步扩大了市场知名度。园区从事进口酒的企业已达30家，全年销售收入5亿元，同比增长64%，进口额达3000多万美元，同比增长38%，成为海西规模最大的进口酒交易市场。2011年9月，管委会牵头成立了保税区进口酒专业委员会，促进市场规范管理、行业自律、健康发展。象屿五金机电集散物流中心的招商已实现100%意向签约，引进了士林电机、三菱电机等中国台湾地区知名品牌，以及世达、史丹利、太阳电缆、伟星管业等五金机电领军品牌，将于2012年“五一”正式开业。厦门农水产品物流中心项目正按照2012年3月正式开业的时限要求，倒排工程建设进度、招商等，大部分商铺已被预订。

新兴业态发展态势良好。2010年，园区电子商务、类金融、咨询服务等新兴业态继续保持良好的发展态势。以名鞋库、万翔网商为代表的电子商务快速发展，名鞋库、万翔网商全年实现总收入10.6亿元。名鞋库获阿里巴巴1500万美元的注资是国内著名风投基金对园区企业的首笔投资。万翔商城以综合评分福建省排名第一的成绩，成为全国83家上榜“电子商务示范企业”之一。同时，园区担保、资产管理等类金融行业收入超2亿元。

【对台交流】 加强与台中港务局及相关单位保持联系，进一步落实与台中港务局合作备忘录，持续深入推进保税区与台中港自由贸易区的交流与合作。“大嶝小镇·台湾免税公园”的开业、“首届厦门大嶝两岸特色旅游购物节”的举行、金门高粱酒大嶝直营店开业等进一步聚集、提升了大嶝市场人气，带动了市场进口量激增。2011年商品交易额达6.77亿元，同比增长19%；对台贸易额达5300万美元，增长29.2%；客流量达216.7万人次，增长15.4%，市场在两岸合作交流中的作用进一步发挥。同时，大嶝对台小额商品交易市场管委会积极争取优惠政策，由市政府提请省政府向国务院申请将大嶝市场的游客免税携带额由3000元提高到8000元。2011年12月28日奠基的万翔冷链物流中心被商务部确定为全国唯一的两岸航空冷链业务中转试点单位，它的建设，将进一步促进厦门与中国台湾地区现代冷链物流业的对接与合作，打造厦门冷链物流发展的新高地。象屿集团与台湾土地开发股份有限公司联手开展物流配送服务。

【保税物流园区】 保税物流继续保持稳定增长，特别是二线进出口额同比增长21.2%，达到88.8亿美元。全球物流中标DELL供应链管理商，ECCO以及瑞声达、锐珂、柯达等亚太分拨中心进驻园区，园区国际物流业务持续增长，政策功能进一步发挥。园区内新建的厦门港务叶水福仓库完成投资1.4亿元，主体结构完工。保税物流园区信息系统改造提升，园区石材堆场PDA无线系统箱货拍照上传和短信发送告知两大功能开通，石材堆场实现作业信息无线应用“全覆盖”有效提升了园区的物流信息化和供应链管理水平。

【机构设置与管委会领导】 厦门象屿保税区管委会作为市政府的派出机构，机构级别为副厅级，内设办公室、政治处、经济发展处、建设管理处（安全生产监督管理局）、计划财政处（计划财政局）、监察室6个处室。

厦门象屿保税区领导成员为：党工委书记、管委会主任王军，厦门象屿保税区党工委副书记陈章福，厦门象屿保税区纪工委书记詹天才，厦门象屿保税区管委会副主任马自力、陈敏，厦门大嶝对台小额商品交易市场管委会副主任陈青峰。

（厦门象屿保税区管委会）

燕郊高新技术产业开发区

【经济发展】 2011年，燕郊高新技术产业开发区（以下简称燕郊高新区）完成国内生产总值242亿元，增长15%；财政收入44.5亿元，增长16%；固定资产投资175.4亿元；实际利用外资1.05亿美元，增长2%；进出口总额16亿美元，增长18%；规模以上工业企业总产值377亿元，增长17%；工业增加值123亿元，增长10%。

【投资服务】 2011年，燕郊高新区加大企业服务力度，组织召开10次企业联络人例会，解决企业提出的问题200余件，协助企业办理各种外籍人员就业证40余人次。开展企业大调研活动，全体班子领导亲自带队，深入企业调研走访120余次，现场协调解决企业急需解决的供电、供气、供暖、通讯、劳资纠纷等各类问题80余件次。

【产业发展】 新能源产业。阳光硅峰项目正在进行一期主体施工；新引进并开工建设的汉能全球研发中心项目启动主体施工，由汉能控股集团有限公司投资兴建，主要建设光伏材料研究中心、产品检测与认证中心、薄膜太阳能电池生产线等。

新材料产业。新引进有色金属新材料及装备制造战略性新兴产业基地项目，总投资40亿元，由北京有色金属研究总院投资建设，主要从事半导体材料、稀土冶金与材料、有色金属复合材料、能源及环境材料、超导材料及相关设备研制和开发。

装备制造产业。新宏昌专用车项目已完成一期主体厂房建设，路矿九鼎矿用设备、中绿环保设备等专用设备制造项目开工建设，区内装备制造产业集群迅速壮大。

旅游休闲产业。成功大广场项目2号楼附楼、3号楼正在进行主体施工、3号楼附楼正在进行结构工程施工；韩国乐天玛特购物广场建成并开始运营，美国沃尔玛超市、日本永旺集团完成签约。

健康医疗产业。汇福健康中心项目，总建筑面积75万平方米，主体结构已完工，正在进行内外装修。

现代物流产业。汇福粮油现代物流基地项目已竣工建成；空港物流基地已完成一期200亩建设，二期占地386亩的项目已启动；法国弗玛物流中心项目正在进行一期主体施工；新引进一期总投资30亿元、起步区占地1平方公里的香港胜记仓项目，已完成概念性规划设计。

文化创意产业。超星数字图书馆、明德数字出版项目加快施工建设；时代天华数字出版项目正在进行前期施工准备；燕郊国际艺术中心项目进行基础施工；收藏文化产业园完成规划设计。

【科技创新】 2011年，燕郊高新区加强科技孵化器建设，与天津金镃泰股权投资基金共同成立的河北燕郊燕胜创业投资有限公司，计划总投资1亿元，首期投资3000万元，一期1500万元已到位，初步筛选出晶锐瓷业、晶美金刚石等5家企业进入实质性项目运作阶段。燕郊创业大厦已累计孵化各类项目160余家，其中在孵90家，包括环波软件、龙软科技、时代先科方元绿洲等为代表的软件研发、信息技术、节能环保及服务外包企业；毕业25家，包括晶锐瓷业、欧伏电器等企业。积极推进高新技术企业认证工作，三河环波软件有限公司、三河亚泰电子技术有限公司、河北天元地理信息科技工程有限公司等7家企业成功申报高新技术企业。

【项目建设】 坚持把项目建设作为燕郊高新区转型升级的总抓手，坚定不移抓好项目落地。德国海拉车灯、韩国塔金属汽车配件、明和汽车部件、乐天玛特购物广场、新宏昌汽车等近40个项目建成投产，汉能全球研发中心、鑫乐汇购物广场、阳光硅峰、超星数字等42个项目开工建设，全区在建项目近百个，计划总投资500多亿元。新引进灵图软件、胜记仓物流、爱普数据云计算中心等高端产业项目10余个，总投资达200多亿元，金融档案数据中心、冶金和核电测控系统等30余个高新技术和现代服务业项目正在推进中。

成立港中旅海泉湾、汉能全球研发中心、首尔园、物美华北科技物流园区、安邦保险后援服务中心、空港物流产业基地、天洋未来城、建投英基高新技术产业园、一德数字文化产业博览园、有色金属研究总院装备及新材料产业基地、人才家园等11个重大项目推进领导小组，定期调度，全程追踪，完成了所有项目的备案、环评及注册登记，空港物流、汉能全球研发中心项目已开工建设。

【基础设施建设】 在城市规划方面，编制完成北部科学城控制性详规初步成果和南部健康城空间发展规划；完成燕郊总部经济园、电子信息和新材料产业园、科技成果孵化产业园3个园区的发展规划；完成“102”国道南移、东外环路、西出口交通规划、学院大街精品小吃街等多项道路规划和城市节点设计的阶段性成果；10个市政专项规划通过专家评审论证。在道路建设方面，启动实施了东外环路等12条道路的新建和改造工程，道路总长35公里。在市政配套方面，实施了思菩兰路给水管道、复兴庄小区给水管道等6项给水工程；完成京榆旧路雨水管道工程、行宫西大街西口明渠工程和纳丹堡小学路泄水工程；对供热设施进行全面改造，改造了26座统管站、20座代管站及19座自管站站内供热设施，新建改建热力站6座，完成新建热源厂选址工作。

【社会事业与文化建设】 2011年，燕郊高新区加大就业帮扶力度，积极开展劳动力就业培训工作，共举办综合招聘会19场，2500余家企业参会，提供就业岗位8.3万个，5.2万人实现就业；落实惠民政策，认真做好工程款保证金的收支工作，确保农民工工资按时如数发放，规范城镇居民医疗保险及养老保险参保工作，足额发放城镇低保户的最低生活保障金；完善社区建设，积极有序推进“管理优秀、设施优越、服务优质、环境优美、治安优良”的五优新型现代化社区建设；促进社会事业，大力开展精神文明建设，促进教育、卫生、文化、体育等各项社会事业发展，正式启动燕郊电视台《百姓生活》自办新闻栏目，丰富群众业余文化生活；积极抓好安全生产宣传、教育、培训和管理，营造安定和谐的社会发展环境。

【机构设置与管委会领导】 中共燕郊高新区工委、燕郊高新区管委是中共三河市委、三河市人民政府派出机构，内设机构分别为：党政综合办公室、投资促进局、经济发展局住房和规划建设局、人力资源和社会保障局、财政局、社会发展局；市直部门派出机构分别为：国土资源局、安全生产监察大队、城市管理综合执法局；高新区管委下属事业单位分别为：园林绿化管理局、创业中心、市政管理局。

燕郊高新区领导成员为：工委书记、管委会主任赵普，工委副书记刘炜，工委副书记、管委会副主任白志成，工委委员、管委会副主任卢金力，工委委员、管委会副主任王晓东，工委委员、管委会副主任王志民。

（燕郊高新技术产业开发区管委会）

泉州台商投资区

【经济发展】 2011年，泉州台商投资区实现地区生产总值156.82亿元，增长14.5%；规模以上工业产值325.05亿元，增长28.8%；财政总收入8.12亿元，一般预算收入4.12亿元；全社会固定资产投资67.61亿元，同比增长82.2%；实际利用外资（历史可比口径）1.61亿美元；外贸出口（海关口径）1.9亿美元。

【工业经济】 2011年新增7家规模以上企业至242家，实现新增产值5.64亿元，拉动全区工业增长2.6个百分点。129家传统产业企业实现产值15.41亿元，增长41.24%。110个工业项目总投资42.86亿元，占年度投资计划的133.9%。组织13家企业项目申报进入市级重点企业项目库，总投资10.1亿元。全区拥有中国驰名商标2件、福建省著名商标29件、福建省名牌产品9件。

【农业经济】 2010年粮食播种面积11.1万亩，粮食总产量3.2万吨。完成造林绿化1525亩，超出计划任务数25亩。完成6宗林地报批工作，报批林地近500亩。规范渔业生产，完成全区558艘渔船的安全检查、船舶检验和捕捞许可证年审，促进渔区繁荣稳定。

【规划定位】 主动融入海西和环湾城市建设大局，坚持高标准、高起点，致力打造生态型滨水新城。经过十三轮的规划提升，研究制定总体规划和土地利用总体规划并获市政府审议通过。综合交通、市政、防洪排涝、路名、综合管沟等专项规划已完成编制，6个产业园区控规已完成规划成果评审，投资规划费用5500余万元。开展沿洛阳江及百崎湖片区的城市设计国际招标竞赛，吸引德国戴水道、美国艾斯弧建筑公司、日本昭和设计等国外著名规划研究机构的参与。按照“两带、一心、九区”组团状的空间布局结构，突出设置有科技商务中心的百崎湖区域、与东海组团行政服务中心及总部商务区遥相呼应的秀涂金融商务中心、及以蓝色经济产业为核心的蓝色经济培育区等三大重点景观区域，全力培育打造智能交通、风电装备制造、光电信息、综合产业园区、现代高端服务五大百亿集群，构筑综合物流枢纽中心、两岸区域性金融中心、国家级高新技术产业开发区主园区三大载体，实现产业和城市健康协调发展。

【招商引资】 积极完善招商优惠政策和奖励制度，明确项目入驻条件和土地、税收相互挂钩等相关优惠政策。推进“24小时7天”服务承诺制，并为各类投资项目提供从项目立项直至投产的“一站式”服务，优化投资环境。突出对台深度对接、三维项目招商，接待香港泉州台商投资区同乡会、福建广东商会、泉州异地商会等境内外客商、同乡会、商会考察团50多批次，2000余人。广泛开展新区推介，首次组团前往台湾开展经贸活动，在台北、高雄设立招商服务处，建立了对台长年招商服务平台。加快国家级高新技术园区主园区建设步伐，规划80亩孵化基地，突出整体招商战略。力促项目落地，全区招商项目库储备项目50余个，重点在谈项目30余个，已签订投资协议项目（含意向）16个，总投资额200余亿元。北车轨道装备、玖龙纸业、华锐风电项目已动工建设，台资企业晋亿物流及天岗机械、神州电子、唯冠光电、洲际酒店、圣莎拉商务酒店等项目先后落地，投资总额近20亿元。

【实施“五大战役”】 2011年共实施“五大战役”项目128个，总投资726.11亿元，年度计划投资176.74亿元；列入市“五大战役”项目共76个，总投资380.52亿元，年度计划投资73.93亿元，完成投资78.66亿元，完成年度计划投资的106.4%，比市年度考核指标超额完成12.16亿元，完成市年度考核指标的118.3%。重点项目建设呈现良好势头，23个省、市重点项目预计全年完成投资44.73亿元，完成年度投资计划的102.2%。

工业产业项目投资强劲，25个产业项目总投资75.72亿元，年度计划投资27.95亿元。嘉德利电子、嘉禾食品等11个技改项目建成投产，占产业在建项目数的57.89%；华世离型纸项目、泉州菲侨包袋和坚石水泥有限公司钢管套管生产线年度实际投资额比年度计划投资额翻3番。

基础设施建设全面铺开，实施24个基础设施项目，总投资144.92亿元，年度计划投资32.58亿元。泉州台商投资区城市规划发展展示馆建设项目、后渚大桥桥头整治项目完成建设并投入使用；东经二路（和谐光电段）、沿海大通道南侧防护绿化工程等8个项目超额完成年度计划投资；南北主干道一期工程、玖龙路基本建设完成；杏秀路拓改项目、通港公路拓改工程和东经二路等骨架路网已开工建设。

【城市建设】 市政配套设施建设加快，杏田片区、东园工业片区、张坂工业片区的“七通一平”和污水处理厂一期、玖龙尾水排放工程、百崎湖整治及防洪排涝等市政工程建设扎实推进。围绕“城市建设管理年”活动，大力实施城市建设项目，加强城市环境综合整治，建立健全城市建设管理长效机制。

全面铺开区域“五纵五横”大路网骨架建设。凤浦、溪庄安置小区启动建设，玖龙尾水工程开工建设，原水工程、8万吨尾排海工程完成前期工作，后渚大桥桥头整治项目完工，沿海大通道亮化工程开工建设，金融超市完成概念性设计方案。

投资800多万元开展垃圾革命，构建“村收集、镇中转、区处理”三级联动的环境卫生管理体系和垃圾收集处理长效机制。做好沿海大通道防护林种植与养护工作，基本完成清理清退近海养殖工作。

【社会事业】 确定12项为民办实事项目，总投资6000余万元。实施“教育强区”五年规划，积极推进澳大利亚教育基金会与泉州五中在区内合作创办国际教育园区。重点扶持玉埕医院二甲创建。制定出台稳定物价工作措施，推进3家平价商店建设，平抑物价，落实经费补助。完成5条村级公路提级改造，总长16.53公里。惠南中学创建省一级达标高中的工作有序推进。“三下乡”文化活动走遍全区各乡镇，开展各类文化活动230余场；农村电影放映“2131”工程建设积极推进，放映流动电影750场次，观众总人数达到22.5万人次；新建农家书屋15家、改建10家；基础文体设施建设不断完善，完成4处青少年校外体育活动场所和6处农民体育健身工程建设。加大“世纪之村”农村信息化服务平台推广力度，在全区78个行政村全部配备信息员；推进企业创新“三年行动”工作，组织上报省区域重大项目1个、市级科技计划项目14个，争取科技扶持资金81万元；引导企业提高自主创新能力，2011年区内专利申请与授权量分别达到250件、130件。医改工作扎实推进，全面实施基本药物零差率；免费提供10类基本公共卫生服务，基本公共卫生服务均等化取得初步成效。

【民生保障】 2011年发放低保保障金772.1万元，救助低保对象2530户共计5075人。下拨发放自然灾害生活补助金30万元，救助受灾生活困难群众近1500人次。发放医疗救助资金12.99万元，受助对象59人次；抓双拥优抚安置，共发放重点优抚对象生活补助资金159.9万元，下拨2011年度义务兵家属优待金、立功和高学历士兵奖励金及养老保险金185.4万元；抓助残工作，帮助解决残疾人就业、就医和生活等方面困难。

【机构设置与管委会领导】 泉州台商投资区管委会下设管委会办公室、公务员局、社会管理局、国土规划建设局、环境保护和安全生产监督管理局、科技经济发展局、教育文体旅游局、卫生和人口计划生育局、财政局和监察局等10个行政部门。

泉州台商投资区领导成员为：管委会主任李永远，管委会副主任林华伟、邱经良、黄斌专、骆育敏。

（泉州台商投资区管委会）

上海化学工业区

【经济发展】 2011年，上海化学工业区完成销售收入947亿元，同比增长8.8%；完成工业总产值870.9亿元，同比增长8%；招商引资12.05亿美元，同比增长69.7%；完成固定资产投资58.2亿元，同比下降12.1%；上缴税金40.19亿元，同比下降10.3%；能源消耗总量为0.897吨标准煤，同比下降10.3%。截至2011年12月底，累计批准项目总投资180.95亿美元，累计完成固定资产投资973.6亿元。

【投资环境】 2011年，上海化学工业区管委会被中国石油和化学工业联合会评为“全国石油和化学工业环境保护先进集体”。推进《上海市化学工业区管理办法》修订工作，修订后的《办法》适用范围扩大到上海化学工业区和金山分区、奉贤分区，为区域联动发展提供了法律依据，进一步明确了管委会接受市有关行政管理部门的委托，统一实施投资、规划、建设等领域的行政审批职能。根据创建国家生态工业园区《建设规划》和《技术报告》要求，启动上海化学工业区创建国家生态工业示范园区验收准备工作。

【招商引资】 按照“创新驱动，转型发展”的要求，上海化学工业区着力发展化工新材料，推进重点项目，为全市化工产业结构调整作贡献。一是推进拜耳上海化学工业区一体化基地建设。2011年4月，中共中央政治局委员、市委书记俞正声同志率团赴欧，管委会与拜耳材料科技（中国）有限公司签订关于共同推进拜耳上海化学工业区一体化基地合作备忘录，拜耳公司从2011年开始实施其“五年计划”，扩大位于化工区的拜耳一体化基地，新增投资约10亿欧元。发展公司与赢创德固赛特种化学（上海）有限公司签订合作意向书，赢创公司把化工区作为投资的首选地，并在今后5年，新增投资约2.5亿美元。二是炼化一体化项目取得实质性进展。2011年10月17日，市政府与中石化在京举行《关于高桥石化提升调整的合作协议》签字仪式，国家发改委已同意炼化一体化项目列入《国家重点产业生产力布局和调整规划》。化工区积极做好炼化一体化项目对接工作，推进各项工作有序开展。管委会和发展公司分别成立化工区推进炼化一体化项目工作组，明确分工，研究、推动炼化一体化项目各项工作。加强与高桥石化、中石化上海工程公司、中石化工程公司的沟通，交流项目进展情况。按照炼化一体化项目用地方案和范围，做好土地收储工作。三是举办“上海化学工业区开发建设十五周年暨‘创新驱动、转型发展’项目签约仪式”，总投资额达670多亿元的21个项目集中签约，其中投资额超10亿元的项目共有11个，上海华谊（集团）公司签约项目、上海电力股份有限公司投资项目投资额分别达到116亿元、260亿元。

【项目建设】 2011年，赛科公司投资2.95亿美元的26万吨/年丙烯腈扩产项目、中石化和三井公司投资2.9亿美元的40万吨/年苯酚丙酮扩产项目获得核准并开工建设，拜耳公司25万吨/年TDI项目顺利投产，西萨公司40万吨/年苯酚丙酮项目、汉高公司胶黏剂项目开工建设。

【管理与服务】 2011年，上海化学工业区强化企业安全生产主体责任意识，与区内42家生产经营单位和金山、奉贤两个分区发展公司签订2011年度《上海化学工业区安全生产工作责任书》。挂牌成立化工区安全技术服务办公室，对园区312家承包商队伍进行安全准入审核、备案和培训，在全国化工园区率先开展对承包商队伍的安全管理。研究出台《重大事故状态下化工区公用工程及产业链上下游企业应急处置操作程序》、《上海化学工业区建设项目试生产（使用）方案备案规定》等五项操作程序和三项规定。

提高行政效率，服务企业发展：一是优化审批程序，推进网上审批和网上服务工作，促进项目审批的公开透明、效率提高；二是简化企业增资小项目的核准、备案，在规范审批的同时根据项目性质和问题原则程度，采取先批后补、说明承诺等形式解决项目实际困难；三是协调市发改委、市经信委等部门，帮助部分企业申请办理内外资项目鼓励类确认；四是加强与市规土局的沟通协调，落实上海化学工业区的用地审批职能；五是进一步完善国有资产管理机制，健全国有资产管理工作流程，为驻区单位提供后勤保障服务；六是积极开展档案业务指导，做好区内企业档案、建设项目档案管理服务工作，管委会被评为“2006~2010年度上海市档案法制宣传优秀单位”。

【循环经济】 2011年，上海化学工业区一方面继续完善循环经济体系、产品、产业链建设，积极开展补链、建链工作；另一方面结合园区危险废物产生量大，资源化利用水平有待提高的特点，积极推动循环经济工作向提高危险废物综合利用率、减少污染排放方向发展，在水资源利用从水厂→企业→污水处理厂→湿地处理系统→水厂的循环系统初步建设完成的基础上，专门引入了危险废物的环保资源回收及综合利用集中处置项目，使园区的循环经济工作迈上新台阶。

组织和支持中法水务公司、巴斯夫聚氨酯公司、升达废料公司、集惠环保公司等企业申报国家及本市资源节约、环境保护预算内投资项目。其中集惠公司环保资源回收及综合利用集中处置工程被国家发改委列入2012年资源节约和环境保护项目，并获得中央预算内投资600万元的资金支持。

积极推进清洁生产审核工作。2011年，管委会邀请上海市环境科学研究院高级清洁生产审核师，为区内企业HSE人员开展有关清洁生产申请、审核工作的培训，并组织区内21家已投产未完成清洁生产审核的企业积极开展清洁生产审核工作。同时管委会职能部门还协调市相关部门及时落实了清洁生产审核资金补贴。

【园区建设】 2011年，上海化学工业区成立15周年，为展示化工区15年“建设世界级石化基地和上海循环经济示范基地”发展成果，全面反映化工区发展历程、各单位参与园区开发、项目建设、管理服务中的成果、做法和经验，化工区开展了展示厅布展工作，并以此为抓手，举行一系列回眸总结活动。管委会领导先后3次集体研究展示厅布展大纲、设计方案，并成立展示厅布展工作小组，经过将近一年的筹划、建设，9月27日举行揭幕仪式。展示厅通过现代化展示方式和多媒体展示技术，以现代、大气、科技的表现手段，展现化工区的发展成就和美好愿景。管委会、发展公司以《简报》为载体，推出“上海化学工业区开发建设15周年”系列专题报道，汇编成《足迹——上海化学工业区开发建设15周年回眸总结》一书；举办“辉煌十五年，再创新业绩”征文活动，编撰画册《沧海之变》，用图片的形式反映化工区15年发展成果。

【党的建设】 园区各级党组织和广大党员紧扣纪念建党90周年主题，推动“创先争优”活动向深度和广度拓展。一是组织开展系列活动，纪念建党90周年。先后组织开展了主题党日活动、“两优一先”评选表彰活动，举行庆祝中国共产党成立90周年红歌会。二是以“创新驱动、服务企业、安全发展”为主题，深入推进“创先争优”主题活动，动员干部群众在创新驱动、服务企业等4个方面将“创先争优”主题活动引向深入。三是稳妥推进党务公开工作，制定了党务公开工作的实施意见，成立了党务公开工作领导小组，规范党务公开的内容、形式及范围、程序和时限。四是进一步深化和拓展“双结对”活动。各党支部与结对村党组织开展党建联建，组织互访、义诊、慰问帮扶困难党员群众、召开座谈会等活动。

（上海化学工业区管委会）

江苏泗阳经济开发区

【经济发展】 2011年，江苏泗阳经济开发区（以下简称泗阳开发区）实现业务总收入265.8亿元，固定资产投资总额89.6亿元，实际到账外资3630万美元，实现进出口总额4.38亿元，同比分别增长25.03%、31.8%、40.9%、102.2%。全年实现财政总收入18.75亿元，同比增长38.4%。其中：税收收入15.1亿元，同比增长62.2%；一般预算收入9.37亿元，同比增长19.4%。纳税超百万元企业49家，其中1000万元以上企业5家，500万元~1000万元企业5家。先后荣获“江苏省五四红旗团委”、“全市开发区目标管理一等奖”、“全市安全生产监管工作先进单位”和“全县目标管理全面先进单位”等荣誉。

【产业建设】 加强创新载体和服务平台建设。加大政策扶持奖励力度，掀起园区企业创新热潮。矢志扩量提质，园区发展新优势初步显现。已有光伏企业17家，被省商务厅批准设立苏北唯一的“江苏泗阳绿色新能源产业园”，总投资50亿元的国信天然气热电等一批重大项目顺利签约，绿色能源产业产值占比提高到26.8%。被省经信委认定为“江苏省信息化和工业化融合试验区”，江苏省勇仕照明有限公司被认定为国家级高新技术企业，实现全县国家级高新技术企业“零”的突破；江苏晶鼎电子材料有限公司获批省级高新技术企业，省级以上研发中心3个，高新技术企业产值占规模以上企业产值达6.7%。启动企业培强“123”计划，实施大企业培育“1515”工程。2011年新培育规模以上企业25家、销售收入超亿元企业12家、纳税超百万元企业15家。快速推进企业二次创业、闲置土地清理盘活工作，全年共开展二次创业企业11家，新增工业固定资产投资5.45亿元；清理闲置项目12个、盘活土地1094亩。

【招商引资】 2011年，泗阳开发区签约进区项目57个，计划总投资243.54亿元，其中亿元以上重点项目48个，全年新开工和竣工亿元以上项目分别为33个、39个，其中，11个项目当年开工、当年竣工投产。48个重点项目按投资规模分，超15亿元项目达4个，超10亿元项目达3个，超5亿元项目达6个。按产业质态分，绿色能源项目为1个，计划总投资50亿元；新兴纺织项目达9个，计划总投资34.96亿元；绿色包装项目达3个，计划总投资4.4亿元；绿色装备项目达17个，计划总投资63.85亿元；电子电气项目达5个，计划总投资39.03亿元；新能源项目达7个，计划总投资40.56亿元；新材料项目达3个，计划总投资7亿元；再生资源项目达2个，计划总投资4亿元。

【城市建设】 突出超前科学完善规划布局。按照“长远结合、分期实施、突出重点、彰显特色”的原则，75平方公里的总体概念性规划、40平方公里的控制性详细规划、2.6平方公里的重点区域修建性详细规划以及八大重点产业的集群发展规划均已制订完成。突出功能完善提升基础配套。全力推进道路、管网、给排水、污水处理等六大类15项基础设施建设，2011年共完成2条道路铺设、7条道路绿化工作，铺设污水管网11.6公里，城东污水处理厂、印染中心等一批重点工程快速推进。突出精致精品启动新城建设。按照“一年一个样，三年基本建成”总体要求，细化东部新城三年建设规划，1696亩中央生态商务区启动建设，邻里中心、蓝领服务中心、开发区医院等生产生活性设施建设全面提速，加速实现由“建区”到“造城”的战略转变。

【管理与服务】 制定下发了关于进一步强化服务企业措施的通知。对开发区全体干部职工服务企业做出明确规定。一是党员干部率先垂范，以“白加黑”、“五加二”的精神状态做好每一项工作。二是实行“一线工作法”，在一线发现问题、解决问题，把问题解决在萌芽状态。三是实行领导干部联系点制度，党政领导班子成员到联系企业指导工作每月不少于5次，其他人员每月到企业不少于20次。对重点调研课题进行专题蹲点调研，不少于2～3天。四是实行挂图作战，将全年工作任务制成牌匾张挂在墙上，建立工作进度台账，实行销号制度。五是实行保证金制度。领导班子成员和中层干部每人缴纳2000～5000元保证金，年底经考核完成任务双倍返还，未完成任务不予返还。六是实行部门协作制度，坚持每周会商、半月会办，保证落户企业尽早进场施工，早日投产达效。七是实行承诺制度，按照相关规定及职责权限，制定为企业服务的期限、条件、收费等的承诺并确保履诺到位。八是严格执行“五个三”规定，积极主动服务企业，以饱满的热情、周到的服务、较高的效率，赢得企业的尊重。

【党群事业】 2011年在24家非公企业同步建立党群组织。扎实开展创先争优、争当“五满意”先锋和“七个怎么办”解放思想大讨论活动，按照“一张党组织分布网络图、一本党组织建立工作台账、一张党员发展与党组织组建时间表、一批党建工作示范点”的“四个一”要求，推动非公企业党组织功能提升、形象出新。引导企业加强技术创新和人才培育，协助企业引进省创新创业人才1名、市创业创新领军人才6名、博士（高级工程师）23名、硕士18名；与苏州大学纺织与服装工程学院合作成立博士后科研工作站。被县认定为“招商服务一线干部教育培训基地”。

（江苏泗阳经济开发区管委会）

蚌埠经济开发区

【经济发展】 2011年，蚌埠经济开发区（以下简称蚌埠开发区）地区生产总值55.26亿元；财政总收入8.07亿元（不含土地出让金），同比增长42.52%；招商引资到位资金79.83亿元，同比增长46%，其中利用外资9611万美元；全社会固定资产投资39.03亿元；规模以上工业增加值同比增长19.63%。

【投资环境】 2011年，蚌埠开发区建立了开放式办公制度，实施了多项投资鼓励政策及财政扶持政策，为投资项目提供“陪伴式”服务，为区内群众和企业提供“一站式”服务，行政效能不断提高，投资环境不断优化。

【产业布局】 2011 年，蚌埠开发区在继续完善城市配套设施建设的同时，响应城市东进南拓发展战略，将开发建设的主战场移至龙子湖地区，实现开发区从“广场时代”向“滨湖时代”、“高铁时代”的战略转移。开发区纵贯南北、横贯东西的发展框架逐步拉开，城市功能不断完善。基于开发区地处城市中心，且周围山水旅游资源丰富，人口密集，交通便利的特点，将产业发展定位于绿色无污染发展；立足科技文化优势，以科技和创新为动力的高水平的发展；保护环境、保护广大群众生活质量的可持续和谐发展。开发区功能定位为重点发展现代商贸、房地产开发、文化旅游、金融保险、信息中介等现代服务业，同时积极发展电子信息、新材料、新能源、环保节能等新兴产业。

【招商引资】 2011 年，蚌埠开发区坚持把招商引资作为开发区的“生命线”工程，重点抓好招商引资项目谋划以及产业转移的承接和服务。储备了一批以现代商贸、总部经济、金融保险、新兴产业为主的有实力、有发展前景的重大项目，规模超过 100 亿元。积极参加蚌埠市重点项目推介会暨项目签约仪式、皖粤经贸合作会、第十五届中国国际投资贸易洽谈会、第三届中国国际动漫创意产业交易会、第六届中博会、第七届国际徽商大会等大型活动，分别与上海湘江实业有限公司、特步（中国）有限公司、台湾百乐门餐饮娱乐有限公司、香港黄河实业集团有限公司、中国铁路通信信号股份有限公司、北京法大园科技园有限公司、上海水木动漫集团、广州希力电子科技有限公司等 14 家企业签署了项目投资合同或意向书，总投资达 180 亿元。湖上升明月（中华古民居文化公园）、（特步）湖滨城市综合体、百乐门国际文化经贸广场、蚌埠东方国际时装城、星宇文化创意产业园等一批超亿元大项目陆续开工建设。

【科技创新】 2011 年，蚌埠开发区以打造“创新之区”为目标，鼓励、支持企业进行自主创新，专利申请量不断增加，共完成专利申请 281 件，占目标任务的 170%；其中，发明专利 139 件，占专利申请总量的 49.5%；区内研发投入增长 30% 以上。

【项目建设】 2002～2011 年，蚌埠开发区基础设施投资累计完成 66.28 亿元，年均增长 34.13%。淮河文化广场、大学园区、龙子湖大桥、东海大道景观改造、龙子湖公园（一期）、东海大道与解放路立交桥等一批城市公共工程陆续竣工，绿化、供电、供水、排水、燃气、电讯等配套设施逐步完善。全区累计竣工涂山路、解放路、燕山路、迎湖路等道路 46 条，长约 72.9 公里。环淮河文化广场和大学园区的城市路网基本建成，滨湖新区路网建设加快推进，开发区纵贯南北、横贯东西的发展框架逐步拉开，为进一步实施城市东进南拓发展战略和提升城市综合承载力奠定了坚实的硬件基础。累计开发建设住宅小区 61 个，竣工房屋面积 671.5 万平方米，开发区城市人居环境和品位不断提升。

【管理与服务】 开发区党工委、管委会作为市委、市政府的派出机构，对开发区实行集中统一领导和管理。负责制定和实施开发区经济社会发展总体规划，城市基础设施建设与管理，招商引资以及各项社会事务的管理。

【社会事业】 2011 年，蚌埠开发区坚持以人为本，积极发展民政、劳动、计生、旅游、文教卫体等多项社会事业，完善了基层机构的软硬件建设，琥珀、碧水蓝天等 5 个新建社区办公用房先后建成并交付使用。全面开展社区规模调整工作，通过调整将原 32 个社区整合为 24 个，整合率达 25%。扎实推进村“两委”换届选举工作，换届后 8 个村班子全部到位，达到群众满意、组织放心的效果。扩大优质教育资源，通过学校之间联合委托管理等形式，形成全区教育高位均衡；加强二实小、六中等学校与新加坡、美国之间的教育交流合作，同时全力加快二实小东校区、戴湖小学新校建设。积极组织开展丰富多彩的专业文艺汇演和群众性文化活动，主办“2011 年种子酒杯健康蚌埠，爱我龙湖”首届公开水域游泳比赛，承办“湖上升明月”项目奠基仪式暨总政歌舞团来蚌演出大型歌舞晚会，得到广大群众的广泛参与和一致好评。

【机构设置】 蚌埠开发区管委会核定编制 59 人，经市编办批准设立的部门有 7 个，即党政办公室、财经局、发展规划局、建设局、社会事业局、市容管理局、招商局，另有综治办、大建办、征地拆迁办、拆控违办等 4 个专项工作机构，实行企业化运作的招商中心、建设服务中心、航空服务中心等 3 个中心，下辖民航筹备处、财政支付中心、行政执法局、数字化城市管理监督指挥中心等 4 个二级办事机构，淮河、湖滨 2 个社区行政事务管理中心和胜利、龙湖新村 2 个街道办事处作为基层管理机构，社区行政事务管理中心和街道又分别下辖 33 个社区居委会、8 个行政村。工商、国税、地税、公安、交警、卫生监督、环保、消防、国土、食品药品监督等部门也在区内派驻机构，共同做好开发区的各项管理和服务工作。同时，开发区还成立了投资有限公司，注册资本 3.17 亿元，作为投融资、开发建设、国有资产运营的重要平台。

（蚌埠经济开发区管委会）

黑龙江宝泉岭经济开发区

【经济发展】 2011 年，黑龙江宝泉岭经济开发区（以下简称宝泉岭开发区）实现地区生产总值 13.22 亿元，比 2010 年增长 55%，工业总产值 32.87 亿元，比 2010 年增长 64% ，工业增加值 11.22 亿元，比 2010 年增长 104%，工业利润 1.23 亿元，比 2010 年增长 95%。出口创汇 600 万美元，完成屠宰加工生猪 55 万头，生产冷鲜肉 4 万吨；加工豆酱及系列酱产品 2.2 万吨；加工有机蔬菜成品 1800 吨；处理水稻 16 万吨；处理大豆 25 万吨。区内双汇北大荒食品有限公司、宝泉酱业、香其酱业、日鲁北大等一批食品加工企业满负荷生产，市场份额逐步扩大。食品加工产业的主导地位日益凸显。

【投资环境】 2011 年，宝泉岭开发区继续完善投资环境，加大对企业的服务力度。一是全程跟踪协调服务。积极帮助新落户项目单位沟通和协调土地、建设、规划、环保等部门，理顺程序，减少成本，少走弯路，使 2011 年新入区的项目顺利进入了开工前的准备工作。二是规范优惠政策的落实。积极协调和落实《工业投资项目减免收行政事业性收费办法》的优惠政策，为企业落户宝泉岭开发区提供有力保障。三是重新制定招商引资指南和项目册。明确招商目标，从“招商引资”到“招商选资”，招商方向着力引进大项目、好项目，重点引进高能低耗、绿色环保型项目。四是继续协调解决企业融资。帮助协调中小企业贷款融资工作中遇到的问题，多次与中国银行黑龙江省分行、哈尔滨商业银行宝泉岭分行、工商银行鹤岗分行等沟通和协调，为银行与中小企业之间搭建破解贷款难题的平台。五是协调基地建设为日鲁北大提供充足的原料供应。2011 年，日鲁北大蔬菜基地土地数量基本固定在 7100 亩左右。其中宝泉岭农场 3500 亩、共青农场 3600 亩，按照各农场规模田的收费标准承租给黑龙江日鲁北大食品公司。

【产业布局】 2011 年，宝泉岭开发区在资源、品牌、基地、市场等方面的优势日益明显。宝泉岭开发区内有各类企业及在建项目 64 家，其中国家级产业化龙头企业控股及参股经营企业5家；省级产业化龙头控股经营企业2家；垦区级产业化龙头企业3家。宝泉岭开发区基本上形成以依托水稻资源的人和米业为龙头稻米加工产业；以依托大豆资源的宝泉、香其酱业为龙头豆类产品加工产业；以依托生猪资源的双汇北大荒为龙头肉类食品加工产业；以依托生态有机蔬菜资源的日鲁北大为龙头蔬菜出口加工产业；以依托玉米资源的兴汇粮食为龙头玉米深加工产业；以依托农畜产品资源山林粮食为龙头物流产业等六大产业，食品产业门类齐全、初具规模。

【招商引资】 2011年，按照宝泉岭开发区产业发展规划，严格对入园企业实行准入制，变招商为选商。在宝泉岭管理局各部门的积极配合下，宝泉岭开发区新扩续建项目20个，其中新建项目8个、扩建续建项目12个，协议投资额13.4亿元，完成固定资产投资2亿元。

【项目建设】 2011年，宝泉岭开发区一手抓规范管理，一手抓项目开工，项目建设步伐稳步加快。对新开工项目，积极帮助协调理顺关系，解决项目开工过程中存在的具体问题，保证施工顺畅；对扩续建项目，完备了手续，加快了办理速度；对已立项并办结土地手续的项目，加快项目前期工作，促其早日开工；对已立项或正在准备立项手续的项目，抓紧跟踪、服务；对已建成项目，在项目验收、落实优惠政策等方面加大服务力度，推动项目早日投产。同时，全力跟踪协调服务过亿元的项目，总投资2.7亿元的国能宝泉岭生物质发电项目，现正在进行建设项目选址论证。2012年初可通过省发改委核准进行开工建设。

【管理与服务】 创新开发区的管理体制。建立精干高效的黑龙江宝泉岭经济开发区管理委员会。按照“精简、统一、效能”的原则和“小政府、大服务”的要求，因地制宜地进行综合设置。开发区管委会是分局的派出机构，经宝泉岭管理局授权对宝泉岭开发区范围内的经济和行政事务实行统一领导、统一规划、统一管理。

建立健全开发区封闭运作体制。建立规划、人、财、物相对独立的运作体制，在宝泉岭管理局审批权限内的项目由宝泉岭开发区行使立项权和批准权。按照“精简、统一、效能”的原则，加强宝泉岭开发区领导班子和队伍建设。对领导班子成员实行任期目标责任制，做到能上能下。对宝泉岭开发区管委会直属部门负责人及工作人员，由宝泉岭开发区管委会聘任，实行竞争上岗、岗位业绩工资制。宝泉岭开发区管委会下一步要建立健全各项规章制度和约束、激励制度，不断创新工作方式，提高工作效率。

建立健全开发区财务管理体制。建立宝泉岭开发区一级财务，今后宝泉岭开发区内各项行政事业性规费由宝泉岭开发区财务部门统一征收，按规定纳入预算管理或专户管理。在继续保持宝泉岭管理局对开发区建设投入的同时，将宝泉岭开发区今后从政府分成的各项税收和新发生的土地补偿费及其他收入统一纳入宝泉岭开发区财务。用于宝泉岭开发区项目建设和基础设施建设。

建立了开发区统计信息报表制度。由专人负责，按照规定时间，及时、准确地向黑龙江省开发区办公室、宝泉岭管理局工信委、统计局报送经济指标统计数据、经济发展信息。

【机构设置与管委会领导】 宝泉岭开发区下设综合办公室和投资服务中心。其中投资服务中心进驻部门有：计划财务处、商务局、卫生局、建设局、工商局、国土资源局、环保局、技术监督局、公安局、水务局、供电局、城管局、交通局13个部门。

宝泉岭开发区领导成员为：管委会主任李炳祥，管委会综合办公室科长李涛。

（黑龙江宝泉岭经济开发区管委会）

云南楚雄经济开发区

【经济发展】 2011年，云南楚雄经济开发区（以下简称楚雄开发区）实现生产总产值30.62亿元，与2010年同期相比（下同）增长20.8%；完成地方财政总收入6.62亿元，增长18.8%，地方财政一般预算收入4.26亿元，增长18.6%；规模以上工业增加值14.23亿元，增长22.4%；全社会固定资产投资32.14亿元，增长21.7%；州外到位资金20.31亿元，增长30.1%；社会消费品零售总额11.05亿元，增长37.9%。

【产业发展】 2011年，楚雄开发区进一步强化产业平台建设，突出以招商引资和项目建设为重点，全力推进天然药业、冶金建材化工业、机电制造加工业、绿色食品业和商贸旅游服务业的发展，取得较大成效。全年五大产业完成产值73.84亿元，增长31.2%。实现增加值17.56亿元，增长26.6%，增加值占当期生产总值比重达57.4%。其中：天然药业完成产值8.48亿元，增长38.8%，增加值2.53亿元，增长37.5%；冶金建材化工业完成产值51.18亿元，增长40.8%，增加值9.6亿元，增长35.8%；机电制造加工业完成产值9.72亿元，产值与2010年基本持平，增加值2.93亿元，增长6.3%；绿色食品加工业完成产值6364万元，增长18.5%，增加值1370万元，增长18.4%；商贸旅游服务业完成产出3.83亿元，增长25.4%，增加值2.37亿元，增长24.7%。

【招商引资】 2011年，楚雄开发区进一步调整招商理念、招商思路和招商方式，加强与上级相关部门的沟通联系，做好项目论证和项目推进工作，不断增强招商引资的科学性。进一步加大项目协调服务力度，实行一条龙服务，千方百计促进招商引资项目落地发展。积极抢抓桥头堡建设和大项目转移机遇，不断拓宽招商渠道，创新招商方式，加大招商引资宣传力度，大力开展会展招商、情感招商、以商招商、小分队招商，成功引进楚雄物联网云计算、楚源药业新型药用包材及药用辅料和积华生物科技G.D建设等一批项目落户开发区。全年共实施招商项目40个（州外国内项目38个、外资项目2个），其中续建项目14个、新建项目26个、省外投资项目21个、工业生产性项目20个。完成州外到位资金20.99亿元（州外国内项目38个，到位资金20.31亿元，外资6862万元），增长34.5%。其中，省外到位资金12.91亿元，工业生产性项目到位资金12.18亿元。新签约招商引资项目10个，协议投资额12.98亿元。

【项目建设】 2011年，楚雄开发区进一步加强项目跟踪问效，将重点项目任务细化分解到主要领导和部门主要负责人，强化项目协调服务，及时帮助项目单位解决存在的困难和问题，加快项目开工建设。全年共立项审批项目66个，立项投资额24.88亿元，其中工业项目17个，立项投资额6.71亿元。共实施重点建设项目10个，完成投资3.6亿元。

【基础设施建设】 2011年，楚雄开发区充分发挥规划的龙头作用，以高起点、高标准、高水平的规划编制为先导，严格规划管理，以工业片区路网、供排水、供电等基础设施配套建设为重点，大力加强市政基础设施建设，为城市形成独具特色、优势互补、产业互动的新局面提供了有力保障。在1993年以来编制的《开发区分区规划》以及桃源、赵家湾、庄甸等园区规划和各重点项目规划基础上，完成了开发区32.8平方公里分区规划修编、西片区35平方公里概念性规划和城市设计编制工作；《苍岭工业片区总体布局规划的深化》和《苍岭工业片区控制性详细规划》编制工作高效推进，为工业产业发展空间承载力的不断提升奠定了坚实基础。围绕开发区北部原彝族文化大观园10.8平方公里开发建设，探索开发区旅游文化产业发展。2011年共实施基础设施项目20个，完工8个，完成投资1.05亿元。

【园区建设】 2011年，楚雄开发区把平台建设放在更加突出的位置，大力快速推进工业园区建设，取得较好成效。

冶金建材化工园。园区内已建成的企业有：云南开关厂、云南天腾化工有限公司、楚雄昆钢奕标新型建材有限公司、云南国资水泥楚雄有限公司、滇中有色金属有限公司、楚雄活塞销有限公司、楚雄明强新型耐磨钢制造有限公司、云南楚雄仁恒化肥有限公司、云南云星铜材有限公司、云南鑫华化工有限公司、云南凯龙天泰木业有限公司等。同时，一批工业项目已顺利引进并实施，投资4960万元的楚雄鑫华化工有限公司年产30万吨过磷酸钙异地搬迁建设项目和投资1.27亿元的楚雄昆钢奕标新型建材有限公司年产90万吨水泥粉磨站建设项目已建成并投入试生产；投资1700万元的楚雄云星铜材有限公司搬迁扩建铜型材及铜合金产品深加工一期建设项目动工建设。新引进投资3亿元的日本神英独创机械株式会社投资水质净化材料生产线建设项目。随着产业项目的聚集成长，冶金化工建材产业园区呈显现出较好的产业支撑带动效益，成为楚雄开发区经济发展的主要增长极。

天然药物产业园。该片区自2001年2月动工建设以来，已完成首期500亩的开发建设任务，引进医药企业21家，拥有多种制剂生产线30条90余个品种。其中，云南盘龙云海药业、云南老拨云堂药业、云南楚雄天利药业、云中制药、云南新世纪药业、云南极粹生物科技有限公司等企业已建成并投入生产；昆明宇斯药业、云南保元堂药业有限责任公司、云南白药集团楚雄健康产品有限公司、云南邦桥节能科技有限公司、楚雄和创药业有限公司、云南积华药业有限公司、楚源医药包材有限公司等企业正加快建设。天然药物产业片区已成为云南省最具发展活力的医药产业基地。2011年11月29日，老拨云堂被国家工商行政管理总局商标局认定为“中国驰名商标”。

生物产业园。2011年7月，经云南省工信委批准，该片区由原绿色食品加工园调整为生物产业园。引进的云南玛格达同佳绿色食品、广泰生物科技、瑞福康生物科技等5家企业已建成投产；楚雄东宝生物资源开发有限公司核桃系列产品深加工项目，楚雄云泉酱园有限责任公司年产4000吨出口调味品搬迁技改扩建项目已建成并将投入试生产；云南广泰生物科技开发有限公司的年产3.2亿元粒沙棘红花软胶囊产业化项目、昆明宇斯药业有限责任公司年产8400万瓶（袋）大输液生产线建设项目、楚雄和创药业有限责任公司生物制药产业化项目、湖北一致魔芋生物科技有限公司魔芋深加工项目正在建设；云南楚雄汇东实业有限责任公司乳制品生产加工厂搬迁技改扩建项目、云南和泰农产品开发区有限公司2000吨魔芋产业深加工扩建项目、大新艾恩希（北京）商贸有限责任公司养虾项目，正在办理前期工作准备动工建设。

苍岭工业园。2011年7月经云南省工信委（园区［2011］491号文件）批准新增为省级工业园区，分为“冶金化工产业区、能源及装备制造产业区和生物及创新产业区”3个工业区，2个物流和配套服务区（含2个移民安置生活区）。正深入对接云铜王家桥冶炼总厂搬迁、华能云南滇东能源公司楚雄热电联产和云南金胜通用航空基地建设等项目。

【社会事业】 2011年，楚雄开发区坚持以科学发展观为指导，大力实施“科教兴区”发展战略，科技、教育、文化、医疗、卫生、计划生育等各项社会事业不断向前推进。

教育。加强教育服务体系建设，完成年度区内各学校教师招聘工作，新招聘教师60名，区内教师累计达394名，教师队伍不断壮大；努力化解义务教育阶段入学矛盾，圆满完成2011年秋季学期招生工作，新增教学班18个，累计教学班数量达136个，极大满足了区内广大人民群众对义务教育的需求。开发区永安小学总体办学水平和办学实力跨上新台阶，先后被省教育厅评为“云南省心理健康教育与示范学校”和“云南省语言文字规范示范学校”。天人中学发展迅猛，特色亮点频现，在校师生员工从2005年的300余人发展到2011年的3300人，满足了人民群众对优质教育的需要。2011年，天人中学又一次刷新了高考“高上线、多本科”目标，应届生综合上线率达99.71%；应届生本科上线率达85.1%。

精神文明建设。依托市民广场、活力广场、“三老”电影广场、音乐主题广场，在广泛开展各类广场文化活动的基础上，创新文化发展模式，推动文化品牌打造，组织开展了一系列广场文化和江岸文化活动。全年共组织各种专场文艺晚会32场次，播放电影540场，丰富了人民群众的业余文化生活，为提升城市品位，维护社会稳定发挥了重要作用。

城市管理。加强城市综合整治，以创建省级文明城市为抓手，全面加强城市综合治理工作，整洁、文明、有序的现代化城市形象得到进一步巩固。

【机构设置与管委会领导】 楚雄开发区管委会下设7个正科级局室（党政办公室、财政局、招商局、经贸局、规划建设局、综合行政执法局、社会事业发展局），2个州级部门派出机构（州地税开发区分局、州工商开发区分局），市级部门派出机构2个（市公安局开发区派出所、市国土开发区分局），1个全职能局（开发区国税局），共12个行政部门。

楚雄开发区领导成员为：管委会主任袁鹏（任至2011年10月）、赵万祥（2011年10月任），党委书记、管委会副主任马军，管委会常务副主任刘华（2011年6月任），党委副书记、纪委书记周明，管委会副主任王浩忠（任至2011年6月）、孙春荣、荆庆华、杨晋。

（云南楚雄经济开发区管委会）

统计资料篇

2011 年国家级经济技术开发区主要经济指标

	经济指标	全国		131 个经济技术开发区			66 个东部经济技术开发区			38 个中部经济技术开发区			27 个西部经济技术开发区		
		2011 年	同比	2011 年	2010 年	同比	2011 年	2010 年	同比	2011 年	2010 年	同比	2011 年	2010 年	同比
总体情况	地区生产总值（亿元）	471564	9.2%	41356.93	33566.03	23.21%	28623.5	23861.41	19.96%	8143.59	6394.09	27.36%	4589.84	3310.53	38.64%
	其中：工业增加值（亿元）	188572	10.7%	30033.92	23729.13	26.6%	20418.75	16563.29	23.28%	6223.86	4819.98	29.13%	3391.31	2345.86	44.57%
	第三产业增加值（亿元）	203260	8.9%	9380.71	7288.5	28.71%	7011.26	5650.87	24.07%	1459.91	997.6	46.34%	909.54	640.03	42.11%
	工业总产值（亿元）	855136.5	27.8%	123529.16	98791.46	25.04%	89901.43	73529.04	22.27%	22788.1	17575.12	29.66%	10839.62	7687.3	41.01%
	其中：外商投资企业工业总产值（亿元）	223286.9	20.2%	73920.95	59373.84	24.5%	62115.33	50875.21	22.09%	10019.82	7254.59	38.12%	1785.8	1244.04	43.55%
	本年完成固定资产投资（亿元）	60518	28%	20919.47	15889	31.66%	12905.55	10074.1	28.11%	4864.34	3595.94	35.27%	3149.58	2218.97	41.94%
	新批准设立企业数（家）	—	—	57202	48332	18.35%	37343	33184	12.53%	8868	6707	32.22%	10991	8441	30.21%
	期末实有企业数（家）	—	—	288071	220352	30.73%	189184	153494	23.25%	52248	33707	55.01%	46639	33151	40.69%
	历年累计已开发土地面积（平方公里）	—	—	3724.74	2904.22	28.25%	2505.25	2064.59	21.34%	798.64	513.17	55.63%	420.85	326.46	28.91%
	年末全区从业人员（万人）	—	—	1299.46	1102.37	17.88%	873.98	767.49	13.88%	280.01	212.57	31.73%	145.47	122.32	18.93%

续表

	经济指标	全国		131 个经济技术开发区			66 个东部经济技术开发区			38 个中部经济技术开发区			27 个西部经济技术开发区		
		2011 年	同比	2011 年	2010 年	同比	2011 年	2010 年	同比	2011 年	2010 年	同比	2011 年	2010 年	同比
财政税收	财政收入（亿元）	103740	24.8%	8592.59	6936.1	23.88%	6485.4	5208.69	24.51%	1394.39	1073.06	29.95%	712.8	654.35	8.93%
财政税收	其中：地方一般预算收入（亿元）	—	—	2771.17	2258.34	22.71%	2050.38	1735.64	18.13%	471.11	347.6	35.53%	249.68	175.1	42.59%
财政税收	税收收入（亿元）	89720.31	22.6%	7287.62	5824.33	25.12%	5540.31	4504.43	23%	1165.97	907.15	28.53%	581.34	412.75	40.85%
财政税收	其中：外商投资企业税收收入（亿元）	—	—	3727.46	2991.04	24.62%	3135.4	2538.43	23.52%	523.82	396.14	32.23%	68.25	56.47	20.86%
进出口	出口总额（亿美元）	18986	20.3%	3311.37	2919.75	13.41%	3008.26	2700.49	11.4%	183.29	134.94	35.83%	119.82	84.32	42.1%
进出口	其中：高新技术产品出口额（亿美元）	5488	11.5%	1952.88	2121.76	-7.96%	1839.79	1682.36	9.36%	96.3	427.55	-77.48%	16.79	11.85	41.68%
进出口	进口总额（亿美元）	17434.6	24.9%	3282.14	2755.44	19.11%	2900.47	2490.9	16.44%	236.57	172.6	37.06%	145.1	91.94	57.82%
进出口	其中：高新技术产品进口额（亿美元）	4630	12.2%	1431.43	1359.84	5.26%	1333.85	1265.08	5.44%	84.38	79.34	6.35%	13.2	15.42	-14.42%
吸收外资	新批外商投资企业（家）	27712	1.1%	2837	2694	5.31%	2379	2321	2.5%	369	295	25.08%	89	78	14.1%
吸收外资	实际使用外资金额（亿美元）	1160.11	9.72%	429.47	372.89	15.17%	326.75	293.12	11.47%	74.4	61.26	21.45%	28.32	18.51	53%
吸收外资	历年累计实际使用外资金额（亿美元）	11671.89	—	3253.66	2722.68	19.5%	2580	2190.6	17.78%	539.52	428.79	25.82%	134.13	103.28	29.88%

2011年131个国家级经济技术开发区税收收入情况

2011年66个东部国家级经济技术开发区税收收入情况

单位：亿元

序号	开发区名称	2011年	2010年	同比
1	大连经济技术开发区	210.15	157.75	33.21%
2	秦皇岛经济技术开发区	30.59	23.92	27.9%
3	烟台经济技术开发区	146.92	103.19	42.38%
4	青岛经济技术开发区	246.32	196.52	25.34%
5	宁波经济技术开发区	93.54	72.82	28.45%
6	湛江经济技术开发区	71.34	64.56	10.5%
7	天津经济技术开发区	341.86	274.62	24.49%
8	连云港经济技术开发区	45.2	36.5	23.83%
9	南通经济技术开发区	47.32	41.79	13.22%
10	广州经济技术开发区	376.33	316.26	18.99%
11	福州经济技术开发区	36.47	31.3	16.52%
12	上海闵行经济技术开发区	38.03	36.88	3.13%
13	上海虹桥经济技术开发区	13.84	9	53.74%
14	上海漕河泾新兴技术开发区	75.24	67.32	11.77%
15	厦门海沧台商投资区	106.97	82.83	29.16%
16	上海金桥出口加工区	291.15	252.44	15.33%
17	温州经济技术开发区	20.72	17.34	19.51%
18	海南洋浦经济开发区	119.29	97.52	22.32%
19	昆山经济技术开发区	147.25	121.91	20.78%
20	营口经济技术开发区	41.6	34.9	19.21%
21	威海经济技术开发区	27.66	20.63	34.08%
22	福清融侨经济技术开发区	14.86	12.59	18%
23	宁波大榭开发区	98.68	79.18	24.62%
24	东山经济技术开发区	5.27	3.94	33.84%
25	沈阳经济技术开发区	141.4	117.52	20.32%
26	杭州经济技术开发区	92.64	80.21	15.5%
27	萧山经济技术开发区	47.54	35.61	33.5%
28	广州南沙经济技术开发区	235.31	215.21	9.34%
29	惠州大亚湾经济技术开发区	173.05	136.67	26.62%

续表

序号	开发区名称	2011 年	2010 年	同比
30	苏州工业园区	306.41	258.41	18.57%
31	北京经济技术开发区	245.36	212.34	15.55%
32	南京经济技术开发区	77.06	60.5	27.36%
33	廊坊经济技术开发区	45.36	35.64	27.27%
34	扬州经济技术开发区	62.57	52.68	18.79%
35	嘉兴经济技术开发区	27.16	21.66	25.42%
36	徐州经济技术开发区	74.28	43.05	72.55%
37	东营经济技术开发区	16.24	12.97	25.16%
38	湖州经济技术开发区	30.89	21.11	46.32%
39	增城经济技术开发区	43.24	42.51	1.73%
40	镇江经济技术开发区	45.48	33.94	34.01%
41	锦州经济技术开发区	11.09	8.90	24.64%
42	漳州招商局经济技术开发区	9.62	7.83	22.85%
43	绍兴袍江经济技术开发区	24.21	14.35	68.71%
44	日照经济技术开发区	27.21	24.65	10.37%
45	潍坊滨海经济技术开发区	29.53	18.85	56.65%
46	大连长兴岛经济技术开发区	26.08	14.94	74.51%
47	泉州经济技术开发区	13.03	11.07	17.69%
48	吴江经济技术开发区	53.54	48.82	9.67%
49	长兴经济技术开发区	27.86	22.41	24.31%
50	常熟经济技术开发区	79.99	68.51	16.75%
51	沧州临港经济技术开发区	36.27	27.43	32.23%
52	淮安经济技术开发区	58.38	42.41	37.67%
53	邹平经济技术开发区	48.74	42.17	15.56%
54	江宁经济技术开发区	126.32	78.95	60.01%
55	金华经济技术开发区	24.59	14.37	71.12%
56	西青经济技术开发区	30.71	24.88	23.43%
57	临沂经济技术开发区	19.48	12.11	60.86%
58	盐城经济技术开发区	67.46	45.68	47.68%
59	宁波石化经济技术开发区	177.24	155.73	13.81%
60	武清经济技术开发区	56.53	45.35	24.66%
61	锡山经济技术开发区	41.94	36.1	16.18%
62	太仓港经济技术开发区	82.69	77.22	7.08%
63	嘉善经济技术开发区	41.28	32.91	27.44%
64	衢州经济技术开发区	16.05	14.09	13.91%
65	张家港经济技术开发区	78.12	59.8	30.64%
66	招远经济技术开发区	21.76	19.15	13.16%
	合　计	5540.31	4504.43	23%

2011年38个中部国家级经济技术开发区税收收入情况

单位：亿元

序号	开发区名称	2011年	2010年	同比
1	哈尔滨经济技术开发区	96.78	71.71	34.97%
2	长春经济技术开发区	83.31	63.37	31.46%
3	武汉经济技术开发区	187.47	158.16	18.53%
4	芜湖经济技术开发区	65.41	54.65	19.69%
5	合肥经济技术开发区	78.37	60.54	29.46%
6	郑州经济技术开发区	35.32	24.94	41.64%
7	长沙经济技术开发区	70.18	50.08	40.13%
8	南昌经济技术开发区	37.15	30.65	21.19%
9	太原经济技术开发区	13.96	10.84	28.73%
10	岳阳经济技术开发区	11.84	10.3	15%
11	九江经济技术开发区	27.63	22.18	24.59%
12	安庆经济技术开发区	11.32	9.64	17.46%
13	马鞍山经济技术开发区	21.49	12.05	78.32%
14	黄石经济技术开发区	11.33	10.67	6.27%
15	赣州经济技术开发区	25.79	22.85	12.87%
16	井冈山经济技术开发区	10.5	8.5	23.63%
17	襄樊经济技术开发区	41.56	27.71	50%
18	吉林经济技术开发区	9.8	7.31	34.13%
19	常德经济技术开发区	6.08	4.66	30.62%
20	海林经济技术开发区	6.55	6.05	8.16%
21	宾西经济技术开发区	7.65	5.98	28%
22	漯河经济技术开发区	25.02	19.2	30.31%
23	鹤壁经济技术开发区	8.9	6.68	33.23%
24	四平红嘴经济技术开发区	13.07	6.7	95.07%
25	上饶经济技术开发区	10.68	8.89	20.12%
26	开封经济技术开发区	9.32	5.59	66.73%
27	宁乡经济技术开发区	13.63	10.24	33.11%
28	武汉吴家山经济技术开发区	74.84	60.43	23.85%
29	大同经济技术开发区	5.05	5.99	-15.67%
30	许昌经济技术开发区	9.62	7.02	36.96%
31	萍乡经济技术开发区	13.64	12.13	12.45%
32	长春西新经济技术开发区	54.34	40.33	34.75%
33	哈尔滨利民经济技术开发区	10.36	7.9	31.14%
34	铜陵经济技术开发区	7.21	4.81	49.9%
35	滁州经济技术开发区	8.11	5.35	51.59%
36	池州经济技术开发区	10.05	8.6	16.86%
37	荆州经济技术开发区	24.31	19.3	26%
38	湘潭经济技术开发区	8.3	5.17	60.54%
	合　　计	1165.97	907.15	28.53%

2011 年 27 个西部国家级经济技术开发区税收收入情况

单位：亿元

序号	开发区名称	2011 年	2010 年	同比
1	重庆经济技术开发区	38.71	27.95	38.49%
2	乌鲁木齐经济技术开发区	34.12	29.91	14.05%
3	西安经济技术开发区	48.6	39.17	24.06%
4	成都经济技术开发区	85.67	60.2	42.3%
5	昆明经济技术开发区	27.18	20.34	33.62%
6	贵阳经济技术开发区	13.86	10.49	32.14%
7	石河子经济技术开发区	19.29	11.95	61.4%
8	西宁经济技术开发区	20.95	12.74	64.44%
9	呼和浩特经济技术开发区	19.12	15.12	26.48%
10	南宁经济技术开发区	12.39	8.64	43.36%
11	银川经济技术开发区	20.24	14.37	40.9%
12	拉萨经济技术开发区	13.82	9.63	43.47%
13	兰州经济技术开发区	11.02	10.79	2.1%
14	金昌经济技术开发区	15.74	21.9	-28.14%
15	天水经济技术开发区	11.04	9	22.62%
16	广安经济技术开发区	6.95	7.8	-10.87%
17	曲靖经济技术开发区	13.21	12.93	2.2%
18	遵义经济技术开发区	5.85	4.6	27.06%
19	德阳经济技术开发区	24.85	15.5	60.33%
20	万州经济技术开发区	8.87	4.16	113.23%
21	陕西航空经济技术开发区	8.31	7.93	4.78%
22	陕西航天经济技术开发区	5.75	3.6	59.65%
23	钦州港经济技术开发区	85.07	26.6	219.77%
24	长寿经济技术开发区	11	10.54	4.36%
25	库尔勒经济技术开发区	3.19	2.43	31.28%
26	奎屯-独山子经济技术开发区	3.65	2.6	40.38%
27	石嘴山经济技术开发区	12.9	11.85	8.86%
	合　计	581.34	412.75	40.85%

2011年131个国家级经济技术开发区实际使用外资金额情况

2011年66个东部国家级经济技术开发区实际使用外资金额情况

单位：亿美元

序号	开发区名称	2011年	2010年	同比
1	大连经济技术开发区	35	31.66	10.56%
2	秦皇岛经济技术开发区	1.74	1.47	18.24%
3	烟台经济技术开发区	7.3	4.63	57.88%
4	青岛经济技术开发区	16.14	12.8	26.09%
5	宁波经济技术开发区	7.57	6.49	16.69%
6	湛江经济技术开发区	0.06	0.12	-46.12%
7	天津经济技术开发区	43.5	36.6	18.84%
8	连云港经济技术开发区	3.47	3.4	1.99%
9	南通经济技术开发区	3.43	4.86	-29.52%
10	广州经济技术开发区	11.12	12.26	-9.32%
11	福州经济技术开发区	2.8	2.55	9.63%
12	上海闵行经济技术开发区	0.37	0.81	-54.69%
13	上海虹桥经济技术开发区	1.02	0.78	30.82%
14	上海漕河泾新兴技术开发区	1.88	1.52	23.78%
15	厦门海沧台商投资区	3.28	3.27	0.24%
16	上海金桥出口加工区	2.2	3.18	-30.64%
17	温州经济技术开发区	0.45	0.26	75.52%
18	海南洋浦经济开发区	0.22	1.03	-78.87%
19	昆山经济技术开发区	7.3	8.73	-16.4%
20	营口经济技术开发区	3.83	2.74	40.14%
21	威海经济技术开发区	1.03	1.01	1.36%
22	福清融侨经济技术开发区	0.94	0.92	2.49%
23	宁波大榭开发区	0.56	0.71	-20.71%
24	东山经济技术开发区	0.18	0.23	-21.01%
25	沈阳经济技术开发区	10.1	9.24	9.34%
26	杭州经济技术开发区	6.42	6.08	5.62%
27	萧山经济技术开发区	3.2	3.01	6.4%
28	广州南沙经济技术开发区	6.72	6.28	7.05%
29	惠州大亚湾经济技术开发区	2.99	2.74	9.12%

续表

序号	开发区名称	2011 年	2010 年	同比
30	苏州工业园区	19.35	18.5	4.62%
31	北京经济技术开发区	6.45	3.18	102.85%
32	南京经济技术开发区	5.31	2.83	87.81%
33	廊坊经济技术开发区	3.98	2.12	87.95%
34	扬州经济技术开发区	4.01	7.2	-44.37%
35	嘉兴经济技术开发区	2.5	1.52	64.39%
36	徐州经济技术开发区	5.7	5.52	3.38%
37	东营经济技术开发区	0.26	1.04	-75.32%
38	湖州经济技术开发区	1.58	1.48	6.5%
39	增城经济技术开发区	0.11	0.03	309.53%
40	镇江经济技术开发区	5.32	8.7	-38.84%
41	锦州经济技术开发区	1.16	1.83	-36.96%
42	漳州招商局经济技术开发区	0.19	0.18	7.23%
43	绍兴袍江经济技术开发区	1.3	1.14	14.19%
44	日照经济技术开发区	1.9	1.57	21.02%
45	潍坊滨海经济技术开发区	0.68	0.4	60%
46	大连长兴岛经济技术开发区	16.51	15.27	8.1%
47	泉州经济技术开发区	1.18	1.03	15.01%
48	吴江经济技术开发区	5.43	4.92	10.31%
49	长兴经济技术开发区	1.43	1.66	-13.76%
50	常熟经济技术开发区	4.8	4.84	-0.85%
51	沧州临港经济技术开发区	0.36	0.28	28.57%
52	淮安经济技术开发区	6	3	99.87%
53	邹平经济技术开发区	10.2	2.23	357.1%
54	江宁经济技术开发区	6.93	6.82	1.6%
55	金华经济技术开发区	0.46	0.79	-41.77%
56	西青经济技术开发区	6.31	5.03	25.45%
57	临沂经济技术开发区	0.61	0.5	22%
58	盐城经济技术开发区	2.3	1.63	40.94%
59	宁波石化经济技术开发区	0.2	0.28	-28.57%
60	武清经济技术开发区	3.21	2.49	28.71%
61	锡山经济技术开发区	3.39	3.73	-9.12%
62	太仓港经济技术开发区	5.37	6.67	-19.49%
63	嘉善经济技术开发区	2.84	2.83	0.35%
64	衢州经济技术开发区	0.16	0.17	-5.9%
65	张家港经济技术开发区	3.44	1.83	87.98%
66	招远经济技术开发区	0.72	0.49	46.94%
	合　计	326.75	293.12	11.47%

2011年38个中部国家级经济技术开发区实际使用外资金额情况

单位：亿美元

序号	开发区名称	2011年	2010年	同比
1	哈尔滨经济技术开发区	6.45	7.67	-15.94%
2	长春经济技术开发区	10.51	9.09	15.67%
3	武汉经济技术开发区	1.88	1.75	7.56%
4	芜湖经济技术开发区	2.4	1.67	43.76%
5	合肥经济技术开发区	4.62	3.56	29.72%
6	郑州经济技术开发区	3.46	2.83	22.27%
7	长沙经济技术开发区	2.23	1.92	15.9%
8	南昌经济技术开发区	3.74	3	24.67%
9	太原经济技术开发区	4.84	3.14	54.41%
10	岳阳经济技术开发区	0.3	0.26	15.89%
11	九江经济技术开发区	1.48	1.21	23%
12	安庆经济技术开发区	0.84	0.7	19.53%
13	马鞍山经济技术开发区	3.56	3.45	2.96%
14	黄石经济技术开发区	1.31	1.22	6.8%
15	赣州经济技术开发区	2.14	1.69	26.52%
16	井冈山经济技术开发区	1.84	1.46	26.18%
17	襄樊经济技术开发区	0.61	0.42	43.09%
18	吉林经济技术开发区	0.68	0.49	37.27%
19	常德经济技术开发区	0.51	0.4	26.47%
20	海林经济技术开发区	0.34	0.31	9.18%
21	宾西经济技术开发区	1	0.56	79.11%
22	漯河经济技术开发区	1.06	0.79	34.18%
23	鹤壁经济技术开发区	1.1	0.45	144.44%
24	四平红嘴经济技术开发区	0.15	0	—
25	上饶经济技术开发区	1.6	1.3	23.08%
26	开封经济技术开发区	0.67	0.31	116.13%
27	宁乡经济技术开发区	0.71	0.61	16.39%
28	武汉吴家山经济技术开发区	1.75	1.55	12.9%
29	大同经济技术开发区	0.06	0.16	-62.49%
30	许昌经济技术开发区	0.36	0.25	46.09%
31	萍乡经济技术开发区	1.43	0.85	68.24%
32	长春西新经济技术开发区	4.18	3.61	15.95%
33	哈尔滨利民经济技术开发区	0.44	0.43	2.33%
34	铜陵经济技术开发区	1.89	1.6	18.13%
35	滁州经济技术开发区	1.77	0.67	164.18%
36	池州经济技术开发区	1.15	0.93	23.66%
37	荆州经济技术开发区	0.18	0.13	42%
38	湘潭经济技术开发区	1.2	0.84	42.86%
	合　计	74.4	61.26	21.45%

注：四平红嘴开发区2010年没有实际使用外资，故该项数据为“0”。

2011 年 27 个西部国家级经济技术开发区实际使用外资金额情况 单位：亿美元

序号	开发区名称	2011 年	2010 年	同比
1	重庆经济技术开发区	1.52	0.18	729.43%
2	乌鲁木齐经济技术开发区	0.37	0.99	-62.53%
3	西安经济技术开发区	5.42	4.26	27.21%
4	成都经济技术开发区	4.01	3.1	29.37%
5	昆明经济技术开发区	2.05	1.88	9.04%
6	贵阳经济技术开发区	0.27	0.18	47.06%
7	石河子经济技术开发区	0.36	0.03	1090%
8	西宁经济技术开发区	0.53	0.6	-11.67%
9	呼和浩特经济技术开发区	1.9	1.67	13.81%
10	南宁经济技术开发区	0.46	0.31	49.58%
11	银川经济技术开发区	0.68	0.24	183.4%
12	拉萨经济技术开发区	0.06	0	—
13	兰州经济技术开发区	0.043	0	—
14	金昌经济技术开发区	0	0	—
15	天水经济技术开发区	1.1	1	10%
16	广安经济技术开发区	0.16	0.07	134.43%
17	曲靖经济技术开发区	0.1	0.05	104.8%
18	遵义经济技术开发区	0.0009	0.0074	-88.26%
19	德阳经济技术开发区	0.58	0.33	77.06%
20	万州经济技术开发区	1.42	0.29	385.15%
21	陕西航空经济技术开发区	0.17	0.13	29.55%
22	陕西航天经济技术开发区	0.2	0.26	-20.49%
23	钦州港经济技术开发区	1.38	1.13	22.12%
24	长寿经济技术开发区	5.33	1.63	226.99%
25	库尔勒经济技术开发区	0.18	0	—
26	奎屯-独山子经济技术开发区	0.0031	0.04	-92.25%
27	石嘴山经济技术开发区	0	0.13	-100%
	合　计	28.32	18.51	53%

注：兰州、拉萨、金昌、库尔勒开发区 2010 年没有实际使用外资，故数据为“0”；

金昌、石嘴山开发区 2011 年没有实际使用外资，故数据为“0”。

2011 年 131 个国家级经济技术开发区工业总产值情况

2011 年 66 个东部国家级经济技术开发区工业总产值情况

单位：亿元

序号	开发区名称	2011 年	2010 年	同比
1	大连经济技术开发区	3453.47	2919.25	18.3%
2	秦皇岛经济技术开发区	603.68	483.04	24.97%
3	烟台经济技术开发区	3200.17	2480.1	29.03%
4	青岛经济技术开发区	3661.16	3110	17.72%
5	宁波经济技术开发区	2026.14	1647.84	22.96%
6	湛江经济技术开发区	539.78	444.61	21.41%
7	天津经济技术开发区	6102.84	5101.28	19.63%
8	连云港经济技术开发区	823.21	621.21	32.52%
9	南通经济技术开发区	1471.05	1150.43	27.87%
10	广州经济技术开发区	4938.16	4227.52	16.81%
11	福州经济技术开发区	773.27	653.13	18.39%
12	上海闵行经济技术开发区	452.29	400.99	12.79%
13	上海虹桥经济技术开发区	0	0	—
14	上海漕河泾新兴技术开发区	1237.36	1256.2	-1.5%
15	厦门海沧台商投资区	945.54	760.36	24.35%
16	上海金桥出口加工区	2275.66	2097.3	8.5%
17	温州经济技术开发区	545.67	416.8	30.92%
18	海南洋浦经济开发区	711.35	572.77	24.19%
19	昆山经济技术开发区	5149.76	4606.2	11.8%
20	营口经济技术开发区	1001.9	798.44	25.48%
21	威海经济技术开发区	371.15	390.11	-4.86%
22	福清融侨经济技术开发区	705.57	661.33	6.69%
23	宁波大榭开发区	480.38	363.57	32.13%
24	东山经济技术开发区	95.23	70.54	35%
25	沈阳经济技术开发区	2866.91	2383.21	20.3%
26	杭州经济技术开发区	1511.35	1322.85	14.25%
27	萧山经济技术开发区	640.56	581.12	10.23%
28	广州南沙经济技术开发区	1702.6	1419.13	19.97%
29	惠州大亚湾经济技术开发区	1554.21	1278.32	21.58%

续表

序号	开发区名称	2011 年	2010 年	同比
30	苏州工业园区	4136.96	3527.95	17.26%
31	北京经济技术开发区	2272.56	2221.74	2.29%
32	南京经济技术开发区	2155.02	1710.13	26.02%
33	廊坊经济技术开发区	439.18	425.22	3.28%
34	扬州经济技术开发区	1831.22	1371.7	33.5%
35	嘉兴经济技术开发区	316.2	280.67	12.66%
36	徐州经济技术开发区	1385.7	1205.52	14.95%
37	东营经济技术开发区	1078.75	718.41	50.16%
38	湖州经济技术开发区	616.71	439.86	40.21%
39	增城经济技术开发区	555.21	342.19	62.25%
40	镇江经济技术开发区	1826.1	1291.6	41.38%
41	锦州经济技术开发区	237.43	177.01	34.13%
42	漳州招商局经济技术开发区	120.29	109.41	9.94%
43	绍兴袍江经济技术开发区	661.46	506.84	30.51%
44	日照经济技术开发区	643.11	558.14	15.23%
45	潍坊滨海经济技术开发区	604.88	394.11	53.48%
46	大连长兴岛经济技术开发区	180	104.9	71.59%
47	泉州经济技术开发区	348.14	277.19	25.6%
48	吴江经济技术开发区	1317.43	1139.8	15.58%
49	长兴经济技术开发区	543.88	468.08	16.19%
50	常熟经济技术开发区	2163.89	1588.37	36.23%
51	沧州临港经济技术开发区	454.48	312.89	45.25%
52	淮安经济技术开发区	1405.52	992.75	41.58%
53	邹平经济技术开发区	1798.8	1319.64	36.31%
54	江宁经济技术开发区	1567.33	1003.98	56.11%
55	金华经济技术开发区	410.4	353.05	16.24%
56	西青经济技术开发区	552.84	451.18	22.53%
57	临沂经济技术开发区	485.24	320.21	51.54%
58	盐城经济技术开发区	1607	1074.62	49.54%
59	宁波石化经济技术开发区	1711.28	1206.15	41.88%
60	武清经济技术开发区	590.62	426.99	38.32%
61	锡山经济技术开发区	891.2	742.05	20.1%
62	太仓港经济技术开发区	1370.44	1106.25	23.88%
63	嘉善经济技术开发区	754.15	616.43	22.34%
64	衢州经济技术开发区	320.2	255.65	25.25%
65	张家港经济技术开发区	1656.85	1346.21	23.08%
66	招远经济技术开发区	1050.56	924.5	13.64%
	合　计	89901.43	73529.04	22.27%

注：虹桥开发区只涉及第三产业而不涉及工业，故工业总产值数据为“0”。

2011 年 38 个中部国家级经济技术开发区工业总产值情况

单位：亿元

序号	开发区名称	2011 年	2010 年	同比
1	哈尔滨经济技术开发区	1751.56	1248.01	40.35%
2	长春经济技术开发区	1900.43	1543.09	23.16%
3	武汉经济技术开发区	1682.75	1508.42	11.56%
4	芜湖经济技术开发区	1639.49	1247.01	31.47%
5	合肥经济技术开发区	1860.45	1338.74	38.97%
6	郑州经济技术开发区	538.33	316.65	70.01%
7	长沙经济技术开发区	1336.22	1029.17	29.83%
8	南昌经济技术开发区	927.07	739.65	25.34%
9	太原经济技术开发区	260.7	210.4	23.9%
10	岳阳经济技术开发区	473	414.96	13.99%
11	九江经济技术开发区	636.41	465.15	36.82%
12	安庆经济技术开发区	371.48	309.05	20.2%
13	马鞍山经济技术开发区	377.55	215	75.6%
14	黄石经济技术开发区	502.23	378.63	32.65%
15	赣州经济技术开发区	496.47	482.01	3%
16	井冈山经济技术开发区	381.19	282.16	35.1%
17	襄樊经济技术开发区	914.97	667.38	37.1%
18	吉林经济技术开发区	322.54	241.22	33.71%
19	常德经济技术开发区	194	146	32.88%
20	海林经济技术开发区	87.39	65.61	33.19%
21	宾西经济技术开发区	145.63	114.67	27%
22	漯河经济技术开发区	340.28	270.8	25.66%
23	鹤壁经济技术开发区	263.8	205.55	28.34%
24	四平红嘴经济技术开发区	270.61	178.7	51.43%
25	上饶经济技术开发区	390.13	275.98	41.36%
26	开封经济技术开发区	170.43	130.12	30.98%
27	宁乡经济技术开发区	444.86	310.23	43.4%
28	武汉吴家山经济技术开发区	525.24	374.45	40.27%
29	大同经济技术开发区	73.5	65.1	12.91%
30	许昌经济技术开发区	266.74	216.57	23.16%
31	萍乡经济技术开发区	396.91	292.77	35.57%
32	长春西新经济技术开发区	1300.03	1171.7	10.95%
33	哈尔滨利民经济技术开发区	108.75	85.63	27%
34	铜陵经济技术开发区	365	275	32.73%
35	滁州经济技术开发区	318.8	210	51.81%
36	池州经济技术开发区	204.38	175	16.79%
37	荆州经济技术开发区	277.23	213.26	30%
38	湘潭经济技术开发区	271.56	161.3	68.36%
	合　　计	22788.1	17575.12	29.66%

2011 年 27 个西部国家级经济技术开发区工业总产值情况

单位：亿元

序号	开发区名称	2011 年	2010 年	同比
1	重庆经济技术开发区	580.24	464.94	24.8%
2	乌鲁木齐经济技术开发区	829.13	603.95	37.28%
3	西安经济技术开发区	1547.34	1193.17	29.68%
4	成都经济技术开发区	961.74	594.77	61.7%
5	昆明经济技术开发区	290.09	224.83	29.03%
6	贵阳经济技术开发区	293.3	120.62	143.17%
7	石河子经济技术开发区	280.06	201.01	39.32%
8	西宁经济技术开发区	549.58	397.4	38.29%
9	呼和浩特经济技术开发区	415.05	350.56	18.4%
10	南宁经济技术开发区	371.48	232.21	59.98%
11	银川经济技术开发区	206.33	166.48	23.94%
12	拉萨经济技术开发区	5.80	4.02	44.28%
13	兰州经济技术开发区	137.2	121	13.39%
14	金昌经济技术开发区	490.3	408.83	19.93%
15	天水经济技术开发区	87.26	58.96	48.01%
16	广安经济技术开发区	241.38	141.56	70.52%
17	曲靖经济技术开发区	290.35	200.18	45.04%
18	遵义经济技术开发区	184.88	173.86	6.34%
19	德阳经济技术开发区	566.13	501.1	12.98%
20	万州经济技术开发区	342.16	242.98	40.82%
21	陕西航空经济技术开发区	173	161.27	7.27%
22	陕西航天经济技术开发区	190	134.63	41.13%
23	钦州港经济技术开发区	730.08	288.24	153.29%
24	长寿经济技术开发区	663.94	376.62	76.29%
25	库尔勒经济技术开发区	85	86.5	-1.73%
26	奎屯-独山子经济技术开发区	86.09	33.84	154.4%
27	石嘴山经济技术开发区	241.7	203.8	18.6%
	合　　计	10839.62	7687.3	41.01%

2011年131个国家级经济技术开发区地区生产总值情况

2011年66个东部国家级经济技术开发区地区生产总值情况

单位：亿元

序号	开发区名称	2011年	2010年	同比
1	大连经济技术开发区	1320.59	1200.12	10.04%
2	秦皇岛经济技术开发区	208.31	180.29	15.54%
3	烟台经济技术开发区	985.02	791.18	24.5%
4	青岛经济技术开发区	1195.61	1038	15.18%
5	宁波经济技术开发区	555.95	468.89	18.57%
6	湛江经济技术开发区	251.29	210.31	19.49%
7	天津经济技术开发区	1908.45	1545.86	23.46%
8	连云港经济技术开发区	255.49	200.55	27.39%
9	南通经济技术开发区	481.86	378.08	27.45%
10	广州经济技术开发区	1872.39	1617.83	15.73%
11	福州经济技术开发区	298.56	259.68	14.97%
12	上海闵行经济技术开发区	170.3	155.76	9.33%
13	上海虹桥经济技术开发区	144.48	96.13	50.29%
14	上海漕河泾新兴技术开发区	795.33	675.71	17.7%
15	厦门海沧台商投资区	380.74	307.43	23.84%
16	上海金桥出口加工区	613.52	554.42	10.66%
17	温州经济技术开发区	180.94	150.25	20.43%
18	海南洋浦经济开发区	210.96	178.16	18.41%
19	昆山经济技术开发区	1367.58	1201.67	13.81%
20	营口经济技术开发区	500.06	400.01	25.01%
21	威海经济技术开发区	160.78	149.53	7.52%
22	福清融侨经济技术开发区	194.16	174.51	11.26%
23	宁波大榭开发区	161.72	145.07	11.48%
24	东山经济技术开发区	45.56	38.8	17.44%
25	沈阳经济技术开发区	1000.34	836.5	19.59%
26	杭州经济技术开发区	420.49	359.97	16.81%
27	萧山经济技术开发区	189.47	177.64	6.66%
28	广州南沙经济技术开发区	571.06	485.68	17.58%
29	惠州大亚湾经济技术开发区	434.05	343.17	26.48%

续表

序号	开发区名称	2011 年	2010 年	同比
30	苏州工业园区	1589.66	1380	15.19%
31	北京经济技术开发区	797.01	700.14	13.84%
32	南京经济技术开发区	428.23	330.13	29.72%
33	廊坊经济技术开发区	234.2	195.25	19.95%
34	扬州经济技术开发区	536.05	401.12	33.64%
35	嘉兴经济技术开发区	121.97	103.96	17.32%
36	徐州经济技术开发区	436.24	356.49	22.37%
37	东营经济技术开发区	245.96	199.15	23.5%
38	湖州经济技术开发区	169.36	118.95	42.37%
39	增城经济技术开发区	159.64	132.37	20.6%
40	镇江经济技术开发区	436.6	326	33.93%
41	锦州经济技术开发区	111.32	95.64	16.39%
42	漳州招商局经济技术开发区	37.84	33.23	13.86%
43	绍兴袍江经济技术开发区	157.62	134.48	17.21%
44	日照经济技术开发区	194.27	168.01	15.63%
45	潍坊滨海经济技术开发区	206.44	120.1	71.88%
46	大连长兴岛经济技术开发区	66.81	60	11.36%
47	泉州经济技术开发区	136.2	108.96	25%
48	吴江经济技术开发区	299.05	237.43	25.95%
49	长兴经济技术开发区	116.91	100.51	16.32%
50	常熟经济技术开发区	642.81	497.66	29.17%
51	沧州临港经济技术开发区	115.07	84.48	36.21%
52	淮安经济技术开发区	346.18	245.86	40.8%
53	邹平经济技术开发区	429.68	351.17	22.36%
54	江宁经济技术开发区	427.34	331.11	29.06%
55	金华经济技术开发区	130.79	115.12	13.61%
56	西青经济技术开发区	163.13	123.55	32.04%
57	临沂经济技术开发区	173.1	131.69	31.45%
58	盐城经济技术开发区	372.94	286	30.4%
59	宁波石化经济技术开发区	302.05	274.18	10.16%
60	武清经济技术开发区	166.06	128.67	29.06%
61	锡山经济技术开发区	283.69	231.5	22.54%
62	太仓港经济技术开发区	388.52	334.26	16.23%
63	嘉善经济技术开发区	264.36	227.23	16.34%
64	衢州经济技术开发区	116	95.79	21.1%
65	张家港经济技术开发区	575.99	455.01	26.59%
66	招远经济技术开发区	369.31	324.99	13.64%
	合　计	28623.5	23861.41	19.96%

2011年38个中部国家级经济技术开发区地区生产总值情况

单位：亿元

序号	开发区名称	2011年	2010年	同比
1	哈尔滨经济技术开发区	596.25	459.43	29.78%
2	长春经济技术开发区	728.5	603.33	20.75%
3	武汉经济技术开发区	576.99	458.25	25.91%
4	芜湖经济技术开发区	433.05	320.76	35.01%
5	合肥经济技术开发区	626.37	464.37	34.89%
6	郑州经济技术开发区	311.45	214.07	45.49%
7	长沙经济技术开发区	531.03	423.55	25.37%
8	南昌经济技术开发区	351.8	294.96	19.27%
9	太原经济技术开发区	74.64	58.89	26.75%
10	岳阳经济技术开发区	165.37	132.71	24.61%
11	九江经济技术开发区	211.23	199.37	5.95%
12	安庆经济技术开发区	174.23	147.91	17.8%
13	马鞍山经济技术开发区	143.14	90	59.04%
14	黄石经济技术开发区	215.91	171.59	25.83%
15	赣州经济技术开发区	211.34	200.09	5.62%
16	井冈山经济技术开发区	121.77	98.13	24.08%
17	襄樊经济技术开发区	310.48	233.65	32.88%
18	吉林经济技术开发区	94.14	72.47	29.9%
19	常德经济技术开发区	60.95	46.99	29.7%
20	海林经济技术开发区	27.68	19.98	38.54%
21	宾西经济技术开发区	59.64	45.88	30%
22	漯河经济技术开发区	116.12	92.43	25.63%
23	鹤壁经济技术开发区	80.02	62.72	27.58%
24	四平红嘴经济技术开发区	82.4	54	52.59%
25	上饶经济技术开发区	96.01	80	20.02%
26	开封经济技术开发区	95.75	72.92	31.31%
27	宁乡经济技术开发区	139.2	109.45	27.18%
28	武汉吴家山经济技术开发区	291.91	230.3	26.75%
29	大同经济技术开发区	29.99	26.07	15.05%
30	许昌经济技术开发区	75.58	61.6	22.69%
31	萍乡经济技术开发区	108.43	84.89	27.73%
32	长春西新经济技术开发区	400.16	340.67	17.46%
33	哈尔滨利民经济技术开发区	71.42	56.55	26.3%
34	铜陵经济技术开发区	91.04	69.36	31.26%
35	滁州经济技术开发区	95.66	65.5	46.05%
36	池州经济技术开发区	105.6	87.8	20.27%
37	荆州经济技术开发区	106.85	85.48	25%
38	湘潭经济技术开发区	131.49	57.96	126.86%
	合　计	8143.59	6394.09	27.36%

2011年27个西部国家级经济技术开发区地区生产总值情况

单位：亿元

序号	开发区名称	2011年	2010年	同比
1	重庆经济技术开发区	230.12	138.57	66.07%
2	乌鲁木齐经济技术开发区	406.36	307.01	32.36%
3	西安经济技术开发区	612.89	473.79	29.36%
4	成都经济技术开发区	460.32	368.54	24.9%
5	昆明经济技术开发区	137.37	108.55	26.55%
6	贵阳经济技术开发区	178.12	57.28	210.98%
7	石河子经济技术开发区	100.01	75.57	32.34%
8	西宁经济技术开发区	247.05	184.67	33.78%
9	呼和浩特经济技术开发区	149.76	122.01	22.75%
10	南宁经济技术开发区	137.84	98.79	39.52%
11	银川经济技术开发区	100.04	87.03	14.95%
12	拉萨经济技术开发区	31.55	23.5	34.27%
13	兰州经济技术开发区	88.16	70.95	24.26%
14	金昌经济技术开发区	159.93	138.64	15.36%
15	天水经济技术开发区	44.21	27.8	59.03%
16	广安经济技术开发区	82.42	60.27	36.74%
17	曲靖经济技术开发区	117.8	85.3	38.11%
18	遵义经济技术开发区	137.35	116.86	17.53%
19	德阳经济技术开发区	190.83	178.35	6.99%
20	万州经济技术开发区	117.89	73.58	60.22%
21	陕西航空经济技术开发区	119.77	100.15	19.59%
22	陕西航天经济技术开发区	79.35	58	36.82%
23	钦州港经济技术开发区	258.61	102.63	151.98%
24	长寿经济技术开发区	219.1	123.86	76.89%
25	库尔勒经济技术开发区	29.5	18.6	58.6%
26	奎屯－独山子经济技术开发区	44.68	13.95	220.29%
27	石嘴山经济技术开发区	108.8	96.28	13%
	合　计	4589.84	3310.53	38.64%

南昌经济技术开发区

园林式的街道景观

南昌海立电器有限公司

秦皇岛经济技术开发区
QETDZ
秦皇島經濟
QINHUANGDAO ECONOMIC &

张洋栖云山国际旅游度假区项目奠基典礼现场

福清融侨经济技术开发区

开发区光电园

开发区内最大台资企业——冠捷集团

冠捷科技集团车间

开发区内企业——福耀玻璃集团总部

杭州经济技术开发区

1. “锦绣下沙”浙江省开发区纪念建党90周年红歌合唱汇演现场
2. 2011年12月6日，众泰Z300战略新车型在杭州开发区下线
3 2011年11月22日，新加坡高级政务部部长傅海燕(中)一行参观新加坡杭州科技园
4. 2011年1月25日，杭州松下家用电器有限公司延长合资合同签约现场

贵阳经济技术开发区

1. 红林公司一流环境建设后的101厂房
2. 中航航天电器电缆生产线
3. 贵阳经济技术开发区一角
4. 2011年5月4日，贵阳开发区参加香港投资贸易活动周

漳州招商局经济技术开发区

开发区获评“全国模范劳动关系和谐工业园区”

开发区山地生态园竣工剪彩

开发区凯西钢铁公司鸟瞰图

厦漳大桥已见雏形

开发区豪氏威马钢铁公司研制的全球最大桅杆式起重机下线

开发区双鱼岛鸟瞰图

开发区新貌

德阳经济技术开发区

踌躇满志话开发

迎风展翅

横空出世

东汽新基地第一炉钢水

宁乡经济技术开发区

国家级宁乡经济技术开发区

中国(长沙)科技成果转化交易会
Science and Technology Achievements Transformation Fair
宁乡经济技术开发区—中南大学 产学研合
暨园区科技顾问聘任仪式

园区一角

园区安置小区——怡宁新村

沧州临港经济技术开发区

长寿经济技术开发区

长寿经济技术开发区于2010年11月经国务院批准升级为国家级开发区。开发区地处重庆“一小时经济圈”内，规划控制面积约74平方公里，主要发展天然气化工、石油化工、新材料新能源、钢铁冶金、装备制造五大产业集群。累计开发面积达35平方公里，完成固定资产投资991亿元，引进德国巴斯夫、拜耳，美国凯雷，英国BP，中石化、中石油等世界500强在内的企业225家，协议引资1989亿元，建成投产企业148家。2011年实现工业产值580亿元，合同引资额487亿元，实际利用外资4亿美元。

入驻企业部——重钢集团1780mm生产线

入驻企业——云天化生产装置图

张家港经济技术开发区

2011年9月25日，国务院正式批准张家港经济开发区升级为国家级经济技术开发区

2011年5月11日，江苏省委副书记、省长李学勇到区内调研张家港智能电力研究院

绵阳经济技术开发区

绵阳经济技术开发区（以下简称绵阳开发区）成立于2000年，2011年11月与绵阳科技城现代农业科技示范区整合成为新的绵阳开发区。绵阳开发区是国务院批准建设的绵阳科技城的城市副中心、绵阳市特色产业园区和新型工业集中区，先后荣获四川省优秀工业园区、四川省新型工业示范基地、四川省招商引资承接产业转移优秀园区等殊荣。

绵阳开发区幅员面积近70平方公里，常住人口近10万，有各类企业600余家，其中规模以上工业企业72家。围绕“核心区主攻新型工业、滨江新区繁荣第三产业、丘区发展生态休闲观光农业”的总体思路，开发区重点发展以长虹智能移动终端、长虹DPD平板显示、旭虹玻璃基板为龙头的电子信息产业，以四川美丰、东材科技、利尔化学、日普、西普为代表的化工环保产业，以华润啤酒、丰谷酒业、蓝剑饮品为代表的食品医药产业等“1+2”主导产业，加快发展现代服务业，协同推进汽配铸造产业和现代农业，着力构建以城南新区为主体，以塘汛、松垭两个产城一体组团为双核，打造沿江高端商业商住与现代服务功能带、沿路（绵三路）高端制造与新型工业化功能带、沿山旅游休闲与生态观光功能带和多个区域特色突出片区的“一区两团三带多片”区域发展大格局，力争至2015年建成五百亿产业园区，至2020年建成宜业、宜商、宜居的千亿产业园区和现代山水生态新区。

虹欧PDP模组生产车间

好圣汽车零部件生产车间

丰谷酒业万吨生态曲酒基地一期项目竣工典礼

旭虹光电玻璃基板一期项目

湘潭天易示范区

——激情天易 为两型“添翼”

在世人关注的目光中，湘潭天易示范区脱颖而出，一跃成为“两型社会”建设先行先试的“探索者”。2009年6月8日，湘潭天易示范区正式挂牌成立，总规划面积99平方公里，功能定位为“创新服务基地、生态工业新区”，担负着湖南省“两型”示范、湘潭市改革创新和湘潭县经济引领的重大使命。

2011年，湘潭天易示范区完成技工贸总收入186亿元，同比增长50.24%；实现工业总产值151亿元，同比增长50.32%；实现规模以上工业企业总产值122.9亿元，同比增长65.23%；实现规模以上工业企业增加值38.96亿元，同比增长66.35%；实现高新技术产值54.84亿元，同比增长66.78%；完成财税总收入5.5亿元，同比增长53.31%。

推进“三大行动”，提升了综合实力。一是深入推进“招商攻坚年”行动。围绕“引大商、选好商”的理念，全年共接待客商500余批次，接洽项目300余个，考察项目80余个，促成新签约入园项目18个。其中，投资过亿元的项目11个。二是深入推进“项目会战年”行动。实行示范区领导“联项目、联产业”制度，全年完成固定资产投资54.52亿元，增长50.1%。基础设施建设快速推进，实现投入12.06亿元，开工建设项目64个，竣工投运项目53个。三是深入推进“效能示范年”行动。全面普及推行办公自动化系统（OA系统），着力打造“数字天易、高效天易”。全面推行“一线工作法”，要求全体人员做到“问题在一线解决，工作在一线推进，成绩在一线体现”。

项目调研现场

粤港明星企业

理顺“三大机制”，激发了发展活力。一是理顺行政管理体制。用好用活市、县53项行政授权，特别是以县委、县政府出台《关于加快湘潭天易示范区建设与发展若干事项的决定》为契机，加强沟通衔接，全县上下、社会各界逐步形成了支持示范区的强大合力。二是理顺财税管理体制。重新界定示范区财税征管范围，确定了上解基数，理顺了与县财政的关系，更加凸显了县财政进一步向示范区倾斜，激励加快发展的新理念。三是推进吴家巷工业园机制转型。出台《关于吴家巷工业园改革转型的方案》，明确吴家巷工业园定位为“中小民营企业的汇聚区、两型产业转型改革的试验田”，力促老工业园焕发新活力。目前正在向国家申报湘江重金属污染治理项目。

把握“三大命脉”，增强了发展动力。一是尽力破解资金瓶颈。推进县建设投资有限公司的市场化运作，积极探索社会融资，全年融资到账11.69亿元，既为示范区建设筹措了资金，又为广大拆迁群众谋求了长远利益。二是着力保障建设用地。加强项目策划包装，积极向上衔接汇报，共报批建设用地3040亩；强力开展执法行动，完成闲置土地清理826.5亩。三是全力促进产业发展。新增规模以上工业企业5家，总数达到84家。先进装备制造、农产品精深加工两大主导产业对示范区经济的贡献率达64%，已成为带动经济增长的主要动力。

湘潭天易示范区管理委员会
地址：湖南省湘潭易俗河天易大道8号
办公室电话：0731-57575003、57575007(传真)
招商电话：0731-57575708、57575799
联系人：周女士、彭先生
网址：http://www.xttydz.gov.cn/

上海化学工业区

拜耳材料科技TDI装置投产典礼现场

上海化工区管理中心区

与拜耳材料科技（中国）有限公司签署关于共同推进拜耳上海化学工业区一体化基地合作备忘录

上海化工区生态湿地

遂宁经济技术开发区

遂宁经济技术开发区（以下简称遂宁开发区）位于四川省遂宁市城区，成立于1992年，2000年被省政府确定为省级重点开发区。“十一五”期间，遂宁开发区累计完成固定资产投资243亿元，比“十五”期间增长11倍；累计实现招商引资到位资金216亿元，比“十五”期间增长6倍。2011年，全区实现规模以上工业增加值72.66亿元、税收7.67亿元、进出口总额2.32亿美元。

实施交通先行战略，区位优势凸显。遂宁开发区地处成渝经济区腹地核心经济带，与成都、重庆等距离为150公里，是连接成都、重庆两大城市的重要节点。遂宁作为全国首批“现代物流示范城市”，规划建设的中国西部现代物流港初具规模，遂宁市的集装箱货运3天内可到达全国主要城市和港口，开发区物流成本低于周边二线城市。

实施基础优先战略，承载功能增强。遂宁开发区积极实施城市扩张战略，建成区达10.96平方公里，西宁新城、凤台新城建设加紧推进，基本形成由西宁新城、凤台新城和北坝商住区、电子产业园区、现代制造加工区组成的“两城三区”城市发展格局。

实施产业兴区战略，经济发展强劲。一是电子信息产业成为发展的“领头羊”。累计引进电子企业近200家、总投资250多亿元。二是生物医药产业成为发展的“新动力”。已有规模以上生物医药企业30余家，年产值达43亿元，形成了生物保健品产业链、现代中药与兽药及动物营养品产业链，形成了西部地区最大的动物药业集群区。三是食品加工产业成为发展的“强支撑”。以龙头企业和丰富的农副产品资源为依托，带动引进以粮食、果蔬加工为主的一批食品企业入驻，形成完善的畜产品、酒类饮料、水果蔬菜等精深加工产业链。

开发区新貌

“十二五”期间，遂宁开发区将以创建千亿产业园区为目标，深化改革、扩大开放，创优环境，推动传统产业提档升级、战略性新兴产业扩量提质，努力打造高新技术集聚的示范区、产城一体发展的样板区、平安和谐幸福的先行区、高效稳固发展的开放区。

立泰电子公司

杭州余杭经济技术开发区

杭州余杭经济技术开发区（以下简称余杭开发区）地处长江三角洲杭州都市圈，是杭州工业发展的重要基地、杭州东部面向大上海的桥头堡。规划面积51.34平方公里，分为传统产业提升区、高新产业区、新型装备制造业区、公共服务中心区、城市更新区、商贸功能区、配套居住区七大功能区块。根据国家关于开发区“三为主、二致力、一促进”发展战略的要求，经过多年发展，余杭开发区已迈上多功能、综合性产业区的发展之路。2011年，余杭开发区实现规模工业总产值530亿元，实现税收总收入33亿元,分别同比增长18.3%、26.8%；实际利用外资逾3亿美元。

依托“双铁效应”，区位优势更加凸显。余杭开发区位于杭州临平副城，地处长江三角洲圆心，是杭州的东大门，也是杭州接轨沪苏的桥头堡；注重“环境立区”，创业环境更加优化。余杭开发区始终坚持高起点规划、高强度投入、高标准建设、高效能服务，着力打造最优的基础设施环境、产业集群环境、自然生态环境、人文素质环境、为民服务环境、平安法治环境等“六大最优环境”，被评为“联合国最佳生态和谐环境美丽城区”，并被达沃斯高峰论坛评为“最具投资价值区”，吸引日益增多的外来成功人士和创业者在余杭开发区安家置业；咬定“绿色生态”，转型升级初显成效。严格按照罗兰·贝格国际管理咨询公司为开发区制定的“4+1”产业发展定位（即重点发展健康产业、装备制造业、绿色产业、通信电子业和经改造提升的纺织服装业），认真落实构建现代产业体系的具体要求。2010年，余杭开发区成功创建省级生态示范开发区，并以此为契机，以高新技术为着眼点，更加注重循环经济和清洁生产，积极运用科技力量推动经济发展方式转变，大力发展以高新技术为先导的新能源、新材料等绿色产业，生态健康可持续的产业发展新格局日趋成型；立足“人才兴区”，发展动力更加强劲。余杭开发区紧邻杭州主城区，可直接吸收主城区38所高等院校的大学生，具有得天独厚的人才集聚优势。大力实施“人才兴区”战略，深化引人、用人、留人“三位一体”人才工作机制，全力加快“招才引智”步伐。进一步深化杭州大学生（留学人员）创业园建设，完善各项扶持支持政策，为高素质人才搭建好创新创业平台，用发展机会吸引高端人才集聚。

区在园中，厂在林中，人在绿中

一站式办事服务大厅

贝达药业留学归国创业博士团队入围“感动余杭”

畅通的园区道路

整治一新的河道

娄底经济技术开发区

娄底经济技术开发区是1992年经湖南省人民政府批准设立的省级综合经济开发区，2011年1月，管委会加挂“娄底市水府示范片东部新区管理委员会”牌子，合署办公。下辖两个街道办事处，管理区划面积80平方公里。自2003年4月正式启动建设以来，已累计引进项目198个，开工建设工业项目110个，已建成投产项目85个，规模以上工业企业达66家。先后被国家、湖南省认定为“国家高技术产业基地”、“国家新型工业化产业示范基地”、“湖南省承接产业转移示范基地”、湖南省“千亿园区”，“湖南最具产业影响力的产业园区”，薄板及深加工产业集群被列为全省十大“千亿元产业集群”之一，太和电子信息产业园被授予“省级电子信息产业园”称号。

地　　址：湖南省娄底市新星北路

招商电话：0738-8652888

网　　址：http://www.ldkf.gov.cn

大丰和电动汽车

金华特种车辆

三一中兴

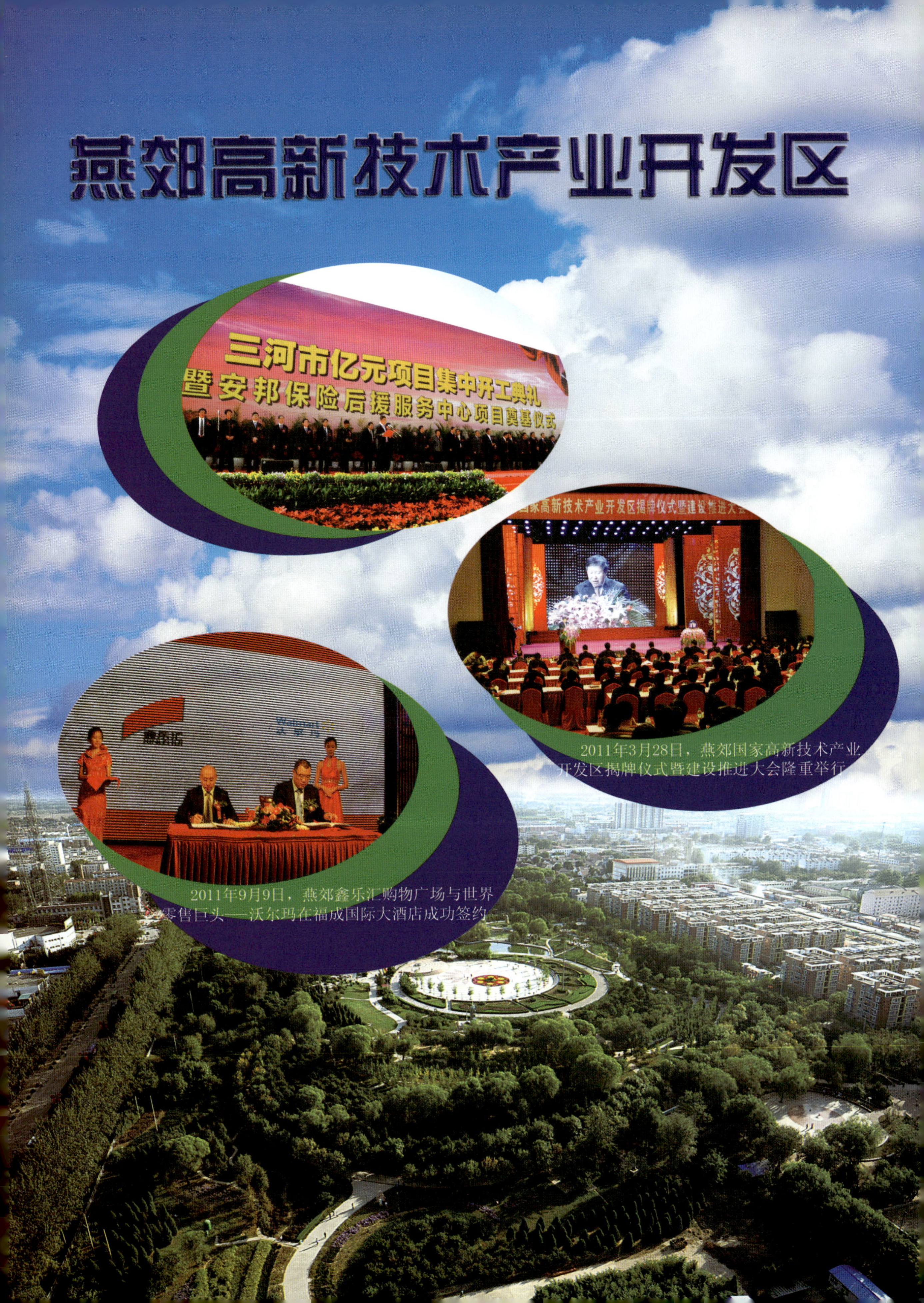

2011年3月28日，燕郊国家高新技术产业开发区揭牌仪式暨建设推进大会隆重举行

2011年9月9日，燕郊鑫乐汇购物广场与世界零售巨头—沃尔玛在福成国际大酒店成功签约

四川乐山高新技术产业开发区

四川乐山高新技术产业开发区总体规划
——用地布局规划图

四川乐山高新技术产业开发区总体规划鸟瞰图

乐电天威鸟瞰图

乐山高新技术产业开发区（以下简称乐山高新区）位于世界自然与文化双遗产峨眉山、乐山大佛所在地，国家历史文化名城，全国优秀旅游城市，全国卫生城市，联合国城市管理项目中国首个合作城市——乐山市，是川陕经济带、成渝经济带、云贵经济带、康藏经济带与长江经济带纵横交汇的核心聚点，是长江黄金水域产业首城，是魅力之都、希望之城，更是投资热土、创业天堂。

乐山高新区在“一区三园”的特色发展格局下，以“核心区”为中心，联动峨眉硅材料产业园、市中区电子信息产业园、五通桥循环经济园组团发展，打造一体化竞争优势。其中，核心区是科技部批准的国家硅材料开发与副产物利用产业化基地，是省委、省政府“1525”重点特色产业园区，是省“知识产权试点园区”和“创建劳动关系和谐园区”，成为四川西南高新技术产业化发展重要基地，形成了以多晶硅及光伏新能源、电子信息（物联网）、现代机电制造“三大支柱产业”，产业集中度日益提高，相关产业链加快延伸，高新技术产业发展水平和质量越来越高。2011年，全区实现主营收入445.3亿元、工业增加值172.8亿元、利税48.2亿元。集聚工业企业177家，其中国家高新技术企业32家，高新技术企业营业收入235.7亿元，分别占乐山市的86.5%和94.3%。

乐山高新区区位优势明显，交通便利。以成乐、乐宜、乐自、乐雅、乐汉高速，成贵、成昆铁路，冠英机场，乐山港等交通动脉，构建陆海空三位一体的交通物流网络，为方便投资者进出口物资，乐山设有商检、海关和铁路出口口岸；规划合理，配套设施完善。区内“三纵三横”的道路交通网络日臻完善，给、排水系统齐备，电力、通讯、供气设施发达。

乐山高新区尊崇“创新、创业、创造”的发展理念，以“高端技术、高端产业、高端产品、高端品牌”的发展思路，集聚产业，汇聚城市。力争到“十二五”期末，园区总收入突破1000亿元，建成以高新技术产业占据主导地位，第二、三产业融合发展，创新要素资源相对集中，自主创新能力较强，资源能源消耗较低，机制体制灵活的现代化创新型特色科技产业园区，成为带动西南、辐射东南亚、影响西部的新兴生态科技城。

平安都市物联网产业园效果图

东方电气新能源公司

福州保税港
FUZHOU FREE TRADE PORT

福州保税区

安徽郎溪（中国）经都产业园

安徽省委书记、省人大常委会主任张宝顺视察园区建设

首个"中国纺织产业转移试点园区"授牌

郎溪（中国）经都产业园地处安徽省郎溪县，是国家级皖江城市带承接转移示范区"两翼"之一宣城的"桥头堡"，是东部开放与中部崛起的对接地，是浙江省"飞地"经济的新范本。2011年11月9日，园区被评为"2011安徽最具潜力投资项目"。

建园模式。园区于2010年11月8日由郎溪县人民政府、浙江海宁经编产业园区管委会和鸿翔控股集团三方合作，正式签约，同时吸附园区所在地的十字镇政府、十字茶场建立了"3+2"合作共建模式，共同推进各项建设。

园区规模。园区占地总面积4.01万亩，总投资554亿元。2011年7月5日，园区总体规划、产业规划通过安徽省发改委（皖发改产业[2011]811号）批复同意，批准近、中期规划总面积17平方公里。至2020年，园区计划完成总投资500亿元，达到年产值1000亿元以上，年产生利税200亿元，解决10万劳动力的就业，将成为皖江城市带产值超千亿元的产业园区之一（简称"5121"工程）。

园区定位。按照高端承接、绿色承接、链条承接、集群承接的要求，以打造纺织经编新都为目标，大力实施纺织立园、科技兴园、人才强园"三大战略"，着力建设技术、物流、金融、社会、文化"五大平台"，全面构建以"纤维—织造—后整理—深加工"为主体的完整产业链。

功能布局。园区规划设置经编织造区、后整理配套区、轻工制造区、延伸产业配套区、创业孵化区、仓储物流区、生态居住区、行政商业区。同时规划建设自来水厂、污水处理厂（中水厂）、热电联产等公共配套设施。

服务热线：0563-7888886 7887888 传真：0563-7888677

上海青浦工业园区

上海青浦工业园区（以下简称青浦工业园区）成立于1995年11月25日，是经市政府批准设立的九大市级工业开发区之一，目前规划范围16.1平方公里。16年来，青浦工业园区从招商引资逐步向科学选资转变，有效推进了工业集中、土地集约、产业集聚的进程，呈现出经济总量不断扩大、产业结构逐步优化、技术水平不断提高、经济效益明显快速发展的良好态势，成为上海市发展先进制造业的重要基地。截至2011年底，青浦工业园区已累计引进外资企业577家，外资注册资本31.86亿美元，实到外资24.6亿美元；引进世界500强企业12家、行业著名企业98家，初步形成信息电子、精密机械及汽车零部件、纺织新材料和印刷传媒产业等四大主导产业。

2010年以来，园区充分利用虹桥枢纽港和青浦新城开发建设的契机，坚持“一芯两极”的总体工作思路，加快转变经济发展方式，推进产业结构优化升级，进一步做强、做优、做精新的青浦工业园区，打造成为集总部、商务、制造为一体的精品区，力争成为上海和长三角区域先进制造业和生产性服务业的重要基地，成为上海郊区“产城融合”发展的示范区和推动上海城市化发展的重要区域。

宣城经济技术开发区

宣城经济技术开发区（以下简称宣城开发区）属于国家级示范区——皖江城市带承接产业转移示范区，位于宣城市区西部，区域面积200平方公里，规划面积60平方公里，建成区面积17平方公里，有工业企业200余家，已初步形成汽车及零部件、新能源、新材料等主导产业。

近年来，宣城开发区认真贯彻落实市委、市政府的决策部署，围绕全市经济建设主战场和经济发展重要增长极目标，大力承接产业转移，强力推动项目建设，加快转变发展方式。一批战略性新兴产业项目成功落户，标准化厂房和科技孵化器已开工建设，产业转型升级加速推进，综合配套能力不断提升。全区立足于营造“亲商、安商、扶商、富商”的投资环境，实行“一个窗口”对外、“一站式”审批、“一条龙”服务，形成了公开透明和规范高效的办事流程。经过多年的改革、建设与发展，开发区产业配套更加到位，基础设施更加完善，投资环境更加优化。

宣城开发区将坚持把改革创新作为推动发展的动力，加快转型升级，推进跨越发展，朝着科技引领、体制创新、环境友好的先行区和资本集聚、产业集群、功能集成的示范区目标不断迈进。

宣城市委书记童怀伟到开发区视察

鑫鸿交通工业公司生产线

建设中的开发区安置小区——开达小区

地址：安徽省宣城市开发区宝城路与鸿越大道交叉口

邮编：242000

招商热线：0563-2612345 传真：0563-2626897

网址：http://www.xceda.gov.cn

E-mail:kfqgwhbgs@126.com

龙湖大桥

安徽蚌埠经济开发区

投资大厦

安徽省省长李斌视察滨湖新区项目

2011年，安徽蚌埠经济开发区实现地区生产总值55.26亿元；财政总收入8.07亿元，同比增长42.52%；招商引资到位资金79.83亿元，同比增长46%，其中利用外资9611万美元；全社会固定资产投资39.03亿元；规模以上工业增加值同比增长19.63%。城市大建设全面提速，基础设施建设不断加快，城市功能大幅提升，全区累计竣工房屋面积630万平方米，竣工城市道路36条长75公里，建成区面积由起步区3.4平方公里扩大到28平方公里；中心商务区和大学园区路网全面建成，其中龙子湖北公园一期项目荣获美国城市土地学会颁发的“2010年度亚太区卓越奖”；普乐新能源、厦门永红电子等一批高新技术项目已初具规模；大学科技园等新兴产业“孵化器”发展势头良好。社会各项事业加快发展，城市管理扎实推进，创新实施了数字化城市管理建设，和谐新区、文明新区建设硕果累累。

安徽蚌埠经济开发区经济社会发展势头强劲，显现出广阔的发展空间和良好的发展前景。

蚌埠淮河文化广场·会展中心

公园一景

广东清远经济开发区

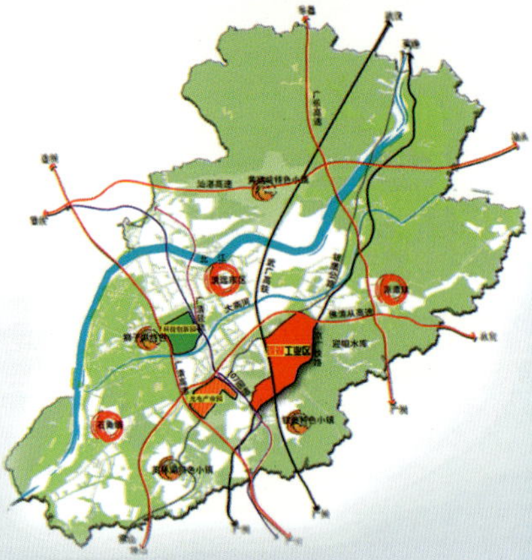

广东清远经济开发区（广东省清远高新技术产业开发区，以下简称清远开发区）位于广东省清远市南端，与广州花都区接壤，地理位置优越。开发区区域总规划面积为97平方公里，基础设施完善，科技孵化中心、劳动就业服务中心、人力资源市场、金融、医疗、教育、海关货验场等综合服务机构也日臻完善。区内拥有广东省示范性产业转移工业园：佛山（清远）产业转移工业园。至2011年，区内有落户企业300余家，其中国家级高新技术企业15家，占清远市高新企业数量的37%；区内企业佳的美电子、北江开关被认定为省级创新型企业。基本形成机械装备制造、电子信息、生物医药、汽车配件、有色金属、再生资源等产业为主的工业体系，投资者遍及美国、日本、荷兰、比利时、印尼、马来西亚、英属维尔京群岛、中国香港、中国澳门和中国台湾等国家和地区。

2011年，清远开发区实现地区生产总值33.7亿元，同比增长8.7%；规模以上增加值27.82亿元，增长7%；社会消费品零售总额9.99亿元，增长16.3%；全社会固定资产投资总额20.14亿元，增长21.8%；地方财政一般预算收入1.36亿元，增长17%；实际吸收外资金额2963万美元，增长54.4%；合同外资金额1.33亿美元，增长4.2倍。在成功引进世界500强企业——法国液化空气集团，宏昌胶粘带、先导稀有材料等一批“中国驰名商标”、“中国名牌产品”、“国家高新技术企业”的基础上，2011年全区共引进项目30余个，计划投资金额超过100亿元。中国最具影响力的十大房地产企业之一——恒大地产集团正式进驻开发区建设“大型国际级高尚生态综合体”银湖城；常州盛士达集团公司、永日电梯、广东精美特种型材、广东金沙谷光伏等大型项目相继落户。与此同时，开发区全面推进投资2.8亿元的产业转移园路网建设，投入3000多万元完成莲湖工业园迎龙大道1.5公里建设。投资2.6亿元，连接产业转移园路网、西部开发的彩虹路等6条道路的可行性研究报告。清远先进材料检测中心、先导稀有材料等11个项目进驻区科技孵化中心，区劳动就业服务中心、区人力资源市场管理运作日趋完善。恒大银湖城、富盈商住区等生活配套区建设加快。

2011年，清远开发区获得省级以上项目15个，申请经费220万元；市级科技项目9个，申请经费295万元；组织企业参评市科学技术进步奖与科技创新奖，获奖项目16个。区内的清远市技师学院（高级技工学校）是国家级技工学校、广东省高技能人才实训基地、广东省中小企业培训示范基地、全省唯一的国务院扶贫办劳动力转移培训示范基地。区内部分高新技术行业龙头企业与北京科技大学、中山大学等单位建立产学研合作关系。

清远开发区布局合理、功能齐全、设施完善、环境优美、政策优惠、服务高效，蕴含着巨大的发展潜力和广阔前景。

山东高青经济开发区

山东高青经济开发区（以下简称高青开发区）成立于2002年12月，位于黄河三角洲高效生态经济区，2006年3月被山东省人民政府批准为省级开发区，规划面积50平方公里，2007年通过省级环境影响评价验收，2008年被评为山东省生态经济十佳开发区，2009年被评为中国十大最佳投资环境开发区，2010年被评为山东省低碳经济示范园区，全面通过了ISO9001质量管理体系和ISO14001环境管理体系认证。

高青开发区基础设施已实现“八通一平”和雨污分流，并配套建设了热电厂和污水处理厂，达到日供水20万立方米、日处理污水10万吨和日供天然气40万立方米的配套能力。截至2011年底，入区规模以上企业达67家，总投资280亿元，职工2.3万人，实现销售收入127.76亿元、利税15.77亿元。同时，高青开发区创新招商方式，坚持走内涵发展之路，注重转方式调结构，引导优势产业向规模化、集约化发展，项目承载力和产业竞争力不断增强，按照低碳、高效、生态、循环经济园区的要求，规划设计了“二轴、四带、五片”的空间布局结构，形成了低碳循环经济核心区、化工与新材料主导区、高端装备制造创新区、传统产业提升区四大功能产业区，力争打造成为鲁北地区新兴的人流、物流、信息流集散地和全市一流的投资环境示范区、科技创新的先导区、现代制造的集聚区。

打造低碳循环经济示范区

捭阖扇风力机效果图

纺纱精梳

安徽金安经济开发区

安徽金安经济开发区（以下简称金安开发区）于2008年10月31日经省政府批准筹建，西接六安市经济技术开发区、东连六安市承接产业转移集中示范园区、北连三十铺镇集镇规划区、南抵合武高铁。开发区一期规划面积13.7平方公里，扩区后规划总面积42平方公里，目前建成区约16平方公里，是金安区建设皖江承接产业转移示范区的主平台、六安融入合肥经济圈的桥头堡、六安市正在建设中的东城新区。

金安开发区以科学发展观为指导，遵循“集中发展、集群发展、集约发展”的思路和模式，坚持“高起点规划、高标准建设、高速度推进”方针。基础设施总投资超过28亿元。开发区道路建设里程超过35公里，路网完善，水电通信配套到位，基本实现美化亮化。招商引资和项目建设稳步推进，康盛股份新材料产业园、国药控股皖西医药产业园、维麦科斯、科锋科技、皖西轻纺商贸城、红旗物流中心等一批科技含量高、经济效益好、发展潜力大、市场前景广的项目陆续落户开发区。区内已引进项目278个，其中亿元以上项目45个，园区协议引资总额260亿元。已逐步建成以汽车零部件、装备制造、新能源新材料、羽绒服装等为主导产业，汽车、医药、数码电子、钢材等专业市场相配套的新型现代化开发区。

双轮驱动是金安开发区高速发展的强大引擎，在全面坚持工业化的同时，大力推进城镇化建设，把设施完善、服务配套的全国文明镇——三十铺镇，作为开发区工业发展的服务区，把一个新型城镇和金安开发区建设成为承接产业转移的示范区、回乡创业的集聚区、民营经济的孵化区、高新产业的展示区、六安市的东城新区。

四川绵阳科技城科教创业园区

绵阳科技城科教创业园区（以下简称绵阳科教创业园区）成立于2001年8月，是绵阳市委、市政府依据党中央、国务院关于建设绵阳科技城重大战略建立的创新创业基地，是绵阳科技城建设的重要载体。2002年9月，国防科工委、科技部批准园区为全国唯一的国家级军转民科技园——绵阳国家军转民科技园。2003年10月，园区通过国家科技部、教育部对“西南科技大学国家大学科技园”的验收，成为全国36所国家大学科技园之一。2006年1月，国家发改委批准园区为“绵阳工业园区”，成为四川省保留的30家开发区之一。2011年11月，绵阳市委、市政府决定以园区为主导建设“科教创新区”，构建科技城“一城三区”新格局。

军转民孵化器

绵阳科教创业园区辖区面积12.89平方公里，建区10余年来坚持军民融合、科教结合、新型工业与现代服务业融合发展路径，将发展科教创新产业与建设高品质科教人文特色新城有机结合，走出一条新型工业化与新型城市化互动发展的特色道路。形成了电子信息、环保节能两大主导工业产业，以中物院科技孵化基地为平台，共建院地军转民孵化器；与西科大共建国家大学科技园；与北京邮电大学信息安全中心共建电子信息专业孵化器。已入驻省部级以上研发机构5家，各类孵化器入驻企业达50家以上。2011年实现地区生产总值50亿元、工业总产值160亿元（含九洲集团），军民融合工业产值占比达75%以上。

人工湖

按照国务院关于《绵阳科技城发展规划（2011～2015年）》的批复以及绵阳市委、市政府决定以科创区为主导建设“科教创新区”，构建科技城“一城三区”的战略部署，园区将加快推进以绵阳科技城军民融合孵化中心、国家军民融合技术转移中心、国家军民两用技术交易中心为核心的科技城创新中心建设，力争5年内建成国家级科技创新、孵化、转化平台。发展科技成果孵化、转移、交易“三中心”、科技金融、科技会展、科技商务等重点服务平台，打造以军民融合为特色、具有标志性的国家级科技城创新中心，引领科技城“军民融合示范地、科技创新策源地、科技成果集散地、创新人才汇聚地”的建设。预计到“十二五”期末，园区将建成创新孵化场地达到100万平方米、入驻创新企业500家以上、研发机构40家以上的规模。基本建成结构合理、功能完善、特色鲜明的军民融合、科教融合、新型工业化与现代服务业相结合的示范区。

九洲大道

招商电话：0816-6336381　　传真：0816-6336381

网址：http://kcy.my.gov.cn